ESCHENHAGEN/KATTMANN/RODI · FACHDIDAKTIK BIOLOGIE

DIETER ESCHENHAGEN
ULRICH KATTMANN
DIETER RODI

# Fachdidaktik Biologie

6. Auflage herausgegeben von Ulrich Kattmann

bearbeitet von

*Karla Etschenberg, Ulrich Gebhard, Karl-Heinz Gehlhaar,
Harald Gropengießer, Ilka Gropengießer, Frank Horn, Ulrich Kattmann,
Jürgen Mayer, Georg Pfligersdorffer, Ulrike Unterbruner* und *Isolde Weber*

AULIS VERLAG DEUBNER · KÖLN

**Bibliografische Information Der Deutschen Bibliothek**

Die Deutsche Bibliothek verzeichnet diese Publikation in der Deutschen Nationalbibliografie; detaillierte bibliografische Daten sind im Internet über <http://dnb.ddb.de> abrufbar.

1. Auflage 1985 verfasst von *Dieter Eschenhagen, Ulrich Kattmann* und *Dieter Rodi*
2. völlig überarbeitete Auflage 1993
3. gegenüber der 2. unveränderte Auflage 1996
4. neu bearbeitete Auflage 1998 herausgegeben von *Ulrich Kattmann*
5. gegenüber der 4. unveränderte Auflage 2001
6. gegenüber der 4. unveränderte Auflage 2003

Bearbeiter der 4. Auflage

*Prof. Dr. Karla Etschenberg* (Kiel): 4.3 Sexualerziehung; 8.4 Sozialformen; 13 Evaluation von Schülerleistungen

*Prof. Dr. Ulrich Gebhard* (Hamburg): 4.4 Friedenserziehung; 5 Schülerinnen und Schüler

*Prof. Dr. Karl-Heinz Gehlhaar* (Leipzig): 9.14 Sammeln und Ausstellen; 9.15 Pflegen von Pflanzen und Tieren; 10.2 Lebende Organismen

*Dr. Harald Gropengießer* (Oldenburg): 6 Biologielehrerin und Biologielehrer; 9.1 Fachgemäße Arbeitsweisen, Allgemeines; 9.2 Beobachten; 9.3 Vergleichen; 9.4 Untersuchen; 9.5 Arbeiten mit Lupe und Mikroskop; 9.6 Experimentieren; 9.7 Modellieren

*Ilka Gropengießer* (Bremen): 4.2 Gesundheitserziehung; 12.5 Botanischer Garten, Zoo und Naturkundemuseum

*Prof. Dr. Frank Horn* (Rostock): 9.10 Protokollieren; 9.11 Zeichnen; 9.13 Mathematisieren; 10.11 Biologiesammlung; 11.1 Biologiefachräume

*Prof. Dr. Ulrich Kattmann* (Oldenburg): 1. Aufgaben der Biologiedidaktik; 2 Zur Geschichte des Biologieunterrichts in Deutschland; 3 Biologie als Wissenschaft und Unterrichtsfach; 4.1 Fächerübergreifende Aufgaben, Allgemeines; 9.8 Analysieren von Texten; 9.9 Verwenden von Sprache; 9.12 Verwenden von Diagrammen; 10.1 Medien, Allgemeines; 10.4 Modelle

*Dr. Jürgen Mayer* (Kiel): 7 Unterrrichtsziele; 8.5 Unterricht außerhalb des Schulgebäudes; 12.1 Außerschulische Lernorte für den Biologieunterricht, Allgemeines; 12.2 Lehrpfad, Freilandlabor und Schulwald; 12.3 Schullandheim, Jugendwaldheim und Schulbauernhof; 12.4 Umweltzentren

*Prof. Dr. Georg Pfligersdorffer* (Salzburg): 10.10 Computer

*Prof. Dr. Ulrike Unterbruner* (Salzburg): 4.5 Umwelterziehung; 8.1 Allgemeines zu Unterrichtsmethoden; 8.2 Methodenkonzepte; 8.3 Methodische Großformen; 10.9 Biologie-Schulbuch

*Dr. Isolde Weber* (Halle): 10.2 Lebende Organismen; 10.3 Präparate, Abgüsse und Nachbildungen von Lebewesen; 10.5 Stehbilder; 10.6 Laufbilder; 10.7 Auditive Medien; 10.8 Arbeitsblatt, Arbeitsheft und Arbeitsmappe; 11.2 Schulgelände und Schulgarten

Best. Nr. 4102
Alle Rechte bei AULIS VERLAG DEUBNER, Köln 2003
Produced by INTERPRESS, Hungary
ISBN 3-7614-2087-0

Das vorliegende Werk wurde sorgfältig erarbeitet. Dennoch übernehmen Autoren, Herausgeber und Verlag für die Richtigkeit von Angaben, Hinweisen und Ratschlägen sowie für eventuelle Druckfehler keine Haftung.

# Inhaltsverzeichnis

|  | Aus den Vorworten zur 1. und 2. Auflage | IX |
|---|---|---|
|  | Vorwort zur 4. Auflage | X |
| 1 | Aufgaben der Biologiedidaktik | 1 |
| 1.1 | Biologiedidaktik als Wissenschaft | 1 |
| 1.2 | Sinn und Bedeutung der Biologiedidaktik für den Unterricht | 4 |
| 2 | Zur Geschichte des Biologieunterrichts in Deutschland | 6 |
| 2.1 | Die Entwicklung bis 1933 | 6 |
| 2.1.1 | Anfänge und Übersicht | 6 |
| 2.1.2 | Biologieunterricht als »Lebenskunde« | 8 |
| 2.1.3 | Biologieunterricht als Vermittlung von »Wissenschaft« | 9 |
| 2.1.4 | Die Entwicklung der Unterrichtsmethoden | 14 |
| 2.2 | Nutzung und Mißbrauch im Nationalsozialismus | 17 |
| 2.2.1 | Das Programm | 17 |
| 2.2.2 | Die Mitwirkung von Biologen und Biologielehrern | 20 |
| 2.3 | Die Entwicklung nach 1945 | 24 |
| 2.3.1 | Folgerungen aus der bisherigen Geschichte | 24 |
| 2.3.2 | Haupttendenzen der Reform seit 1960 | 26 |
| 3 | Biologie als Wissenschaft und Unterrichtsfach | 34 |
| 3.1 | Zum Begriff Biologie | 34 |
| 3.2 | Zum Verhältnis von Bezugsfach Biologie und Unterricht | 39 |
| 3.2.1 | Sinn und Bedeutung von Biologieunterricht heute | 39 |
| 3.2.2 | Bereiche der Inhaltsauswahl | 42 |
| 3.2.3 | Exemplarisches Prinzip und Orientierungswissen | 43 |
| 3.2.4 | Didaktische Rekonstruktion | 46 |
| 3.2.5 | Biologiedidaktische Konzepte | 49 |
| 3.3 | Wissenschaftspropädeutik | 54 |
| 3.3.1 | Zum Begriff | 54 |
| 3.3.2 | Induktion und Deduktion | 54 |
| 3.3.3 | Biologie und Physik | 59 |
| 3.3.4 | Vitalismus und Mechanismus | 60 |
| 3.3.5 | Systemtheoretische Betrachtungsweise | 61 |
| 3.3.6 | Biologische Erklärungen | 64 |
| 3.3.7 | Betrachtungsweisen und Methodenkomplementarität | 66 |
| 3.3.8 | Sinn und Bedeutung, Beispiele | 69 |

| | | |
|---|---|---:|
| 3.4 | Geschichte der Biologie im Biologieunterricht | 71 |
| 3.5 | Ethik im Biologieunterricht | 79 |
| **4** | **Fächerübergreifende Aufgaben** | **87** |
| 4.1 | Allgemeines | 87 |
| 4.2 | Gesundheitserziehung | 89 |
| 4.3 | Sexualerziehung | 98 |
| 4.4 | Friedenserziehung | 109 |
| 4.5 | Umwelterziehung | 116 |
| **5** | **Schülerinnen und Schüler** | **136** |
| 5.1 | Die Schüler als Mittelpunkt des Unterrichts | 136 |
| 5.2 | Alltagsvorstellungen und Lebenswirklichkeit | 137 |
| 5.3 | Schülerinteressen | 141 |
| 5.4 | Motivation | 143 |
| **6** | **Biologielehrerin und Biologielehrer** | **148** |
| 6.1 | Allgemeines | 148 |
| 6.2 | Qualifikationen | 148 |
| 6.3 | Unterrichtsplanung und Unterrichtsentwurf | 152 |
| 6.3.1 | Zum Begriff »Unterrichtsplanung« | 153 |
| 6.3.2 | Curriculum | 154 |
| 6.3.3 | Richtlinien | 155 |
| 6.3.4 | Sinn und Bedeutung der Unterrichtsplanung | 156 |
| 6.3.5 | Der Unterrichtsentwurf | 158 |
| 6.4 | Die Beurteilung des eigenen Unterrichts | 174 |
| **7** | **Unterrichtsziele** | **176** |
| 7.1 | Zum Begriff | 176 |
| 7.2 | Taxonomisierung von Unterrichtszielen | 177 |
| 7.3 | Operationalisierung von Unterrichtszielen | 180 |
| 7.4 | Sinn und Bedeutung von Unterrichtszielen | 182 |
| **8** | **Methodenkonzepte, Großformen, Sozialformen** | **185** |
| 8.1 | Allgemeines zu Unterrichtsmethoden | 185 |
| 8.2 | Methodenkonzepte | 186 |
| 8.3 | Methodische Großformen | 188 |
| 8.4 | Sozialformen | 190 |
| 8.5 | Unterricht außerhalb des Schulgebäudes | 201 |

| | | |
|---|---|---|
| 9 | Fachgemäße Arbeitsweisen | 212 |
| 9.1 | Allgemeines | 212 |
| 9.1.1 | Zum Begriff | 212 |
| 9.1.2 | Grundlegendes zu Erkenntnismethoden | 213 |
| 9.2 | Beobachten | 217 |
| 9.3 | Vergleichen | 222 |
| 9.4 | Untersuchen | 228 |
| 9.5 | Arbeiten mit Lupe und Mikroskop | 230 |
| 9.6 | Experimentieren | 239 |
| 9.7 | Modellieren | 251 |
| 9.8 | Analysieren von Texten | 251 |
| 9.9 | Verwenden von Sprache | 255 |
| 9.10 | Protokollieren | 263 |
| 9.11 | Zeichnen | 267 |
| 9.12 | Verwenden von Diagrammen | 273 |
| 9.13 | Mathematisieren | 296 |
| 9.14 | Sammeln und Ausstellen | 299 |
| 9.15 | Pflegen von Pflanzen und Tieren | 305 |
| 10 | Medien | 313 |
| 10.1 | Allgemeines | 318 |
| 10.2 | Lebende Organismen | 320 |
| 10.3 | Präparate, Abgüsse und Nachbildungen von Lebewesen | 328 |
| 10.4 | Modelle | 330 |
| 10.5 | Stehbilder | 338 |
| 10.6 | Laufbilder | 349 |
| 10.7 | Auditive Medien | 353 |
| 10.8 | Arbeitsblatt, Arbeitsheft und Arbeitsmappe | 354 |
| 10.9 | Biologie-Schulbuch | 356 |
| 10.10 | Computer | 364 |
| 10.11 | Biologiesammlung | 375 |
| 11 | Die Schule als Lernort für den Biologieunterricht | 382 |
| 11.1 | Biologiefachräume | 382 |
| 11.2 | Schulgelände und Schulgarten | 389 |
| 12 | Außerschulische Lernorte für den Biologieunterricht | 398 |
| 12.1 | Allgemeines | 398 |
| 12.2 | Lehrpfad, Freilandlabor und Schulwald | 400 |

| | | |
|---|---|---|
| 12.3 | Schullandheim, Jugendwaldheim und Schulbauernhof | *402* |
| 12.4 | Umweltzentren | *403* |
| 12.5 | Botanischer Garten, Zoo und Naturkundemuseum | *405* |
| 12.5.1 | Allgemeines | *405* |
| 12.5.2 | Botanische Gärten und Arboreten | *406* |
| 12.5.3 | Zoologische Gärten und Tierparks | *406* |
| 12.5.4 | Naturkundliche Museen und Ausstellungen | *407* |
| 13 | Evaluation von Schülerleistungen | *410* |
| 13.1 | Zum Begriff | *410* |
| 13.2 | Formen der Leistungskontrolle | *410* |
| 13.3 | Sinn und Bedeutung von Leistungskontrollen | *415* |
| 13.4 | Informelle Leistungstests | *418* |
| 14 | Biologiedidaktische Zeitschriften und Bibliographien | *424* |
| 15 | Literaturverzeichnis | *425* |
| 16 | Stichwortverzeichnis | *495* |

Hinweise:

▼ 1-1   Verweis auf einen Abschnitt oder ein Kapitel
● 1-1   Verweis auf eine Abbildung
◆ 1-1   Verweis auf eine Tabelle

**Aus dem Vorwort zur 1. Auflage 1985**

Mit dem Entschluß, ein Lehrbuch zur Fachdidaktik Biologie zu verfassen, strebten die Autoren an, eine nicht zu umfangreiche, aber auch nicht zu stoffarme Orientierungshilfe für die Unterrichtspraxis und das Studium zu schaffen.
Im deutschen Sprachraum liegen mehrere hilfreiche Darstellungen der Biologiedidaktik vor. Es fehlte bisher jedoch ein Lehrbuch, in dem der Hauptakzent auf den systematischen Überblick über den gegenwärtigen Stand der Biologiedidaktik gelegt wird. ...
Besonderen Wert haben sie auf begrifflich-terminologische Klärungen gelegt und damit versucht, die Fachsprache der Biologiedidaktik zu vereinheitlichen und zu vereinfachen.
Zwei Umstände erlauben es, den Umfang des Lehrbuchs zugunsten von Lesbarkeit und systematischer Klarheit zu beschränken. Zum einen ist die Darstellung auf die biologiedidaktischen Probleme im engeren Sinne konzentriert, während die Verzahnung mit allgemeindidaktischen Fragen nur in Grundzügen umrissen wird. ... Zum anderen werden diejenigen speziellen biologiedidaktischen Fragen, die mit bestimmten Unterrichtsinhalten verknüpft sind, nicht behandelt. Die Berücksichtigung dieser Fragen hätte den Charakter des Lehrbuches gesprengt. In diesem Bereich liegt heute eine große Anzahl von Unterrichtshilfen in Zeitschriften, Handbüchern und Schullehrbüchern vor.

**Aus dem Vorwort zur 2. Auflage 1993**

Seit dem Erscheinen der 1. Auflage der »Fachdidaktik Biologie« haben sich die Biologiedidaktik und der Biologieunterricht in einigen Bereichen sehr schnell weiterentwickelt. Genannt seien hier die Stichworte »Bioethik«, »Sprache im Biologieunterricht«, »Wissenschaftspropädeutik«, »Gesundheitsbildung«, »Naturerleben« und »Computereinsatz«. Dieser Entwicklung ist in der Neuauflage durch die Aufnahme einiger neuer Kapitel bzw. durch die Ergänzung und gründliche Überarbeitung der übrigen Teile Rechnung getragen worden.
Daneben wurden besonders im Bereich der Unterrichtsmethoden, Medien und Lernorte die fachdidaktische Terminologie und die Anordnung der entsprechenden Abschnitte im Buch weiter systematisiert, so daß – nach der Kennzeichnung der Biologiedidaktik als Wissenschaft und dem Abriß der Geschichte des Biologieunterrichts – die Gliederung des Buches jetzt vollständig den

wesentlichen Elementen des Unterrichts folgt: fachspezifische und fächerübergreifende Inhalte, Schülerinnen und Schüler, Lehrerinnen und Lehrer, Unterrichtsziele, Methoden, Medien, Lernorte, Evaluation. ...
Beibehalten ist die Konzentration auf die themenübergreifenden biologiedidaktischen Fragen.

Oldenburg und Schwäbisch Gmünd, Herbst 1993
*Dieter Eschenhagen, Ulrich Kattmann, Dieter Rodi*

**Vorwort zur 4. Auflage**

Die vorliegende vierte Auflage der »Fachdidaktik Biologie« markiert mit einem neuen Gewand einen Einschnitt in der Autorenschaft. Die Erstautoren *Dieter Eschenhagen* und *Dieter Rodi* haben den neuen Bearbeitern den Text der vorhergehenden Auflage zur Verfügung gestellt, so daß die Änderungen für die Neuauflage nach dem Prinzip »so wenig wie möglich und so viel wie nötig« vorgenommen werden konnten. Als Herausgeber danke ich meinen bisherigen Mitautoren dafür, daß sie durch ihr Einverständnis die Neubearbeitung in der vorliegenden Form möglich gemacht haben. So werden die bisherigen Benutzer das Buch wiedererkennen und auch die neuen die Ergänzungen und Aktualisierung zu schätzen wissen. Aufgrund der Entwicklungen in der Biologiedidaktik wurden insbesondere die Kapitel »fächerübergreifende Aufgaben«, »Schülerinnen und Schüler« und »Computer« stark überarbeitet und z. T. erweitert. Durch Präzisierungen in anderen Teilen wurde erreicht, daß der Umfang des Buches nur unwesentlich angewachsen ist. Das Literaturverzeichnis dürfte mit jetzt 2185 Titeln weiterhin den umfassendsten Nachweis von Publikationen in der deutschsprachigen Biologiedidaktik darstellen.
Die an der Neuauflage beteiligten Biologiedidaktikerinnen und Biologiedidaktiker aus sieben (alten und neuen) Bundesländern und Österreich bieten die Gewähr dafür, daß die »Fachdidaktik Biologie« den Charakter eines vielseitig orientierten und systematisch angelegten Lehrbuches bewahrt. Die »Fachdidaktik Biologie« liefert wie bisher gründliche und zuverlässige Information zu den themenübergreifenden Aufgaben der Biologiedidaktik. Für die speziellen Fragen, die mit bestimmten Themen des Biologieunterrichts verknüpft sind, sei auf das »Handbuch des Biologieunterrichts« verwiesen, das von den Erstautoren der »Fachdidaktik Biologie« herausgegeben wird.

Oldenburg, Frühjahr 1998 *Ulrich Kattmann*

# 1 Aufgaben der Fachdidaktik Biologie

## 1.1 Biologiedidaktik als Wissenschaft

Die Fachdidaktik Biologie ist eine junge Wissenschaft. Wozu wird sie betrieben? Was können Biologielehrer und Biologen von ihr erwarten? Das Wort **Didaktik** wird im deutschen Sprachraum seit dem 17. Jahrhundert für den Bereich des Lehrens, Lernens und Unterrichtens verwendet *(Johann Amos Comenius).* Das griechische Verb διδασκειν kann sowohl lehren wie einüben und lernen bedeuten. Das Adjektiv διδακτοσ kennzeichnet das Lehrbare und Lernbare. Nach dem »Deutschen Wörterbuch« (*Grimm/Grimm* 1984, 559) stammt das Wort »lehren« aus der Jägersprache. Es bedeutet soviel wie »auf die Spur setzen«, was sehr schön das Lehren als Initial des Lernens kennzeichnet. Die Wörter »lehren« und »lernen« stammen aus einer sprachlichen Wurzel.

Die **Fachdidaktik Biologie** beschäftigt sich also mit dem Lernen und Lehren von Biologie. Welchen Ort die Biologiedidaktik im System der Wissenschaften einnimmt, ist umstritten. Die Auseinandersetzung betrifft vor allem die Frage, in welches Verhältnis die beiden Bereiche »Biologie« und »Didaktik« in der Biologiedidaktik gesetzt werden. Verbreitet wird die Ansicht vertreten, daß die Biologiedidaktik (wie die anderen Fachdidaktiken) eine Brückenfunktion zwischen dem Fach (Biologie) und der allgemeinen Didaktik hat, wobei die wissenschaftlich fundierte Verknüpfung beider Bereiche als die eigentliche biologiedidaktische Aufgabe beschrieben wird (vgl. *Schaefer* 1971 b; *Rüther* 1978; *Pick* 1981; *Wenk* 1985). Dabei wird von einigen Autoren die Nähe der Biologiedidaktik zur Biologie betont, da sie auf das Verstehen der fachwissenschaftlichen Aussagen ganz besonders angewiesen sei (vgl. *Schaefer* 1971 b, 395; *Berck, K.-H.,* 1980, 89; *Werner* 1978, 84; 1980). Diese fachliche Beschränkung möchte *Hartmut Entrich* (1995) durch die Orientierung an den Biowissenschaften anstelle von »nur« Biologie ersetzen.

Ohne die Nähe zur Fachwissenschaft »Biologie« zu verneinen, stellen mehrere Autoren doch stärker heraus, daß Biologiedidaktik von der Biologie abweicht, da sie grundsätzlich **erziehungswissenschaftlichen Charakter** hat (vgl. *Ewers* 1979 b; *Kattmann* 1994 b). In der Fachdidaktik geht es nicht nur um Anwendung von Fachwissen, sondern um die Vermittlung von Fachwissen. »Vermittlung« meint hier umfassend sowohl das »Nahebringen« des biologischen Wissens an die Lerner wie auch das »In-Beziehung-Bringen« dieses Wissens zu den Lernern, zu deren Lebenswelt, deren Vorwissen, Anschauungen und

# 1 AUFGABEN DER FACHDIDAKTIK BIOLOGIE

Werthaltungen. In der Vermittlung von Biologie hat die Biologiedidaktik also nicht nur die Biologie zu vertreten, sondern auch und vor allem pädagogische Anforderungen an dieses Fach zu richten und nach dem spezifischen Beitrag der Biologie, ihrer Rolle und ihrer Bedeutung in unserem Leben zu fragen (vgl. *v. Wahlert* 1977, 48; *Messner* 1980, 38).

Die Biologiedidaktik hat einen Doppelcharakter, sie ist weder nur Biologie noch ausschließlich Erziehungswissenschaft. Bei der Vermittlung von Biologie ist sie »Teil« der Fachwissenschaft Biologie und zugleich ihr »Gegenüber« (vgl. *Kattmann* 1980 a, 164; 1994 b). Diese Funktion geht in einem entscheidenden Punkt über die Beschreibung als Brückenfunktion hinaus, indem Biologiedidaktik nicht zwischen oder neben beiden Bereichen steht, sondern grundsätzlich die gesamte Biologie in der ihr eigenen Perspektive und Vermittlungsabsicht sieht. Biologiedidaktik kann daher als »Metadisziplin« der Biologie betrachtet werden: Biologiedidaktik ist die mit der Vermittlung von Biologie befaßte Didaktikwissenschaft.

Die Aufgabe der Fachdidaktik, die **Lerner** und Bereiche der **Wissenschaft** zusammenzubringen, wird im »fachdidaktischen Triplett« veranschaulicht, in dem drei Teilaufgaben mit Wechsel- und Rückwirkungen aufeinander bezogen sind. Für die fachdidaktische Forschung ist auf dieser Grundlage das Modell der »Didaktischen Rekonstruktion« entwickelt worden. Von der allgemeindidaktischen Forschung unterscheidet sich die fachdidaktische speziell dadurch, daß durch sie die fachliche bzw. bereichsspezifische Komponente von Lernen und Lehren besonders beachtet wird. Fachdidaktisches Forschen kann daher durch ein dreischrittiges Vorgehen charakterisiert werden.

1. »Fachliche Klärung«: Welche Genese, Funktion und Bedeutung haben die für ein Thema bedeutsamen biologischen Begriffe, und in welchem theoretischen Kontext stehen sie?
2. »Erfassen von Schülerperspektiven«: Welche Vorstellungen verbinden die Schüler mit bestimmten Bereichen? Welche Lernvoraussetzungen und Interessen haben sie?
3. »Didaktische Strukturierung«: Welche Zusammenhänge ergeben sich aus 1. und 2., und welche Möglichkeiten eröffnen sich? (*vgl. Gropengießer/ Kattmann* 1994; *Kattmann/Duit/Gropengießer/Komorek* 1997).

Die Arbeiten in den drei Schritten beeinflussen sich wechselseitig. So kann sich bei der didaktischen Strukturierung des Unterrichts herausstellen, daß Teile der fachlichen Klärung korrigiert und die Erhebung von Schülervorstellungen ergänzt werden müssen. Im Vorgehen werden fachlich bestimmtes Wissen und Schülervorstellungen sorgfältig aufeinander bezogen und gegeneinander abgeglichen, um so für das Lernen und Vermitteln effektivere Unterrichtsansätze

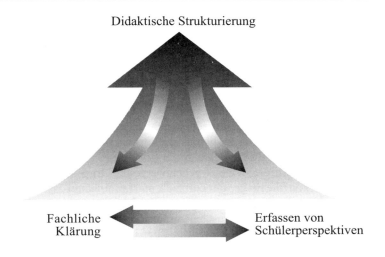

Abb. 1-1: Fachdidaktisches Triplett (nach *Kattmann/Duit/Gropengießer/Komorek* 1997)

zu entwickeln, als dies nur von Sachanalysen oder nur von der Lernpsychologie her möglich wäre. Biologiedidaktik ist so in ihrer Forschung auch **empirisch arbeitende Wissenschaft** (vgl. *Eschenhagen* 1977; *Werner* 1978; 1980; *Strey* 1980; 1982; *Lieb* 1982; *Staeck* 1984; 1991 a; *Hedewig* 1992 b, 89; *Duit/Mayer* 1998; *Bayrhuber* u. a. 1998). Die Ergebnisse didaktisch-empirischer Untersuchungen sind prinzipiell nur in einem beschränkten Rahmen verallgemeinerbar. Gültige Aussagen lassen sich nur machen, wenn die Untersuchungen mit präziser Fragestellung und klaren theoretischen Annahmen konzipiert sowie unter exakt definierten Bedingungen durchgeführt werden (vgl. *Kattmann* 1983 b). Die Schwerpunkte empirischer biologiedidaktischer Forschung liegen bisher in den folgenden Bereichen:

... Lernvoraussetzungen und biologisches Wissen bei Schülern (z. B. ökologisches Wissen, Formenkenntnisse);
... Schülerinteressen bezogen auf Biologie und Biologieunterricht;  ▼ 5.4
... Alltagsvorstellungen von Schülern zu biologisch bestimmten Bereichen;  ▼ 5.3
... Begriffslernen bezogen auf biologische Konzepte und Termini;  ▼ 9.9
... Wirkung des Einsatzes von Medien und Unterrichtsmethoden;  ▼ 10.1.4
... Effektivität der Umwelterziehung.  ▼ 4.5.3

## 1.2 Sinn und Bedeutung der Biologiedidaktik für den Unterricht

Schule ist nicht der einzige Ort, an dem Biologie vermittelt wird. Biologiedidaktik muß daher andere Lernorte und Lernmedien berücksichtigen (z. B. Veranstaltungen der Hochschulen und des Freizeitbereiches, Massenmedien, Bücher). Aus historischen Gründen und wegen der Wirksamkeit sind jedoch der Schulunterricht und die Lehrerbildung das Hauptaufgabenfeld der Biologiedidaktik. Da die Fachdidaktik bezogen auf den Schulunterricht entstanden ist, spiegelt sich in der Entwicklung des Biologieunterrichts in Deutschland auch die Geschichte der Biologiedidaktik.

Der Didaktik wird häufig die Methodik gegenübergestellt. In diesem Begriffspaar wird die **Didaktik** auf die Fragen der Lernziele und Lerninhalte (das »Was« des Lernens und Unterrichtens) beschränkt und die **Methodik** (das »Wie« des Lernens und Unterrichtens) als selbständiger Bereich angesehen. Dies geschieht besonders in der Tradition der bildungstheoretischen Didaktik, bei der die

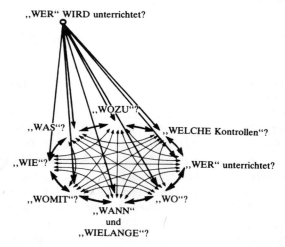

Abb. 1-2: Beziehungsnetz der für den Unterricht wichtigen Fragengruppen (aus *Schaefer* 1971 a), »didaktisches System Δ«:

»Wer« wird unterrichtet? (Adressatenfragen)
»Wozu« soll unterrichtet werden? (Zielfragen)
»Was« soll unterrichtet werden?
 (Stoff-Fragen)
»Wie« soll unterrichtet werden?
 (Methodenfragen)

»Womit« soll unterrichtet werden?
 (Medienfragen)
»Wann« und »Wie lange« soll unterrichtet werden? (Zeitfragen)
»Wo« wird unterrichtet? (Milieufragen)
»Wer« unterrichtet? (Personalfragen)
»Wie« wird der Unterricht »kontrolliert«?
 (Evaluationsfragen)

## 1.2 SINN UND BEDEUTUNG FÜR DEN UNTERRICHT

Bestimmung der Lerninhalte (Didaktik) der Wahl der Unterrichtsformen (Methodik) vorgeordnet war (Primat der Inhalte). Durch den Einfluß der lerntheoretischen Didaktik und der Curriculumtheorien wird die Wechselbeziehung zwischen Lerninhalten und Lernformen stärker hervorgehoben und die Methodik als integraler Bestandteil der Didaktik angesehen. Didaktik enthält hier also auch die methodischen Überlegungen. Diese können dadurch stärkeren Einfluß auch auf Lerninhalte und Lernziele bekommen. In diesem Buch wird der Terminus »Didaktik« im umfassenden Sinn verwendet. ▼ 6.3.2

Für die Analyse und Beschreibung des Unterrichts unterscheidet *Gerhard Schaefer* (1971 a) neun wichtige Fragen. Die durch die Fragen angesprochenen Bedingungen stehen im Unterricht in engen Wechselbeziehungen, so daß keine der Fragen isoliert von den anderen beantwortet werden kann. Das Beziehungsnetz wird durch die Pfeile im »didaktischen System« des Unterrichts verdeutlicht. Um Unterricht planen und beschreiben zu können, müssen zuvor diejenigen Bedingungen und Faktoren (Parameter) aus dem Beziehungsnetz ausgewählt werden, die für wichtig gehalten werden und in die Planung eingehen sollen. Daneben wirken aber im Unterricht immer weitere, nicht erfaßte und zuweilen unkontrollierbare Faktoren. ● 1-2

Die biologiedidaktische Arbeit soll der Lehrperson helfen, in möglichst vielen Bereichen ihres Unterrichts rationale und wissenschaftlich begründete Entscheidungen zu fällen, zum Beispiel zur:

... Bestimmung des Verhältnisses der Bezugswissenschaft zum Unterrichtsfach »Biologie«: Auswahl und Anordnung pädagogisch bedeutsamer Inhalte; ▼ 3
... Erfüllung fachübergreifender Aufgaben; ▼ 4
... Berücksichtigung von Lernvoraussetzungen und Schülervorstellungen; ▼ 5
... Bestimmung der Rolle der Lehrpersonen und der zum Biologielehren nötigen Qualifikationen; ▼ 6
... Formulierung und Auswahl von Unterrichtszielen; ▼ 7
... Auswahl und Anwendung verschiedener Unterrichtsmethoden; ▼ 8; 9
... Beurteilung des Einsatzes von Unterrichtsmedien; ▼ 10
... Bedeutung und Gestaltung der Lernorte für den Biologieunterricht; ▼ 11; 12
... Überprüfung des Unterrichtserfolgs bzw. der Lernleistungen der Schüler. ▼ 13

---

LITERATUR
*Bayrhuber* u. a. 1998; *Berck, K.-H.*, 1980; *Duit/Mayer* 1998; *Entrich* 1995; 1996 ; *Eschenhagen* 1977; *Ewers* 1979 b; *Grimm/Grimm* 1984; *Gropengießer/Kattmann* 1994; *Hedewig* 1992 b; *Hedewig/Staeck* 1984; *Kattmann* 1980 a; 1983 b; 1994 b; *Kattmann/Duit/Gropengießer/Komorek* 1997; *Lieb* 1982; *Memmert* 1975; *Messner* 1980; *Pick* 1981; *Rodi/Bauer* 1980; *Rüther* 1978; *Schaefer* 1971 a; b; *Staeck* 1984; 1991 a; *Strey* 1980; 1982; *v. Wahlert* 1977; *Wenk* 1985; *Werner, H.*, 1978; 1980

## 2 Zur Geschichte des Biologieunterrichts in Deutschland

### 2.1 Die Entwicklung bis 1933

#### 2.1.1 Anfänge und Übersicht

Als Begründer der europäischen Didaktik gilt der Pfarrer und Lehrer der böhmischen Brüderunität in Prerov und Fulnek, *Johann Amos Comenius* (1592 bis 1670). Seine »Magna Didactica«, die 1632 erschien, enthält den Entwurf einer umfassenden Schulreform, die *Comenius* als den wichtigsten Teil eines Planes zur Erneuerung der Welt ansieht. *Comenius* fordert eine öffentliche Schule, in der in der Muttersprache unterrichtet wird. Der Lehrplan soll neben dem System der antiken und mittelalterlichen Bildung, den sieben »Freien Künsten« (Grammatik, Rhetorik, Dialektik, Arithmetik, Geometrie, Musik, Astronomie), auch »Realien« umfassen. Die Lehrer sollen die »Kräfte der Pflanzen und Metalle, den Bau des menschlichen Körpers« kennen. Die besondere Bedeutung von *Comenius* für den naturwissenschaftlichen Unterricht liegt in der Einführung naturwissenschaftlicher Denk- und Arbeitsweisen in den Unterricht. Sein Lateinbuch, der »Orbis pictus«, war für lange Zeit das wichtigste naturkundliche Schulbuch (*Commenius* 1658). Das Wissen über die Natur soll nach *Comenius* nicht von dem Erzählen oder dem Zitieren von Texten und Autoritäten stammen, sondern aus direkter Beobachtung und Schlußfolgerung.

Unter dem Einfluß von *Comenius* wurde 1662 der naturkundliche Unterricht in die Gothaer Schulordnung eingeführt. Ebenfalls im Sinne von *Comenius* gründete der pietistische Theologe *August Hermann Francke* um 1700 in Halle mehrere Schulen, u. a. auch eine Lateinschule für Bürgersöhne, womit er die Bildungsprivilegien der adeligen Stände durchbrach. In einigen Schulen führte er seit 1721 auch einen regelmäßigen naturwissenschaftlichen Unterricht ein. Dieser stand zwar nicht im Lehrplan, diente aber zur »Erholung« von den Anstrengungen des Sprachunterrichts (»Recreationsübungen«). Im Sommer waren jeweils am Mittwoch- und Samstagnachmittag Exkursionen vorgesehen, um Botanik zu lehren. Im Winter sollten anatomische Übungen durchgeführt werden, z. B. das Sezieren von Hunden und das Ausstopfen von Vögeln. Als Ergänzung standen außerdem ein Botanischer Garten und eine Naturaliensammlung zur Verfügung. Nach ähnlichen Grundsätzen waren die Realschulen von *Christoph Semler* 1708 in Halle und von *Johann Julius Hecker* 1748 in Berlin gestaltet, die die »Realien« in den Lehrplan aufnahmen. *Semler* ließ

## 2.1 DIE ENTWICKLUNG BIS 1933

| Lebenskunde | Unterrichtsmethode | Wissenschaft | Lehrpläne/Schule |
|---|---|---|---|
| | COMENIUS<br>1632 Magna Didactica<br>1658 Orbis pictus | | Gothaer Schulordnung |
| *nützliches Wissen*<br>1657 REYHER<br>„Kurzer Unterricht<br>von natürlichen<br>Dingen" | SALZMANN (1744–1811)<br>Unterricht in<br>freier Natur | | FRANCKE um 1700<br>Schulen in Halle<br>1707 SEMLER<br>Realschule/Halle |
| | 1776 VON ROCHOW | | 1748 HECKLER<br>Realschule/Berlin |
| „Bauernfreund"<br>„Kinderfreund" | Lesebuchtexte | | |
| | 1832 LÜBEN | *beschreibend-<br>morphologische<br>Betrachtungsweise* | |
| *sinnige<br>Betrachtungsweise*<br>1854 ROSSMÄSSLER<br>„Flora im Winterkleid" | „Naturkörper<br>im Unterricht" | „Leitfaden zu einem<br>methodischen<br>Unterricht"<br>1869 LEUNIS<br>„Schul-Naturgeschichte" | 1854 Preußische<br>Regularien<br>(nützliches Wissen) |
| 1864 BREHM<br>„Tierleben" | | | 1872 Preußische<br>Lehrpläne |
| | 1885 JUNGE | *ökologische<br>Betrachtungsweise* | |
| | Untersuchungen von<br>Lebensgemeinschaften | „Dorfteich als<br>Lebensgemeinschaft" | 1892 Preußische<br>Lehrpläne<br>(Systematik) |
| | 1832 SCHMEIL | *funktionell-<br>morphologische<br>Betrachtungsweise* | |
| | Experimente<br>im Unterricht | „Reformbestrebungen"<br>Lehrbücher<br>KRAEPELIN<br>SMALIAN<br>Lehrbücher | |
| *nützliches Wissen*<br>1921 SENNER<br>„Heimische<br>Scholle" | Arbeitsschulbewegung<br>1922 SCHMITT<br>„Heraus aus der<br>Schulstube"<br>Exkursionen<br>1921 GRUPE 1938<br>„Natur und Unter-<br>richt"<br>tätiger Umgang<br>mit der Natur | *synthetische<br>Betrachtungsweise*<br>1922 BROHMER<br>„Naturgeschichts-<br>plan in der Arbeits-<br>schule"<br>„Bauernnatur<br>geschichte" | 1924/25 Preußische<br>Richtlinien<br>(Systematik) |
| 1932 Vorschläge<br>des Verbandes<br>Deutscher Biologen | 1933 STEINECKE<br>„Methodik" | 1936 BROHMER<br>„Deutsche Lebens-<br>gemeinschaften" | 1938/39 national-<br>sozialistische<br>Richtlinien |

Abb. 2-1: Übersicht zur Geschichte des Biologieunterrichts in Deutschland

## 2 ZUR GESCHICHTE DES BIOLOGIEUNTERRICHTS

im Unterricht sogar schon mikroskopieren und Seidenraupen züchten. Die Entwicklung des Biologieunterrichts ist von *Irmtraut Scheele* (1981) bis 1933, von *Michael Freyer* (1995 a; b) vom Mittelalter bis ins 20. Jahrhundert am Beispiel bayerischer Lateinschulen und von *Joachim Knoll* (1995) an Schulen in Hannover eingehend untersucht und dargestellt worden.

Mehrere Autoren gliedern die Entwicklung in eine Reihe von Phasen, die durch die jeweils vorherrschenden »Betrachtungsweisen« charakterisiert werden (vgl. *Siedentop* 1972; *Grupe* 1977; *Mostler/Krumwiede/Meyer* 1979; *Killermann* 1991). Diese Betrachtungsweisen werden auch in der folgenden Darstellung berücksichtigt. Die Hauptzüge der Geschichte des Biologieunterrichts werden

2-1 ● jedoch anhand dreier durchgehender Stränge dargestellt: Ein Strang betrifft vorwiegend die Bedeutung der Biologie für das alltägliche Leben. Der zweite Strang ist am jeweils vorherrschenden Verständnis der Wissenschaft »Biologie« ausgerichtet. Beide Orientierungen tragen in unterschiedlicher Weise zum dritten Strang, der methodischen Unterrichtsgestaltung, bei.

### 2.1.2 Biologieunterricht als »Lebenskunde«

Die Einführung von naturkundlichen Teilen in den Unterricht der Schulen erfolgte anfänglich weitgehend unter dem Gesichtspunkt des »nützlichen Wissens« mit der **utilitaristischen Betrachtungsweise**. Die Inhalte betrafen daher vor allem Nutzpflanzen und Nutztiere, Heilkräuter und die Landwirtschaft. Das erste deutsche Naturkunde-Schulbuch (Realienbuch von 1657) des Gothaer Rektors *Andreas Reyher* verrät diese Ausrichtung schon im Titel:»Kurzer Unterricht von natürlichen Dingen, von etlichen nützlichen Wissenschaften, von geistlichen und weltlichen Landsachen, von etlichen Hausregeln für gemeine teutsche Schulen im Fürstenthumb Gotha«. 1776 erschien der »Bauernfreund«, ein Lesebuch für Volksschulen von *Friedrich Eberhard von Rochow*. Der Titel wurde bald in »Kinderfreund« geändert (Textbeispiel bei *Keckstein* 1980, 19). Der gesamte Unterricht wurde von *von Rochow* darauf ausgerichtet, durch die Vermittlung von naturwissenschaftlichem Wissen die Verwüstungen des 7jährigen Krieges zu beseitigen, die gerade in ländlichen Gebieten sehr groß waren.

Gegen den reinen Nützlichkeitsstandpunkt kämpfte um 1830 *August E. Lüben*. Er richtete den biologischen Unterricht ganz nach dem wissenschaftlichen System von *Carl von Linné* aus. Dagegen machten die »Preußischen Regularien«

2.1.3 ▼ von 1854 die praktische Bedeutung zur Norm für alle naturkundlichen Inhalte. In dieser geistigen Situation und unter dem Einfluß dichterischer Naturbeschreibung wurde der Unterricht von mehreren Autoren als **sinnige Naturbetrachtung** auf das Naturerleben und die Gemütsbildung ausgerichtet. Besonders *Emil August Roßmäßler* (»Der Mensch im Spiegel der Natur«, 1850-55; »Flora im Winterkleid«, 1854) und *Alfred E. Brehm* (»Illustriertes Tierleben«, 1864) versuchten, z. T. aus sozialpolitischen Motiven heraus, die Biologie zu popularisieren und somit breiten Volksschichten zugänglich zu machen. Das Ziel aller Bemühungen war, mit eindrucksvollen Erzählungen ein die Gefühle und den Geist gleichermaßen ansprechendes und bildendes Naturerleben zu vermitteln.

Die Tradition der Ausrichtung des Unterrichts auf »nützliche Kenntnisse« wurde in der Notlage nach dem 1. Weltkrieg vor allem von *Anton Senner* wieder aufgenommen. In dessen Hauptwerk »Unsere heimische Scholle. Eine experimentelle Naturkunde für Landschüler« von 1921 wird eine auf landwirtschaftlich-technischer Anwendung gegründete Naturkunde entworfen. Mit der Vermittlung landwirtschaftlicher Fachkenntnisse sollte der Biologieunterricht dabei helfen, die landwirtschaftliche Produktion zu verbessern. Unterrichtsthemen waren demgemäß vor allem Haustiere, Kulturpflanzen, Schädlinge und Unkräuter (vgl. *Grupe* 1977, 56).

Der einseitige Nützlichkeitsstandpunkt und die Betonung emotionaler Aspekte, die den lebenskundlichen Strang der Geschichte des Biologieunterrichts kennzeichnen, wurden im Biologieunterricht von 1933 bis 1945 noch übersteigert und im Sinne nationalsozialistischer Rassen- und Gemeinschaftsideologie ausgenutzt.     ▼ 2.2

### 2.1.3 Biologieunterricht als Vermittlung von »Wissenschaft«

1735 erschien die erste Auflage des Werkes »Systema naturae« von *Carl von Linné*. In der 10. Auflage von 1758 wendete *Linné* zum erstenmal die binäre Nomenklatur konsequent für Pflanzen und Tiere an. Der Einfluß, den die taxonomisch-systematischen Arbeiten von *Linné* auf Wissenschaft und Unterricht ausübten, war sehr weitreichend. *Linné* selbst sorgte z. B. dafür, daß in Schweden der naturkundliche Unterricht bereits 1747 an den allgemeinbildenden Schulen eingeführt wurde. Während *Linné* sehr an praktischen Fragen der Biologie interessiert war und zum Beispiel Vorschläge zur Forstwirtschaft, Kultivierung von Mooren und Unkrautbekämpfung machte, wurde der Biologieunterricht in Deutschland zeitweise vollständig auf die **beschreibend-morphologische Betrachtungsweise**, d. h. Artbeschreibungen, systematisch-taxonomische Vergleiche und Bestimmungsübungen abgestellt. 1832 bzw.

1836 veröffentlichte *August E. Lüben* zwei Teile eines »Leitfaden zu einem methodischen Unterricht in der Naturgeschichte in Bürgerschulen, Realschulen, Gymnasien und Seminarien«. Mit diesen Werken führte *Lüben* das *Linné*sche System nicht nur als Stoffanordnungsprinzip, sondern auch als wesentlichen Inhalt in den Schulunterricht ein. Die Beschäftigung mit dem *Linné*schen System sollte die formalen Fähigkeiten der Schüler, vor allem deren Beobachtungsfähigkeit und logisches Denken, schulen (vgl. *Scheele* 1981, 50). Im Sommer wurden Pflanzen, im Winter Tiere nach einem starren Schema (Kopf-Schwanz- bzw. Wurzel-Blüte-Methode) genau beschrieben (Textbeispiel bei *Siedentop* 1972, 19). Die systematischen Kategorien wurden von *Lüben* nach dem Prinzip »Vom Besonderen zum Allgemeinen« behandelt, zuerst verwandte Arten, danach Gattungen, dann Familien, Ordnungen usw.. In der Folgezeit bestimmte dieses Konzept mit nur leichten Abänderungen weitgehend den Biologieunterricht besonders an Realschulen und Gymnasien. Das zeigen zum Beispiel die sehr verbreiteten Schulbücher von *Johannes Leunis*. In dessen »Schul-Naturgeschichte« von 1869 wird das Bestimmen von Pflanzen und Tieren zum Selbstzweck (Textbeispiel bei *Siedentop* 1972, 19).

Während dieses schematische Vorgehen und diese lebensfernen Inhalte den Unterricht bestimmten, forderte *Emil August Roßmäßler* zur selben Zeit, »daß in dem Schüler ein für sein ganzes Leben nachhaltiges Bedürfnis und Verständnis für einen freudvollen Verkehr mit der Natur begründet werde« (»Der naturgeschichtliche Unterricht. Gedanken und Vorschläge zu einer Umgestaltung desselben«, 1860, zitiert nach *Siedentop* 1972, 19; vgl. *Scheele* 1981, 87 ff.). Er und andere versuchten auch in populärwissenschaftlichen Schriften, die Natur als geschichtlich gewordenes Gefüge und große Einheit eindrücklich darzustellen. Diese Naturauffassung war durch die Anschauung *Alexander von Humboldt*s (1769-1859) beeinflußt, der im Aufdecken der Zusammenhänge die eigentliche Aufgabe der Naturwissenschaften sah. Für das wissenschaftliche Erforschen organismusübergreifender Systeme waren die Arbeiten des Kieler Zoologen *Karl August Möbius* bahnbrechend. In der Abhandlung über »Die Nester der geselligen Wespen« wurden 1856 erstmals die Gesetzmäßigkeiten einer Tiersozietät genau dargestellt. Mit der Arbeit über »Die Auster und die Austernwirtschaft« führte *Möbius* 1877 den Begriff »Biozönose« (»Lebensgemeinde«, heute als Lebensgemeinschaft bezeichnet) in die Biologie ein und verknüpfte zugleich ökologische Erkenntnisse mit ökonomischen.

Ein Schüler von *Möbius,* der Lehrer *Friedrich Junge,* versuchte die neuen Gedanken im Schulunterricht anzuwenden. In seinem Buch »Der Dorfteich als Lebensgemeinschaft« (1885, 3. Aufl. 1907) beschrieb er seinen Unterricht, in dem die gesetzmäßigen Erscheinungen in Lebensgemeinschaften der vorherrschende Gegenstand sind. Mit dieser **ökologischen Betrachtungsweise** sollte sich der Unterricht an den »Gesetzen des organischen Lebens« orientieren (vgl. *Brucker* 1980, 49 f.; *Stipproweit/Ant* 1986; *Trommer* 1986). Diese betreffen nach *Junge* die Erhaltungsmäßigkeit, organische Harmonie in Lebensgemeinschaften, Anpassung und Angepaßtheit von Lebewesen, Arbeitsteilung, Entwicklung, Gestaltbildung und Sparsamkeit bei Organismen. Für die Behandlung der Lebensgemeinschaften im Unterricht gelten folgende Regeln (*Junge* 1907, 8 f; 19; 34 f.):

»Es ist ein klares gemütvolles Verständnis des einheitlichen Lebens in der Natur anzustreben.«
»Betrachte jedes Wesen als einen in sich vollkommenen Organismus. ... [Dies] gibt den sichersten Grundstein zur Achtung und Schonung des Naturlebens und zur Liebe der Natur ab.«
»1) ... Betrachte jedes Wesen ... nach seinen Wechselbeziehungen zu andern in derselben Gemeinschaft, in seiner Beziehung zum Ganzen, nach seiner Abhängigkeit von Wärme, Licht, Luft, Wasser ...
2) Mache am Schluß des Kurses eine zweckentsprechende Zusammenstellung der Einzelwesen, ... aus welcher die gleichmäßige Abhängigkeit hervorleuchtet ...
3) Betrachte die ganze Lebensgemeinschaft als Glied eines höhern Ganzen, speziell in ihrer Beziehung zum Menschen ...
4) Auf höherer Stufe werden die Glieder und die Lebensbedingungen einer Gemeinschaft mit denen einer anderen verglichen, z. B. Teich und Wald.
Durch die Behandlung von Lebensgemeinschaften ist es ermöglicht, den Stoff im Einzelnen zu beschränken und sich doch zu vertiefen ... Ferner ermöglicht die Betrachtung der Lebensgemeinschaft mehr und mehr das Verständnis des Lebens auf der Erde als einer Gemeinschaft; ... 'die Natur in jedem Winkel der Erde ist ein Abglanz des Ganzen' sagt *Humboldt*«.

*Junge* entwickelte eine **vielseitige biologische Artbeschreibung**, die über taxonomisch wichtige Bestimmungsmerkmale *(Leunis)* und systematisch-morphologische Bauplanmerkmale *(Lüben)* weit hinausgeht. Sie enthält anschauliche Angaben über den Lebensort, die Bewegung, Ernährung, Atmung, Sinnesleistungen, Fortpflanzung und Entwicklung. Außerdem wird selbstverständlich die Rolle der Art als Glied der Biozönose hervorgehoben.

*Junges* Versuch, die Lebensgemeinschaft und ökologische Beziehungen der Organismen unter allgemeinbiologischen Gesichtspunkten in den Mittelpunkt des Unterrichts zu stellen, war weitgehend erfolglos. Nur in der Volksschule, wo der Lehrplan wenig einschränkende Bestimmungen machte, wurde das Prinzip des Vorgehens nach Lebensgemeinschaften teilweise angewendet. Die meisten Lehrer waren für einen solchen Unterricht nicht hinreichend ausgebildet und die entsprechenden ökologischen Disziplinen auch noch kaum entwickelt. Zudem waren einige »Gesetzmäßigkeiten« *Junges* sehr abstrakt, nur wenig belegt oder sogar recht spekulativ.

So war es nicht verwunderlich, daß die Preußischen Richtlinien von 1892 für Realschulen, Realoberschulen und Gymnasien übergreifende Aspekte ökologischer oder allgemeinbiologischer Art nur in sehr geringem Ausmaß berücksichtigten. Sie forderten schwerpunktmäßig Kenntnisse in der zoologischen und botanischen Systematik. Diese Festlegungen des Lehrplans ließen für weitergehende Neuerungen nur wenig Spielraum. In diesem Rahmen muß daher die Reform des Biologieunterrichts gesehen werden, die mit dem Wirken von *Otto Schmeil* verbunden ist. *Schmeil* bemühte sich darum, eine allgemeinbiologisch ausgerichtete, experimentell arbeitende Biologie an den Schulen durchzusetzen. Mit den Ideen von *Junge* setzte er sich gründlich auseinander und übernahm von diesem das Konzept der vielseitigen Artbeschreibung. Im gesamten Unterricht, besonders in dem von *Schmeil* vergrößerten Anteil der Menschenkunde, sollten Bau und Funktion der Lebewesen zur **funktionell-morphologischen Betrachtungsweise** verknüpft werden. Die Ausrichtung des Unterrichts auf den Gedanken der Lebensgemeinschaft lehnte *Schmeil* allerdings ab und behielt (wie der Lehrplan vorschrieb) das Vorgehen nach dem System der Lebewesen auf den unteren Klassenstufen bei. Grundlegend für *Schmeil*s Reformkonzept war seine Kampfschrift »Über die Reformbestrebungen auf dem Gebiete des naturgeschichtlichen Unterrichts« (*Schmeil* 1896), in der die folgenden Sätze stehen:

»Die Reformbewegung richtet sich allein gegen die einseitige Herausarbeitung des Systems, nicht etwa auch gegen systematische Gruppierungen, die in Form von Rückblicken, Zusammenfassungen und dergleichen selbstverständlich auch in Zukunft unternommen werden müssen. ...
Bau und Lebensweise sollen in ursächlichen Zusammenhang gebracht werden. Es kommt nicht auf ein Aufzählen der ... Eigenschaften, sondern auf eine Einführung in das Verständnis an. ...
Für den Schüler gilt es, selbständig, elementar zu forschen; das Eindringen in die kausalen Zusammenhang der Erscheinungen setzt eine viel größere Aufmerksamkeit und ein weit genaueres Beobachten voraus als der rein morphologische Unterricht. ...
Erkenntnis der Kausalität in bezug auf die Einzelwesen und die gesamte Natur muß als Leitmotiv für den Unterricht gelten, jedoch hüte man sich ja davor, zu meinen, als ob man mit dem Erfassen dieser Verhältnisse nun die letzten Gründe alles Lebens erkannt hätte. ...
Aufgabe [der Schule] kann nur sein, unwiderleglich feststehende Tatsachen zu lehren. ...
Nur durch fleißiges Beobachten, durch Selbstschauen und Selbstuntersuchen ist es möglich, den schlimmsten Feind alles geistbildenden Unterrichts aus der Schule zu verbannen: den Verbalismus.
... Das Volk wird an der Spitze der Völker marschieren, welches mit der höchsten sittlichen Tüchtigkeit die tiefste Kenntnis der Natur in ihren mannigfachen Erscheinungen verbindet.«

Der Einfluß von *Schmeils* Konzept war sehr groß. Er erfaßte fast alle Schulen und ist bis heute spürbar geblieben. Ganz in *Schmeils* Sinne wirkten viele andere Lehrbuchautoren. Die vielseitige Artbeschreibung, wie sie *Junge* und *Schmeil* forderten, verführte allerdings viele Lehrkräfte dazu, die Lebewesen allein unter dem Gesichtspunkt der »Zweckmäßigkeit« und »Angepaßtheit« zu betrachten. Beeinflußt war diese Sicht durch ein unzulängliches Verständnis der Selektionstheorie von *Charles Darwin* und durch nichtevolutionäre, teleologische Vorstellungen (vgl. *Kattmann* 1995 a). Diese einseitige Betrachtung rief Kritik und Spott hervor, wie sie *Hermann Löns* in seinem »Zweckmäßigen Meyer« formulierte (Textbeispiel bei *Brucker* 1980, 51 ff.; *Meyer* 1983). Die für die Geschichte der Biologie revolutionären Theorien *Darwins* selbst fanden zunächst keinen Eingang in den Biologieunterricht. *Schmeil* lehnte die Behandlung ab, da der Darwinimus »eine durchaus nicht einwandfreie Hypothese sei« (*Schmeil* 1896, 67). Auf der Oberstufe der Gymnasien führte der Versuch, Darwinsche Theorien zu behandeln, zum Verbot: Der Blütenbiologe *Hermann Müller* hatte in einer Schule in Lippstadt versucht, *Darwins* Arbeiten im Unterricht zu behandeln. Dies führte 1879 zum Eklat. Eltern, kirchliche Stellen und Journalisten empörten sich. 1882 verbot der Preußische Kultusminister die Durchführung des Biologieunterrichts auf der Oberstufe der höheren Schulen. Die Vermittlung der Evolutionslehre wurde 1883 für den gesamten Schulunterricht verboten. Erst mit den Richtlinien von 1925 wurde Biologie als Pflichtfach im Oberstufenunterricht eingeführt und die Evolutionslehre in den Lehrplan aufgenommen.  ▼ 3.3.2

▼ 2.3.1

Von der Evolutionslehre abgesehen, förderten die Ideen *Schmeils* die Orientierung des Biologieunterrichts an der Entwicklung der Wissenschaft. Wenn auch die funktionell-morphologische Betrachtungsweise bei *Schmeil* noch den Schwerpunkt bildete, so stieß er doch eine Entwicklung an, in der versucht wurde, die verschiedenen biologischen Grunderkenntnisse im Unterricht zu einem einheitlichen Bild zu vereinen. Noch bevor *Max Hartmann* im Jahre 1924 seine »Allgemeine Biologie« (4. Auflage 1953) veröffentlichte, entwarf *Paul Brohmer* für den Unterricht das Konzept einer »synthetischen Naturgeschichte« (»Der Naturgeschichtsplan in der Arbeitsschule«, 1922). *Brohmer* strebt an, alle bisherige Naturerkenntnis durch eine **synthetische Betrachtungsweise** möglichst lückenlos ineinanderzufügen. Bei diesem Ziel liegt es nahe, das Konzept der »Lebensgemeinschaft« wieder stärker zu betonen, wie es *Heinrich Grupe* (»Bauernnaturgeschichte für Landschulen«, 1938) und besonders *Cornel Schmitt* (»Biologie in Lebensgemeinschaften«, 1932 ff.) taten. Später wurde es dann von *Brohmer* (1936) unter dem Einfluß des Nationalsozialismus aufgegriffen und im Sinne der Gemeinschaftsideologie ausgedeutet (vgl. *Trommer* 1983 f.).  ▼ 2.2.1

Die Preußischen Richtlinien von 1924/25 zeigten einige Neuerungen (vgl. *Scheele* 1981, 259 ff.). In den allgemeinen Bestimmungen wurden nun die Gesetzmäßigkeiten des Lebendigen betont. In den Stoffplan wurde die Evolutionslehre sowie erstmalig auch die 1900 wiederentdeckte Mendelsche Genetik eingeführt. Am Prinzip der Stoffanordnung änderte sich allerdings wenig. Die Richtlinien waren weiterhin nach dem System der Lebewesen aufgebaut. In der 9. bzw. 10. Klassenstufe war Menschenkunde vorgesehen (teilweiser Abdruck der Richtlinien bei *Mostler/Krumwiede/Meyer* 1979, 7 f.).

### 2.1.4 Die Entwicklung der Unterrichtsmethoden

Die Forderung von *Comenius* nach unmittelbarer Anschauung und nach Beobachtung von Naturobjekten im Unterricht wurde zunächst nur von wenigen befolgt (z. B. von *Herrmann August Francke* in seinen Anstalten in Halle). Eine frühe Ausnahme war der evangelische Pfarrer *Christian Gotthilf Salzmann* (1744 bis 1811), der von den Erziehungsideen *Jean Jaques Rousseaus* beeindruckt war und forderte, den Unterricht in freier Natur durchzuführen, die Lebewesen in ihrer natürlichen Umgebung zu beobachten und Naturaliensammlungen anzulegen.

Die Einführung des »Realienunterrichts« an den öffentlichen Schulen erfolgte unter anderen Bedingungen. Naturkundliche Themen wurden als »nützliches Wissen« im Gelegenheitsunterricht angesprochen, z. B. bei einer passenden Bibelstelle oder mit geeigneten **Lesebuchtexten**. Diese Methode hielt sich bis ins 19. Jahrhundert. Daneben scheute man sich nicht, **Lehrexperimente** durchzuführen, bei denen Tiere zu Tode kamen, um einfachste Zusammenhänge zu demonstrieren (vgl. *Knoll* 1994).

*August E. Lüben,* der mit seinen Anleitungen für den Unterricht seit 1832 den Lesebuchunterricht grundsätzlich ablehnte, führte den »Naturkörper« nachdrücklich als Anschauungsobjekt ein und begründete so eine eigenständige Methodik des naturgeschichtlichen Unterrichts. Neben dem bisher geübten bloßen Beschreiben führte er auch das Vergleichen in den Unterricht ein, das das Interesse der Schüler fördern und zu einem genauen Beobachten und Unterscheiden anregen sollte.

*Lüben* schildert sein Unterrichtsverfahren in den Anweisungen für die Biologielehrenden sehr anschaulich (zitiert bei *Grupe* 1977, 49 f.; vgl. *Klausing* 1968, 87; *Scheele* 1981, 48 f.):

»Die erste Bedingung ist, daß man überall von der Anschauung ausgehe und dem Schüler die Naturkörper selbst vorführe. Naturgeschichte ohne Naturkörper ist ein Unding; Abbildungen bleiben immer nur ein Notbehelf. Eine zweite Bedingung ist, daß die Kinder zum Selbstsehen und Selbstfinden angeleitet werden, damit sie ihre Sinne und Erkenntnisse kräftewirkend üben. Der

## 2.1 DIE ENTWICKLUNG BIS 1933

Nutzen des naturgeschichtlichen Unterrichts geht ganz verloren, wenn der Lehrer selbst die Gegenstände beschreibt und selbst das System aufbaut. Bei dem Vorzeigen von Naturkörpern hat man besonders darauf zu achten, daß sie den Sinnen des Kindes so nahe wie möglich gebracht werden, bis seine Seele ein vollständiges Bild davon erhalten hat. Haben die Kinder ein Naturprodukt genau betrachtet, so halte man sie an, dasselbe in den passendsten Ausdrücken zu beschreiben ...Als Grundsatz gelte: Beginne mit dem Nahen und Bekannten und schließe daran das Ferne und Unbekannte. Wer bloß das Nützliche und Schädliche heraussucht, macht engherzig und gibt dem Eigennutz und der Selbstsucht Nahrung.«

*Lübens* unterrichtsmethodische Prinzipien – zuerst das **originale Naturobjekt**, vom Nahen zum Fernen, vom Leichten zum Schweren – werden auch heute noch oft nachgesprochen, obgleich sie für einen methodisch vielseitigen und reflektierten Unterricht doch zu einfach und schematisch erscheinen. Gegenüber dem Vorlesen aus Büchern war *Lübens* Vorgehen dagegen ein wesentlicher Fortschritt. Sein Verfahren hat den Biologieunterricht des 19. Jahrhunderts weitgehend mitbestimmt. Die mit dem Vorgehen bei *Lüben* verbundene rein morphologisch-beschreibende Betrachtungsweise und der von *Johannes Leunis* perfekt als Bestimmungsübung gestaltete Unterricht aber führten zu einer Gegenbewegung. Diese fand in der »sinnigen Betrachtungsweise« der Natur ihren Ausdruck. Man legte Wert auf erlebnishafte und gemütvolle Naturerzählungen. Daher wurde der Unterricht wieder mit vorgegebenen und bestenfalls nachempfundenen Texten bestritten. In dieser Situation forderte vor allem *Otto Schmeil* seit 1895 einen auf Beobachtungen, Untersuchungen und Experimente ausgerichteten Biologieunterricht und setzte diesen zum großen Teil selbst gegen den von ihm kritisierten »Verbalismus« durch.

▼ 10.1

▼ 2.1.2

Die im ersten Drittel des 20. Jahrhunderts in Europa vorherrschende sogenannte **Reformpädagogische Bewegung** hatte zum Ziel, die Schule durch eine Pädagogik vom Kinde aus grundlegend umzugestalten. An der »alten« Schule wurden deren Lebensfremdheit, einseitiger Intellektualismus, autoritärer Stil und Methodenschematismus (*Herbart*sche Formalstufen) kritisiert. Den naturwissenschaftlichen Unterricht erreichten solche Ideen vor allem durch die »Arbeitsschulbewegung«. Man wollte den spontanen Drang des Kindes nach selbständiger und vor allem manueller Betätigung anregen und fördern. Die Arbeit selbst ist nicht nur Mittel zur Bildung, sondern auch bildend mittels der durch sie gemachten Erfahrungen und der Selbstprüfung des eigenen Tuns anhand des hergestellten Produkts. Innerhalb der Arbeitsschulbewegung lassen sich drei Richtungen unterscheiden:

... Elementare handwerkliche und andere berufliche Arbeit soll mit herkömmlichen Unterrichtsinhalten verknüpft werden (*Georg Kerschensteiner:* »Begriff der Arbeitsschule«, 1912).

15

... Der traditionelle Lehrstoff soll zwar weitgehend beibehalten werden, aber der Prozeß des Lernens wird als »freie geistige Tätigkeit« verstanden. An die Stelle der Stoffvermittlung soll das selbständige Lösen von z. T. selbst gestellten Aufgaben treten (*Hermann Gaudig:* »Freie geistige Schularbeit in Theorie und Praxis«, 1928).

... Der Unterricht soll an den Problemen industrieller Arbeit und Produktion orientiert werden (»Polytechnischer Unterricht«, *Pawel P. Blonskij*).

Den Biologieunterricht in Deutschland hat nur die erste Richtung maßgeblich beeinflußt. Die Leitidee der Arbeitsschulbewegung im Biologieunterricht heißt: tätiger Umgang mit der Natur. Deshalb wurde gefordert, Pflanzen und Tiere der Heimat in den Mittelpunkt des Unterrichts zu stellen, damit die Schüler mit der heimatlichen Natur vertraut werden und diese erleben können. In vielem stimmen die Leitideen der Arbeitsschule mit denen des »Projektunterrichts« überein. Im Sinne dieses Arbeitsunterrichts ist es nur konsequent, wenn *Cornel Schmitt* den Biologieunterricht möglichst ganz aus den Schulräumen hinaus verlegen möchte, wie er es im Titel seines Buches von 1922 angibt: »Heraus aus der Schulstube! Naturgeschichte im Freien«. *Schmitt* entwickelte eine Methodik der **Exkursionen**, auf denen die Schüler gezielt biologische Erkenntnisse erarbeiten sollten (Beispiele bei *Brucker* 1980, 38 f.). Für die praktische Arbeit wurden von *Paul Brohmer* und *Heinrich Grupe* Bestimmungsbücher verfaßt, in denen die Schlüssel nach einfachen Merkmalen bzw. Lebensräumen die komplizierten Bestimmungsverfahren ersetzten. Die Bemühungen um eine methodisch vielseitige Gestaltung des Unterrichts sind von *Fritz Steinecke* (1933, 2. Aufl. 1951 a) erstmals zu einer »Methodik des Biologieunterrichts« zusammengefaßt worden.

---

LITERATUR

*Brohmer* 1936; *Brucker* 1980; *Comenius* 1658; *Eschenhagen/Kattmann/Rodi* 1985; *Freyer* 1995 a; b; *Grupe* 1977; *Hartmann* 1953; *Junge* 1907; *Kattmann* 1995 a; *Keckstein* 1980; *Kerschensteiner* 1961; *Killermann* 1991; *Klausing* 1968; *Knoll, J.,* 1994; 1995; *Meyer, G.,* 1983; *Mostler/ Krumwiede/Meyer* 1979; *Reichart/Reichart/Trommer* 1984; *Scheele* 1981; *Schmeil* 1896; *Siedentop* 1972; *Steinecke* 1951 a; *Stipproweit/Ant* 1986; *Timmermann* 1978; *Trommer* 1983 f.; 1986

## 2.2 Nutzung und Mißbrauch im Nationalsozialismus

### 2.2.1 Das Programm

Seit der Regierungsübernahme im Jahre 1933 war es ein Ziel der nationalsozialistischen Politiker, den Biologieunterricht in den Dienst ihrer weltanschaulichen Ideen und politischen Absichten zu stellen. Besonders deutlich wird dies im Erlaß des Preußischen Kultusministers zur Vererbungs- und Rassenkunde vom 13. September 1933 (vgl. *Kanz* 1990, 83). Darin heißt es:

»1. In den Abschlußklassen sämtlicher Schulen ... ist unverzüglich die Erarbeitung dieser Stoffe in Angriff zu nehmen, und zwar Vererbungslehre, Rassenkunde, Rassenhygiene, Familienkunde und Bevölkerungspolitik.

Die Grundlage wird dabei im wesentlichen die Biologie geben müssen, der eine ausreichende Stundenanzahl - 2 bis 3 Wochenstunden, nötigenfalls auf Kosten der Mathematik und der Fremdsprachen - sofort einzuräumen ist. Da jedoch biologisches Denken in allen Fächern Unterrichtsgrundsatz werden muß, so sind auch die übrigen Fächer, besonders Deutsch, Geschichte, Erdkunde, in den Dienst dieser Aufgabe zu stellen. Hierbei haben sie mit der Biologie zusammenzuarbeiten.

2. In sämtlichen Abschlußprüfungen sind diese Stoffe für jeden Schüler pflichtgemäßes Prüfungsgebiet, von dem niemand befreit werden darf«.

Diese Zielsetzungen bedeuteten für den Biologieunterricht einen erheblichen Gewinn an bildungspolitischer Bedeutung, der sich (allerdings erst 1938/39) mit einem auf allen Klassenstufen der weiterführenden Schulen durchgehend zweistündigen Anteil an den Stundentafeln auswirkte (vgl. *Kanz* 1990, 219 ff.). Die Ausrichtung auf das im Sinne nationalsozialistischer Vorstellungen »nützliche Wissen« drückte sich auch im Namen des Faches aus, das in der Volksschule jetzt offiziell »Lebenskunde« hieß. Es sind hauptsächlich fünf Bereiche, in denen die Nationalsozialisten hofften, Teile ihrer Weltanschauung und ihrer politischen Ziele mit Hilfe des Biologieunterrichts durchsetzen zu können.

● 2-1

Nach den Grundsätzen der nationalsozialistischen »Erblehre« soll die »Erbgesundheit« des Volkes durch gezielte Auslese (bewußte Partnerwahl, Verhinderung der Fortpflanzung von »Minderwertigen«) garantiert werden. Als Begründer der »Eugenik« (Lehre von der Erbgesundheit) gilt *Francis Galton* (1822 bis 1911). 1895 veröffentlichte *Adolf Ploetz* »Grundlinien einer Rassenhygiene«. Das deutsche Wort »Rassenhygiene« ist gleichbedeutend mit dem Wort »Eugenik«. Es enthält den Terminus »Rasse« im Sinne von »Volk«. Wörtlich übersetzt bedeutet es also »Volksgesundheit« und hat mit der Einteilung in »Rassetypen«, also der eigentlichen Rassenkunde, nichts zu

17

tun. Bezugspunkt zur Biologie ist die **Humangenetik**. Bereits 1923 erschien als Standardwerk das Lehrbuch von *Ernst Baur, Eugen Fischer* und *Fritz Lenz* »Menschliche Erblehre und Rassenhygiene« (5. und letzte Auflage 1940).

Als ein Kernstück nationalsozialistischer Weltanschauung sollte die »Rassenlehre« den Unterricht bestimmen. Diese hat ihre Wurzeln in den Rassentheorien des 18. und 19. Jahrhunderts. Die Anschauung von der Überlegenheit bestimmter »Menschenrassen« über andere (*Christoph Meiners,* 1747 bis 1810) wurde von *J. A. Comte de Gobineau* (1816 bis 1882) zu einer Geschichtsphilosophie ausgebaut, nach der das historische Schicksal eines Volkes von dessen harmonischer Rassenzusammensetzung abhängt. Rassenmischung führt danach zum geschichtlichen Niedergang von Völkern und Staaten. Diese Rassenvorstellungen sind seit dem Ende des 17. Jahrhunderts in der europäischen Geistesgeschichte sehr verbreitet. *Meiners, Gobineau* und später noch *Houston Stewart Chamberlain* (1855 bis 1927) sind nur herausragende Vertreter dieser allgemeinen europäischen Idee. Von den Nationalsozialisten wird die Überlegenheit der sogenannten »arischen Rasse« postuliert; sie meinen, daß besonders Juden und Zigeuner minderwertig seien (Überlegenheitsrassismus) und das deutsche Volk in seiner »Rassereinheit« durch Vermischung bedroht sei (Reinhalterassismus). Obgleich die Bezeichnung von »Ariern« und »Juden« als Rassen schon damals keineswegs mit biologischen Erkenntnissen übereinstimmte, ist der Bezugspunkt zur Biologie hier die **Rassenanthropologie**.

In der nationalsozialistischen Weltanschauung ist die »Volksgemeinschaft« eine durch »Blut« (Verwandtschaft) und »Boden« (Lebensraum) verbundene organismusähnliche Einheit (vgl. *Scherf* 1989). Ziel der Erziehung soll daher die organische Eingliederung des einzelnen in die Lebensgemeinschaft des Volkes sein. Das Individuum soll zurücktreten gegenüber dem übergreifenden Ganzen. Der Bezugspunkt zur Biologie ist hier die **Ökologie** mit den Begriffen »Lebensgemeinschaft« und »Lebensraum«. Dabei erhält die propagierte »ganzheitliche Auffassung« den Zweck, daß sich der einzelne dem übergeordneten Ganzen zu unterwerfen habe: »Bei näherem Zusehen ergibt sich, daß das einzelne Lebewesen in seinem anorganischen und organischen Lebensraum, seiner Lebensgemeinschaft, nicht mehr Sinn und Lebensberechtigung hat als die Zelle im Zellverband des Metazoenkörpers« (*Rudolf Genschel* 1933). In diesem Sinne verfaßte *Paul Brohmer* (1936) sein Werk »Die deutschen Lebensgemeinschaften«. Er schrieb im Vorwort: »Wollen wir im nationalsozialistischen Geiste erziehen, so müssen wir uns frei machen von der Einzelschau, die dem liberalistischen Geiste entsprach; vielmehr müssen wir die Kinder zu einer Gesamtschau führen. Das gilt natürlich auch für die Betrachtung jedes Einzelwesens, muß jedoch wegen der Notwendigkeit der völkischen Erziehung ebenso für die Behandlung von Lebensgemeinschaften angestrebt werden.«

Mit dem Konzept des »arteigenen Verhaltens« steuerte auch die gerade erst entstehende **Ethologie** ihren Teil zur nationalsozialistischen Gemeinschafts- und Ganzheitsideologie bei. *Konrad Lorenz* (1940 a) empfahl, gegenüber »asozial gewordenen Mitgliedern« des Volkes auf angeborene Art und Weise zu reagieren: »Der einzige Faktor, der eine den in Rede stehenden Verfallserscheinungen entgegenwirkende Auslese verursacht, liegt im Vorhandensein bestimmter angeborener Schemata, die bei vollwertigen Menschen nur auf bestimmte, den Solltypus der Art kennzeichnende Merkmale ansprechen, bei deren Fehlen aber eine gefühlsmäßige Abstoßung bewirken. ... Die wirksamste rassenpflegerische Maßnahme ist daher wenigstens vorläufig sicher die möglichste Unterstützung der natürlichen Abwehrkräfte, wir müssen – und dürfen – uns hier auf die Gefühle unserer Besten verlassen und ihnen die Gedeihen und Verderben unseres Volkes bestimmende Auslese anvertrauen. Versagt diese Auslese, mißlingt die Ausmerzung der mit Ausfällen behafteten Elemente, so durchdringen diese den Volkskörper in biologisch ganz analoger Weise und aus ebenso analogen Ursachen, wie die Zellen einer bösartigen Geschwulst den gesunden Körper durchdringen und mit ihm schließlich auch sich selbst zugrunde richten.« Diese Weltanschauung propagierte *Lorenz* (1940 b) auch für den Biologieunterricht (vgl. *Deichmann* 1992).

Die nationalsozialistische Weltanschauung ist geprägt von der Abwehr rational geleiteter Erkenntnis, die als »rationalistisch« und »liberalistisch« bezeichnet wird. Wichtiger als verstandesmäßige Einsicht sind die gefühlsmäßige Einstimmung (»Stimme des Blutes«), die ergreifende Erfahrung der Gemeinschaft und das Einfügen in den von ehernen Lebensgesetzen bestimmten Naturablauf. Bezugpunkt zur Biologie sind hier die schwärmerisch **emotionale Naturbeschreibung** (»sinnige Naturbetrachtung«) und einige weltanschaulich ausgedeutete Evolutionsvorstellungen. ▼ 2.1.2

Die Bezugspunkte zur Biologie wurden von den Nationalsozialisten gesucht. Sie ergeben sich nicht zwingend aus der Wissenschaft selber. Den ersten beiden Bereichen der nationalsozialistischen Ideologie liegt eine einseitige Betonung des Genetischen zugrunde, dem zweiten bis vierten Bereich eine Überbewertung der Funktion von Systemen, die das Individuum übergreifen. Population,

Lebensgemeinschaft, Rasse, Volk und Natur gelten als schicksalsbestimmende **Ganzheiten**. Alle fünf Bereiche durchzieht ein statisches und **ungeschichtliches Naturbild**, in dem jede Veränderung des gegebenen Zustandes als Bedrohung gesehen wird. Sofern eingegriffen wird (Auslese), soll nur der ursprüngliche »natürliche« Zustand wiederhergestellt, sollen »Rasse«, »Volksgemeinschaft« und »Lebensraum« gegen den drohenden Verfall geschützt werden. Das daraus resultierende Programm eines nationalsozialistischen Biologieunterrichts umriß der Biologielehrer *Jacob Graf* (1937, zitiert bei *Ewers* 1974, 58 f.):

»Im Rahmen des nationalsozialistischen Strebens nach der rassisch begründeten Volksgemeinschaft erwächst dem lebenskundlichen Unterricht vor allem die Aufgabe, die dem nordrassisch-deutschen Menschen eingeborene Lebenskraft zur Ganzheitsschau zu wecken und zu pflegen, damit jeder einzelne sich seiner Ein- und Unterordnung in die große Allgesetzlichkeit, ins göttliche Werden der lebendigen Natur bewußt werde und in der Erfüllung ihrer 'ewigen, ehernen Gesetze' den Sinn seines Lebens erblicke. Dies bedeutet: Abwendung von der Vergottung des Einzelmenschen und Hinwendung zu der uns übergeordneten Lebenseinheit unserer Volkheit und Rasse durch Erziehung zur Volksgemeinschaft, und zwar erstens durch Ausbildung und Vertiefung des Gemeinschaftsgefühls im Bewußtsein der blutsmäßigen Verbundenheit mit allen deutschen Volksgenossen; zweitens durch Erwecken und Pflege des über das Einzelwesen hinausgerichteten Selbsterhaltungswillens im Bewußtsein der rassisch bedingten Eigenart seines Volkes und der Andersartigkeit und Gegensätzlichkeit der übrigen Völker innerhalb der organisch gegliederten Menschheit.

Außer dem allgemeinen und unmittelbar auf die Volksgemeinschaft gerichteten Unterrichtsziel muß die erb- und rassenkundliche Unterweisung selbstverständlich auch einzelpersönlichen Zwecken dienen. Deshalb ist die Beherrschung derjenigen erb- und rassenkundlichen Tatsachen und Zusammenhänge erforderlich, die erstens für praktische Lebensbedürfnisse (Tier- und Pflanzenzucht), zweitens zur persönlichen erbgesundheitlichen Lebensgestaltung (Berufswahl, Gattenwahl, Gesundheitspflege), drittens zum Verständnis der biologischen Zusammenhänge und der Bedeutung der Rassen im Leben der Völker, und viertens zur Unterbauung und Begründung der nationalsozialistischen Weltanschauung unentbehrlich sind.«

### 2.2.2 Die Mitwirkung von Biologen und Biologielehrern

Die Frage, wie wirksam diese Vorstellungen im Biologieunterricht von 1933 bis 1945 waren, läßt sich von den Voraussetzungen her beantworten, auf die sie bei Biologielehrkräften trafen. Einen Einblick vermitteln hierzu die Vorschläge des 1931 gegründeten Deutschen Biologen-Verbandes zur Lehrplangestaltung, die 1932 veröffentlicht wurden (zitiert bei *Klausing* 1968, 117 ff.; *Eschenhagen/Kattmann/Rodi* 1985, 30 f.). Diese Vorschläge enthielten die Forderung, den Biologieunterricht lebendig zu gestalten und nach modernen Erkenntnissen der Biologie zu reformieren. Lebende Organismen sollten neben der Menschenkunde im Vordergrund stehen. Bemerkenswert ist, daß bereits nachdrücklich die sexuelle Aufklärung von Mädchen und Jungen

## 2.2 NUTZUNG UND MIßBRAUCH IM NATIONALSOZIALISMUS

gefordert wird. In Hinblick auf die Entwicklung nach 1933 interessieren vor allem die folgenden Punkte:

»5. Die Mädchen sind durch die biologische Unterweisung auf den Mutterberuf hin zu erziehen. Auch müssen sie über das Notwendigste der häuslichen Krankenpflege unterrichtet werden.
6. Die rassenbiologisch gefährdete Zukunft des deutschen Volkes macht einen gründlichen Unterricht über Vererbungslehre und Eugenik zum dringenden Gebot. Von diesem Unterricht kann die tiefste ethische Wirkung auf die Jugend erwartet werden, die angesichts des Niedergangs der Sittlichkeit im deutschen Volke notwendig erscheint. ...
8. Der biologische Unterricht soll keineswegs nur eine gewisse Menge von Wissen übermitteln, er soll zu biologischem Denken und Handeln erziehen. Z. B. bedeutet eugenischer Unterricht ein höchst bedeutsames Stück staatsbürgerlicher Erziehung. Die vorwiegend sprachlich-historische und formale Bildung, die die höhere Schule bisher vermittelte, berücksichtigt nur die geistige Seite der Volksgemeinschaft. Die biologischen Beziehungen des einzelnen zur Gesamtheit sind aber nicht minder bedeutsam. Deshalb liegt es im Interesse des Staates, den biologischen Unterricht zu fördern.
9. Der weltanschauliche und ästhetische Wert, der biologischen Betrachtungen innewohnt und nicht geringer ist als derjenige geisteswissenschaftlicher Fächer, muß im Unterricht zum Ausdruck kommen, was allerdings nur möglich ist, wenn hinreichende Zeit dafür zur Verfügung gestellt wird.
10. Die praktische, sittliche und staatsbürgerliche Bedeutung der Biologie rechtfertigt die Forderung, biologischen Unterricht den Schülern aller Schulgattungen ... in genügendem Maße angedeihen zu lassen. Die Biologie ist unter die Kernfächer aller Schulen aufzunehmen«.

*Otto Klausing* (1968, 119 f.) meint: »Im Rückblick geben nur Punkt 6 und Punkt 9 zu kritischer Besinnung Anlaß ... Es gibt keine Ursache, der eugenischen Bemühung in Punkt 6 der zitierten Leitsätze des Biologen-Verbandes ein anderes Motiv zu unterstellen als den heutigen Bemühungen zur eugenischen Aufklärung über Strahlenschädigungen des Keimplasmas.« Wie sehr die Nationalsozialisten beim Thema »Eugenik« an verbreitete Überzeugungen anknüpfen konnten, zeigt die Tatsache, daß das Thema bereits 1928 bzw. 1932 in die Lehrpläne für die höheren Schulen Hamburgs bzw. Sachsens eingeführt wurde (vgl. *Scheele* 1981, 272). Wenn die oben skizzierten biologiebezogenen Hauptaspekte der nationalsozialistischen Ideologie beachtet werden, findet man weitere Vorstellungen, an die die nationalsozialistischen Politiker erfolgreich anknüpfen konnten: In Punkt 8 wird die Volksgemeinschaft biologisch begründet; in Punkt 9 die weltanschauliche Bedeutung der Biologie mit der ästhetischen verknüpft. Im zusammenfassenden Punkt 10 wird lediglich die nützliche Funktion des Biologieunterrichts begründet (praktische, sittliche und staatsbürgerliche Bedeutung), die aufklärerische und wissenschaftlich kritische Aufgabe aber bleibt schon 1932 unerwähnt. Die sich als Nothelfer anbietende »Biologie« konnte allzuleicht als nationalsozialistische »Lebenskunde« genutzt werden (vgl. *Kattmann* 1979; 1988 c; *Ant/Stipproweit* 1986; *Bäumer-Schleinkofer* 1992; *Knoll* 1995, 156-168).

Die Richtlinien von 1938/39 enthielten alle zur Durchführung eines nationalsozialistisch bestimmten Unterrichts nötigen Angaben. Ab 1937 erschienen entsprechend bearbeitete Schulbücher, in denen die neuen Unterrichtsinhalte didaktisch umgesetzt wurden (Zitate und Bilder bei *Kattmann/Seidler* 1989). Zu diesen Büchern gehören die »Biologie für die höhere Schule« von *Jacob Graf* und die Neubearbeitung des verbreiteten Lehrbuchs von *Kraepelin/ Schaeffer/Franke* (»Das Leben«). Im Menschenkundeband des letzteren Werkes (1942 bearbeitet von *Erich Thieme*) finden sich u. a. die folgenden Abschnitte: »Das deutsche Volk und seine Rassen«, »Die Rassenkreise der Erde und ihre Lebensräume«, »Rassenmischung und die Rassenschutzgesetze«, »Die Minderwertigkeit und ihre Bekämpfung«, »Die Geburtenfrage, eine Schicksalsfrage«. Die traditionellen Teile der Menschenkunde (Bau und Funktion des Körpers) stehen unter der Hauptüberschrift: »Die Leistungsfähigkeit des Einzelmenschen als Grundlage völkischen Lebens«.

Trotz dieser eindeutigen Aufgabenstellung sind die Richtlinien und Schulbücher nicht ausschließlich unter dem Aspekt des politischen Mißbrauchs zu beurteilen. Sie enthalten vielmehr Inhalte der Allgemeinen Biologie in großem Umfang und stellen hier z. T. hohe Ansprüche an Lehrpersonen und Schüler. *Klausing* (1968, 121) bewertet daher die Richtlinien und den entsprechenden Unterricht folgendermaßen: »Im sachlichen Teil dieser Bildungspläne für Biologie sind praktisch alle wesentlichen Anliegen berücksichtigt, die dem wissenschaftlich orientierten Schulbiologen, bei Überwindung einer rein akademischen Orientierung, nach dem damaligen Stand der Forschung möglich und wünschenswert erscheinen konnten. Die ideologischen Elemente sind vorwiegend in den methodischen Hinweisen enthalten und spielen daher im eigentlichen Stoffplan nur eine untergeordnete Rolle. Trotz der textlichen Breite der Ideologismen ist das sachlich-stoffliche Übergewicht so groß, daß es objektiv mehr als nur ein Gegengewicht darstellt. Das gilt sowohl für die Oberschule wie auch für die Volksschule. Die biologischen Stoffpläne gaben dem Lehrer damit die Möglichkeit eines rein sachlichen und zugleich streng am Maßstab der Wissenschaftlichkeit meßbaren Biologieunterrichtes.«

Die Gefahr des **ideologischen Mißbrauchs** sieht *Klausing* nur in der mangelnden fachlichen Ausbildung der Lehrer. »Dementsprechend war das Ausweichen auf einen stundenfüllenden biologisch-ideologischen Unterricht ... nur allzu bequem« (*Klausing* 1968, 121). Der Historiker *Hans-Günter Zmarzlik* (1966) schätzt dagegen die ideologische Wirksamkeit von Richtlinien und Schulbüchern im Unterricht nach 1939 höher ein. Es ist wohl zu bezweifeln, daß die wissenschaftlichen Inhalte als Gegengewicht gegen die allgegenwärtige politische Ideologie stehen konnten und daß eine bessere, rein fachliche

## 2.2 NUTZUNG UND MIßBRAUCH IM NATIONALSOZIALISMUS

Ausbildung den politischen Mißbrauch stärker hätte verhindern können. So zeigt die Geschichte des Rassismus, daß auch wissenschaftlich arbeitende Biologen nicht gegen die Verführung durch eine in der Konsequenz verbrecherische Ideologie gefeit waren (vgl. *Seidler/Rett* 1982; 1988; *Chroust* 1984; *Müller-Hill* 1984; *Becker* 1988; *Kattmann/Seidler* 1989; *Bäumer* 1990; *Deichmann* 1992; *Preuschoft/Kattmann* 1992; *Weingart/Kroll/Bayertz* 1992; *Vogel* 1992). Augenscheinlich haben diejenigen Wissenschaftler und manche Biologielehrer, die sich von den Nationalsozialisten vereinnahmen ließen, dies nicht mit schlechtem Gewissen getan, sondern in gutem Glauben oder gar aus wissenschaftlicher Überzeugung. Sie haben sich vor 1933 zwar zurückhaltender geäußert, aber dennoch schon im selben Sinne wie später. Sie wurden nicht nur mißbraucht, sondern sie waren auch zu gebrauchen. Und viele haben aus eigenem Antrieb aktiv mitgewirkt. Sie wurden daher nicht von »außen« durch eine politische Ideologie verführt, sondern konnten dieser von »innen« her aus eigener Überzeugung entgegenkommen. Ein solcher Irrweg wird sich daher auch künftig nicht dadurch verhindern lassen, daß Wissenschaft und Unterricht eng fachlich ausgerichtet werden und politisch »abstinent« sind. Vielmehr sollten Wissenschaft und Unterricht didaktisch so reflektiert werden, daß die politischen Bezüge in kritischer Distanz bearbeitet werden und Totalitätsansprüchen einer Ideologie entgegengewirkt wird (vgl. *Kattmann* 1982; 1992 d). ▼2.3.1

LITERATUR
*Ant/Stipproweit* 1986; *Bäumer* 1990; *Bäumer-Schleinkofer* 1992; *Becker, P. E.*, 1988; *Brohmer* 1936; *Chroust* 1984; *Deichmann* 1992; *Eschenhagen/Kattmann/Rodi* 1985; *Ewers* 1974; *Genschel* 1933; *Graf* 1937; *Kanz* 1990; *Kattmann* 1979; 1982; 1988 c; 1992 d; *Kattmann/Seidler* 1989; *Klausing* 1968; *Knoll, J.*, 1995; *Lorenz* 1940 a; b; *Müller-Hill* 1984; *Preuschoft/Kattmann* 1992; *Scheele* 1981; *Scherf* 1989; *Seidler/Rett* 1982; 1988; *Vogel, C.,* 1992; *Weingart/Kroll/Bayertz* 1992; *Zmarzlik* 1966

## 2.3 Die Entwicklung nach 1945

### 2.3.1 Folgerungen aus der bisherigen Geschichte

Nach dem Kriege begann der Biologieunterricht in der Bundesrepublik Deutschland dort, wo er etwa um 1900 nach der Reform von *Schmeil* gestanden hatte. Folgerungen wurden aus der Geschichte nicht oder nur vordergründig gezogen. Die Beziehungen des Biologieunterrichts zum Nationalsozialismus wurden einseitig als politisch aufgenötigter Mißbrauch gewertet, ohne daß die Rolle bedacht wurde, die biologische Konzepte (»Rasse«, »Erbgesundheit«, »Lebensgemeinschaft«) und Biologen selbst, z. B. durch Erstellen von Rassengutachten, dabei gespielt hatten. So blieben einige Probleme ungelöst, die sich heute neu stellen (vgl. *Klausing* 1968, 129 ff.; *Kattmann* 1982; 1988 c):

Die **Rassenanthropologie** und die **Eugenik** wurden nach 1945 tabuisiert, aber nicht korrigiert. So konnten Irrtümer und falsche Vorstellungen weiterleben. Für den Biologieunterricht ergibt sich die Aufgabe, biologische Informationen zur Anthropologie und Humangenetik besonders sorgfältig zu vermitteln und dabei in der Vergangenheit vernachlässigte populationsgenetische Überlegungen einzubeziehen.

Die **Biologie der Lebensgemeinschaften** wurde vor allem in der Hauptschule im Anschluß an die Ideen *Junges* weitergeführt, ohne daß dabei der Gebrauch der Vorstellungen von Lebensraum und Lebensgemeinschaft im Sinne nationalsozialistischer Gemeinschaftsideologie bedacht wurde. Ein solches Vorgehen ergibt aber ein völlig falsches Bild von der Rolle der Individuen. Aufgabe des Biologieunterrichts wäre es demnach, die besonderen Beziehungen in den

3-1 ● einzelnen Biosystemen höherer Ordnung zu beschreiben und insbesondere die Rolle der Organismen als selbständige Individuen in den übergreifenden Systemen herauszustellen. Es gibt biologisch keinen Grund, das spannungsvolle

3.1 ▼ dialektische Verhältnis zwischen Individuum und übergreifenden Systemen
3.3.5 ▼ zugunsten einer Seite aufzulösen.

Es ist zu klären, welche Bedeutung eine sogenannte **ganzheitliche Betrachtung** in der Biologie hat. Diese Bezeichnung wurde nach 1945 meist auf eine umfassende Beschreibung des Einzelorganismus beschränkt (vgl. *Kuhn* 1967; 1975 a). In der nationalsozialistisch gedeuteten Biologie sind »Rasse«, »Volk« und »Lebensgemeinschaften« das Individuum bestimmende »Ganzheiten«, die als die übergreifenden Ordnungen aufrechterhalten bleiben müssen. Heute können in systemtheoretischer Beschreibung derartige Vorstellungen in neuem Gewande wieder auftreten, wenn die mit der Evolution verbundenen Eigenschaften aller Biosysteme, nämlich die Veränderlichkeit und die Geschichtlichkeit, nicht beachtet werden. ▼ 3.3.7

In der nationalsozialistischen Ideologie wurde die **Evolutionstheorie** in vulgär-darwinistischem Sinne unter den Stichwörtern »Selektion« und »Ausmerze« als Rechtfertigung von Krieg, Rassenvernichtung und Mord an behinderten Menschen mißbraucht. Vor 1933 hatte die Evolutionstheorie keine große Rolle im Biologieunterricht gespielt, da sie als spekulativ abgelehnt wurde. Nach 1945 wurde die Evolutionstheorie zunächst nur als Thema in den Abschlußklassen vorgesehen. Dieser Umstand verhinderte, daß sie als die wesentliche Grundlage biologischer Erkenntnis auch auf unteren Klassenstufen vermittelt wurde. In der DDR wurde die Evolution des Menschen ideologisch einseitig gedeutet, indem dogmatisch gelehrt wurde, die Menschwerdung sei im Sinne von *Friedrich Engels* als Produkt von Eiweißnahrung und Arbeitsteilung zu verstehen. Von den Anhängern kreationistischer Vorstellungen wurde und wird die Evolutionstheorie aufgrund buchstäblicher Auslegung der Schöpfungsberichte der Bibel abgelehnt.

Dieser Umgang mit der zentralen biologischen Theorie erfolgte wohl auch aufgrund der historisch bedingten Wissens- und Verständnislücken. Die Einsicht, daß die Evolutionstheorie der gesamten Biologie zugrundeliegt, sollte daher im Biologieunterricht künftig konsequent beachtet werden (vgl. *Kattmann* ▼ 3.3.6
1995 a).

Biologieunterricht diente in einigen Phasen seiner Geschichte vor allem der **Gemütsbildung** und einem einfühlsamen Erleben der Natur (sinnige Naturbetrachtung). An diesen Traditionsstrang knüpfte nach 1945 vor allem der Unterricht an der Hauptschule an, indem er teilweise auf die Ziele religiöser Erziehung ausgerichtet wurde. Er sollte anleiten »zur Ehrfurcht vor Gott und seinem Werk« (Richtlinien und Stoffpläne für die Volksschule in Nordrhein-Westfalen, 3. Auflage 1963, 32; vgl. *Hörmann* 1965; *Kuhn* 1975 a, 20; zur Kritik: *Werner* 1973, 47-52). Obgleich dieser Versuch der Anbindung des Biologieunterrichts an die Religion von den Autoren als Abwehr von Ideologien gedacht war, steht er doch in der Linie jener überwiegend gefühlsmäßigen und irrationalen Erfassung der Natur, die ein Kennzeichen nationalsozialistischer Ideologie war. Ein Biologieunterricht, der sich auf rationale Erkenntnisgewinnung der Wissenschaft »Biologie« bezieht, darf sich daher heute nicht mehr von einer einzelnen weltanschaulichen oder religiösen Gruppe beanspruchen lassen, sondern muß sich für mehrere Deutungen offen halten. Diese Aufgabe läßt sich aber gerade nicht ohne einen klaren Bezug des Biologieunterrichts zu allgemeinen ethischen Normen erfüllen. Dies gilt sowohl im Bereich zwischenmenschlicher Beziehungen, wo der Unterricht den Menschenrechten verpflichtet ist (Grundgesetz der Bundesrepublik Deutschland), wie auch im ökologischen Bereich, wo das Handeln des Menschen ebenfalls biologisch mitbestimmte Maßstäbe erfordert. Damit sind auch Erziehungsziele der emotionalen Dimension (Werthaltungen, Erleben) verbunden. »Naturerleben« und »Naturverstehen« sollten daher nicht gegeneinander gestellt, sondern aufeinander bezogen werden.

Die geschilderten Probleme ergeben sich zum großen Teil aus gesellschaftlichen Anforderungen, die der Biologieunterricht erfüllen muß, wenn er Biologie in pädagogisch verantwortlicher Weise vermitteln soll. In der Geschichte der Biologie sind die beiden Stränge »Biologieunterricht als Lebenskunde« und »Biologieunterricht als Vermittlung von Wissenschaft« weitgehend unverbunden geblieben. Dieses unvermittelte Nebeneinander hat die widerstandslose Nutzung und den unglaublichen Mißbrauch des Biologieunterrichts durch eine politisch verbrecherische Ideologie begünstigt. So bleibt als wichtige Folgerung, das Verhältnis von Wissenschaft und gesellschaftlich bedeutsamem Wissen zu überdenken und für die Vermittlung im Biologieunterricht neu zu bestimmen. Diese Aufgabe wurde in der Bundesrepublik Deutschland mit der Curriculumreform seit dem Ende der 60er Jahre angegangen.

## 2.3.2 Haupttendenzen der Reform seit 1960

Die Reform des Biologieunterrichts wurde in der Bundesrepublik Deutschland durch allgemeindidaktische und biologiedidaktische Überlegungen zur Stoffauswahl und Stoffanordnung vorbereitet. Richtungweisend waren das Konzept des »Elementaren« und »Fundamentalen« von *Wolfgang Klafki* (1964) und das »Prinzip des Exemplarischen« von *Martin Wagenschein* (1962).
Biologiedidaktiker wie *Wilhelm Brockhaus* (1958), *Alfons Beiler* (1965), *Werner Siedentop* (1968, 4. Aufl. 1972), *Hans Esser* (1969, 3. Aufl. 1978), *Wilfried Stichmann* (1970) und *Hans Grupe* (1971, 4. Aufl. 1977) formulierten neue Grundsätze für den Biologieunterricht, die auf den allgemeindidaktischen Konzepten aufbauten und moderne Entwicklungen in der Biologie berücksichtigten.

Ihre Vorschläge betrafen vor allem
... die Orientierung an Grundsachverhalten (Phänomenen des Lebendigen),
... die Auswahl zeitgemäßer Bildungsinhalte,
... die Wissenschaftsorientierung,
... das Einüben und die Einsicht in biologische Arbeitsweisen.

Diese Prinzipien wurden während der **Curriculumreform** seit etwa 1970 ▼ 6.3.2
aufgegriffen und weiterentwickelt, so daß sie den heutigen Biologieunterricht
wesentlich mitbestimmen.
Die Curriculumentwicklung bekam wichtige Anstöße zur Neuorientierung
durch internationale Konferenzen (z. B. OECD 1963) und vor allem die
programmatische Schrift »Bildungsreform als Reform des Curriculum« von
*Saul B. Robinsohn* (1969). Vorbilder für die Neugestaltung des Biologieunterrichts in der Bundesrepublik Deutschland kamen von den Curriculumentwicklungen in den USA (Biological Sciences Curriculum Study, BSCS
1963, 3. Aufl. 1973) und in Großbritannien (Nuffield Biology 1966, 2. Aufl.
1975), die nach allgemeinbiologischen Kriterien aufgebaut sind (vgl., *Huhse*
1968; *Sönnichsen* 1973; *Werner* 1973). Diese Entwicklungen wurden in der
Bundesrepublik Deutschland vor allem vom Institut für die Pädagogik der
Naturwissenschaften (IPN) in Kiel aufgenommen und weitergeführt (IPN
Einheitenbank Curriculum Biologie 1974 ff.; vgl. *Kattmann/Schaefer* 1974).

Den Rahmen für die Reform gab die Bildungskommission des Deutschen
Bildungsrates im »Strukturplan für das Bildungswesen« (1970), in dem die
Ziele für den **Sekundarbereich I** als Grundbildung für alle umrissen wurden. ▼ 3.2.1
Diese Grundbildung sollte für alle allgemeinbildenden Schulen wissenschaftsorientiert sein. Die Neugestaltung des Biologieunterrichts betraf neben der
Auswahl und Anordnung von Inhalten auch die angestrebten Unterrichtsformen
und Lernprozesse (vgl. *Sönnichsen* 1973; *Werner* 1973; *Memmert* 1975;
*Kattmann/Isensee* 1977; *Hedewig* 1980; *Kattmann* 1980 a; *Stichmann* 1981 a).

Vor dem Einsetzen der neueren Curriculumentwicklung wurde der Biologieunterricht innerhalb der verschiedenen Schultypen noch ziemlich einheitlich
strukturiert. Im Gymnasien wurde die Abfolge durch das System der Lebewesen
bestimmt, erst in der Oberstufe wurden allgemeinbiologische Themen behandelt.
In der Hauptschule und teilweise in der Realschule folgte der Biologieunterricht
den Jahreszeiten oder war nach Lebensräumen strukturiert (vgl. *Eschenhagen/
Kattmann/Rodi* 1985, 105 ff.).

3.1 ▼ Allgemeinbiologische Teildisziplinen wie Physiologie, Genetik, Verhaltenslehre, Ökologie machten in der zweiten Hälfte des 20. Jahrhunderts eine stürmische Entwicklung durch. Die herkömmliche Strukturierung des Biologieunterrichts geriet zunehmend in Gegensatz zu dieser Entwicklung (vgl. *Sönnichsen* 1973, 19).

2.1.3 ▼ Die ersten Reformversuche, das systematisch-taxonomische Vorgehen mit neuem »Leben« zu erfüllen, d. h. den Unterricht an allgemeinbiologischen Prinzipien zu orientieren, stammen bereits von *Otto Schmeil* und *Friedrich Junge*.

Je mehr neuere Ergebnisse und Forschungsrichtungen auch im Schulunterricht berücksichtigt wurden, um so mehr wurde seit 1960 die taxonomische Anordnung der Inhalte aufgegeben zugunsten einer Orientierung an den neuen Teildisziplinen und den damit betonten allgemeinbiologischen Phänomenen (»Kennzeichen des Lebendigen«).

An die Stelle monographischer Behandlung einzelner Tier- oder Pflanzenarten (»Das Eichhörnchen«, »Die Schlüsselblume«) sowie einzelner Tier- oder Pflanzengruppen (»Die Fische«, »Die Farne«) trat die Behandlung derjenigen Erscheinungen, die für Lebewesen charakteristisch sind, wie Bewegung, Ernährung, Stofftransport, Reizbarkeit, Verhalten, Fortpflanzung, Entwicklung, Vererbung, ökologische Beziehungen, Evolution. Mit diesem Vorgehen wurde zugleich die Trennung von Pflanzenkunde, Tierkunde und Menschenkunde aufgegeben.

*Karla Etschenberg* (1979) ging über die allgemeinbiologische Orientierung bei der Themenauswahl hinaus, indem sie in ihrem Strukturierungsvorschlag die »Kennzeichen des Lebendigen« direkt zur Themenabfolge benutzte.

Als Fortführung und Differenzierung der Orientierung an allgemeinbiologischen Prinzipien kann der Vorschlag verstanden werden, den Unterricht an »universellen Lebensprinzipien« auszurichten (vgl. *Schaefer* 1990 a).

Unabhängig von einzelnen Ausprägungen wurde die allgemeinbiologische Orientierung, die mit experimentell ausgerichtetem Unterricht (forschendem Lernen) verbunden ist, vor allem bezogen auf die Klassenstufen 5 und 6 des Gymnasiums kritisiert, da sie die Schüler überfordere und deren Interessen nicht entspreche (vgl. *Kettling* 1987). Obgleich bereits *Klaus Dylla* (1972) zeigte, daß die Einstellungen der Lehrpersonen diese selbst hindern, die Interessen und Fähigkeiten der Schüler richtig einzuschätzen, wurde das allgemeinbiologische Vorgehen als nicht altersgemäß für die Schüler der Orientierungsstufe angesehen. Es wurde daher für die Klassenstufen 5 und 6 eine Beschränkung auf bestimmte systematische Gruppen gefordert (Wirbeltiere,

Blütenpflanzen), auch wenn die allgemeinbiologische Orientierung beibehalten wurde.
Ein grundsätzlicher Einwand legte nahe, das allgemeinbiologische Vorgehen zu modifizieren: Bei rigoroser Anwendung vergleichender Betrachtung und besonders bei einer Beschränkung auf experimentelle Fragestellungen können die Lebewesen selbst als »Ganze« aus dem Blick geraten und nur noch als Träger bestimmter »Funktionen« betrachtet werden. Die Beachtung der Organisationsformen des Lebendigen (Biosysteme: Organismen, Populationen, Ökosysteme) sollte nach diesem Einwand in die allgemeinbiologische Orientierung hineingenommen werden, um den Ganzheitscharakter der Biosysteme zu wahren und in der Betrachtung herauszustellen sowie die Vielfalt des Lebendigen zu betonen (vgl. *Mayer* 1992).
Ein weiterer Einwand gegen ein frühes Einsetzen allgemeinbiologischer Orientierung richtete sich gegen die damit gegebene Wiederholung derselben Themenkomplexe auf mehreren Klassenstufen. Die eigentlich geforderte Behandlung der Themen unter verschiedenen Aspekten und jeweils altersgemäßer Komplexität (Spiralprinzip) gelingt nicht immer, so daß der Eindruck reiner Wiederholung sowie der Vorwegnahme lohnender Themen für höhere Klassenstufen entstehen kann.

In der Reform des Biologieunterrichts spielte besonders in der Sekundarstufe I die Verknüpfung individualer und sozialer Probleme mit biologisch bestimmten Inhalten eine große Rolle. Die Verknüpfung der Entscheidungskriterien für die Inhaltsauswahl »Wissenschaftsrelevanz«, »Schülerrelevanz« und »Gesell- ▼ 3.2.2
schaftsrelevanz« erfolgte mit unterschiedlichen Schwerpunkten. Der »Rahmenplan des VDBiol« (1973; 1987; vgl. MNU-Empfehlungen 1991) ist hauptsächlich an allgemeinbiologischen Disziplinen orientiert. Bei der Entwicklung der Hessischen Rahmenrichtlinien (1972, Neubearb. 1978) zeigte sich, daß die Disziplinen der Allgemeinen Biologie eine größere Nähe zu individualen und sozialen Problemen aufweisen als die der Speziellen Biologie. Biologiedidaktische Konzepte, mit denen eine weitergehende Integration des ▼ 3.2.5
Biologieunterrichts mit sozialwissenschaftlich bestimmten Bereichen angestrebt wird, wurden mit dem »humanzentrierten Biologieunterricht« (*Kattmann* 1980 a), der »Existenzbiologie« (*Drutjons* 1982) sowie dem als »ganzheitlich-kritisch« bezeichneten Biologieunterricht (*Ellenberger* 1993) vorgelegt.

Die Haupttendenzen der seit 1970 entwickelten Lehrpläne lassen sich folgendermaßen zusammenfassen (vgl. *Hedewig* 1980; 1992; 1997; *Staeck* 1991 b; 1995; *Bayrhuber/Mayer* 1990):

... Der Unterricht wird aus Einzelthemen (Unterrichtseinheiten) aufgebaut. Viele Themen werden bereits auf unteren Klassenstufen behandelt und später unter anderem Aspekt wiederholt (Spiralprinzip).
... Der humanbiologische Anteil hat stark zugenommen. Er ist nicht mehr auf die Klassenstufen 9 und 10 beschränkt, sondern beginnt bereits in Klassenstufe 5/6 und ist z. T. in allgemeinbiologische Themen integriert. Die klassischen humanbiologischen Themen (Organsysteme) werden durch Gesundheitserziehung, Sexualerziehung sowie humanethologische, humangenetische Themen und z. T. die Stammesgeschichte ergänzt. In einigen Richtlinien kann man von einer »humanzentrierten Grundausrichtung« sprechen (*Staeck* 1991 b, 268).
... Die Anordnung nach der Tier- und Pflanzensystematik sowie die monographische Behandlung einzelner Arten treten zurück gegenüber der Behandlung allgemeinbiologischer Phänomene (Kennzeichen des Lebendigen). Diese Tendenz ist allerdings für die Klassenstufen 5 und 6 seit Mitte der 70er Jahre rückläufig. Es wird seitdem in einigen Lehrplänen ausdrücklich auf monographische Behandlung und systematische Anordnung Wert gelegt und gegen eine allgemeinbiologische Orientierung Stellung bezogen.
... Zusammen mit Art-Monographien wird wieder Nachdruck auf Formenkenntnisse gelegt, die aber zumeist nicht als Selbstzweck, sondern in ihrer Funktion für ökologische Themen, Freizeit, wirtschaftliche Nutzung und für das Verständnis allgemeinbiologischer Phänomene integriert werden sollen.
... Fast überall nehmen Themen der Ökologie und des Umweltschutzes breiten Raum ein.
... Im methodischen Bereich werden wissenschaftliche Verfahrensweisen und ein experimentell ausgerichteter Unterricht empfohlen, womit ein entdeckendes Lernen angestrebt wird.

Der **Sekundarbereich II** wurde für die allgemeinbildenden Schulen durch die »Vereinbarung zur Neugestaltung der gymnasialen Oberstufe vom 7. Juli 1972« (1976) neu organisiert. Die Jahrgangsklassen wurden zugunsten eines Systems von Grund- und Leistungskursen aufgelöst. Das Curriculum wurde neu formuliert, da Aufgaben und Stundenumfang des Unterrichts erheblich abgeändert wurden (vgl. *Trommer* 1980 a). Die Themen der Kurse sind meist an den Gebieten der Allgemeinen Biologie orientiert: Zytologie, Stoffwechselphysiologie, Sinnes- und Nervenphysiologie, Ethologie, Entwicklungsbiologie, Genetik, Ökologie, Evolution. Zusätzlich werden die Inhalte vielfach an den Ebenen der biologischen Organisation orientiert: Molekulare Ebene und Zell-Ebene, Ebene des Organismus, Ebene der Populationen und Ökosysteme (vgl. *Krumwiede* 1982). Besonderes Gewicht wird in den Richtlinien auch den methodischen und erkenntnistheoretischen Fragestellungen zugemessen (vgl. *v. Falkenhausen* 1979, 101; 1992; *Trommer* 1980 b). Die Unterschiede zwischen den einzelnen Bundesländern sind in der inhaltlichen Ausgestaltung der Kurse nicht sehr groß. Sie unterscheiden sich in der Reihenfolge und in den Kombinationen, in denen die biologischen Teildisziplinen unterrichtet werden sollen. Am Anfang steht fast immer die Zytologie. Fächerübergreifende Kurse, wie sie der »Rahmenplan des VDBiol« (1973; 1987) fordert, wurden nur vom Land Schleswig-Holstein eingerichtet, und zwar zur Kybernetik und zur Wissenschaftstheorie (vgl. die Übersicht über die Länderbestimmungen bei *Hedewig* 1980, 23 f.; 1992; *Krumwiede* 1982).

Trotz der grundsätzlichen Übereinstimmung gibt es unterschiedliche Zielsetzungen. So sollen die nach den Richtlinien des Landes Nordrhein-Westfalen zur Auswahl gestellten Kursabfolgen die gesamte Biologie repräsentieren (Richtlinien für die gymnasiale Oberstufe 1981, 83). Dagegen sollen bei den Kursstrukturplänen des Landes Hessen (1979) thematische Schwerpunkte gebildet werden, die »zur Beurteilung der inneren Zusammenhänge der belebten Natur (Weltverständnis) ..., des Selbstverständnisses des Menschen« sowie »wichtiger pragmatischer und gesellschaftlicher Probleme« von unmittelbarer Bedeutung sind. Die stärkste Unterordnung unter eine **Leitidee** wurde im »Vorläufigen Rahmenplan« des Landes Berlin (1984) vorgenommen. Alle Kurse stehen in diesem Plan unter dem Oberthema »Der Mensch als naturbegründetes und kulturabhängiges Wesen«. Die Schüler sollen befähigt werden, »die biologische Bedingtheit des Menschen und die Gefährdung durch seine natürliche und kulturelle Umwelt zu begreifen.«

Vielfach wird die in den Kursen zu unterrichtende **Stoffülle** beklagt und kritisiert (vgl. z. B. *Fels* 1978, 77; *Hafner* 1980, 171). Im Hinblick auf derartige Fehlentwicklungen wurde von der Kultusministerkonferenz bereits in den »Empfehlungen zur Arbeit in der gymnasialen Oberstufe« (1978, 8) betont: »Es ist keinesfalls Sinn der Grundkurse, die Wissensbestände eines Faches in enzyklopädischer Form weiterzugeben.« Die Leistungskurse haben vor allem die Aufgabe, vertieftes Verständnis und erweiterte Kenntnisse wissenschaftspropädeutisch zu vermitteln. Sie sollen den Schülern ein intensives Eindringen in einen Problembereich ermöglichen und sie zum selbständigen Arbeiten anleiten. Die Schüler sollen für ihre Arbeit adäquate Methoden wählen, deren Übertragbarkeit und Grenzen kennen sowie ihre Arbeitsergebnisse angemessen formulieren können. Bezogen auf die Tendenz, daß in Leistungskursen sehr spezielle Themen abgehandelt werden, das Grundwissen aber häufig vernachlässigt wird (vgl. *Fels* 1978, 70; *Hafner* 1980, 170; Unterricht Biologie

1980, 77 ff.), stellten bereits die »Empfehlungen« (1978, 8 f.) sehr deutlich heraus: »Es ist keinesfalls die Aufgabe der Leistungskurse, die inhaltlichen und methodischen Voraussetzungen für einen bestimmten Studiengang zu liefern oder gar einen wissenschaftlichen Ausbildungsgang oder Teile davon bereits auf der Schule vorwegzunehmen. ...Im Unterricht ist darauf zu achten, daß sowohl eine enge Spezialisierung als auch eine stoffliche Überfrachtung vermieden wird. Lehrer und Schüler müssen länger bei einem Sachgebiet verweilen können, wenn die angestrebten Ziele erreicht werden sollen.« Auch die Leistungskurse sind also nicht als Vorbereitung auf ein späteres Fachstudium zu verstehen, sondern sollen vor allem fächerübergreifende und allgemeine Fähigkeiten fördern.

Die Entscheidung, auch sehr spezielle Themen vor allem im Bereich der Molekularbiologie und Biochemie zu behandeln, wird zuweilen mit dem für ein Abiturfach nötigen **Leistungsanspruch** und mit der Entwicklung der Wissenschaft »Biologie« begründet, in der chemische und physikalische Methoden immer größere Bedeutung erlangten. Dagegen wird von einigen Autoren eingewendet, daß die Eigenart der Biologie darin bestehe, mehrere Systemebenen zu berücksichtigen und den Gegenstand unter verschiedenen Aspekten sowie in seinen komplexen Bezügen zu anderen Sachverhalten, z. B. gesellschaftlichen Zusammenhängen, zu behandeln (vgl. *v. Falkenhausen* 1979; *Nath* 1980; *Trommer* 1980 a; b; *Daumer* 1982; *Bojunga* 1985). Die Schwierigkeit des Faches »Biologie« ergebe sich somit aus der Vielfalt der Betrachtungsweisen, der Berücksichtigung von Variabilität und Komplexität sowie aus dem dialektischen Einbezug verschiedener Gesichtspunkte, nicht aber aus einer Orientierung an Chemie und Physik (vgl. *Schaefer* 1982 a).

Die von den Kultusministern für alle Abiturfächer beschlossenen »Einheitlichen Prüfungsanforderungen« (1983) sollen die Vergleichbarkeit der Anforderungen im Abitur zwischen den Bundesländern und den einzelnen Abiturfächern sicherstellen. Die dabei nötigen Festschreibungen formaler und inhaltlicher Anforderungen sind, bezogen auf die genannten Ziele der gymnasialen Sekundarstufe II, nicht unumstritten, da die so vereinbarten Standards einerseits der individuellen Schwerpunktsetzung, andererseits durch einen zu hohen Fachanspruch der allgemeinen Grundbildung entgegenwirken können.

2.1.3 ▼

Das Bildungssystem der **DDR** bestand aus einer 10jährigen allgemeinen Schule (Polytechnische Oberschule, POS) und einer auf dieser aufbauenden 2jährigen Oberstufe (Erweiterte Oberschule, EOS), die zum Abitur führte. Der verbindlich vorgeschriebene »Präzisierte Lehrplan Biologie« war in den unteren Klassenstufen an Systematik, auf der Klassenstufe 8 an Menschenkunde und

## 2.3 DIE ENTWICKLUNG NACH 1945

erst danach an allgemeinbiologischen Disziplinen orientiert (vgl. *Sönnichsen* 1973; *Gärtner* 1977; *Dietrich* 1985). Die Bestimmungen der streng verpflichtenden Lehrpläne wurden z. T. durch politisch-ideologische Vorgaben massiv beeinflußt (vgl. *Dietrich* u. a. 1979, z. B. 30 ff., 227 ff.; *Dietrich* 1985; *Teutloff/ Schubert* 1991; *Tille* 1992 f.). Auch die letzte Überarbeitung des Lehrplans Biologie war an zentral vorgegebene Direktiven gebunden, durch die die systematische Orientierung beibehalten und eine von den Fachleuten angestrebte stärkere Reform mit einer Strukturierung an allgemeinbiologischen Aspekten ausgeschlossen wurde (vgl. *Litsche/Löther* 1990). Statt dessen wurde versucht, die modernen Aspekte der Biologie mit Grundsätzen zur »Linienführung« stärker einzubringen (vgl. *Horn* 1987; 1989; *Zabel* 1988). Mit dem Beitritt der östlichen Bundesländer zur Bundesrepublik Deutschland wurden in diesen Rahmenpläne entwickelt, die weitgehend an denen der alten Bundesländer orientiert sind (vgl. *Manitz* 1991; *Zabel* 1991b; c; *Schulz* 1991; MNU-Empfehlungen 1991).

Im Sinne einer ständigen Curriculumreform ist der Biologieunterricht stets neu auf seinen Bildungswert zu überprüfen, und entsprechend sind neue Lehrpläne ▼ 3.2.1 zu entwickeln. Durch die zunehmende Freizügigkeit in Europa wurden besonders seit Beginn der 80er Jahre der Austausch der Erfahrungen intensiviert und die gegenseitige Abstimmung bei der Entwicklung des Biologieunterrichts angestrebt. Die Rolle des Biologieunterrichts ist in den Bildungssystemen der Staaten Europas jedoch trotz der Bemühungen internationaler Vereinigungen z. T. noch sehr unterschiedlich (vgl. *Schaefer* 1982 b; 1986; *Grimme* 1986; *Staeck* 1993; 1997; *Entrich/Staeck* 1994).

---

LITERATUR
*Bayrhuber/Mayer* 1990; *Beiler* 1965; *Berck, K.-H.,* 1975 b; Biological Sciences Curriculum Study 1973; *Bojunga* 1985; *Brockhaus* 1958; *Daumer* 1982; Deutscher Bildungsrat 1970; *Dietrich* 1985; *Dietrich* u. a. 1979; *Drutjons* 1982; *Dylla* 1972; Einheitliche Prüfungsanforderungen 1983; *Ellenberger* 1993; Empfehlungen gymnasiale Oberstufe 1978; *Entrich/Staeck* 1994; *Eschenhagen/ Kattmann/Rodi* 1985; *Esser, Hans,* 1978; *Etschenberg* 1979; *v. Falkenhausen* 1979; 1992; *Fels* 1978; *Gärtner* 1977; *Grimme* 1986; *Grupe* 1971; *Hafner* 1980; *Hedewig* 1980; 1992; 1997; *Hörmann* 1965; *Horn* 1987; 1989; *Huhse* 1968; IPN 1974 ff.; *Kattmann* 1980 a; 1982; 1988 c; 1995 a; *Kattmann/Isensee* 1977; *Kattmann/Schaefer* 1974; *Kettling* 1987; *Klafki* 1964; *Klausing* 1968; *Krumwiede* 1982; *Kuhn, W.,* 1967; 1975 a; Kursstrukturpläne Hessen 1979; *Litsche/Löther* 1990; *Manitz* 1991; *Mayer* 1992; *Memmert* 1975; MNU-Empfehlungen 1991; *Nath* 1980; Nuffield 1975; OECD 1963; Rahmenplan des VDBiol 1973; 1987; Rahmenrichtlinien Hessen 1978; Richtlinien NRW 1963; 1981; *Robinsohn* 1969; *Schaefer* 1980; 1982 a; b; 1986; 1990 a; *Schulz, I.,* 1991; *Siedentop* 1972; *Skaumal/Staeck* 1980; *Sönnichsen* 1973; *Staeck* 1991 b; 1993; 1995; 1997; *Stichmann* 1970; 1981 a; *Teutloff/Schubert* 1991; *Tille* 1992 f.; *Trommer* 1980 a; b; Unterricht Biologie 1980; Vereinbarung gymnasiale Oberstufe 1976; Vorläufiger Rahmenplan Berlin 1984; *Wagenschein* 1962; *Werner, H.,* 1973; *Zabel* 1988; 1991 b; c

## 3 Biologie als Wissenschaft und Unterrichtsfach

### 3.1 Zum Begriff »Biologie«

Die Anfänge der »Wissenschaft vom Leben« sind älter als das Wort »Biologie«, das heute für diesen Wissenschaftsbereich verwendet wird. Die umfangreichen Naturbeobachtungen, -beschreibungen und -deutungen des *Aristoteles* (384 bis 322 v. Chr.) haben die Naturbetrachtung des gesamten Mittelalters geprägt (vgl. *Arber* 1960). Als eigenständige Wissenschaft konnte die Biologie erst entstehen, als die Gemeinsamkeiten von Pflanzen und Tieren (und schließlich auch des Menschen) als Lebewesen gegenüber der nichtlebenden Natur stärker in den Blick kamen. Bis zur Wende vom 18. zum 19. Jahrhundert waren die Botanik und die Zoologie als Teile der Naturgeschichte mit der Erforschung anderer Naturbereiche eng verbunden. Die **Naturgeschichte** umfaßte die lebende und die nichtlebende Natur. Noch *Carl von Linné* hat 1735 in seinem die moderne Systematik der Pflanzen und Tiere begründenden Werk »Systema naturae per regna tria naturae« die drei Naturreiche »Mineralien«, »Pflanzen« und »Tiere« zusammen behandelt. Ganz auf *Aristoteles* fußend, unterschied er »Mineralien, die nur wachsen können« (man denke an Kristalle), »Pflanzen, die wachsen und leben« sowie »Tiere, die wachsen, leben und fühlen«. Erst später wurde aus der gesamten Naturgeschichte die »Naturkunde« ausgegliedert, die sich mit physikalischen und chemischen Phänomenen befaßt. Die Bezeichnung »Naturgeschichte« wurde dann überwiegend für die Beschäftigung mit Pflanzen und Tieren verwendet. Der Genfer Naturforscher *Charles Bonnet* (1720 bis 1793) war der erste, der »unorganische« und »organische« Stoffe ausdrücklich gegenüberstellte. Die Unterscheidung »organisch/anorganisch« wurde in der Folgezeit von vielen Naturforschern aufgenommen. Der französische Arzt *Xavier Bichat* (1711 bis 1802), der als der Begründer der Gewebelehre gilt, trennte 1801 prinzipiell die »sciences physiques« von den »sciences physiologiques« ab, also die physischen (Physik, Chemie, Geologie) von den physiologischen Naturwissenschaften (Biologie, Medizin).

Das Wort **»Biologie«** wurde zuerst von dem Braunschweiger Arzt *Theodor G. A. Roose* verwendet. Dieser bezeichnete 1797 sein Buch »Grundzüge der Lehre von der Lebenskraft« im Vorwort als den »Entwurf einer Biologie«. Der Titel des Buches war ein Zugeständnis an den damals herrschenden Vitalismus, dem *Roose* selbst durchaus nicht zustimmte. Der Mediziner *Karl Friedrich Burdach* (1776-1847) verwendete das Wort »Biologie« im Sinne von Humanbiologie.

3.3.4 ▼

## 3.1 ZUM BEGRIFF »BIOLOGIE«

Den Begriff »Biologie« haben schließlich zwei Naturforscher gleichzeitig in seiner heutigen Bedeutung geprägt: der Bremer Mediziner *Gottfried Reinhold Treviranus* in seinem Werk »Biologie oder Philosophie der lebenden Natur für Naturforscher und Ärzte« (1802 bis 1822) sowie der französische Zoologe und Naturphilosoph *Jean Baptiste de Lamarck,* vor allem in seinem Werk »Recherches sur l'organisation des corps vivants« (Untersuchungen über die Organisation lebender Körper, 1802). *Treviranus* betrachtete als Ziel der Biologie die »Erforschung der Triebfedern, wodurch jener große Organismus, den wir Natur nennen, in ewiger reger Tätigkeit erhalten wird«. Er setzte hierfür eine einheitliche Naturbetrachtung voraus, die Botanik und Zoologie übergreift. In dieses Vorgehen schloß er auch angewandte Biologie (Landwirtschaft, Heilkunde) und ökologische Überlegungen ein (vgl. *Leps* 1977; *Jahn* 1990, 298).

Heute wird die Biologie auf verschiedene Weise als Naturwissenschaft verstanden, und das Wort »Biologie« wird entsprechend unterschiedlich übersetzt. Die wörtliche Bedeutung »Wissenschaft vom Leben« ist umstritten. Gegenwärtig vertreten viele Biologen die Auffassung, daß das Wort **»Leben«** einen metaphysischen Begriff bezeichne, der nicht Gegenstand der Naturwissenschaft Biologie sein könne. Biologie sei vielmehr die »Lehre von den lebenden Körpern und den Vorgängen, die sich an ihnen abspielen« (*Hartmann* 1953, 16). In den entsprechenden Definitionen der Biologie wird das Wort »Leben« daher vermieden. Die Definitionen beziehen sich auf »Lebewesen« oder deren Gesamtheit, das »Lebendige«. Soweit von »lebendigen Systemen« gesprochen wird, sind damit ausschließlich Organismen (Lebewesen) gemeint (*Libbert* 1986, 15; vgl. Herder Lexikon der Biologie 1984; *Czihak/Langer/ Ziegler* 1990). Viele Biologiedidaktiker schließen sich diesen Definitionen an (vgl. z. B. *Grupe* 1977, 1; *Killermann* 1991, 14 f.).
Eine andere Auffassung vertreten diejenigen Autoren, die auch die organismusübergreifenden Systeme wie Populationen, Biozönosen, Ökosysteme als lebende Systeme (Biosysteme) bezeichnen. Grundlegend ist dabei, daß nicht nur die Organismen allein, sondern auch die anderen Biosysteme als Träger der Lebensprozesse angesehen werden. In dieser systemtheoretischen Auffassung wird naturwissenschaftlich von »Leben« als der Gesamterscheinung aller spezifischen Prozesse in Biosystemen gesprochen. »Biologie ist die Wissenschaft vom Leben« (*v. Sengbusch* 1985, VII; vgl. *Bünning* 1959; *Campell* 1997, 2 ff.; *Murphy/O'Neill* 1997). Diese Sicht wird weitergeführt in der Aussage, daß die Biosphäre als Gesamt-Ökosystem der Erde alle Biosysteme umgreift. Von einer Wissenschaft der Lebewesen wird Biologie damit zur Wissenschaft von der Biosphäre, deren Strukturen und deren Geschichte (vgl. *v. Wahlert* 1977;

▼ 3.3.5

## 3 BIOLOGIE ALS WISSENSCHAFT UND UNTERRICHTSFACH

1981; *v. Wahlert/v. Wahlert* 1977; *Kattmann* 1980 a, XXII ff.; 143; 1991 b). Aufgrund dieser Auffassung ist die Definition der Biologie in ihrer ursprünglichen Wortbedeutung wieder möglich. In die gleiche Richtung gehen die vom russischen Biogeochemiker *Vladimir I. Vernadsky* entwickelten Vorstellungen. Die übergreifenden Biosysteme sind primäre Organisationsformen der »lebenden Materie« (vgl. *Wernadski* 1972). Erdgeschichte und Lebensgeschichte sind eng verbunden. Der Planet Erde wird in seiner heutigen Gestalt wesentlich von den Lebewesen bestimmt und kann daher als »Bioplanet« charakterisiert werden. Biologie und Geologie rücken dann wieder so eng zusammen, wie es ihren Gegenständen entspricht (vgl. *Schmidt* 1989; *Kattmann* 1991 b; 1992 a).

3-1 ◆ Die Gliederung der Biologie in verschiedene **Teilgebiete** und Aspekte ist von den skizzierten verschiedenen Grundauffassungen und historischen Faktoren bestimmt. Die traditionelle Aufteilung des Faches in die Sparten der »Speziellen Biologie« ist durch die Entstehung einer großen Anzahl diese Gliederung übergreifender Teildisziplinen ergänzt und z. T. überholt worden. Diese zur traditionellen Einteilung quer stehenden, die Organismengruppen übergreifenden Teildisziplinen werden zusammen als »Allgemeine Biologie« bezeichnet. Als dritte Kategorie kann neben die Spezielle Biologie und die Allgemeine Biologie die »Theoretische Biologie« gestellt werden, deren Arbeitsgebiete die gesamte Biologie mit allen anderen Teildisziplinen betreffen. Alle die genannten Teilgebiete können als Grundlagenwissenschaften oder als »Angewandte Biologie« betrieben werden. Schließlich kann noch eine »Meta-Ebene« aufgeführt werden, auf der die Disziplinen vereinigt sind, die »über« Biologie Aussagen machen; zu diesen gehört auch die Biologiedidaktik.

**TEILDISZIPLINEN**

| Spezielle Biologie | Allgemeine Biologie | Theoretische Biologie |
|---|---|---|
| Botanik | Physiologie | Biosystemtheorie |
| Zoologie | Genetik | Evolutionstheorie |
| Humanbiologie | Ökologie | |
| Mikrobiologie | Phylogenetik | |
| | Cytologie | |
| | Molekularbiologie | |
| | Biochemie | |

3.2.3 ▼ **METADISZIPLINEN**
Geschichte der Biologie  Biologiedidaktik  Wissenschaftstheorie  Erkenntnistheorie

Tabelle 3-1: Teildisziplinen und Metadisziplinen der Biologie

Das Verständnis der Biologie hat sich in ihrer **Geschichte** gewandelt. Aufgaben ▼ 3.4
und Aufteilung der Einzeldisziplinen der Allgemeinen Biologie werden meist ♦ 3-6
von denjenigen Lebenserscheinungen her beschrieben, die bei Organismen zu
finden sind. Dabei werden gern drei Klassen von Phänomenen aufgezählt:
... diejenigen, die in der Zeit invariabel sind: Organisation;
... diejenigen, die sich in der Zeit wiederholen: Funktion;
... diejenigen, die in der Zeit progressiv sind: Entwicklung.
Diese Gliederung wurde als Dreiheit (Bau, Funktion und Entwicklung) vielfach wissenschaftssystematischen und didaktischen Überlegungen zugrundegelegt (vgl. *Knoll* 1974 a).

Um einer solchen einseitigen Beschränkung auf die Funktionen des Organismus zu entgehen, unterscheidet *Ernst Mayr* (1979, 186) zwei prinzipiell verschiedene und weitgehend getrennte Gebiete der Biologie: »Funktionsbiologie«, die sich mit den Wechselbeziehungen und Strukturen innerhalb des Organismus befaßt, und »Evolutionsbiologie«, die nach der Evolution der Strukturen des Lebendigen fragt, also nach der Geschichte von Population-Umwelt-Systemen: Funktionsbiologie und Evolutionsbiologie sind im Sinne
von *Mayr* keine Gegensätze, sondern sie ergänzen einander. Die Unterschei- ▼ 3.3.5
dung von *Mayr* trifft sich mit systemtheoretischen Ansätzen anderer Autoren.
Diese orientieren sich an den **Ebenen biologischer Organisation**, wobei unterschiedliche Fragestellungen sowie die »zwei Biologien« von *Mayr* miteinander verknüpft werden können. Der Ökologe *Eugene P. Odum* (1983, 5 f.) nennt die folgenden Ebenen: Gene, Zellen, Organe, Organismen, Populationen, Gemeinschaften, Ökosysteme, Biosphäre.
Zur besseren Gliederung der Biologie werden von verschiedenen Autoren unter diesen Ebenen bestimmte hervorgehoben. So gliedert *Peter von Sengbusch*
(1985) seine »Allgemeine Biologie« nach den Organisationsstufen »Zelle«,
»Vielzeller« und »Gesellschaften« (Biozönosen) und schließt die »Evolution« ● 3-1
als übergreifenden Prozeß an. *Ulrich Kattmann* (1980 a, 143 ff.) hebt nur drei grundlegende Biosysteme hervor: Biosphäre, Population, Organismus. Die Begründung hierfür ist die Tatsache, daß die drei ausgewählten Biosysteme nach biologischen Kriterien abgrenzbar und außerdem durch drei verschiedene Arten von Relationen (Beziehungen) charakterisiert sind: Die Biosphäre ist das umfassende Gesamt-Ökosystem der Erde, die konstituierenden Beziehungen sind ökologisch zu beschreiben; die Population wird definiert durch die Grenzen des Genflusses, die Beziehungen sind generativ und genetisch; der Organismus ist morphologisch abzugrenzen, die Beziehungen sind physiologisch zu beschreiben. Nur Organismen und Viren haben ein Genom.

# 3 BIOLOGIE ALS WISSENSCHAFT UND UNTERRICHTSFACH

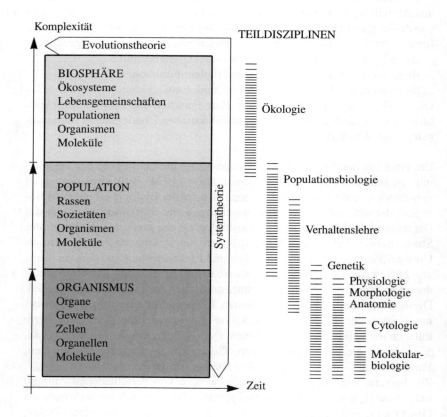

Abb. 3-1: Struktur der Biologie als Wissenschaft von der Biosphäre und deren Geschichte (nach *Kattmann* 1980 a).
Es sind drei Ebenen biologischer Organisation dargestellt: Biosphäre-Population-Organismus. Diese drei Biosysteme sind gegenüber den anderen Teilsystemen hervorgehoben, da sie Beziehungsgefüge dreier verschiedener Relationen darstellen (physiologische, generative und ökologische Beziehungen) und nach biologischen Kriterien eindeutig abgrenzbar sind.
Das Achsenkreuz verdeutlicht, daß Biologie nur in Abhängigkeit von Zeit und Komplexität verstanden werden kann. Systemtheorie und Evolutionstheorie bilden daher durchgehende Forschungs- und Erklärungsaspekte der Biologie. Die Pfeilrichtungen geben an, daß der Verlauf der Evolution nur gegen die Zeitrichtung rekonstruiert werden kann und Biosysteme nur analysiert, nicht aber allein aufgrund der Kenntnis isolierter Teile aufgebaut werden können. Die einzelnen Teildisziplinen (Markierungen rechts) können in ihren Schwerpunkten den drei Biosystemen zugeordnet werden.

Alle Biosysteme haben eine Geschichte. Die **Evolution** ist daher das übergreifende Geschehen (Geschichte der Biosphäre). Die Abbildung verdeutlicht die • 3-1
in dieser Sicht entstehende Struktur der Biologie. Sie zeigt, wie traditionelle Teildisziplinen den Ebenen biologischer Organisation zugeordnet, somit aufeinander bezogen und in eine Gesamtschau eingeordnet werden können.
Jede Systemebene zeigt eigene emergente Eigenschaften (vgl. *Campbell* 1997, 4 f.). Die Relationen in und zwischen Biosystemen müssen dialektisch beschrieben werden, so daß eine Systemebene nicht in der anderen aufgeht oder zu deren Gunsten aufgelöst werden kann (Teil-Ganzes-Relationen). Andernfalls kann die systemtheoretische Sicht in politischer oder ideologischer Absicht dazu mißbraucht werden, z. B. die Unterordnung des Individuums unter ein übergeordnetes System (wie Natur, Art, Volk, Rasse) zu begründen, wie dies in der »ganzheitlichen« nationalsozialistischen Ideologie geschehen ist. Ein ▼ 2.2.2
solcher Mißbrauch gründet sich in einer ungeschichtlichen und statischen Sicht der Biosysteme, in der die Variabilität sowie die Eigenart und Autonomie der Biosysteme unterschiedlicher Ebenen ausgeblendet sind.

## 3.2 Zum Verhältnis von Bezugsfach Biologie und Unterricht

### 3.2.1 Sinn und Bedeutung von Biologieunterricht heute

Biologiedidaktik beschränkt sich nicht darauf, Aussagen der Biowissenschaften methodisch in den Unterricht umzusetzen. Sie muß die Inhalte und Arbeitsweisen der Biologie vielmehr in mehrfacher Hinsicht kritisch sichten und bearbeiten. Eine wichtige Aufgabe besteht darin, das Fachwissen auf pädagogisch bedeutsame Elemente hin zu untersuchen und aufzuschlüsseln. Dabei sollen also diejenigen Momente des »Lernstoffs« freigelegt werden, die Lernprozesse unmittelbar bewirken oder fördern können (vgl. *Berck* 1980, 91).
Im Sinne der bildungstheoretischen Didaktik soll die **didaktische Analyse** den ▼ 6.3.5.4
»Bildungsgehalt« aufdecken und den größeren Sinnzusammenhang herstellen

---

LITERATUR
*Arber* 1960; *Bünning* 1959; *Campbell* 1997; *Czihak/Langer/Ziegler* 1990; *Grupe* 1977; *Hartmann* 1953; *Herder Biologie* 1984; *Jahn* 1990; *Kattmann* 1980 a; 1991 b; 1992 a; *Killermann* 1991; *Knoll* 1974 a; *Leps* 1977; *Libbert* 1986; *Mayr* 1979; *Murphy/O'Neill* 1997; *Odum* 1983; *Schmidt, H.,* 1989; *v. Sengbusch* 1985; *v. Wahlert* 1977; 1981; *v.Wahlert/v. Wahlert* 1977; *Wernadski* 1972

(vgl. *Klafki* 1964). Die Fachinhalte sind also in übergreifende Zusammenhänge zu stellen. Dies gilt sowohl für fachübergreifende wie für innerfachliche Bezüge. Das Herstellen innerfachlicher Bezüge ist in der Biologie besonders wichtig, da diese durch die moderne Entwicklung in zahlreiche Teildisziplinen und Spezialgebiete zergliedert ist.

Sinn und Bedeutung des Biologieunterrichts ergeben sich aus den Beiträgen der Unterrichtsinhalte und Unterrichtsprozesse für das Selbst- und Weltverständnis der Lernenden und für die daraus erwachsende Fähigkeit zu handeln. Diese Beiträge werden meist als **Bildungswert** der Biologie zusammengefaßt, wobei sowohl die Beiträge des Biologieunterrichts zur Allgemeinbildung wie dessen spezifische Beiträge diskutiert werden (vgl. *Lieb* 1981; Friedrich Verlag 1988; VDBiol 1996; *Schecker* u. a. 1996; *Bögeholz* 1997; *Horn* 1997; *Bayrhuber* u. a. 1998; *Tausch* 1998). Mit dem Terminus »Bildung« wird der Prozeß der Auseinandersetzung mit der Umwelt betont, in dem sich das Individuum die Welt und sein Selbst verstehend erschließt (vgl. *Klafki* 1980 a). Der konkrete Inhalt von Bildung und Erziehung ist jeweils nur bezogen auf eine konkrete gesellschaftliche und geschichtliche Situation zu bestimmen. Für die Gegenwart hat *Wolfgang Klafki* (1993) »epochaltypische Schlüsselprobleme« formuliert. Der Biologieunterricht kann vor allem beitragen zur:

... erlebnishaften Bindung des jungen Menschen an die Natur (Naturerleben);
... Grundlegung eines wissenschaftlichen Welt- und Selbstverständnisses;
... Bewältigung und Nutzung sowie zum nachhaltigen Schutz der Natur;
... Förderung des Verantwortungsbewußtseins für den eigenen Körper, für den Mitmenschen und die Gesellschaft (Gesundheit, Verständigung und Kooperation);
... Förderung des verantwortungsvollen Umgangs mit allen Lebewesen;
... Entfaltung der Persönlichkeit durch Förderung spezifischer Fähigkeiten und Interessen (nach *Stichmann* 1970, 11; 1981, 109; *Zucchi* 1992, 411; *Bögeholz* 1997, 45 f.).

Die Beiträge der Biologie und des Biologieunterrichts zu einem rational fundierten Selbst- und Weltverständnis werden seit langem von Fachwissenschaftlern (vgl. *Mohr* 1970; *Markl* 1971) und einigen Biologiedidaktikern (vgl. *Siedentop* 1972, 11-13; *Grupe* 1977, 207-217; *Esser* 1978, 10-20; *Leicht* 1981, 21-42) vor allem als Einsicht in die Grundphänomene des Lebendigen sowie die Stellung und Rolle des Menschen in der Natur beschrieben. Von anderen werden fachdidaktische Folgerungen aus der Entwicklung der Biologie zu einer experimentell exakten sowie einer zunehmend angewandten Naturwissenschaft gezogen (vgl. *Mostler/Krumwiede/Meyer* 1979, 5 f.). Die Entwicklung der Biologie erfordert eine vertiefte Methodenkenntnis und Methodenkritik und führt so zu einer »wissenschaftspropädeutischen« Akzentuierung des Unterrichts.

Der angewandte Aspekt führt auch von der Biologie her zu dem Auftrag, im Biologieunterricht **individuale und soziale Probleme** verstärkt zu erfassen (vgl. *Grupe* 1977, 208 f.; *Memmert* 1975, 20-25; *Hedewig* 1980, 15; 1992; 1997; *Entrich* 1994 a; *Gropengießer/Kattmann* 1994). Als wesentliche Bereiche werden in diesem Zusammenhang genannt: Gesundheit (Körperpflege, Ernährung, Zivilisationskrankheiten), Ökologie und Umweltschutz (u. a. Artenschutz, Landschaftsschutz, Umweltgefahren), Zusammenleben der Menschen (Aggression, Gruppenverhalten, Rassenfragen, Bevölkerungsprobleme), Freizeitbeschäftigung (Naturerleben, Pflege von Pflanzen und Tieren) und Fragen biologisch bestimmter Berufstätigkeit. Die angeführten Probleme verlangen eine starke Orientierung an den Bedürfnissen der Schüler sowie das Einbeziehen von Nachbardisziplinen der Biologie wie Psychologie und Sozialkunde oder darüber hinaus ein fächerübergreifendes Vorgehen.

In Weiterführung des Ansatzes der Hessischen Rahmenrichtlinien wird von einigen Autoren ein als »ganzheitlich-kritisch« verstandener Biologieunterricht angestrebt, der an der Lebenssituation der Lernenden orientiert ist und sie in die Lage versetzt, biologisches Wissen verantwortlich und angemessen anzuwenden (vgl. *Ellenberger* 1993; *Staeck* 1996). *Peter Drutjons* (1982) möchte die Aufgaben des Biologieunterrichts völlig auf das zum Leben und Überleben Notwendige beschränken (»Existenzbiologie«; zur Kritik vgl. *Eschenhagen* 1983 a).

Ein wichtiger Aspekt der Biologie und Umwelterziehung betrifft das **Zeitverständnis** mit dem »prognostischen Denken« (vgl. *Duderstadt* 1977) und der »Nachhaltigkeit« (vgl. *Mayer* 1997) sowie das **historische Denken** bezogen auf Biosysteme (vgl. *Kattmann* 1984 a; 1987; *Stichmann* 1989; *Herrmann* 1994).

Seit einiger Zeit ist die Rolle der **Formenkunde** für das Verständnis des Lebendigen besonders hervorgehoben worden (vgl. *Sturm* 1982; *Eschenhagen* 1985; *Eschenhagen/Kattmann/Rodi* 1989; 1992; *Mayer* 1992; 1995; *Janßen* 1993; Bibliographie: *Mayer/Mertins* 1993; *Zabel* 1993). Das Phänomen »Vielfalt« sollte nicht auf eine reine Orientierung am System der Lebewesen reduziert werden. Die Biodiversität betrifft vielmehr alle Organisationsebenen des Lebendigen. Die Erforschung des Bioplaneten Erde sollte zunehmend zu einer Sicht führen, mit der die **Evolution** der Lebewesen nicht durch isolierte Stammeslinien und abgegrenzte Typen beschrieben wird, sondern als Koevolution in Abhängigkeit, Konkurrenz und Kooperation der Arten (synökologische Betrachtung der Evolution). Die Lebewesen sind in ihrer Geschichte und Zukunft durch konkrete Beziehungen miteinander verbunden und nur in geschichtlicher und aktualer Abhängigkeit zueinander zu verstehen und zu beschreiben. Der Zoologe *Gerd von Wahlert* (1977) sieht in der Geschichtlichkeit des Lebendigen die spezifische und zentrale Aussage der Biologie, die im Biologieunterricht zu vermitteln ist. Dem entspricht das 3.2.5 ▼ Konzept eines »naturgeschichtlichen Unterrichts« (vgl. *Kattmann* 1995 a).

Dabei ist stärker als bisher zu beachten, daß der Mensch mit Kultur und Technik »Teil und Gegenüber« der Natur ist. Die mit der Stellung und dem Handeln des Menschen in der Natur verbundenen Probleme sollten dazu führen, im Bio-
3.5 ▼ logieunterricht verstärkt ethische Fragen zu behandeln (vgl. *v. Falkenhausen* 1992; *Gebhard* 1991; *Entrich* 1994 a; *Gropengießer/Kattmann* 1994).

### 3.2.2 Bereiche der Inhaltsauswahl

Eine Aufgabe der Fachdidaktik ist es, die notwendigen Entscheidungen bei der Auswahl von Unterrichtszielen und Unterrichtsinhalten möglichst weitgehend zu begründen und durch die Angabe von Grundsätzen einsehbar zu machen. Allgemein werden drei Bereiche unterschieden, die als **Entscheidungskriterien** dienen sollen: Wissenschaft, Gesellschaft und Schüler. Diese Aufzählung stammt von *Ralph W. Tyler* (1973) und wurde in der Curriculumentwicklung übernommen (vgl. *Huhse* 1968). Die Bereiche können auch als unterrichtsbezogene Fragen formuliert werden:

»1. Bedürfnisse und Interessen des Schülers: Was möchte und was braucht der Schüler jetzt? ('Schülerrelevanz').

2. Anforderungen in der Gesellschaft: Welche Qualifikationen braucht der Staatsbürger gegenwärtig und wahrscheinlich in absehbarer Zeit? ('Gesellschaftsrelevanz').

3. Anforderungen der jeweiligen Bezugswissenschaften: Welches Wissen ist für den Schüler notwendig, damit wissenschaftliche Aussagen sachgemäß verstanden und angewendet werden können? ('Wissenschaftsrelevanz')« (*Kattmann/Schaefer* 1974, 11).

Dabei zeigt sich meistens, daß die Gesichtspunkte die Auswahl der konkreten Inhalte nicht nachhaltig beeinflussen, da diese viel stärker vom Vorverständnis des Auswählenden bestimmt wird als durch vorgegebene Kriterien. Außerdem sind die drei Bereiche nicht unabhängig voneinander, sondern Individuum (Schüler) und Wissenschaft sind vom Bereich »Gesellschaft« beeinflußt. Für

sich genommen, sind die drei Kriterien für die Inhaltsauswahl ungeeignet. *Wolfgang Memmert* (1975, 20; vgl. 1980 b) zieht daraus den Schluß, daß die Gesellschaftsrelevanz als Hauptdeterminante des Entscheidungsprozesses fungieren müsse. In der Curriculumpraxis wurde dagegen häufig der Determinante »Wissenschaft« der meiste Einfluß eingeräumt; die Determinante »Schüler« wurde oft nur deklamatorisch berücksichtigt (vgl. *Huhse* 1968). Da sich aus der Orientierung an den Bereichen z. T. widersprüchliche Tendenzen ergeben, wäre es notwendig, das Verhältnis der Bereiche zueinander genauer zu beschreiben (vgl. *Sönnichsen* 1973; *Kattmann* 1980 a, 80 f.). Besonders viele unterschiedliche Stellungnahmen gibt es zur Bedeutung der ▼ 7 »Gesellschaftsrelevanz« (vgl. *Drutjons* 1980). Daher sollten die drei Bereiche lediglich als grobes Hilfsinstrument verwendet werden, um ungeeignete Lernziele und Lerninhalte auszuschließen (vgl. *Memmert* 1980).
Dies könnte durch übergeordnete »Erziehungsziele« geschehen. In diesem Zusammenhang ist es bedeutsam, daß bereits *Tyler* die drei Bereiche nicht als Entscheidungskriterien betrachtete, sondern lediglich als Ressourcen (Quellen) zur Gewinnung relevanter Unterrichtsziele. Die Anzahl der so gewonnenen Ziele ist größer, als von der Schule verwirklicht werden kann. Daher fordert *Tyler* (1973), daß die Auswahl mit Hilfe eines Gesamtkonzeptes der Erziehung in der Schule und durch Kriterien der Lernpsychologie erfolgen solle.
Für die weitergehende Begründung von Unterrichtsinhalten sowie zu deren Aufschlüsselung unter verschiedenen Gesichtspunkten (Aspektierung) haben mehrere Autoren Konzepte und Instrumente vorgelegt (vgl. *Bayrhuber* 1977; *Strauß* 1977; *Strey* 1980; *Adl Amini* 1980).

### 3.2.3 Exemplarisches Prinzip und Orientierungswissen

Die Frage der Auswahl von Unterrichtsinhalten ist eng verknüpft mit dem »exemplarischen Prinzip« von *Martin Wagenschein* (1973; vgl. 1962). Der Terminus wird in der Literatur nicht einheitlich verwendet. Nach *Karl-Heinz Berck* (1996) sind für dieses Vorgehen für *Wagenschein* vier miteinander verbundene Komponenten maßgebend:
... Das »Elementare«: Die Beispiele müssen sich auf grundlegende Einsichten beziehen;
... das »Genetische«: Im Unterricht soll forschend-entwickelnd anhand von Beobachtungen und Experimenten vorgegangen werden;
... die »Begegnung mit den Phänomenen«: Es soll von Realobjekten ▼ 9.1.2 ausgegangen und nicht vorschnell abstrahiert und verallgemeinert werden; ▼ 10.1

... das »Fundamentale«: Es sollen Ergebnisse erzielt werden, die den Menschen besonders angehen, die daher das Verständnis der Lerner von sich selbst und von der Welt grundlegend verändern.
Kennzeichnend ist auch, daß nach dem exemplarischen Prinzip der Unterricht nicht linear erfolgt, sondern an bestimmten zu erschließenden Problemen orientiert wird. Durch die exemplarische Auswahl soll erreicht werden, die Stoffülle zu beschränken. Die Schüler lernen den Unterrichtsstoff in der Regel dann nicht in einer fachlich bestimmten systematischen Reihenfolge, sondern gehen vom ausgewählten Beispiel aus in die Tiefe. Es soll ein »Vorratslernen« vermieden werden, bei dem die Schüler vor allem das lernen, was sie erst später oder vielleicht gar nicht benötigen. *Werner Siedentop* (1972, 46) schildert dieses Vorgehen am Thema »Knochenbruch«: »Während der wissenschaftlich-systematische Weg von der Zelle über die Gewebe zu den Organen führt und man an der richtigen Stelle den Knochenbruch behandelt, würde der exemplarische Weg mit einem Einstieg bei dem im Augenblick eines Unfalls aufflammenden Interesse an einem Knochenbruch einsetzen. Was ist geschehen? Wie erfolgt die erste Hilfeleistung? Was tut der Arzt? Warum? Wollen die Schüler ihre Fragen beantwortet haben, so müssen sie sich zunächst mit dem Bau des Knochens und seiner Funktion beschäftigen (unter Heranziehung mikroskopischer Präparate, physikalischer und chemischer Versuche). Dabei stößt man auf die Begriffe Zelle, Gewebe, Knochensystem, Muskeln, Bewegung, Heilung, Regeneration u. a.«

*Wolfgang Memmert* (1975, 30) nennt die folgenden Vorteile des exemplarischen Vorgehens:

»a) Bei gleich ausführlicher Behandlung braucht ein einzelnes Beispiel nur den Bruchteil der für alle Fälle benötigten Zeit.

b) Die eingesparte Zeit kommt entweder anderen Stoffen zugute oder gestattet eine eingehendere, vertiefte Behandlung des Beispielfalles unter vermehrtem Einsatz methodischer Hilfsmittel.

c) Die verstärkte Arbeit an nur einem Objekt kann unter Anwendung wissenschaftlicher Methoden geschehen und trägt daher zur sogenannten »formalen« Bildung bei (Denkschulung und arbeitstechnische Schulung).

d) Die Eigentätigkeit beim Nachvollzug wissenschaftlicher Methoden bildet eine starke Motivation (Interesse, Aufmerksamkeit und Problembewußtsein erhöhen den Lernerfolg). Auch die Übung sozialer Unterrichtsformen ist dabei möglich.

e) Die geringere Anzahl von Informationseinheiten und deren bessere Verknüpfung mit dem Gesamtproblem fördern die Denk- und Gedächtnisleistungen.«

Demgegenüber müssen auch Schwierigkeiten und Nachteile gesehen werden (vgl. *Siedentop* 1972, 47 ff.; *Memmert* 1975, 30 ff.):

... Von einem einzigen Beispiel sind keine allgemeinen Einsichten abzuleiten, auch wenn an ihm viele allgemeine Prinzipien demonstriert werden können. Für den Schüler ist ja nicht sicher, daß die Eigenschaften des gewählten Gegenstandes sich auch bei anderen Beispielen wiederfinden lassen. Diese Schwierigkeit kann durch gezieltes Einsetzen von »Vergleichen« gemildert werden. Das Übertragen und Anwenden der gewonnenen Erkenntnisse auf andere Fälle muß gesondert geübt werden.   ▼ 9.3

... Biologie darf die Vielfalt des Lebendigen nicht vernachlässigen: »Freilich zeigt jedes einzelne Lebewesen die gleichen Grunderscheinungen des Lebendigen und kann damit exemplarisch zum Spiegel einer hierauf angelegten Allgemeinen Biologie werden, doch vermögen wir auf Grund dieser Allgemeinen Biologie kein einziges Lebewesen von einem anderen zu unterscheiden« (*Klausing* 1968, 169).

... Die durch die Beschränkung auf wenige Beispiele eingesparte Zeit kann z. T. dadurch wieder vertan werden, daß viele Inhalte sich durch Überschneidungen bei den Beispielen wiederholen.

... Es besteht die Gefahr, daß das Wissen ungeordnet bleibt, die Übersicht verloren geht und Zusammenhänge unerkannt bleiben, die die Einzelbeispiele übergreifen. Ohne Ordnungsschemata wären die Schüler überfordert.

... Das nötige Breitenwissen und die Einzelkenntnisse können zu gering werden, da das Allgemeine dominiert. Einzelkenntnisse können aber im konkreten Fall (bestimmte Lebenssituationen) wichtiger sein als allgemeines Wissen. Es werden außerdem häufig zu wenig Kenntnisse vermittelt, auf denen der nachfolgende Unterricht aufbauen könnte.

... Der Lehrer kann überfordert sein, da er nicht voraussehen kann, wie der exemplarische Unterricht im einzelnen verlaufen wird. Er muß sich sehr vielseitig orientieren, um auf den Unterricht gut vorbereitet zu sein.

Die Einwände zeigen, daß das exemplarische Prinzip nicht alleiniger Grundsatz für die Inhaltsauswahl des Unterrichts sein kann. So wird verschiedentlich vorgeschlagen, daß exemplarisches Vorgehen von Unterrichtsphasen abgelöst werden sollte, in denen das nötige **Orientierungswissen** systematisch vermittelt wird. Aufgrund lerntheoretischer Überlegungen wird außerdem gefordert, den Unterricht an leitenden Konzepten und anderen begrifflichen Orientierungshilfen (advanced organizers, cognitive bridges) auszurichten (vgl. *Ausubel* 1960; UNESCO 1977, 109 ff.). In der Biologie stehen mehrere Ordnungsschemata zur Verfügung, nach denen das Wissen geordnet werden kann:

... System der Organismen,
... Stammbaum der Organismen,
... Disziplinen der Biologie,
... Grundphänomene des Lebendigen,
... Systemebenen und Systemteile (Kompartimente).

Wenn eines oder mehrere Ordnungsschemata wiederholt im Unterricht benutzt werden, können sich die Schüler zunehmend auch selbständig an ihnen orientieren.

### 3.2.4 Didaktische Rekonstruktion

Biologielehrer und Biologiedidaktiker sind sich im allgemeinen darin einig, daß Methoden und Aussagen aus dem Wissenschaftsbereich nicht unbesehen und unverändert in den Biologieunterricht an den Schulen übernommen werden sollen. Auch bei einem wissenschaftsorientierten Unterricht sind daher die Inhalte, Probleme und Verfahrensweisen nicht nur aus der im Wissenschaftsbereich vorhandenen Fülle auszuwählen, sondern darüber hinaus für den Schulunterricht zuzurichten, d. h. in eine angemessene Form und einen angemessenen Umfang zu bringen.

**Teilaufgaben: Didaktische Reduktion und Transformation**
Selbstverständlich besteht die fachdidaktische Arbeit auch darin, die unterrichtlichen Informationen auf die Lernvoraussetzungen und -fähigkeiten der Lernenden abzustimmen. Die Aufgabe der didaktischen Vereinfachung wird unter inhaltlichem Aspekt meist als »didaktische Reduktion« bezeichnet. Die didaktische Reduktion betrifft aber nicht nur die Inhalte, sondern auch das Niveau der sprachlichen Darstellung und der wissenschaftsbezogenen Arbeitsweisen (vgl. *Staeck* 1995; *Killermann* 1991). Hat man diese unterrichtsmethodische Umwandlung von wissenschaftlichen Aussagen und Methoden im Blick, wird besser von »didaktischer« oder »methodischer Transformation« gesprochen. Die didaktische Reduktion hat die Aufgabe, komplizierte Sachverhalte auf wesentliche Teile bzw. Zusammenhänge zu beschränken und so zu vereinfachen, daß falsche Vorstellungen vermieden werden. Der Sachverhalt kann vereinfacht werden, indem gezielt ein kleinerer Ausschnitt des Gegenstandes oder des Phänomens gewählt wird (z. B. Darstellung einer Nahrungskette anstelle eines Nahrungsnetzes; sektorale Reduktion) oder in-

dem die Struktur durch Weglassen von Beziehungen vereinfacht wird (z. B. Schematisieren, black-box-Methode, Modellbildungen; strukturelle Reduktion, vgl. *Weber* 1976; *Staeck* 1995; *Killermann* 1991).
Die beiden Formen der didaktischen Reduktion können auch miteinander kombiniert werden, die zweitgenannte Form, die strukturelle Reduktion, ist jedoch die weitaus wichtigere. Bei diesem Typ wird eine Aussage »lediglich hinsichtlich der Kompliziertheit und des Umfanges ihrer Struktur, nicht dagegen in ihrer inhaltlichen Kernaussage vereinfacht« (*Weber* 1976, 7). Als Hauptverfahren der strukturellen Reduktion werden genannt (vgl. *Weber* 1976; *Staeck* 1995):
... Weglassen von wissenschaftlichen Daten, die die Kernaussage nicht berühren,
... Überführen von verbaler Darstellung in einfache Diagramme, ▼9.12
... Entwicklung vereinfachender Modellvorstellungen. ▼10.4

Die didaktische Vereinfachung kann die kognitive und auch die psychomotorische Dimension von Unterrichtszielen betreffen, indem die Komplexität der ▼7 zu lernenden Sachverhalte wie der zu übenden Techniken und Arbeitsschritte oder der im Experiment verwendeten Apparate reduziert wird.
Fraglich ist hingegen die Möglichkeit oder Wirksamkeit der didaktischen Reduktion in der emotional-affektiven Dimension: Die mit einer Fragestellung, einem Sachverhalt oder einer Methode verbundenen Gefühle, Einstellungen und Interessen lassen sich kaum in der gleichen Weise vereinfachen, wie das bezogen auf die kognitive und die psychomotorische Dimension angenommen werden kann. Dieser Mangel läßt es zweifelhaft erscheinen, ob das Umsetzen wissenschaftlicher Aussagen in den Unterricht mit dem Prozeß der didaktischen Reduktion und Transformation hinreichend beschrieben ist. Dies gilt bei genauerem Überlegen auch für die kognitive Dimension.

**Umfassende Aufgabe: Didaktische Rekonstruktion**
Die Sachverhalte sind im Unterricht nicht immer nur in ihrer Komplexität zu reduzieren, sondern es sind häufig solche fachlichen und fachübergreifenden Bezüge zu berücksichtigen, die die Wissenschaftler als Fachleute in ihrer fachlichen Diskussion voraussetzen können, die den Nichtspezialisten und den Schülern aber nicht bekannt sind. Dazu gehört zum Beispiel, wie bestimmte Ergebnisse gewonnen wurden und verwendet werden. Dazu gehören auch theoretische Vorannahmen und kontroverse Auffassungen, die von Fachwissenschaftlern häufig nicht mitgeteilt werden, und schließlich auch vielfach

nicht beachtete Ergebnisse von Nachbardisziplinen. Die didaktisch bearbeitete Darstellung wird in diesen Fällen also nicht einfacher, sondern komplexer. Diese Komplexität ist aber nötig, um fachlich falsche Vorstellungen bei Schülern zu vermeiden. Hinzu kommt, daß die biologisch beschriebenen Sachverhalte im Unterricht häufig weit stärker, als dies je im Wissenschaftsbereich der Fall ist, in umweltliche, gesellschaftliche und individuale Zusammenhänge einzubetten sind, um ihre Bedeutung für das Leben des einzelnen in der Gesellschaft und der gesamten Biosphäre zu verdeutlichen (vgl. *v. Wahlert* 1977, 48). Die Gegenstände des Schulunterrichts sind also nicht vom Wissenschaftsbereich vorgegeben, sie müssen vielmehr in pädagogischer Zielsetzung erst hergestellt, d. h. didaktisch rekonstruiert werden.

Die Aufgabe der didaktischen Rekonstruktion entspricht der Auffassung, daß fachdidaktisches Arbeiten mehr ist als effektives methodisches Umsetzen oder motivierendes Einkleiden von wissenschaftlicher Erkenntnis. Die Didaktische

1.1 ▼ Rekonstruktion ist als Modell für fachdidaktische **Forschung** formuliert worden (vgl. *Gropengießer* 1997 a; *Kattmann/Duit/Gropengießer/Komorek* 1997). Sie betrifft aber auch direkt das Vorgehen im **Unterricht**. Es geht umfassend um die Vermittlung, also das »Nahebringen« des biologischen Wissens an die Schüler wie auch das »In-Beziehung-Bringen« dieses biologischen Wissens zur Lebenswelt der Schüler. »Re«-Konstruktion bedeutet in diesem Sinne sowohl »Neu«-Konstruktion im Sinne des Herstellens pädagogisch bedeutsamer Zusammenhänge wie auch das »Wieder«-Herstellen von im Wissenschafts- oder Lehrbetrieb verlorengegangenen Sinnbezügen und »Rück«-Bezug auf Primärerfahrungen bzw. originäre Aussagen der Bezugswissenschaften (vgl. *Kattmann* 1980 b; 1992 c).

Die den Lehrenden gestellte Aufgabe ist somit umfangreicher als nur die der didaktischen Reduktion und Transformation. In der didaktischen Rekonstruktion sind selbstverständlich auch Schritte der inhaltlichen Vereinfachung und der methodischen Gestaltung enthalten. Während der Teilprozeß der didaktischen Reduktion auf den oberen Klassenstufen aufgrund der zunehmenden kognitiven und psychomotorischen Leistungsfähigkeit der Schüler immer mehr zurücktreten kann, verliert die umfassendere Aufgabe der didaktischen Rekonstruktion dort nichts von ihrer Bedeutung. Auch auf den höheren Klassenstufen gilt es nämlich zu verhindern, daß der Unterricht lediglich Teile eines Hochschulstudiums vorwegnimmt. Die Besonderheit des Faches Biologie – auch die besondere Schwierigkeit – liegt im Unterschied etwa zu Chemie und Physik in den vielseitigen Betrachtungsweisen, die Biologen auf ihre Gegenstände anwenden (vgl. *Schaefer* 1982 a).

Der bei der didaktischen Rekonstruktion nötige Rückbezug zur Wissenschaft Biologie ist am besten anhand von **Originalarbeiten** herzustellen (vgl. *Kattmann* 1992 c). *Heinrich E. Weber* (1976) hält wissenschaftliche Originalarbeiten für den Fachdidaktiker dagegen im allgemeinen für unzugänglich und meint daher, fachdidaktische Arbeiten seien an Lehrbuchtexten orientiert. Im Sinne der didaktischen Rekonstruktion sind jedoch wissenschaftliche Lehrbücher keine optimalen Quellen. Mit ihnen wird nämlich oft die geforderte Einsicht in Zusammenhänge sowie in Komplexität und Geschichtlichkeit der Einzelphänomene durch eine verallgemeinernde Darstellung von Wissensbeständen verdrängt.

### 3.2.5 Biologiedidaktische Konzepte

Biologiedidaktische Konzepte für den Unterricht betreffen die fachdidaktischen Leitlinien, nach denen der Unterricht gestaltet werden soll. Im Sinne der didaktischen Rekonstruktion sind dabei vor allem Schülerperspektiven und fachliche Vorstellungen miteinander zu vermitteln.

Eine wichtige Frage ist die Auswahl und Sequenzierung der Unterrichtsthemen. Sie betrifft die Prinzipien der **Strukturierung**. Unter »Struktur« wird das Gefüge der Relationen zwischen den Elementen eines Systems verstanden. Das gilt auch für das System »Unterricht«. Geht man also vom Wortsinn der Bezeichnung »Strukturierung« aus, so ist das Stiften einer Ordnung zwischen den Elementen (Inhalten) des Unterrichts die primäre Aufgabe, wobei die Elemente als vorgegeben angenommen werden können.

Tatsächlich aber haben die Grundsätze, nach denen eine Strukturierung des Unterrichts vorgenommen wird (Strukturierungsprinzipien), auch einen unmittelbaren Einfluß auf die Auswahl der Inhalte, da bestimmte Inhaltsbereiche betont, andere ausgeklammert oder vernachlässigt werden. Das Einfügen oder Weglassen von Inhalten verändert wiederum zugleich das Beziehungsgefüge zwischen den Inhalten. Deshalb müssen bei der fachdidaktischen Strukturierung des Biologieunterrichts die Auswahl, die Begründung und die Anordnung gemeinsam geleistet werden (vgl. *Kattmann/Isensee* 1977).

Vorwiegend durch amerikanische Curriculumarbeiten ist die Bedeutung der **»Struktur der Disziplin«** für das Lernen der Schüler betont worden (vgl. *Bruner* 1970; *Schwab* 1972). *Gerd Brucker* (1978; 1979) hat die große Bedeutung der Strukturierung des Unterrichts anhand eines geschichtlichen Abrisses herausgestellt. Danach kann die Aufgabe der Strukturierung des Biologieunterrichts darin gesehen werden, den Schülern ein für sie

# 3 BIOLOGIE ALS WISSENSCHAFT UND UNTERRICHTSFACH

bedeutungsvolles und beziehungsreiches Lernangebot zu machen. Erst durch das Stiften von bedeutungsvollen Zusammenhängen wird das Lernen der Einzelinhalte des Unterrichts für die Schüler sinnvoll (vgl. *Nagel* 1978; zur Kritik am Konzept der Strukturierungsansätze vgl. *Werner* 1980).

2.3.2 ▼ Die Neustrukturierung des Biologieunterrichts wurde in den einzelnen Ländern der Bundesrepublik Deutschland unterschiedlich durchgeführt. Die Orientierung an allgemeinbiologischen Teildisziplinen wurde nicht vorbehaltlos akzeptiert und reichte offensichtlich auch nicht aus, um einen verbindlichen Gesamtrahmen für den Biologieunterricht herzustellen. Selbst innerhalb der einzelnen Lehrplanentwürfe und Unterrichtskonzepte fehlen daher häufig ein die Unterrichtsthemen verbindender Zusammenhang und leitende Gesichtspunkte für die Themenfolgen. Die einzelnen Unterrichtsthemen sind vielmehr meist nur lose miteinander verknüpft. Der Biologieunterricht besteht dann aus mehreren Strängen, die an verschiedenen Teildisziplinen orientiert sind und gegeneinander weitgehend isoliert erscheinen (z. B. Abfolgen ökologischer und physiologischer oder ethologischer Themen, die kaum Verknüpfungen aufweisen). Die z. T. stark auseinanderweichenden Lehrplanentwicklungen führten zu der Frage, ob eine überzeugendere Strukturierung nach durchgehenden und tragfähigen Prinzipien gefunden werden könne. Diese Frage wurde 1974 auf einem IPN-Symposion zum Thema »Strukturierung des Biologieunterrichts« behandelt, in dem mehrere Strukturierungsansätze vorgestellt und von Fachleuten aus verschiedenen Bereichen diskutiert wurden (vgl. *Kattmann/ Isensee* 1977). Zwei der Strukturierungsansätze sind formal. Die Unterrichtsinhalte werden lediglich neu angeordnet:

... Im »prozeßorientierten« Ansatz ist der Unterricht vorwiegend an naturwissenschaftlichen Arbeitsweisen orientiert. Dieser Ansatz spielt vorwiegend im Sachunterricht der Primarstufe eine Rolle.

... Im »systemtheoretischen« Ansatz (vgl. *Schaefer* 1977 b) wird versucht, vorgegebene Unterrichtsinhalte, etwa die des VDBiol-Rahmenplans, in eine systemtheoretisch bestimmte Abfolge umzuordnen.

Die folgenden Ansätze sind dagegen vorwiegend inhaltlich orientiert. Mehrere Autoren haben »ökologische Strukturierungsansätze« vorgelegt (vgl. *Eulefeld* 1977; *Rodi* 1977; *Schulte* 1977).

*Günter Eulefeld* will mit seinem Ansatz jedoch nicht allein ökologische Inhalte betonen, sondern mit dem der Ökologie innewohnenden »Denken in Wechselbeziehungen« den gesamten Biologieunterricht strukturieren. Damit schließt

2.1.3 ▼ er sich an den Versuch *Friedrich Junge*s (1885) an. *Eulefelds* Strukturierungsprinzip enthält Hauptkonzepte, die untergliedert und erläutert werden und jeweils als innere Stoffverbindungen die einzelnen Unterrichtseinheiten verknüpfen sollen: Erhaltung, Reproduktion, Anpassung, Wechselbeziehung. Die Leistungen des Ansatzes faßt *Eulefeld* (1977, 142) so zusammen:

»... Die Systematik verliert ihre strukturierende Funktion und wird zum Hilfsmittel für die Erleichterung der Übersicht über die Formenvielfalt durch ordnende Vereinfachung; sie spielt weiterhin eine wichtige Rolle für die Theorie der Evolution, die auch zur Erklärung der Existenz des Menschen herangezogen wird.

... Die morphologisch-anatomische Beschreibung der Organismen wird auf diejenigen beschränkt, die eine Funktion im Rahmen größerer Zusammenhänge erhalten (z. B. Anpassung, Homöostase, Evolution).

... Die Beziehung von Struktur und Funktion wird nicht mehr selbstzweckartig bei der Unterscheidung der verschiedenen Organismengruppen verwendet, sondern erhält ihre Bedeutung im ökologischen Ansatz (Erhaltung des individuellen Systems in seiner Umwelt; evolutive Anpassung der Arten an veränderte Umweltbedingungen). Auf der anderen Seite werden neue Schwerpunkte zu setzen sein, die für das Verständnis der ökologischen Situation des Menschen von entscheidender Bedeutung sind.«

Von *Ulrich Kattmann* wurde der »humanzentrierte Strukturierungsansatz« vorgelegt und im Anschluß an das Symposion weiter ausgearbeitet. Mit dem humanzentrierten Strukturierungsansatz wird versucht, den Bezug zum Menschen für Lehrpersonen und Schüler im gesamten Biologieunterricht deutlich auszuweisen und dabei biologisches Wissen durchgehend mit sozialen und individualen Fragen zu verknüpfen (*Kattmann* 1980 a). Dieser Versuch setzt voraus, daß die biologische »Fachstruktur« nicht einfach als vorgegeben angenommen, sondern selbst in Frage gestellt wird. Daher wird im Zusammenhang mit der humanzentrierten Strukturierung ein didaktisches Verständnis der Wissenschaft »Biologie« entwickelt. Biologie wird als Wissenschaft von der »Biosphäre und deren Geschichte« verstanden (vgl. *v. Wahlert* 1977; 1981; *Kattmann* 1980 a). Die Bedeutung dieses Wissenschaftsverständnisses für einen humanzentrierten Unterricht wird darin deutlich, daß der Mensch selbst Teil und Gegenüber der Biosphäre ist und so deren Geschichte und Zukunft teilt. Auf dieser Grundlage wird der Biologieunterricht auf der Sekundarstufe I mit Hilfe dreier Fragen strukturiert. Den drei Fragen sind drei Kataloge von Konzepten zugeordnet. Diese Konzepte sollen bei der Planung der einzelnen Unterrichtseinheiten beachtet werden und auf diese Weise ein inneres Beziehungsnetz zwischen den verschiedenen Stoffgebieten herstellen (innere Stoffverbindungen). Die stärker übergreifenden Konzepte stehen so an

▼ 3.1
● 3-1

◆ 3-2

## 3 BIOLOGIE ALS WISSENSCHAFT UND UNTERRICHTSFACH

3-2 ♦ der Spitze der Tabelle (Evolution, Doppelrolle des Menschen, zukünftige Evolution des Menschen). Die in der neueren Entwicklung betonten allgemeinbiologischen Konzepte sind in dem Katalog zu Frage 1 enthalten. Dem entwickelten Biologieverständnis entspricht es, daß die Konzepte sich auf die drei biologischen Ebenen »Biosphäre«, »Population«, »Organismus« beziehen. Der humanzentrierte Ansatz stellt also die allgemeinbiologische Orientierung
3-1 ♦ in den übergreifenden Rahmen des entwickelten Biologieverständnisses.

|  | **Frage 1:** Welchen biologischen Grundlagen und Bedingungen verdankt der Mensch seine Existenz? | **Frage 2:** Worin besteht die Eigenart des Menschen, und welche Bedeutung hat sie für die Biosphäre? | **Frage 3:** Welche Bedeutung hat die Variabilität des Menschen? |
|---|---|---|---|
| Biosphäre | 1.1 Evolution<br>1.2 Ökosysteme | 2.1 Die Doppelrolle des Menschen<br>2.2 Die menschliche Umwelt<br>2.3 Die menschlichen Gesellschaften | 3.1 Zukünftige Evolution des Menschen |
| Population | 1.3 Verhalten<br>1.4 Variabilität und Vererbung<br>1.5 Sexualität | 2.4 Die menschliche Lebensspanne und das soziale Lernen<br>2.5 Die Symbolsprache und die nichtsprachliche Verständigung<br>2.6 Die menschliche Sexualität | 3.2 Biologische Unterschiede zwischen Populationen<br>3.3 Biologische Unterschiede zwischen sozialen Gruppen<br>3.4 Biologische Unterschiede zwischen den Geschlechtsgruppen |
| Organismus | 1.6 Organismische Systeme<br>1.7 Reizbarkeit, Transinformation, Regulation<br>1.8 Fortpflanzung, Wachstum und Entwicklung<br>1.9 Stoff- und Energiewechsel<br>1.10 Aktive Bewegung | 2.7 Das differenzierte Gehirn und die generalisierte Hand<br>2.8 Das menschliche Gesicht<br>2.9 Der ständige bipede Aufrechtgang | 3.5 Biologische Unterschiede zwischen Individuen |

Tabelle 3-2: Fragen und Katalog von Konzepten des humanzentrierten Strukturierungsansatzes (nach *Kattmann* 1980 a, verändert)

## 3.2 ZUM VERHÄLTNIS VON BEZUGSFACH BIOLOGIE UND UNTERRICHT

Die Strukturierungsansätze sind bei den Lehrplanreformen für die Sekundarstufe I stark diskutiert und partiell berücksichtigt und von vielen Lehrpersonen unmittelbar in der Unterrichtsplanung angewendet worden. ▼ 2.3.2

Als Ansätze für eine grundlegende Orientierung des gesamten Biologieunterrichts sind die Konzepte der »Lebensprinzipien« und des »naturgeschichtlichen Unterrichts« zu verstehen.
Die von *Gerhard Schaefer* (1990 a) als spannungsvolle und zugleich integrierende Polaritäten formulierten Lebensprinzipien sollen im Unterricht jeweils gleichermaßen berücksichtigt werden, um den Lebenserscheinungen besser gerecht zu werden.
Im Konzept des naturgeschichtlichen Unterrichts wird der Evolutionsgedanke als durchgehendes **Erklärungsprinzip** verwendet. Damit soll die untergeordnete Rolle beendet werden, die die Evolution seit *Otto Schmeil* im Biologieunterricht ▼ 2.1.3
hat. Die Evolutionstheorie wird viemehr – entsprechend ihrer Bedeutung als durchgehende und spezifisch biologische Theorie – zur Voraussetzung für alle ▼ 3.1
Themen des Biologieunterrichts gemacht (*Kattmann* 1995 a; vgl. *Illner/ Gebauer* 1997). Das Konzept wurde bisher exemplarisch auf die Klassifikation und Biologie der Wirbeltiere angewendet, für die entsprechende Unterrichtseinheiten entwickelt wurden (vgl. *Kattmann* 1996, 12 f.; *Baumann* u. a. 1996; *Harwardt* 1996; *Kaminski/Kattmann* 1996; *Hedewig/Kattmann/Rodi* 1998).

---

LITERATUR
*Adl Amini* 1980; *Ausubel* 1960; *Baumann* u. a. 1996; *Bayrhuber* 1977; *Bayrhuber* u.a. 1998; *Berck, K.-H.*, 1975 b; 1976; 1980; 1987 a; 1996; *Bögeholz* 1997; *Bojunga* 1985; *Brucker* 1978; 1979; *Bruner* 1970; *Drutjons* 1973; 1980; 1982; *Duderstadt* 1977; *Dylla* 1972; *Ellenberger* 1993; *Entrich* 1994 a; *Eschenhagen* 1983 a; 1985; *Eschenhagen/Kattmann/Rodi* 1989; 1992; *Esser, Hans*, 1978; *Etschenberg/Gerhardt* 1984; *Eulefeld* 1977; *Ewers* 1974; *v. Falkenhausen* 1992; Friedrich Verlag 1998; *Gebhard* 1991; *Gropengießer, H.*, 1997; *Gropengießer, H./Kattmann* 1994; *Grupe* 1977; *Harwardt* 1996; *Hedewig* 1980; 1992; 1997; *Hedewig/Kattmann/Rodi* 1998; *Hefter* 1982; *Hoebel-Mävers* 1973; *Horn* 1993; 1997; *Illner/Gebauer* 1997; *Herrmann* 1994; *Huhse* 1968; *Janßen* 1995; *Kaminski/Kattmann* 1996; *Kattmann* 1980 a; b; 1984 a; 1987; 1992 c; 1995 a; 1996; *Kattmann/ Duit/Gropengießer/Komorek* 1997; *Kattmann/Isensee* 1977; *Kattmann/Schaefer* 1974; *Kattmann/ Stange-Stich* 1974; *Killermann* 1983; 1991; *Klafki* 1964; 1980 a; 1993; *Klausing* 1968; *Korbes* 1976; *Kruse* 1976; *Leicht* 1981; *Lieb* 1981; *Markl* 1971; *Mayer* 1992; 1995; 1997; *Mayer/Mertins* 1993; *Memmert* 1975; 1980; *Mohr* 1970; *Mostler/Krumwiede/Meyer* 1979; *Nagel* 1978; *Neber* 1981; Rahmenrichtlinien Hessen 1978; *Rodi* 1977; *Schaefer* 1976 a; 1977 b; 1982 a; 1990 a; *Schecker* u. a. 1996; *Scholz* 1980; *Schulte, G.*, 1977; *Schwab* 1972; *Siedentop* 1972; *Sönnichsen* 1973; *Staeck* 1987; 1996; *Stichmann* 1970; 1981; 1989; *Strauß* 1977; *Strey* 1980; *Sturm* 1982; *Tausch* 1998; *Tyler* 1973; UNESCO 1977; VDBiol 1996; *Wagenschein* 1962; 1973; 1982; *v. Wahlert* 1977; 1981; *Weber, H. E.*, 1976; *Weinberg* 1984; *Werner, H.*, 1973; 1980; *Zabel* 1993; *Zucchi* 1992

## 3.3 Wissenschaftspropädeutik

### 3.3.1 Zum Begriff

Wissenschaftspropädeutik meint das Hinführen zur und das Nachdenken über Wissenschaft. *Elisabeth von Falkenhausen* (1988, 10 f.; vgl. 1991) nennt als Aufgaben der Wissenschaftspropädeutik im Biologieunterricht u. a.:
... die Struktur der Wissenschaft Biologie erkennen zu lassen;
... zum Weltverständnis beizutragen;
... Methoden und Denkansätze zu vermitteln, die zu verläßlichem naturwissenschaftlichen Wissen führen.

Mit diesen Aufgaben kann die Wissenschaftspropädeutik der geforderten **Wissenschaftsorientierung** des Unterrichts gerecht werden, sie ist jedoch weit mehr als deren systematische Umsetzung. Mit Wissenschaftspropädeutik wird in Bezug auf die jeweilige Wissenschaft eine Metaebene eingenommen. Somit ist auch die Wissenschaftsorientierung selbst kritisch zu reflektieren: Vorgehensweisen und Struktur der Wissenschaft (»teaching science as science«, *Schwab* 1972) sind nur Elemente des wissenschaftspropädeutischen Unterrichts, aus ihnen ergibt sich nicht notwendig eine »Strukturierung« des Unterrichts nach der Struktur der Fachwissenschaft (vgl. dagegen *v. Falkenhausen* 1988, 86). Vielmehr verlangen wissenschaftspropädeutische Überlegungen – stärker als in den Fachwissenschaften – auch die außerwissenschaftlichen Zusammenhänge zu berücksichtigen, in denen die fachwissenschaftlichen Aussagen entstehen und für die sie formuliert werden. Diese Beziehungen können sich in Strukturierungsprinzipien unterschiedlich auswirken. Innerhalb des wissenschaftspropädeutischen Vorgehens sind daher die Wege der **Erkenntnisgewinnung** wissenschafts- und ideologiekritisch zu behandeln, z. B. in Auseinandersetzung mit biologistischen Aussagen.

### 3.3.2 Induktion und Deduktion

In der Vorstellung vieler Schüler, Nichtfachleute und auch Biologen besteht das Vorgehen der Naturwissenschaften darin, durch vorurteilsfreies Beobachten und Experimentieren Fakten und Daten zu sammeln, diese sorgfältig auszuwerten und dann aus den so ermittelten Ergebnissen Gesetzmäßigkeiten abzuleiten. Von vielen erfaßten Einzelfällen soll dabei auf das Allgemeingültige (Regel, Gesetzmäßigkeit) geschlossen werden. Einen solchen Schluß vom

Besonderen auf das Allgemeine nennt man in der Logik »Induktion«. Der entgegengesetzte Schluß vom Allgemeinen auf das Besondere heißt »Deduktion«. Unbestritten ist, daß im Vorgehen empirischer Wissenschaften notwendig immer beide Arten des Schlußfolgerns enthalten sind; induktive und deduktive Teile sind eng miteinander verknüpft und lösen einander im Erkenntnisprozeß mehrfach ab. Über die Bedeutung induktiver Schlüsse in der Erkenntnisgewinnung gibt es jedoch unterschiedliche Auffassungen.

Die ältere, **induktivistische Auffassung** basiert innerhalb der Biologie vor allem auf den Darstellungen von *Max Hartmann* (1948; 1953), die auch in der biologiedidaktischen Literatur mehrfach übernommen worden sind (vgl. *Grupe* 1977, 197 ff.; Richtlinien NRW 1981; *Killermann* 1991, 19 f.; *Klautke* 1997). *Hartmann* (1953, 5 ff.) hält die Induktion für die logische Basis der Biologie, nämlich die »reine, generalisierende Induktion« als Grundlage der vergleichenden Methode und die sogenannte »exakte Induktion« als die Grundlage der experimentellen Methode. »Die reine oder generalisierende Induktion... sucht die Gleichheiten und Ungleichheiten an verschiedenen Gegenständen herauszustellen und bringt die verschiedenen ganzen Gegenstände (Systematik) oder Teile von ihnen (vergleichende Anatomie) in ein System von allgemeinen Begriffen und allgemeinen Aussagen.«

Da die generalisierende Induktion »vorderhand nichts über die Gesetzmäßigkeit und Notwendigkeit der von ihr aufgewiesenen Ordnung« aussagt, müssen beim rein induktiven Vorgehen immer bereits Allgemeinbegriffe vorausgesetzt werden. Diese sind jedoch bei *Hartmann* nicht Teil des Erkenntnisprozesses, sondern in der Natur vorgegeben, sie beruhen auf »der Ordnungsvoraussetzung der Naturwirklichkeit«. Die reine Induktion kann in dieser Sicht also Ordnung schaffen, weil die Natur geordnet ist. Mit Hilfe der generalisierenden Induktion sollen so die »Wesenszüge« der biologischen Gegenstände herausgestellt werden.

Gesichert wird dieses Verfahren nach *Hartmann* dadurch, daß während des Vorgehens stets Analysen des Gegenstandes (gedankliches oder tatsächliches Zerlegen) mit Synthesen abwechseln. Als Beispiel dient oft das Aufstellen von Familienmerkmalen durch das Untersuchen mehrerer Pflanzen. Dabei werden z. B. die Merkmale einer Taubnesselblüte untersucht (Analyse) und danach zum Merkmalskombinat dieser Art zusammengestellt (Synthese). Der Vergleich mehrerer Pflanzenarten (Analyse) führt dann zum Merkmalskombinat und Begriff des »Lippenblütlers« (Synthese). Auf diese Weise können nach *Hartmann* bei genügend großer Induktionsbasis (hinreichend viele, verschiedenartige Einzelfälle) Aussagen über biologische Gesetzmäßigkeiten gemacht werden, ja sogar »allgemein umfassende biologische Theorien« seien »mit rein generalisierender Induktion gewonnen worden«. Derartig gewonnene Kenntnisse über Gesetzmäßigkeiten können aber auch nach *Hartmanns* Auffassung mit reiner Induktion nie ganz exakt bewiesen werden: »Dazu wäre es notwendig, den induktiven Schluß durch die Analyse sämtlicher Einzelfälle zu sichern, was unmöglich ist« (*Hartmann* 1953, 9). Daher seien die durch die reine Induktion gewonnenen Aussagen hypothetisch und müßten durch ein weiteres Verfahren abgesichert werden: die »exakte Induktion«.

Aus den Hypothesen werden bei der »exakten Induktion« Einzelfälle abgeleitet, die durch Experimente überprüft werden können. Das Hauptelement des Verfahrens ist also hier die Deduktion eines überprüfbaren Einzelfalles aus den Hypothesen. Diese Hypothesen werden durch die »generalisierende Induktion« gewonnen. Nach der experimentellen Prüfung wird das Wissen in der induktivistischen Sicht nicht mehr als hypothetisch angesehen, sondern bekommt bei genügender empirischer Überprüfung den Status einer wissenschaftlichen »Theorie«.

Es muß betont werden, daß die Annahme eines wissenschaftlichen Fortschreitens von ungesicherten Hypothesen zur Aufdeckung von Naturgesetzmäßigkeiten auf der nicht ableitbaren und nicht beweisbaren, somit metaphysischen Voraussetzung beruht, mit den induktiven Methoden würden vorhandene Naturordnungen und Wesenszüge der Gegenstände erfaßt.

Auf der Basis der auf *Karl R. Popper* (1966; 1984) fußenden erkenntnistheoretischen Einsichten erweist sich die skizzierte Auffassung induktiver Erkenntnisgewinnung mit Hilfe »voraussetzungsloser« Beobachtungen und Experimente als unhaltbar, da jede Beobachtung und jedes Experiment bereits in Anlage und Deutung durch theoretische Vorannahmen (Hypothesen) geleitet sind. Diese Erkenntnis führt zur **hypothetisch-deduktiven** Auffassung. Danach werden von uns immer nur diejenigen Aspekte der »Wirklichkeit« erfaßt, die wir aufgrund unserer eingeschränkten Fragestellung überhaupt beachten. Unsere theoretischen Vorannahmen bestimmen so unsere möglichen Erfahrungen mit. Unsere Erkenntnisse sind von unseren Vorannahmen (Hypothesen, Theorien) abhängig. Am Anfang des naturwissenschaftlichen Forschens stehen hier also nicht voraussetzungslose Beobachtungen und Induktion, sondern Hypothesen. Diese beziehen sich zwar meist auch auf Vorerfahrungen, sind aber nicht völlig aus diesen zu gewinnen oder durch ein Denkverfahren aus diesen abzuleiten. Sie enthalten vielmehr stets einen spekulativen oder intuitiven Anteil. Anders als in induktivistischer Auffassung werden die aus den Hypothesen ableitbaren Vermutungen über mögliche Versuchsergebnisse nicht mit Induktionen aus

## 3.3 WISSENSCHAFTSPROPÄDEUTIK

Vorerfahrungen begründet, sondern mit den theoretischen Annahmen (Hypothesen) selbst (vgl. *Böhnke* 1978; *Kattmann* 1984a, 9 ff.; *v. Falkenhausen* 1988, 99-109; *Vollmer* 1990; *Campbell* 1997).   ● 3-2
Eine wissenschaftliche **Hypothese** ist in dieser Sicht eine Annahme (Vermutung) über einen bisher unbekannten Zusammenhang, mit deren Hilfe bestimmte Ergebnisse von Beobachtungen und Experimenten vorhergesagt und erklärt werden können. Wissenschaftliche Hypothesen sind also stets so formuliert, daß Folgerungen aus ihnen durch Beobachtungen oder Experimente überprüfbar und prinzipiell widerlegbar sind.
Die Ergebnisse von Beobachtungen und Experimenten können Hypothesen entweder bestätigen oder aber widerlegen, niemals aber als wahr und völlig unumstößlich »verifizieren«. Widersprechen die Ergebnisse den Vorhersagen einer Hypothese, so wird diese entweder verworfen oder aber so abgewandelt, daß ihre Vorhersagen mit den Ergebnissen in Einklang stehen und durch weitere Experimente geprüft werden können. Eine wissenschaftliche Theorie (griech. Anschauung) ist bei diesem Verfahren nichts anderes als ein durch empirische Überprüfungen abgesichertes, in sich möglichst widerspruchsfreies Hypothesengefüge. Auch eine als gesichert geltende Theorie kann durch neue Ergebnisse ganz oder in Teilen widerlegt werden. Eine naturwissenschaftliche Theorie behält also stets Hypothesencharakter.
Mit Beobachtungen und Experimenten können Theorien und Hypothesen selbst nicht geprüft werden, sondern nur die aus ihnen abgeleiteten Folgerungen: »Die Theorie wird gesetzt, Folgerungen werden aus ihr abgeleitet, das Eintreten von Ereignissen unter bestimmten Bedingungen vorhergesagt, und diese Voraussage wird geprüft. Die Prüfung ist der Maßstab für die Berechtigung und Bewährung der Theorie. Aber nicht sie selbst wird geprüft, mit der Wirklichkeit vergleichbar ist nur das Eintreffen oder Nicht-Eintreffen ihrer Voraussagen ... Experimentell klar entscheidbar sind nur die Konsequenzen, nicht die Theorien selber ... Experimentell geprüft ... ist eine Theorie, wenn ihre bekannten Vorhersagen sich in der Wirklichkeit bestätigen. In diesem eingeschränkten Sinne entspricht sie dann auch der Wirklichkeit, trifft auf die Wirklichkeit zu und wird auch praktisch-technisch im Umgang mit der Wirklichkeit verwendet. Dabei bleibt hier noch offen, ob andere Theorien nicht das Gleiche oder auch Besseres leisten« (*Sachsse* 1967, 86). Die Geltung einer Theorie läßt sich auch nicht einfach durch die Anzahl der Experimente stützen, die ihre Voraussagen bestätigen. Vielmehr hängt die Überzeugungskraft der Experimente von der Bewertung ab, die den Ergebnissen zugemessen wird. Neben Deduktionen enthält das wissenschaftliche Vorgehen immer auch nicht logisch ableitbare intuitive und spekulative Elemente.

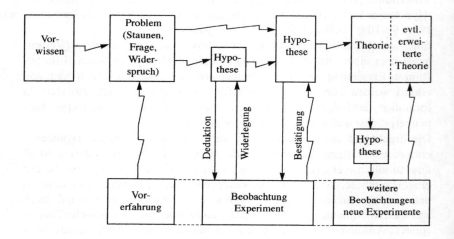

Abb. 3-2: Deduktion und Intuition beim naturwissenschaftlichen Vorgehen. Gerade Pfeile geben logische Schlüsse an, gezackte Pfeile kennzeichnen Folgerungen mit intuitiven Anteilen. Man beachte den logischen Unterschied zwischen Widerlegung und Bestätigung einer Hypothese (nach v. Falkenhausen 1988, 108, verändert).

Die oben angeführte »generalisierende Induktion« ist in dieser Sicht nichts weiter als eine Analyse der jeweils bekannten Fälle und führt keinen Schritt über das hinaus, was bereits vorher bekannt war. Eine Übertragung auf unbekannte Fälle ist mit induktiven Schlüssen nicht möglich. Es gibt zum Beispiel von der Kenntnis einiger Arten von Lippenblütlern keinen Schluß, der aussagt: Alle Lippenblütler haben vier Staubgefäße. Ein Schluß von einer Anzahl bekannter Pflanzen auf unbekannte Pflanzenarten ist – ohne theoretische Begründung – nicht möglich.

Somit ist auch ausgeschlossen, Hypothesen und Theorien aufgrund induktiver Schlüsse direkt aus der Erfahrung oder Wahrnehmung der »Wirklichkeit« abzuleiten. Diese prinzipielle Aussage muß insofern gegen Mißverständnisse erläutert werden, als auch beim hypothetisch-deduktiven Verfahren induktive Schlüsse, z. B. beim Verallgemeinern und Abstrahieren von Versuchsergebnissen, enthalten sind. Es geht also nicht darum, ob in jedem Falle deduktiv oder induktiv gearbeitet wird, sondern um den Stellenwert und die Funktion der Anteile im naturwissenschaftlichen Vorgehen.

Das hypothetisch-deduktive Verfahren entspricht auch den Auffassungen, die sich erkenntnistheoretisch aus dem **Konstruktivismus** ergeben. Danach erzeugt unser Gehirn unsere Wirklichkeit, aber die Konstrukte sind nicht willkürlich, sondern im allgemeinen zuverlässig und für unser Leben angemessen. Das gilt auch für die wissenschaftlichen Konstrukte. »Wie sicher und fest Aussagen der Naturwissenschaft auch erscheinen mögen, objektive Wahrheiten zu sein, können sie nicht beanspruchen. ... Was Naturwissenschaftler bestenfalls tun können, ist ein Gebäude von Aussagen zu errichten, das hinsichtlich der empirischen Daten und seiner logischen Struktur für eine bestimmte Zeitspanne ein Maximum an Konsistenz aufweist« (*Roth* 1994, 313). Diese Wertung hat Folgen für den Umgang mit »Alltagsvorstellungen«, die Anwendung der ▼ 5.2
»Erkenntnismethoden« und die Deutung der Ergebnisse im Unterricht. Die ▼ 9.1.2
erkenntnismäßigen Voraussetzungen der Biologie rücken besonders klar beim wissenschaftsgeschichtlichen Vorgehen in den Vordergrund. ▼ 3.4

### 3.3.3 Biologie und Physik

Durch die kausalanalytische Forschung in Physiologie und Molekularbiologie entsteht oft der Eindruck, als arbeite die Biologie als Naturwissenschaft durchweg mit denselben Methoden wie die Physik und die Chemie. Nach dieser Auffassung können die biologischen Aussagen prinzipiell auf solche der Physik und Chemie zurückgeführt werden. Konsequenterweise wird dann die Biologie nur aus praktischen Gründen von den »exakten« Naturwissenschaften abgegrenzt, da es zwar möglich, aber nicht zweckmäßig sei, die biologischen Erklärungen aus einer Theorie der Atome abzuleiten (vgl. *Mohr* 1970, 24 f.). Entsprechend wird der Unterschied zwischen den Naturwissenschaften nicht in grundsätzlicher, sondern nur in praktischer Hinsicht gesehen, da dieser allein im unterschiedlichen »Grad der Komplexität« der Gegenstände bestehe: »Die biol[ogische] Aussage 'Das Pferd trabt' läßt sich vielleicht, aber sehr umständlich, als raum-zeitl[ich] koordinierte Reaktion zahlr[eicher] Moleküle chemisch beschreiben, eine umfassende Darstellung auf der Ebene der Physik wäre jedoch hoffnungslos verwirrend« (*Vogel/Angermann* 1967, 11).
An dieser Auffassung ist richtig, daß biologische Gesetzmäßigkeiten formal genau so formuliert werden können wie physikalische oder chemische und auch gleiche Gültigkeit beanspruchen (vgl. *Mohr* 1981, 192 ff.). Sie läßt aber unberücksichtigt, daß die Gegenstände der Biologie nicht nur komplexer sind als diejenigen der Physik und Chemie, sondern auch anderen Systemebenen angehören. Ausschlaggebend für eine verschiedene Betrachtungsweise ist

nicht allein die Zunahme an Komplexität, denn diese steigt auch innerhalb der Physik und Chemie bei zunehmender Analyse, zum Beispiel des Atomkerns, an. Makromoleküle sind komplexer als einfache Moleküle. Beide gehören jedoch derselben Systemebene »Moleküle« an. Vielzeller sind komplexer als Einzeller. Beide gehören jedoch derselben Systemebene »Organismus« an und sind nicht vollständig von der Ebene der »Moleküle« her zu erklären.

3.3.5 ▼
3-1 ●
Lebewesen sind nicht als gleichsam zu ungeheurer Komplexität gesteigerte »Moleküle« zu beschreiben. Die Organisationsebene des Organismus hat (wie die Ebenen von Populationen und von Ökosystemen) vielmehr ihre eigenen emergenten Systemgesetzmäßigkeiten, die als solche besonders zu erfassen und zu beschreiben sind (vgl. *Mohr* 1981, 148 ff.; *Wuketits* 1983, 131 ff.).

### 3.3.4 Vitalismus und Mechanismus

Historisch ist die Frage nach den besonderen Eigenschaften lebender Systeme im Streit zwischen Vitalismus und Mechanismus sowie dessen Überwindung durch die systemtheoretische Auffassung entschieden worden (vgl. *v. Bertalanffy* 1932; 1990; *Kattmann* 1980 a). In mechanistischen Anschauungen wird angenommen, daß alle Lebensvorgänge prinzipiell mit Hilfe chemisch-physikalischer Gesetzmäßigkeiten von Teilabläufen erklärt werden können. Im einzelnen verbinden sich mit der Position des **Mechanismus** weltanschaulich unterschiedliche Deutungen und Erklärungsversuche (vgl. *v. Bertalanffy* 1932, 37 ff.). Die mechanistische Auffassung wurde seit dem 17. Jahrhundert durch bahnbrechende Entdeckungen gestützt: 1628 erforschte *William Harvey* den Blutkreislauf und wies nach, daß das Blut im Körper nach physikalischen Prinzipien zirkuliert. *Harvey* begründete damit die neuzeitliche Physiologie. *Friedrich Wöhler* stellte 1828 den Harnstoff im chemischen Labor her und widerlegte damit die vorher herrschende Anschauung, daß zum Entstehen organischer Stoffe eine besondere, den Lebewesen eigene »Lebenskraft« notwendig sei.

Eine konkrete und zugleich extreme Form erhielt der Mechanismus durch die Anschauung, daß Lebewesen wie eine Maschine funktionieren *(René Descartes; Julien Offray de Lamettrie)*. Gegen diese »Maschinentheorie« des Organismus wendeten sich die Vitalisten. Sie griffen dabei z. T. auf ältere Vorstellungen zurück. Eine für seine Zeit moderne Form gab dem **Vitalismus** *Hans Driesch* (1921). Im Unterschied zu seinen Vorgängern spricht er von der »Entelechie« nicht als »Energie« oder »Kraft«, sondern als »seelenartigem« Lenker des organismischen Geschehens, also als Informationsgröße. Seine

Anschauungen gewann *Driesch* bei den Untersuchungen zur Entwicklung des Seeigelkeims: »Der Vitalismus stellt zunächst etwas Negatives fest, nämlich den 'nicht-mechanischen' Charakter des in Rede stehenden Geschehens. Aber diese Negation trägt einen positiven Kern in sich: das, was da am Werke ist, arbeitet ja wie ein geistiger Mensch, wenn auch nicht 'bewußt'. Wir können von einem seelenartigen Agens reden« (*Driesch* 1957, 137).

Sowohl Vitalismus wie auch Mechanismus sind in ihrem Kern weltanschauliche, wissenschaftlich nicht begründbare Positionen (vgl. *v. Bertalanffy* 1932; 1990). Sowohl die Annahme lückenlos geltender physikalisch-mechanischer Gesetzmäßigkeiten wie auch die Gegenbehauptung einer Eigengesetzlichkeit des Lebendigen lassen sich auf der methodischen Ebene des Vitalismus-Mechanismus-Streites empirisch nicht prüfen. Im Vitalismus werden zusätzlich zielgerichtet (teleologisch) wirkende Faktoren angenommen, die empirisch nicht faßbar sind und daher keinen wissenschaftlichen Erklärungswert haben. Im methodischen Vorgehen aber stimmen Vitalisten und Mechanisten völlig überein: Beide versuchen, die Prozesse des Lebens dadurch zu erklären, daß sie einzelne Faktoren analysieren und daß die Summe dieser Faktoren das vollständige Bild, das »Ganze« des lebenden Systems, ergeben soll. Vitalismus und Mechanismus bedienen sich also beide gleichermaßen einer **analytisch-summativen Betrachtungsweise**.

▼ 3.3.6

Der Mechanist glaubt, daß er den ganzen Organismus vollständig erklären kann, wenn ihm nur alle Teile, Vorgänge und Stoffe im Organismus bekannt sind. Der Vitalist *Driesch* kommt bei demselben analysierenden Vorgehen und dem Zusammenzählen der Faktoren zu einer anderen Gleichung: Er fügt die »Entelechie« als weiteren Faktor hinzu. Der Unterschied zwischen Mechanismus und Vitalismus kann kurzgefaßt so ausgedrückt werden: »Vitalismus ist Mechanismus plus Entelechie«.

### 3.3.5 Systemtheoretische Betrachtungsweise

Bei beiden Anschauungen wird übersehen, daß die beobachteten Lebenserscheinungen immer schon an eine vorgegebene Organisation gebunden sind und daher nicht einfach aus einer Summe von Faktoren resultieren. Die Frage, welche Rolle die spezifische Ordnung der Teile und Vorgänge, die bei Lebewesen zu finden ist, für die Lebensprozesse spielt, führte *Ludwig von Bertalanffy* zur **Organismischen Auffassung**: »Die organismische Methode besteht darin, für organische Systeme als ganze exakt formulierte Gesetzmäßigkeiten aufzusuchen« (*v. Bertalanffy* 1990, 159). Dies ist eine systemtheoretisch-ganzheitliche Betrachtungsweise.

Zur Erklärung der Lebenserscheinungen wird hier die Theorie der offenen Systeme herangezogen. Ein System wird definiert als eine Gruppe von Elementen, die miteinander in Wechselbeziehungen (Interaktionen) stehen (vgl. *v. Bertalanffy/Beier/Laue* 1977).

**Offene Systeme** sind solche, die Materie mit ihrer Umgebung austauschen. Unter bestimmten Umständen sind offene Systeme in der Lage, sich selbst zu organisieren und sich selbst zu erhalten. Es handelt sich um Selbstorganisationsprozesse von Systemen fernab vom thermodynamischen Gleichgewicht (*Ilja Progogine*). Halten sich die Materieeinströme in das System und die Materieausströme aus dem System die Waage, so spricht man von einem **Fließgleichgewicht**. Ein einfaches Beispiel für ein offenes System im Fließgleichgewicht ist die Kerzenflamme: Bei ruhigem Brennen bleibt ihre Gestalt im Wechsel der Bestandteile erhalten; Materieeinströme (Kerzenwachs, Sauerstoff) und Materieausströme (Kohlenstoffdioxid, Wasser) halten sich die Waage. Organismen sind ungleich komplizierter als das System der Kerzenflamme. Aber auch sie durchfließt ein ständiger Materiestrom (Nahrungsaufnahme, Ausscheidung, Atmung). »Ein lebender Organismus ist ein Stufenbau offener Systeme, der sich aufgrund seiner Systembedingungen im Wechsel der Bestandteile erhält« (*v. Bertalanffy* 1990, 124).

Die systemtheoretische Betrachtungsweise unterscheidet sich grundlegend von der analytisch-summativen, wie sie sowohl mechanistischen als auch vitalistischen Auffassungen zugrundeliegt. Da sich die Beziehungen innerhalb eines Systems wechselseitig beeinflussen, entsprechen die im System herrschenden Wechselbeziehungen (Systemrelationen) nicht den einzelnen Beziehungen, die man bei der Analyse des Systems findet (Einzelrelationen). Auch in der analytisch-summativen Betrachtungsweise ist selbstverständlich bekannt, daß zu einem System nicht nur die Elemente, sondern auch die Relationen zwischen den Elementen gehören. Es werden jedoch die Relationen des Systems als summativ aus den Einzelrelationen zusammengesetzt gedacht. Dagegen betont die Systembetrachtung, daß bei der Analyse Informationen verloren gehen, die bei der versuchten Synthese eines Systems nicht wieder erscheinen. Das Ganze ist etwas anderes als die Summe seiner Teile. Zur Rekonstruktion eines Systems aus den Teilen benötigt man mehr Informationen als die Summe der Informationen über die Teile (vgl. *Weiss* 1970, 60). Mit dem Mechanismus stimmt die systemtheoretische Auffassung darin überein, daß keinerlei Faktoren angenommen werden, die über physikalisch-chemische Wechselbeziehungen hinausgehen. Mit dem Vitalismus stimmt die systemtheoretische Sicht darin überein, daß Organismen als Systeme besondere Eigenschaften und Prozesse zeigen, die analytisch-summativ nicht zu erklären sind. Der methodische Fehler der Vitalisten bestand darin, daß sie zwecksetzende (teleologische) Faktoren als Kausalursache in die zweckmäßig und zielgerichtet erscheinenden Lebensvorgänge einsetzten (vgl. *Reichenbach* ▼ 3.3.6 1968, 219 f.; *Kattmann* 1971 b; *Werner* 1973, 53; *Leicht* 1978, 53 f.).

Durch die systemtheoretisch-ganzheitliche Betrachtungsweise wird überflüssig, nach besonderen Teilen oder Faktoren im Organismus zu suchen, die diese **Lebensprozesse** hervorrufen könnten (Lebenskraft, Entelechie). »Was uns als typischer Lebensvorgang entgegentritt, ist also ... das Resultat gleich notwendiger Elemente ... Jeder dieser Teile leistet eine wichtige Teilfunktion, und wenn wir irgendeinen von ihnen fortnehmen, erscheint gerade dieser eine uns plötzlich als besonders wichtig, weil er jetzt den ganzen Lebensvorgang verhindert.« Daher ist auch der Versuch, »den seit Jahrtausenden gesuchten 'materiellen Lebensgeist', die 'lebendige Substanz' zu finden, gescheitert ... Nicht einzelne Teile leben, sondern die besondere Form natürlicher Vorgänge, die wir als Leben im physiologischen Sinne bezeichnen, ist das Resultat des Zusammenwirkens der für sich leblosen Faktoren« (*Bünning* 1959, 130). ▼ 3.1

Die systemtheoretische Auffassung wird ergänzt und modifiziert durch die neueren Theorien zum **deterministischen Chaos** und zu **Fraktalen** (vgl. z. B. *Gerok* 1989; *Schlichting* 1992; 1994; *Komorek/Duit/Schnegelberger* 1998). Diese Theorien liefern Erklärungsmuster, nach denen viele Musterbildungen aufgrund von teleomatisch ablaufenden Vorgängen stattfinden können, indem nur die Anfangsbedingungen, nicht aber alle Einzelheiten programmiert sind. Diese Erkenntnis führt zu neuen Modellen für Prozesse der Selbstorganisation und Evolution (vgl. *Goodwin* 1994; *Kauffman* 1991).

Ebenso sind stationäre Zustände nicht mehr unbedingt auf einen geregelten Gleichgewichtszustand zurückzuführen. So stellen sich viele ökologische Verhältnisse, die früher als »ökologisches Gleichgewicht« beschrieben wurden, als eine Folge bzw. Zyklen von Populationswachstum und Zusammenbruch dar. An die Stelle von Gleichgewichtsbeschreibungen tritt daher das Erfassen des Zusammenwirkens von aufbauenden und abbauenden Prozessen, durch die sich komplexe Systeme bis an eine kritische Grenze aufbauen und erhalten bleiben, solange diese Grenze nicht überschritten wird (selbsterzeugte Kritizität, vgl. *Bak/Chen* 1991).

### 3.3.6 Biologische Erklärungen

Infolge der Widerlegung des Vitalismus wird das finale Fragen nach Zweckmäßigkeit und biologischer Bedeutung (»Wozu dient eine bestimmte Struktur oder Verhaltensweise?«) im Biologieunterricht häufig als fragwürdig betrachtet. Der Hinweis auf sinnvoll abgestimmt erscheinende Prozesse, die auf ein erkennbares Ziel gerichtet sind, gerät dabei in das Zwielicht vitalistischer Anschauungen. Hinter der finalen Frageweise wird der Wunsch vermutet, in der Natur selbst sinnvolles und planvolles Handeln vorzufinden oder diese im religiösen Sinne zu deuten. So wird darauf hingewiesen, daß bei finaler Begrifflichkeit anthropomorphisierende Vorstellungen in die Naturprozesse hineingetragen würden. Sinn und Plan seien eigentlich etwas der Natur Fremdes. Der Mensch entnehme diese Begriffe seiner eigenen Welt, und es werde in der finalen Frageweise bei Lebewesen und Naturprozessen so getan, »als ob ihnen ein zwecksetzendes Prinzip innewohne« (*Brüggemann* 1958, 205).

Mit diesen Einwänden erscheint aber das finale Fragen selbst überinterpretiert. Es bleibt nämlich neben der Kausalanalyse immer sinnvoll, nach der Rolle (der Funktion, dem »Sinn« oder der »biologischen Bedeutung«) einer Struktur oder eines Prozesses in einem größeren biologischen Systemzusammenhang zu fragen (vgl. *Remane* 1960, 10; *Lorenz* 1965, 384 ff.).

*Hans Mohr* (1981,142 ff.) nennt Antworten auf diese Fragen **funktionale Erklärungen**. Diesen Erklärungen muß nur dann widersprochen werden, wenn sie an die Stelle **kausaler Erklärungen** treten sollen (vgl. *Schrooten* 1968; *Weber* 1968; *Kattmann* 1971 b). Im Unterricht sollte daher zwischen den Fragen nach den Funktionen (»Wozu?«) und nach den Kausalursachen (»Wie?« und »Warum?«) unterschieden werden (vgl. *Kattmann* 1971 b; *Bär* 1978; *Schmidt* 1981).

Bei zweckmäßig und zielgerichtet ablaufenden Prozessen sollte zwischen verschiedenen funktionalen Erklärungen differenziert werden:

... Als »teleomatisch« werden alle Prozesse bezeichnet, die automatisch aufgrund physikalischer oder chemischer Gesetzmäßigkeiten zu einem bestimmten Abschluß kommen (z. B. Einstellen einer chemischen Reaktion auf ein Gleichgewicht; Ausrollen einer Kugel zur Ruhelage nach einem Stoß aufgrund von Reibung).

... Als »teleologisch« werden diejenigen Prozesse angesehen, bei denen tatsächlich ein zwecksetzendes Prinzip vorausgesetzt werden kann. Dies kann wohl nur für das Handeln von Menschen oder Menschengruppen angenommen werden.

| ERKLÄRUNGSTYP | BEREICH |
|---|---|
| **kausale Erklärung** | (chemische, physikalische, physiologische) Kausalanalyse: Nachweis durch Beobachtung und Experiment Nah-Ursachen (proximate causes) |
| **funktionale Erklärungen** | Analyse der Funktion (»Bedeutung«) |
| ... teleomatische Erklärung | Prozeß verläuft automatisch durch Annäherung an das thermodynamische Gleichgewicht (chemisch-physikalische Systeme) |
| ... teleonomische Erklärung | Funktion aufgrund eines vorgegebenen Programms (technische und organismische Systeme) Selektion als Ursache für Funktionen: Fern-Ursachen (ultimate causes) |
| ... teleologische Erklärung | Funktion aufgrund eines bewußt angestrebten Zweckes (Handeln des Menschen, kulturelle Systeme) |
| **historische Erklärung** | Naturgeschichte: Evolution der Biosysteme, Artbildung, Katastrophen und Koevolution als geschichtliche Ursachen |

Tabelle 3-3: Typen und Anwendungsbereiche biologischer Erklärungen

... Streng von den teleologischen sind »teleonomische« Prozesse zu unterscheiden, die ihr »Zielgerichtetsein dem Wirken eines Programms« verdanken (*Mayr* 1979, 207). Als Programm wird die »kodierte oder im voraus angeordnete Information [bezeichnet], die einen Vorgang (oder ein Verhalten) so steuert, daß er zu einem vorgegebenen Ende führt« (*Mayr* 1979, 213).

Diese Definitionen sind ohne weiteres auch auf technische Prozesse anwendbar, da es nicht darauf ankommt, wie das einem teleonomischen Prozeß zugrundeliegende Programm zustandekommt. Bei Organismen beruht das Programm auf genetischer Information und organismischen Strukturen, die teilweise oder überwiegend durch erlernte Informationen ergänzt werden können.

Vor allem Entwicklungsprozesse lassen sich teleonomisch erklären. Zielsetzende Faktoren werden bei teleonomischen Prozessen nicht angenommen. Die Frage, wie die aus evolutionärer und individueller »Erfahrung« zusammengesetzten Programme, die den Prozessen zugrundeliegen, entstanden sind, wird nicht beantwortet. Diese Beschränkung muß bei allen Beschreibungen und Analysen teleonomischer Prozesse beachtet werden (vgl. *Leicht* 1978, 40 ff.).

Da Biosysteme eine Geschichte haben, sind historisch bedingte Ursachen in biologische Erklärungen aufzunehmen. Innerhalb der Evolutionsforschung wird üblicherweise zwischen **Nah-Ursachen** (proximate causes) und **Fern-Ursachen** (ultimate causes) unterschieden. Die proximaten Ursachen sind physiologisch oder ethologisch beschriebene Kausalursachen im engeren Sinne. Die ultimaten Ursachen sind eigentlich funktionale Erklärungen, die mit Hilfe der Annahme von biogeschichtlich wirksamen Selektionsfaktoren kausal gedeutet werden.

3.2.5 ▼ Das Beschreiben historischer Bedingungen und Ereignisse hat indes in der Biologie grundsätzlich einen eigenständigen Erklärungswert neben der Kausalanalyse (vgl. *Arber* 1960; »narrative explanations«, vgl. *Mayr* 1984). **Historische Erklärungen** sind nötig, um die Geschichte des Lebens zutreffend zu erfassen. Dem entspricht das biologiedidaktische Konzept, die Evolutionstheorie im Unterricht als durchgehendes »Erklärungsprinzip« einzusetzen. Ohne historische Erklärungen ergeben sich ahistorische Fehlurteile und Fehlschlüsse wie die »typologische Inversion« (vgl. *Kattmann* 1995 a, 31 f.). Bei den ultimaten Ursachen ist zum Beispiel zu bedenken, daß sowohl die Funktionen wie auch die Selektionsbedingungen und -faktoren sich im Laufe der Geschichte verändert haben können, so daß eine kausale Erklärung aus den aktuell gegebenen Funktionen nicht ohne weiteres zulässig ist. Experimentell durchgeführte Kausalanalyse und »erklärende Naturgeschichte« ergänzen einander; sie können einander nicht ersetzen.

### 3.3.7 Betrachtungsweisen und Methodenkomplementarität

Als Weiterführung der systemtheoretischen Betrachtungsweise des Organismus kann es angesehen werden, wenn auch die den Organismus übergreifenden Gefüge unter dem Systemgesichtspunkt betrachtet werden. Die Systembetrachtung kann dabei im Unterricht in zwei Dimensionen stattfinden, die im Interesse einer angemessenen Begriffsbildung nicht miteinander vermengt werden sollten. Die eine Dimension betrifft **Unterbegriff-Oberbegriff-Relationen**. Die Betrachtung wird dabei aufsteigend abstrakter und formaler. Sie leistet das Aufzeigen gleichartiger bzw. verschiedenartiger Systeme (z. B. die Unterscheidung von offenen und geschlossenen Systemen).

## 3.3 WISSENSCHAFTSPROPÄDEUTIK

Die zweite Dimension betrifft **Teil-Ganzes-Relationen**. Die Systeme werden dabei aufsteigend komplexer. Diese Betrachtung leistet das Aufzeigen von Systemstrukturen und Zusammenhängen. Das Aufsteigen zu Systemen höherer Ordnung bedeutet dabei nicht ein Ansteigen von Abstraktheit: Die Teile sind nicht konkreter als die Systeme, denen sie angehören. Da die Beziehungen zwischen Teilsystemen betont werden, führt diese Betrachtung zu dialektischen Teil-Ganzes-Relationen und zum sogenannten Netzdenken.

Dieses **Denken in Systemen** ist von *Gerhard Schaefer* (1975; 1978 a; 1980; 1984) als »inklusives Denken« dem »exklusiven Denken« gegenübergestellt ◆ 3-4 worden. Das »inklusive Denken« zeichnet sich dadurch aus, daß es stets mehrere Bezüge und Alternativen berücksichtigt. Ein grundsätzlicher Gegensatz oder eine scharfe Abgrenzung zwischen den beiden »Denkweisen« besteht jedoch nicht. Es handelt sich nicht um zwei Arten zu denken, sondern um das Einbeziehen oder Ausklammern eines engeren oder weiteren Umfeldes (Kontextes) im Denken. Zwischen »inklusivem« und »exklusivem« Denken in ihren Extremformen bestehen alle möglichen Übergänge. Ob ein Denken exkludierend oder inkludierend ist, läßt sich allenfalls im Gegenüber zweier verschiedener Überlegungen zeigen. Man kann daher besser vom Denken im engeren oder weiteren Kontext sprechen. »Exklusiv« und »inklusiv« schließen sich nicht aus, sondern ergänzen einander. Da es sich nicht um zwei verschiedene Denkweisen handelt, können die mit *Schaefers* Unterscheidung angesprochenen Sachverhalte wohl besser im Bereich der Methoden beschrieben werden als im Bereich des Denkens.

Neben der Komplexität – die *Schaefer* besonders betont – sind beim wissenschaftlichen Vorgehen auch die Variabilität und die Geschichtlichkeit der ▼ 3.1 Biosysteme besonders zu beachten. *Ernst Mayr* (1979) stellt vor allem die Bedeutung des »Denkens in Populationen« heraus, mit dem die Vielfalt und die Verschiedenheit der Individuen innerhalb der Organisationstypen erfaßt wird. Die Eigenschaften der Biosysteme legen es nahe, den stark objektivierenden Methoden »sanfte« Verfahren an die Seite zu stellen (vgl. *Kattmann* 1980 a, 159). Es geht um Methodengefüge, die

... den Menschen (Subjekt) nur partiell vom Objekt trennen und nur vorsichtig in den Objektbereich eingreifen. Durch die Einbindung der Forscher in das zu erforschende System ist das manipulative Verfügen über das Leben zu begrenzen;

... die Variabilität und die Geschichtlichkeit der Objekte berücksichtigen. Mit der Beschreibung emergenten Systemverhaltens ist die mechanistische Beschreibung isolierter Teile zu relativieren;

## 3 BIOLOGIE ALS WISSENSCHAFT UND UNTERRICHTSFACH

... die Offenheit, Begrenztheit und Komplexität der Objekte berücksichtigen. Das Erfassen der Einmaligkeit von Biosystemen soll die Tragweite und die Grenzen der formulierten Gesetzmäßigkeiten erkennen lassen.

Die **komplementären Methoden** sollen die objektivierenden sinnvoll begrenzen. Sie sind also in dem Sinne »komplementär«, daß ihre gleichzeitige Anwendung ausgeschlossen ist, sie sich im Nacheinander aber ergänzen.

| EXKLUSIVE DENKWEISE | INKLUSIVE DENKWEISE |
|---|---|
| 1. Selektion, spezialisiertes Denken, strenge Fachgrenzen. | 1. Integratives Denken. Vielseitigkeit, fließende Fachgrenzen. |
| 2. Maximaler Fortschritt auf einem speziellen Gebiet bis zur Spitzenleistung. »Ökonomisches Denken«. | 2. Gebremster Fortschritt auf einem Gebiet durch gleichzeitige Berücksichtigung anderer Bereiche. »Ökologisches Denken«. |
| 3. Entscheidungsdenken in den Kategorien »Entweder-oder«, »erst das eine - dann das andere« (siehe Gangschaltung beim Auto). | 3. Kompromißdenken, Koexistenzdenken in den Kategorien »Sowohl - als auch«, »hier das eine - dort gleichzeitig das andere«... |
| 4. Objekte sind machbar; sie können »identisch« gemacht werden (Normgewinde, Ersatzteile). Identitätsdenken, »ahistorisches« Denken, mit großer Exaktheit. Postulat der heutigen Naturwissenschaft: volle Reproduzierbarkeit. | 4. Objekte sind nicht beliebig machbar. Wachsen autonom, besitzen Individualität und sind niemals »identisch«. Diskriminatives Denken, Variabilitätsdenken, historisches Denken mit Unschärfe der Einzelaussage. Mangelnde Reproduzierbarkeit. |
| 5. Herstellung technischer Produkte egozentrisch bestimmt. Umwelt allein im Dienste menschlicher Interessen. »Ausbeutungsdenken«, »Verschleißdenken«. | 5. Herstellung technischer Produkte mit einer heterozentrischen Haltung. »Schutzdenken« (Tierschutz, Umweltschutz), »Erhaltungsdenken«, »Schonungsdenken«. |
| 6. Absolut fehlerfreies Funktionieren: Perfektionsdenken, deterministisches Denken, Sicherheit für den Augenblick. | 6. Fehlerhaftigkeit, mangelnde Perfektion in speziellen Bereichen werden in Kauf genommen, um Stabilität auf lange Sicht zu erreichen. Flexibilitätsdenken, Anpassungsdenken evolutionäres Denken, probabilistisches Denken. |
| 7. Einfaches Modelldenken. Einfache Modelle bilden die betrachtete Wirklichkeit hinreichend ab (... Lichtwelle - Wasserwelle). | 7. Modelldenken problematisch. Einfache Modelle versagen oft (siehe Gleichgewicht eines Ökosystems - ... einer Waage...). |

Tabelle 3-4: »Exklusives« und »inklusives« Denken nach *Schaefer* (1978 a, 13 f.)

## 3.3.8 Sinn und Bedeutung, Beispiele

Durch einen wissenschaftspropädeutisch orientierten Unterricht sollen die Schüler befähigt werden,

... naturwissenschaftliche Konzepte und Arbeitsweisen reflektiert anzuwenden (dies gilt insbesondere für Beobachtung, Experiment und die aus ihnen gewonnenen Aussagen);

... Grenzen und Tragfähigkeit naturwissenschaftlicher Aussagen zu reflektieren und diese entsprechend zu beurteilen;

... Wege der Erkenntnis nachzuvollziehen und an einzelnen wissenschaftsgeschichtlichen Beispielen darzustellen;

... Folgen naturwissenschaftlicher Erkenntnisse in ihrer Ambivalenz zu erkennen (vgl. Empfehlungen zur Arbeit in der gymnasialen Oberstufe 1978, 4 f.; *v. Falkenhausen* 1989, 11; *Zabel* 1994 b).

Wenn methodische Voraussetzungen und mögliche Formen der Erklärung nicht beachtet werden, so können auch Beobachtungen und Experimente leicht zu logischen Fehlschlüssen verleiten (vgl. *Kattmann/Jungwirth* 1988). Wissenschaftstheoretische Fragen sollten auch in der Lehrerbildung berücksichtigt werden (vgl. *Rottländer/Reinhard* 1988).

Ein wesentlicher wissenschaftspropädeutischer Aspekt ist die angemessene Auseinandersetzung mit pseudo-wissenschaftlichen Konzepten, d. h. solchen Vorstellungen, die den Anspruch von Naturwissenschaft erheben, diesem aber nicht gerecht werden können. Beispiele sind die Eugenik (vgl. *Kattmann* 1991 c), der Lyssenkoismus (vgl. *Galinsky/Regelmann* 1984; *Regelmann* 1984) sowie der heute als »Schöpfungswissenschaft« mit wissenschaftlichem Anspruch auftretende **Kreationismus** (vgl. *Scharf/Stripf* 1989; *Rottländer* 1989 a; b; *Kattmann* 1992 a; 1998 a). Das Verhältnis von Biologie und Religion ist jedoch nicht auf der Tatsachenebene zu bestimmen, sondern auf der Sinnebene. Biologische und religiöse Aussagen entsprechen den unterschiedlichen Möglichkeiten, die Wirklichkeit zu erfassen und zu deuten (vgl. *Kattmann* 1971 b; 1972; 1992 a; *Süßmann/Rapp* 1981; *Johannsen* 1982; 1997; *Lüke* 1990; 1993; *v. Falkenhausen* 1997).

Die Behandlung von nicht-wissenschaftlichen Konzepten kann dazu dienen, die dagegen stehenden naturwissenschaftlichen Aussagen zu präzisieren, ihren **Geltungsbereich** zu bestimmen und so zu vermeiden, sie dogmatisch auszulegen. Die Schüler sollen im Unterricht erfahren, daß die naturwissenschaftlichen Erkenntnisse grundsätzlich hypothetisch sind und ihre Deutungen nicht nur von methodischen Voraussetzungen, sondern auch von persönlichen und gesellschaftlich vorherrschenden Anschauungen abhängen können. Auch der Zusammenhang von Fälschungen in der Wissenschaft mit den herrschenden Anschauungen hat hier seinen unterrichtlichen Ort (vgl. *Koch* 1992 f.). Wichtige Themen sind die ideologisch-politische Umdeutung biologischer Aussagen (Biologismus) und die gesellschaftliche Bedingtheit der Wirksamkeit von Wissenschaft und Wissenschaftlern (vgl. *Beyer/Kattmann/Meffert* 1982; *Quitzow* 1988 a; *Weß* 1989; *Preuschoft/Kattmann* 1992; *Kattmann* 1998 b).

Für den wissenschaftspropädeutischen Unterricht bieten sich diejenigen **Themenbereiche** an, bei denen wissenschaftstheoretische oder ideologische Aspekte besonders naheliegen, wie dies bei der Evolutionsbiologie, Ethologie und Soziobiologie sowie Molekulargenetik, Humangenetik und Anthropologie der Fall ist. Fachwissenschaftler haben zu einigen Bereichen Bücher geschrieben, die sich an eine breitere Öffentlichkeit wenden und wegen der kritischen Analysen auch als Grundlage für den wissenschaftspropädeutischen Unterricht geeignet sind: zur Vergleichenden Verhaltenslehre (*Zippelius* 1992); zum Verhalten des Menschen (*Bischof* 1991); zur Humangenetik/Anthropologie (*Gould* 1986; *Lewontin/Rose/Kamin* 1988). Darüber hinaus gibt es zu den genannten Bereichen kritische Übersichtsartikel (vgl. *Beyer/Kattmann/Meffert* 1982; *Vogel* 1983; *Kattmann* 1983 a; 1985; 1991 d; 1992 b; 1993 c; 1995 b; c; *Lethmate/Sommer* 1994; *Neumann* 1995).

9.8 ▼ Die veröffentlichten **Unterrichtsbeispiele** und Unterrichtsmaterialien betreffen fast alle die Sekundarstufe II (vgl. *v. Falkenhausen* 1989). Als Unterrichtsmethode herrscht die »Textanalyse« vor, für die zahlreiche Unterrichtsvorschläge und Textsammlungen vorliegen (vgl. *Beyer/Kattmann/Meffert* 1980; *Schrooten* 1981 b; *Süßmann/Rapp* 1981; *Kattmann/Pinn* 1984; *Galinsky/Regelmann* 1984; *Rimmele* 1984; *Quitzow* 1986; 1990; *Weß* 1989; *Rottländer* 1992). Exemplarisch können die Schüler Untersuchungen anhand einer Originalarbeit durchführen (vgl. z. B. *Schneider* 1985; *Schäferhoff* 1993; *Eckebrecht* 1995 a; b). Im Studienbrief zur Neuroethologie (*Ewert/Kühnemund* 1986) werden die methodischen Voraussetzungen der Wissenschaft im Dialog zwischen den beiden Autoren (Fachwissenschaftler und Fachdidaktiker) entwickelt und dabei beispielhaft unterschiedliche Denkweisen und Bedeutungszuweisungen durch die Wissenschaftler demonstriert.

Widerspruch gegen einen zu theoretisch und methodisch einseitigen wissenschaftspropädeutischen Unterricht (vgl. *Spieß* 1982) sollte u. a. mit größerer Vielfalt der Arbeitsweisen und Gegenstände begegnet werden. Wissenschaftspropädeutik sollte kein Sonderdasein führen, sondern an vielen Stellen des Unterrichts auch auf eigene Experimente und Beobachtungen angewendet werden (vgl. *v. Falkenhausen* 1989, 13 ff.).

Wissenschaftspropädeutische Überlegungen führen im Unterricht vielfach zu
Beispielen aus der Wissenschaftsgeschichte und zu ethischen Fragen. Beide ▼ 3.4
Bereiche haben aber im Unterricht keineswegs nur wissenschaftspropädeuti- ▼ 3.5
sche Funktion, so daß ihnen eigene Ausführungen gewidmet sind.

## 3.4 Geschichte der Biologie im Biologieunterricht

### 3.4.1 Zum Begriff

Die Wissenschaft »Biologie« ist älter als ihr Name. Die Entwicklung zu einer ▼ 3.1
experimentell forschenden und technisch angewandten Naturwissenschaft
konnte erst beginnen, nachdem die Unterschiede zwischen Nichtlebendem und
Lebendigem erkannt worden waren. Die Entwicklung der Wissenschaft folgte
nicht allein eigenen Gesetzen, sondern war auch abhängig von gesellschaftlichen Verhältnissen, sozialen Bedingungen sowie individuellen Einstellungen
und Wünschen. In der Geschichte haben sich dabei nicht nur die Ansichten über
die Gegenstände, sondern auch Charakter und Struktur der Biologie als Fach
gewandelt. Sichtbar ist in der Geschichte der Biologie aber auch, daß bestimmte ♦ 3-6
Motive und Wege biologischen Handelns trotz des Wandels der äußeren
Bedingungen gleich geblieben sind. Die geschichtliche Betrachtung zeigt, auf

---

LITERATUR
*Arber* 1960; *Bak/Chen* 1991; *Bär* 1978; *v. Bertalanffy* 1932; 1990; *v. Bertalanffy/Beier/Laue* 1977;
*Beyer/Kattmann/Meffert* 1980; 1982; *Bischof* 1991; *Böhnke* 1978; *Brüggemann* 1958; *Bünning*
1959; *Campbell* 1997; *Driesch* 1921; 1957; *Eckebrecht* 1995 a; b; Empfehlungen gymnasiale
Oberstufe 1978; *Ewert/Kühnemund* 1986; *Fäh* 1984; *v. Falkenhausen* 1988; 1989; 1991; 1997;
*Galinsky/Regelmann* 1984; *Gerok* 1989; *Goodwin* 1994; *Gould* 1986; *Grupe* 1977; *Hartmann*
1948; 1953; *Johannsen* 1982; 1997; *Kattmann* 1971 b; 1972; 1980 a; 1982; 1983 a; 1984 a; 1985;
1991 c; d; 1992 a; b; 1993 c; 1995 a; b; c; 1998 a; b; *Kattmann/Jungwirth* 1988; *Kattmann/Pinn*
1984; *Kauffman* 1991; *Killermann* 1991; *Klautke* 1997; *Koch, M.,* 1992 f.; *Komorek/Duit/
Schnegelberger* 1998; *Kuhn, T. S.,* 1967; *Leicht* 1978; *Lethmate/Sommer* 1994; *Lewontin/Rose/
Kamin* 1988; *Lorenz* 1965 b; c; *Lüke* 1990; 1993; *Mayr* 1979; 1984; *Mohr* 1970; 1981; *Neumann*
1995; *Popper* 1966; 1984; *Preuschoft/Kattmann* 1992; *Quitzow* 1986; 1988 a; 1990; *Regelmann*
1984; *Reichenbach* 1968; *Remane* 1960; Richtlinien NRW 1981; *Rimmele* 1984; *Roth* 1994;
*Rottländer* 1989 a, b; 1992; *Rottländer/Reinhard* 1988; *Sachsse* 1967; 1968; *Schaefer* 1975; 1978
a; 1980; 1984; *Schäferhoff* 1993; *Scharf/Stripf* 1989; *Schlichting* 1992; 1994; *Schmidt, H.,* 1981;
*Schneider, I.,* 1985; *Schrooten* 1968; 1981 b; *Schwab* 1972; *Spieß* 1982; *Süßmann/Rapp* 1981;
Vereinbarungen gymnasiale Oberstufe 1976; *Vogel, C.,* 1983; *Vogel/Angermann* 1967; *Vollmer*
1985 f.; 1990; *Weber, W.,* 1968; *Weiss, P. A.,* 1970; *Werner, H.,* 1973; *Weß* 1989; *Wuketits* 1983;
*Zabel* 1994 b; *Zippelius* 1992

| BIOLOGIE ALS LEHRE VON ... | 1. PHASE LEBEWESEN | 2. PHASE LEBENS-ERSCHEINUNGEN | 3. PHASE DER BIOSPHÄRE |
|---|---|---|---|
| orientiert sich an ... | Morphologie | Physiologie | Evolutionsökologie |
| verhält sich in kognitiver Hinsicht ... | vergleichend-betrachtend | analysierend | geschichtlich-ganzheitlich |
| affektiver Hinsicht ... | genießend | beherrschend | partnerschaftlich |
| expressiver Hinsicht ... | beschreibend | experimentell und manipulierend | pflegend-gestaltend |

Tabelle 3-6: Drei Phasen der Biologie in ihrer Geschichte (nach *v. Wahlert* 1977, verändert)

welchen Voraussetzungen die heutigen Erkenntnisse beruhen und welche Denkwege dabei verlassen wurden oder noch heute konkurrierend nebeneinander existieren.

3.5 ▼ Wegen der Verbindung zu menschlichen Werten und Normen betreffen die geschichtlich wirksamen Konzepte der Biologie nicht nur das Selbstverständnis des Faches, sondern auch das individuale, soziale und politische Verhalten der Menschen. Biologische Konzepte haben vielfach einen unmittelbaren Bezug zur politischen Geschichte gehabt und zuweilen auch einen direkten Einfluß auf diese ausgeübt. So wurde die Eroberung und Beherrschung »farbiger« Völker im Imperialismus mit der biologischen Überlegenheit der »weißen Rasse« zu rechtfertigen versucht. Die historische Wirksamkeit von biologisch bestimmten Normen und Werten ist somit ein wichtiger Teilaspekt der Biologiegeschichte.

Die Geschichte der Biologie läßt sich anhand des Wandels der Konzepte in einzelnen Disziplinen oder mit Hilfe einer Aufgliederung in Epochen darstellen, wobei jedoch meist beides ineinandergreift (vgl. *Jahn* 1990).

### 3.4.2 Sinn und Bedeutung

Über die Bedeutung der Wissenschaftsgeschichte für den Unterricht gibt es gegensätzliche Positionen (vgl. *Ewers* 1978 a). Im Biologieunterricht sollte deren Behandlung im Zusammenhang mit den anderen Unterrichtsinhalten und

Zielen gesehen werden. Dann können der Wissenschaftsgeschichte vor allem zwei Aufgaben zugeschrieben werden:

... die **biologiemethodische** Funktion (zum besseren Verstehen biologischer Aussagen): Die Schüler sollen den historischen Erkenntnisprozeß in wesentlichen Teilen nachvollziehen, um dabei einen tieferen Einblick in Sachverhalte zu bekommen;

... die **wissenschaftspropädeutische** Funktion (zum wissenschaftskritischen Reflektieren biologischer Aussagen): Die Schüler sollen zum einen erfahren, daß die Wissenschaft »Biologie« etwas geschichtlich Gewordenes ist, zum anderen sollen sie die historischen und gesellschaftlichen Einflüsse auf die Erkenntnisbildung kennenlernen.

Von einigen Didaktikern wird vermutet, daß die Schüler biologische Fakten und Zusammenhänge besser verstehen können, wenn sie die Geschichte der Entstehung und Entdeckung nachvollziehen. Biologische Aussagen sind historisch zu verstehen.

Gegen diese Auffassung wird (allerdings bezogen auf die Physik) eingewendet, daß die historisch gewonnenen Einsichten, wenn sie einmal erreicht worden sind, in einem System tradiert wurden und somit von vornherein leichter und besser systematisch in unserem heutigen Verstehenszusammenhang zu vermitteln seien. Der historische Gang könne zwar der Lehrkraft tiefere Einsichten gewähren, aber diese könne man dann den Schülern ohne den Umweg über die Historie weitergeben: »Der historische Prozeß stellt sich daher rückblickend immer dar als eine innerwissenschaftliche Theoriendynamik und als eine Dynamik der Phänomenproduktion im Rahmen einer Hierarchie von systematischen Abhängigkeiten ... Die umfassende These ist dann, daß man den Gewinn an Verständnis, den man durch historische Studien subjektiv erworben hat, immer weitergeben kann, ohne das Historische auch nur als solches zu nennen« (*Jung* 1983, 12).

Dem gegenüber steht die Annahme, daß die Schüler (wie die Lehrpersonen) gerade beim Studium der Geschichte wichtiger wissenschaftlicher Begriffe deren Genese selbst begreifend erforschen und damit die Inhalte für sich erschließen können. »Die geistige Welt des Kindes steht nicht etwa im Gegensatz zum Geist des Forschens. Das recht angesprochene Kind stellt sein Steuer schon richtig und zieht den hastenden Lehrer wieder in die ruhige Urströmung zurück, die auch für die Wissenschaft immer der Beweggrund ist. ... Der Lehrer kann nicht irregehen an Hand des forschenden Kindes und an der Hand der ursprünglichen Forschung« (*Wagenschein* 1965, 202).

3.2.3 ▼ Diese **historisch-genetische** Ausformung des exemplarischen Prinzips durch *Martin Wagenschein* setzt voraus, daß die historische Genese der Wissenschaft und deren individuelle Aneignung durch den Schüler grundsätzlich in gleicher Weise oder parallel verlaufen. Trotz der berechtigten Einwände, daß es eine logische Abfolge in der Wissenschaftsgeschichte und eine entsprechende Rekapitulation der Vorstellungen durch die Schüler kaum gebe (vgl. *Petersen* 1975, 89 ff.), erscheint das historisch-genetische Vorgehen überall dort angebracht, wo eine Übereinstimmung zwischen vorherrschenden Schülervorstellungen und in der Wissenschaftsgeschichte auftretenden Anschauungen nachweisbar ist oder naheliegt. In diesen Fällen sind nämlich auch als Umwege erscheinende Irrtümer oder vorläufige Lösungen fruchtbar für das heutige Verständnis der Sachverhalte (vgl. *Puthz* 1993; *Misgeld* u. a. 1994).

Das historisch-genetische Vorgehen darf also nicht überall und schematisch angewendet werden, sondern es bedarf der sorgfältigen didaktischen Begründung. In vielen Fällen können die Schüler bei geschichtlichem Vorgehen also bei ihren Vorstellungen abgeholt und über den historischen Erkenntnisweg tatsächlich zur heutigen Sicht geleitet werden, ohne daß dabei eine ständige Korrelation zwischen dem Verlauf der Wissenschaftsgeschichte und den Erkenntnisschritten der Schüler angenommen werden müßte.

Ein weiteres Argument für wissenschaftshistorisches Vorgehen im Unterricht besteht darin, gerade die Fremdheit und das Ungewohnte der in der Geschichte auftretenden Anschauungen und Erklärungsversuche didaktisch zu nutzen. Indem eine heute vertraute Erklärung für eine Erscheinung mit einer ganz anderen historisch bedeutsamen Interpretation konfrontiert wird, können Unverstandenes oder nur halb Durchschautes aufgedeckt werden. Dabei werden diejenigen Bedingungen für das Verständnis der biologischen Aussagen herausgearbeitet, die bei allzu vertrauten Erklärungen gewöhnlich unbewußt vorausgesetzt werden und damit ungeklärt bleiben und so Verständnisschwierigkeiten der Schüler bewirken können.

Wissenschaftsgeschichte sollte im Biologieunterricht demonstrieren, auf welchen geschichtlichen und erkenntnistheoretischen Voraussetzungen naturwissenschaftliche Aussagen beruhen. Biologische Aussagen sind historisch zu reflektieren. Wissenschaftsgeschichte dient dann nicht dazu, die biologischen Aussagen selbst zu verstehen, sondern »über« sie nachzudenken und dabei ihren historischen Charakter zu erfassen.

3.3.2 ▼ Fälschlich wird die Wissenschaftsgeschichte häufig nach einem überholten induktivistischen Schema geschildert. Danach hätte zum Beispiel *Gregor*

*Mendel* seine Regeln durch bloßes Auszählen bei seinen Kreuzungsexperimenten gewonnen (vgl. *Götz/Knodel* 1980, 61 f.), *Charles Darwin* die Evolutionstheorie aufgrund von Beobachtungen während seiner Weltreise aufgestellt und *William Harvey* den Blutkreislauf anhand von Experimenten und Berechnungen entdeckt. Weder *Darwin* noch *Mendel* oder *Harvey* haben aber ihre Theorien allein aus Beobachtungsdaten oder Ergebnissen von Experimenten abgeleitet, vielmehr hatte die Theorie Vorrang, und daher ist der Erkenntnisweg als hypothetisch-deduktiv zu beschreiben (vgl. *Kattmann* 1984 a, 9 f.; *Puthz* 1993). ● 3-2
Der Biologieunterricht kann mit Hilfe wissenschaftsgeschichtlicher Fallstudien wesentlich zur Einsicht in den naturwissenschaftlichen Erkenntnisprozeß und dessen methodische Voraussetzungen beitragen, die im übrigen selbstverständlich auch beim eigenen Beobachten und Experimentieren der Schüler reflektiert werden sollten. ▼ 9.1.2

Die Geschichte der Biologie sollte indes nicht als bloße Abfolge logisch begründeter Erkenntnisschritte bzw. als Wissensakkumulation vermittelt werden. Diese Form der Darstellung ist, bezogen auf Entwürfe für den Biologieunterricht, von wissenschaftshistorischer Seite scharf kritisiert worden, wobei allerdings auch einseitig ideologische Argumente vorgebracht wurden (vgl. *Schramm* 1987). Der Erkenntnisfortschritt vollzog sich in vielen Fällen im Zusammenhang mit gesellschaftlich drängenden Fragen. Es sollte herausgestellt werden, welche Fragen in der Wissenschaft verfolgt, welche vernachlässigt wurden, in welchem Entstehungs- bzw. Verwertungszusammenhang das wissenschaftliche Tun stattfand. »Die Einbeziehung wissenschaftshistorischer Fragestellungen in den Biologieunterricht fördert die Kritikfähigkeit der Schüler, indem sie in die Lage versetzt werden, geistesgeschichtliche und sozialgeschichtliche Voraussetzungen und Folgen wissenschaftlicher Fragestellungen und Entdeckungen zu erkennen sowie die normativen Standards gegenwärtig gültiger Wissenschaftssysteme zu hinterfragen« (*Ewers* 1978 b, 132).

Besonders deutliche Beispiele für politische Funktionen von Biologie sind die Rollen, die die Biologie im Nationalsozialismus und der Lyssenkoismus im Stalinismus spielten. Es ist äußerst bedenklich, wenn Biologen sich heute wiederum mit dem Anspruch biologischer Erkenntnis zu gesellschaftlichen und politischen Fragen äußern mögen, ohne eine Einsicht in die Traditionen, in denen sie stehen, auch nur anzudeuten. Die historisch naiv zu nennenden genetizistischen Denkweisen einiger Biologen entspringen wahrscheinlich der bei zahlreichen Naturwissenschaftlern zu findenden Abwehr dagegen, ihre

## 3 BIOLOGIE ALS WISSENSCHAFT UND UNTERRICHTSFACH

Wissenschaft in geschichtlichen Wirkungszusammenhängen zu sehen. Vielmehr herrscht noch die Sicht einer in Inhalten und Methoden autonomen und wertfreien Wissenschaft vor. Entsprechend wird selbst die Verquickung von Biologie mit einer verbrecherischen Ideologie einseitig als aufgezwungener Mißbrauch der Wissenschaft erklärt und im übrigen aus dem Bewußtsein verdrängt. Um so dringlicher ist die Aufgabe des Biologieunterrichts, gerade
2.2 ▼ über die Wissenschaftsgeschichte der Zeit von 1933 bis 1945 zu informieren und Gegenwartsbezüge herzustellen. Solche Themen sollten nicht dazu dienen, Vorgänge oder Personen willkürlich in Zusammenhänge zu bringen, die diffamieren oder disqualifizieren. Wohl aber sollte an ihnen erkannt werden, welche Überzeugungen und welche Gedankenwege (selbst bei redlicher Gesinnung der Handelnden) zu den unfaßbaren Verbrechen der deutschen Faschisten geführt haben und heute in dieselbe Richtung weisen können (vgl. *Preuschoft/Kattmann* 1992; *Kattmann* 1998 b).

Das wissenschaftsgeschichtliche Vorgehen kann pädagogisch auch schon dadurch gerechtfertigt sein, daß der geschichtliche Charakter der Wissenschaft im Handeln, im Lebensweg und den **Leistungen historischer Persönlichkeiten** deutlich wird. Ein solcher Brückenschlag zur menschlichen Seite der Wissenschaft kommt denjenigen Schülern entgegen, die sich besonders für die Rolle der Naturwissenschaften im menschlichen Leben interessieren. Folgende Fragen können diesen Aspekt erschließen:»Wie konnte man überhaupt auf ein solches Experiment kommen? Wie kam man auf diese Erklärung? Was bedeutet diese Entdeckung für den Entdecker, für sein Leben, für seine Zeit? Welche Folgen hatte sie für ihn und für andere Menschen, für den Lauf der Geschichte? Konnte man das nicht voraussehen?« (*Jung* 1983, 14).
In diesem Rahmen lohnt auch der Nachvollzug historischer Versuche (vgl. *Palm* 1984 f.; *Scharf/Tönnies* 1989 f.). Das Herausstellen der persönlichen Leistungen großer Naturwissenschaftler sollte dabei nicht in Gegensatz zur Schilderung der historisch wirksamen gesellschaftlichen Bedingungen gesetzt werden. Wenn auch gezeigt werden kann, daß bestimmte wissenschaftliche Entwicklungen mit gesellschaftlichen Problemen verknüpft sind (z. B. bei der Entwicklung der Zellenlehre, vgl. *Jeske* 1978), so wird die individuelle Leistung der beteiligten Forscher doch dadurch nicht aufgehoben. Im Unterricht sollte aber vermieden werden, den Aspekt persönlicher Forschungsleistungen zu isolieren und die Wissenschaftsgeschichte als Heldensage zu erzählen. Neben Erfolgen sollten auch Unzulänglichkeiten und Fälle wissenschaftlicher **Fälschungen** behandelt werden (vgl. *Kattmann/Pinn* 1984; *Schmidt* 1984; *Koch* 1992 f.).

## 3.4.3 Beispiele

In den bisher vorliegenden Unterrichtsvorschlägen und Quellensammlungen für den Unterricht wurden vorwiegend die im folgenden genannten Themenbereiche ausgewählt.

Da die **Evolutionstheorie** sich immer mehr als eine Grundlage der gesamten Biologie herausstellt, erscheint auch die historische Beschäftigung mit ihr besonders gut geeignet, in die Grundlagen und Voraussetzungen der modernen Biologie einzudringen. In den Unterrichtsmaterialien stehen hier meist erkenntnistheoretische und auch geistesgeschichtliche Aspekte im Vordergrund (vgl. Quellensammlungen: *Fels* 1967; *Falkenhan/Müller-Schwarze* 1981; *Stripf* u. a. 1984; *Stripf* 1989; DIFF 1985 ff.; 1990; Unterrichtsentwürfe: *Kattmann* 1984 b; *Pflumm/Wilhelm* 1984; *Stripf* 1984; *Hedewig/Kattmann/Rodi* 1998).   ▼ 3.1

Die Geschichte der **Genetik** wird im Unterricht besonders mit den Namen und Leistungen von *Mendel*, *Avery* sowie *Watson* und *Crick* verbunden, wobei der hypothetisch-deduktive Erkenntnisweg, die verwendeten Methoden und der Wechsel der Konzepte im Vordergrund stehen (vgl. *Böhnke* 1978; *Falkenhan/Müller-Schwarze* 1981; *Knievel* 1984 b; *Steinmetz* 1984; *Nissen* 1996).   ▼ 3.2.2

Hier geht es u. a. auch um die Frage des politischen Einflusses, wie er sich z.B. im Fall »*Lyssenko*« in einer Phase der sowjetischen Biologie zeigt (vgl. *Palm* 1965/66; *Galinsky/Regelmann* 1984).

**Humangenetik** und biologische **Anthropologie** gehören geschichtlich z. T. in die ideologisch geprägte »polemische Zone« der Biologie (vgl. *Grupe* 1977). Für die unterrichtliche Aufarbeitung der Geschichte der Biologie im Nationalsozialismus können Biologiebücher und Dokumente der Zeit ausgewertet werden (vgl. *Kattmann/Seidler* 1989). Bei den Konzepten der »**Rasse**« und »**Eugenik**« sind die heutigen wissenschaftlichen Vorstellungen mit den historischen und mit Alltagsvorstellungen zu konfrontieren (vgl. *Kattmann* 1991 c; 1995 c; *Hedewig/Kattmann/Rodi* 1998). Neben der Anthropologie und Humangenetik müßte auch die Rolle von Konzepten der **Ökologie** und **Ethologie** berücksichtigt werden (einzelne Beispiele bei *Trommer* 1983; 1984; 1990).   ▼ 2.2

Als weitere Problembereiche sind die Vorstellungen zur **Urzeugung** (vgl. *Heubgen* 1982), die Entstehung der **Zelltheorie** sowie die Entwicklung der **Physiologie** zu nennen, die besonders zur Illustration des Erkenntnisfortschritts herangezogen werden (vgl. *Götz/Knodel* 1980; Quellen bei *Falkenhan/Müller-Schwarze* 1981; zur Photosynthese vgl. *Oehring* 1978; 1982; *Wood* 1997; zu Blutkreislauf und Lymphe vgl. *Hirschfelder/Rüther/Düning* 1984; *Heenes* 1993; *Miehe* 1998; zu Infektionskrankheiten vgl. *Rottländer* 1992).

Als ältester Zweig der Biologie kann die **Morphologie** zu geschichtlicher Betrachtung reizen, z. B. anhand der Arbeiten von *Johann Wolfgang von Goethe* (vgl. *Wittmann/Maas/Kiewisch* 1985). Das Problem von **Finalität** und **Kausalität** bei biologischen Phänomenen durchzieht die Geschichte der Biologie bis heute. Das methodische Grundsatzproblem läßt sich besonders klar am Streit zwischen Vitalisten und Mechanisten behandeln, wobei weltanschauliche und philosophische Fragen einbezogen werden können (vgl. *Kattmann* 1971 b; *Fäh* 1984).

Aus den aufgelisteten Beispielen geht hervor, daß es für den Biologieunterricht angemessener erscheint, Probleme und Ideen zu studieren und in ihrer Entwicklung zu verfolgen, als geschichtliche Epochen zu charakterisieren. Wissenschaftsgeschichtliche Epochen sind nämlich schwer faßbar, und ihre Charakteristika treffen nur auf Teilbereiche wirklich zu (vgl. *Jahn* 1990). Darüber hinaus ist auch der Bezug zum übrigen Biologieunterricht beim problemorientierten Vorgehen viel enger als bei einer historisch vergleichenden Sichtweise.

---

LITERATUR
*Böhnke* 1978; *DIFF* 1985 ff.; 1990; *Ewers* 1978 a; b; *Fäh* 1984; *Falkenhan/Müller-Schwarze* 1981; *Fels* 1967; *Galinsky/Regelmann* 1984; *Götz/Knodel* 1980; *Grupe* 1977; *Hedewig/Kattmann/Rodi* 1998; *Heenes* 1993; *Heubgen* 1982; *Hirschfelder/Rüther/Düning* 1984; *Jahn* 1990; *Jeske* 1978; *Jung* 1983; *Kattmann* 1971 b; 1984 a; b; 1991 c; 1995 c; 1998 b; *Kattmann/Pinn* 1984; *Kattmann/Seidler* 1989; *Knievel* 1984 b; *Koch, M.,* 1992 f.; *Miehe* 1998; *Misgeld* u.a. 1994; *Nissen* 1996; *Oehring* 1978; 1982; *Palm* 1965/66; 1984 f.; *Petersen* 1975; *Pflumm/Wilhelm* 1984; *Preuschoft/Kattmann* 1992; *Puthz* 1993; *Rottländer* 1992; *Scharf/Tönnies* 1989 f.; *Schmidt, H.,* 1984; *Schramm* 1987; *Steinmetz* 1984; *Stripf* 1984; 1989; *Stripf* u. a. 1984; *Trommer* 1983; 1984; 1990; *Wagenschein* 1965; *v.Wahlert* 1977; *Walch/Knoll* 1987; *Wittmann/Maas/Kiewisch* 1985; *Wood* 1997

## 3.5 Ethik im Biologieunterricht

### 3.5.1 Zum Begriff

Ethik ist die philosophische Disziplin, die sich systematisch mit den normativen Grundsätzen des menschlichen Handelns beschäftigt, also die Fragen nach den Werten, der Gesinnung und der Verantwortung zu beantworten sucht – nach dem, »was sein soll«. Von der Ethik wird die »Moral« als das System von gesellschaftlich anerkannten Normen unterschieden.
Die Verbindung von Biologieunterricht und Ethik ist nicht neu. Sie ist schon mit dem Erziehungsauftrag der Schule und dem Lebensbezug von biologisch bestimmten Themen vorgegeben. Besonders deutlich ist dieser Zusammenhang bei den »fächerübergreifenden Aufgaben« des Biologieunterrichts. ▼ 4.1

Von **Bioethik** wird (im engeren Sinne) vor allem im Zusammenhang mit Problemen geredet, die durch neue Entwicklungen in der Medizin und den biochemisch orientierten Wissenschaften besonders bedeutsam sind (**Medizinische Ethik**): Beginn und Ende des menschlichen Lebens, Fortpflanzungstechnik, Gentechnik, Verhaltenssteuerung durch Psychopharmaka. ● 3-3

Der Terminus »Bioethik« wird im folgenden in einem umfassenden Sinne verwendet. Ethische Herausforderungen ergeben sich nämlich nicht nur aus neuen technischen Möglichkeiten, sondern auch aus den absehbaren Folgen bereits erfolgter und andauernder Eingriffe des Menschen in die Natur und der daraus erwachsenden Verantwortung für die Mitgeschöpfe. Für diesen Bereich hat sich der Name **Umweltethik** eingebürgert. Die Fragen, die sich aufgrund ▼ 4.5
der Leidensfähigkeit von Tieren stellen, werden in der **Tierethik** behandelt.
Die pädagogischen Überlegungen zur Umwelt- und Tierethik orientieren sich vielfach an der von *Albert Schweitzer* (1975) begründeten Ethik der »Ehrfurcht vor dem Leben«. Zu den mit der Entwicklung der Technik und der Gefährdung der Biosphäre gegebenen ethischen Problemen gibt es mehrere grundsätzliche philosophische Entwürfe (vgl. *Jonas* 1984; *Meyer-Abich* 1986; *Altner* 1991; *Leopold* 1992, *Teutsch* 1985; 1987; *Kattmann* 1997 a; *Krebs* 1997).

Schließlich betreffen ethische Fragen zentrale Fragen der **Sozialethik**, wie das ▼ 4.4
(friedlichen) Zusammenleben der Menschen, bei denen auch biologisch bestimmte Anschauungen wirksam sind, z. B. beim Rassismus und bei der Diskriminierung der Geschlechter. Die **Sexualethik** ist seit langem Teil der ▼ 4.3
Sexualerziehung.

# 3 BIOLOGIE ALS WISSENSCHAFT UND UNTERRICHTSFACH

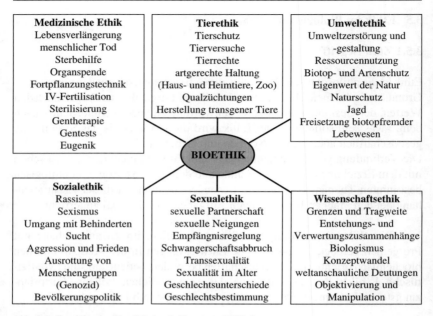

Abb. 3-3: Bereiche der Bioethik (nach *Kattmann* 1995 e)

3.3 ▼
Der Umgang mit Wissen, Ergebnissen und Konzepten innerhalb der Gemeinschaft der Wissenschaftler und des Wissenschaftsbetriebes ist Gegenstand der **Wissenschaftsethik**, deren Reflexionen einen wesentlichen Teil der »Wissen–schaftspropädeutik« ausmachen. Wissenschaftler sind nicht nur verantwortlich für ihr Handeln, sondern auch für die Konzepte, die sie verfolgen, und deren Wirkungen (vgl. *Frey* 1992).

Die Verknüpfung von biologisch bestimmten Aussagen und ethischen Überlegungen ist in den genannten Bereichen offensichtlich und auch für den Biologieunterricht unabweisbar. Darüber hinaus können ethische Aussagen in biologischen Darstellungen enthalten sein, die nicht ohne weiteres bewußt werden. Solche ethischen Implikate können als **heimliche Ethik** bezeichnet werden. Biologisch bestimmte Aussagen sind darauf zu prüfen, welche heimliche Ethik sie enthalten. Bei Aussagen zur Evolution des Menschen kann beispielsweise deutlich werden, daß mit dem vermittelten Bild der Evolution ethische Aussagen transportiert werden, nämlich die positive Wertung der

Aggression und des Kampfes sowie die jeweiligen Rollenzuweisungen an Männer und Frauen. Dies gilt z. B. für Denkfiguren, die in der Humanethologie vorherrschen, in denen mit der behaupteten Unangepaßtheit des Menschen an die Bedingungen der technisch-industriellen Zivilisation kulturpessimistische Anschauungen verbreitet werden. Diese heimliche Ethik kann gerade auch dann ihre Wirkung haben, wenn sie weder von der Lehrperson noch von den Schülern bewußt wahrgenommen wird (vgl. *Dulitz/Kattmann* 1990, 8 ff.). Das Behandeln ethischer Fragen im Unterricht erfordert daher Biologen und Biologielehrer, die sich der ethischen Implikate ihrer Aussagen bewußt sind. Schüler sind dazu anzuleiten, ethische Elemente in den Aussagen von Wissenschaftlern zu erkennen.

### 3.5.2 Sinn und Bedeutung

Die Behandlung ethischer Fragen im Biologieunterricht ist aufgrund der Entwicklungen in Biologie und Gesellschaft in letzter Zeit deutlich herausgestellt und sogar als »neues Unterrichtsprinzip« formuliert worden (*Bade* 1992; vgl. *Hedewig/Stichmann* 1988; *Dulitz/Kattmann* 1990; *Brehmer* 1993; *Bayrhuber* 1992; *Klein* 1993 b; *Nissen* 1996; Bibliographie: *Bade* 1990 a). Das gegenwärtige Interesse am Thema »Ethik« darf nicht darüber hinwegtäuschen, daß mit ihm für den Unterricht Vorbehalte, Einwände und echte Schwierigkeiten verbunden sind. Ein an ethischen Fragen orientierter Unterricht steht in der Gefahr des Moralisierens und der Bevormundung der Schüler. Das Bundesverfassungsgericht hat im Zusammenhang mit der Sexualerziehung ein **Indoktrinationsverbot** für den Unterricht ausgesprochen. Indoktrination liegt immer dann vor, wenn individuelle Überzeugungen oder Ideale einseitig betont oder für alle verpflichtend gemacht werden sollen. Das gilt auch für die Anschauungen einflußreicher gesellschaftlicher Gruppen und deren Partialethos. Ethische Grundsätze können nicht aus der Biologie oder aus als »natürlich« angesehenen Gegebenheiten abgeleitet werden. Es gibt keine naturbegründeten Normen (vgl. *Dulitz/Kattmann* 1990, 12 f.). Die Lehrpersonen dürfen also ihre persönlichen Überzeugungen anderen nicht aufzwingen oder aufgrund ihrer Rolle in den Vordergrund stellen. Damit nämlich würde den Schülern erschwert, sich selbst ethisch zu entscheiden. Wie in der Sexualerziehung ist indes auch in anderen Bereichen ein Ausweichen auf eine völlige Enthaltsamkeit nicht möglich. Ethische Fragen können aufgrund der heimlichen Ethik, die mit jedem biologischen Inhalt verbunden sein kann, im Unterricht nicht gänzlich vermieden werden – selbst wenn man dies wollte.

▼4.3

Das sich aus der pluralen Gesellschaft und der Entscheidungsfreiheit des einzelnen ergebende Verbot der Indoktrination bedeutet auch nicht, daß die persönlichen Entscheidungen rein subjektiv und ethisch beliebig zu begründen seien. Bei den in der Biologie anstehenden Problemen wird es zwar meist mehrere ethisch vertretbare Lösungen geben. Das heißt aber nicht, daß jeder beliebige Lösungsvorschlag ethisch zu akzeptieren wäre. Vielmehr sind die vorgeschlagenen Lösungen im Gespräch vernünftig zu begründen. Die Schüler sind demnach nicht über eine bestimmte Moral zu belehren, sondern sie sind zu befähigen, ethische Probleme zu erkennen, auf diese zu reagieren und ethisch vertretbare Lösungen zu finden. Dabei ist nicht entscheidend, ob am Ende über eine Lösung ein allgemeiner Konsens hergestellt wird, sondern daß die Schüler lernen, über ethische Fragen eingehend nachzudenken.

3-7 ♦ Die für die begründeten Entscheidungen nötigen ethischen Reflexionen sollen verhindern, daß die Schüler durch unerkannte oder unbedacht übernommene Werturteile bzw. Vorschriften und Verhaltensregeln bevormundet werden. In Schülergesprächen sollte angestrebt werden, ethisch orientierte **Entscheidungsprozesse** anzustoßen.

Grundlegende Werturteile können rein aus Vernunftgründen abgeleitet werden. Solche ethischen Normen sind:

... Universalität des gebotenen Verhaltens (allgemeine Regeln für das Verhalten aller Menschen);

... Gegenseitigkeit (Fairneß, Goldene Regel: »Was du nicht willst...«; Gültigkeit des Verhaltens auch bei Vertauschen der Rollen);

... Solidarität (Eintreten für den anderen auch gegen das eigene Interesse; Eintreten für die Schwächeren, stellvertretend auch für kommende Generationen und die nichtmenschliche Mitwelt).

Für ethische Aussagen, die über diese allgemeinen Normen hinausgehen, lassen sich idealtypisch drei Formen unterscheiden: Ordnungsethik, Gesinnungsethik und Verantwortungsethik. Die drei Idealtypen sind nicht als sich ausschließende Gegensätze, sondern als drei Reflexions- und Begründungsebenen zu sehen, die durchlaufen werden und einander so ablösen können, daß die vorhergehende jeweils in der nachfolgenden aufgehoben ist.

In der **Ordnungsethik** liefern Tatsachenaussagen und kategoriale Unterscheidungen die Grundlagen für ethische Werturteile. So wird mit der (biologischen) Tatsache, daß der menschliche Keim von Anfang an als solcher erkennbar ist, die kategoriale Aussage verknüpft, daß von der Befruchtung an spezifisch menschliches Leben vorhanden sei. Hieraus wiederum folgt das Werturteil, mit

## 3.5 ETHIK IM BIOLOGIEUNTERRICHT

|  | ORDNUNGS-ETHIK | GESINNUNGS-ETHIK | VERANTWORTUNGS-ETHIK |
|---|---|---|---|
| Die Ethik gründet sich normativ auf ... | Ordnung | Gesinnung | Verantwortung |
| sie wird kognitiv bestimmt durch ... | Werte | Ziele | Folgen |
| sie wird affektiv beeinflußt durch ... | Tabus | Appelle | Chancen und Risiken |
| sie wird pragmatisch geleitet durch ... | Tugenden | Motive | Vernunft |
| ihre Urteile sind im Grundsatz ... | kategorisch und zeitlos gültig | subjektiv herrschend und universell verpflichtend | geschichtlich gebildet und revidierbar |

Tabelle 3-7: Ebenen ethischer Reflexion (nach *Dulitz/Kattmann* 1990)

einem gentechnischen Eingriff in einen solchen Keim werde die personale Identität angetastet, mit der Tötung des Keims ein menschliches Leben zerstört. Die Urteile gründen sich auf angenommene Seins-Ordnungen. Abweichungen werden als Verletzungen von Tabus empfunden. Positiv wird das Handeln geleitet durch die in natürlicher Ordnung geltenden Tugenden.
Derartige Aussagen haben den Vorzug, eindeutig zu sein. Bei der Orientierung an Ordnungsethik besteht jedoch die Gefahr eines nur schwer nachvollziehbaren Dogmatismus, vor allem dann, wenn andere ethische Entscheidungen rigoros abgelehnt werden. Ordnungsethik kann auf Gefahren aufmerksam machen und helfen, gefährliche Entwicklungen abzuwehren. Sie hindert daran, vorschnell und leichthin über Grenzen hinwegzuschreiten.

In der **Gesinnungsethik** sind die mit einer Handlung verfolgten Absichten und Ziele der Maßstab für die ethische Beurteilung. Gesinnungsethisch wäre z. B. ein gentechnischer Eingriff an einem menschlichen Keim dann gerechtfertigt, wenn damit eine genetisch bedingte Krankheit geheilt oder menschliches Leiden überhaupt abgewehrt werden soll. Die therapeutischen Absichten und Motive können jedoch leicht in gegenteilige Folgen verkehrt werden. Gerade das Ziel, Krankheiten zu verhindern, kann dazu verleiten, ein Gesundheitsideal anzustreben, in dem Leiden, Krankheit und Behinderung keinen Platz haben.

Statt des Leidens wird dann der Leidende verhindert. Gesinnungsethik lenkt die Sicht auf Motive und Ziele menschlichen Handelns und ist in dieser Funktion unverzichtbar. Gute Absichten können ethisches Handeln aber allein nicht begründen. Man läuft sonst leicht Gefahr, das Gegenteil zu erreichen. Im Unterricht ist es daher mit dem Betonen affektiver Unterrichtselemente oder mit emotionalen Appellen nicht getan. Gesinnungsethischer Eifer darf rationale Information über Bedingungen und Folgen des Handelns nicht ersetzen.

3-7 ◆ Die **Verantwortungsethik** ist dadurch ausgezeichnet, daß mit ihr die absehbaren Folgen einer Handlung einschließlich möglicher Fern- und Nebenfolgen bedacht werden, daraus folgend das Handeln an menschlichen Maßstäben ausgerichtet wird und die mit ihm verknüpften Chancen und Risiken abgewogen werden. Zu den menschlichen Maßstäben des Handelns gehören:
... Vorsicht beim Eingreifen in komplexe Lebensgefüge;
... Beschränkung auf faßbare Aufgaben mit überschaubaren Dimensionen;
... langsames Tempo der Entwicklung;
... Rechnen mit menschlichem Versagen (Fehlerfreundlichkeit).

Da sich die Folgen einer Handlung mit den Bedingungen ändern, sind verantwortungsethische Urteile in dieser Hinsicht immer vorläufig und grundsätzlich revidierbar. Sie stehen unter dem Vorbehalt neuer Situationen und neuer Erkenntnisse. Verantwortungsethische Aussagen sind damit grundsätzlich für vernunftbezogene Nachfragen und Überprüfungen offen. Verantwortungsethisch werden keine unantastbaren Bereiche formuliert, in die der Mensch nicht eingreifen dürfte. Die Schranken ergeben sich aufgrund der Unfähigkeit des Menschen, die Folgen seines Handelns zu erkennen und zu tragen. Die weitreichenden Konsequenzen moderner Technik für Mensch und Umwelt machen es zur verantwortungsethischen Maxime, das Nichtwissen der Folgen und Nebenfolgen einzugestehen.

### 3.5.3 Zur Durchführung, Beispiele

3-7 ◆ Allein die Unterscheidung der Formen der Ethik und der Reflexionsebenen kann schon die ethischen Vorstellungen der Schüler differenzieren und klären helfen. Das unterrichtliche Vorgehen sollte im übrigen so organisiert werden, daß bei ethischen Entscheidungsprozessen die drei Reflexionsebenen in der angegebenen Reihenfolge durchschritten und auf der jeweils nachfolgenden Stufe miteinander verknüpft werden.

## 3.5 ETHIK IM BIOLOGIEUNTERRICHT

Wenn ethische Fragen im Mittelpunkt des Unterrichts stehen, kommt es darauf an, die Problemsituationen so anschaulich wie möglich zu machen. Durch Fallstudien können die Schüler jeweils vor die Aufgabe gestellt werden, eine Entscheidungssituation nachzuvollziehen. Zu dem Problem, ob die ethischen Überlegungen schließlich in ein entsprechendes Handeln münden, wird der Schulunterricht wohl keine letzte Antwort geben und möglicherweise auch nicht den entscheidenden Beitrag leisten können.

Besonders wichtig sind das Erkennen der ethischen Probleme in einer Entscheidungssituation sowie die Reflexion der Werte und der möglichen Handlungen. Es sollte vermieden werden, ein einziges konträres Wertepaar zu formulieren, um so die Einordnung der Meinungen in alternative ethische Grundpositionen zu erreichen (vgl. *Bayrhuber* 1988). Die Orientierung an nur einem Wertepaar führt zu vereinfachenden ethischen Schablonen und kann daher von den persönlichen Stellungnahmen der Schüler ablenken. Durch die ethische Analyse sollen die Schüler vielmehr angeregt werden, sich mit möglichst vielen Wertorientierungen selbst auseinanderzusetzen und vielseitige Möglichkeiten des Handelns vor einer Entscheidung ins Auge zu fassen. Die nötigen ethischen Reflexionen können im Unterricht systematisch anhand einer Abfolge von Schritten und »**ethisch klärenden Fragen**« angestoßen und organisiert werden (*Kattmann* 1988 a; 1991 a; *Dulitz/Kattmann* 1990, 18 ff.; 1991; vgl. auch *Bayrhuber* 1992; *Klein* 1993 a; b).

Wo immer es möglich ist, sollten die Schüler hautnah an die Probleme herangeführt werden, so daß die ethischen Fragen von der **originalen Begegnung** selbst provoziert werden. Das erfordert Unterricht außerhalb des Klassenraumes. So können Begegnung mit Behinderten ermöglicht, Praktika in einem Alten- und Pflegeheim oder Rehabilitationszentrum für Drogensüchtige durchgeführt sowie Patenschaften zu Krankenhäusern, Altenwohnungen, für ein Naturschutzgebiet oder einen Schulwald übernommen werden (vgl. *Winkel* 1978 a, 169 f.).

In der gegenwärtigen Schulorganisation werden derartige originale Begegnungen vorerst die Ausnahme bleiben, so daß **Rollenspiele** und **Planspiele** oft an die Stelle treten werden, in denen die Schüler Entscheidungssituationen erleben und reflektieren können. Während im Rollenspiel die Entscheidungssituationen von verschiedenen Positionen her durchgespielt und nahegebracht werden können, eignet sich das Planspiel besonders gut dazu, das verantwortungsethische Abwägen von Entscheidungen samt den Folgen zu simulieren (vgl. *Eschenhagen/Kattmann/Rodi* 1985, 328 ff.).

Die Materialien für **Fallstudien** müssen anschaulich und problemhaltig genug sein, um Betroffenheit herstellen zu können. Neben kontroversen Texten aus dem Wissenschaftsbereich können dazu auch emotional ansprechende Bilder, z. B. Karikaturen, dienen (vgl. *Kühne* u. a. 1987; *Beer/Schober/Wulff* 1988; *Dulitz/Kattmann* 1990). Auf unteren Klassenstufen können Anspielszenen, die den Ausgang einer Entscheidungssituation offen lassen, den Einstieg in ein Unterrichtsgespräch erleichtern.

Bei der im Biologieunterricht manchmal noch ungewohnten Textarbeit sollten die Schüler auch dazu angeleitet werden, die Texte auf verborgene ethische Argumente oder Implikationen zu befragen, um so der heimlichen Ethik auf die Spur zu kommen. Das kann auch am eingeführten Biologie-Schulbuch geschehen.

Einen besonderen Akzent bekommt das Thema »Biologie und Ethik« auf dem Hintergrund ethisch bedeutsamer Geschehnisse in der Wissenschaftsgeschichte.

Zur Bioethik im Unterricht gibt es einige **Materialsammlungen**, die z. T. mehrere Themen umgreifen (vgl. *Birnbacher/Hörster* 1982; *Birnbacher/Wolf* 1988; *Beer/Schober/Wulff* 1988; *Bade* 1989; *Dulitz/Kattmann* 1990; *Gebhard/ Johannsen* 1990; *Erhard* u. a. 1992; *Kattmann* 1995 e). **Unterrichtsentwürfe** betreffen vor allem die Sekundarstufe II, und zwar zu den Bereichen Umweltethik und Naturschutz (vgl. *Bittner* 1983; *Bade* 1985; *Ehrnsberger* 1985; *Pfister* 1986; *Drutjons* 1987; *Dulitz/Kattmann* 1991), Tierethik (*Schaaf* 1986; *Kattmann* 1995 d; *Hornung* 1998) sowie zur Fortpflanzungs- und Gentechnik (vgl. *Klein* 1987; 1993 a; b; *Kühne* u. a. 1987; *Hinske/Weigelt* 1988; *Bade* 1990 b; *Nissen* 1996; *Harms/Kroß* 1998).

---

LITERATUR
*Altner* 1991; *Bade* 1985; 1986; 1989; 1990 a; b; 1992; *Bayrhuber* 1988; 1992; *Beer/Schober/Wulff* 1988; *Berkholz* 1980; *Birnbacher/Hörster* 1982; *Birnbacher/Wolf* 1988; *Bittner* 1983; *Brehmer* 1993; *Drutjons* 1987; *Dulitz/Kattmann* 1990; 1991; *Ehrnsberger* 1985; *Erhard* u. a. 1992; *Eschenhagen/Kattmann/Rodi* 1985; *Frey, C.,* 1992; *Gebhard/Johannsen* 1990; *Harms/Kroß* 1998; *Hedewig/Stichmann* 1988; *Hinske/Weigelt* 1988; *Hornung* 1998; *Jonas* 1984; 1985; *Kattmann* 1988 a; 1991 a; 1995 d; e; 1997 a; *Klein, R. L.,* 1987; 1993 a; b; *Krebs* 1997; *Kühne* u. a. 1987; *Leopold* 1992; *Meyer-Abich* 1986; *Nissen* 1996; *Pfister* 1986; *Schaaf* 1986; *Schweitzer* 1975; *Schwoerbel* 1982; *Stichmann* 1988 b; *Teutsch* 1985; 1987; *Winkel* 1978 a

# 4 Fächerübergreifende Aufgaben

## 4.1 Allgemeines

Fächerübergreifende pädagogische Aufgaben des Biologieunterrichts betreffen Gegenstände oder Bereiche, deren Bedeutung sich von dem allgemeinen Erziehungsauftrag der Schule herleitet. Diese Aufgaben ergeben sich nicht zwingend oder vollständig aus den Zielen der einzelnen Schulfächer selbst. Vielmehr sind die sozialen und individualen Probleme zu berücksichtigen, die sich den Menschen in der jeweiligen Zeit und Gesellschaft stellen. Für die Gegenwart nennt *Wolfgang Klafki* (1993, 56 ff.) fünf **Schlüsselprobleme**:
... »die Friedensfrage«;
... »die Umweltfrage«;
... »die gesellschaftlich produzierte Ungleichheit ... zwischen sozialen Klassen und Schichten, zwischen Männern und Frauen, ... behinderten und nichtbehinderten Menschen, ... Menschen, die einen Arbeitsplatz haben, und denen, für die das nicht gilt, ... Ausländern und der einheimischen Bevölkerung«;
... »die Gefahren und die Möglichkeiten der neuen technischen Steuerungs-, Informations- und Kommunikationsmedien«;
... »die Subjektivität des einzelnen ... in der Spannung zwischen individuellem Glücksanspruch, zwischenmenschlicher Verantwortung und der Anerkennung des bzw. der jeweils Anderen.«
Mit den Schlüsselproblemen sind Bereiche angesprochen, die zentral den Biologieunterricht berühren: »Gesundheit«, »Sexualität«, »Frieden« und »Umwelt« (vgl. *Grupe* 1977, 148 ff.; *Mostler/Krumwiede/Meyer* 1979, 155-215; *Kattmann* 1980 a, 167-216). Den genannten Bereichen ist gemeinsam, daß sie sich nicht jeweils auf einen fest umgrenzten Zustand beziehen, sondern Probleme und Aufgaben betreffen, die nur dynamisch als Prozeß zu beschreiben sind. Dementsprechend lassen sich die vier Bereiche nicht scharf gegeneinander abgrenzen; es bestehen sehr weitgehende Überschneidungen.

Fächerübergreifende pädagogische Aufgaben werden oft als durchgehende **Unterrichtsprinzipien** angesehen, die im Unterricht an vielen Stellen aufgegriffen werden sollten. Dabei wird häufig ein reiner Gelegenheitsunterricht (abgestimmt auf Klassensituation und aktuelle Ereignisse) empfohlen. ▼ 8.1
Daneben gibt es aber die Auffassung, daß diese Aufgaben als pflichtgemäße Unterrichtsthemen in mehreren Fächern planvoll und lernzielorientiert behandelt werden sollten (vgl. *Staeck* 1995). Um eine solche systematische Behand-

# 4 FÄCHERÜBERGREIFENDE AUFGABEN

lung bemüht sich eine auf die Probleme bezogene **Aufgabendidaktik**. Durch aufgabendidaktische Überlegungen wird fachlich bestimmtes Wissen mit fächerübergreifenden individual und sozial bedeutsamen Problemen der Bereiche verknüpft (vgl. z. B. *Beyer/Kattmann/Meffert* 1982).

Mit den fächerübergreifenden Aufgaben wird häufig das Programm des **integrierten naturwissenschaftlichen Unterrichts** verbunden. Die Beschränkung auf den Bereich der naturwissenschaftlichen Fächer ist für das Fach Biologie fragwürdig, da die Biologie eine Mittlerstellung zu den Sozialwissenschaften einnimmt, zumal der Mensch einer ihrer zentralen Gegenstände ist. Es ist deshalb angemessen, von biologisch bestimmten Problemen auszugehen und damit das Fach »Biologie« selbst zum Integrationspunkt zu machen (vgl. *Schaefer* 1976 a; *Lepel* 1997).

Als fächerübergreifendes Konzept wird der fachbezogenen zuweilen die »**ganzheitliche**« **Sicht** gegenübergestellt. Die Nähe zur antirational ausgerichteten Tradition der »sinnigen Naturbetrachtung« und zur Ganzheitsideologie kann vermieden werden, wenn der Aspekt des Naturerlebens und der Bezug zur Lebenswirklichkeit nicht in Gegensatz, sondern als Ergänzung zum Fachunterricht betrachtet werden (vgl. *Janßen/Trommer* 1988; *Bayrhuber* u. a. 1997; *Trommer* 1997).

Die mit »Gesundheit«, »Sexualität«, »Frieden« und »Umwelt« verbundenen pädagogischen Aufgaben können keinesfalls von der Schule allein gelöst werden. Eine sinnvolle und effektive Gesundheitserziehung, Sexualerziehung, Friedenserziehung oder Umwelterziehung kann daher in der Regel nur durch Einbeziehen **außerschulischer Erfahrungen** und **Institutionen** erreicht werden (vgl. *Stichmann* 1996). Insbesondere ist eine Zusammenarbeit mit den Eltern angebracht (wie es in der Sexualerziehung selbstverständlich ist). Stärker als bei anderen Unterrichtsinhalten ist hier entscheidend, ob die im Unterricht vermittelten Einsichten im Verhalten der Schüler wirksam werden. Die Unterrichtsziele betreffen neben der kognitiven Dimension verstärkt auch die affektive Dimension. Entsprechend sorgfältig müssen verhaltensrelevante und emotional ansprechende Unterrichtsmethoden und Unterrichtsinhalte ausgewählt und aufeinander abgestimmt werden. Schülerzentrierte, nur wenig vom Lehrer kontrollierte Sozialformen sind hier unverzichtbar, um die Schüler zu eigenen Stellungnahmen und persönlichen Lösungen kommen zu lassen.

---

LITERATUR
*Bayrhuber* u. a. 1994;1997; *Beyer/Kattmann/Meffert* 1982; DIFF 1987; *Grupe* 1977; *Janßen/Trommer* 1988; *Kattmann* 1980 a; *Klafki* 1993; *Lepel* 1997; *Mostler/Krumwiede/Meyer* 1979; *Schaefer* 1976 a; *Staeck* 1995; *Stichmann* 1996; *Trommer* 1997

## 4.2 Gesundheitserziehung

### 4.2.1 Zum Begriff »Gesundheit«

Was ist Gesundheit? Ungefähr die Hälfte der Befragten antwortete sinngemäß »Gesundheit ist das Fehlen von Krankheit« (*Schaefer* 1990 b) oder wie die Weltgesundheitsorganisation (WHO) 1946 definierte: »Gesundheit ist ein Zustand völligen körperlichen, seelisch-geistigen und sozialen Wohlbefindens.« Doch Menschen sind selten völlig gesund oder völlig krank. Vielmehr bilden Gesundheit und Krankheit die Endpunkte eines Kontinuums. So kann sich jemand trotz hohen Blutdrucks sehr wohl fühlen. Andererseits kann ein Mensch sich krank fühlen, obwohl alle medizinisch meßbaren Parameter »ohne Befund« sind. »Gesundheit ist ein Weg, der sich bildet, indem man ihn geht« (*Schipperges* zitiert nach *Schneider* 1990 a, 8). Gesundheit ist kein Zustand, sondern Ausdruck eines Prozesses, auch eines biographischen Entwicklungsprozesses und konstituiert sich für jeden einzelnen Menschen unterschiedlich (vgl. *Wenzel* 1990). Das mehr oder weniger gute Gelingen dieses Prozesses hängt von der Auseinandersetzung des Menschen mit einer Vielzahl von Einflüssen ab. So unterscheidet *Lothar Staeck* (1990, 27) genetische Faktoren, Lebensgewohnheiten, Umweltfaktoren (physikalische und gesellschaftliche) und medizinische Faktoren, während andere Autoren sehr konkrete Faktoren benennen: »ausreichend Schlaf und Entspannung, ausgewogene Ernährung, viel körperliche Bewegung, Abhärtung, Körperhygiene, Zahnpflege, ...« (*Schwarzer* 1990, 5; vgl. *Schneider* 1990 a, 9). Diese Faktoren sind nicht losgelöst vom sozialen, kulturellen, ökonomischen und ökologischen Umfeld des Individuums wirksam. Gesundheit hat viel mit Lebensmut und Lebensfreude, Selbstvertrauen und Leistungsbereitschaft zu tun, wobei Behinderungen und Befindlichkeitsstörungen nicht ausgeklammert werden. So läßt sich die Gesundheit umschreiben als »Fähigkeit, trotz eines gewissen Maßes an Mängeln, Störungen, Schäden leben, arbeiten, genießen und zufrieden sein zu können« (*Affemann* zitiert nach *Brauner* 1980, 70).

### 4.2.2 Gesundheitserziehung — Aufgaben und Voraussetzungen

Untersuchungen von *Klaus Hurrelmann* (1991) und Mitarbeitern zeigen, daß Anlaß zur Sorge um das körperliche, seelische und soziale Wohl der Kinder und Jugendlichen besteht. Der Anteil chronischer Krankheiten, insbesondere von Allergien nimmt zu. Bei 10 bis 15% der Schulpflichtigen werden Störungen im Bereich der Wahrnehmung sowie des psychosozialen Verhaltens deutlich. Viele Jugendliche leiden an Kopfschmerzen, Nervosität und Unruhe; hinzu kommen Rückenschmerzen, Schlaflosigkeit, Schwindelgefühle, Magenschmerzen, Übelkeit, Konzentrationsschwierigkeiten und Kreislaufbeschwerden. Darüber hinaus konsumieren einige regelmäßig Zigaretten, Alkohol und illegale Drogen.

Die Gesundheits- und Krankheitsbefunde mögen ein Hintergrund für die Forderung nach mehr Gesundheitserziehung in der Schule sein, hinzu kommen die steigenden Kosten im Gesundheitswesen, die gegen Ende der neunziger Jahre die Tagesnachrichten bestimmen.

Gesundheitserziehung umfaßt die Gesamtheit aller »Maßnahmen der Information, Aufklärung, Belehrung oder Beeinflussung, die geeignet sind, bei Individuen Verhaltensweisen zu bewirken, die der Erhaltung und Verbesserung der Gesundheit dienlich sind« (*Gedicke* 1972, Band 1, 153). Die Aufgabe der Institution Schule kann keine therapeutische sein. Auch Schutzimpfungen und Vorsorgeuntersuchungen, die im engeren Sinn als Gesundheitspflege und Gesundheitsvorsorge bezeichnet werden, sollen hier nicht betrachtet werden.

Eine besondere inhaltliche Orientierung erfährt die Gesundheitserziehung durch die Ausrichtung an sogenannten Risikofaktoren. »Im Mittelpunkt dieser gesundheitserzieherischen Akzentsetzung stehen insbesondere die zivilisationsbedingten und häufig selbstverschuldeten Risikofaktoren (...), wie z. B. Bewegungsmangel, Fehlernährung, Übergewicht, Bluthochdruck, erhöhte Werte der Blutfette, des Blutzuckers und Streß« (*Staeck* 1995, 69). Den Schülern soll die Bedeutung dieser Risiken für ihr eigenes Leben deutlich werden, und sie sollen Möglichkeiten zu deren Vermeidung kennenlernen. Damit soll vor allem die Bereitschaft der Schüler zu einer gesundheitsfördernden Lebensweise entwickelt werden, obwohl heute die meisten Jugendlichen (wie auch viele Erwachsene) dazu neigen, gesundheitliche Risiken zwar abstrakt anzuerkennen, aber nicht konkret auf sich selbst zu beziehen. »Risikofaktoren können letztlich nicht den Weg anzeigen, auf dem der Adressat sich gesundheitlich weiterentwickeln kann. Dies ist wohl ein tieferer Grund, warum das **Risikofaktorenkonzept** als (...) Grundlage einer Gesundheitserziehung nicht erfolgreich war« (*Schneider* 1993, 65; vgl. *Gropengießer* 1985).

Nur eine vielperspektivische Sicht wird der Komplexität von Gesundheit und Gesundheitsverhalten gerecht. Ansatzweise liegt diese Sicht dem »**Ganzheitskonzept**« zugrunde, mit dem darauf abgezielt wird, »konsequent den gesamten Menschen mit seinen affektiven, sozialen, pragmatischen und kognitiven Persönlichkeitsdimensionen in die Didaktik der Gesundheitserziehung ...

einzubeziehen« (*Staeck* 1990, 27; vgl. auch *Schneider* 1990 b; *Hedewig* 1991 a; *Hurrelmann* 1991; *Homfeldt* 1993).

Weitergehende gesundheitserzieherische Vorstellungen basieren auf dem sozialmedizinischen Konzept der Lebensweise, das auch als »life-style«-Konzept bezeichnet wird. Hiernach bestimmen die spezifischen wirtschaftlichen, ökologischen, sozialen und kulturellen Bedingungen das menschliche Verhalten maßgeblich. Entscheidungen für oder gegen ein gesundheitsbezogenes Verhalten sind immer durch die Lebensgeschichte und den Lebenszusammenhang des Individuums geprägt (vgl. *Gropengießer* 1985). In diesem Zusammenhang ergibt sich eine besondere Verantwortung der Schule: Manche gesundheitlichen Belastungen und Anspannungen werden im schulischen Bereich ausgelöst oder verstärkt. Informationen über biologische Grundlagen von Gesundheit, die sie fördernden und die sie belastenden Faktoren, haben ihre Bedeutung beim »Gesundheitslernen« (*Schneider* 1993). Darüber hinaus aber sind die Biologielehrenden – wie die Lehrkräfte anderer Unterrichtsfächer – dafür verantwortlich, daß der Lebensraum und Arbeitsplatz Schule gestaltet und eine gesundheitsförderliche Schul- und Lernkultur entwickelt wird.

Das Konzept der »**Gesunden Schule**« (*Gropengießer/Gropengießer* 1985, 7 f.; *Gropengießer* 1990) läßt sich folgendermaßen charakterisieren:

... Das Recht auf ein gesundes Leben muß in der Schule konkret eingelöst werden, und zwar für alle am Schulleben beteiligten Personen.

... Die Bedürfnisse der Schüler (physiologische Bedürfnisse, Bedürfnisse nach Sicherheit, Zugehörigkeit, Anerkennung, Selbstverwirklichung) müssen berücksichtigt werden.

... Die Gesundheitserziehung zielt auf persönliche Betroffenheit; Ansatzpunkt ist der tägliche Erfahrungsbereich.

... Gesundheitserziehung ist konkret und positiv; sie zeigt den Schülern Wege zu gesundheitsförderndem Verhalten und betont mehr die Erfolge als die Mißerfolge auf diesem Weg.

... Wichtig für das Gelingen der Gesundheitserziehung sind Erfahrungen in der Gruppe und die dadurch zu begründenden Gewohnheiten.

... Die Schüler sollen nicht unkritisch Werte und Normen der Lehrkräfte übernehmen, sondern zu selbständigem Entscheiden gelangen.

... Gesundheitserziehung überschreitet die Grenzen der Schulfächer und fordert die Lehrpersonen nicht nur als Vertreter ihrer Fächer, sondern als Erzieher und Menschen.

... Gesundheitserziehung kann nur gelingen, wenn die Grenze zwischen der Schule und ihrem Umfeld von innen nach außen und von außen nach innen durchlässig wird.

Die Ressourcen des Einzelnen in der Schule und der Schule als System sind für diesen Prozeß der Persönlichkeitsbildung und der Schulentwicklung zu nutzen und werden verstärkend auf dieselben zurückwirken. Der dahinter steckende emanzipatorische Anspruch wirkt sich auch in der Wortwahl aus - man spricht heute von der fächerübergreifenden Aufgabe der **Gesundheitsförderung**. So zielt die neuzeitliche Gesundheitserziehung explizit auch auf »einen Prozeß, allen Menschen ein höheres Maß an Selbstbestimmung über ihre Gesundheit zu ermöglichen und sie damit zur Stärkung ihrer Gesundheit zu befähigen« (Ottawa-Charta 1986). Gesundheitsrelevante Kenntnisse, gesundheitsfördernde Handlungskompetenzen und gesundheitsorientierte Einstellungen sind die Voraussetzungen für ein umfassendes Gesundheitsverhalten. »Die Wertschätzung von Gesundheit manifestiert sich auf der intellektuellen und besonders auf der emotionalen Ebene: Den Schülern müssen daher Möglichkeiten eröffnet werden, die allgemeines Wohlbefinden positiv erleben lassen« (Niedersächsisches Kultusministerium 1991, 7).

*Volker Schneider* (1990) teilt das didaktische Feld der Gesundheitsförderung in die Bereiche des Selbst (Eigenwelt), der sozialen Bezüge (Mitwelt) und der Umweltbedingungen (Umwelt). Deren curriculare Dimension umfaßt den Gesundheitsbezug des Unterrichts, der Inhalte und der Vermittlungsmethoden; mit der sozialen Dimension kommen die gesundheitsverträglichen Kommunikationsstrukturen in den Blick, die auch als Schulklima oder Schulkultur bezeichnet werden können; die ökologische Dimension fordert die gesundheitsgerechte Gestaltung des Lebensraums Schule und ihres Umfeldes. Die kommunale Dimension entwickelt sich in der Zusammenarbeit mit Beratungs- und Informationsangeboten außerhalb der Schule (*Hurrelmann* 1994).

Dieser Ansatz ist unter dem Stichwort **»Gesundheitsfördernde Schule«** Anfang der neunziger Jahre als Modellversuch weiterentwickelt worden. Verschiedene Schulen in Deutschland und ganz Europa setzen die Ideen praktisch um, so daß mittlerweile der Utopie der Gesunden Schule ein Stück Realität gefolgt ist (Netzwerk Gesundheitsfördernde Schulen; vgl. *Arnold* u. a. 1995).

### 4.2.3 Zur Wirksamkeit der schulischen Gesundheitserziehung

Die Schule ist nicht an erster Stelle zu nennen, wenn nach den Faktoren, die das Gesundheitsverhalten der Kinder und Jugendlichen bestimmen, gefragt wird. Neben dem Kindergarten und den Massenmedien hat die Familie den größeren und dauerhafteren Einfluß. Eine bedeutende Rolle für das Handeln der Heranwachsenden spielen auch Peer-groups, in deren Werteskala Abenteuerlust und Risikoverhalten meist weit höher rangieren als ein gesundheitsförderndes Verhalten (vgl. *Hedewig* 1991 a, 374 f.). Die bisher entwickelten Gewohnheiten und die gebildeten Wertvorstellungen sind eine nicht zu vernachlässigende Voraussetzung für die Effektivität des schulischen Gesundheitslernens. Sie bilden die Ausgangssituation für den Lernprozeß der Schüler und die handlungsbezogenen Gestaltungs- und Veränderungsprozesse in der Schule. Positiv bewertete Handlungen stellen oft den Beginn einer neuen Motivationsphase dar, so daß Kompetenzen Schritt für Schritt entwickelt werden können (vgl. *Weiglhofer* 1997 b).

Frühere Konzepte der Gesundheitserziehung haben ihren Schwerpunkt in der **Information** und **Aufklärung**. Die Erfahrung zeigt aber, daß sich keineswegs mit dem Erwerb der wesentlichen Kenntnisse und Einsichten auch die erwünschten Haltungen und Fähigkeiten einstellen. »Die (...) Diskrepanz zwischen Wissen und Handeln, die jedem Pädagogen bekannt ist, tritt auf kaum einem Gebiet so deutlich zutage wie dem der Gesundheitserziehung« (*Hedewig* 1980, 9; vgl. 1991).

Bei dem Bemühen, affektive Momente einzubeziehen und emotionale Betroffenheit der Schüler hervorzurufen, sollte nicht beabsichtigt werden, die Schüler durch schockierende Texte, Bilder oder Filme abzuschrecken. Nach aller Erfahrung erschwert die **Abschreckungsmethode** die erwünschten Einstellungs- und Verhaltensänderungen, da sie Abwehr und Verdrängung bewirkt. Abschreckung ist kein geeignetes Mittel beim Gesundheitslernen. Auch eine Überstrapazierung der Thematik, die sich im allzu häufigen Gebrauch des Wortes »gesund« äußert und moralisierend den Zeigefinger erhebt, erzeugt eher Abwehrhaltungen.

Eine wichtige Voraussetzung für den Erfolg der gesundheitserzieherischen Bemühungen in der Schule ist das **Interesse an Gesundheit** und der Gesundheitsvorsorge. In einer zusammenfassenden Darstellung einer repräsentativen Befragung zum Thema »Schüler und Gesundheit« wird festgestellt: 81 % aller befragten Schüler der Sekundarstufe I stufen Gesundheit als das »Wichtigste im Leben« ein (vor »Schönes Familienleben« mit 32 % und »Langes Leben« mit 24 %; vgl. *Reuter/Höcher* 1977, 41).

Nach einer Untersuchung an etwa 3000 Schülern der Klassenstufen 5 bis 9 ist das Interesse an Fragen der Gesundheit im Vergleich zu anderen Themen der Biologie mittelstark bis stark, bei Jungen allerdings deutlich geringer als bei Mädchen. Bei beiden Geschlechtern nimmt das Interesse an Fragen der körperlichen Gesundheit mit dem Älterwerden ab, während das Interesse an Problemen der seelischen Gesundheit gleich hoch bleibt oder (bei Mädchen) zur 9. Klasse hin etwas zunimmt (vgl. *Todt/Schütz/Moser* 1978). Das Interesse der Mädchen an humanbiologischen und medizinischen Fragestellungen wird in der Koedukationdebatte sogar angeführt, um Mädchen den Zugang zu den naturwissenschaftlichen Fächern zu erleichtern (*Hoffmann* 1990, 6).

### 4.2.4 Gesundheitserziehung als Unterrichtsprinzip

Im Zusammenhang mit der Diskussion um Ziele und Effektivität der Gesundheitserziehung wurde lange Zeit gefordert, Gesundheitserziehung müsse als ein »Unterrichtsprinzip« verstanden werden, und zwar in einem mehr oder weniger umfassenden Sinne. Nach diesen Vorstellungen ginge es darum, bei jeder passenden Gelegenheit, also auch im Zusammenhang mit botanischen, zoologischen oder ökologischen Themen, Aspekte der Gesundheitserziehung zu berücksichtigen (vgl. Hinweise bei *Mostler/Krumwiede/Meyer* 1979,165). Gesundheitserziehung ist nicht auf den Biologieunterricht zu beschränken. Sie spielt auch in anderen Fächern eine Rolle, vor allem im Sport, in Hauswirtschaft, Sozialkunde und Religion bzw. Ethik. Darüber hinaus sollte jeder Lehrer nicht nur die in seinem Fach liegenden Möglichkeiten nutzen, sondern auch jeden geeigneten aktuellen Anlaß aufgreifen.

Schließlich läßt sich – unter Einbeziehung des gesamten Schullebens – der Kreis noch weiter ziehen. Die Gesundheit sowie das Gesundheitsbewußtsein und -verhalten werden ja über die Unterrichtsveranstaltungen hinaus von einer Reihe weiterer Faktoren im Schulbereich beeinflußt, z. B. bauliche Gestaltung der Schule und des Schulgeländes, Einrichtung der Schulräume, Organisation des Wochen- und Tagesablaufs, Durchführung der Pausen, außerschulische Unternehmungen (Klassenfahrten u. a.), Elternabende, Vorbildwirkung der Lehrpersonen (vgl. z. B. *Lutz-Dettinger* 1979; *Gropengießer* 1985; Friedrich Verlag 1990; 1994; *Borneff/Borneff* 1991). Die Einbeziehung dieser Parameter führt schließlich zu dem Konzept »Gesunde Schule« oder ähnlichen Entwürfen für eine umfassende Gesundheitsförderung.

Die Auffassung der Gesundheitserziehung als Unterrichtsprinzip birgt die Gefahr in sich, daß sie schließlich »überall und nirgends« berücksichtigt wird, daß sich keine Lehrperson wirklich für sie verantwortlich fühlt. Gesundheitserziehung ist daher nicht nur Unterrichtsprinzip, sondern explizit auch Thema innerhalb des Biologieunterrichts. Die Biologielehrkräfte tragen die hauptsächliche, wenn auch keineswegs die alleinige Verantwortung in diesem Bereich (vgl. z. B. *Grimme/Schaefer* 1983; *Schaefer* 1987). Sie vermitteln Kenntnisse und Erkenntnisse und haben damit relativ gute Möglichkeiten, die

Schüler auch im Hinblick auf deren Einstellungen und Aktivitäten zu beeinflussen. Ihre Bemühungen werden allerdings nur dann günstige Erfolgsaussichten haben, wenn alle Lehrpersonen die Gesundheitsförderung als allgemeines Prinzip des Schullebens anerkennen und praktizieren.

### 4.2.5 Gesundheitslernen im Biologieunterricht: Anlässe, Themen und Methoden

Traditionell ist der Biologieunterricht mit dem Gesundheitslernen verknüpft. So nimmt nach *Wilfried Stichmann* (1970, 89) »eine gesellschafts- und praxisbezogene Unterrichtsplanung zur Humanbiologie (...) zunächst die gesundheitserzieherischen Anliegen in den Blick«. In älteren Lehrplänen wird gefordert, im Anschluß an den Bau und die Funktion eines Organs oder Organsystems dessen Erkrankungen und Wege zu ihrer Vermeidung zu behandeln. Diese Reihenfolge hatte den Vorteil, daß ein angemessenes Verständnis für pathologische Verhältnisse und ihre Vorbeugung besser zu erreichen ist, wenn die normale Funktion des betreffenden Organs bereits bekannt ist. Nachteilig wirkt sich aus, daß »das Interesse der Schüler viel stärker den Krankheiten und ihren Behandlungsmöglichkeiten gilt als dem ‚normalen‘ Körper« (*Breuer* 1971 a, 85). Der Motivationslage der Schüler wird häufig dadurch Rechnung getragen, daß man den Einstieg in den Unterricht über eine Krankheit wählt, dann die Notwendigkeit herausstellt, Bau und Funktionen des gesunden Organsystems kennenzulernen, und schließlich – nach der Behandlung der normalen Anatomie und Physiologie – zum Ausgangspunkt des Unterrichts zurückkehrt.

Dieses Vorgehen wird seit langem in Frage gestellt. So empfiehlt schon *Aenne Döpp-Woesler* (1978), von **Realsituationen** des persönlichen Alltags der Schüler auszugehen. Als Themenkreise schlägt sie u. a. vor: Körperpflege, Wohnumwelt, Familie, partnerschaftliche Bindungen, Lebens- und Arbeitsformen und Bewegungsmangel, Erkrankungen und Pflege im Familienkreis, Vorbereitung auf das Berufsleben, Formen des heutigen »Genießens« und ihre Folgen. In einer Stellungnahme zu *Döpp-Woesler*s Vorschlägen nennt *Roland Hedewig* (1980, 11) noch eine Reihe weiterer Themenkreise, u. a. Infektionskrankheiten, Einwirkung von Lärm und Schadstoffen aus der Umwelt, Gebrauch und Mißbrauch von Medikamenten. Auch die Drogen- und die AIDS-Problematik sind hier zu nennen.

*Volker Schneider* (1993) bringt **Gesundheitsfaktoren** in die Diskussion. Sie weisen auf gesundheitsfördernde Effekte und »geben den Weg an, auf dem sich persönliche Gesundheit entwickelt und ausbildet« (*Schneider* 1993, 66). Zu nennen sind: gesunde Ernährung und Ernährungsverhalten, Körperhaltung, Bewegung und Sport, Belastungs- und Arbeitsverhalten, Befriedigung von Grundbedürfnissen, Körperpflege und Hygiene, Verhalten bei Behinderung. Die Auseinandersetzung mit diesen gesundheitsbezogenen Aspekten dürfte die Erfolgsaussichten der Gesundheitserziehung erhöhen – allerdings wohl nur unter der Voraussetzung, daß die Schule den Heranwachsenden wenigstens partiell ermöglicht, ein gesundes Leben zusammen mit den Mitschülern und Lehrpersonen zu praktizieren. Vor allem in Themenheften der biologiedidaktischen Zeitschriften sind in den vergangenen Jahren entsprechende Unterrichtsvorschläge und Materialien veröffentlicht worden (vgl. *Gropengießer* 1985; 1990; 1991; 1994 b).

*Karla Etschenberg* (1992 b, 14-17) schlägt vor, aktuelle **gesundheitsbezogene Anlässe** im Rahmen der 5-Minuten-Biologie zu bearbeiten. Dabei kann es sich um die sachgerechte Versorgung einer Schnittwunde handeln, nachdem sich ein Schüler beim Basteln verletzt hatte, oder um den »knurrenden Magen«, der für ablenkende Heiterkeit sorgt. Die Tagespresse, Zeitschriften oder Broschüren liefern immer wieder interessante Bezüge zum Gesundheitswissen und zum Gesundheitsverhalten.

Projektwochen und Arbeitsgemeinschaften bieten einen optimalen Rahmen für **gesundheitsfördernde Aktionen** (vgl. *Eschenhagen* 1990; *Hedewig* 1993 b). Der hier großzügiger bemessene Zeitrahmen ermöglicht es, erlebnisbetont und erfahrungsbezogen mit den Schülern zu arbeiten. Erkundungen im Wohnbereich sind möglich und die Schüler können handelnd ein Produkt gestalten. Auch in diesem Kontext spielen die klassischen Gesundheitsthemen wie Essen und Trinken, Bewegung im Spannungsfeld von Anspannung und Entspannung, sich kleiden und wohl fühlen, Sinneserfahrungen und Naturerleben eine große Rolle (vgl. *Homfeldt* 1993). In Kooperation mit den Gesundheitskassen sind Materialien entstanden, die die Lehrkräfte als Kurs oder im Bausteinprinzip nutzen können. Beispielsweise wird in einem Unterrichtsmaterial »Verflixte Schönheit« das Thema mit den Facetten Ernährung, Eßstörungen, Fitnesswahn, Kleidung, pflegende und dekorative Kosmetik aufbereitet (DAK 1996). Am Beispiel eines Trainingsprogramms zum Nichtrauchen (vgl. *Burow/Hanewinkel* 1994, 34-36) kann verdeutlicht werden, wie die zeitgemäße Gesundheitsförderung auch in der Schule stärker auf Einstellungen und Verhaltensänderung zielt. Dieser Kurs enthält Materialien für die Arbeit mit den konkreten Schülervorerfahrungen; er gibt Hilfen zur Selbstbeobachtung; er zeigt methodische Wege auf, wie Schüler in der Gruppe handelnd aktiv werden.

## 4.2 GESUNDHEITSERZIEHUNG

Auch für die Gesundheitserziehung sind solche methodischen Wege günstig, die geeignet sind, die Sachverhalte zu problematisieren, Kenntnisse zu vermitteln und die Schüler zu aktivieren. Dazu gehören Rollen- und Planspiele, Erkundungen und Interviews ebenso wie der Einsatz experimenteller Erkundungsmethoden (vgl. z. B. *Pommerening* 1982). Der Unterricht sollte an außerschulische Erfahrungen der Schüler oder an veröffentlichte Erfahrungsberichte und Fallstudien anknüpfen (vgl. z. B. *Leuchtenstern* 1980).

Das Einüben und Anwenden gewisser **Gesundheitstechniken** (z. B. Zahnpflege, Erste Hilfe, Fuß- und Rückenübungen, Entspannungstechniken, Ausdauertraining, Heilkräuter) macht Spaß und spricht die Sinne an. So können die verschiedenen Dimensionen des Lernens in den Lernprozeß integriert werden. Besonders nachhaltige Wirkungen sind zu erwarten, wenn die Schüler ihre Arbeitsergebnisse öffentlich präsentieren können: Neben allgemein üblichen Präsentationsformen bieten sich im Zusammenhang mit der Gesundheitsförderung der »Verkauf« von Produkten (Nahrung, Kosmetik) oder die Anwendung erlernter Techniken in sogenannten »Studios« (Kräuterküche, Schönheitssalon, Rückenschule, Fitness-Studio) an.

Optimal ist es, wenn Gesundheitserziehung direkt das **Leben in der Schule**, die Organisationsstrukturen und das Lernen beeinflußt, beispielsweise durch die Einführung eines gemeinsamen Pausenfrühstücks oder eine Aktion zur Vermeidung des Rauchens im Schulgebäude; durch die Rhythmisierung des Schultages oder durch die Umsetzung der Erkenntnisse zum Lernen Lernen.

Zum Bewußtsein, daß es sich lohnt, gesund zu leben, weil man dadurch nicht nur für die Zukunft, sondern auch schon in der Gegenwart Lebensqualität (Widerstandskraft, Leistungsfähigkeit, Lebensfreude) gewinnt, wird in der Gesundheitserziehung auch Sachkompetenz, Entscheidungskompetenz und Handlungskompetenz vermittelt.

LITERATUR
*Affemann* 1978; *Arnold* u. a. 1995; *Borneff/Borneff* 1991; *Brauner* 1980; *Breuer* 1971 a; *Burow/Hanewinkel* 1994; DAK 1996; *Döpp-Woesler* 1978; *Eschenhagen* 1990; *Etschenberg* 1992 b; Friedrich Verlag 1990; 1994; *Gedicke* 1972; *Grimme/Schaefer* 1983; *Gropengießer, I.,* 1985; 1990; 1991; 1994 b; *Gropengießer/Gropengießer* 1985; *Hedewig* 1980; 1988 a ; 1991 a; 1993 b; *Hoffmann* 1990; *Homfeldt* 1993 a; b; *Hurrelmann* 1991; 1994; *Leuchtenstern* 1980; *Lutz-Dettinger* 1979; *Mostler/Krumwiede/Meyer* 1979; Niedersächsisches Kultusministerium 1991; Ottawa-Charta 1986; *Pommerening* 1982; *Reuter/Höcher* 1977; *Schaefer* 1987; 1990 b; *Schneider, V.,* 1990 a; b; 1993; *Schwarzer* 1990; *Staeck* 1987; 1990; 1995; *Stichmann* 1970; *Todt/Schütz/Moser* 1978; *Weiglhofer* 1997 b; *Wenzel* 1990

## 4.3 Sexualerziehung

### 4.3.1 Zum Begriff »Sexualität«

»Sexualität« ist ein vielschichtiger Begriff, dessen Bedeutung sich nicht durch die einfache Übersetzung »Geschlechtlichkeit« oder eine kurze Definition erfassen läßt. Ursprünglich ist Sexualität ein biologisches Phänomen, das bei Pflanzen, Tieren und beim Menschen die geschlechtliche Fortpflanzung und damit Variabilität und Individualität in der Nachkommenschaft ermöglicht (vgl. *Eschenhagen/Kattmann/Rodi* 1993).
Beim Menschen ist das Spektrum des mit Sexualität verbundenen Verhaltens so groß, daß es nahezu unmöglich ist, es eindeutig gegen nicht-sexuelles Verhalten abzugrenzen. Für einen Menschen kann praktisch alles sexuell bedeutsam werden, wenn er entsprechend sensibilisiert ist oder motiviert wird. Andererseits kann von Menschen Sexualität auch aus fast allen Lebensbereichen ausgeblendet oder grundsätzlich verdrängt werden. Wie ein Mensch Sexualität erlebt, hängt weitgehend von seiner Erziehung, der Lebenssituation und den geltenden gesellschaftlichen Normen ab (vgl. *Haeberle* 1985, 170 ff.).
Nach diesem Verständnis läßt sich die Geschlechtlichkeit des Menschen keinesfalls auf die Funktionen der Geschlechtsorgane, auf Fortpflanzung und genitalen Lustgewinn beschränken. Anstelle einer festschreibenden Definition sollte man versuchen, Sexualität dynamisch von den vielfältigen Funktionen her zu beschreiben, die sie für das Leben der Menschen hat oder haben kann. Es lassen sich folgende »Funktionen« menschlicher Sexualität unterscheiden:
... Erhaltung von Variabilität (Vielfalt und Individualität),
... Ermöglichen von Fortpflanzung,
... Persönlichkeitsbildung und Mittel der Selbstverwirklichung,
... Beziehungsstiftendes Element zwischen Partnern,
... Anlaß zu sozialen und kulturellen Gestaltungen.
Sexualität des Menschen wird verzerrt, wenn nur eine der Funktionen isoliert oder einseitig zum »eigentlichen Zweck oder Sinn« erklärt wird.

### 4.3.2 Sexualerziehung – Voraussetzungen und Aufgaben

Sexualerziehung (auch Geschlechtererziehung oder Geschlechtserziehung genannt) ist eine Form der (sexuellen) **Sozialisation**, und zwar diejenige, die **intentional**, d. h. geplant und pädagogisch begründet vorgeht. Sie wird von denjenigen Bezugspersonen geleistet, die reflektiert und zielbewußt erzieheri-

schen Einfluß auf ein Kind nehmen. Die andere Form ist die **funktionale** (sexuelle) Sozialisation, bei der Menschen (oder auch Medien) »beiläufig« Normen, Werte und Standards vermitteln. Im allgemeinen wird auch diese Form der Einflußnahme als Sexualerziehung bezeichnet, obgleich die Kriterien von Erziehung eigentlich nicht zutreffen. Sie wird praktisch von allen Menschen (und Medien) geleistet, die auf das Kind einwirken, so auch immer schon von den Lehrpersonen (vgl. *Etschenberg* 1992 a) .
Sexualerziehung im hier verstandenen Sinne ist Element der **Gesamterziehung**. Sie ist die »pädagogische Bemühung um diejenigen Momente des ... Lernens junger Menschen (...), die deren Dispositionen zu sexuellem (insbesondere soziosexuellem) Erleben und Verhalten unmittelbar oder auch nur mittelbar betreffen« (*Scarbath* 1976 b, 403). Solange sexualethische Normen in der Gesellschaft öffentlich unbestritten waren, erfolgte die sexuelle Sozialisation von Kindern ohne besondere Maßnahmen als informelle Anpassung an die jeweiligen sexuellen Standards (auch wenn man diese evtl. nicht gut fand). Die Notwendigkeit geplanter pädagogischer Begleitung der sexuellen Entwicklung ergibt sich in der pluralen Gesellschaft heute zwingend aus der Uneinheitlichkeit und Widersprüchlichkeit der Eindrücke, die auf Kinder und Jugendliche einwirken und ihnen die Orientierung schwer machen. Hinzu kommt, daß die »medialen Miterzieher« ohne Rücksicht auf Auswirkungen auf junge Leser und Zuschauer Sexualität in allen erdenklichen Variationen vermarkten.
Sexualerziehung ist – nach längerem Zögern – seit 1968 als **Aufgabe der Schule** formuliert und begründet worden, weil

... es Verhaltensweisen in diesem Bereich gibt, die für das Individuum selbst oder für direkt oder mittelbar Betroffene ungünstig oder sogar schädlich sein können (z. B. Sexualneurosen, sexuelle Gewalt, ungewollte Schwangerschaft, Infektionen);

... eine beiläufige, pädagogisch ungeplante Beeinflussung in Elternhaus und Schule nicht ausreicht, um problematischen Verhaltensformen gegenzusteuern, insbesondere seitdem diese über die Medien bis hin zum »Sex in Datennetzen« unkritisch öffentlich gemacht werden (vgl. *Dietz* 1996);

... traditionell lustfeindliche gesellschaftliche Normen, die die beiläufige sexuelle Sozialisation bestimmten, durch eine sexualfreundlichere Sichtweise ersetzt werden sollten.

In einer pluralen Gesellschaft ist es nicht Aufgabe der Schule, in kontroversen Bereichen Normen zu vermitteln, die nur von einem Teil der Gesellschaft als solche akzeptiert werden, wohl aber, Schüler zu einer Auseinandersetzung mit den verschiedenen Auffassungen zu befähigen. **Ziel** der Sexualerziehung ist

der »freie, seiner Verantwortung bewußte junge Mensch« (Bundesverfassungsgericht, zit. bei *Hilgers* 1995, 75).
Eine zentrale Frage schulischer Sexualerziehung ist die nach konsensfähigen **Maßstäben** zur Bewertung von Sexualverhalten. Diese sind selbstverständlich nicht aus der Biologie abzulesen. Die Maßstäbe des Sexualverhaltens müssen den allgemeinen Verhaltensgrundsätzen in einer demokratischen Gesellschaft entsprechen. Eine »sozialethische« Bewertung von sexuellen Verhaltensweisen wird bestimmt durch:
... das Recht auf Selbstbestimmung (in sozialverträglichem Rahmen),
... die Verpflichtung zu Toleranz, Partnerschaftlichkeit und Gewaltverzicht,
... die Rücksichtnahme auf ein evtl. gezeugtes Kind
 (vgl. *Etschenberg* 1986; 1993 a; 1994 b).

In der sexualpädagogischen Literatur findet man in Anlehnung an die KMK-Empfehlungen von 1968 teilweise sehr anspruchsvolle Zielformulierungen, wie z.B. die von der »Erziehung zur Liebesfähigkeit«. Auch wenn das gemeinte Ziel bejaht wird, müssen doch die begrenzten Möglichkeiten der Schule bedacht werden. Der Ausdruck Liebes»fähigkeit« läßt in diesem Kontext Liebe als eine in der Schule lernbare Fertigkeit wie Rechnen, Schreiben und Lesen erscheinen. Man sollte davon ausgehen, daß solche grundlegenden Verhaltenstendenzen in der Familie und durch eigene Erfahrung geprägt werden und nicht durch unterrichtliche Maßnahmen, auch wenn man sie durch entsprechende Impulse positiv verstärken kann.
Obgleich die Notwendigkeit von Sexualerziehung in der Schule nur noch von wenigen bestritten wird, unterscheiden sich die Autoren doch hinsichtlich der **Konzepte** sowie der Abgrenzung familialer oder außerschulischer Sexualerziehung erheblich (vgl. *Bach* 1991; *Etschenberg* 1993 a). Die Richtlinien der Bundesländer sind nicht einheitlich (vgl. *Hilgers* 1995). Die neuere Entwicklung wurde geprägt durch den Gegensatz zwischen einer behütenden und frühen sexuellen Erfahrungen entgegenwirkenden (»repressiven«) und einer sexuelle Erfahrung fördernden, in ihrem Anspruch befreienden (»emanzipatorischen«) Sexualerziehung (vgl. *Kentler* 1970, 142 ff.). Die emanzipatorische Sexualerziehung wurde vielfach vermischt mit politischen Zielen, die von vielen Sexualpädagogen, die den emanzipatorischen Ansatz eigentlich unterstützen, nicht mitgetragen werden. Desgleichen sollten Liberalisierung und völlige sexuelle Freiheit nicht gleichgesetzt werden (vgl. *Scarbath* 1974), auch wenn sich die Auseinandersetzungen um die »heißen Eisen der Sexualerziehung« (Masturbation, Jugendsexualität, Verhütung, Homosexualität) durch die Liberalisierung weitgehend beruhigt haben (vgl. *Glück/Scholten/Strötges* 1992).

Eine neue Situation hat sich für die Sexualerziehung aufgrund des Auftretens der bis heute unheilbaren Immunschwächekrankheit **AIDS** seit den 80er Jahren ergeben. Beschränkungen im sexuellen Handeln sind seitdem wegen des Hauptübertragungsweges (ungeschützter Geschlechtsverkehr) aus rein »egoistischen Gründen« (wieder) nötig, und es wurde befürchtet, daß die »Angst vor AIDS« das Ende jeder emanzipatorischen Sexualerziehung bedeuten könne (*Koch, F.*, 1992). Durch pragmatische präventive Konzepte, die in Anpassung an die neue Gefährdungssituation entwickelt wurden, konnte diese Befürchtung entkräftet werden (vgl. *Etschenberg* 1990 a; 1993 b; 1996 a; *Fahle* u. a. 1992; *Gadermann* 1992).

### 4.3.3 Zur Effektivität von Sexualerziehung

Die Wirkungen der Sexualerziehung auf das Verhalten der Schüler sind nur sehr schwer abzuschätzen. Die Einflüsse von Massenmedien (vor allem Fernsehen und Jugendzeitschriften) sowie von Elternhaus und Gruppen Gleichaltriger sind hier sicher stärker zu veranschlagen als der Effekt von wenigen Unterrichtsstunden. Eine generelle Aussage wird auch dadurch erschwert, daß die Durchführung der Sexualerziehung von Klasse zu Klasse und von Schule zu Schule stark variiert, da sie weitgehend vom Engagement einzelner beteiligter Lehrpersonen abhängt. Zum **Sexualverhalten Jugendlicher** liegen einige Untersuchungen vor (vgl. *Sigusch/Schmidt* 1973; *Schlaegel* u. a. 1975; *Walczak* u. a. 1975 a; b; *Husslein* 1982; *Schmid-Tannwald/Urdze* 1983; *Glück/Scholten/Strötges* 1992; BZgA 1996). Insbesondere im Zusammenhang mit der AIDS-Prävention war zeitweise das Interesse groß, Informationen über das Sexualverhalten von Jugendlichen zu gewinnen (vgl. *Killermann* 1991). Auch das Bestreben, durch Aufklärung die Anzahl der Schwangerschaftsabbrüche zu reduzieren, läßt Daten zum Sexualverhalten von Jugendlichen bedeutsam erscheinen. Insgesamt sind die Ergebnisse solcher Erhebungen vorsichtig zu interpretieren. Es wird nicht das Verhalten selbst erfaßt, sondern es sind die Angaben der Befragten über ihr Verhalten in einer bestimmten Situation. Wieweit dadurch das erfaßt wird, was eigentlich interessant ist, bleibt fraglich. Problematisch ist es auch, daß durch derartige Veröffentlichungen »die normative Kraft des Faktischen« wirksam werden kann. Der Ist-Wert, der durch solche Befragungen erhoben wird, kann leicht zum Soll-Wert werden, da alles, was die Mehrheit angibt zu tun, von der Minderheit als die »Norm« (das Normale) interpretiert wird, von dem sie selbst abweicht und dem sie sich glaubt, anpassen zu müssen.

### 4.3.4 Sexualerziehung - eine fächerübergreifende Aufgabe

Im Nachgang zu den Empfehlungen der KMK 1968 wurden in fast allen Bundesländern eigene **Richtlinien** zur Sexualerziehung veröffentlicht. In einigen Ländern sind derzeit bereits die überarbeiteten Fassungen gültig (vgl. *Schmidt, R.-B.*, 1994; *Hilgers* 1995). In den Richtlinien wird Sexualerziehung durchgängig nicht als Lehrfach angesehen, sondern als »fächerübergreifende Aufgabe«. Mehrere Schulfächer sollen jeweils eigene Beiträge leisten.

Diese Delegation der Aufgaben an mehrere Schulfächer (Biologie, Sozialkunde, Religion, Deutsch, Kunst, Musik, Sport) sollte nicht so verstanden werden, daß die jeweiligen Schulfächer nur ihren eigenen Aspekt thematisieren und die Schüler sich dann ein eigenes Bild zusammensetzen sollen. Jedes Fach sollte vielmehr Sexualität mit fachtypischen Schwerpunkten ansprechen, dabei aber den sachlichen und pädagogischen Gesamthorizont nicht aus dem Blick verlieren. Für den Biologieunterricht bedeutet dies, daß auch er dort die Fachgrenzen überschreiten sollte, wo sexualbiologische Phänomene aus sachlichen und pädagogischen Gründen in einen größeren Zusammenhang zu stellen sind. Eine Arbeitsteilung, die dem Biologieunterricht die Vermittlung »sexualbiologischer« Grundkenntnisse und die pädagogische Fortführung anderen Fächern zuwiese, sollte keinesfalls akzeptiert werden. Vor allem die Erörterung der mit den »biologischen« Themen verknüpften ethischen Fragen sollte unbedingt auch im Fach selbst erfolgen. Eine solche fachüberschreitende Auseinandersetzung mit sexuellen Fragen ist von den Richtlinien her allgemein erwünscht. Die anders lautenden Richtlinien von Baden-Württemberg sind 1994 geändert worden.

Leider funktioniert die notwendige Absprache zwischen den Lehrpersonen zur konsequenten Realisierung des fächerübergreifenden Unterrichts nur in Ausnahmefällen. Vor allem deshalb wird fächerübergreifende Sexualerziehung (mitunter mißverständlich auch als »Unterrichtsprinzip« bezeichnet) heftig kritisiert (vgl. *Lutzmann* 1976). Die Einführung eines eigenen **Schulfaches** ist aber gegenwärtig nicht nur unrealistisch, sondern pädagogisch auch bedenklich. Sexualität würde aus den vielfältigen Fachbezügen herausgelöst und isoliert. Gerade wegen der zentralen Bedeutung, die solides Wissen und wissenschaftlich begründete Interpretationsansätze aus der Biologie für den aufgeklärten Umgang mit Sexualität haben, ist zu wünschen, daß ein großer Anteil der Sexualerziehung im Biologieunterricht stattfindet. Die Biologielehrkraft sollte sich allerdings außer in Entwicklungs- und Verhaltensbiologie auch in den die Biologie überschreitenden Aspekten der Sexualpädagogik kompetent weiterbilden.

## 4.3.5 Sexualerziehung im Biologieunterricht: Anlässe, Themen und Methoden

**Grundsätzliches**

Es ist wiederholt von Sexualpädagogen gefragt worden, ob Schule und insbesondere der Biologieunterricht nicht ein ungeeigneter Ort seien, Sexualerziehung zu betreiben, da die **Rahmenbedingungen von Schule** mit »Zwangsgruppen«, Leistungsdruck und 45-Minuten-Stunden einer Sexualerziehung, die mehr sein will als Wissensvermittlung, im Wege stünden (vgl. *Müller* 1992). Ein Rückzug der Lehrer aus der Sexualerziehung in der Schule würde jedoch die Probleme, die es zweifellos gibt, nicht lösen. Sexualerziehung im Sinne einer »funktionalen Sozialisation« fände auch dann noch statt, denn auch ein Ausklammern bzw. Verschweigen kann sexualpädagogische Wirkungen haben. Als Personen wirken Lehrkräfte - unabhängig vom Fach - ohnehin permanent als Sexual»pädagogen«, weil sie ständig in relevante Interaktionen mit Schülern und Schülerinnen verwickelt werden und als Modelle für Männlich- oder Weiblichsein wirken (vgl. *Etschenberg* 1996 b). Die Frage ist also nicht, ob Schule einen Beitrag zur sexuellen Sozialisation von Kindern und Jugendlichen leisten soll, sondern wie reflektiert und professionell dieser ist (vgl. *Hunger* 1975; *Kattmann/Lucht-Wraage/Stange-Stich* 1990).

**Wissensvermittlung** ist ein wesentlicher und notwendiger, wenn auch nicht hinreichender Teil schulischer Sexualerziehung. Information über biologische Fakten hat zwei pädagogische Aufgaben: Einmal stellt sie den Schülern das nötige Wissen und die nötigen Wörter bereit, um sich sachgerecht in Gesprächen zur Sexualität äußern zu können. Zum anderen vermag sie Halbwissen und Eindrücke, die beiläufig und aus den Massenmedien übernommen werden, zu klären und zu ordnen. Ein solches Wissen entängstigt und hilft, Beobachtungen am eigenen Körper und bei Partnern oder Partnerinnen zu verstehen, so zum Beispiel in Hinblick auf Bau und Funktionen der Geschlechtsorgane, Zeugung, Schwangerschaft und Geburt (vgl. *Fels* 1969, 13 f.; *Eschenhagen/Kattmann/ Rodi* 1993). Die Beschäftigung mit biologischen Fakten (z. B. mit der embryonalen Entwicklung des Geschlechts, mit der Rolle der Hormone und mit soziobiologischen Interpretationen für männliches und weibliches Verhalten) können zu einem »aufgeklärten« Umgang mit sexuellen Phänomen beitragen (vgl. *Etschenberg* 1994 b).

Der Schulunterricht hat die Funktion, Unterschiede im Wissensstand der Schüler, die aus familialen oder sozialen Gründen bestehen, und einseitige Sichtweisen auszugleichen. Die Informationen helfen den Schülern allerdings nur dann wirklich, wenn sie in lebenspraktische Zusammenhänge gestellt werden und auf Fragen und Probleme der Schüler bezogen sind (vgl. *Staeck* 1995, 214 ff.; *Etschenberg* 1996 c). Darüber hinaus muß den Schülern geholfen werden, kritische Distanz gegenüber Werbung und Massenmedien einzunehmen, so daß sie das Bild von Sexualität in der Öffentlichkeit hinterfragen können. Weitgehende Übereinstimmung besteht unter den Sexualerziehern, daß die **Bedürfnisse und Interessen** der Schüler für die Gestaltung des Unterrichts eine bestimmende **Bedeutung** haben sollen. Zwar gilt dies auch für jeden anderen Unterricht, bei der Sexualerziehung aber können die Schülerbedürfnisse nicht nur die Auswahl von Unterrichtsformen und -inhalten beeinflussen, sondern selbst Gegenstand des Unterrichts werden. Die Lehrperson muß also noch mehr als sonst auf die Schüler hören und deren Interessen in besonderer Weise reflektieren (vgl. *Kattmann* 1978, 9 ff.; *Henke* 1973).

**Thematische Schwerpunkte**
Auch wenn sich Sexualerziehung im Biologieunterricht nicht in der Vermittlung von allgemein- und humanbiologischem Wissen erschöpft, so spricht doch nichts dagegen, innerhalb allgemeinbiologisch konzipierter Unterrichtseinheiten auch sexualpädagogisch bedeutsame Inhalte anzusprechen. Besonders auf den höheren Klassenstufen kann dies u. a. bei der Verhaltenslehre (sexuelle Signale, soziobiologische Interpretationen), der Entwicklungsbiologie (vorgeburtliche Entwicklung der Geschlechtsorgane, vom Kleinkind zum Erwachsenen, Eltern-Kind-Beziehungen, Altern und Tod) sowie bei Fragen der Genetik (z. B. Variabilität der Geschlechter, vorgeburtliche Diagnostik, genetische Beratung) geschehen (vgl. *Eschenhagen* 1978; *Thiel-Ludwig* 1980; *Molenda* 1983; *Meier/Müller* 1984; *Winkel* 1992; *Beisenherz* 1993; *Döhl* 1993; *Etschenberg/Erber/Kattmann* 1993; *Etschenberg* 1996 f).

4.3.1 ▼ In einem sexualpädagogisch ausgerichteten Biologieunterricht sollten in Anlehnung an die Funktionen von menschlicher Sexualität auf jeden Fall folgende Problembereiche schwerpunktmäßig berücksichtigt werden (vgl. *Kattmann* 1978):

- ... **Sexuelles Erleben** des Kindes, des Jugendlichen und des Erwachsenen: Nacktheit; Körpersprache; sexuelle Ängste; Selbstbefriedigung; sexuelle Kommunikation; Geschlechtsakt und sexuelle Partnerschaft; Hetero- und Homosexualität; Sexualität und Gewalt;
- ... **Gesellschaftlich bedingte Phänomene**: Tabuisierungen und Enttabuisierungen; Leistungsprinzipien; Schönheitsideale; Reizüberflutung; Kommerzialisierung von Sexualität; Scheinsexualisierungen bzw. Desexualisierungen; Formen der sexuellen Ausbeutung; Diskriminierungen und sexuelle Denunziation;

... Fragen des Verhältnisses von menschlicher Sexualität zur **Fortpflanzung**: spezielle Funktionen der Geschlechtsorgane; Zeugung; Schwangerschaft; Geburt; Fortpflanzungstechnologie; Empfängnisregelung; Schwangerschaftsabbruch; frühkindliche Entwicklung;

... **Geschlechterrollen**: Rollen von Jungen und Mädchen, Mann und Frau; Emanzipation und Gleichstellung; Einstellungen zu Fragen des Sexualverhaltens (u. a. Sex, Liebe, Treue, Trennung); Verhältnis der Geschlechter zu Kindern; Ehe und andere Partnerschaften; Sexualität im Alter; Sexualität und Rassismus.

Die Auswahl von Themen für einzelne Klassenstufen aus einem solchen Katalog sollte sich daran orientieren, welche Fragen für die Schüler in einem bestimmten Alter besonders aktuell und welche aus gesellschaftlichen Gründen notwendig sind (vgl. *Etschenberg* 1993 a; *Schmidt, R.-B.,* 1993). In diesem Punkt sollte man sich – nach Rücksprache mit den Eltern – nicht unbedingt an die von den Richtlinien vorgesehene Themenverteilung halten.

**Methoden**
Die Mehrzahl der Sexualpädagogen fordert in Übereinstimmung mit den Vorgaben durch Richtlinien, daß die Schüler im Unterricht nicht auf ein bestimmtes Verhalten festgelegt werden dürfen (Indoktrinationsverbot). In den Unterricht ist »kontroverse Sinnorientierung« einzubringen. »Das besagt, daß für so konzipierten Sexualunterricht ein Klima besonders förderlich ist, in dem Lehrer und Schüler sich ermutigt sehen, eigene existentielle Haltungen und Lösungsversuche zu artikulieren, zu problematisieren und zu begründen« (*Scarbath* 1974, 355).

Die der Sexualerziehung angemessenen Unterrichtsformen sind daher weitgehend schülerzentriert. Dabei hat das **Gespräch** (Klassen-, Gruppen- und Partnergespräche) besonders wichtige Funktionen. Im Gespräch sollten hier schulische Leistungsanforderungen zugunsten eines freien Dialogs zwischen Schülern und zwischen Schülern und Lehrperson zurücktreten.
**Rollenspiele** sind vor allem dann wünschenswert, wenn es um das Durchspielen von Entscheidungssituationen geht (vgl. IPTS 1995). Insbesondere in der Sekundarstufe II können sexualpädagogische Themen ertragreich als **Projekt** durchgeführt werden (vgl. *Hinterreiter* 1997). In vielen Fällen hat es sich bewährt, sexualpädagogisch geschulte Fachleute als Gäste in den Unterricht mit einzubeziehen. Dies ist besonders günstig im Rahmen von Wochenendveranstaltungen und Projekttagen. Sowohl beim Einsatz von Materialien als auch

bei der Einbeziehung von externen Fachkräften ist zu bedenken, daß Schulunterricht unter spezifischen Rahmenbedingungen stattfindet, zu denen nicht alle in der außerschulischen Jugendarbeit möglichen Elemente von Sexualerziehung passen (vgl. *Etschenberg* 1996 d).

Im Unterrichtsgespräch ist auf die verwendete **Sprache** zu achten, und zwar sowohl hinsichtlich der Sprachebene (Vulgärsprache, Umgangssprache, Fachsprache) als auch hinsichtlich der verwendeten Namen und Fachwörter für den sexuellen Bereich (vgl. *Kattmann/Lucht-Wraage/Stange-Stich* 1990, 17 ff.). Die im Unterricht von der Lehrperson verwendeten Wörter sollten sachlich korrekt und unmißverständlich sein, keine diffamierenden oder provozierenden Nebeneffekte haben (wie z. B. Schwanz oder Titten) und nicht nur regional bekannt sein. Mit einer solchen Sprachregelung werden umgangs- und vulgärsprachliche Ausdrücke, die den Kindern und Jugendlichen vertraut sind, keineswegs »schlecht gemacht«, aber in den Bereich der privaten bzw. intimen Kommunikation verwiesen, der sich durchaus von der öffentlichen Kommunikation über Sexualität unterscheiden darf (vgl. *Etschenberg* 1996 b).

Nach den Ansätzen »kommunikativer Didaktik« (vgl. *Zitelmann/Carl* 1970; *Müller* 1979) sollte der gesamte Unterricht zum Thema Sexualität möglichst im Sinne des sozialen Lernens gestaltet werden. Hierbei spielen emotional ansprechende **Medien** (Fotos, Comics, Texte, Poster, Schlagermusik, Filme, Videomitschnitte) eine wichtige Rolle, weil sie das Gemeinte anschaulich machen, Betroffenheit erzeugen können und Gespräche und gemeinsames Handeln anstoßen (vgl. *Figge* u. a. 1977; *Schwadtke* 1975; *Kattmann* 1978; *Müller* 1979; *Fahle/Oertel* 1994; *Etschenberg* 1996 e).

Aktuell in der Diskussion bezüglich der Methoden in der Sexualerziehung ist die Frage der **Koedukation**. Nachdem sich die ursprüngliche Euphorie wegen der Aufhebung der Geschlechtertrennung im Unterricht gelegt hat, mehren sich die Stimmen, die in begrenztem Umfang spezielle Lernangebote für Jungen und Mädchen fordern. Selbst wenn man im Biologieunterricht unter den derzeitigen Bedingungen keine gezielte »Mädchen- und Jungenarbeit« leisten kann, sollte man die Möglichkeit zu getrenntgeschlechtlichen Gruppengesprächen nutzen, um den unterschiedlichen Bedürfnissen und Artikulationsgewohnheiten von Jungen und Mädchen gerecht zu werden (vgl. *Glumpler* 1994; *Munding* 1995). Da es aber ein wesentlicher Sinn von Sexualerziehung ist, (auch) die Verständigung zwischen den Geschlechtern zu verbessern, sollten alle Themen außerdem auch geschlechtsübergreifend angesprochen werden.

## Die Lehrpersonen

Wie in anderen stark pädagogisch ausgerichteten Teilen des Unterrichts (vgl. Friedens-, Gesundheits- und Umwelterziehung) ist die Lehrperson mehr als sonst mit ihren persönlichen Einstellungen und Haltungen gefordert. In einigen Bundesländern können Lehrpersonen sich bei der Sexualerziehung durch andere vertreten lassen, da keine Lehrkraft gezwungen sein sollte, Sexualkunde zu unterrichten oder spezielle sexualpädagogische Angebote zu machen. Andere Bundesländer verpflichten ausdrücklich alle Lehrkräfte dazu. Es ist aber wohl sehr fragwürdig, wenn ein Unterricht, der Zwänge und Ängste abbauen soll, mit dienstlicher Verpflichtung durchgesetzt wird. Die Weigerung einiger Lehrpersonen zeigt vielmehr das Defizit in der **Lehrerausbildung**. Obgleich seit 1968 Sexualerziehung an Schulen angeboten werden soll, gibt es bis heute keine Verpflichtung, in der Aus- oder Fortbildung Veranstaltungen zur Sexualkunde und Sexualerziehung zu besuchen. Die Realisierung und Verbesserung von Sexualerziehung in der Schule müßten aber bei der Qualifizierung der Lehrkräfte anfangen (vgl. die Untersuchung von *Springer* 1978 sowie *Machnik* 1975; *Hunger* 1975; *Knoll* 1977; *Kluge* 1981).
In der gegenwärtigen Situation bleibt nur der Weg, Lehrer und Lehrerinnen zum sexualpädagogischen Unterricht zu ermutigen. Dies kann mit Hilfe geeigneter Unterrichtsmodelle und sexualpädagogischer Arbeitsmaterialien, die für den Einsatz im Unterricht konzipiert sind, geschehen. Wichtiger noch ist das gemeinsame Lernen der Kollegen durch Erfahrungsaustausch. Gelegenheit hierzu gibt die von Richtlinien geforderte Planung und Abstimmung der Lehrkräfte verschiedener Fächer (vgl. *Erber* 1977; 1978; *Knoop* 1977). Entscheidend ist der Mut zu dem Entschluß, sich auf ein wechselseitiges Lernen mit den Schülern gerade im Hinblick auf die Einstellungen zur Sexualität einzulassen. Nicht der perfekte »Sexualexperte« erscheint als das geeignete Leitbild für Sexualerzieher, sondern die Lehrperson, die sich auch mit ihren Unsicherheiten und möglicherweise Ängsten in das Lernen mit ihren Schülern einbringt und bereit ist, die wechselnden Bedingungen sexueller Sozialisation, die von gesamtgesellschaftlichen Entwicklungen abhängig sind, zu akzeptieren und in ihr pädagogisches Handeln zu integrieren.

▼6.1

## Elternarbeit

Bei der Sexualerziehung in der Schule hängt viel davon ab, daß die vom Bundesverfassungsgericht und von den Richtlinien vorgeschriebene Unterrichtung der Eltern über das, was in Sexualerziehung geplant ist, nicht als lästige Pflicht verstanden, sondern zur Elternschulung genutzt wird. Bei den Eltern kann Verständnis dafür geweckt werden, daß familiale und schulische

Sexualerziehung unterschiedliche Aufgaben haben und einander ergänzen müssen. Die Erziehung im Elternhaus findet im privat-intimen Raum statt, die schulische aber hat öffentlichen Charakter. Sie hat u. a. die Aufgabe, das Bild von Sexualität zu reflektieren und zu korrigieren, das die Schüler durch die übrige Öffentlichkeit gewinnen (z. B. durch Werbung und Massenmedien). Schule und Elternhaus sollten möglichst übereinstimmend handeln. Die Eltern müssen vor dem Unterricht über dessen Form und Inhalte genau informiert werden. Sie haben allerdings kein Mitbestimmungsrecht bei der Gestaltung des Unterrichts. Diese liegt ausschließlich in der Verantwortung der Lehrperson. Zu erwähnen ist, daß die Verwendung von Pornographie im Unterricht vom Strafgesetz her in jedem Fall untersagt ist (auch bei evtl. Einwilligung der Eltern). Der Elternabend ermöglicht den Eltern, ihre Aktivitäten auf den Unterricht in der Schule abzustimmen. Die Lehrperson kann Vorschläge und Anregungen der Eltern für ihren Unterricht berücksichtigen. Dies fällt meist leicht, da nach aller Erfahrung die Mehrzahl der Eltern gegenüber der schulischen Sexualerziehung aufgeschlossen und bereit ist, Informationen und Anregungen aufzunehmen und evtl. auch umzulernen. Für die meisten Eltern ist das Gespräch mit der Lehrperson oft die einzige Gelegenheit, über Sexualität sachlich zu sprechen und Meinungen auszutauschen.

Auch unter den Eltern gibt es selbstverständlich extreme Meinungen. Immer wieder kommt es vor, daß Eltern die Teilnahme ihres Kindes am sexualkundlichen Unterricht oder an anderen sexualpädagogischen Aktivitäten der Schule ablehnen. In diesem Fall ist der Hinweis auf die geltenden rechtlichen Bestimmungen (Schulgesetz und Richtlinien) nötig, auch wenn man nach Möglichkeit – im Interesse des betroffenen Kindes – eine Verschärfung des Konfliktes vermeiden sollte.

LITERATUR

*Bach, K. R.,* 1991; *Beisenherz* 1993; *BZgA* 1996; *Dietz* 1996; *Döhl* 1993; *Erber, M.,* 1977; 1978; *Eschenhagen* 1978; *Eschenhagen/Kattmann/Rodi* 1993; *Etschenberg* 1986; 1990 a; 1992 a; 1993 a; b; 1994 b; 1996 a; b; c; d; e; f; *Etschenberg/Erber/Kattmann* 1993; *Fahle* u. a. 1992; *Fahle/Oertel* 1994; *Fahrenberger* 1983; *Fels* 1969; *Figge* u. a. 1977; Friedrich Verlag 1996 b; *Gadermann* 1992; *Glück/Scholten/Strötges* 1992; *Glumpler* 1994; *Haeberle* 1985; *Henke* 1973; *Hilgers* 1995; *Hinterreiter* 1997; *Hunger* 1975; *Husslein* 1982; IPTS 1995; *Kattmann* 1978; *Kattmann/Lucht-Wraage/Stange-Stich* 1990; *Kentler* 1970; *Killermann* 1991; *Kluge* 1981; *Knoll* 1977; *Knoop* 1977; *Koch, F.,* 1992; *Lutzmann* 1976; 1977; *Machnik* 1975; *Meier/Müller* 1984; *Molenda* 1983; *Müller, R.,* 1979; *Müller, W.,* 1992; *Munding* 1995; *Sackser* 1979; *Scarbath* 1974; 1976 b; *Schlaegel* u. a. 1975; *Schmid-Tannwald/Urdze* 1983; *Schmidt, R.-B.,* 1993; 1994; *Schwadtke* 1975; *Sigusch/ Schmidt* 1973; *Springer* 1978; *Staeck* 1995; *Thiel-Ludwig* 1980; *Walczak* u.a. 1975 a; b; *Winkel* 1992; *Zitelmann/Carl* 1970

## 4.4 Friedenserziehung

### 4.4.1 Zum Begriff »Frieden«

Wird das Wort »Frieden« nicht auf den militärischen Bereich beschränkt, so bezeichnet es in der Umgangssprache weit mehr als die Abwesenheit von Krieg und direkter Gewalt. Es betrifft vielmehr auch Formen persönlichen und gesellschaftlichen Zusammenlebens. In einer Zeit jedoch, in der es über 100 kriegerische Konflikte in der Welt und in der es nach wie vor die Möglichkeit einer durch Atomkrieg bedingten Selbstauslöschung der Menschheit gibt, ist zu betonen, daß Frieden jedenfalls zu allererst auch die Abwesenheit von Krieg bedeutet. Die Norwegische Akademie der Wissenschaften hat dargelegt, daß von 3600 v. Chr. bis 1960 insgesamt 14513 Kriege stattgefunden haben, in denen etwa 3640000000 Menschen gestorben sind. Nur 292 Jahre waren ohne (registrierten) Krieg.

Kinder und Jugendliche sind von den Folgen kriegerischer Auseinandersetzungen oft besonders betroffen. Kinder von Flüchtlingen und Asylsuchenden gibt es auch in den Schulen Deutschlands, wodurch friedenspädagogische Bemühungen eine besondere Bedeutung erhalten (vgl. *Neumann* 1992; *Adam* 1993). Trotzdem ist ein Friedensbegriff, der sich nicht mit der Abwesenheit von Krieg begnügt, sowohl für die Friedensforschung als auch für die Friedenserziehung unerläßlich. So gibt es auch Unfrieden in Gestalt offener, organisierter Gewalt unter Nicht-Kriegsbedingungen (z. B. Folter). Frieden ist darüber hinaus auch die Abwesenheit von struktureller Gewalt, die Verwirklichung von sozialer Gerechtigkeit, die Verwirklichung von Mit- und Selbstbestimmung und schließlich die Verwirklichung von solidarischer Individualität (vgl. *Gawor* 1988, 28 f.). Auf einen solchen umfassenden und in gewisser Weise alltäglichen Friedensbegriff zielt *Hartmut von Hentig* (1987, 62 f.): »Frieden – das ist der pauschale und viel mißbrauchte Gegenbegriff zu den Leiden und Verkehrtheiten unserer Welt, zu dem, was offensichtlich nicht gutgehen kann und was die Menschen darum schon in der Vorstellung beunruhigt. Soll Friede greifbar werden, muß man ihn in einzelne Aufgaben zerlegen – zum Beispiel in diese sechs: Die Vermeidung oder Verhinderung von Gewalt; die Sicherung der materiellen Bedürfnisse; die Verwirklichung von sozialer Gerechtigkeit; die Gewährung und Forderung von politischer Mitbestimmung; die Wiederherstellung eines ausgewogenen Verhältnisses von Mensch und Umwelt, zwischen dem, was wir machen, und dem, was wir nur zerstören können; die Verständigung zwischen den Generationen.«

## 4 FÄCHERÜBERGREIFENDE AUFGABEN

4.5 ▼
In letzter Zeit wird in diesen umfassenden Friedensbegriff auch der **»Frieden mit der Natur«** (vgl. *Bateson* 1985; *Meyer-Abich* 1986) aufgenommen, wobei ein direkter Zusammenhang zwischen der ökologischen und der Friedensthematik zu Recht postuliert wird. Umwelterziehung ist deshalb immer zugleich auch Friedenserziehung (vgl. *Röhrs* 1983, 314 f.; *Heitkämper* 1994, 36). *Johann Galtung* (1971) versteht Frieden als den Prozeß der Vermeidung und Abschaffung von **Gewalt**. Als Gewalt sieht er nicht nur die von Personen ausgeführten Gewalttätigkeiten an (direkte, »personale« Gewalt), sondern ebenso die Wirkungen von gesellschaftlichen Strukturen, wenn diese Ungleichheit, Ungerechtigkeit, Abhängigkeit, Bevormundung, Unterdrückung erzeugen (indirekte, »strukturelle« Gewalt). Im sozialen Bereich deckt sich dieser Friedensbegriff bzw. der darin enthaltene pädagogische und politische Anspruch weitgehend mit dem Ziel der Emanzipation als Befreiung von Unmündigkeit, Diskriminierungen, Zwängen und Abhängigkeiten (vgl. *Esser* 1973).

In diesem Zusammenhang stellt sich auch die Frage nach den Ursachen menschlicher **Aggressivität** (als Disposition zu gewalttätiger Austragung von Konflikten) und damit nach den Bedingungen gewaltfreier Aktion und möglichen Friedens. Vor dem Hintergrund der Diskussion und Auswertung komplementärer und bisweilen auch konkurrierender Erklärungsversuche der Aggression (psychoanalytische und ethologische Triebtheorien, Lerntheorien, Frustrations-Aggressions-Hypothese, physiologische Kausalforschung, vgl. *Hilke/Kempf* 1982; *Strauß* 1996) spielt die grundsätzliche Bewertung menschlicher Aggressivität eine wesentliche Rolle zur Ausschärfung des Friedensbegriffes. Aggression wird meistens als destruktiv, als Schädigungsversuch verstanden (vgl. *Röhrs* 1983); zumindest vom Wortsinn her ist sie aber Aktivität, Herangehen an Menschen und Dinge im Sinne des lateinischen »adgredi« (*Ammon* 1971; vgl. *Lorenz* 1968; *Roth* 1974), was einerseits konstruktive und destruktive Aggression unterscheiden läßt, andererseits jedoch auch zu einer Nivellierung des Aggressivitätsbegriffs führen kann. Die Bewertung von konstruktiver und destruktiver Aggression ist stets eine perspektivische und daher nur in historischen und auch biographischen Kontexten möglich. Jedoch ist auch ohne eine solche ausdrückliche Unterscheidung sowohl aus ethologischer als auch aus psychologischer Sicht ein Friedenszustand, in dem die als Aggression bezeichneten Antriebe des Menschen unterdrückt oder abaddressiert sind, nicht erstrebenswert (vgl. *Mitscherlich* 1969, 126 f.; *Strauß* 1980 a, 317 f.), da gerade die unterdrückten und verdrängten Aggressionen ein Potential für Unfrieden darstellen. Friedliche Verhältnisse zeichnen sich nicht dadurch aus, daß Aggressivität als »böse« tabuisiert und eliminiert ist, sondern daß sie steuerbar ist.

## 4.4.2 Friedenserziehung - Aufgaben und Voraussetzungen

»Die Forderung, daß Auschwitz nicht noch einmal sei, ist die allererste an Erziehung. Sie geht so sehr jeglicher anderen voran, daß ich weder glaube, sie begründen zu müssen noch zu sollen« (*Adorno* 1971, 88). Daß Erziehung die Aufgabe hat, zur Verwirklichung und Erhaltung des Friedens beizutragen, ist unbestritten (vgl. *Heck/Schurig* 1991). Entscheidender ist deshalb die Frage, ob Erziehung überhaupt die Möglichkeit hat, in dieser Richtung wirksam zu werden. *Dieter Senghaas* (1981, 258) verweist in diesem Zusammenhang auf das Dilemma, ob und wie »eine Erziehung zum Frieden in einer Welt organisierter Friedlosigkeit« überhaupt möglich ist (vgl. auch *Picht* 1975, 27). Auf jeden Fall ist in diesem Zusammenhang Bescheidenheit und ein realistischer Blick auf die notwendig kleinen Schritte angemessen (vgl. *Entrich/Gebhard* 1990), wenn auch auf die Möglichkeiten einer kognitiven wie affektiven Aufklärung in friedenspädagogischer Absicht nicht verzichtet werden sollte. Dabei ist ein Moralisieren unbedingt zu vermeiden (vgl. *Gebhard* 1992 a), ebenso wie das pädagogische Setzen auf Kriegsangstaffekte (Stichwort »Katastrophenpädagogik«). Kriegsangst bei Kindern (vgl. *Büttner* 1984; *Petri* ▼4.5 1985) ist zwar durchaus ernstzunehmen und nicht zu verharmlosen, jedoch auch nicht pädagogisch zu funktionalisieren.

»Da Kriege im Geiste der Menschen entstehen, so müssen auch im Geiste der Menschen die Werke zur Verteidigung des Friedens errichtet werden.« In der Präambel der UNESCO (1963) wird ausdrücklich auf den »Geist« – also auf Aspekte des Denkens, der Einstellungen, des Wissens, der Affekte – abgehoben; eben diese Aspekte berühren die Möglichkeiten von Schule und Erziehung. Als **Ziele** für die Friedenserziehung formuliert *Hartmut von Hentig* (1987, 29) »in einer groben Einteilung

a) die Vermittlung von Überzeugungen, Verhaltensweisen, Wahrnehmungsweisen, mit denen wir den Vorwänden und Verführungen zur Gewalt begegnen ...; sodann

b) die Vermittlung von politischen Verfahrensweisen, mit denen wir unsere Einsichten in die Notwendigkeit des Friedens gegen den Irrtum und Widerstand der anderen durchsetzen können; schließlich

c) die Vermittlung von technischen und wissenschaftlichen Kenntnissen und Fertigkeiten, mit denen wir die sachlichen Anlässe zu Kriegen beseitigen: den Mangel an Nahrung, Raum, Kenntnissen, Arbeit, die ungerechte Verteilung der Güter, der Chancen, des Ansehens.«

Wie aber sind solche »friedensrelevanten Lernprozesse« zu ermöglichen (*Scarbath* 1976 a; vgl. *Nicklas* 1993), die im Verhalten der Schüler wirksam werden? Wie kann die Handlungskompetenz der Schüler erhöht werden, sich für den Frieden auf den verschiedenen Ebenen einzusetzen? Die meisten **Konzepte** zur Friedenserziehung stimmen darin überein, daß sie Unterrichtsformen fordern, bei denen die Schüler möglichst selbsttätig und mitbestimmend beteiligt sind. Ziele und Methoden des Unterrichts sollen einander entsprechen. Der Unterrichtsprozeß sollte daher möglichst offen und schülerzentriert gestaltet werden. Die hierfür angemessene Sozialform wäre »die sich selbst organisierende Lerngruppe, die autonom über die Festlegung der Lernziele, die Planung der Unterrichtsschritte, die Wahl der Arbeitsmethode und die Beurteilung und Bewertung der Arbeitsergebnisse entscheidet« (*Nicklas/ Ostermann* 1973, 319 f.). In der gegenwärtigen Schule ist eine derartige Lernsituation nur selten und unvollkommen herzustellen. Die anspruchsvollen Ziele von Friedenserziehung lassen sich – wenn überhaupt – leichter in außerschulischen, informellen Bildungssituationen realisieren, in denen die Verknüpfung mit politischem Handeln – ein häufig gefordertes Merkmal von Friedenserziehung – eher möglich ist als in der Schule. Nicht wenige Friedensforscher halten die Schule (u. a. wegen des »Leistungsprinzips« und ihrer »Siebungsfunktion«) geradezu für ungeeignet für die Friedenserziehung (z. B. *Galtung* 1973, 27). Dennoch ist aus pädagogischer Sicht darauf zu bestehen, daß es auch im real existierenden Schulsystem verschiedene kooperative pädagogische Konzepte und verschiedene Arbeitsweisen und Sozialformen des Unterrichts gibt, die sich den anspruchsvollen Zielen von Friedenserziehung annähern (vgl. *v. Hentig* 1987).

Der Unterricht muß möglichst so organisiert werden, daß die Schüler vom Verhalten und Urteil des Lehrers unabhängig sind. Direktive und repressive Unterrichtsmaßnahmen widersprechen nicht nur den pädagogischen Zielen, sondern können sich als »strukturelle Gewalt« sogar so auswirken, daß sie an die Stelle der friedenserzieherischen Ziele treten. Insofern sind viele friedenspädagogische Bemühungen weniger Friedenserziehung, als vielmehr Friedenspraxis. In diesem Zusammenhang ist also zu bedenken, daß die Schule selbst als ein Ort struktureller Gewalt durch verschiedenste Faktoren (Erziehungsstil, Siebungsfunktion, Schulbauarchitektur) auch an der Entstehung von Gewaltverhältnissen beteiligt ist. Sichtbar wird dies z. B. im sog. »Schulvandalismus« (*Asztalos* 1981; *Klockhaus/Habermann-Morbey* 1986; *Preuschoff/Preuschoff* 1993).

Strukturelle Gewalt und ein **Erziehungsstil**, der auf Unterordnung und Gehorsam setzt, hängen zusammen, und zwar auf doppelte Weise: Zum einen gibt es beim Menschen das Phänomen der Aggressivität aus Gehorsam, zum anderen macht ein übermäßig angepaßter Gehorsam aggressiv. In diesem Kontext sei auf das berühmte »*Milgram*-Experiment« (*Milgram* 1974) verwiesen, das – wenn auch methodisch kritisierbar – sowohl Gegenstand als auch pädagogischer Reflexionshintergrund von Friedenserziehung sein kann. Eine umfangreiche Studie zum **Begriffswissen** zum Frieden hat ergeben, daß Schüler aller Altersstufen und auch Erwachsene »den Friedensbegriff häufig nur unter Gebrauch der Negation von Krieg oder Streit usw. definieren« (*Schnaitmann* 1991, 356). Eine positive Füllung des Friedensbegriffs durch detaillierte Angaben zum Frieden ist den befragten Schülern offenbar nicht möglich; ebenso gibt es keine Bezugnahme auf die »Natur«. Die oben genannte Weiterung im Hinblick auf einen »Frieden mit der Natur« hat zumindest im Bewußtsein von Schülern bisher keine Entsprechung.

### 4.4.3 Friedenserziehung im Biologieunterricht: Anlässe, Themen und Methoden

Als Teil der **Gesamterziehung** ist Friedenserziehung nicht auf bestimmte Fächer beschränkt (vgl. Friedrich Verlag 1983; *Röhrs* 1983; *Reich/Weber* 1984; *Calließ/Lob* 1988). Gemäß dem umfassenden Friedensbegriff darf Friedenserziehung auf keinen Fall auf die »naheliegenden« Bereiche Krieg und Rüstung (*Roer* 1988) oder auf Aggressivität eingeschränkt werden. Darüber hinaus kann Friedenserziehung als **Unterrichtsprinzip** verstanden werden, mit dem bestimmte Unterrichtsinhalte auf die Ziele Gewaltlosigkeit und Frieden ausgerichtet werden. Der Schwerpunkt liegt dabei im Bereich der Fächer Sozialkunde, Deutsch und Geschichte, Fremdsprachen und Religion. Der spezifische Beitrag des Biologieunterrichts betrifft vor allem die folgenden Zusammenhänge (vgl. *Kattmann* 1988 b):

... In öffentlichen Diskussionen und sozialwissenschaftlich bestimmten Unterrichtsentwürfen werden z. B. beim Thema »Aggression« biologische Sichtweisen weitgehend vernachlässigt. Für eine Beurteilung konkurrierender Anschauungen über Aggression und auch für einen sinnvollen Umgang mit menschlicher Aggressivität sind auch biologische Kenntnisse nötig.

... In der Öffentlichkeit werden häufig biologisch bestimmte Argumente so vorgetragen, daß sie im Gegensatz zu den Zielen der sozialen Gerechtigkeit und der Gewaltfreiheit stehen. Dies betrifft sowohl Aussagen zur Aggressivität wie auch zur genetischen Ungleichheit der Menschen (z. B. zur Friedensfähigkeit des Menschen und zu Verhaltensunterschieden von Menschen unterschiedlicher Herkunft). Der Biologieunterricht hat hier die Aufgabe, falsche und mißverständliche Vorstellungen zu biologischen

Sachverhalten besonders dann zu klären und zu korrigieren, wenn diese das friedliche Zusammenleben von Menschen gefährden (z. B. bei Ausländerfeindlichkeit, Rassenvorurteilen, Ablehnen von Behinderten und Alten, Eugenik, Fixierung von bestimmten Geschlechterrollen). So ist die ethologisch fundierte nativistische Aggressionstheorie (z. B. *Lorenz* 1968) eben nicht als »biologisches Schicksal« zu betrachten, womit dann gewaltsame Auseinandersetzungen gerechtfertigt werden könnten. Der Mensch ist nicht seiner »Triebnatur« hilflos ausgeliefert, sondern ein gesellschaftliches Wesen, womit biologische Wurzeln aggressiven Verhaltens beim Menschen natürlich nicht ausgeschlossen sind (vgl. UNESCO: Erklärung von Sevilla 1996). Den Frieden gefährdende Gewalt ist allerdings weniger die Folge der »Natur« des Menschen als vielmehr ein strukturelles Problem. Ähnliches gilt für die als »natürlich« angenommene »Xenophobie« als Legitimation für die Diskriminierung von Ausländern (vgl. *Tsiakalos* 1982; *Kattmann* 1994 c). Insofern besteht auch ein Zusammenhang zur »interkulturellen Erziehung«, einer im Einwanderungsland Deutschland immer bedeutsamer werdenden pädagogischen Aufgabe.

3.3.8 ▼

... Ein Beitrag des Biologieunterrichts zur Friedenserziehung liegt auch darin, eine reflektierte Haltung zur Reichweite biologischer Aussagen zu vermitteln. Die Fähigkeit, zwischen biologischen Aussagen und biologistischer Argumentation ideologiekritisch zu unterscheiden, ist eine zentrale Aufgabe des Biologieunterrichts. Im gegebenen Zusammenhang betrifft das vor allem die Bereiche Evolution (Stichwort: »Kampf ums Dasein«), Genetik und Ethologie. Überhaupt ist Ideologiekritik ein wesentliches Element von Friedenspädagogik: nämlich das Bewußtmachen von Ideologien und deren Funktion als Legitimationsinstrumente von herrschenden Strukturen. Hierzu gehört auch die Aufdeckung von struktureller Gewalt, die mit biologischen Argumenten als naturgegeben erscheint bzw. hingestellt wird. Die Verwendung der Biologie zur Rechtfertigung von historisch entstandenen Strukturen als »natürliche« ist dafür ein charakteristisches Beispiel (vgl. *Quitzow* 1994; *Gebhard/Langlet* 1997). Wie sehr die Mißachtung dieses Grundsatzes eine »Erziehung zum Unfrieden« bedeuten kann, zeigt die Geschichte in der Zeit des Nationalsozialismus.

2.2 ▼

... Ebenso ist die prinzipielle Ambivalenz naturwissenschaftlicher Forschung im allgemeinen und biologischer Forschung im besonderen in den Blick zu nehmen (vgl. *Quitzow* 1986). Gentechnische Verfahren beispielsweise können sowohl segensreich zur Heilung von Krankheiten entwickelt und eingesetzt werden als auch zur Herstellung und Stabilisierung von Gewalt- und Machtverhältnissen mißbraucht werden.

Bei friedenserzieherischen **Themen** im Biologieunterricht wird häufig beim Thema »Aggression« angesetzt (vgl. z. B. *Johst* 1991). In älteren Unterrichtsvorschlägen zu diesem Thema wird vielfach menschliches und tierliches Verhalten oberflächlich parallelisiert und ein stark vereinfachtes Bild menschlichen Verhaltens vermittelt (vgl. *Strauß* 1980 b, 349; 1996; *Kattmann* 1983 a; 1985). Bezieht man die Aufgaben der Friedenserziehung auf den oben umschriebenen Friedensbegriff, so betrifft sie folgende Themenbereiche des Biologieunterrichts:

... auf der individualen Ebene die Themen »Gehorsam und Autorität«, »Signale der Kommunikation«, »Aggression«, »Kooperation und gegenseitige Hilfe in Gruppen«;

... auf der sozialen Ebene die Themen »Außenseiter«, »Verhalten gegenüber Randgruppen (Alte, Behinderte, Minderheiten)«, »Rassenvorurteile und Diskriminierung«, Fremdenfeindlichkeit, Eugenik, Sozialdarwinismus;

... auf der globalen Ebene die Themen »Welternährung und Hunger«, »Bevölkerungswachstum und Überbevölkerung«.

Diese Themen verlangen, daß die biologischen Inhalte eng verknüpft mit emotionalen und ethischen Fragen unterrichtet und Ergebnisse mehrerer Wissenschaften im Unterricht berücksichtigt werden (vgl. *Kattmann* 1988 b; *Strauß* 1988 a). Bei den Beiträgen des Biologieunterrichts zur Friedenserziehung sollte es nicht darum gehen, viele neue Inhalte in den Unterricht einzuführen, sondern darum, teilweise schon bisher unterrichtete Inhalte in friedenspädagogischer Absicht zu gestalten und zu nutzen. Meistens ist dabei eine Abstimmung mit sozialwissenschaftlich bestimmten Fächern sinnvoll.

Besonders bei den Themen der individualen und der sozialen Ebene sind **Unterrichtsformen** anzustreben, die den Bezug zur Erfahrungswelt der Schüler herstellen und Betroffenheit erzeugen. Die Schüler sollen sich mit eigenem und fremdem Verhalten identifizieren oder sich davon distanzieren können. Eine realitätsnahe Methode besteht in der Beobachtung von Menschengruppen durch die Schüler (z. B. von Spielgruppen auf dem Schulhof; vgl. *Strauß* 1980 b). Ein wichtiges Mittel sind Spiele, die durch ihren Verlauf kooperatives Verhalten erfordern, und Rollenspiele, bei denen Situationen im Spiel erlebt werden und danach das Verhalten der Spieler analysiert und bewertet wird (vgl. *Hartung/Menzel* 1983). Bei Themen der globalen Ebene erscheinen besonders Fallstudien und Planspiele geeignet, um komplexe Zusammenhänge zu vermitteln und Betroffenheit der Schüler zu erzeugen, die eine Einstellung der »internationalen Loyalität« (*Nicklas/Ostermann* 1973, 317) fördert.

# 4 FÄCHERÜBERGREIFENDE AUFGABEN

3.5.2 ▼ Wichtig bei allen friedenspädagogischen Unterrichtsvorhaben scheint ein methodischer Dreischritt – Analyse, Bewertung, Fortführung – zu sein (vgl. *Nicklas/Ostermann* 1973, 326). Die Bewertung bzw. Kritik bestehender Zustände oder Verhaltensweisen sollte sich an diskutierfähigen Normen, Zielen und Folgen möglichen Handelns orientieren. In diese Bewertungen gehen Vorstellungen über eine humane Lösung von Problemen ein, die für alle Beteiligten offenzulegen sind. Bei der Fortführung geht es um Vorschläge, Ansätze und Strategien für friedliches Verhalten und friedliche Entwicklungen. Allerdings sollte die Fortführung im Horizont und möglichst innerhalb der Handlungsmöglichkeiten der Schüler liegen, um im Unterricht nicht bei bloßen Programmen und Appellen zu enden.

## 4.5 Umwelterziehung

### 4.5.1 Zu einigen Begriffen

Der Begriff »**Umwelt**« wurde 1921 von *Jakob von Uexküll* ursprünglich als die Merk- und Wirkwelt von Tieren definiert (vgl. *v. Uexküll/Krisza*t 1956). In ökologischer Sicht kann man die »Minimalumwelt« (Nische), die »physiologische Umwelt«, die »ökologische Umwelt« und die »kosmische Umwelt« unterschieden. Zur »ökologischen Umwelt« werden alle direkt und indirekt wirksamen Einflüsse gerechnet, soweit sie überhaupt feststellbar sind (vgl. *Altenkirch* 1977, 48). Von *Willfried Janßen* (1978, 19) wird der Begriff der **menschlichen Umwelt** im Gegensatz zu anderen Autoren (z. B. *Barney* 1980) unter Einbeziehung der sozialen und kulturellen Faktoren definiert: Umwelt ist die »allgemeine und umfassende Bezeichnung für die Gesamtheit aller von

---

LITERATUR
*Adam* 1993; *Adorno* 1971; *Ammon* 1971; *Asztalos* 1981; *Bateson* 1985; *Büttner* 1984; *Calließ/Lob* 1988; *Eibl-Eibesfeldt* 1975; *Entrich/Gebhard* 1990; *Esser, Hartmut,* 1991; *Esser, J.,* 1973; *Friedrich Verlag* 1983; *Galtung* 1971; 1973; *Gawor* 1988; *Gebhard* 1992 a; *Gebhard/Langlet* 1997; *Gronemeyer* 1976; *Hartung/Menzel* 1983; *Heck/Schurig* 1991; *Heitkämper* 1994; *v. Hentig* 1987; *Hilke/Kempf* 1982; *Johst* 1991; *Kattmann* 1980 a; 1983 a; 1985; 1988 b; 1994; *Klockhaus/Habermann-Morbey* 1986; *Lorenz* 1968; *Meyer-Abich* 1986; *Milgram* 1974; *Mitscherlich* 1969; *Neumann* 1992; *Nicklas* 1993; *Nicklas/Ostermann* 1973; 1976; *Petri* 1985; *Picht* 1975; UNESCO 1963; 1996; *Preuschoff/Preuschoff* 1993; *Quitzow* 1986; 1994; *Reich/Weber* 1984; *Roer* 1988; *Röhrs* 1983; *Roth, G.,* 1974; *Scarbath* 1976 a; *Schnaitmann* 1991; *Senghaas* 1971; 1981; *Strauß* 1980 a; b; 1988 a; b; 1996; *Treml* 1986; *Tsiakalos* 1982; *Vogel, G.,* 1981; *Wulf* 1973

außen auf den Menschen einwirkenden Erscheinungen, Einflüsse und Faktoren, die seine Lebensbedingungen und sein Verhalten bestimmen:
a) Natürliche Faktoren, d. h. die natürlichen Bedingungen wie Klima, Luft Wasser ..., Landschaftsformen ..., Gesteine und Bodenarten, Pflanzen- und Tierwelt;
b) soziale Faktoren ..., d. h. die Bedingungen, Denk- und Verhaltensvoraussetzungen im Konflikt mit anderen Menschen, Gruppen oder Institutionen, die für die Erfahrung der gesellschaftlichen Wirklichkeit, für das Verstehen ihrer Veränderung und für die Mitbestimmung ihrer Strukturen bestimmend sind;
c) kulturelle (bzw. zivilisatorische) Faktoren, d. h. die Ergebnisse und Entwicklungsperspektiven von Wissenschaft, Technologie und Kultur, die es erlauben, alle Lebensvorgänge langfristig, d. h. weit in die Zukunft hinein ..., die damit verbundenen Wertsysteme und institutionalisierten Verhaltensanforderungen an die Mitglieder der Gesellschaft zu beeinflussen.«
*Janßen* stimmt damit weitgehend mit Autoren überein, die den Begriff »Mitwelt« bevorzugen (vgl. *Meyer-Abich* 1986; *Müller* 1995).

»Als **Umweltschutz** wird die Gesamtheit der Maßnahmen bezeichnet, die notwendig sind, um:
... dem Menschen eine natürliche Umwelt zu sichern, wie er sie für seine Gesundheit und ein menschenwürdiges Dasein braucht.
... Boden, Luft, Wasser, Pflanzen- und Tierwelt vor nachhaltigen Wirkungen menschlicher Eingriffe zu schützen und Schäden oder Nachteile aus menschlichen Eingriffen zu beseitigen« (*Engelhardt* 1980, 14).
Bis zum Ende der 60er Jahre wurde der Terminus »Umweltschutz« in Deutschland kaum verwendet. Der Schwerpunkt der Bemühungen lag beim **Naturschutz**, also im Schutz der natürlichen Umwelt und der von der Zivilisation bedrohten Tiere und Pflanzen und ihrer Lebensräume (vgl. *Bleckmann/Berck/Schwab* 1980; *Weiss* 1983). Das Bundesnaturschutzgesetz vom 12.02.1990 bestimmt im §1: »Natur und Landschaft sind im besiedelten und unbesiedelten Bereich so zu schützen, zu pflegen und zu entwickeln, daß 1. die Leistungsfähigkeit des Naturhaushaltes, 2. die Nutzungsfähigkeit der Naturgüter, 3. die Pflanzen- und Tierwelt sowie 4. die Vielfalt, Eigenheit und Schönheit von Natur und Landschaft als Lebensgrundlage des Menschen und als Voraussetzung für seine Erholung in Natur und Landschaft nachhaltig gesichert sind.« Diese Bestimmungen schließen nicht nur den erhaltenden, sondern auch den gestaltenden Naturschutz ein (vgl. *Grupe* 1977, 113).
Bei der heutigen Belastung unserer Landschaft läßt sich **Artenschutz** (Schutz von Pflanzen und Tieren) sinnvoll nur in Kombination mit dem **Biotopschutz**

## 4 FÄCHERÜBERGREIFENDE AUFGABEN

betreiben, indem man die Lebensräume der bedrohten Arten schützt (vgl. *Teutsch* 1985; *Scharf* 1988; *Eschenhagen/Kattmann/Rodi* 1991; *Mayer* 1996, 22). Der Artenschutz betrifft auch den Schutz der bedrohten Tierarten durch den Tierhandel und dient damit auch dem Erhalt der Artenvielfalt auf der Erde
3.2.1 ▼ (Biodiversität).

3.1 ▼ Eine wesentliche wissenschaftliche Grundlage für den Umweltschutz ist die
3-1 ● **Ökologie**. Ökologie ist die Wissenschaft, die sich mit den Beziehungen der Organismen zu ihrer biotischen und abiotischen Umwelt befaßt. *Ernst Haeckel* hat 1866 den Begriff zuerst geprägt, und zwar als »Lehre vom Haushalt der Natur« (oikos, griech. das Haus, logos, griech. die Lehre). »Unter Oecologie verstehen wir die gesamte Wissenschaft von den Beziehungen des Organismus zur umgebenden Außenwelt, wohin wir in weiterem Sinne alle Existenzbedingungen rechnen können« (zitiert nach *Eulefeld* 1979, 671). In dieser Fassung hat der Ökologiebegriff auch heute noch Bedeutung, obgleich er wesentlich erweitert wurde: So werden nicht nur die Beziehungen zwischen einzelnen Organismen und ihrer Umwelt damit gemeint, sondern auch die Beziehungen eines Systems von Organismen (Biozönosen) zu seiner Umwelt. Ökologie ist die Wissenschaft von den Ökosystemen.
Der Terminus »ökologisch« hat in den letzten Jahren noch zusätzliche Bedeutungen bekommen. Er spielt nicht nur in der Biologie eine Rolle, sondern auch in den Sozialwissenschaften, der Politik bzw. der Rechtswissenschaft (vgl. *Eulefeld* u. a. 1981; *Fingerle* 1984). In der Öffentlichkeit wird er z. T. ideologisch in Anspruch genommen und wertend für das naturhaft »Gute« verwendet.

Die »International Union for the Conservation of Nature and Natural Ressources« definierte bereits 1970 **Umwelterziehung** als »Prozeß des Erkennens von Werten und klärenden Vorstellungen (concepts) im Hinblick auf die Entwicklung der Fähigkeiten und Einstellungen, die notwendig sind, um die Beziehungen zwischen dem Menschen, seiner Kultur und seiner natürlichen Umwelt (biophysical surroundings) zu verstehen und zu würdigen« (zitiert nach *Eulefeld* u. a. 1981, 61). Diese Definition schließt die Ausbildung von Kenntnissen (kognitive Dimension), Fähigkeiten und Fertigkeiten (pragmatische Dimension) sowie Einstellungen und Verhaltensweisen (affektive Dimension) mit ein.
Umwelterziehung bedeutet Erziehung zu umweltgerechtem Verhalten und
3.5.1 ▼ Handeln und ist ein wesentlicher Teil der **Gesamterziehung**. Ethische Fragen
3-3 ● spielen dabei eine entscheidende Rolle (vgl. *Pfeifer* 1980; *Teutsch* 1981;
4.5.3 ▼ *Meyer-Abich* 1986; *Auer* 1984; *Jonas* 1985; *Bade* 1986; *Strey* 1989; *Dulitz/*

*Kattmann* 1990, 126 ff.; *Altner* 1991; *Birnbacher* 1997; *Gebhard/Langlet* 1997; *Billmann-Mahecha/Gebhard/Nevers* 1997; *Krebs* 1997). Heute wird von vielen Autoren der Terminus **Umweltbildung** bevorzugt (vgl. *Eulefeld* 1993, 8 f.; *Friedrich/Isensee/Strobl* 1994; *De Haan* 1995; *Kyburz-Graber* u. a. 1995; *Wessel/Gesing* 1995; *Bolscho/Seybold* 1996). Mit »Bildung« sind alle Bevölkerungsschichten (auch Erwachsene) angesprochen. ▼ 3.2.1 Der Terminus »Umweltbildung« wird darüber hinaus auch verstärkt im Zusammenhang mit den Forderungen nach nachhaltiger Entwicklung (sustainable development) im Sinne der »Agenda 21« der Vereinten Nationen verwendet. Die Agenda 21 ist das Schlußdokument der Konferenz der Vereinten Nationen über Umwelt und Entwicklung (UNCED; »Erdgipfel«), das 1992 in Rio de Janeiro von rund 180 Staaten, darunter auch Deutschland, unterzeichnet worden ist. Es ist ein Aktionsprogramm, das in 40 Kapiteln Vorschläge sowohl für Industrie- als auch Entwicklungsländer zusammenfaßt, z. B. zur Bekämpfung der Armut, zu Bevölkerungspolitik, zu Ökologie und Umwelt, Energie, Abfall, Klima, Landwirtschaft, technologischen Entwicklungen. Das neue Leitbild dafür heißt **Nachhaltigkeit**. Dieser Terminus stammt ursprünglich aus der Forstwirtschaft und meint die Grundregel, einem Wald nie mehr natürliche Ressourcen zu entziehen als auf natürliche Weise nachwachsen können. Auf die globale Entwicklung angewendet bedeutet dies die Suche nach neuen politischen, wirtschaftlichen, technischen und sozialen Konzepten, mit denen »den Entwicklungs- und Umweltbedürfnissen heutiger und künftiger Generationen in gerechter Weise entsprochen wird« (Grundsatz 3, Bundesminister für Umwelt o. J., 45; vgl. BUND/Misereor 1996; *Bolscho/Seybold* 1996; *Hauptmann* u. a. 1996; *Mayer* 1996 c; *Beyer* 1998). Im Kapitel 36 der Agenda 21 wird die Neuausrichtung der Bildung auf eine nachhaltige Entwicklung gefordert. »Umweltbildung darf sich unter dem Anspruch der Nachhaltigkeit nicht nur mit den Ergebnissen von Expertenstudien und der von ihnen berechneten Entwicklung befassen, sondern es geht darum, den dort begonnenen Analyse- und Reflexionsprozeß aufzugreifen, sich mit der gegenwärtigen Lebenssituation selbst auseinanderzusetzen, Zukunft selbst zu entwerfen und anhand von Möglichkeiten in der eigenen Lebensumwelt zu erproben oder zumindest Realisationsmöglichkeiten zu prüfen« (*Bolscho/Seybold* 1996, 95; vgl. *Etschenberg* 1997 a; *Reichel* 1997). Eine solche Umweltbildung sollte in der Lage sein, die Implementation aller Kapitel der Agenda 21 voranzutreiben.

Themen aus dem Tierschutz und Naturschutz (Arten-, Biotop-, Landschaftsschutz) haben im allgemeinbildenden Schulsystem schon eine längere Tradition (vgl. *Brucker* 1986, *Göpfert* 1988). Ein erster Beschluß der Kultusministerkonferenz zur Verankerung von »Naturschutz und Landschaftspflege sowie Tierschutz« wurde bereits 1953 getroffen. **Naturschutzerziehung** ist auch heute eine wesentliche Aufgabe des Biologieunterrichts (vgl. *Bleckmann/ Berck/Schwab* 1980; *Weiss* 1983; *Scharf* 1986). Im einzelnen kann man folgende Zielsetzungen unterscheiden: Wecken von naturbezogenen Interessen (Naturverbundenheit), Erziehung zur Ehrfurcht vor dem Leben (Eigenwert der Lebewesen, Artenschutz), Sensibilisierung für die Schönheit von Lebewesen und naturnahen Landschaften, Förderung der Verantwortung für den Erhalt naturnaher Lebensräume.

Für den Sprachgebrauch der Schule ist der Terminus »Umwelterziehung« üblich (vgl. Bundesminister für Bildung und Wissenschaft 1989; 1991). In den folgenden Abschnitten wird daher dieser Terminus in umfassendem Sinn verwendet.

## 4.5.2 Umwelterziehung – Aufgaben und Voraussetzungen

### 4.5.2.1 Zur Geschichte der Umwelterziehung

Den »Startschuß« für die Umwelterziehung gaben im wesentlichen die Ökologiebewegung und zwei internationale Organisationen, die UNESCO und der Club of Rome. Die Bedrohung unserer Lebensgrundlagen durch den technischen Fortschritt rückte zu Beginn der 70er Jahre immer mehr ins öffentliche Bewußtsein. Das epochemachende Buch »Der stumme Frühling« der Amerikanerin *Rachel Carson* (1963) hatte eine politische Debatte ausgelöst, die Ende der sechziger Jahre zu einem Verbot von DDT in den meisten Staaten der Nordhalbkugel führte. In den 70er Jahren erschütterten Umweltskandale die Weltöffentlichkeit (z. B. Minamata, Seveso). Immer zahlreicher werdende Anti-Atom-Gruppen und Bürgerinitiativen sorgten für heftige gesellschaftspolitische Auseinandersetzungen.

Mit seinem Buch »Grenzen des Wachstums« machte der Club of Rome (*Meadows* u. a. 1972), ein Zusammenschluß internationaler Wissenschaftler aus unterschiedlichsten Disziplinen, auf die globale Bedrohung unserer Lebensgrundlagen durch Umweltzerstörung aufmerksam. 1979 folgte mit »Zukunftschance Lernen« eine weitere aufsehenerregende Publikation des Club of Rome. »Innovatives Lernen« wurde als ein Konzept zur Bewältigung der globalen (Umwelt-)Probleme präsentiert (*Botkin/Elmandjra/Malitza* 1979).

## 4.5 UMWELTERZIEHUNG

»Tradiertem Lernen«, das als Erwerb festgelegter Auffassungen, Methoden und Regeln definiert wird, die letztlich dazu dienen, ein existierendes System oder eine etablierte Lebensform zu erhalten, wird eine Absage erteilt. »Innovatives Lernen« hingegen hat einerseits die Fähigkeit der Antizipation zum Ziel, d.h. sich mit der Zukunft auseinandersetzen, künftige Ereignisse voraussehen und die mittel- und langfristigen Konsequenzen gegenwärtiger Entscheidungen auswerten zu können. Andererseits baut es auf Partizipation auf lokaler wie globaler Ebene auf. Ziele in diesem Sinne sind Kooperation, Dialog, Kommunikation, Wechselseitigkeit und Einfühlungsvermögen. Das Überleben der Menschheit wird mit der Würde des Menschen gekoppelt, die Gleichberechtigung und Mitbestimmung von Randgruppen, insbesondere der Dritten Welt, werden gefordert.

Von Seiten der UNO wurde 1972 in Stockholm eine Konferenz zum Thema »Die Umwelt des Menschen« abgehalten, eine weitere Tagung zur Umwelterziehung folgte 1975 in Belgrad. Schließlich wurde auf der UNESCO-Konferenz in Tiflis 1977 eine programmatische Erklärung zur Umwelterziehung mittels der »41 Empfehlungen von Tiflis« abgegeben (vgl. UNESCO 1979; *Eulefeld/Kapune* 1979). Umwelterziehung soll demnach Bewußtsein und Sensibilität gegenüber der gesamten Umwelt erzeugen, interdisziplinäres Vorgehen und die Notwendigkeit eines ständigen, lebenslangen Lernprozesses werden betont.

Vorwiegend in nord- und mitteleuropäischen Ländern wurden in der Folge zahlreiche Impulse zur Institutionalisierung der Umwelterziehung gesetzt: durch Formulierung der Umwelterziehung als Unterrichtsprinzip, Integration von Umweltthemen in die Lehrpläne vor allem in den sogenannten Trägerfächern Biologie, Geographie und Sachunterricht, durch Aufnahme von Umweltthemen in die Schulbücher. Die ersten »Umweltzentren« wurden errichtet, ▼ 12.4 um die schulische und außerschulische Umwelterziehung zu unterstützen. Weitere Unterstützung bei der Implementierung und Konsolidierung der Umwelterziehung leisteten Institutionen wie zum Beispiel das Institut für die Pädagogik der Naturwissenschaften (IPN) und die Deutsche Gesellschaft für Umwelterziehung (DGU) (vgl. DGU u. a. 1990; *Eulefeld* 1991). »Unterricht angesichts der Überlebenskrise« (*Kattmann* 1976) wurde so zu einem essentiellen biologiedidaktischen Anliegen.

Umwelterziehung soll demnach wesentlich zur Lösung der Umweltkrise beitragen. Ausgangspunkt ist ein vor allem individual ausgerichtetes Konzept, mit dem auf Veränderungen jedes einzelnen gesetzt und politische Veränderungen durch pädagogische Prozesse bewirkt werden sollen (wie von Tiflis-Konferenz 1977 und *Club of Rome* proklamiert; vgl. auch *Calließ/Lob* 1987).

*Dietmar Bolscho, Günter Eulefeld* und *Hansjörg Seybold* (1980, 16 f.) definieren die Möglichkeiten der Umwelterziehung bescheidener: »Umwelterziehung führt nicht unmittelbar zur Sanierung eines Flusses, sie ändert nicht das Konsumenten-Produzenten-Verhältnis. Aber sie thematisiert diese Probleme, sie untersucht, vergleicht, stellt in Frage, sucht die Alternativen. Sie begleitet Denken und Handeln, wirkt durch ihre ständige Gegenwart, sie ist weniger mit der Feststellung und Verbreitung einzelner Fakten befaßt als mit der Einbeziehung der Menschen in den Prozeß des Umganges mit der Umwelt.« Sie vertreten das Konzept einer **problem- und handlungsorientierten Umwelterziehung**. Ziel ist »ökologische Handlungskompetenz«, die Fähigkeit zum Handeln unter Einbeziehung ökologischer Gesetzmäßigkeiten.

Die stärker an der Ökologiebewegung orientierten **Ökopädagogen** (vgl. z. B. *Beer* 1982; *Beer/De Haan* 1984; *Moser* 1982) kritisieren diesen Ansatz als zu systemkonform, sie wenden sich gegen die ökonomisch-technische Naturausbeutung und die diese bedingenden gesellschaftlichen Strukturen. Sie stellen auch effektives ökologisches Lernen in der Institution Schule in Frage.

Im großen und ganzen haben sich aber in den vergangenen zwei Jahrzehnten diese anfänglichen Positionskämpfe erübrigt. *Bolscho/Seybold* (1996) konstatieren ein Auflösen der starren Grenzen der umweltpädagogischen Konzeptionen der achtziger Jahre und sehen eine Sammlung einstiger Gegner (vgl. auch *Mertens* 1991; *Heid* 1992). Es geht allen »um Einstellungs- und Verhaltensänderungen der Heranwachsenden und darum, Betroffenheit auszulösen über eine Handlungsorientierung des Lernens, über Situations- und Erfahrungsbezug und über interdisziplinär-problemorientiertes Lernen« (*Bölts* 1995, 17; vgl. *Mertens* 1991; *Heid* 1992; *Zucchi* 1992; *Rodi* 1994). So gibt es ein Spektrum von Aspekten und Konzepten, die sich gegenseitig ergänzen und korrigieren können. Um umweltgerechtes Handeln im Sinne der Nachhaltigkeit zu erreichen, stellen die Aspekte der folgenden Abschnitte sowohl Voraussetzungen dar, auf denen aufgebaut werden kann, wie auch Ziele, auf die es im Unterricht hinzuarbeiten gilt: Naturverständnisse, Naturerleben, Umweltwissen, Umweltbewußtsein und Umwelthandeln.

### 4.5.2.2 Naturverständnisse

*Ulrich Kattmann* (1993 a) unterscheidet sieben Weisen, die Natur zu verstehen:
1. Die benötigte Natur (Lebensgrundlage des Menschen),
2. die geliebte Natur (artgerechter Umgang mit Pflanzen und Tieren, Pflege der Landschaft),

3. die verehrte Natur (religiös-kultische Naturbegegnung),
4. die erlebte Natur (emotionale, einfühlsame Wahrnehmung),
5. die beherrschte Natur (Umgestaltung zur Nutzung),
6. die bedrohte Natur (Naturzerstörung als Ökokrise),
7. die gelebte Natur (Natur als Lebenszusammenhang, der Mensch ist in die Natur eingeschlossen, er ist zugleich Teil und Gegenüber der Natur).

Anhand der Sichtweisen lassen sich verschiedene, zum Teil widersprechende pädagogisch-didaktische **Konzeptionen** unterscheiden, in denen jeweils die genannten Aspekte unterschiedlich zum Tragen kommen (vgl. *Eschenhagen* 1989 b; *Mertens* 1991; *Zucchi* 1992; *Kattmann* 1993 a).

Das Verständnis der bedrohten und benötigten Natur wurde zum Konzept einer »Existenzbiologie« umgesetzt (vgl. *Drutjons* 1986; 1987; 1988). Danach soll ▼ 3.2.1 der Unterricht – ausgehend von der privaten Lebensführung der Bürger – auf Überlebensfragen hin orientiert werden und zu einem Handeln anleiten, das die Existenz des Menschen sichert. Auch die von der UNESCO-Konferenz entwickelten und von der KMK 1980 formulierten Ziele beachten ausschließlich die Sicherung der natürlichen Lebensgrundlagen für die gegenwärtige und zukünftige Generation; sie sind demnach im wesentlichen anthropozentrisch ausgerichtet.

Der »Naturerlebnispädagogik« liegt das Verständnis der erlebten Natur zu- ▼ 4.5.3 grunde. Die »Leitidee des Pflegerischen« (*Winkel* 1978 a; 1995) geht von der geliebten Natur aus. Die Fürsorge für das Leben wird auf Landschaften und Ökosysteme sowie auf die Mitmenschen ausgedehnt.

Das Verständnis »Natur als Lebenszusammenhang« reflektiert das Wechselwirkungsgefüge zwischen Mensch und übriger Natur (gelebte Natur). Das Verhältnis kann dann als Teilhabe des Menschen an der Natur (Biosphäre) und der Natur am Menschen umschrieben werden. Im »humanzentrierten Biologieunterricht« liegt ein Konzept vor, in dem Biologie als Wissenschaft von der Geschichte der Biosphäre definiert und die Doppelrolle des Menschen in der Biosphäre herausgestellt wird (vgl. *Kattmann* 1980 a).

Auch Ausprägungen der **Umweltethik** können diesen Sichtweisen der Natur ▼ 3.5.1 zugeordnet werden: In der anthropozentrischen Ethik wird die Verfügung über die Natur und die Menschen mit Hilfe der Naturwissenschaften und der Technik gerechtfertigt. In der Ethik *Albert Schweitzer*s (1975) wird mit der »Ehrfurcht vor dem Leben« die Verantwortung des Menschen auf alles Lebendige ausgedehnt (vgl. *Altner* 1991; *Mertens* 1991). Konträr dazu wird in der sogenannten Öko-Ethik der Mensch der Natur untergeordnet und damit z. B. das Töten von Menschen und Tieren ethisch gleichgesetzt (vgl. *Wolschke-*

*Bulmann* 1988). Dies wirft die kontrovers diskutierte Frage auf, ob und wie die Natur zum Bezugspunkt für naturethische Konzeptionen gemacht werden darf (vgl. *Gebhard/Langlet* 1997; *Kattmann* 1997 a). Die Sichtweise der »gelebten Natur« führt zu einer anthropologisch begründeten Ethik. Die Doppelrolle des Menschen als Teil und Gegenüber der Biosphäre ist wesentlich. Wenn der Mensch Teil der Natur ist, so ist sein Umgang mit sich selbst und dem Mitmenschen auch ein Teil des Umgangs mit der Natur (vgl. *Dulitz/Kattmann* 1990; *Kattmann* 1993 a; 1997 a). Das von *Helmut Schreier* (1994) geforderte »Planet Erde«-Bewußtsein kann wohl auch nur im Sinne dieses Verständnisses von der gelebten Natur erreicht werden.

Zu Naturverständnissen gibt es einige **empirische Untersuchungen**. Vorstellungen niederländischer Jugendlicher hat *Marjan Margadant-van Arcken* (1995) untersucht. »Naturbilder« nennt sie die Assoziationsfelder der Jugendlichen zu den Begriffen Natur und Umwelt, die visuelle, begriffsmäßige und Erlebniskomponenten enthalten. Sie unterscheidet ein »beschränktes« Naturbild (unberührte, sich selbst regulierende Natur, unter Ausschluß des Menschen), ein »ausgesprochen romantisches« (idyllische, idealisierte Natur) und ein »umfassendes« Naturbild (biotische und abiotische Natur, Mensch integriert). Das Wort »Umwelt« steht bei diesen Jugendlichen gleichbedeutend für »Umweltprobleme«.

In der Klärung dieser zentralen Begriffe wird eine wichtige Aufgabe der Umwelterziehung gesehen, da die jeweils zugrundeliegenden »Naturbilder« wesentlichen Einfluß auf die Art der Auseinandersetzung mit Natur und Umwelt haben (vgl. auch *Huitzing* 1995). In diesem Zusammenhang sind auch Gespräche mit Kindern zu nennen, die Argumentationsmuster sichtbar machen, mit denen Kinder die Natur ethisch betrachten (vgl. *Billmann-Mahecha/ Gebhard/Nevers* 1997). Im Zusammenhang mit einer Untersuchung über Vorstellungen von Jugendlichen zur Gentechnik beschreibt *Ulrich Gebhard* (1997) vier Naturkonzeptionen in der Argumentation der Jugendlichen: »die gute Natur«, »die beseelte Natur«, »die naturwissenschaftliche« und vor allem »die bedrohte Natur«.

4.5.2.5 ▼

### 4.5.2.3 Naturerleben

In der **Naturerlebnispädagogik** wird versucht, Begegnung und Kontakt mit Natur zu fördern. Mit Naturerfahrungsübungen werden die Wahrnehmungsfähigkeit mit allen Sinnen geschult, die emotionale Begegnung mit dem originalen Objekt gefördert und ästhetische Aspekte in den Mittelpunkt gerückt. Dem spielerischen Lernen kommt große Bedeutung zu (vgl. *Cornell* 1979; 1991; *Janßen/Trommer* 1988; *Düring* 1991; *Trommer* 1991; *Hedewig/ Vogt* 1992; *Unterbruner* 1986; 1991; 1996 b; *Maaßen* 1994; Friedrich Verlag 1995; *Wessel/Gesing* 1995). Hans Göpfert (1988) legt in seiner »naturbezogenen Pädagogik« den Schwerpunkt auf die zweckfreie und »sinnenhafte ganzheitliche Naturerfahrung«. Die Entdeckung der Schönheit der Natur soll Kraft und Motivation für den Umgang mit der gestörten Welt liefern. Die Begegnung mit der »wilden«, d. h. siedlungs-, kommerz- und technikfreien Natur propagiert *Gerhard Trommer* mit einer »wildnisbezogenen Pädagogik«, als »Gegenkonstrukt für die so machtvoll vordringende moderne Zivilisation« (*Trommer* 1994, 128; 1992; vgl. *Müller* 1995).

Zahlreiche **Umweltzentren** haben ihre Angebote im Sinne dieser Naturerlebnispädagogik ausgerichtet. Die subjektiven Bewertungen dieser Art der Naturerfahrung sind – von Kindern wie auch Erwachsenen – in der Regel sehr positiv. Dennoch finden sich auch kritische Stimmen: Eine derartige Umwelterziehung läuft Gefahr, sich gegen die gesellschaftliche Realität abzuschotten und damit entpolitisierend zu wirken. Es besteht die Gefahr, daß damit eine neue »Heilslehre« im pädagogischen Alltag kreiert und Natur undifferenziert zum Mythos stilisiert wird (vgl. *Daum* 1988; *Heid* 1992; *Kremer/Stäudel* 1992; *Gecks/Reißmann* 1993). *Jens Reißmann* (1993) stellt in Frage, daß Naturbegegnung per se mehr Verständnis oder Verantwortungsgefühl schafft, zumindest dort, wo es nicht schon vorher auch als soziale Erfahrung angelegt war. Darüber hinaus scheint sich die häufig der Naturerfahrungspädagogik zugrundeliegende Annahme nicht zu bestätigen, der zufolge die Motivation für naturschützerische Aktivitäten sich generell durch positives Naturerleben aufbauen ließe (vgl. *Bolscho* 1997; *Szagun/Mesenholl/Jelen* 1994).

▼ 12.5

▼ 4.5.2.6

Auf die Bedeutung, die Natur im Leben und Erleben von Kindern und Jugendlichen hat, weisen einige **empirische Untersuchungen** hin (vgl. *Unterbruner* 1991; *Fischerlehner* 1993; *Gebhard* 1994 a; *Mayer/Bögeholz* 1998). Die entwicklungsfördernden Faktoren beim Umgang mit und in der Natur werden vor allem in der Veränderbarkeit der Natur bei gleichzeitiger Kontinuität gesehen wie auch durch die Anregungen aufgrund der Vielfalt der Formen, Materialien und Farben (vgl. *Gebhard* 1993 a). Intakte Natur wird häufig von Kindern und Jugendlichen als Symbol für Lebensqualität und Lebensfreude betrachtet (vgl. *Unterbruner* 1991) und als Ort von Spannung und Entspannung, Abenteuer, Spiel und Begegnungsraum definiert (vgl. *Fischerlehner*

1993). *Ulrich Gebhard* (1994 a) verweist darüber hinaus auf den »heilsamen« Effekt im Umgang mit Natur. Naturbegegnung und Naturerleben haben einen großen Einfluß auf die Dispositionen zum »Umwelthandeln«.

### 4.5.2.4 Umweltwissen

Unter »Umweltwissen« wird in vorliegenden Studien kein einheitliches Konstrukt verstanden, sondern es wird mit unterschiedlicher Schwerpunktsetzung nach Artenkenntnis, Kenntnis ökologischer Zusammenhänge, Wissen über Umweltprobleme, Umweltschutz, kommunalen oder gesellschaftlichen Aspekten (z. B. Herkunft des Trinkwassers, Strompreis, Umweltgesetze) gefragt. Umweltwissen erweist sich allerdings kaum als Voraussetzung für umweltschonendes Verhalten und Handeln (vgl. *Braun* 1983; *Hines/Hungerford/ Tomera* 1986/87; *Langeheine/Lehmann* 1986; *Schahn/Holzer* 1990; *Billig* 1990; *Grob* 1991; *Szagun/Mesenholl* 1991; *Diekmann/Preisendörfer* 1992; *Schuhmann-Hengsteler/Thomas* 1994; *De Haan/Kuckartz* 1996).

Zum Umweltwissen gibt es zahlreiche **empirische Untersuchungen**. Bei einer Befragung von Grundschulkindern (Klassenstufe 3 und 4) stellte *Michael Gebauer* (1994) fest, daß Landkinder ein größeres Natur- und Handlungswissen als Stadtkinder haben. Stadtkinder nehmen dagegen Umweltprobleme in ihrer Lebenswelt in weitaus höherem Maße und ernsthafter wahr. (Vergleichbare Effekte bei Einstellungs- und Handlungsvariablen ließen sich nicht nachweisen.)
Kenntnisse über Naturschutz sind bei Schülern der Sekundarstufe I schlechter ausgebildet als Kenntnisse über Umweltgefährdung und Umweltschutz (vgl. *Scherf/Bienengräber* 1988; *Brenner* 1989; *Demuth* 1992). Das ökologische Wissen von Schulabgängern der Stadt Salzburg »ist bruchstückhaft, abstrakt und theoretisch sowie gedanklich wenig durchdrungen« (*Pfligersdorffer* 1991, 186; für Berlin vgl. *De Haan/Kuckartz* 1996). Kenntnisse über ökologische Beziehungen befähigen die Schüler kaum zu einem angemessenen Umwelthandeln (vgl. *Gehlhaar* 1990). *Gertrud Scherf* (1986) verweist aufgrund ihrer Untersuchung an Münchner Grundschulen auf die Bedeutung pflanzlicher Formenkenntnisse für eine naturschützerische Einstellung (vgl. *Eschenhagen* 1985; *Pfligersdorffer* 1991; *Berck/Klee* 1992; *Mayer* 1992; *Zabel* 1993).
Was Geschlecht und Schultyp betrifft, verhält es sich bei den Jugendlichen ähnlich wie bei den Erwachsenen: Jungen wissen mehr, besonders in Hinblick auf naturwissenschaftliche Fakten. Bei der Überprüfung von Artenkenntnis

und Wissen über Tiere sind keine derartigen Geschlechterdifferenzen festzustellen, gelegentlich sind sogar die Mädchen besser (vgl. *Scherf/Bienengräber* 1988). Befragungen von jungen Erwachsenen bescheinigen den ehemaligen Gymnasiasten mehr Umweltwissen als Haupt- oder Realschülern. Bei allen Gruppen ist das Wissen über nationale oder globale Umweltprobleme größer als über lokale (vgl. *Braun* 1984; *Bolscho* 1987; *Pfligersdorffer* 1991; *Gebauer* 1994; *De Haan/Kuckartz* 1996).
Hinsichtlich des Aufbaues von Wissen und Kenntnissen über Natur und Umwelt werden vor allem Forderungen nach vernetztem Denken erhoben und die Notwendigkeit handlungsrelevanten Wissens betont. »Umwelterziehung obliegt die elementare Aufgabe, wissenschaftliche Erkenntnisse nicht als heterogene Menge von Einzelerkenntnissen darzustellen, sondern 'Umwelt' als ein zusammenhängendes und vernetztes System zu strukturieren« (*Gärtner* 1990, 90; vgl. *Schaefer* 1978 a; *Vester* 1978; *Dörner* 1991; *Pfligersdorffer* 1994 a; b).

### 4.5.2.5 Umweltbewußtsein

Der Terminus »Umweltbewußtsein« wird unterschiedlich gebraucht. In der Regel versteht man darunter Einstellungen und Werthaltungen in Bezug auf Natur und Umwelt wie auch Wissen über Umweltzerstörung und Umweltschutz (vgl. z. B. *Fietkau* 1984; *Acury/Johnson* 1987; *Holtappels/Hugo/Malinowski* 1990; *Waldmann* 1992; *Szagun* u. a. 1994). *Gerhard De Haan* und *Udo Kuckartz* (1996) sprechen von Umweltbewußtsein hingegen nur dann, wenn sowohl Umweltwissen, Umwelteinstellungen als auch Umweltverhalten berücksichtigt werden.
Sie fassen nach einer Sichtung von 450 von ihnen als relevant bzw. repräsentativ beurteilten **empirischen Untersuchungen** zum Umweltbewußtsein folgende zentrale Ergebnisse zusammen:
... Das Umweltbewußtsein hat in Deutschland kontinuierlich zugenommen. Die Bevölkerung sieht den Zustand der Umwelt kritisch und ist sehr skeptisch in Hinblick auf zukünftige Entwicklungen. Mit einer Verschlechterung der Umweltsituation und mit zunehmenden Krankheiten durch Umweltverschmutzung wird gerechnet. Das Thema Umwelt wird als eines der wichtigsten Themen der Zukunft eingeschätzt.
... Die überwiegende Mehrheit der Bevölkerung glaubt, daß sie selbst direkt zur Verbesserung der Umweltsituation beitragen könne, Umweltschutz also nicht nur eine Aufgabe staatlicher Politik, sondern jedes einzelnen sei. Die

meisten Deutschen geben sogar an, daß sie Umweltschutzmaßnahmen auch materiell unterstützen würden (z. B. Verzicht auf einen Teil des Einkommens für bessere Luftqualität).
... Das Wissen über Natur und Umwelt ist allerdings weitaus weniger ausgeprägt als das Umweltbewußtsein. Fast alle Studien kommen zu dem Ergebnis, daß das Umweltbewußtsein und die persönliche Betroffenheit bei Frauen, das Umweltwissen hingegen bei Männern größer ist.

*De Haan/Kuckartz* (1996) verweisen weiter auf ein interessantes Phänomen, das sie mit »Differenz zwischen Nahem und Fernem« bezeichnen. Die Umweltsituation »vor der Haustüre« wird nämlich wesentlich weniger besorgniserregend wahrgenommen als der Zustand der Umwelt in der Ferne oder im allgemeinen. Neben der individuellen Wahrnehmung, der Beeinflussung durch die Medien und kollektive Meinungen spielen hier vermutlich auch psychologische Mechanismen (z. B. Wahrnehmungsbarrieren infolge zu großer Komplexität, Abwehr/Verdrängung) eine Rolle (vgl. *Dörner* 1991; *Grob* 1991; *Preuss* 1991; *Gebauer* 1994; *Strohschneider* 1994).

*Rolf Langeheine* und *Jürgen Lehmann* (1986, 125 ff.) untersuchten die Bedeutung der Erziehung für das Umweltbewußtsein durch Befragung von Schülern und Erwachsenen im Alter von 16 bis 40 Jahren in Schleswig-Holstein und Berlin. Bezogen auf die Wirkungen der Umwelterziehung in der Schule stellten sie fest, daß diese fast ausschließlich die Aneignung ökologischen Wissens betreffen. Ein wesentlicher Einfluß geht von der Höhe des schulischen Abschlusses und damit von der Dauer der Schulzeit aus. Auf Gefühle gegenüber der Umweltzerstörung und ökologisches Handeln im eigenen Haushalt (z. B. Energiesparen, Mülltrennung) wirkt sich die Schulbildung nicht aus, dagegen ist ein mittelbarer Einfluß auf das verbal-öffentliche Handeln (z. B. Wahlen, kommunale Aktivitäten) erkennbar. Die Art und Weise, wie die Heranwachsenden die Natur erlebten, beeinflußt dagegen ihre späteren Gefühle, ihr Handeln und auch den Umfang ihres ökologischen Wissens. Dies gilt im besonderen für das großstädtische Milieu. Der Einfluß der Familie auf das ökologische Handeln im eigenen Haushalt war vor allem bei den Probanden in Berlin ausgeprägt.

Zahlreiche Studien belegen eine besondere Sensibilität der Heranwachsenden für Umweltprobleme. Umweltfragen wie auch der Schutz der Umwelt werden als vorrangig eingeschätzt (vgl. *Braun* 1984; *Langeheine/Lehmann* 1986; *Gebauer* 1994; IBM-Jugendstudie 1995).

Jugendliche äußern in einem beträchtlichen Ausmaß Sorgen und Ängste aufgrund der Umweltzerstörung (vgl. *Petri* u. a. 1987; *Sutter/Böhm* 1989;

*Unterbruner* 1991; *Petri* 1992; *Grefe/Jerger-Bachmann* 1992; *Aurand/Hazard/ Tretter* 1993; *Szagun/Pavlov* 1993; *Gebhard* 1994 a; *Szagun/Mesenholl/Jelen* 1994; *Hirsch-Hadorn* u. a. 1996). Derartige Ängste rangieren deutlich vor sogenannten persönlichen Ängsten (wie z. B. schlechte Noten, Aussehen, Familie in Geldnot), eine Ausnahme bildet dabei die Angst vor dem Tod der Eltern (vgl. *Petri* u. a. 1987; *Fromberg/Boehnke/Macpherson* 1989; *Unterbruner* 1991; *Boehnke/Macpherson* 1993). *Szagun/Mesenholl/Jelen* (1994) weisen darauf hin, daß neben Angst im engeren Sinn, u. a. Trauer, Betroffenheit, Mitleid, Wut, Hoffnungslosigkeit und Verzweiflung eine Rolle spielen. Als Motivation für umweltschonende Handlungen sind diese Emotionen stärker als die Freude an der Natur.

Auch bei der Erhebung von Zukunftsvorstellungen artikulieren Jugendliche Befürchtungen, daß Luft und Wasser zunehmend verschmutzt, Wälder und Grünflächen weitgehend zerstört werden. Die Welt droht damit insgesamt lebensfeindlich zu werden (vgl. *Unterbruner* 1991; *Gebhard* 1994). Analog dazu hat Natur einen hohen Stellenwert hinsichtlich der Wünsche von Jugendlichen. Bei einem Vergleich von Schülern der 10. Klassen in Berlin-West und Berlin-Ost beispielsweise nimmt Umwelt/Natur hinter Frieden, Gesundheit und Liebe/Freunde am vierthäufigsten den höchsten Rang ein, gefolgt von Glück, Wohlstand und Erfolg (vgl. *Teutloff/Schubert* 1992).

Als Konsequenz daraus wird ein Unterricht gefordert, in dem Wissen, Emotionen und Handeln gleichermaßen ernst genommen werden (vgl. *Unterbruner* 1991; *Gebhard* 1994 a; *Rost* u. a. 1992; *Brucker* 1993; *Hazard* 1993). Schüler dürfen weder mit einer »Katastrophenpädagogik« konfrontiert noch mit ihren Ängsten allein gelassen werden. Die Emotionen der Kinder und Jugendlichen, im besonderen die Ängste vor Umweltzerstörung und Sehnsüchte nach einer »heilen«, grünen Welt, sind ernstzunehmen und in den Unterricht zu integrieren. Ziel muß es sein, einen konstruktiven Umgang mit diesen Emotionen zu lernen bzw. zu unterstützen. Die dafür unerläßliche Kommunikation über die eigene Befindlichkeit kann mit kreativen Methoden unterstützt werden (vgl. *Unterbruner* 1991; 1996 a).

### 4.5.2.6 Umwelthandeln

Unter »Umwelthandeln« wird meist das verbalisierte Handeln und Verhalten eruiert, in selteneren Fällen das tatsächlich stattfindende. Die von Befragten signalisierte Bereitschaft zum umweltbewußten Handeln ist im allgemeinen relativ hoch, sie läßt aber keinen direkten Schluß auf das tatsächliche Handeln zu. Das besonders im schulischen Bereich stark betonte Umweltwissen spielt zahlreichen **empirischen Untersuchungen** zufolge nur eine untergeordnete Rolle.

4.5.2.3 ▼ Einen positiven Zusammenhang von Naturerfahrungen und der Motivation zu umweltgerechtem Handeln bei Schülern zeigt eine Untersuchung von *Jürgen Mayer* und *Susanne Bögeholz* (1998). Schüler mit häufigen Naturerfahrungen zeigen eine große Betroffenheit gegenüber Umweltproblemen und eine positive Einschätzung ihrer persönlichen Handlungskompetenz.

Die Bedeutung der Naturbegegnung für das Umwelthandeln im allgemeinen unterstreichen auch *Karlheinz Berck* und *Rainer Klee* (1992) mit ihrer Untersuchung von Personen, die im Natur- und Umweltschutz tätig sind. Die Faktoren »Naturbegegnung« und »Beschäftigung mit Pflanzen und Tieren« erwiesen sich als zentrale Voraussetzungen für dieses Engagement (vgl. *Weiss* 1984; *Klee/Berck* 1992; 1993). *Berck/Klee* (1992) entwickelten ein »Siebenschrittemodell: von der Faszination zum Handeln«. Erlebnisse mit Pflanzen und Tieren führen danach zu Faszination. Dieser folgt kognitive und emotionale Befriedigung, die zu weiterer Beschäftigung anregt. Dadurch entsteht positive Einstellung, die vertiefte Beschäftigung fördert. Das dadurch entstandene Interesse führt über internalisierte Normen zum Handeln.

4-1 ● Auch für *Willfried Janßen* (1988), *Siegfried Klautke* und *Karlheinz Köhler* (1991) stellen das Erleben und die Begegnung mit Natur die ersten Schritte in einer Entwicklung zu umweltbewußtem Handeln dar.

Auf die positiven Effekte eines einwöchigen, stark naturerlebnisorientierten Freilandunterrichts mit Schülern der Sekundarstufe I im Nationalpark Bayrischer Wald verweist auch *Franz Bogner* (1997). Neben einem starken Wissenszuwachs ließ sich auch positive, langanhaltende Beeinflussung der Handlungsbereitschaft und des aktuellen Handelns feststellen.

Bedeutsamere Faktoren sind hingegen die Wahrnehmung der Umweltprobleme und der damit zusammenhängenden Bedrohung, die persönliche Betroffenheit, die Einschätzung der persönlichen Verwundbarkeit, die Zuschreibung der Verantwortlichkeit (eigenes Handeln als Möglichkeit versus Delegieren der Verantwortung an Dritte) und ökologische Werthaltungen (vgl. *Grob* 1991; *Preuss* 1991; *Urban* 1991; *Kals/Montada* 1994; *De Haan/Kuckartz* 1996; *Bolscho* 1997). Besonders dort, wo persönliche oder berufliche Interessen mit dem Umweltschutz kollidieren, lassen sich Verdrängungs- und Entlastungsmechanismen feststellen (vgl. *Billig* 1990; *Preuss* 1991).

## 4.5 UMWELTERZIEHUNG

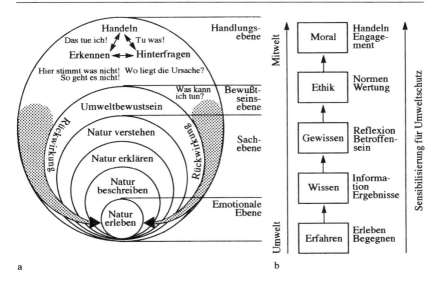

Abb. 4-1: a) Ebenen der Naturbegegnung (nach *Janßen* 1988), b) Stufen der Umwelterziehung (nach *Klautke/Köhler* 1991)

*Andreas Diekmann und Peter Preisendörfer* (1992, 240) sprechen von »low cost-Verhalten«: »Die individuellen Akteure tun ihrem hohen Niveau des Umweltbewußtseins dadurch Genüge, daß sie ihre ‚Umweltmoral' und ihre ‚Umwelteinsichten' in Situationen einlösen, die keine einschneidenden Verhaltensänderungen erfordern, keine größeren Unbequemlichkeiten verursachen und keinen besonderen Zeitaufwand verlangen.« Offensichtlich existieren Bereiche, allen voran der Bereich Verkehr, in denen umweltbewußtes Verhalten besonders schwer fällt (»high-cost-Verhalten«).

Kinder und Jugendliche haben – hinsichtlich des Umwelthandelns – in Familie und Schule nur einen begrenzten Handlungsspielraum. Da Umwelthandeln aber am ehesten durch handlungsorientierte Lern- und Arbeitsprozesse initiiert werden kann, müssen Handlungs- und Erfahrungsorientierung auch im schulischen Bereich Priorität erlangen. Es gilt – vor allem auch in Hinblick auf die Forderung nach einer an der »Nachhaltigkeit« ausgerichteten Umwelterziehung (Agenda 21) – eine möglichst konkrete Verknüpfung globaler und lokaler Themen in der täglichen Praxis des Lehrens und Lernens herzustellen, und dies sowohl fachspezifisch als auch fächerübergreifend. »Handlungsprodukte sind das konkrete Ergebnis realen Handelns der Schüler und machen ihr Engage-

▼4.5.1

ment im Umweltbereich sichtbar. Sie stellen ein Stück Weg dar, die eigene Schul- und Lebensumwelt zu verändern« (*Bolscho/Seybold* 1996, 153; vgl. *Braun* 1983; 1987; *Lehwald* 1993; *Lehmann* 1993; *Bölts* 1995; *Reichel* 1997; vgl. auch »community education«, z. B. *Lieschke* 1994; *Göhlich* 1997). Dazu bedarf es einer »**Öffnung der Schulen**«, d. h. Schulen kooperieren mit außerschulischen Institutionen und Personen, tauschen mit anderen Schulen Informationen aus, führen konkrete, fächerübergreifende Projekte durch, die den herkömmlichen Unterricht im Klassenzimmer sprengen. Umwelt kann damit als Ort persönlicher Erfahrung, politischen Lernens und gesellschaftlich bedeutsamen Handelns sowie als Gegenstand interdisziplinären Lernens und Forschens erlebt werden. Diese Öffnung der Schule bedeutet auch die Erschließung regionaler Ressourcen für das Lernen, Einflußnahme der Schule auf die Region und mehr Spielraum für die eigenständige Gestaltung der institutionellen (Lern-)Kultur (vgl. *Posch* 1989; 1990; *Elliott* 1993; *Crost/Hönigsberger* 1993; *Fischer/Rixius* 1994; *Stichmann* 1996; *Kyburz-Graber* u. a. 1997).

In diesem Sinne ist ein Unterricht wünschenswert, in dem Schülerinnen und Schüler beispielsweise die Möglichkeit haben, Frage- und Problemstellungen in ihrer Gemeinde oder Region nachzugehen, vor Ort Untersuchungen zu machen, Befragungen zu veranstalten, Gestaltungsvorschläge zu erarbeiten, die auch der Öffentlichkeit vorgestellt werden, mit Natur- oder Umweltschutzorganisationen oder Umweltzentren zu kooperieren etc. (vgl. *Stottele* 1991; Landesinstitut für Schule und Weiterbildung 1992; *Hazard* 1993; *Marek* 1993; *Diekmann/Engstfeld/Forkel* 1994). In diesem Zusammenhang sind auch fachspezifische Aktivitäten wie etwa freilandökologisches Arbeiten, Erheben von Umweltdaten oder Experimentieren zu nennen.

Die »**Ökologisierung der Schulen**« ist ein weiterer Ansatzpunkt. Der »Haushalt Schule« wird zum Thema gemacht: Vom Schulbuffet bis zum Abfall-, Wasser- und Energiehaushalt, von der Architektur bis zur Lernkultur können Untersuchungen angestellt und Veränderungen nach ökologischen Kriterien mit hohem Aktivitätsmaß der Schüler und Schülerinnen bewerkstelligt werden (vgl. z. B. *Reese* 1991; *Eschner/Wolff/Schulz* 1991; *Jenchen* 1992; *Rose* 1992; *Eulefeld* u. a. 1993; *Rode* 1993; 1996; *Buddensiek* 1994).

### 4.5.3 Praxis der Umwelterziehung an den Schulen

Die gegenwärtige Praxis der schulischen Umwelterziehung wurde in zwei Befragungen von Lehrern 1985 und 1990/91 in allen Bundesländern untersucht (vgl. *Eulefeld* u. a. 1988; 1993). Zentrale Ergebnisse sind:

... Schulische Umwelterziehung ist »auf dem Weg in die richtige Richtung«: Die Intensität der Behandlung von Umweltthemen ist größer geworden. Es wurden zwar nicht mehr Umweltthemen behandelt, dem einzelnen Thema wird aber mehr Zeit gewidmet und es wird didaktisch anspruchsvoller gearbeitet. Jedoch bereits 1985 ermittelte Defizite hinsichtlich des fächerübergreifenden Lernens, der Öffnung der Schule und der Lehrerfortbildung bestehen nach wie vor. »Umwelterziehung bedarf noch in vielen Bereichen gezielter Förderung« (*Eulefeld* u. a. 1993, 193).

... Während 1985 die Trägerfächer Biologie, Chemie und Erdkunde waren, ist 1990/91 Umwelterziehung nicht mehr die Domäne der Naturwissenschaften, Umweltthemen werden jetzt in allen Unterrichtsfächern behandelt. Dies spricht für eine inhaltliche Öffnung.

... Umwelterziehung hat zwischen 1985 und 1990/91 ihren Stellenwert im schulischen Curriculum nicht erhöht. Der Gesamtumfang der Umweltthemen pro Jahr und Klasse ist von durchschnittlich 1,3 sogar auf 1,2 Themen gesunken. Die zeitliche Intensität hat allerdings zugenommen: 1985 betrug die Bearbeitungszeit 4, 1990/91 7,5 Schulstunden (vgl. auch *Hellberg-Rode* 1993). Das spricht dafür, daß Lehrer doch den Freiraum haben zu entscheiden, in welcher Intensität sie ein Thema unterrichten. *Günter Eulefeld* u. a. (1993) sehen darin eine erfreuliche Qualitätssteigerung dieses Unterrichtsbereiches.

... Mittels »Behandlungstypen« wurde versucht, die Art des Unterrichts zu ermitteln: Typ 1 kommt den wünschenswerten Kriterien der Handlungs- und Situationsorientierung des Unterrichts am nächsten, Typ 2 ist der verbal-problemorientierte und Typ 3 enthält weder problem- noch handlungsorientierte Merkmale. Erfreulicherweise ist die Umwelterziehung vom Typ 1 von 15% (1985) auf 40% (1990/91) angewachsen, Typ 2 und 3 nehmen 1990/91 je knapp ein Drittel ein. Eine wirkliche Öffnung der Schule können die Autoren aber derzeit noch nicht feststellen, da entscheidende Merkmale wie beispielsweise eine »Ökologisierung der Schulen« oder eine Zusammenarbeit mit außerschulischen Einrichtungen auf breiter Basis noch nicht vollzogen sind.

... Der didaktische Anspruch, Umwelterziehung fächerübergreifend zu unterrichten, wird ungenügend realisiert: 1985 wurden 16% aller Umweltthemen fächerübergreifend bearbeitet, 1990/91 sind es 21%.

... Lehrer, die an Fortbildungsveranstaltungen teilgenommen haben, unterrichten eher handlungs- und problemorientiert. Lehrer in Modellschulen (BLK-Modellversuche zur Umwelterziehung) schätzen überdies die Fortbildung für ihre umwelterzieherischen Aktivitäten als ebenso wichtig ein wie die Stundenermäßigung. Dennoch besteht hier ein erhebliches Defizit: Nicht einmal ein Fünftel der Lehrer hat in den beiden Erhebungszeiträumen an Fortbildungsveranstaltungen teilgenommen.

Zur Förderung der Umwelterziehung sollten nach Meinung der Autoren die Freiräume der Schulen erhöht, die Lehrerbildung intensiviert und die Öffnung der Schule vorangetrieben werden (vgl. auch *Hedewig* 1993; *Kyburz-Graber* 1993; *Hellberg-Rode* 1993; *Rode* 1996; *Entrich/Eulefeld/Jaritz* 1995).

### 4.5.4 Umwelterziehung im Biologieunterricht: Anlässe, Themen und Methoden

Umwelterziehung ist derzeit sowohl **Unterrichtsprinzip** als auch ausgewiesener **Themenbereich** des Biologieunterrichts. Dies gibt den Lehrern weitgehenden Spielraum für die fächerübergreifende wie fachspezifische Bearbeitung von Umweltthemen. Der fachspezifische Beitrag des Biologieunterrichts zur Umwelterziehung umfaßt im wesentlichen die folgenden Bereiche (vgl. z. B. Rahmenplan des VDBiol 1973; 1987; *Eschenhagen/Kattmann/Rodi* 1991; 1992; *Gehlhaar/Graf/Klee* 1994):

... ökologische Grundbegriffe und Prinzipien wie Nahrungsnetze, Stoffkreisläufe, Energiefluß; Störanfälligkeit biologisch-ökologischer Systeme, Regulationsmechanismen in Ökosystemen; Autökologie der Organismen, Ökosysteme;

... Artenkenntnis, Artenschutz, Biotopschutz, Humanökologie, Stadtökologie; ökologische Schulgeländegestaltung;

... lokale, regionale und globale Probleme des Umweltschutzes wie Artensterben, Klimaschutz; Meeresverschmutzung;

... Umweltethik.

Dazu steht ein großes Repertoire an Methoden zur Verfügung:

8.5 ▼ ... freilandökologische Arbeiten;
9.15 ▼ ... pflegerischer Umgang mit Tieren und Pflanzen;
9.2; 9.6 ▼ ... Beobachtungen und Experimente;
... Erkundigungen und Befragungen;

## 4.5 UMWELTERZIEHUNG

... Umweltspiele (z. B. Brett-, Rollen-, Planspiele; Naturerfahrungsspiele);
... kreative Methoden (z. B. Phantasiereisen, kreatives Malen und Schreiben);
... ästhetische Betrachtung/künstlerisches Gestalten;
... Arbeiten mit Computer. ▼ 10.10

LITERATUR
*Arcury/Johnson* 1987; *Altenkirch* 1977; *Altner* 1991; *Auer* 1984; *Aurand/Hazard/Tretter* 1993; *Bade* 1986; *Barney* 1980; *Beer* 1982; *Beer/De Haan* 1984; 1987; *Berck/Klee* 1992; *Beyer, A.*, 1998; *Billig* 1990; *Billmann-Mahecha/Gebhard/Nevers* 1997; *Birnbacher* 1997; *Bleckmann/Berck/ Schwab* 1980; *Boehnke/Macpherson* 1993; *Bogner* 1997; *Böhm/Faas/Legewie* 1989; *Bölts* 1995; *Bolscho* 1987; 1997; *Bolscho/Seybold* 1996; *Bolscho/Eulefeld/Seybold* 1980; *Botkin/Elmandjra/ Malitza* 1979; *Braun* 1983; 1984; 1987; *Brenner* 1989; *Brucker* 1986; 1993; *Buddensiek* 1994; Bundesminister für Bildung und Wissenschaft 1989; 1991; Bundesminister für Umwelt, Natur und Reaktorsicherheit o.J.; BUND/Misereor 1996; *Calließ/Lob* 1987; *Carson* 1963; *Cornell* 1979; 1991; *Crost/Hönigsberger* 1993; *Daum* 1988; *De Haan* 1995; *De Haan/Kuckartz* 1996; *Demuth* 1992; DGU u. a. 1990; *Diekmann/Engstfeld/Forkel* 1984; *Diekmann/Preisendörfer* 1992; *Dörner* 1991; *Drutjons* 1986; 1987; 1988; *Dulitz/Kattmann* 1990; *Düring* 1991; *Elliott* 1993; *Engelhardt* 1980; *Entrich/Eulefeld/Jaritz* 1995; *Eschenhagen* 1985; 1989 b; *Eschenhagen/Kattmann/Rodi* 1991; 1992; *Eschner/Wolff/Schulz* 1991; *Etschenberg* 1997 a; *Eulefeld* 1979; 1991; 1992; 1993; *Eulefeld/Bolscho/Seybold* 1991; *Eulefeld* u. a. 1981; 1988; 1993; *Eulefeld/Kapune* 1979; *Fietkau* 1984; *Fingerle* 1984; *Fischer/Rixius* 1994; *Fischerlehner* 1993; *Friedrich/Isensee/Strobl* 1994; Friedrich Verlag 1995; *Fromberg/Boehnke/Macpherson* 1989; *Gärtner* 1990; *Gebauer* 1994; *Gebhard* 1993 a; 1992 b; 1994 a; 1997; *Gebhard/Langlet* 1997; *Gecks/Reißmann* 1993; *Gehlhaar* 1990; *Gehlhaar/Graf/Klee* 1994; *Göhlich* 1997; *Göpfert* 1992; *Grefe/Jerger-Bachmann* 1992; *Grob* 1991; *Grupe* 1977; *Hauptmann* u. a. 1996; *Hazard* 1993; *Hedewig* 1993; *Hedewig/Vogt* 1992; *Heid* 1992; *Hellberg-Rode* 1993; *Hines/Hungerford/Tomera* 1986/87; *Hirsch-Hadorn* u. a. 1996; *Holtappels/Hugo/Malinowski* 1990; *Huitzing* 1995; IBM-Jugendstudie 1995; *Janßen* 1978; 1988; *Janßen/Trommer* 1988; *Jenchen* 1992; *Jonas* 1985; *Kals/Montada* 1994; *Kattmann* 1976; 1980 a; 1993 a; 1997 a; *Klautke/Köhler* 1991; *Klee/Berck* 1992; 1993; *Krebs* 1997; *Kremer/Stäudel* 1992; *Kyburz-Graber* 1993; *Kyburz-Graber* u. a. 1997; Landesinstitut für Schule und Weiterbildung 1992; *Langeheine/Lehmann* 1986; *Lehmann* 1993; *Lehwald* 1993; *Lieschke* 1994; *Maaßen* 1994; *Marek* 1993; *Margadant-van Arcken* 1995; *Mayer, J.*, 1992; 1996 c; 1997; *Mayer/Bögeholz* 1998; *Meadows* u. a. 1972; *Mertens* 1991; *Meyer-Abich* 1986; *Moser* 1982; *Müller* 1995; *Petri* 1992; *Petri* u. a. 1987; *Pfeifer* 1980; *Pfligersdorffer* 1991;1994 a; b; *Posch* 1989; 1990; *Preuss* 1991; Rahmenplan VDBiol 1973; 1987; *Reese* 1991; *Reichel* 1997; *Reißmann* 1993; *Riedel/ Trommer* 1981; *Rode* 1993; 1996; *Rodi* 1994; *Rose* 1992; *Rost* u. a. 1992; *Schaefer* 1978 a; *Schahn/ Holzer* 1990; *Scharf* 1986; 1988; *Scherf* 1986; *Scherf/Bienengräber* 1988; *Schreier* 1994; *Schuhmann-Hengsteler/Thomas* 1994; *Schweitzer* 1975; *Stichmann* 1996; *Stottele* 1991; *Strey* 1989; *Strohschneider* 1994; *Sutter/Böhm* 1989; *Szagun/Mesenholl* 1991; *Szagun/Mesenholl/Jelen* 1994; *Szagun/Pavlov* 1993; *Teutloff/Schubert* 1992; *Teutsch* 1981; 1985; *Trommer* 1991; 1992; 1994; *v. Uexküll/Kriszat* 1956; UNESCO 1979; *Unterbruner* 1986; 1991; 1996 a; b; *Urban* 1991; *Vester* 1978; *Waldmann* 1992; *Weiss, J.*, 1983; 1984; *Wessel/Gesing* 1995; *Winkel* 1978 a; 1995; *Winkel* u. a. 1978; *Wolschke-Bulmann* 1988; *Zabel* 1993; *Zucchi* 1992

# 5 Schülerinnen und Schüler

## 5.1 Die Schüler als Mittelpunkt des Unterrichts

Die Bildungsbemühungen des Biologieunterrichts zielen auf die Schüler und gehen von den Schülern aus. Bei der Zieldimension von Unterricht kommt diese zentrale Bedeutung des Schülers bereits in der Formulierung von Unterrichtszielen zum Ausdruck. Die Erziehungsziele der Schule werden im Hinblick auf Schüler formuliert, nicht im Hinblick auf die Wissenschaft oder die Gesellschaft. Im Biologieunterricht sollen die zu vermittelnden biologischen Kenntnisse für die Lebenswirklichkeit, für die Entwicklung des Selbst- und Weltverständnisses der Schüler bedeutsam sein (vgl. *Gropengießer/ Kattmann* 1994, 321).

In einer Pädagogik, die auf Selbstbestimmung, Mündigkeit und Aufklärung zielt, steht das selbstbestimmte Subjekt im Zentrum der Überlegungen und Konzepte. Aufklärung und Mündigkeit läßt sich nicht lehren, herstellen oder gar verordnen, wohl aber lassen sich mehr oder weniger günstige Lernmöglichkeiten organisieren, in denen die Lerner selbstbestimmt Selbstaufklärung betreiben können. Bereits der Club of Rome (1979, 67) hat solchen autonomen Lernprozessen eine zentrale Rolle für die Lösung der Zukunftsprobleme der Menschheit beigemessen. Allerdings kann das Ziel des autonomen Lernens nur dann glaubhaft angesteuert werden, wenn das Lernen selbst Merkmale der Autonomie trägt (vgl. *Prenzel* 1993).

Eine konsequente Orientierung an den Schülern erweist sich jedoch als zumindest schwierig:

... Unterricht an allgemeinbildenden Schulen ist kein Einzelunterricht, sondern Großgruppenunterricht. Die Interessen der verschiedenen Schüler einer Klasse stimmen nicht überein.

... Die Interessen von Kindern und Jugendlichen sind innerhalb weiter Grenzen beeinflußbar, d. h. auch manipulierbar.

... Die Berücksichtigung der Schülerinteressen führt häufig zu sehr komplexen Themenstellungen, denen sich im weiteren Unterrichtsverlauf weder Schüler noch Lehrpersonen voll gewachsen zeigen. Das hat Mißerfolgserlebnisse und eventuell Resignation zur Folge.

... Viele Inhalte interessieren die Schüler zumindest nicht unmittelbar, sind aber unter Berücksichtigung ihres späteren Erwachsenenlebens wichtig. In solchen Fällen wird also der Aspekt »Schülerbedürfnisse« durch die Kriterien »Zukunftsbedeutung« und »Gesellschaftsrelevanz« eingeschränkt (vgl. *Drutjons* 1980, 46; *Marek* 1980, 48).

Durch diese Aspekte wird das Prinzip der Schülerorientierung aber keineswegs aufgehoben. Die zahlreichen Versuche zur Erprobung des »Offenen Unterrichts«, die zur Zeit unter den relativ günstigen Bedingungen des Primarschulbereichs durchgeführt werden, können auch im Sekundarbereich Mut machen, den Biologieunterricht mehr als bisher an den Schülerinnen und Schülern zu orientieren (vgl. *Duncker/Popp* 1997). ▼ 8.2

In älteren biologiedidaktischen Publikationen findet man häufig Hinweise auf die Notwendigkeit eines entwicklungs- oder **altersgemäßen Unterrichts** (vgl. *Beiler* 1965; *Stückrath* 1965; *Plötz* 1971; *Grupe* 1977). Grundlage solcher Aussagen waren die sogenannten Stufen- oder Reifungslehren der Entwicklungspsychologie, die jeder Altersstufe ein charakteristisches Muster an Bedürfnissen, Vorstellungen und Fähigkeiten zuordneten. Solche Auffassungen sind inzwischen durch differenzierte Theorien abgelöst worden. Danach sind für die jeweiligen Interessen, die Lernbereitschaft und die Lernfähigkeit eines Menschen die vorangegangenen und gegenwärtigen Umwelteinflüsse viel wichtiger als anlagebedingte Reifungsvorgänge. Das bedeutet natürlich nicht, daß es keine besonderen Sicht- und Erlebnisweisen von Kindern in verschiedenen Lebensaltern gibt, die es zu berücksichtigen gilt. In diesem Zusammenhang ist für den Biologieunterricht besonders die leblose Dinge und Lebewesen gleichermaßen beseelende und vermenschlichende Weltsicht von Kindern zu nennen (vgl. *Gebhard* 1994; *Winkel* 1995, 78-157).

Allgemeine Aussagen über Gruppen von Menschen sind aber weitgehend fragwürdig geworden. Es gibt nämlich nicht »die« Schülerin oder »den« Schüler. Den Lehrenden wird dadurch eine große Verantwortung auferlegt: Sie können sich nicht mehr an einem »Durchschnittsbild« der jeweiligen Altersgruppe orientieren, sondern müssen sich darum bemühen, jede einzelne Schülerin und jeden einzelnen Schüler durch differenzierte Lernangebote individuell zu fördern. Die Kenntnis noch so detaillierter Studien über Interessen und Alltagsvorstellungen zu biologischen Themen ersetzt nicht die Aufmerksamkeit auf konkrete Hinweise und Signale, die stets von den konkreten im Unterricht anwesenden Schülern ausgehen. Schülerorientierung beruht also zu allererst auf den Beziehungen zwischen Lehrpersonen und Schülern.

## 5.2 Alltagsvorstellungen und Lebenswirklichkeit

»Ohne die Kenntnis des Standpunkts des Schülers ist keine ordentliche Belehrung desselben möglich.« Das schrieb im Jahre 1835 *Adolph Diesterweg* in seinem »Wegweiser zur Bildung deutscher Lehrer«. Diese Aussage drückt eine der didaktischen Grundüberzeugungen für einen schülerbezogenen Unterricht aus. »Kinder und Jugendliche, Schüler und Studenten kommen nicht als unbeschriebene Blätter in den naturwissenschaftlichen Unterricht hinein. Sie bringen vielmehr bereits Vorstellungen zu den Phänomenen, Begriffen und Prinzipien mit, die behandelt werden sollen. Diese Vorstellungen stammen aus alltäglichen Sinneserfahrungen, aus alltäglichen Handlungen, aus der Alltagssprache, aus den Massenmedien, aus Büchern, aus Gesprächen mit Eltern, Geschwistern, Freunden und natürlich aus dem vorangegangenen Unterricht« (*Duit* 1992, 47).

Biologieunterricht, der die Schüler – ihre Lebenswelt, ihre Vorstellungen und Interessen – ignoriert, geht bestenfalls an ihnen vorbei, meistens bewirkt er jedoch als gewissermaßen heimliches Lernziel, daß den Schülern ihre lebensweltlichen Vorstellungen und die jeweiligen biologischen Konzepte als unversöhnlich erscheinen. In der Regel entscheiden sich die Schüler bei entsprechenden Konflikten für ihre im Alltag bewährten lebensweltlichen Vorstellungen. Die wissenschaftlichen Konzepte werden oft wieder vergessen (vgl. die internationale empirische Studie zur Leistung gerade in den naturwissenschaftlichen Fächern, TIMSS, *Baumert/Lehmann* u. a. 1997).

**Alltagsvorstellungen** über biologische Phänomene stehen zwar häufig im Gegensatz zu naturwissenschaftlichen Erklärungen, trotzdem sind sie nicht unangemessen oder gar falsch, wie der Ausdruck »Fehlvorstellungen« (»misconceptions«) suggeriert. Vielmehr haben sie in lebensweltlichen Kontexten eine wichtige, situationsadäquate Funktion und sind infolgedessen »richtig« und sinnvoll. Der Terminus »alternative framework« (*Driver/Easley* 1978) trifft diesen Sachverhalt besser. Das Modell der »Didaktischen Rekonstruktion« trägt dem Rechnung, indem in ihm sowohl lebensweltlichen als auch wissenschaftlichen Vorstellungen prinzipiell und gleichermaßen Sinn unterstellt wird.

Der Biologieunterricht sollte an die Vorstellungen, die die Schülerinnen und Schüler in den Unterricht mitbringen, anknüpfen und auf diesen aufbauen. Die im Alltag vorherrschenden Vorstellungen können die wissenschaftliche Begriffsbildung allerdings dann behindern, wenn die Spannung und der Widerspruch, der sich zwischen wissenschaftlichen und lebensweltlichen Vorstellungen auftut, entweder gar nicht thematisiert wird oder aber in einer Weise, die die lebensweltlichen Vorstellungen diskreditiert. Die unterschiedlichen Vorstellungen sollten jedoch bewußt gemacht und geklärt werden. Es gilt, entsprechende Widersprüche nicht einzuebnen, sondern sie auszuhalten. Dazu wird auch der Vorschlag gemacht, daß es gelte, die Schüler zu befähigen, zwischen

wissenschaftlichen und alltagstheoretischen Versionen je nach Situation hin- und herzuwechseln (vgl. *Jung* 1987; *Gropengießer* 1997 b). Gelingt dies nicht, führen die Lernprozesse in der Schule lediglich zu »trägem Wissen«, das im Alltag keine oder nur eine untergeordnete Rolle spielt.
Ein gutes Beispiel für den Gegensatz von biologischer Theorie und Alltagstheorie sind die oft diskreditierten **Anthropomorphismen** (Vermenschlichungen): Nicht nur jüngere Kinder beseelen häufig ihre Umwelt (vgl. *Piaget* 1978; *Hedewig* 1988 b; *Gebhard/Billmann-Mahecha/Nevers* 1997). Dabei haben Naturphänomene, vor allem Tiere, aber auch Pflanzen, eine besondere Bedeutung. In der Verhaltensforschung werden solche Beseelungen (mit guten Gründen) kritisch betrachtet. Aus psychologischer und pädagogischer Perspektive ist dagegen die subjektive Beseelung und auch Anthropomorphisierung von Tieren und Pflanzen als eine beziehungsstiftende Fähigkeit zu verstehen. In anthropomorphen Weltdeutungen offenbart sich nämlich nicht nur eine kognitive Interpretation der Welt, sondern zugleich auch eine affektive Beziehung zu ihr, die ethische Einstellungen und auch Verhaltensweisen beeinflußt. Wie bei anderen Schülervorstellungen sollte daher nicht angestrebt werden, diese rigoros abzubauen, sondern im Gegenteil für erzieherische Ziele zu nutzen (vgl. *Gebhard* 1990; 1994 a; *Etschenberg* 1994 a).

Wissenschaftliche Grundlage der meisten fachdidaktischen Studien zu Schülervorstellungen ist der **Konstruktivismus** (vgl. *Duit* 1990; *Luhmann* 1990; ▼ 3.3.2 *Schmidt* 1987). In didaktischer Hinsicht wird dabei davon ausgegangen, daß Wissen nicht einfach verabreicht werden kann, daß Lernen kein passives Geschehen ist, sondern Wissen aktiv konstruiert werden muß. Entsprechende lernpsychologische Überlegungen zielen demnach auf die Konstruktionsleistung des Lerners, die durch dessen Vorstellungen und lebensweltliche Bezüge maßgeblich beeinflußt wird. Wissen oder Lernstoff haben nicht eine Bedeutung »an sich«, sondern der Lernende konstituiert konstruktiv eine Bedeutung, eine Interpretation der Wirklichkeit, die es gestattet, diese (konstrukt- bzw. theoriegeleitet) zu verstehen und sich in ihr zurechtzufinden. Neurobiologisch formuliert: Das Gehirn registriert nicht, was in der Welt »wirklich« ist, sondern es konstruiert aktiv eine Version, die sich im Alltag mehr oder weniger bewährt, die überlebenswirksam ist (vgl. *Maturana* 1985; *Roth* 1994; *Gropengießer* 1997 b). Im Zentrum der konstruktivistischen Sichtweise steht also das konstruierende Subjekt, das auf der Grundlage von bereits entwickelten und somit bewährten Alltagsvorstellungen und -theorien, affektiven Gestimmtheiten und natürlich auch den jeweiligen äußeren Gegebenheiten seine Versionen über die Welt aufbaut, Bedeutungen zuweist und diese möglicherweise durch Lernen ändert. Diese Sichtweise vom Lernen hat Folgen für die Lehrerrolle: Die Lehrperson kann Wissen nicht einfach weitergeben, sie kann auch durch noch so geschickte Arrangements den Schülern nicht biologisches Wissen mit definierten Bedeutungen verabreichen - sie kann lediglich die Schüler zur Konstruktion von neuen Versionen der Wirklichkeit anregen. Der römische Philosoph *Plotin* hat das folgendermaßen formuliert: »Erziehung gleicht weniger dem Füllen eines Eimers mit Wasser und eher dem Entzünden eines Feuers« (zitiert nach *Schreier* 1995, 15). Im übrigen ist diese Auffassung vom Lernen keineswegs eine neue Erfindung als Folge konstruktivistischer Sichtweisen, sondern hat eine Reihe von Vorbildern, wie »reformpädagogische« Ansätze, *John Dewey* oder auch *Martin Wagenschein* (1973).

Entsprechend der konstruktivistischen Grundauffassung gilt es, Lernumgebungen zu schaffen, die die Aktivität des Lerners ermöglichen und einen Bezug zur Lebenswirklichkeit herstellen. Bei »situierten Lernumgebungen« (*Mandl/Reinmann-Rothmeier* 1995) werden die Lernsituationen so inszeniert, daß die aktive Konstruktion von Wissen nötig und möglich wird. Solchermaßen inszenierte Lernprozesse stellen hohe Anforderungen an Schüler wie Lehrpersonen. Schüler brauchen bisweilen gezielte Unterstützung, damit die Offenheit dieser Situationen auch zu konstruktiven Lernerfolgen führt.

Die Erforschung der Alltagsvorstellungen der Schüler bildet einen der wesentlichen biologiedidaktischen Forschungsschwerpunkte des letzten Jahrzehnts (vgl. *Bayrhuber* u. a. 1997; regelmäßig aktualisierte internationale Bibliographie über empirische Arbeiten: *Pfundt/Duit* 1994). Im folgenden werden neuere **empirische Untersuchungen** zu Themenbereichen des Biologieunterrichts genannt:

... Sehen (*Gropengießer* 1997 a; b);
... Lernen und Gedächtnis (*Bayrhuber/Schletter* 1997);
... Physiologie (*Schaefer* 1983 a; *Gerhardt/Piepenbrock* 1992; *Gerhardt* 1993; 1994; *Gerhardt/Rasche/Rusche* 1993; *Gerhardt/Burger* 1997);
... Lebensbegriff (*Hofmeister* u. a. 1982; *Schaefer/Wille* 1995);
... Mikrobiologie (*Bayrhuber/Stolte* 1997; *Hilge* 1998);
... Naturschutz (*Schaefer* 1983 b; *Bogner* 1997; *Heimerich* 1997);
... Naturbegriff und Naturethik (*Billmann-Mahecha/Gebhard/Nevers* 1997; *Gebhard* 1994; 1997; *Gebhard/Billmann-Mahecha/Nevers* 1997);
... Formenkenntnisse (*Jäkel* 1991; 1992; *Berck/Klee* 1992; *Hartinger* 1995; *Klee* 1995; *Mayer* 1995; *Kattmann/Schmitt* 1996);
... Genetik/Gentechnik (*Gebhard* 1997; *Gebhard/Feldmann/Bremekamp* 1994; *Nissen* 1996; *Lumer/Hesse* 1997; *Todt/Götz* 1997; *Baalmann* u. a. 1998);
... Evolution (*Wandersee/Good/Demastes* 1995; *Baalmann* 1997; *Illner* 1998).

## 5.3 Schülerinteressen

Interesse wird von *Andreas Krapp* (1993, 202) als eine »auf Selbstbestimmung beruhende motivationale Komponente des intentionalen Lernens« bezeichnet (vgl. *Krapp* 1992; *Krapp/Prenzel* 1992; *Prenzel* 1988; *Todt* 1990). Interesse ist also der gegenstandsorientierte Aspekt der Motivation. Gegenstände, die ▼ 5.4 »interessant« sind, werden gewissermaßen selektiv affektiv besetzt (vgl. *Roth* 1961, 260; *Krapp* 1993, 202). So fließen im Interesse kognitive und affektive Komponenten zusammen, ein Zusammenhang, der für fachdidaktische Zwecke als »Affektlogik« beschrieben werden kann (vgl. *Gebhard* 1988 b).

Eine Reihe von **empirischen Untersuchungen** zu Interessen an biologischen Themen haben für die Biologiedidaktik differenzierte Befunde erbracht (vgl. *Löwe* 1982; 1983; 1984; 1987; 1990; 1992; *Rolbitzki* 1983; *Noll* 1984; *Klein* 1993 c; *Gehlhaar/Klepel/Fankhänel* 1998). Unbefangene Beobachter stellen immer wieder fest, daß sich kleine Kinder voller Neugier allem zuwenden, was sich bewegt – also vor allem den Tieren –, daß aber das Interesse an biologischen Erscheinungen im Laufe der Zeit, besonders während der Schulzeit, deutlich geringer wird. Erhebungen zur Beliebtheit der Schulfächer haben gezeigt, daß die Biologie zu den Fächern mit durchschnittlich mittlerem Beliebtheitsgrad zählt (vgl. *Seelig* 1968; *Grupe* 1977, 134 ff.). Untersuchungen zur Abhängigkeit des Interesses an der Biologie vom Lebens- und Schulalter ergaben, »daß in den Klassenstufen 3 bis 5 nur geringe Alterseffekte auftreten, während ab Klassenstufe 6 bis zur Klassenstufe 8 ... gravierende altersspezifische Veränderungen eintreten« (*Löwe* 1987, 62; vgl. *Hesse* 1984 b). Und zwar nimmt das Biologieinteresse bei Jungen und Mädchen vom 6. Schuljahr an so deutlich ab, daß man von einem »Interessenverfall« und von einem »5.-Klassen-Effekt« spricht. Dieser Effekt tritt offenbar unabhängig vom Lebensalter auf und scheint mit dem Einsetzen des biologischen Fachunterrichts zusammenzuhängen. Nach der Klassenstufe 8 verlangsamt sich die negative Entwicklung, das Interesse an Biologie kann sich sogar am Ende der Sekundarstufe I erhöhen. Geschlechtstypische Unterschiede werden vorwiegend in den Klassenstufen 3 bis 5 und dann wieder in den Klassenstufen 9 und 10 beschrieben: Die Mädchen sind in diesen Phasen im Durchschnitt signifikant stärker am Fach Biologie interessiert als die Jungen (vgl. *Löwe* 1987, 62).

Einige Erhebungen befassen sich mit der Frage nach dem Interesse von Schülern an Teilgebieten des Biologieunterrichts. Relativ viele Informationen liegen für die Orientierungsstufe vor (vgl. z. B. *Löwe* 1974; 1976 b; 1992; *Dylla*

1976; *Hemmer/Werner* 1976; *Iwon* 1982). Das spontane Interesse der meisten Schüler dieser Altersstufe richtet sich insbesondere auf zoologische, weniger auf humanbiologische und am wenigsten auf botanische Themen. Eine Untersuchung, die mehrere tausend Schüler der Klassenstufen 5 bis 9 erfaßte, kommt im Hinblick auf die Orientierungsstufe zu entsprechenden Ergebnissen, erweitert diese aber für die höheren Klassenstufen (vgl. *Todt* 1977). Das Interesse an der Tierkunde ist nach dieser Untersuchung in den Klassen 5 und 6 sehr hoch, sinkt dann aber bis zum 9. Schuljahr auf ein mittleres Niveau. Die Pflanzenkunde stößt – vor allem bei Jungen – bereits in der Orientierungsstufe auf ein geringes Interesse und wird mit zunehmendem Alter noch weniger beliebt. Das Interesse an Humanbiologie liegt auf einem mittleren Niveau und bleibt über die Klassenstufen hinweg ziemlich gleich groß. Die Mädchen sind in allen drei Bereichen interessierter als die Jungen, am deutlichsten in der Pflanzenkunde, am wenigsten eindeutig in der Menschenkunde. Neuere Publikationen bestätigen diese Erkenntnisse im wesentlichen (*Tamir* 1985).

Eine interessante Erweiterung ergibt sich durch die Einbeziehung des Themenkomplexes »Mensch und Umwelt«. Das »Umweltinteresse« ist nach diesen Befunden schon im 3. Schuljahr höher als das Interesse an den traditionellen Gebieten des Biologieunterrichts, und es gerät – wie das Interesse an humanbiologischen Themen – nicht »in den Strudel des pubertären Motivationsabfalls« (*Löwe* 1987, 63).

Das Interesse der Schüler hängt auch davon ab, unter welchem Aspekt das betreffende Unterrichtsthema behandelt wird. Durch Schülerbefragungen nach dem Abschluß mehrstündiger Unterrichtsreihen zu botanischen Themen stellte *Klaus Dylla* (1973) fest, daß die Schüler der Orientierungsstufe den mikroskopisch-anatomischen und besonders den analytisch-physiologischen Aspekt wesentlich ansprechender finden als den deskriptiv-morphologischen. Die Unbeliebtheit des pflanzenkundlichen Unterrichts mag also darauf zurückzuführen sein, daß häufig gerade in diesem Gebiet die als langweilig empfundene beschreibend-morphologische Betrachtungsweise vorherrscht. Beliebt sind vor allem Arbeitsweisen, die der Eigentätigkeit der Schüler weiten Raum lassen, z. B. Experimentieren, Mikroskopieren, Halten von Pflanzen und Tieren (vgl. *Löwe* 1980; 1983; 1990; *Rolbitzky* 1983; *Hesse* 1984 b; *Meyer* 1987 b, 51 ff.; *Klein* 1993 c). Die Befunde einiger Untersuchungen lassen den Schluß zu, daß Hauptschüler in bezug auf ihre Einstellung zum Biologieunterricht und in bezug auf ihre unterrichtliche Leistung noch stärker von der Art und Weise der Behandlung beeinflußt werden als Realschüler und Gymnasiasten (vgl. *Rolbitzki* 1983; *Etschenberg* 1984 a).

Über die Interessen der Schüler wird man als Biologielehrender dann besonders viel erfahren, wenn es gelingt, in der jeweiligen Lerngruppe eine Atmosphäre des Vertrauens zu schaffen (vgl. *Zöller* 1978; 1979) und die Schüler von verschiedenen Seiten kennenzulernen. Die wichtigste Methode in diesem Zusammenhang ist das Gespräch mit den Schülern. Eine Reihe von Vorschlägen zur Erkundung der »Ausgangssituation der Schüler« macht *Gernot Strey* (1982; 1986). Er empfiehlt, außer den Schülern auch Familienangehörige und Bekannte zu fragen, welche Vorstellungen und Erwartungen sie mit dem Unterrichtsthema verbinden. Eine weitere Form zu einer schülerorientierten Unterrichtsplanung besteht darin, die Schüler vor dem Eintritt in eine Unterrichtseinheit zu befragen, wo ihre Interessenschwerpunkte liegen (vgl. *Dylla* 1973; 1976; *Bittner* 1979; *Krüger/Wagener* 1979; *Marek* 1980). Besonders günstige Gelegenheiten zur Erkundung und Berücksichtigung von Schülerinteressen bieten Phasen der »Freiarbeit« (vgl. *Clausnitzer* 1992) und solche Unternehmungen, bei denen es zu einer engen Zusammenarbeit zwischen Lehrenden und Lernenden kommt, beispielsweise bei der Gestaltung einer Ausstellung, der Einrichtung eines Kleinbiotops auf dem Schulgelände oder der Planung und Durchführung einer längeren Exkursion oder eines Landheimaufenthalts. Eine gute Gelegenheit, sich Einblick in die Interessenslage der Schüler zu verschaffen, bietet die »Fünf-Minuten-Biologie«, da sie »als thematisch ungebundener Vorspann der thematisch festgelegten Biologiestunde« vorausgeht (*Stichmann* 1970, 111; 1992). ▼ 8.2

## 5.4 Motivation

### 5.4.1 Motivation und selbstbestimmtes Lernen

Unter den verschiedenen Motivationsformen – z. B. Bedürfnis nach Strafvermeidung oder nach Anerkennung, Leistungsmotivation, sachbezogene Motivation – ist die letztgenannte besonders lernförderlich (vgl. *Lind* 1975). Wichtig in diesem Zusammenhang ist die Unterscheidung von innen kommender **intrinsischer** und **extrinsischer Motivation**, die durch äußere Anreize, bedingt ist. Intrinsische Motivation führt zu interesseorientierten Handlungen und braucht keine externen Anstöße wie Zensuren, Drohungen oder auch Versprechungen; sie zeigt sich in echtem Interesse, Neugier an den Lerngegenständen oder den jeweiligen Gegebenheiten der Umwelt. Extrinsische Motivation dagegen bezieht den Anstoß durch externe Gegebenheiten. Lernprozesse oder Handlungen haben instrumentellen Charakter.

Natürlich möchten die meisten Pädagogen die zu initiierenden Lernprozesse möglichst weitgehend auf intrinsischen Motivierungen aufbauen. In diesem Kontext sind auch die Forschungsanstrengungen zu Schülervorstellungen und -interessen zu sehen. Auch mit dem Konzept des »Offenen Unterrichts« wird versucht, den intrinsischen Motivierungen möglichst weiten Raum zu geben. »Intrinsisch motivierte Handlungen repräsentieren den Prototyp selbstbestimmten Verhaltens. Das Individuum fühlt sich frei in der Auswahl und Durchführung seines Tuns. Das Handeln stimmt mit der eigenen Auffassung von sich selbst überein. Die intrinsische Motivation erklärt, warum Personen frei von äußerem Druck und inneren Zwängen nach einer Tätigkeit streben, in der sie engagiert tun können, was sie interessiert« (*Deci/Ryan* 1993, 226). Es kann empirisch gezeigt werden, daß die intrinsische Motivation in gewisser Weise untergraben wird, wenn durch extrinsische Belohnungen versucht wird, die Motivation aufrecht zu erhalten (*Deci* 1975). Das Gefühl der Selbstbestimmung wird dadurch eben in Frage gestellt.

In diesem Zusammenhang stellt sich die Frage nach den Gegenständen, auf die sich die Motivation richtet. Für die affektive Besetzung von Lerngegenständen spielen auch biographische und persönlichkeitsspezifische Momente eine wichtige Rolle (vgl. *Gebhard* 1986; 1988 a; 1988 b). Dabei ist zu beachten, daß Lerngegenstände für die Subjekte auch eine psychodynamische Bedeutung haben. Lerninhalte können beispielsweise (z. T. unbewußte) Wünsche ausdrücken, werden emotional höchst unterschiedlich bewertet (Freude, Angst, Ablehnung, Trauer u. ä.) oder können Identifikationen ermöglichen (vgl. *Gebhard* 1988 b, 291; 1992; 1993). *Andreas Krapp* (1992) entwickelte in diesem Zusammenhang die »Person-Gegenstands-Theorie des Interesses«. Ebenfalls von Bedeutung in diesem Kontext sind die Fachsozialisationsforschung (vgl. z. B. *Brämer* 1979; *Reiß* 1979; *Gebhard* 1988 a; *Huber* 1991) und die »Bildungsgangdidaktik« (vgl. *Kordes* 1996). Die zentrale, jedoch weitgehend noch offene Frage für die Biologiedidaktik dabei ist, in welcher Weise der Biologieunterricht über die vermittelten Inhalte hinaus sozialisatorisch und persönlichkeitsbildend wirksam ist.

Motiviertes **selbstbestimmtes Lernen** zeichnet sich dadurch aus, daß es von den lernenden Subjekten ausgeht. Die »Selbstbestimmungstheorie der Motivation« von *Edward L. Deci* und *Richard M. Ryan* (1993) zieht die Trennungslinie zwischen intrinsischer und extrinsischer Motivation nicht so rigoros wie gewohnt (vgl. *Vallerand* 1997). »Intentionale und insofern motivierte Handlungen gehen von der Person aus und richten sich entweder auf eine unmittelbar befriedigende Erfahrung (wenn man z. B. einen Sachverhalt als interessant, spannend oder aufregend empfindet) oder auf ein längerfristiges Handlungsergebnis, z. B. das Bestehen einer Prüfung« (*Deci/Ryan* 1993, 224). Nach der Selbstbestimmungstheorie der Motivation kann man davon ausgehen, daß die Schüler schon motiviert sind, daß sie ein Bedürfnis haben, kompetent und wirksam zu sein. Es kommt insofern mehr darauf an, diese Motivation ernst zu nehmen und sie nicht zu gefährden, als sie durch allzu perfekte Motivationsphasen am Anfang jeder Stunde neu erzeugen zu wollen.

Selbstbestimmt motiviert können die Subjekte sowohl extrinsisch als auch intrinsisch sein. Dabei gibt es auch Situationen, in denen die intrinsische Motivation durch externe Faktoren geradezu unterhalten wird. Es sind dies Situationen, in denen das extrinsisch motivierte Verhalten als selbstbestimmte Handlung erlebt werden kann. Interessen und Vorstellungen können von den Lernern entwickelt und ehemals äußere Faktoren so zu inneren Motiven gemacht werden. Dieser Prozeß ist verwandt mit dem *Piaget*'schen Konzept der Assimilation

Entscheidend für das Aufrechterhalten von selbständiger Motivation ist die soziale Umgebung im allgemeinen und die jeweilige Lernumgebung im besonderen. In einer Reihe von Labor- und Feldversuchen sind derartige motivationsfördernde Faktoren ermittelt worden: Es handelt sich dabei um eine Lernumgebung, die die Selbständigkeit fördert, die Wahlmöglichkeiten zuläßt, anerkennend ist, auf die Lebensbezüge und Interessen der Schüler eingeht, Kompetenzen vermittelt, die weder unter- noch überfordert. Eine derartige Lernumgebung fördert nicht nur die intrinsische, sondern auch die extrinsische Motivation, sofern sie selbstbestimmt ist.

### 5.4.2 Motivierung im Unterricht

Schülerorientierung wäre mißverstanden, wenn damit eine Fixierung auf die vorgefundenen Interessen und Vorstellungen gemeint ist. Ein schülernaher Unterricht nimmt freilich die Interessen und Vorstellungen der Schüler ernst, geht von ihnen aus und inspiriert zugleich die Schüler, ihre Kompetenzen zu erweitern. Diese pädagogische Aufgabe der Lehrenden wird häufig als Motivierung (vgl. *Roth* 1961) beschrieben. Die Lehrperson hat dabei die Funktion, die Schüler zu interessieren, zu motivieren, ohne dabei das zentrale Motiv der Selbstbestimmung zu mißachten oder zu verletzen.

Aufgrund der je individuellen Wissenkonstruktion der Lerner wirken Unterrichtsmethoden nicht in jeder Situation und bei jeder Schülergruppe gleich, d. h. nicht deterministisch (vgl. *Duffy/Jonassen* 1991). Vor dem Hintergrund

der prinzipiellen Überlegungen zur Motivation ist dennoch eine Fülle von praktischen methodischen Hinweisen zu beachten, die erfahrungsgemäß motivierend wirken (vgl. *Blumenstock* 1995; *Prenzel/Lankes* 1995).
Die Inhalte sollten so aufbereitet werden, daß sie den Schülern als neuartig oder überraschend erscheinen und dadurch deren Aufmerksamkeit und Zuwendung hervorrufen. Es geht darum, eine »Inkongruenz« zu provozieren, d. h. Reizkonstellationen zu bieten, die von den erwarteten Reizen abweichen (vgl. *Lind* 1975, 55). Bei sehr schwacher Inkongruenz reagiert das Individuum gar nicht, bei sehr starker eventuell mit Verwirrung, Abwendung oder gar Flucht. Zur Anregung des im Unterricht erwünschten Erkundungs- und Lernverhaltens ist eine mittlere Stärke der Inkongruenz besonders geeignet. Würde man beispielsweise eine Klasse der Sekundarstufe I ohne Vorbereitung mit einem aufgeschnittenen Schlachttier konfrontieren, um daran die Anatomie von Säugetieren zu erarbeiten, so würde das sicher einige Schüler nicht motivieren, sondern abschrecken. Würde man die Behandlung des Themas »Vogelflug« mit dem Bild eines fliegenden Vogels einleiten, so wäre das vermutlich ein zu schwacher Lernanreiz; dagegen würde ein Bild eines Menschen mit Flügeln an den Armen, der zu fliegen versucht, wahrscheinlich gerade das rechte Maß an Verfremdung enthalten (vgl. Beispiele bei *Clausnitzer* 1983; *Staeck* 1987; *Etschenberg* 1990 b; *Berck* 1992; *Graf* 1995). In der allgemein- und biologiedidaktischen Literatur findet sich eine Vielzahl an Regeln für die Förderung einer sachbezogenen Motivation, zum Beispiel die folgenden:

... Der Unterricht soll der Erlebnis- und Verstehensebene und den Denkformen der Schüler entsprechen. Zur Erarbeitung der Inhalte sollen möglichst alle Schüler beitragen können.

... Die Schüler sollen möglichst häufig an der inhaltlichen und methodischen Planung des Unterrichts beteiligt werden und ihre eigenen Ideen im Umgang mit dem Unterrichtsmaterial verwirklichen können (vgl. *Marek* 1980; *Strey* 1982 b; *Meyer* 1987 b, 51 ff. ).

... Der Unterrichtsinhalt soll den Schülern so vor Augen geführt werden, daß er ihnen fragwürdig oder problemhaltig erscheint, daß sie seine Bedeutung für ihr persönliches Leben erkennen und ihnen das Ziel ihres Lernens bewußt wird (vgl. *Birkenbeil* 1973; *Iwon* 1975; *Etschenberg* 1979, 80 f.; 1990). Hier ist der »Unterrichtseinstieg« wichtig (vgl. *Clausnitzer* 1983; *Etschenberg* 1990 b; *Berck* 1992; *Graf* 1995; *Oßwald* 1995).

... Die gewählten Unterrichtsmethoden sollen eine weitgehende Eigenaktivität der Schüler ermöglichen. Der Unterricht sollte in bezug auf Methoden und Medien vielseitig und abwechslungsreich gestaltet werden, so daß er einem Nachlassen der Aufmerksamkeit und Lernbereitschaft entgegenwirkt und alle Wahrnehmungs- und Lerntypen anspricht (vgl. *Bolay* 1980; *Iwon* 1989). Besondere Beachtung verdienen die Methodenkonzepte und Sozialformen, die zu einer Binnendifferenzierung der Lerngruppen führen (z. B. Freiarbeit, Kleingruppenarbeit).

... Arbeitsweise, Lernort und Sozialform sollten so gewählt werden, daß sie zueinander passen und so wechselseitig das Interesse am Unterricht verstärken können (vgl. *Klein* 1993).

... Der Unterricht soll häufig ein Erleben der Natur (z. B. durch Einbeziehen lebender Organismen und Exkursionen) ermöglichen (vgl. *Janßen/Trommer* 1988). Dabei sollten auch Angst- und Ekelgefühle beachtet werden (vgl. *Schanz* 1972; *Gropengießer/Gropengießer* 1985; *Gebhard* 1994 a).

... Lebewesen sollten nicht nur nach den Kennzeichen des Lebendigen behandelt werden, sondern auch als ganze Organismen erkennbar sein.

... Der Lehrer soll sein persönliches Engagement am Unterrichtsgegenstand und die eigene Bereitschaft zu ständigem Weiterlernen erkennen lassen (vgl. *Bolay* 1980, 113).

LITERATUR
*Baalmann* 1997; *Baalmann/Frerichs/Gropengießer/Kattmann* 1998; *Baumert/Lehmann* u. a. 1997; *Bayrhuber/Schletter* 1997; *Bayrhuber/Stolte* 1997; *Beiler* 1965; *Berck, K.-H.* 1987 b; 1992; *Berck/Klee* 1992; *Billmann-Mahecha/Gebhard/Nevers* 1997; *Birkenbeil* 1973; *Bittner* 1979; *Blumenstock* 1995; *Bogner* 1997; *Bolay* 1980; *Brämer* 1979; *Bruner* 1970; *Clausnitzer* 1983; 1992; Club of Rome 1979; *Daneel* 1977; *Deci* 1975; *Deci/Ryan* 1993; *Driver/Easley* 1978; *Drutjons* 1980; *Duffy/Jonassen* 1991; *Duit* 1990; 1992; *Duncker/Popp* 1997; *Dylla* 1973; 1976; *Entrich/Graf* 1984; *Etschenberg* 1979; 1983; 1984 a; 1990 b; 1994 a; Friedrich Verlag 1984; *Gehlhaar/Klepel/Fankhänel* 1998; *Gahl* 1973; 1977; *Gebhard* 1986; 1988 a; 1988 b; 1990; 1994 a; 1994 b; 1997; *Gebhard/Billmann-Mahecha/Nevers* 1997; *Gebhard/Feldmann/Bremekamp* 1994; *Gerhardt* 1993; 1994; *Gerhardt/Burger* 1997; *Gerhardt/Piepenbrock* 1992; *Gerhardt/Rasche/Rusche* 1993; *Graf, E.,* 1995; *Gropengießer, H.,* 1997 a; 1997 b; *Gropengießer, H./Gropengießer* 1985; *Gropengießer/Kattmann* 1994; *Grupe* 1977; *Hartinger* 1995; *Hedewig* 1988 b; *Heimerich* 1997; *Hemmer/Werner* 1976; *Hesse, M.,* 1984 b; *Hilge* 1998; *Hofmeister* u. a. 1982; *Huber* 1991; *Illner* 1998; *Iwon* 1975; 1982; 1989; *Jäkel* 1991; 1992; *Janßen/Trommer* 1988; *Jung* 1987; *Kasbohm* 1978; *Kattmann/Schmitt* 1996; *Klee* 1996; *Klein, R. L.,* 1990; 1993 c; *Kordes* 1996; *Krapp* 1992; 1993; *Krapp/Prenzel* 1992; *Krüger/Wagener* 1979; *Künzli* 1988; *Leicht* 1981; 1984; *Lieb* 1982; *Lind* 1975; *Löwe* 1974; 1976 b; 1980; 1982; 1983; 1984; 1987; 1990; 1992; *Luhmann* 1990; *Lumer/Hesse* 1997; *Mandl/Reinmann-Rothmeier* 1995; *Marek* 1980; *Maturana* 1985; *Mayer* 1995; *Meyer, Hilbert,* 1987 b; *Nissen* 1996; *Noll* 1984; *Oßwald* 1995; *Otto, A.-R.* 1984; *Pfundt* 1981; *Pfundt/Duit* 1994; *Piaget* 1978; *Plötz* 1971; *Prenzel* 1988; 1993; *Prenzel/Lankes* 1995; *Reiß* 1979; *Rolbitzki* 1982; 1983; *Roth, G.,* 1994; *Roth, H.,* 1961; *Schaefer* 1983 a; 1983 b; *Schaefer/Wille* 1995; *Schanz* 1972; *Schmidt, J.,* 1987; *Schreier* 1995; *Seelig* 1968; *Staeck* 1987; *Stichmann* 1970; 1992; *Strey* 1982; 1986; *Stückrath* 1965; *Tamir* 1985; *Todt* 1977; 1990; *Todt/Götz* 1997; *Vallerand* 1997; *Wagenschein* 1973; *Wandersee/Good/Demastes* 1995; *Winkel* 1995; *Zöller* 1978; 1979

# 6 Biologielehrerin und Biologielehrer

## 6.1 Allgemeines

Das Gelingen des Unterrichts hängt in starkem Maße von der Lehrperson ab. Derselbe Unterrichtsinhalt und dieselbe Unterrichtsmethode können bei verschiedenen Lehrkräften mit ganz unterschiedlichen Effekten verknüpft sein. Dies stellt die Vergleichbarkeit des Unterrichts in Frage und schränkt die Übertragbarkeit von Erfahrungen ein. Deshalb kann die Rolle der Lehrkraft im Biologieunterricht ebenso wenig in allgemeine Aussagen gefaßt werden wie

5 ▼ die der Schülerinnen und Schüler. Der persönliche Stil, die Art und Weise, wie sich die Lehrperson als Partner angemessen in den Unterrichtsprozeß einbringt, muß jeweils selbst erprobt und gefunden werden, wobei die Erfahrungen anderer und allgemeine didaktische Grundsätze eine zwar notwendige, aber nicht hinreichende Hilfe sind. Allerdings gibt das zur Zeit hohe Durchschnittsalter der Lehrpersonen, von denen mehr als die Hälfte über 50 Jahre alt sind, Anlaß zu der Sorge, daß die notwendigen Impulse zur Erneuerung fehlen.

Da die Lehrpersonen in der Regel bei der Vorbereitung, Durchführung und Auswertung ihres Unterrichts auf sich allein gestellt sind, ist die Gefahr der Isolierung verhältnismäßig groß. Aus diesem Grunde, aber auch aus gemeinsamer Verantwortung, zum Zwecke der Transparenz und der Qualitätssicherung des Unterrichts ist die Kooperation mit Kollegen und Eltern äußerst wichtig. Gibt sie doch Gelegenheit, das eigene Tun eingehender reflektieren und den eigenen Unterricht besser beurteilen zu können. Hierzu sollten Elternversammlungen sowie Klassen- und Fachkonferenzen stärker genutzt werden, als dies im allgemeinen üblich ist (vgl. Friedrich Verlag 1998).

In diesem Kapitel werden nur einige Komplexe behandelt, die fachdidaktisch besonders wichtig erscheinen. Dies sind die Qualifikationen von Biologie-

6.2 ▼ lehrkräften sowie zwei grundlegende unterrichtsbezogene Tätigkeiten von
6.3 ▼ Biologie-Lehrenden, die Unterrichtsplanung und die Beurteilung des eigenen
6.4 ▼ Unterrichts.

## 6.2 Qualifikationen

Die Qualifikationen zum Lehren von Biologie sind vielfältig in Konzepten zur Lehrerausbildung erörtert worden (vgl. *Rodi* 1975 a, 11 ff.; *Entrich* 1976; 1979; *Raether* 1977; *Eulefeld/Rodi* 1978; *Killermann/Klautke* 1978; *Wagener* 1992,

25 ff.). Wenn auch der Biologieunterricht der hauptsächliche Bezugspunkt ist, so sind doch mit der Aufgabe, Biologie zu vermitteln, Qualifikationen verbunden, die weit über den Bereich der Schule hinausgehen (vgl. Oldenburger Thesen ... 1991).
Die »Qualifikationen eines Biologielehrers« sind in einem Katalog des VDBiol zusammengestellt worden (vgl. *Eulefeld/Rodi* 1978, 155 ff.; *Wagener* 1992, 27 ff.; revidierte Kurzfassung VDBiol 1983). Darin werden von der Lehrkraft Kenntnisse aus den Erziehungswissenschaften, der Fachdidaktik sowie der Biologie und den Nachbardisziplinen gefordert. Diese Dreiteilung legt nahe, daß es die Lehrperson mit drei gleich wichtigen Bezugswissenschaften zu tun habe. *Gerhard Schaefer* (1978 c) beantwortet die Frage »Muß ein Biologielehrer Biologe sein?« selbst für Grundstufenlehrer mit »Ja« und räumt damit der Biologie einen Vorrang ein. Man könnte dagegen mit ebenso guten Argumenten – sogar bezogen auf Gymnasiallehrer – die Bedeutung der Erziehungswissenschaften besonders betonen. Diejenige Bezugswissenschaft, die beide Wissenschaftsbereiche verknüpft, ist jedoch die **Biologiedidaktik**. Sie hat daher als die eigentliche Bezugswissenschaft für Biologie-Lehrende zu gelten. Dieses Verständnis erweist sich auch in der Schulpraxis als tragfähig. So beschreibt z. B. *Klaus Dylla* (1986) die Anwendung von Untersuchungsmethoden der Fachdidaktik als »Verwissenschaftlichung« des eigenen Unterrichts. In den Empfehlungen zur Studienreform für die Ausbildung von Biologielehrern an Gymnasien der VDBiol Studienreformkommission (1997) wird das **Berufsprofil** gegliedert in berufsspezifische Kenntnisse, didaktische Fertigkeiten sowie Einstellungen und Neigungen. Die berufsspezifischen Kenntnisse werden zweigeteilt in Biologie und Naturwissenschaften einerseits und Biologiedidaktik unter Einschluß allgemeindidaktischer Aspekte andererseits. Als Einstellungen und Neigungen werden den Biologielehrern sogar Begeisterung für Biologie und Naturwissenschaften generell abverlangt und es wird Sensibilität für die ästhetische Dimension der Natur gefordert.

Die Vermittlung von Biologie erfordert eine Breite von **Unterrichtsmethoden**, wie sie in keinem anderen Unterrichtsfach vorkommt: Das Spektrum reicht von Freilandarbeit und Pflege von Pflanzen und Tieren über Mikroskopieren, naturwissenschaftliches Beobachten und Experimentieren bis zu Textinterpretationen, von der Reflexion naturwissenschaftlicher Erkenntniswege bis hin zum Einstimmen in Naturerleben. Auch das Betreuen und Nutzen biologischer Sammlungen ist für den Unterricht von großer Bedeutung. So hängt der Anteil von Experimenten und Beobachtungen im Biologieunterricht erheblich von der Ausstattung der Schule ab (vgl. *Meffert* 1980, 11 f.).

## EINSTELLUNGEN

im Hinblick auf
die SCHÜLER:

Biologielehrer sollen bereit sein,
... auf Anliegen, Fragen, Probleme, Vorstellungen und Erfahrungen der Schüler einzugehen,
... Schüler als Diskussionspartner anzuerkennen und ihre Eigeninitiative zu fördern,
... den eigenen Unterricht im Hinblick auf die allgemeinen Lehr- und Lernziele und die Schülerbedürfnisse kritisch zu reflektieren und daraus Konsequenzen zu ziehen.

die UNTERRICHTSSITUATION:

Biologielehrer sollen bereit sein,
... zur ständigen Fachkritik, Methodenkritik und Selbstkritik, zum ständigen Lernen und Umlernen,
... zur Zusammenarbeit und zur Auseinandersetzung mit den Kollegen desselben Faches und mit Kollegen anderer Fächer (fächerübergreifende Projekte),
... zur Zusammenarbeit mit Fachleuten (Ärzte, Forst- und Landwirte, Gärtner etc.) außerhalb der Schule, um deren Kenntnisse in den Unterricht einzubringen,
... zur Zusammenarbeit und Auseinandersetzung mit Eltern und Erziehungsberechtigten,
... zur anschaulichen Gestaltung des Biologieunterrichts, z. B. durch außerschulische Erkundungen und Verwendung lebender Objekte, auch wenn dies im Hinblick auf die Vorbereitung persönlichen Einsatz fordert (Sammeln von Objekten, Aufbau von Experimenten, Beschaffung von Medien, Umgang mit Pflanzen und Tieren),
... die Schüler zu angemessenem Verhalten gegenüber Lebewesen anzuleiten.

Biologie als UNTERRICHTSFACH:

... Bereitschaft, die für die Schüler wesentlichen Erkenntnisse der Biologie auszuwählen und sie in sachlich richtiger und einwandfreier Form darzustellen und schülergerecht zu vermitteln.
... Erwartung, daß Biologie aufgrund der Komplexität ihrer Objekte schwierig zu unterrichten ist.
... Bereitschaft, auch komplexe Bereiche im Biologieunterricht zu bearbeiten, die der Kooperation mit anderen Fächern bedürfen (z. B. Themen der Gesundheits-, Sexual-, Umwelt-, Friedenserziehung).
... Bereitschaft, die Erlebnisfähigkeit der Schüler für die belebte Natur (einschließlich des eigenen Körpers) zu wecken und zu fördern.
... Bereitschaft, die eigene existentielle Betroffenheit durch die heutige Situation der Menschheit in der industrialisierten Welt im Unterricht deutlich zu machen.
... Bereitschaft, sich für die Belange der Gegenwart und Zukunft des Menschen und der Natur einzusetzen.

## 6.2 QUALIFIKATIONEN

## FÄHIGKEITEN UND FERTIGKEITEN

im Hinblick auf
die UNTERRICHTSGESTALTUNG:

Biologielehrer sollen fähig sein,
- ... die Interessenlage der Schüler zu erkennen und darauf im Unterricht einzugehen,
- ... die Kommunikation mit Schülern anzuregen und auf einem schülergemäßen sprachlichen Niveau zu führen,
- ... Schülervorstellungen zu erkennen, zu analysieren und den Unterricht entsprechend zu gestalten,
- ... selbständiges, mitgestaltendes und soziales Lernen der Schüler zu organisieren und zu fördern,
- ... Gruppenprozesse zu erkennen und zu berücksichtigen,
- ... Lernsituationen so zu arrangieren, daß eine Vermittlung zwischen individuellen Interessen und aktuellen Erfordernissen für die Umwelt gelingt,
- ... Richtlinien, Curricula und Medien (z. B. Dias, Filme, Schulbücher) zu beurteilen,
- ... so zu planen, daß Stoff-, Methoden- und Medienauswahl sinnvoll auf das Erreichen der gesetzten Ziele bezogen sind,
- ... die pädagogische und psychologische Situation (anthropogene und sozio-kulturelle Voraussetzungen) in einer Klasse zu erfassen und entsprechend zu handeln,
- ... den eigenen Unterricht kritisch zu beurteilen (Selbstkritik und Erfolgskontrolle) und daraus Konsequenzen zu ziehen,
- ... ein Thema unter verschiedenen Fragestellungen betrachten und gestalten zu können,
- ... verschiedene Unterrichtsmethoden und ihre Organisation zu beherrschen; insbesondere Unterrichtsgespräch, erarbeitendes Verfahren, Vortragstechnik, Einsatz von Anschauungsmitteln, Verwendung lebender Objekte, Experimentalunterricht, Gruppenunterricht, Rollenspiel, Projektunterricht, außerschulische Erkundungen.

WISSENSCHAFTLICHE METHODEN:

Fähigkeit zum
- ... Betrachten, Beobachten, Protokollieren (Beobachtungsmethodik),
- ... Vergleichen von Strukturen und Funktionen (vergleichende Methode),
- ... Übersetzen der Umgangssprache in die Fachsprache und umgekehrt,
- ... Arbeiten mit Modellvorstellungen und Erkennen der Möglichkeiten und Grenzen von Modellvorstellungen,
- ... Auswerten empirischer Daten (unter besonderer Berücksichtigung von Experimenten für die wissenschaftliche Fragestellung), einschließlich Methodenkritik,
- ... wissenschaftlichen Lösen von Problemen (Hypothesenbildung und Hypothesenprüfung), einschließlich Methodenkritik,
- ... Einbau der Methoden und Erkenntnisse anderer Disziplinen in die Bearbeitung fachlicher Probleme,
- ... logischen Schließen,
- ... Verknüpfen von Erkenntnissen des speziellen Faches mit aktuellen Lebensproblemen.

SPEZIELLE TECHNIKEN:

Fähigkeit zum
- ... Umgang mit Fachliteratur,
- ... Präparieren,
- ... Mikroskopieren,
- ... Zeichnen,
- ... Experimentieren,
- ... sachgerechten Experimentieren mit lebenden Organismen,
- ... Pflanzen- und Tierbestimmen,
- ... Pflanzen- und Tierhalten,
- ... Umgang mit technischen Geräten,
- ... Einrichten und Unterhalten von Biologie-Sammlung und Fachräumen.

Tabelle 6-1: Einstellungen, Fähigkeiten und Fertigkeiten von Biologie-Lehrenden (VDBiol 1978, gekürzt)

4 ▼
9.15 ▼
11.2 ▼
12.1 ▼

Darüber hinaus sind mit der Vermittlung von Biologie pädagogische, **fächerübergreifende Aufgaben** verknüpft, wie es in gleichem Umfang bei keinem anderen Fach der Fall ist: Umwelterziehung, Gesundheitserziehung und Sexualerziehung haben in der Biologie einen Schwerpunkt, und auch in der Friedenserziehung sind biologische Komponenten gefragt. Diese Aufgaben erfordern von den Lehrpersonen eine entsprechende positive Einstellung zur Behandlung pädagogischer Fragen und der mit den genannten Erziehungsbereichen verbundenen ethischen Probleme.

Besondere Anforderungen stellt auch die vom Biologie-Lehrenden erwartete Vertrautheit mit Lebewesen und der lebenden Umwelt. Dazu sind nicht nur grundlegende Artenkenntnisse und Fertigkeiten im Bestimmen nötig, sondern auch eine genaue Kenntnis der Schulumgebung und der Umwelt der unterrichteten Schüler. Allerdings wohnen heute viele Lehrkräfte nicht mehr am Wohnort, was den Erwerb dieser Kenntnisse behindert (vgl. *Meffert* 1980, 14). Obwohl das Fach Biologie wegen seiner Komplexität eher schwierig ist (vgl. *Schaefer* 1982 b), wird in der Schule Biologie häufig von Personen unterrichtet, die nicht für dieses Fach ausgebildet sind (vgl. *Meffert* 1980, 10). Die Auffassung, jeder Naturliebhaber könne Biologie aus eigener Erfahrung mit sich und seiner Umwelt unterrichten, sollte zugunsten eines biologiedidaktisch fundierten Verständnisses überwunden werden.

Aufgrund der vielfältigen Bezüge der Biologie zu anderen Bereichen kann die Frage nach einer günstigen **Fächerkombination** mit anderen Schulfächern nicht eindeutig beantwortet werden. Die häufig empfohlene Kombination Biologie/Chemie ist besonders für den Unterricht in der gymnasialen Oberstufe günstig, während die Bezüge zu Sozialwissenschaften, Geographie, Philosophie und Ethik insbesondere in der Sekundarstufe I für andere Fächerkombinationen sprechen. Lehrpersonen mit einem nicht-naturwissenschaftlichen Fach wird es näher liegen, biologisch bestimmte Themen von verschiedenen Zugängen und Gesichtspunkten her zu vermitteln (vgl. Empfehlungen 1989; *Hedewig* 1990 b).

LITERATUR

*Baumert/Lehmann* u. a. 1997; *Dylla* 1986; Empfehlungen 1989; *Entrich* 1976; 1979; *Eulefeld/Rodi* 1978; Friedrich Verlag 1998; *Hedewig* 1990 b; *Killermann/Klautk*e 1978; Oldenburger Thesen 1991; *Meffert* 1980; *Raether* 1977; *Rodi* 1975 a; *Schaefer* 1978 c; 1982 b; VDBiol 1978; VDBiol 1983; VDBiol Studienreformkommission 1997; *Wagener* 1992

## 6.3 Unterrichtsplanung und Unterrichtsentwurf

### 6.3.1 Zum Begriff »Unterrichtsplanung«

Die Bezeichnung »Unterrichtsplanung« wird meist in demselben Sinne verwendet wie das Wort »Unterrichtsvorbereitung« (vgl. *Beckmann/Biller* 1978; *Chiout/Steffens* 1978; *Dichanz/Mohrmann* 1980; *Schulz* 1981; *Meyer* 1991). Bei der Vorbereitung von Unterricht ist es nicht damit getan, einen Plan im Sinne einer Gedankenskizze zu entwerfen, sondern es geht zusätzlich um das Bereitstellen von Medien, das Herrichten des Arbeitsraumes, das Erkunden eines Exkursionsortes und viele andere Tätigkeiten. Daneben spielt aber auch das Sich-Einstellen auf den Unterricht eine Rolle, und in einem weiteren Verständnis kann man sogar das bewußte Bemühen um eine gute Atmosphäre in einer Lerngruppe als Bestandteil einer langfristigen Vorbereitung des künftigen Unterrichts betrachten. Im folgenden wird immer dann, wenn von der rein gedanklichen Vorwegnahme von Unterricht die Rede ist, das Wort »Unterrichtsplanung«, sonst die Bezeichnung »Unterrichtsvorbereitung« verwendet. Unter dem Aspekt der Zeitspanne, die die Planung betrifft, lassen sich die lang-, mittel- und kurzfristige Unterrichtsplanung unterscheiden. *Wolfgang Schulz* (1981, 3 ff.) hat hierfür spezielle Termini vorgeschlagen:

... Perspektivplanung: Sie bezieht sich auf lange Zeiträume, vor allem Schuljahre oder Schulhalbjahre bzw. Semester.
... Umrißplanung: Sie betrifft einzelne Unterrichtseinheiten, also im allgemeinen mehrere Unterrichtswochen.
... Prozeßplanung: »Sie legt innerhalb des Umrisses da, wo es nötig erscheint, die Abfolge der Unterrichtsschritte in der Zeit sowie die Kommunikations- und Arbeitsformen im einzelnen fest«.

Ein Unterrichtsplan, der mehrere Bereiche (z. B. Ziele, Inhalte, Evaluation) umfaßt und einen längeren Zeitraum betrifft, wird in der neueren Didaktik als »Curriculum« bezeichnet. Die Unterrichtsplanung für ein Schuljahr wird weitgehend durch amtliche »Richtlinien« und Schullehrpläne bestimmt. Bei der mittel- und kurzfristigen Planung bleibt der Lehrperson jedoch ein relativ weiter Entscheidungsspielraum. Da die mittel- und die kurzfristige Unterrichtsplanung grundsätzlich dieselben Fragen aufwerfen, werden diese beiden Formen im folgenden gemeinsam behandelt.
Der notwendige Vergleich zwischen der Planung und dem tatsächlichen Verlauf des Unterrichts wird in der »Nachbesinnung« geleistet. Die Nachbesinnung geht meist direkt in die Planung des weiteren Unterrichts über.

## 6.3.2 Curriculum

Der Terminus »Curriculum« bezeichnete bis ins 17. Jahrhundert im deutschen Sprachraum einfach Lehrplaninhalte und deren Abfolge. Als »Lebenslauf« kann die Wortbildung »Curriculum vitae« übersetzt werden, mit der vor allem der Bildungsgang einer Person gemeint ist. Seit der Aufklärung kam das Wort aus der Mode; aus dem angelsächsischen Bereich ist es mit neuer Bedeutung in den deutschen Sprachgebrauch zurückgekehrt. Es gibt mehrere Umschreibungen des Begriffs »Curriculum«, die sich darin unterscheiden, daß einmal mehr das Produkt (das fertige »Curriculummaterial«), ein anderes Mal mehr die Stationen, Entscheidungsträger und Schritte bei der Planung und Durchführung (der »Curriculumprozeß«) oder schließlich die Überprüfung der Wirkungen und Folgen (die »Curriculumevaluation«) betont werden (vgl. *Frey* 1971; *Reisse* 1975).

Mit »Curriculum« wird im engeren Sinne das Curriculummaterial, der festgelegte Unterrichtsplan, bezeichnet. Das Curriculum ist danach ein System von Lern- und Lehrelementen mit mehreren unterschiedlichen Teilen: Lernzielen, Lerninhalten, Angaben über Tätigkeiten von Lehrern und Schülern (Lehrverfahren, Arbeitsweisen, Unterrichtsorganisation), Evaluationsverfahren (Tests). »Ein Curriculum ist ein in allen seinen Teilen operationalisierter Lehrplan« (*Kattmann* 1971 a, 114). Durch curriculare Überlegungen werden Lern- und Lehrplanung grundlegend umgestaltet:

1-2 ● ... Das Unterrichtsgeschehen soll umfassend als komplexes System verstanden werden. Dabei werden neue Verknüpfungen der Lehrinhalte gestiftet, traditionelle Fachinhalte und Fächergrenzen dagegen in Frage gestellt.

4.1 ▼
3.2.1 ▼ ... Es wird angestrebt, das Unterrichtsgeschehen auf dessen gesamtgesellschaftliche Bedeutung zu beziehen. Der Unterricht soll Qualifikationen für das Leben als Staatsbürger bereitstellen (vgl. *Robinsohn* 1969).

7 ▼ ... Das Unterrichtsgeschehen soll zielorientiert geplant werden. Die Ziele selbst sollen gerechtfertigt und die Mittel angegeben werden, mit denen sie angemessen verwirklicht werden können.

5 ▼ ... Die Unterrichtsplanung soll als ein Prozeß gestaltet werden, an dem die vom Unterricht Betroffenen beteiligt sind.
(*Häußler/Künzli* 1975, 240; vgl. *Frey* 1976, 76)

Zusammengenommen ist die Curriculumarbeit nichts anderes als der Versuch, den Unterricht möglichst systematisch und rational aufgrund empirisch gewonnener Ergebnisse zu planen und zu beschreiben. Damit ist auch gesagt, daß das Curriculum und der realisierte Unterricht nicht dasselbe sind. Trotz der

Unterscheidung von Unterricht und Curriculum besteht die Gefahr, daß durch das Erfassen einer großen Anzahl von Bedingungen und die sehr kleinschrittige Beschreibung des Unterrichts der Unterrichtsverlauf zu sehr festgelegt wird, da besondere Umstände des jeweiligen konkreten Unterrichts und besonders die Beziehungen zwischen Lehrpersonen und Schülern nicht berücksichtigt werden. Um zu verhindern, daß Schüler und Lehrkräfte zu bloßen Objekten und Konsumenten von »vorgefertigtem« Unterricht werden, wurden unter den Bezeichnungen »Offenes Curriculum« oder »Handlungsorientiertes Curriculum« Programme entwickelt, in denen die Unterrichtsprozesse gegenüber den Inhalten in den Vordergrund gestellt werden und der Unterricht vorwiegend von selbstorganisierten Lernprozessen bestimmt wird (vgl. *Brügelmann* 1972;    ▼ 8.1
*Heipcke/Messner* 1973; *Hoebel-Mävers* u. a. 1976; *Marek* 1980; *Otto* 1984).
Der Gegensatz zwischen »geschlossenen« und »offenen« Curricula kann aufgelöst werden, wenn Lehrpersonen (und Schüler) es verstehen, die Angaben in Lernmaterialien nicht unreflektiert zu übernehmen und zu befolgen, sondern gegenüber den eigenen Zielen und Erfahrungen abzuwägen und auf diese Weise für die eigene Unterrichtsplanung und -gestaltung zu nutzen. Das beste Curriculum (ob »offen« oder »geschlossen«) kann und darf die eigene Unterrichtsplanung nicht ersetzen.                                      ▼ 6.3.4

### 6.3.3 Richtlinien

Die ministeriell erlassenen Richtlinien für den Biologieunterricht haben sich durch das Vorbild der Curriculumarbeit seit 1970 stark verändert (vgl. Rahmenplan des VDBiol 1973; 1987; *Hedewig/Rodi* 1982; *Hedewig* 1997). Neben    ▼ 2.3.2
dem Wechsel in der Anordnung und der Auswahl von Lehrinhalten sind vor allem die Veränderungen in der Form und im Umfang auffallend. Dagegen hat sich der Prozeß der Erstellung von Richtlinien kaum gewandelt. Noch immer tagen kleine Kommissionen, anfänglich unter Geheimhaltungspflicht. Anhörungen finden meist erst statt, wenn die wesentlichen Entscheidungen bereits getroffen sind. Biologiedidaktische Fachleute werden häufig nicht oder erst bei der Begutachtung beteiligt (vgl. *Staeck* 1996).
Die Richtlinien variieren immer noch stark zwischen den einzelnen Bundesländern, zuweilen sogar zwischen den Schulformen eines einzigen Bundeslandes. Dem gegenüber steht die Notwendigkeit, die Bildungssysteme in Europa über die Staatsgrenzen hinweg im Interesse der Freizügigkeit aufeinander abzustimmen (vgl. *Grimme* 1986; *Schaefer* 1986; *Staeck* 1993; 1997; *Entrich* 1994 b; *Entrich/Staeck* 1994).

Während früher die Richtlinien fast ausschließlich aus kurzen, stichwortartigen Stoffkatalogen bestanden, sind heute sogenannte Lehrplanleisten üblich, in denen Lernziele, Lerninhalte und Begriffe, methodische Hinweise und zuweilen auch Literatur- und Materialhinweise aufgeführt werden. Meist sind die Themenbereiche als Unterrichtseinheiten angeordnet. Häufig werden auch Angaben über die vorgesehene Unterrichtsdauer gemacht. Diese umfangreichen und differenzierten Lehrpläne haben den Vorteil, daß sie den Lehrkräften mehr helfende Hinweise zum angestrebten Unterricht geben als frühere. Doch zeigt sich hier - wie bei den ausgearbeiteten Curricula - die Gefahr, daß der Unterrichtsplan zu sehr festgelegt wird und die Lehrenden einengt. Dies ist bei den Richtlinien sehr schwerwiegend, da diese als Ausführungsbestimmungen der Schulgesetze rechtlich verbindlich sind. Zwar wird in den Richtlinien oft nur der Lernzielkatalog verbindlich gemacht, doch meinen die Lehrenden häufig, den gesamten Plan mit allen Einzelheiten einhalten zu müssen. Da die meisten Richtlinien stofflich überladen sind, können sie auf diese Weise zur Gängelung von Lehrenden und Lernenden führen. Es ist daher für die Lehrkräfte wichtig, jeweils in der Fachkonferenz zu klären, welche Teile des Lehrplans rechtlich verbindlich sind und wie der notwendige pädagogische Freiraum zu nutzen bzw. herzustellen ist.

Die Lehrpläne der Bundesländer sind als Rahmenrichtlinien formuliert, die den Freiraum für die Lehrpersonen, bezogen auf Unterrichtssituation, regionale Bedingungen und Interessen der Schüler, ausdrücklich vorsehen. Die jeweils verpflichtenden Teile sollen meist nur etwa 70 % der Unterrichtsdauer in Anspruch nehmen. Diese Bestimmung erweist sich zwar angesichts der meist vorherrschenden Stoffülle als unrealistisch, sie sollte jedoch ebenso ernst genommen werden wie die inhaltlich verpflichtenden Vorgaben. Richtlinien sollten in erster Linie nicht als amtliche Vorschrift angesehen, sondern als Orientierung für den abgestimmten Lehrplan einer Schule und die eigene

6.3.5 ▼ Unterrichtsplanung genutzt werden.

### 6.3.4 Sinn und Bedeutung der Unterrichtsplanung

Die Unterrichtsplanung gehört zu den wichtigsten und zeitaufwendigsten Aufgaben aller Lehrenden. Viele Lehrpersonen berichten von der Erfahrung, daß gelegentlich unvorbereitete Unterrichtsstunden gut gelingen. Die Notwendigkeit einer professionellen Unterrichtsvorbereitung kann damit aber nicht bestritten werden. Schulischer Unterricht ist prinzipiell zielorientiertes, absichtsvolles Handeln und kann wie jede intentionale Tätigkeit durch Planung optimiert werden. Auch die »offensten« Unterrichtsformen führen auf Dauer ohne vorangehende Planung nicht zu den erwünschten Ergebnissen. Diese Aussage wird durch den Hinweis auf die positiven Aspekte eines »Gelegenheitsunterrichts« oder der »Fünf-Minuten-Biologie«, die Zwänge des Schulalltags sowie der Nutzung von Vertretungsstunden selbstverständlich nicht entkräftet (vgl. *Stichmann* 1992; *Teutloff/Oemig* 1995; *Meyer* 1998). ▼ 8.2

Eine wichtige Funktion der Unterrichtsplanung ist es, die **Zielbezogenheit** des Unterrichts zu sichern und damit seine Effektivität zu verbessern. Eine zweite wichtige Funktion besteht darin, daß sie der Lehrperson **Sicherheit** gibt. Zwar wird diese Sicherheit stets nur eine relative sein, denn jede Unterrichtssituation ist geprägt durch viele, nicht einkalkulierbare Unsicherheitsfaktoren; aber jeder Schritt in Richtung auf ein angstfreies, unverkrampftes Lehrerverhalten ist wichtig für das Lernklima und die Lerneffektivität.

Schließlich dient die Unterrichtsplanung, besonders in ihrer fixierten Form als »Unterrichtsentwurf«, der **Evaluation** des Unterrichts und des Lehrenden (vgl. *Meyer* 1991). Nur auf der Basis schriftlicher Planungsunterlagen läßt sich diskutieren, in welchem konzeptionellen Zusammenhang eine beobachtete Unterrichtsstunde steht und ob es dem Unterrichtenden gelungen ist, die Durchführung des Unterrichts in eine sinnvolle Beziehung zu seinen Intentionen zu bringen. Daß Unterrichtsentwürfe nicht nur als Grundlage von Diskussionen, sondern auch als Grundlage von oft folgenreichen Kontrollen und Beurteilungen verwendet werden, gehört zu den Erfahrungen aller Lehrkräfte. Wenn die Unterrichtsplanung als wichtiges und unersetzbares Element der gesamten Lehrertätigkeit anerkannt wird, ist es nur folgerichtig, daß sich die Bewertung der Lehrfähigkeit auch auf diesen Bereich erstreckt. ▼ 6.4

Eine oft übersehene Funktion von Unterrichtsplanungen ist die der **Dokumentation** (vgl. *Dichanz/Mohrmann* 1980). Unterrichtsentwürfe können besonders Lehramtsstudierenden und Berufsanfängern als Hilfsmittel zur eigenen Unterrichtsvorbereitung dienen. Sie bilden die Grundlage für Publikationen und kommen in dieser Form einem größeren Kreis von Lehrern zugute (vgl. z. B. *Killermann* 1980 b; »Unterrichtsmodelle« in biologiedidaktischen Zeitschriften). ▼ 14

Kritische Äußerungen zur Unterrichtsplanung beziehen sich zum einen auf die oben erwähnte Legitimationsfunktion, zum anderen auf zwei Gefahren:

... Planung kann als einengend empfunden werden: Die Lehrperson meint, sich im Unterrichtsverlauf an den fixierten Plan halten zu müssen, und unterläßt spontane (Re-)Aktionen und notwendige Exkurse.

... Die Lehrkraft läßt die Schüler weder direkt an der Planung teilhaben noch berücksichtigt sie in ausreichendem Maße deren Lernvoraussetzungen.

Beide Gefahren sind tatsächlich vorhanden, beruhen aber auf Mißverständnissen von Aufgaben und Grenzen der Unterrichtsplanung. Eine vernünftige Planung ist dadurch gekennzeichnet, daß sie nicht alle Lehrer- und Schüleraktivitäten festlegt, sondern Alternativen aufzeigt und so Möglichkeiten zu mehreren unterrichtlichen Wegen bzw. Umwegen gedanklich vorwegnimmt. Indem der Unterrichtsplan einen Rahmen und wesentliche Linien des Unterrichts vorgibt, ermöglicht er den Lehrenden um so freiere Bewegung innerhalb der gesetzten Grenzen. Im Grunde besteht die »Kunst der Unterrichtsvorbereitung« darin, durch Planung eine größtmögliche Offenheit des Unterrichts zu ermöglichen. Damit ist gleichzeitig gesagt, daß der Unterrichtsverlauf keineswegs vollständig mit dem Unterrichtsentwurf übereinstimmen muß. Starke Abweichungen zwischen Unterrichtsplanung und -verlauf sollten aber

6.4 ▼ zu einer sorgfältigen »Nachbesinnung« Anlaß geben.

Zu einer guten Unterrichtsplanung gehört auch, daß die Schüler nicht zu Objekten degradiert, sondern als denkende und handelnde Subjekte einbezogen werden. Die Forderung nach sorgfältiger Planung wird durch solche Schülerorientierung nicht ausgeschlossen, vielmehr enthält sie diese als eines ihrer Kernelemente. Von seiten der Allgemeinen Didaktik und der Fachdidak-

5 ▼ tiken sollten Möglichkeiten einer stärkeren Beteiligung der Schülerinnen und Schüler an der Unterrichtsplanung aufgezeigt werden. Handlungsspielräume, die auch innerhalb institutioneller Begrenzungen bestehen bzw. geschaffen werden können, sollten bewußt gemacht und möglichst erweitert werden. Unterrichtsplanung soll so auch Alternativen zum herkömmlichen Unterrichten eröffnen (vgl. *Schulz* 1981; *Meyer* 1987 b, 395 ff.; 1991).

### 6.3.5 Der Unterrichtsentwurf

### 6.3.5.1 Gliederung des Unterrichtsentwurfs

Das fixierte Ergebnis der Unterrichtsplanung, das vor allem in Prüfungssituationen von Bedeutung ist, wird meist als »schriftliche Unterrichtsvorbereitung« bezeichnet. Der Einfachheit und Klarheit halber wird im weiteren der Ausdruck »Unterrichtsentwurf« verwendet.

Die Ausführungen zum Begriff der Unterrichtsplanung legen es nahe, dieser

1-2 ● das »Didaktische System« (nach *Schaefer* 1971 a) zugrundezulegen. Dieses Vorgehen gewährleistet, daß kein wichtiger Parameter des Unterrichts vernachlässigt wird und auch die Wechselbeziehungen zwischen den einzelnen Faktoren berücksichtigt werden. Es mag sein, daß sich manche Biologie-

lehrkräfte an diesem System orientieren; aber die bei unterrichtspraktischen Prüfungen vorgelegten Unterrichtsentwürfe lassen eine solche Orientierung selten erkennen. Auch Vorschläge zu einer Unterrichtsplanung, die dem lerntheoretischen Ansatz der »Berliner Schule« (vgl. *Heimann/Otto/Schulz* 1977) folgt und dementsprechend von den Bedingungs- und Entscheidungsfeldern des Unterrichts ausgeht, sind relativ selten (vgl. *Bay/Rodi* 1978, 64 ff.). Dagegen findet man häufig Unterrichtsentwürfe, die nach der folgenden (oder einer ähnlichen) **Gliederung** aufgebaut sind:
... Formalia: Name der Lehrperson, Schulort, Schule, Klasse bzw. Kurs, Fach, Tag, Stunde;
... Thema der Stunde bzw. Doppelstunde;
... Stellung der Stunde bzw. Doppelstunde im Zusammenhang der Unterrichtseinheit;
... Charakterisierung der Lerngruppe
... Sachanalyse (oder Sachinformationen);
... Didaktische Überlegungen (oder Didaktische Analyse);
... Methodische Überlegungen;
... Skizze des geplanten Unterrichtsverlaufs;
... Anhang: Arbeitsblätter, Entwurf des Tafelbildes, Literaturverzeichnis, evtl. Sitzplan.

In diesem Gliederungsschema finden sich Anklänge an einen Vorschlag zur Unterrichtsvorbereitung von *Wolfgang Klafki*, der erstmalig 1958 publiziert und 1962 von *Wolfgang Kramp* aufgegriffen und ausgearbeitet wurde (vgl. *Klafki* 1964; *Kramp* 1964). Während die lerntheoretische Konzeption besonders die Wechselbeziehung der Ziel-, Inhalts-, Methoden- und Medienentscheidungen (Interdependenz) hervorhebt und diese Entscheidungen als prinzipiell gleichrangig anspricht, gibt diese »bildungstheoretische« Konzeption den inhaltsbezogenen Entscheidungen Vorrang vor den methodenbezogenen (Primat der Didaktik). Inzwischen sind die beiden Standpunkte jedoch einander angenähert worden (vgl. *Klafki* 1980 b; *Schulz* 1981, 85 f.). Im folgenden wird von der Annahme ausgegangen, daß es sinnvoller und erfolgreicher ist, bereits weit verbreitete Strategien der Unterrichtsplanung schrittweise zu optimieren, als ungewohnte neue Strategien zu empfehlen. Unerläßlich ist bei diesem Vorgehen allerdings, die Gefahren zu beachten, die der herkömmlichen Unterrichtsplanung bzw. dem oben dargestellten Gliederungsschema von Unterrichtsentwürfen innewohnen.
Problematisch ist ohne Zweifel die Bezeichnung »**Sachanalyse**«. Sie könnte zu der Vorstellung führen, »daß es sinnvoll sei, vor allen didaktisch-methodi-

schen Betrachtungen die ‚reine' Sache zu analysieren« (*Meyer* 1981, 257; vgl. *Staeck* 1987, 245). Dieses Mißverständnis könnte noch dadurch verstärkt werden, daß üblicherweise die Sachanalyse in dem Unterrichtsentwurf vor den »Didaktischen Überlegungen« angeordnet ist. Es besteht die Gefahr, daß dadurch einer »Abbild-Didaktik« Vorschub geleistet wird, die von keiner modernen fachdidaktischen Theorie gestützt wird.

Wie vor allem von der »Berliner Schule« herausgestellt wurde, handelt es sich bei der Unterrichtsplanung einerseits um die Analyse der Bedingungen von Unterricht, andererseits um unterrichtliche Entscheidungen. Als »Bedingungsfelder« werden die »anthropogenen Voraussetzungen« und die »sozial-kulturellen Voraussetzungen« unterschieden. Es wäre durchaus sinnvoll, in die Erörterung der Unterrichtsbedingungen auch Überlegungen zu den wissenschaftlichen Grundlagen einzubeziehen; denn man könnte die zu einem Unterrichtsthema vorliegenden Veröffentlichungen zu den sozial-kulturellen Voraussetzungen seiner Behandlung rechnen. In diesem Sinne empfiehlt *Hilbert Meyer* (1991), auf die herkömmliche Sachanalyse zu verzichten und statt dessen die notwendigen Sachinformationen in einem Abschnitt »Fachliche Vorgaben für die geplante Stunde« darzustellen. Zusammen mit den Abschnitten »Lernvoraussetzungen der Schüler« und »Handlungsspielräume des Lehrers« bildet dieser Abschnitt das Kapitel »Bedingungsanalyse«.

Eine gewisse Gefahr der herkömmlichen Entwurfsgliederung liegt auch in der Trennung der auf Ziele und Inhalte bezogenen »Didaktischen Analyse« von den »Methodischen Überlegungen«. Die von *Heimann/Otto/Schulz* (1977) aufgezeigten »Entscheidungsfelder« (Intentionen, Themen, Methoden und Medien) hängen ja eng miteinander zusammen; ihre getrennte Behandlung führt leicht zu einer Vernachlässigung der Interdependenzen. Viele Unterrichtsentwürfe weisen diese Schwierigkeit deutlich aus: Entweder wird bei den methodischen Überlegungen nicht genügend Bezug auf die didaktischen Erwägungen genommen, oder beide Aspekte sind durcheinandergewürfelt. Dieser Schwierigkeit tragen viele Autoren von veröffentlichten Unterrichtseinheiten Rechnung, indem sie auf eine Trennung in zwei Kapitel verzichten und statt dessen in einem Abschnitt »Didaktische und methodische Überlegungen« zusammenfassen. *Meyer* (1991) nennt das entsprechende Kapitel »Didaktische Strukturierung« und untergliedert es in die Abschnitte »Lehrziele des Lehrers«, »Hypothesen über die Handlungsziele der Schüler«, »Begründungszusammenhang von Ziel-, Inhalts- und Methodenentscheidungen« und »Vorüberlegungen zur Auswertung«. Zu Recht werden die Ziele der Lehrperson von den Handlungszielen der Schüler unterschieden, da sie keineswegs übereinstimmen müssen. Man tut gut daran, den Willen der Schüler, ihre

Absichten und Ziele, ernst zu nehmen. Die Vorüberlegungen zur Auswertung erscheinen deshalb als besonders wichtig, weil der »Evaluationsaspekt« in der Unterrichtsplanung oft zu kurz kommt. Es sollten Kriterien festgelegt werden, wann eine Unterrichtssequenz als gelungen gilt. ▼ 6.4

Hält man am traditionellen Gliederungsschema fest, so werden häufig die **Unterrichtsziele** gesondert aufgeführt, und zwar entweder am Ende der »Didaktischen Überlegungen« (als deren Fazit) oder noch vor der Sachanalyse (zur Hervorhebung).

Die Ausführungen zur **Lerngruppe** enthalten häufig nur spezielle Erfahrungen und Beobachtungen aus dem bisherigen Unterricht. Es wäre jedoch durchaus sinnvoll, unter dieser Überschrift der Frage »Wer wird unterrichtet?« einen eigenen Abschnitt zu widmen, in dem auch die anthropologisch-psychologischen und die soziokulturellen Voraussetzungen systematisch dargestellt werden, die sonst den didaktischen Überlegungen zuzuordnen sind. Bei den betreffenden Überlegungen ist es angebracht, über die eigenen Erfahrungen der Lehrperson hinaus z. B. auch Ergebnisse von Erhebungen zu Schülervorstellungen und Schülerinteressen zu berücksichtigen. ▼ 6.3.5.4
▼ 5.2
▼ 5.3

### 6.3.5.2 Stellung der Stunde im Zusammenhang der Unterrichtseinheit

Dieser Abschnitt des Unterrichtsentwurfs hat in erster Linie die Funktion, die Beobachter des Unterrichts in aller Kürze in den inhaltlichen Kontext des jeweiligen Unterrichtsausschnitts einzuführen. Er hat auch dann eine Bedeutung, wenn neben dem Entwurf für die betreffende Unterrichtsstunde ein Plan für die gesamte Unterrichtseinheit vorliegt; denn deren tatsächlicher Verlauf braucht mit der Planung keineswegs in allen Punkten übereinzustimmen. Insofern stellen die Ausführungen in diesem Abschnitt das Fazit aus dem bisherigen Verlauf der Unterrichtseinheit dar. Der Wert derartiger Überlegungen liegt in der Möglichkeit, Stärken und Schwächen sowohl der mittelfristigen Planung als auch der bisherigen Durchführung des Unterrichts zu erkennen und daraus Hilfen für das zukünftige Planen und Unterrichten zu gewinnen.

### 6.3.5.3 Sachanalyse

Einerseits ist sicher, daß es eine reine, von didaktischen Erwägungen freie Sachanalyse nicht gibt oder nicht geben sollte, andererseits ist es fragwürdig, die didaktischen Fragen zu stellen, ohne die Sachstruktur vorher geklärt zu haben. *Hans K. Beckmann* (1980, 99 f.) beginnt konsequenterweise einen »Fragenkatalog für eine Unterrichtsvorbereitung« mit der Frage »Welche Zielvorstellungen liegen für die Unterrichtseinheit mehr oder weniger vage zugrunde?«, stellt aber sogleich im Anschluß daran die Frage nach den fachlichen Grundlagen des Inhalts. Eine so verstandene Sachanalyse dient folgenden Zielen (vgl. *Leicht* 1981, 149 f.; *Staeck* 1995):

... Kenntnis des den Unterrichtsgegenstand betreffenden Forschungsstandes der Biologie, und zwar in inhaltlicher und methodischer Hinsicht;
... Kenntnisse über die Geschichte der Erforschung des Gegenstandes;
... Überblick über die betroffene Teildisziplin der Biologie und Einsicht in die Bedeutung des Themas im Rahmen der Biologie;
... Kenntnis außerfachlicher Bezüge des Unterrichtsinhalts.

Die Lehrperson, die eine umfassende Sachanalyse durchführt, gewinnt dadurch einen geschärften Blick für falsche Aussagen, ungerechtfertigte Verallgemeinerungen und unangemessene Vereinfachungen (vgl. *Killermann* 1991, 253). Die Sachanalyse ermöglicht die Formulierung sachentsprechender Unterrichtsziele sowie die Auswahl exemplarischer Inhalte und Methoden. Sie stellt eine unersetzbare Voraussetzung für die sinnvolle Strukturierung des Unterrichtsverlaufs dar. Sie ist eine Grundbedingung für einen Unterricht, der die Schüler zu kritischem Fragen anregen soll.

Im praktischen Vollzug der Unterrichtsplanung geht es darum, den in Frage stehenden Gegenstandsbereich möglichst schnell aufzuarbeiten. Ob man dabei von der Primärliteratur oder von wissenschaftlichen Lehrbüchern ausgeht und schließlich bei Schulbüchern ankommt oder den umgekehrten Weg geht, ist nicht wesentlich. Wichtig ist aber, daß man nicht bei Schulbüchern oder gar bei dem in der betreffenden Lerngruppe eingeführten Schulbuch stehenbleibt. Schulbücher können nur eine sehr begrenzte Auswahl an Sachinformationen bieten; diese kann niemals dem Lehrenden die notwendige Übersicht verschaffen und dem Informationsbedürfnis und -anspruch der Lerngruppe gerecht werden. Häufig werfen Texte und Bilder in Schulbüchern Fragen auf, die in diesen selbst nicht beantwortet werden. Hier bieten sich günstige Ansatzpunkte für die tiefergehende Sachanalyse. In einigen Fällen enthalten die Lehrerhandbücher weitere Sachinformationen; meist wird der Lehrende auf die Fachliteratur verwiesen. Sehr hilfreich sind didaktische Veröffentlichungen zu verschiedenen Unterrichtsthemen, die neben sogenannten Unterrichtsmodellen auch ausführliche Sachinformationen enthalten (vgl. »Basisartikel« der Themenhefte von »Unterricht Biologie«; *Eschenhagen/Kattmann/Rodi* 1989 ff.). Diese Publikationen ermöglichen nicht nur eine relativ einfache Information über

den Unterrichtsgegenstand, sondern auch - durch die meist ausführlichen Literaturverzeichnisse - einen vergleichsweise leichten Zugriff auf weiterführende Publikationen. In diesem Zusammenhang sind besonders solche fachwissenschaftlichen Zeitschriften zu nennen, die aktuelle Berichte aus der Forschung in allgemeinverständlicher Form bieten, z. B. »Bild der Wissenschaft«, »Biologie in unserer Zeit«, »Kosmos«, »Naturwissenschaftliche Rundschau«, »Spektrum der Wissenschaft«.
Empfehlenswert ist es, einige wichtige Ergebnisse der Sachanalyse in übersichtlicher Form festzuhalten. *Wolfgang Strauß* (1977) schlägt vor, im Rahmen einer didaktischen »Feldanalyse« in einem ersten Schritt das Thema der betreffenden Unterrichtseinheit in Unterthemen und diese wiederum in Teilthemen zu untergliedern und dieses Verfahren bis an die »äußeren Fachgrenzen« fortzusetzen, um dann damit zu beginnen, »Situationen, Fragen und Probleme des Alltags zu assoziieren« (vgl. auch *Strey* 1986; *Wagener* 1992). *Lothar Staeck* (1995) empfiehlt die Erstellung eines »Begriffsnetzes«, das die Struktur des jeweiligen Sachgebietes kennzeichnet. Bei beiden Vorgehensweisen gelangt man zu einer übersichtlichen Darstellung, die es ermöglicht, die Einzelkomplexe des Themas und ihre Verknüpfungen schnell zu erfassen; beide Verfahren stellen damit eine gute Grundlage für didaktische und methodische Entscheidungen dar.
Für die Erstellung des Unterrichtsentwurfs wird hier empfohlen, den Abschnitt »Sachanalyse« im Vergleich zu den didaktischen und methodischen Überlegungen kurz zu halten. Mit Fakten und Zusammenhängen, die in den gängigen Hochschullehrbüchern der Biologie dargestellt sind, braucht man die Sachanalyse nicht zu belasten; hier genügen Hinweise auf die verwendete Literatur. Wichtig sind dagegen Ausführungen zu Ergebnissen der aktuellen Forschung, soweit sie noch nicht allgemein bekannt sind, im geplanten Unterricht aber eine Rolle spielen sollen.

### 6.3.5.4 Didaktische Überlegungen

Die »Didaktische Analyse« (*Klafki* 1964) gilt allgemein als »Kern der Unterrichtsvorbereitung«. Da dieser Teil der Unterrichtsplanung mehr als nur analytische Elemente enthält, wird hier die Bezeichnung »Überlegungen« gewählt. Dabei geht es um:  ● 1-2
... die Ziele (Intentionen) des Unterrichts (Frage »wozu«?);
... die Auswahl und Strukturierung der Unterrichtsinhalte, (Frage »was«?);
... die Begründung der Unterrichtsziele und -inhalte (Frage »warum«?).

1-2 ● Da diese Fragen in Wechselbeziehungen zu den Methoden- und Medienfragen (»wie?«) stehen, können die didaktischen Überlegungen nicht streng eingegrenzt oder scharf von den methodischen Überlegungen abgegrenzt werden; realistisch läßt sich lediglich von einer klaren Schwerpunktsetzung sprechen. Es hat sich vielfach bewährt, den didaktischen Erwägungen eine Reihe von Einzelfragen zugrundezulegen, durch die die drei obengenannten Fragen weiter aufgeschlüsselt und damit besser handhabbar gemacht werden. Solche typisch didaktischen Fragen sind (vgl. *Klafki* 1964 b; 1980; *Kramp* 1964; *Messer/Schneider/Spiering* 1974; *Beckmann* 1980):

... Die Frage nach den anthropologisch-psychologischen Voraussetzungen des Unterrichts bei den Lernenden (Wissen, Können, Einstellungen, Interesse, Lernbereitschaft, Lernfähigkeit, mutmaßliche Erwartungen im Hinblick auf den Unterricht).

... Die Frage nach den soziokulturellen Voraussetzungen des Unterrichts (soziales Umfeld der Schüler und der Schule, ökologisches Umfeld, Klassengröße, »Klassenklima«, Unterrichtszeit, -räume, Medienausstattung der Schule, Bestimmungen der Schulordnung).

... Die Frage nach den Vorgaben in Richtlinien und Lehrplänen und dem dadurch mitbestimmten Entscheidungsspielraum der Lehrenden.

... Die Frage nach den anthropologisch-psychologischen Voraussetzungen bei der Lehrperson (Einstellung zum Lehrinhalt, Fähigkeit, soziales Lernen zu fördern).

... Die Frage nach den für die Unterrichtseinheit bzw. -stunde festzulegenden Zielen und ihrer Begründung (Zusammenhang mit Inhaltsentscheidungen, Rechtfertigung im Hinblick auf übergeordnete Zielsetzungen für Schule und Biologieunterricht, Möglichkeit der Differenzierung nach Grob- und

7 ▼ Feinzielen und nach den Zieldimensionen und -stufen).

... Die Frage nach der Gegenwartsbedeutung des Unterrichtsinhalts (Spielt der Inhalt in der Gesellschaft eine wesentliche Rolle? Ist er so bedeutsam, daß er eine größere Rolle im Leben der Lernenden spielen sollte, als durch die Analyse der anthropologisch-psychologischen Voraussetzungen erkennbar geworden ist?).

... Die Frage nach der Zukunftsbedeutung (Ist die Beschäftigung mit dem Gegenstand eine wichtige Voraussetzung für den Ausbildungsgang und die Bewältigung zukünftiger Lebenssituationen? Oder sind die an dem Inhalt zu gewinnenden Einsichten, Fähigkeiten oder Haltungen zwar bei der Bewältigung von Lebensnotwendigkeiten entbehrlich, aber für das »Ergreifen freier Lebensmöglichkeiten«, als »Grundlage ... eines menschenwürdigen Daseins in sich selbst wertvoll«? (vgl. *Klafki* 1964, 13; *Kramp* 1964, 41).

... Die Frage nach der Exemplarität der Unterrichtsinhalte (Warum wird unter ▼ 3.2.3
dem Aspekt des exemplarischen Lehrens gerade dieses Thema bzw. der und
jener Einzelinhalt ausgewählt? Welches Phänomen, welcher allgemeine
Sinn- oder Sachzusammenhang soll durch die unterrichtliche Behandlung
erschlossen werden? Welche Bedeutung hat das Beispiel im wissenschaftlichen Zusammenhang?).
... Die Frage nach der inhaltlichen Strukturierung der Unterrichtseinheit bzw. ▼ 3.2.5
-stunde (Ergibt sich die Abfolge der Teilthemen aus der in der Sachanalyse
dargelegten Sachstruktur, oder spielen dabei andere Gesichtspunkte – z. B.
psychologische – eine Rolle?).
... Die Frage nach der Zugänglichkeit des Unterrichtsinhalts (Ist der Gegenstand für alle Schüler erfaßbar? Welche Möglichkeiten gibt es, ihn für die
Schüler fragwürdig zu machen?).

Diese Fragen sind weder eindeutig gegeneinander abgrenzbar, noch läßt sich
die hier gewählte Reihenfolge überzeugend begründen. Beispielsweise ergeben sich leicht Überschneidungen zwischen den Aussagen zu den anthropologisch-psychologischen Voraussetzungen und denen zur Gegenwartsbedeutung
des Unterrichtsinhalts. Schwierigkeiten bereitet auch die getrennte Behandlung von Unterrichtszielen und -inhalten: Ziele sind nicht unabhängig von
Inhalten zu denken, und die Auswahl von Inhalten erfolgt schon unter mehr
oder weniger klaren Intentionen (vgl. *Beckmann* 1980, 99). Es besteht sogar die
Gefahr, daß die Erörterung der inhaltlichen Strukturierung des Unterrichts
starke Anklänge an die Sachanalyse zeigt und die Aussagen zur Zugänglichkeit des Gegenstands einen stark methodischen Einschlag erhalten.

Schon diese wenigen Hinweise zeigen, daß man den obigen Fragenkatalog nur
als Merkhilfe verstehen sollte, die größere Lücken in den didaktischen Erwägungen vermeiden hilft. Es kann auch nicht darum gehen, in jedem Unterrichtsentwurf jeden der erwähnten Punkte zu berücksichtigen. Ein solches Streben
nach Vollständigkeit würde dazu führen, den Unterrichtsentwurf mit allgemeinen Aussagen zu befrachten, die die Ziele und Inhalte der betreffenden Stunde
oder Doppelstunde nicht zentral betreffen. Aus den genannten Fragen läßt sich
auch keinesfalls auf direktem Wege ein Gliederungsschema für diesen Abschnitt des Unterrichtsentwurfs gewinnen.

Die aufgeführten Fragen können dazu dienen, auch ein einfaches und daher
sehr übersichtliches Gliederungsschema für die didaktischen Überlegungen
inhaltlich zu füllen, wie es *Lothar Staeck* (1995) vorschlägt:

... Begründung der Themenwahl und Zielsetzung;
... lerngruppenspezifische Voraussetzungen und situative Bedingungen;
... Festlegung der Konzeption und Struktur der Unterrichtseinheit;
... Didaktische Transformation der fachwissenschaftlichen Sachverhalte.

**Exkurs: Unterrichtsziele**

7 ▼ Bei der Unterrichtsvorbereitung ist den Unterrichtszielen und deren Formulierung besondere Aufmerksamkeit zu widmen. Wenn sie durch Voranstellen einer Liste von Zielen vor den übrigen Abschnitten des schriftlichen Unterrichtsentwurfs herausgehoben werden, erweckt dies leicht den Anschein, als käme dieses Element der Vorbereitung auf andere Weise zustande als die übrigen Elemente, etwa durch logische Ableitung (Deduktion) aus Richtzielen oder Grobzielen, die in Richtlinien festgeschrieben sind. Tatsächlich bedürfen die Unterrichtsziele genauso der sorgfältigen Diskussion und Begründung wie die Inhalte und Methoden. Deshalb wurde die Frage nach den Zielen im obigen Gliederungsschema gleichrangig neben die anderen Fragen gestellt. Wenn die Ziele im Unterrichtsentwurf dennoch hervorgehoben werden sollen, dann sollte man sie an das Ende der didaktischen Überlegungen stellen, weil sie sich im wesentlichen aus diesen ergeben. Da auch die Erörterungen zur Methodik Rückwirkungen auf die Intentionen haben können, läßt sich auch der Standpunkt begründen, die Ziele sollten erst nach dem Abschnitt »Methodische Überlegungen« aufgeführt werden.

Häufig wird beklagt, daß in den Listen der Unterrichtsziele diejenigen der kognitiven Dimension überwiegen. Ein Grund hierfür ist die Schwierigkeit, Ziele der psychomotorischen und der affektiven Dimension auf einzelne Unterrichtsstunden zuzuschneiden und zu operationalisieren. Oft führt das Bemühen, das doch zu leisten, zu recht sonderbaren Formulierungen (z. B.: »Die Schüler sollen von der Verschmutzung des behandelten Baches betroffen sein«). Es empfiehlt sich folgender Ausweg aus dem Dilemma: Man führt in der Liste der Unterrichtsziele nur solche auf, die in der betreffenden Unterrichtseinheit bzw. -stunde mit hoher Wahrscheinlichkeit erreichbar sind, und diskutiert die übrigen – vor allem weiterreichende Intentionen der affektiven Dimension – ausführlich in den »Didaktischen Überlegungen«.

**Exkurs: Methoden als Unterrichtsgegenstände**

Gelegentlich treten bei der Unterrichtsplanung bzw. beim Schreiben von Unterrichtsentwürfen dadurch Schwierigkeiten auf, daß es in der betreffenden Stunde schwerpunktmäßig um die Einführung in eine Methode geht, beispielsweise das Mikroskopieren. Soll diese wissenschaftliche Methode nun in der

Sachanalyse oder im Kapitel »Methodische Überlegungen« erörtert werden? Da meistens Verfahren im Zusammenhang mit konkreten Unterrichtsinhalten behandelt werden, z. B. Mikroskopieren im Rahmen einer Unterrichtseinheit zum Thema »Vogel« anhand der Untersuchung einer Vogelfeder, stellt sich diese Frage selten in voller Schärfe. Gelegentlich steht aber die Methode eindeutig im Mittelpunkt des Unterrichts, und der Inhalt dient nur als Mittel zum Zweck der Einführung des betreffenden Verfahrens, oder diese Einführung stellt das alleinige Vorhaben der Unterrichtsstunde dar. An solchen extremen Fällen wird deutlich, daß Erkenntnismethoden, Darstellungsweisen oder Verfahren des Umgangs mit Lebewesen selbst Unterrichtsgegenstand werden können. Aber auch im oben dargestellten Normalfall sind Methoden als Unterrichtsgegenstände (neben weiteren - inhaltlich bestimmten - Unterrichtsgegenständen) zu betrachten. Sie sind selbstverständlich genauso unter didaktischen Kriterien zu untersuchen wie sonstige Unterrichtsinhalte.

### 6.3.5.5 Methodische Überlegungen

In diesem Teil der Unterrichtsplanung werden Fragen zu den Methoden (»wie?«) gemeinsam mit Fragen zu den Medien (»womit?«) erörtert und begründet. Diese beiden Fragenkomplexe hängen derartig eng miteinander zusammen, daß es wohl kaum sinnvoll ist, sie in getrennten Abschnitten zu behandeln, zumal Medien als »tiefgefrorene Methodenentscheidungen« aufgefaßt werden können (vgl. *Meyer* 1987 a).
Methodische Entscheidungen müssen auf die Voraussetzungen, Ziele und Inhalte abgestimmt werden. Die methodischen Möglichkeiten (einschließlich Medien) beeinflussen auch ihrerseits die Festlegung von Zielen und Inhalten, vor allem in dem Sinne, daß bestimmte Intentionen nicht verwirklicht werden können, wenn nicht bestimmte Medien vorhanden sind.
Die beiden Hauptfragen im Rahmen der methodischen Überlegungen lassen sich – analog zum Vorgehen bei den didaktischen Erwägungen – in mehrere Teilfragen zerlegen (vgl. *Messer/Schneider/Spiering* 1974; *Beckmann* 1980; *Schulz* 1981, 109 ff.):

... die Frage nach der methodischen Großform der Unterrichtseinheit;   ▼ 8.3
... die Frage nach der Gliederung (Artikulation) des Unterrichts;
... die Frage nach den Sozialformen des Unterrichts;   ▼ 8.4
... die Frage nach den Arbeitsweisen (Handlungsmustern);   ▼ 9
... die Frage nach dem Einsatz vom Medien;   ▼ 10
... die Frage nach der Sicherung der Unterrichtsvoraussetzungen (Welche

Maßnahmen sind zu einer optimalen Vorbereitung der Lehrkraft günstig? Muß z. B. eine Exkursion langfristig vorbereitet werden? Muß der Unterrichtsraum hergerichtet werden?);

... die Frage nach den Hausaufgaben (Ist es sinnvoll, eine Hausaufgabe zu stellen? Soll es sich um eine Wiederholungsaufgabe oder um die Vorbereitung auf eine künftige Unterrichtsstunde bzw. -einheit handeln? Wieviel Zeit wird die Hausaufgabe beanspruchen?);

13 ▼
6.4 ▼

... die Frage nach der Evaluation des Unterrichts (Soll in der zu planenden Unterrichtsstunde eine Lernerfolgskontrolle durchgeführt werden? In welcher Form kann eine künftige Erfolgskontrolle vorbereitet werden? Gibt es Möglichkeiten, den Lehrerfolg der Lehrperson festzustellen?).

Nicht alle aufgeführten Fragen zur Methodik werden in jedem Unterrichtsentwurf eine Rolle spielen, und die einzelnen Fragen werden in verschiedenen Entwürfen ein sehr unterschiedliches Gewicht haben. Wie bei den didaktischen Überlegungen gilt auch hier, daß der Fragenkatalog nur als Merkhilfe dienen soll und nicht als Gliederungsschema verstanden werden darf. Beim Schreiben des methodischen Teils stellt sich die Frage nach einer angemessenen Gedankenfolge in besonderer Schärfe. Das übliche Vorgehen besteht darin, dem beabsichtigten Unterrichtsverlauf zu folgen und einen Unterrichtsschritt nach dem anderen darzustellen. Dabei läuft man Gefahr, den folgenden Gliederungspunkt des Unterrichtsentwurfs (»Skizze des geplanten Unterrichtsverlaufs«) in einer anderen Form vorwegzunehmen. Diese Gefahr läßt sich nur dadurch vermeiden, daß man in diesem Abschnitt den Schwerpunkt auf die Begründung der einzelnen Unterrichtsschritte legt und – wenn möglich – jeweils unterschiedliche »methodische Varianten« aufzeigt und diskutiert. Die Begründungen für methodische Entscheidungen können sich auf die unterschiedlichsten Parameter des Unterrichts beziehen, von den Lernvoraussetzungen der Schüler bis hin zur verfügbaren Unterrichtszeit. Gerade durch diesen Teil des Unterrichtsentwurfs kann es gelingen, alle Ausführungen des Entwurfs zu einer Einheit zu verbinden.

Bei einem zweiten Verfahren behandelt man die methodischen Elemente, die mehrfach in der Stunde bzw. Doppelstunde vorkommen, z. B. Experimente, Folien, Tafelnotizen, Arbeitsblätter, jeweils zusammen. Dadurch wird zwar der »rote Faden« des Unterrichts nicht so deutlich, dafür wird aber der Blick um so stärker auf das Problem der Methoden-Variation gelenkt; beispielsweise wird man schnell gewahr, daß zwei vorgesehene Arbeitsblätter einander sehr ähnlich sind.

Bei einer dritten Vorgehensweise, die wohl in der Praxis relativ selten angewendet wird, orientiert man sich an einer Reihe von Stichworten oder Fragen, z. B. dem oben aufgeführten Fragenkatalog. Dieses Vorgehen führt am sichersten zu einer gründlichen Prüfung aller denkbaren methodischen Möglichkeiten und zur sorgfältigen Begründung der Entscheidungen. Es besteht allerdings die Gefahr, daß man der Vollständigkeit halber auch solche Fragen diskutiert, die in dem betreffenden Unterricht keine Rolle spielen.

**Exkurs: Artikulation des Unterrichts (Unterrichtsphasen)**
Für die notwendige Gliederung des Unterrichts gibt es verschiedene Stufen- oder Artikulationsschemata (vgl. *Meyer* 1987 a, 155 ff.; 1987 b, 95 ff.). Besonders einflußreich war *Johann Friedrich Herbart* (1776 bis 1841) mit seiner Theorie der Formalstufen. Nach *Herbart* vollzieht sich der Erkenntnisprozeß in vier Schritten: Klarheit, Assoziation, System, Methode. Einer seiner Schüler *(Wilhelm Rein)* unterscheidet fünf Stufen: Vorbereitung, Darbietung, Verknüpfung, Zusammenfassung, Anwendung. Aus neuerer Zeit ist besonders das Artikulationsschema von *Heinrich Roth* bekannt geworden: Motivation, Schwierigkeiten, Finden der Lösung, Tun und Ausführen, Behalten und Einüben, Bereitstellung, Übertragung, Integration des Gelernten.
Große Bedeutung hat die Stufenfolge des Erkenntnisprozesses (Problemgewinnung, Problemlösung) in der Konzeption des »Problemorientierten Unterrichts« (vgl. *Fries/Rosenberger* 1981; *Schmidkunz/Lindemann* 1992). Besondere Beachtung verdient dabei der zu wählende **Einstieg**, und zwar sowohl in Hinblick auf die Motivierung der Schüler wie auch bezüglich der Konsequenzen für den nachfolgenden Unterrichtsverlauf (vgl. *Berck* 1992; ▼ 6.4 *Graf* 1995). Ebensowenig sollte in diesem Zusamenhang die **Ergebnissicherung** vernachlässigt werden (vgl. *Heinzel* 1995).
Ein »Artikulationsmodell«, das auch im nichtexperimentellen Biologieunterricht anwendbar ist, schlägt *Wilhelm Killermann* (1991, 260 ff.) vor:
... Hinführung, Problemstellung, Motivation;
... Meinungsbildung der Schüler, Lösungsplanung;
... Erarbeitung, Problemlösung;
... Festigung der Unterrichtsergebnisse;
... Vertiefung, Ausweitung.

Solche Gliederungsschemata lassen sich nicht mit allen Schritten auf jede Unterrichtsstunde anwenden. Manche Stunden dienen vorwiegend der Erarbeitung eines den Schülern unbekannten Sachverhalts, andere der Übung oder der Verallgemeinerung der im vorangegangenen Unterricht gewonnenen Kenntnisse. Im Laufe einer Unterrichtseinheit werden dann meist alle oben genannten Phasen vorkommen, und gelegentlich läßt sich auch eine Einzel- oder Doppelstunde nach dem vollständigen Schema strukturieren (vgl. Beispiel bei *Killermann* 1991, 263 f.). Häufig kann man aber den Unterrichtsablauf zumindest in drei Schritte gliedern, von denen der erste der Anknüpfung bzw. der Motivation dient (»Einstieg«), der zweite der Be- oder Erarbeitung des Inhalts und der dritte der Vertiefung und Ergebnissicherung.

### 6.3.5.6 Geplanter Unterrichtsverlaufs (Verlaufsskizze)

Dieser Teil des Unterrichtsentwurfs stellt die Zusammenfassung aller vorangegangenen Überlegungen zur Unterrichtsplanung dar. Während in den anderen Abschnitten des Entwurfs die Begründung von Entscheidungen im Mittelpunkt steht, geht es hier um die Ergebnisse dieser Entscheidungsprozesse. Die Skizze des geplanten Unterrichtsverlaufs ist daher die wesentliche Orientierungshilfe für die Lehrperson während des Unterrichtens. Sie sollte deshalb so gestaltet sein, daß sich diese auch in schwierigen Situationen in ihr zurechtfindet. An diesen Teil des Entwurfs sind daher vor allem zwei Forderungen zu stellen: Er soll prägnant und übersichtlich sein.

Diesen Forderungen wird am besten eine tabellenartige Darstellungsform gerecht. Die Ansichten darüber, welche Gesichtspunkte dabei zu berücksichtigen sind, gehen weit auseinander. Vielfach bewährt hat sich das folgende Schema:

| 1    | 2                     | 3                         | 4                           | 5                       |
|------|-----------------------|---------------------------|-----------------------------|-------------------------|
| Zeit | Unterrichts- phasen   | geplantes Lehrerverhalten | geplantes Schülerverhalten  | Methoden und Medien     |
|      |                       |                           |                             |                         |

Die von einigen Autoren vorgeschlagenen Spalten »Lerninhalte« und »Didaktischer Kommentar« erübrigen sich, wenn ausführliche didaktische und methodische Überlegungen in schriftlicher Form vorliegen. Eine Spalte »Unterrichtsziele« ist nicht empfehlenswert, weil sich im allgemeinen die Ziele nicht einzelnen Unterrichtsschritten zuordnen lassen, sondern meist mehrere Unterrichtsphasen ein und demselben Ziel dienen.

Eine detaillierte **Zeitplanung** ist erforderlich, um zu gewährleisten, daß die wichtigsten Ziele am Ende der Stunde erreicht sind. Die Tatsache, daß es kaum einmal gelingt, die Zeitplanung exakt einzuhalten, spricht nicht gegen die grundsätzliche Berechtigung dieser Forderung. Damit wird aber deutlich, daß es sinnlos ist, die einzelnen Unterrichtsschritte auf die Minute genau zu terminieren. Die Zeitplanung soll einerseits das Ausufern einzelner Unterrichtsphasen verhindern, andererseits so offen sein, daß erwünschte Schüleraktivitäten berücksichtigt werden können. Diese Erwägungen führen dazu, daß man den zeitlichen Ablauf der Stunde nur mit runden Zahlen, etwa in Fünf- oder Zehn-Minuten-Schritten, angibt. Als günstig hat sich erwiesen, in der Verlaufsskizze die absoluten Zeiten der betreffenden Unterrichtsstunde aufzuführen (z. B. 8.00 Uhr: Einstieg; 8.05 Uhr: Lösungsplanung usw.), da diese Form der Zeitangabe es der Lehrperson erleichtert, während des Unterrichts sehr einfach festzustellen, ob sie die Zeitplanung einigermaßen eingehalten hat.

Die beiden Spalten »Geplantes **Lehrerverhalten**« und »Erwartetes **Schülerverhalten**« stellen den Kern der Verlaufsskizze dar. Fragwürdig ist, ob nicht durch die Verteilung auf zwei Spalten der Zusammenhang zwischen Lehrer- und Schüleraktivitäten zerrissen werden könnte. Dieses Bedenken veranlaßt viele Autoren, nur eine Spalte vorzusehen und mit Überschriften wie »Unterrichtsablauf«, »Unterrichtsgeschehen« oder »Unterrichtsschritte« zu versehen. Erfahrungsgemäß bringt dieses Vorgehen die Gefahr mit sich, daß vorwiegend die Tätigkeiten des Lehrers, kaum aber die der Schüler ins Auge gefaßt werden. Die Zweispaltigkeit führt allerdings gelegentlich dazu, daß die »Schülerspalte« wie ein Echo der »Lehrerspalte« erscheint (z. B.: »Die Lehrerin stellt die Aufgabe...«; »Die Schüler führen die Aufgabe aus«). Derartige Selbstverständlichkeiten sollte man vermeiden. In den meisten Fällen ist es aber möglich und sinnvoll, mehrere unterschiedliche Reaktionen der Schüler vorauszusehen und zu notieren. Die Notwendigkeit, sich bei der Planung über das mögliche Verhalten der Schüler Gedanken zu machen, hat sehr häufig den positiven Effekt, daß man nach Möglichkeiten sucht, durch geeignete Impulse die Lernenden zu aktiver, vielseitiger Auseinandersetzung mit dem betreffenden Problem anzuregen.

Dieser Gedankengang führt zu der Empfehlung, das geplante Lehrerverhalten recht anschaulich darzustellen. Zum Beispiel ist die Aussage »Der Lehrer regt zu einem Unterrichtsgespräch über... an« zu allgemein; besser wäre die Formulierung eines entsprechenden Denkanstoßes. Derartige konkrete Formulierungen, die man im Unterricht wörtlich verwenden kann, sollten zumindest für die wichtigsten Unterrichtsphasen (»Nahtstellen des Unterrichts«) aufgeschrieben werden. Das ermöglicht dem Unterrichtenden, bei aufkommender Unsicherheit auf die Verlaufsskizze zurückzugreifen und schnell wieder auf sicheren Boden zu gelangen. Die Gefahr eines Mangels an Flexibilität läßt sich dadurch eingrenzen, daß man von vornherein jeweils unterschiedliche Reaktionen der Schüler auf eine Lehreraktivität ins Auge faßt. Zweifellos ist das bei der ruhigen und konzentrierten Planung des Unterrichts leichter möglich als im Unterrichtsvollzug selbst.

Das Bemühen um klare Formulierungen im Hinblick auf das vorgesehene Lehrerverhalten kann dazu beitragen, den Unterricht abwechslungsreich zu gestalten. Beispielsweise kann der planenden Lehrperson auffallen, daß sie dazu neigt, fast nur Fragen eines bestimmten Typs (»Wer?«»Wie?«»Wo?«) zu stellen. Sie kann dann in Ruhe statt einer Frage einen Denkanstoß formulieren, z. B. eine herausfordernde Behauptung. Manchmal kann sie auch mit einem »stummen Impuls« die erwünschten Reaktionen erreichen, etwa durch die wortlose Präsentation eines Objekts, eine Tafelnotiz oder eine Geste.

Die Notizen zu den **Methoden** in der letzten Spalte der Verlaufsskizze zeigen auf den ersten Blick, ob es gelungen ist, die Stunde hinreichend variabel zu gestalten. Wenn beispielsweise in dieser Spalte nur die Worte »Lehrervortrag« und »Unterrichtsgespräch« vorkämen, läge der gegenteilige Verdacht nahe. Selbstverständlich gibt es Unterrichtsstoffe, die nur eine begrenzte Methodenvariation erlauben; aber im Biologieunterricht sind solche Inhalte relativ selten, und selbst der sprödeste Stoff läßt mehrere Unterrichtsverfahren zu.

Mit den Angaben zu den **Medien** läßt sich jederzeit überprüfen, ob alle Unterrichtshilfen vorhanden und entsprechend der vorgesehenen Nutzung vorbereitet und geordnet sind. Die Auflistung läßt schnell erkennen, ob der geplante Medieneinsatz gut dosiert ist oder ob sehr wenige oder vielleicht sogar zu viele Medien eingeplant sind. Der Aufwand der Materialbeschaffung sollte in einem angemessenen Verhältnis zum mutmaßlichen Gewinn stehen. Es kommt in der Praxis durchaus vor, daß ein Medium, dessen Herrichtung oder Beschaffung mehrere Stunden in Anspruch genommen hat, im Unterricht nur wenige Minuten lang eine Rolle spielt. In einem solchen Falle sollte man sehr genau überlegen, inwieweit dieses Mißverhältnis zu vermeiden ist. Die Auflistung der Medien erweist sich auch später noch als nützlich: Sie vereinfacht die Vorbereitung künftiger Unterrichtsvorhaben zu dem betreffenden Thema.

### 6.3.5.7 Anhang

Im Anhang werden alle Anlagen zum Unterrichtsentwurf zusammengefaßt, z. B. Literaturliste, Arbeitsblätter (mit Eintrag der Aufgabenlösungen), Informationsblätter, Vorlagen für Arbeitstransparente, Sitzplan der Klasse bzw. des Kurses. Ein wichtiges, oft vernachlässigtes Element des Anhangs ist der Entwurf des Tafelbildes. Wenn es im Unterrichtsverlauf eine wesentliche Aufgabe hat, sollte man es sorgfältig planen. Auch Tafelzeichnen kann man

lernen (vgl. z. B. *Bühs* 1986). Dabei sind vor allem die folgenden Punkte zu ▼ 9.11
bedenken: Anordnung der verschiedenen, im Verlaufe des Unterrichts nacheinander entstehenden Teile des Tafelanschriebs, Plazierung von Skizzen und ihrer Beschriftung, Überschriften, Datum.

### 6.3.5.8 Der kurze Unterrichtsentwurf

Wie bereits angedeutet wurde, spielen ausführliche Unterrichtsentwürfe vorwiegend in Ausbildungs- und Prüfungssituationen eine Rolle. Die tägliche Unterrichtsplanung wird sich auf die wichtigsten Punkte beschränken, sofern die »Hintergrundsvorbereitung« der Lehrkraft dies erlaubt (vgl. *Meyer* 1998). *Hans K. Beckmann* (1980, 103) empfiehlt die folgenden Fragen: »Was will ich unterrichten? Warum will ich das unterrichten? Wie will ich es unterrichten? Welche Methode will ich nutzen? Welche Hausaufgabe erteile ich?«
Ein anderer Vorschlag lautet: »Was ist gegeben? Was will ich erreichen? Wie gehe ich vor?« *(Messer/Schneider/Spiering* 1974, 62).
Die tägliche Unterrichtsplanung kann die folgenden Elemente enthalten: Formalia; Unterrichtsziele; Skizze des geplanten Unterrichtsverlaufs; Anhang. Einen sehr kurzen Unterrichtsentwurf im Rahmen der täglichen Vorbereitung auf den Unterricht schlägt *Arnold Wagener* (1992, 104 ff.) vor. Er empfiehlt »ein Modell, das den Unterrichtsverlauf in maximal 5 - 7 Schritten darstellt«. Als sehr günstig hat es sich erwiesen, die fehlenden Ausführungen zu den didaktischen und methodischen Überlegungen durch kurze Hinweise im Rahmen der Verlaufsskizze zu ersetzen. Dabei kann man auf den Vorschlag zurückgreifen, in die tabellenartige Darstellung eine Spalte »Didaktischer Kommentar« einzufügen (vgl. *Heimann/Otto/Schulz* 1977, 47).

LITERATUR
*Bay/Rodi* 1978; *Beckmann* 1980; *Beckmann/Biller* 1978; *Berck, K.-H.,* 1992; *Brügelmann* 1972; *Bühs* 1986; *Chiout/Steffens* 1978; *Dichanz/Mohrmann* 1980; *Dylla* 1978; 1986; *Entrich* 1994 b; *Entrich/Staeck* 1994; *Eschenhagen/Kattmann/Rodi* 1989 ff.; *Frey* 1971; 1976; *Fries/Rosenberger* 1981; *Graf, E.,* 1995; *Grimme* 1986; *Häußler/Künzli* 1975; *Hedewig* 1992 b; 1997; *Hedewig/Rodi* 1982; *Hedewig/Staeck* 1984; *Heimann/Otto/Schulz* 1977; *Heinzel* 1995; *Heipcke/Messner* 1973; *Hoebel-Mävers* u. a. 1976; *Kattmann* 1971 a; *Killermann* 1980 b; 1991; *Klafki* 1964; 1980 b; *Klautke* 1976; *Kramp* 1964; *Leicht* 1981; *Marek* 1980; *Messer/Schneider/Spiering* 1974; *Meyer, Hilbert,* 1987 a; b; 1991; 1998; *Otto, A. R.,* 1984; Rahmenplan VDBiol 1973; 1987; *Reisse* 1975; *Robinsohn* 1969; *Schaefer* 1971 a; 1986; *Schmidkunz/Lindemann* 1992; *Schulz* 1981; *Staeck* 1991 a; 1993; 1995; 1996; *Stichmann* 1992; *Strauß* 1977; *Strey* 1986; *Teutloff/Oehmig* 1995; *Wagener* 1992; *Werner* 1978

## 6.4 Die Beurteilung des eigenen Unterrichts

Die Selbst-Evaluation, d. h. die Beobachtung, Analyse und Verbesserung des eigenen Unterrichts, gehört zu den wichtigen Aufgaben einer Lehrkraft. Sie wird allerdings nicht immer mit der notwendigen Intensität und dem erwünschten Bewußtseinsgrad wahrgenommen. Gerade viele »routinierte« Lehrkräfte reflektieren die im Unterricht gewonnenen Erfahrungen nur sehr pauschal oder punktuell und verfehlen dadurch das Ziel, den eigenen Unterricht ständig weiterzuentwickeln. Unter den Ursachen für diesen Mangel wird von den Betroffenen die Zeitknappheit besonders häufig erwähnt. Tatsächlich kann keine Lehrkraft, die das volle Stundensoll zu erfüllen hat, jede einzelne Unterrichtsstunde sorgfältig nachbereiten. Es ist aber doch möglich, ab und zu eine lohnende Stunde »nach allen Regeln der Kunst« zu evaluieren. Bei der **Nachbereitung** (vgl. *Moritz* 1973; *Pankratz* u. a. 1976; *Chiout/Steffens* 1978; *Eschenhagen/Kattmann/Rodi* 1985, 402 f.; *Meyer* 1987 b; *Wagener* 1992, 244 ff.) sollten die folgenden Gesichtspunkte berücksichtigt werden:

... Entspricht der Unterrichtsentwurf den üblichen Anforderungen?
... Ist der Unterricht in bezug auf die vorgesehene Zeiteinteilung planmäßig verlaufen; sind Abweichungen vom Zeitplan zu rechtfertigen?
... War der Unterricht sinnvoll in Unterrichtsschritte (Phasen) gegliedert?
... Waren die Anforderungen angemessen; sind die Schüler hinreichend zu eigenen Aktivitäten herausgefordert worden?
... Entsprach der Methoden- und Medieneinsatz dem Unterrichtsthema; war er differenziert genug und auf die Fähigkeiten der Schüler abgestimmt?
... Wurden die Unterrichtsziele erreicht, die Unterrichtsergebnisse gesichert?
... Haben sich die Schüler in bezug auf Arbeitshaltung, Kooperation, Leistungen, Disziplin den Erwartungen entsprechend verhalten?
... Habe ich mich als Lehrkraft in bezug auf die Lenkung des Unterrichts und den Umgang mit den Schülern (z. B. Lob, Ermahnung) so verhalten, daß eine gute soziale Atmosphäre ermöglicht wurde?

Eine solche Unterrichtsanalyse wird in der täglichen Unterrichtspraxis nur selten und zu bruchstückhaft durchgeführt. Das hängt damit zusammen, daß in der Ausbildung die Fremdbeurteilung dominierte und die Selbstbeurteilung zu wenig gefordert wurde. Nach dem Abschluß der Ausbildung treten zudem kaum noch Situationen auf, in denen das Beobachten und Bewerten von Unterricht systematisch geübt wird. Die wenigen Besuche von Schulaufsichtsbeamten dienen oft mehr der Kontrolle als der Förderung der betroffenen Lehrkraft. Hospitationen unter Kollegen sind außerordentlich selten.

## 6.4 DIE BEURTEILUNG DES EIGENEN UNTERRICHTS

Eine bisher wenig genutzte Möglichkeit zur Evaluation des eigenen Unterrichts für den Lehrer liegt darin, die Schüler zu (anonym bleibenden) Äußerungen über den Unterricht anzuregen. *Wolfgang Zöller* (1978) stellt einen Fragebogen mit zwölf vorgegebenen Aussagen zum Lehrerverhalten vor, zu denen sich die Schüler durch Ankreuzen eines Wertes in einer Skala von sieben Schätzwerten äußern können (z. B.: Der Lehrer »ist freundlich, und man hat leicht Zugang zu ihm«, »er regt seine Schüler zur Selbständigkeit an«). Der Autor berichtet, daß die Schüler ihre Meinung offen ausdrücken.

Viele Lehrkräfte kompensieren den Mangel an Fremdkritik durch die Orientierung an Unterrichtsvorschlägen, die in fachdidaktischen Zeitschriften veröffentlicht werden. Bei der Durchsicht einschlägiger Publikationen kann man allerdings feststellen, daß nur ganz selten kritische Reflexionen über durchgeführten Biologieunterricht publiziert werden. ▼ 14

Abhilfe in bezug auf die verschiedenen Hindernisse, die einer Unterrichtsevaluation der Lehrenden entgegenstehen, ist am ehesten von einer verstärkten Kooperation der Lehrpersonen untereinander zu erwarten. Gemeinsame Unterrichtsvorbereitung und gegenseitiges Hospitieren mit anschließender Kritik führen nicht nur direkt zur Optimierung des Unterrichts, sondern schärfen auch den Blick der Beteiligten für die Parameter des Unterrichts und wirken sich dadurch indirekt aus. Wie notwendig dies ist, zeigt sich in einer internationalen Vergleichsstudie (TIMSS, *Baumert/Lehmann* u. a. 1997, 29): Die Diskrepanz zwischen dem, was nach professionellen Standards als guter Unterricht gilt, und dem, was tatsächlich im Unterricht geschieht, ist in Deutschland größer als z. B. im positiver bewerteten Japan.

Wenn sich die Lehrenden gegenseitig ihre Unterrichtsmaterialien zur Verfügung stellen, wenn sie in Arbeitsteilung Medien beschaffen oder entwickeln, profitiert nicht nur jede einzelne Lehrperson für ihren Unterricht, sondern sie gewinnt auch noch Zeit, die sie wiederum in eine gründlichere Vor- und Nachbereitung investieren kann. Gerade in der Biologie, in der die verschiedensten Medien eine so wesentliche Rolle spielen, bieten sich vielfältige Möglichkeiten für eine solche Arbeitsteilung an (z. B. Verantwortung für Vivarien, Schulgarten, Buchbeschaffung, Chemikalienbestellung, Einrichtung und Weiterentwicklung von Karteien; vgl. *Hoebel-Mävers/Bieler* 1978).

---

LITERATUR
*Baumert/Lehmann* u. a. 1997; *Chiout/Steffens* 1978; *Eschenhagen/Kattmann/Rodi* 1985; *Hoebel-Mävers/Bieler* 1978; *Meyer, Hilbert,* 1987 b; *Moritz* 1973; *Pankratz* u.a. 1976; *Wagener* 1992; *Zöller* 1978

# 7 Unterrichtsziele

## 7.1 Zum Begriff

Ziele, Intentionen oder Absichten des Unterrichts umschreiben den angestrebten Lernerfolg, das intendierte Ergebnis des Unterrichts. Je nach den Aspekten, unter denen derartige Ziele betrachtet werden, verwendet man unterschiedliche Bezeichnungen. Alle gebräuchlichen Differenzierungen werden im folgenden unter der Bezeichnung »Unterrichtsziel« zusammengefaßt.
Als praktisch bedeutsam hat sich die Abstufung der Ziele nach dem Allgemeinheitsgrad (Abstraktionsgrad) erwiesen (vgl. *Möller* 1973; *Zöpfl/ Strobl* 1973, 27). Es werden mehrere **Stufen** unterschieden: Ziele, die die Erziehung bzw. Schulbildung als Ganze umfassen (»Leitziele«, »Funktionsziele«, »allgemeine Schulziele«), solche, die breite Lerngebiete angeben (»Richtziele«), die eingegrenzte Themen betreffen (»Grobziele«), und schließlich solche, die sich auf einzelne Lernschritte beziehen (»Feinziele«).
Grundsätzlich ist es nicht möglich, speziellere Ziele aus den allgemeineren abzuleiten. Für die Formulierung spezieller Ziele sind vielmehr jeweils weitere Informationen und Entscheidungen nötig, die in den allgemeinen Zielen nicht enthalten sind (vgl. *Meyer* 1971; *Schaefer* 1973). Im »Zielebenenmodell« (vgl. *Eigenmann/Strittmatter* 1972) wird diesem Umstand dadurch entsprochen, daß sich die Zielformulierungen auf den drei Ebenen in charakteristischer Weise unterscheiden:

... **Leitideen** beschreiben wesentliche Teile des gesellschaftlichen Umfeldes, des ausgewählten Themenbereiches oder der Lernsituation;

... **Dispositionsziele** beschreiben angestrebte Verhaltensbereitschaften;

7.3 ▼ ... **operationalisierte Lernziele** machen detaillierte Angaben über das Verhalten, das im Unterricht gelernt werden soll.

*Hilbert Meyer* (1991) stellt fest: »Alle wichtigen Bücher zum Lernzielorientierten Unterricht sind in den 60er und 70er Jahren erschienen. In den 80er Jahren hat es, wenn man von einigen begrenzten Diskussionsbeiträgen absieht, so gut wie keine neuen Impulse zur Lernzielorientierung gegeben«. In den aktuellen Allgemeinen Didaktiken nimmt daher die Formulierung von operationalisierten Lernzielen nur noch einen geringen Stellenwert ein. Die »Lernzielorientierung« wird z. B. unter historischer Perspektive als eine bestimmte Phase der Didaktik erörtert, oder die Ausführungen sind überwie-
7.4 ▼ gend kritisch (*Meyer 1991*; *Kron 1994*; *Jank/Meyer 1994*; *Glöckel 1996*). Zwei

Probleme werden nach wie vor ausführlich in der Literatur erörtert: die Taxonomisierung und die Operationalisierung von Unterrichtszielen.

## 7.2 Taxonomisierung von Unterrichtszielen

### 7.2.1 Dimensionierung

Wie die Taxonomie der Lebewesen, so beruht auch die Taxonomie der Unterrichtsziele auf einer Klassifikation, die möglichst theoretisch begründet und empirisch überprüfbar sein soll. Bei der Dimensionierung geht es darum, Unterrichtsziele horizontal zu differenzieren, d. h. sie nach formalen Kriterien bestimmten Dimensionen zuzuordnen.
Nach ihrer Zugehörigkeit zu psychischen Dimensionen können »kognitive«, »affektive« (emotionale) und »psychomotorische« (pragmatische) Unterrichtsziele unterschieden werden. Unterrichtsziele der **kognitiven Dimension** »beziehen sich auf Denken, Wissen, Problemlösen; auf Kenntnisse und intellektuelle Fertigkeiten«. Unterrichtsziele der **affektiven Dimension** »beziehen sich auf Veränderungen von Interessenlagen, auf die Bereitschaft, etwas zu tun oder zu denken, auf Einstellungen und Werte und die Entwicklung dauerhafter Werthaltungen.« Unterrichtsziele der **psychomotorischen Dimension** »beziehen sich auf die manipulativen und motorischen Fertigkeiten eines Schülers« (*Jank/Meyer* 1994, 305).
In der von *Gerhard Dietrich* u.a. (1979) beschriebenen Einteilung der Ziele in »Wissen« »Können« und »Überzeugungen« werden, ausgehend von rein kognitiven Zielen, zunächst die kognitive und die psychomotorische Dimension und schließlich alle drei Dimensionen miteinander verknüpft.
... Das **Wissen** beschränkt sich auf die kognitive Dimension; es betrifft biologische Sachverhalte (»Strukturen, Prozesse und Sachverhalte in der lebenden Natur«) sowie Wissen über Methoden und Arbeitsverfahren der Biologie.
... Das **Können** umfaßt im wesentlichen Teile des Wissens sowie Fähigkeiten und Fertigkeiten. Fähigkeiten sind »Leistungsdispositionen«, die Voraussetzung für bestimmte Tätigkeiten sind (z. B. Probleme stellen und lösen, Anwendung von Methoden und Verfahren nach einem Plan, Denken in Zusammenhängen, Auseinandersetzung mit verschiedenen Anschauungen, Darstellung von Sachverhalten in Diagrammen). Fertigkeiten sind durch Übung ausgebildete automatisierte und gefestigte Handlungsabläufe, z. B. Mikroskopieren, Messen, Pflegen von Pflanzen und Tieren.

... **Überzeugungen** umfassen Wissen, Fähigkeiten sowie das Urteilen aufgrund von Normvorstellungen und Wertorientierungen. Sie betreffen zum Beispiel gesunde Lebensführung, politische Einstellungen, ästhetisches Empfinden und Verantwortung gegenüber der Natur.

Eine weitere – insbesonders fachdidaktisch relevante – Einteilung der Unterrichtsziele ergibt sich aus den Inhalten, die mit den Zielen umschrieben werden. Häufig wird zwischen Zielen, die fachliche Inhalte betreffen (stoffliche Ziele, materiale Lernziele), und solchen unterschieden, die z. T. fächerübergreifende Tätigkeiten, Arbeitsweisen oder Prozesse ansprechen (formale Ziele, instrumentelle Lernziele, Prozeßziele, verfahrensorientierte Ziele).

3.2.1 ▼ Die in neuerer Zeit insbesondere im Kontext von Fachunterricht und allgemeiner **Bildung** formulierten Unterrichtsziele wie »Schlüsselqualifikationen« sprengen z. T. den Rahmen der aus den 70er Jahren stammenden Zieldimensionen des Unterrichts (vgl. z. B. Bildungskommission NRW 1995; VDBiol-Kommission 1995; *Schecker* u. a. 1996; KMK-Expertenkommission 1996).

Zur Beschreibung der Unterrichtsziele wird in diesem Zusammenhang auch der Terminus der **Kompetenz** verwendet. Kompetenz wird definiert als die Fähigkeit zu selbstverantwortlichem und selbstbestimmtem Handeln, das gleichermaßen von der Fachkompetenz, der Individualkompetenz und der Sozialkompetenz bestimmt wird, die jeweils die kognitive, affektive und handlungsbezogene Dimension umfassen. Der entscheidende Wechsel besteht in der Erweiterung der bisher stark auf Lern-Ergebnisse hin formulierten Unterrichtsziele durch eine stärkere Betonung des Lern-Prozesses und der Aneignung von Lernkompetenz, d. h. von Fähigkeiten, Fertigkeiten und Einstellungen, die notwendig und hilfreich sind, um den Prozeß des Denkens und Lernens zu steuern (Lernstrategien, Teamfähigkeit, Selbständigkeit).

### 7.2.2 Hierarchisierung

Bei der Hierarchisierung werden Unterrichtsziele in eine logisch begründete Abfolge gebracht, d. h. vertikal differenziert. In dem bekanntesten Versuch einer Taxonomie der Unterrichtsziele, der »Taxonomy of Educational Objectives« (TEO), werden die Unterrichtsziele der affektiven und der kognitiven Dimension in zwei getrennten Skalen hierarchisiert (vgl. *Krathwohl* u. a. 1964; *Bloom* u. a. 1972).

Die Ziele der **kognitiven Dimension** werden nach dem Grad ihrer Komplexität ◆ 7-1
angeordnet, die Unterrichtsziele der **affektiven Dimension** nach dem Grad der
Eingliederung in das persönliche Wertsystem (Beachten–Reagieren–Werten–

### 1. KENNTNISSE
Das Wissen und Erinnern von gelernten Fakten, Begriffen und Regeln ohne Berücksichtigung der Frage, ob Verständnis vorliegt oder ob Beziehungen gesehen werden.
**Beispiel:** *Der Schüler soll die verschiedenen Teile (Wurzel, Stengel bzw. Stamm, Blätter, Blüte der Pflanze) aufzählen können.*

### 2. VERSTEHEN
Mit dieser Kategorie wird das 'niedrigste Verständnisniveau' angesprochen. Der Schüler vermag zwar in eigenen Worten Zusammenfassungen des Gelernten zu geben; Beziehungen zu anderen Informationen und Implikationen werden auf dieser Ebene allerdings nicht verlangt.
**Beispiel:** *Pflanzen gedeihen auf verschiedenen Böden unterschiedlich gut. Schwere Böden speichern mehr Wasser als leichte Böden. Wie wirkt sich das auf das Wachstum bestimmter Pflanzen aus, die viel bzw. wenig Wasser vertragen?*

### 3. ANWENDUNG
Auswahl und Anwendung einer Methode, Regel oder Idee zur Lösung eines Problems in einer gegebenen Situation.
**Beispiel:** *Es gibt chemische Stoffe, die auf die Pflanzen so wirken, daß alle Blätter abfallen (Entlaubung). Welche Folgen hat die Anwendung dieser Stoffe für die Pflanze?*

### 4. ANALYSE
Vom Lernenden wird gefordert, eine Gegebenheit in ihre Teile zu zerlegen, d. h. Ideen zu identifizieren, ihre Hierarchie sowie die zwischen ihnen bestehenden Beziehungen zu erkennen.
**Beispiel:** *Alle Pflanzen verdunsten Wasser. Wenn die Pflanze wenig Wasser verdunsten kann ... a) wächst sie langsamer, b) erzeugt sie mehr Nährstoffe, c) bildet sich die Wurzel besser aus, d) werden die Blätter größer?*

### 5. SYNTHESE
Die Synthese fordert vom Lernenden, Elemente zu einem Ganzen zusammenzufügen. Zuvor identifizierte Teile bzw. Ideen werden neu geordnet und kombiniert, damit das Lernmaterial zu einer Klarheit gebracht wird, die zuvor nicht bestanden hat.
**Beispiel:** *Pflanzen können sich nur ernähren, wenn sie gerade gewachsen sind. Wie läßt sich beweisen, ob diese Aussage richtig oder falsch ist?*

### 6. EVALUATION
Finden eines Urteils bezüglich eines Wertes von Material und Methoden, die für bestimmte Zwecke eingesetzt werden.
**Beispiel:** *Halten Sie das von ... beschlossene Programm zum Umweltschutz für ausreichend, und in welchen Punkten sollte es nach ihrer Meinung ergänzt werden?*

Tabelle 7-1: Taxonomie kognitiver Lernziele und ihre Überprüfung (nach *Horn* 1972, 205; vgl. *Mietzel* 1993)

# 7 UNTERRICHTSZIELE

Einordnen–Bestimmtsein durch Werte), die **psychomotorische Dimension** nach der Koordination (Imitation–Manipulation–Präzision–Handlungsgliederung–Naturalisierung; vgl. *Dave* zitiert bei *Möller* 1973; *Meyer* 1974). Die Hierarchisierung von Lernzielen hat sich nur im Bereich der kognitiven Dimension bewährt. Für die affektive und psychomotorische Dimension erwies sie sich als theoretisch ungenügend fundiert und wenig praktikabel. Anwendung findet auch heute noch vor allem die Grundidee, die Lernziele der kognitiven Dimension nach aufsteigender Komplexität zu ordnen.

Der Deutsche Bildungsrat (1970) formulierte für den kognitiven Bereich folgende **Stufen** von Unterrichtszielen:
1. **Reproduktion:** Wiedergabe von Sachverhalten aus dem Gedächtnis;
2. **Reorganisation:** selbständige Neuordnung bekannter Sachverhalte zu einer neuen, komplexen Struktur;
3. **Transfer:** Übertragen von bekannten Zusammenhängen auf eine Struktur neuer Sachverhalte;
4. **Problemlösen:** Lösen neuartiger Aufgaben bzw. Finden neuartiger Erklärungen für bekannte Sachverhalte; konstruktive Kritik bekannter Lösungsvorschläge.

Die Stufen sind jeweils nur auf dem Hintergrund des vorhergegangenen Lernens und des Wissensstandes der Schüler zu beurteilen. Unabhängig davon sind also einzelne Unterrichtsziele den Stufen nicht zuzuordnen.

## 7.3 Operationalisierung von Unterrichtszielen

Unterrichtsziele aller Dimensionen sollen möglichst eindeutige und präzise Angaben darüber enthalten, was im Unterricht gelernt werden soll. Ein Weg, dieser Forderung zu entsprechen, ist die Operationalisierung. Ziele gelten als operationalisiert, wenn ein beobachtbares und somit meßbares Schülerverhalten angegeben wird. Nur subjektiv erschließbare Vorgänge wie »Erkennen« oder »Fühlen« erfüllen das Kriterium nicht. Gebräuchlich sind Formulierungen wie »beschreiben«, »nennen«, »erklären«, »vergleichen«, »angeben«, »aufzählen«. Operationalisierte Lernziele haben daher folgende Teile:
... Beschreibung des (beobachtbaren) angestrebten Schülerverhaltens;
... Bezeichnung der Gegenstände und der Situationen, auf die sich das Verhalten bezieht;
... Angabe der Beurteilungsmaßstäbe, nach denen das angestrebte Verhalten als erfüllt gilt (vgl. *Mager* 1974).

## 7.3 OPERATIONALISIERUNG VON UNTERRICHTSZIELEN

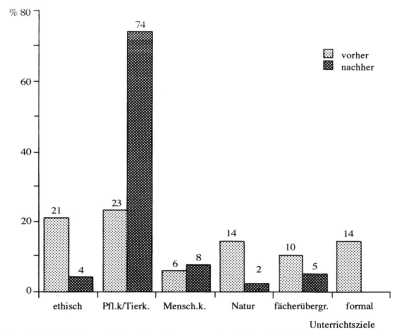

Abb. 7-1: Häufigkeit von Unterrichtszielen vor und nach dem Training in Operationalisierung (nach *Frey/Lattmann* 1971)

Diesen Kriterien entspricht zum Beispiel das folgende Unterrichtsziel: Die Schüler sollen von zehn vorgegebenen blühenden Pflanzen der Familien Rosengewächse, Lippenblütler, Kreuzblütler und Schmetterlingsblütler mindestens acht den genannten Familien richtig zuordnen können.

Unterrichtsziele der kognitiven Dimension lassen sich leichter operationalisieren als die der affektiven Dimension. In einer Untersuchung wurden Lehrer auf das Operationalisieren von Unterrichtszielen trainiert. Die aufgestellten operationalisierten Ziele wurden mit denjenigen Unterrichtszielen verglichen, die vor dem Training von denselben Lehrern zu denselben Themenbereichen formuliert worden waren. »Die Operationalisierung (nach *Mager*) hat die emotional-affektiven, die ethischen und die formalen Ziele stark reduziert« (*Frey/ Lattmann* 1971, 124).

● 7-1

Eine grundlegende Kritik an der Operationalisierung von Unterrichtszielen besteht darin, daß die so formulierten Ziele in erster Linie an der Überprüfung des Lernerfolges durch meßbares Schülerverhalten orientiert sind, nicht aber an den eigentlich angestrebten Lerndispositionen und Verhaltenstendenzen. *Werner Jank* und *Hilbert Meyer* (1994, 302) definieren daher ein Unterrichtsziel als »die sprachlich artikulierte Vorstellung von den durch Unterricht (oder andere Lehrveranstaltungen) zu bewirkenden Verhaltensdispositionen eines Lernenden«. Eine Disposition ist nicht unmittelbar beobachtbar; sie repräsentiert die Fähigkeit, Gelerntes auch in nicht eindeutig voraussehbaren Situationen sinngemäß richtig zu beherrschen. Durch die Formulierung von Dispositionen kann insbesondere die angezielte Anwendung des Gelernten über den Unterricht hinaus beschrieben werden.

7-2 ♦ Die für den Biologieunterricht bedeutsamen allgemeinen Unterrichtsziele können als Fähigkeiten, Fertigkeiten und Einstellungen aufgelistet und entsprechend den Zieldimensionen zugeordnet werden (vgl. *Kattmann/Schaefer* 1974; *Esser* 1978; *Klopfer,* zitiert in *Falkenhan* 1981, Bd. 1, 316 f.).

## 7.4 Sinn und Bedeutung von Unterrichtszielen

Klar formulierte Unterrichtsziele sind für den Biologieunterricht in mehrfacher Hinsicht unerläßlich:

... Mit den allgemeinen Schulzielen und den fachbezogenen Zielangaben in den ministeriell erlassenen Richtlinien werden die Anforderungen umrissen, die als **öffentlich-gesellschaftlicher Auftrag** an die Schule bzw. an den Biologieunterricht zu verstehen sind.

6.3.5 ▼ ... Bei der **Unterrichtsvorbereitung** sollen Unterrichtsziele helfen, die Auswahl der Unterrichtsinhalte und der Arbeitsweisen zu treffen. Eine vorliegende Auswahl von Unterrichtsinhalten und Arbeitsweisen kann jeweils durch die formulierten Unterrichtsziele überprüft werden.

... Während der **Unterrichtsdurchführung** können die für Schüler und Lehrpersonen gleichermaßen einsehbar formulierten Unterrichtsziele eine Verständigung über das Vorgehen und die Ausrichtung des gemeinsamen Lernens erleichtern.

... In der **Unterrichtsnachbereitung** kann die Lehrperson sich anhand der Unterrichtsziele vergewissern, wie weit sie den Unterricht zielgerecht durchgeführt und wo sie die formulierten Ziele aus dem Auge verloren hat.

13 ▼ ... Operationalisierte Unterrichtsziele dienen vor allem als Kriterien für die **Kontrolle des Lernerfolgs**. Mit ihrer Hilfe lassen sich lernzielorientierte (kriterienorientierte) Tests erstellen.

## 7.4 SINN UND BEDEUTUNG VON UNTERRICHTSZIELEN

**ALLGEMEINE FÄHIGKEITEN
UND FERTIGKEITEN**

**a) kognitive Dimension**
- ... Beobachten können
- ... Abstrahieren können
- ... Transfer vollziehen können
- ... Systematisieren können (ordnen, klassifizieren, hierarchisieren, Beziehungen erfassen)
- ... Logisch schließen können
- ... Probleme lösen können (Probleme stellen oder erkennen, Lösungshypothesen aufstellen, Konsequenzen aus den Hypothesen ableiten, Wege zur empirischen Kontrolle finden)
- ... Modelle bilden können (Einordnen von Wissen in ein Modell, Herleiten von Hypothesen aus einem Modell, Überprüfen einer Modellvorstellung, Erkennen von Grenzen eines Modells)

**b) kognitive und psychomotorische Dimension**
- ... Diagramme anfertigen und lesen können
- ... Verbalisieren können (sich sprachlich sachgemäß ausdrücken können, Informationen in Sprache umsetzen)
- ... Informationen beschaffen können
- ... Umweltbezug herstellen können (Einordnung und Anwendung des Wissens im Zusammenhang des alltäglichen Lebens)
- ... Experimentieren können (manuell mit Geräten operieren, Versuche planen und durchführen)
- ... Ökonomisch arbeiten können (zielorientiert handeln, technische Hilfen sinnvoll anwenden, die Zeit sinnvoll einteilen, neue Situationen rasch bewältigen)

**ALLGEMEINE EINSTELLUNGEN**

**a) affektive Dimension**
- ... Bereitschaft zum ständigen Lernen und Umlernen
- ... Offenheit zum sinnlichen Erleben
- ... Bereitschaft zu Kritik und Selbstkritik
- ... Entscheidungsfreudigkeit (Mut zum Setzen von Prioritäten und Wertungen)
- ... Bereitschaft zur Objektivität (wahrheitsgemäße Ermittlung und Weitergabe von Sachverhalten)

**b) affektive und psychomotorische Dimension**
- ... Bereitschaft und Fähigkeit zum Leben in der Gemeinschaft (Bereitschaft und Fähigkeit zur Mitarbeit, Toleranz gegen Andersdenkende)
- ... Aufgeschlossenheit für die Belange des eigenen Körpers (Bereitschaft zur Anwendung von Kenntnissen auf Körperpflege und gesunde Lebensführung)
- ... Bereitschaft und Fähigkeit zur Pflege von Pflanzen und Tieren
- ... Bereitschaft und Fähigkeit, sich für die Erhaltung der natürlichen Umwelt einzusetzen und verantwortlich zu handeln

Tabelle 7-2: Allgemeine Unterrichtsziele für den Biologieunterricht (nach *Kattmann/Schaefer* 1974 und *Esser* 1978)

Aus heutiger Sicht bleibt festzuhalten, daß die Beschreibung von Unterrichtszielen zum einen nach verschiedenen Zielbereichen (z. B. Kenntnisse, Fertigkeiten, Einstellungen) erfolgen sollte, zum anderen nach dem Niveau der Anforderungen (z. B. Erwerb und Wiedergabe, selbständige Lösung und Anwendung).
Es sollte dabei auch die im folgenden ausgeführte **Kritik** bedacht werden (vgl. *Mietzel* 1993; *Jank/Meyer* 1994; *Glöckel* 1996; *Kaiser/Kaiser* 1996; *Kroner/*

*Schauer* 1997): Bei der Dimensionierung von kognitiven, affektiven und psychomotorischen Zielen handelt es sich um eine analytische Unterscheidung. Für die Lernenden gibt es immer nur einen Lernprozeß, in dem die Lernziele der verschiedenen Dimensionen unauflöslich ineinander verwoben sind. Daraus folgt, daß die drei Dimensionen »nicht getrennt voneinander betrachtet werden dürfen. Sinnvoll ist es vielmehr, überall dort, wo in der Lernziel-Formulierung nur eine der drei Dimensionen ausgedrückt wird, nach dem Verbleib der anderen beiden zu fragen« (*Meyer* 1974, 107).

Die Hierarchisierung der Unterrichtsziele verleitet dazu, die verschiedenen Stufen einer Dimension getrennt und als hintereinander ablaufende Prozesse zu betrachten. Im Lernprozeß können aber z. B. kognitive Fähigkeiten (z. B. Analyse) nur mittels inhaltsspezifischen Wissens erworben werden.

Die Operationalisierung führt leicht zum Ausklammern von wichtigen allgemeinen Zielen, die sich nur schwer oder gar nicht operationalisieren lassen. Jedoch scheint es zukünftig nötig, Schülerinnen und Schüler vor allem auf offene Situationen vorzubereiten. Ihre Bewältigung bedarf komplexer und allgemeiner – aber nicht unmittelbar überprüfbarer – Kompetenzen. Die Grenzen der Operationalisierung liegen insbesondere bei Zielen, die sich auf allgemeine Kompetenzen im persönlichen (Kritikfähigkeit, Verantwortung, Kreativität) und sozialen Bereich (Selbstbestimmung) beziehen.

Trotz der angeführten Kritik macht »die Unterscheidung von Lehrzielen und ihre Beschreibung in einem sinnvollen Grad der Konkretheit ... didaktisches Denken und Handeln differenzierter und präziser« (*Glöckel* 1996, 141). Die Formulierung von Unterrichtszielen ist kein Selbstzweck, sondern sollte sich in der Wahl der Unterrichtsmethoden und im Ablauf des Unterrichts angemessen niederschlagen. Die Beschreibung der Ziele des geplanten Unterrichts darf dabei die nötige Offenheit und Flexibilität der Lehr-Lernprozesse nicht behindern. Kreativität, unerwartete Fragen, eigenständige Lösungswege und ergebnisoffene Erkundungen müssen in einem zielgerichteten Unterricht ihren Platz haben.

LITERATUR

Bildungskommission NRW 1995; *Bloom* u. a. 1972; *Bögeholz* 1997; Deutscher Bildungsrat 1970; *Dietrich* u. a. 1979; *Eigenmann/Strittmatter* 1972; Einheitliche Prüfungsanforderungen 1983; *Esser, Hans* 1978; *Falkenhan* 1981; *Frey/Lattmann* 1971; *Glöckel* 1996; *Häußler* u.a. 1997; *Heimann/Otto/Schulz* 1977; *Horn* 1972; IPN-Einheitenbank 1974 ff.; *Jank/Meyer* 1994; *Kaiser/Kaiser* 1996; *Kattmann/Schaefer* 1974; KMK-Expertenkommission 1995; *Krathwohl* u. a. 1964; *Kron* 1994; *Kroner/Schauer* 1997; *Mager* 1974; *Meyer, Hilbert,* 1971; 1974; 1991; *Mietzel* 1993; *Möller* 1973; *Schaefer* 1973; *Schecker* u. a. 1996; VDBiol-Kommission 1996; *Zöpfl/Strobl* 1973

# 8 Methodenkonzepte, Großformen, Sozialformen

## 8.1 Allgemeines zu Unterrichtsmethoden

Unter der Bezeichnung »Methoden« werden hier alle »Formen und Verfahren« zusammengefaßt, »in und mit denen sich Lehrer und Schüler die sie umgebende natürliche und gesellschaftliche Wirklichkeit unter institutionellen Rahmenbedingungen aneignen« (*Meyer* 1987 a, 45). Solche Unterrichtsmethoden können im Unterricht nur wenige Augenblicke lang eine Rolle spielen, sie können ihn aber auch über Tage oder gar Wochen bestimmen. *Hilbert Meyer* (1987 a, 109 ff.) unterscheidet dementsprechend fünf Ebenen des methodischen Handelns:
... Handlungssituationen (z. B. Fragen, Antworten, Sich-Melden);
... Handlungsmuster (z. B. Lehrervortrag, Diskussion, Experimentieren);
... Unterrichtsschritte (z. B. Einstieg, Ergebnissicherung);
... Sozialformen (z. B. Einzelarbeit, Gruppenunterricht);
... Methodische Großformen (z. B. Kurs, Fallstudie, Projekt).

Die Methoden der untersten Ebene (»Handlungssituationen«) sind zwar auch für den Biologieunterricht außerordentlich wichtig, sie sind aber nicht spezifisch für dieses Fach, so daß die »Unterrichtsschritte« nur kurz im Exkurs ▼ 6.3.5.5
»Artikulation des Unterrichts« angesprochen werden. Wegen ihrer besonderen Bedeutung wird den im Biologieunterricht spezifisch ausgeprägten Handlungsmustern ein eigenes Kapitel gewidmet. In der Fachdidaktik ist hierfür der ▼ 9.1.1.
Terminus »Arbeitsweisen« üblich.

Im vorliegenden Kapitel werden dagegen diejenigen Unterrichtsmethoden behandelt, die die Organisation und Situierung des Lernens im Unterricht ▼ 8.4
betreffen, also vor allem die »Sozialformen«. Bedeutsam für die grundsätzliche ▼ 8.2
methodische Gestaltung des Biologieunterricht sind die »Methodenkonzepte« ▼ 8.3
und die »Großformen«, in denen jeweils eine Reihe unterrichtlicher Prinzipien
zu einem theoretischen Konstrukt verbunden ist. ▼ 8.5
Spezifische methodische Anforderungen stellt der Unterricht außerhalb des Klassenzimmers, der für das Biologie-Lernen eine bedeutende und unersetzbare Rolle spielt.

LITERATUR
*Meyer, Hilbert*, 1987 a; b

## 8.2 Methodenkonzepte

Für den Biologieunterricht sind vor allem die Methodenkonzepte »Exemplarisches Lehren und Lernen«, »Entdeckendes Lernen«, »Problemlösender Unterricht«, »Handlungsorientierter Unterricht« und »Offener Unterricht« bedeutsam (vgl. Übersicht bei *Meyer* 1987 a, 210 ff.).

Das Konzept des **Offenen Unterrichts** verdient deshalb besondere Beachtung, weil es die größte Nähe zu den Idealvorstellungen von einem schülerzentrierten Unterricht aufweist. Seit einigen Jahren wird vor allem im Primarbereich versucht, Offenen Unterricht zu realisieren. Das wesentliche Kennzeichen dieses Ansatzes ist die »Offenheit für Interessen von Schülern und Lehrern, die sich besonders in einer Beteiligung der Schüler an Planung und Umsetzung von Unterricht niederschlagen muß« (*Marek* 1980, 47). »Der Prozeß des Lernens steht gleichrangig neben den intendierten Ergebnissen, die Förderung des Einzelnen wird zum ‚Klassenziel', und Selbständigkeit wird wichtiger als Anpassung« (*van Dick* 1991, 32). Zu diesem Konzept gehört auch die »Öffnung der Schule« zu ihrem Umfeld: Schüler und Lehrpersonen arbeiten nicht nur innerhalb, sondern auch außerhalb der Schulmauern; Eltern und andere Erwachsene kommen in die Schule und unterstützen Lehrkräfte und Schüler bei ihren Unternehmungen. Eine der wichtigsten Aufgaben der Lehrenden besteht darin, die Schule und ihre Umgebung so zu gestalten, daß sie zu einer anregenden und ergiebigen »Lernumwelt« für jeden einzelnen Schüler werden kann (vgl. *Ramseger* 1992). Offener Unterricht ist meist durch eine Reihe von Strukturmerkmalen charakterisiert, z. B. einen speziellen Wochenplan, einen den Tagesrhythmus der Schüler berücksichtigenden Stundenplan und das Element der **Freiarbeit**. Auch im Biologieunterricht der höheren Schulstufen gewinnt das Konzept des Offenen Unterrichts an Bedeutung (vgl. *Hoebel-Mävers* u. a. 1976; *Marek* 1980; *Clausnitzer* 1992; *Frank* 1992; *Ellenberger* 1993; *Sehrbrock* 1995).

Ein in der Zielrichtung dem Offenen Unterricht ähnliches Konzept ist der **Handlungsorientierte Unterricht** (vgl. *Meyer* 1987 a; b). Schwerpunktmäßig geht es bei diesem Ansatz darum, den Unterricht weitaus häufiger als meist üblich zu produktivem Handeln zu nutzen. »Unterricht sollte so oft wie möglich zu Ergebnissen kommen, die man anfassen oder vorführen kann, die augenblicklich und auch später noch für die Schüler Gebrauchswert haben« (*Meyer* 1987 b, 402). Handlungsprodukte können beispielsweise ein Plan für eine Exkursion, ein von Schülern konzipiertes und durchgeführtes Experiment, das Färben mit selbst hergestellten Pflanzenfarben, Vogelnistkästen, ein Teich im Schulgarten, eine Wandzeitung, ein Brief an den Bürgermeister sein. Dieses Konzept knüpft an der Pädagogischen Reformbewegung, vor allem der »Arbeitsschule« nach *Georg Kerschensteiner* an. ▼ 2.1.4

Die Modelle des **Entdeckenden Lernens** und des **Problemlösenden Unterrichts** weisen untereinander und zu dem eben dargestellten Ansatz einige Ähnlichkeiten auf (vgl. z. B. *Klewitz/Mitzkat* 1977; *Neber* 1981; *Scholz* 1980; *Lange* 1982; *Lange/Löhnert* 1983; *Wilde* 1984). Eine große Nähe zum Unterricht in den Naturwissenschaften ergibt sich vor allem aus den Übereinstimmungen zwischen Problemlösungsstrategien im allgemeinen und der Sequenz der Schritte eines naturwissenschaftlichen Experiments (vgl. z. B. ▼ 9.1.2 *Scholz* 1980; *Fries/Rosenberger* 1981; *Schmidkunz/Lindemann* 1992). Das Experiment »stellt einen besonders differenzierten und anspruchsvollen Typ der Problemlösungsprozesse dar« (*Eschenhagen* 1983 b, 225). Dementsprechend spielen die beiden Methodenkonzepte im Fach Biologie, und zwar besonders im Experimental- und Freilandunterricht, eine erhebliche Rolle (vgl. ▼ 8.5 *Dietrich* u. a. 1979; *Dylla* 1980; *Clausnitzer* 1983; *Eschenhagen* 1983 b; *Staeck* 1987; *Starosta* 1990; *Killermann* 1991; *Kurze* 1992). Dabei werden alle Methoden bevorzugt eingesetzt, die den Schülern eine selbstgesteuerte, tiefgehende Auseinandersetzung mit den Unterrichtsgegenständen ermöglichen. Hier sind vor allem Unterrichtsformen und Arbeitsweisen zu nennen, die als typisch naturwissenschaftlich oder biologisch gelten und meist schon seit Jahrzehnten propagiert werden, wie Experimentieren, Mikroskopieren, Halten und Pflegen. Daneben sind solche Methoden zu erwähnen, die zwar nicht naturwissenschaftsspezifisch sind, aber im Biologieunterricht einen hohen Stellenwert haben sollten, wie Gruppenarbeit, Schülerdiskussion, Interview und Befragung, Plan- und Rollenspiel.

LITERATUR
*Bay/Rodi* 1978; *Clausnitzer* 1983; 1992; *van Dick* 1991; *Dietrich* u.a. 1979; *Dylla* 1980; *Ellenberger* 1993; *Eschenhagen* 1983 b; *Frank* 1992; *Fries/Rosenberger* 1981; *Hage* u. a. 1985; *Hoebel-Mävers* u.a. 1976; *Iwon* 1989; *Killermann* 1991; *Klewitz/Mitzkat* 1977; *Kurze* 1992; *Kyburz-Graber* 1988; *Lange* 1982; *Lange/Löhnert* 1983; *Marek* 1980; *Meyer, Hilbert* 1987 a; b; *Neber* 1981 ; *Ramseger* 1992; *Schmidkunz/Lindemann* 1992; *Scholz* 1980; *Sehrbrock* 1995; *Staeck* 1987; *Starosta* 1990; *Wilde* 1984

## 8.3 Methodische Großformen

Als methodische Großformen oder methodische Grundformen werden »jene unterrichtlichen Organisationsschemata« bezeichnet, »die über längere Zeiträume hinweg Arbeits- und Sozialformen des Unterrichts bestimmen« (*Otto* 1974). In der allgemeindidaktischen Literatur werden vor allem der Lehrgang oder Kurs, das Trainingsprogramm, der Workshop, das Projekt oder Vorhaben, die Exkursion und die Fallstudie genannt (vgl. Übersicht bei *Meyer* 1987 a, 143 f.). Im Biologieunterricht spielen vorwiegend der Kurs, das Projekt, die Fallstudie und die Exkursion eine Rolle. »Exkursionen« werden hier als Form des Unterrichts außerhalb des Schulgebäudes behandelt.

Der **Kurs** oder Lehrgang ist durch systematisierte und planmäßige, stark von der Lehrperson gelenkte Lernprozesse gekennzeichnet. Der Unterricht schreitet zielorientiert von einem Inhalt zum nächsten voran; selbstorganisiertes Lernen der Schüler findet relativ selten und meist nur während kurzer Phasen statt. Die Lebenswirklichkeit der Schüler wird häufig nur in ausgewählten, oft isolierten Ausschnitten und in zubereiteter Form einbezogen.

**Fallstudien** werden im Fach Biologie bisher nur selten durchgeführt. Ausgangspunkt für Fallstudien sind die Entscheidungen von Menschen in konkreten Situationen (vgl. *Otto* 1977). Das durch den »Fall« aufgeworfene Problem wird von verschiedenen Seiten beleuchtet bzw. analysiert, unterschiedliche Problemlösungen werden – meist in Gruppenarbeit – entwickelt und vergleichend diskutiert. Dabei werden die Bedingungen von Entscheidungen und deren Auswirkungen erfaßt. Im Biologieunterricht eignen sich besonders die Themenbereiche »Umweltschutz« und »Gesundheitserziehung« für Fallstudien (z. B. »Die Gemeinde X baut eine Kläranlage«, »Die Schule Y wird nikotinfrei«). Auch bei der Behandlung ethischer Fragen spielen sie eine erhebliche Rolle.

Das **Projekt** kann man als einen »Gegenentwurf« zum Lehrgang betrachten. Der Terminus »Projekt« (Projektunterricht, Projektmethode, projektorientierter Unterricht) wird allerdings unterschiedlich verwendet. *Dagmar Hänsel* (1997, 54 ff.) unterscheidet vier Konzepte: Das Projekt als
... Methode des praktischen Problemlösens (vgl. *Knoll* 1992; 1993);
... ideale Methode des Lehrens und Lernens (vgl. *Frey* 1982);
... als kindorientiertes Unterrichtsideal (vgl. *Ramseger* 1992);
... als pädagogisches Experiment mit der Wirklichkeit (vgl. *Dewey* 1916).

## 8.3 GROßFORMEN

Alle diese Projektkonzepte enthalten Schulkritik und dementsprechende Vorstellungen über das Lehren und Lernen in der Institution Schule. Projektunterricht sollte, zumindest in seiner idealen Form, zur Realisierung stärker schülerorientierten Unterrichts beitragen, offenen und handlungsorientierten sowie fächerübergreifenden und integrativen Unterricht in den Mittelpunkt stellen. Ein Projekt wird somit durch einen Katalog von Merkmalen gekennzeichnet: Bedürfnisbezogenheit, Situationsbezogenheit, gesellschaftliche Relevanz, Interdisziplinarität, kooperative Planung von Lehrenden und Lernenden, kollektive Realisierung, Produktorientiertheit (vgl. *Otto* 1977; *Meyer* 1987 b; *Frey* 1982; *Bastian/Gudjons* 1988; 1990; *Hedewig* 1994; *Zabel* 1975; 1994 a; *Rottländer* 1996; *Hänsel* 1997).

*Frey* (1982, 10) faßt die Merkmale des Projekts so zusammen: »Eine Gruppe von Lernenden bearbeitet ein Gebiet. Sie plant ihre Arbeit selbst und führt sie auch aus. In der Regel steht am Ende ein sichtbares Produkt.« *Hänsel* (1986; 1997) stellt folgenden »Handlungsfahrplan« auf:

... eine Sachlage auswählen, die für die Schüler ein echtes Problem darstellt;
... einen gemeinsamen Plan zur Problemlösung entwickeln;
... eine handlungsbezogene Auseinandersetzung mit dem Problem herstellen;
... die gefundene Problemlösung an der Wirklichkeit überprüfen.

Weiter gilt es, individuelle wie institutionelle Voraussetzungen (z. B. Vorstellungen über Erziehung und Unterricht, Rahmenbedingungen des Unterrichts) zu klären und die Ziele zu bestimmen. Kooperation der Lehrenden, Erweiterung des unterrichtlichen Aktionsfeldes und die Abschaffung des Stundentaktes sind wichtige Voraussetzungen. Schließlich ist das Ergebnis (z. B. vorgestelltes Produkt, Veränderung des „Normalunterrichts") zu prüfen. Die neueren Richtlinien in den meisten Bundesländern enthalten Empfehlungen im Sinne des Projektunterrichts, die Realisierung dessen läßt aber noch zu wünschen übrig. Neben den sehr hohen Ansprüchen, die ein derartiger Unterricht inhaltlich wie auch methodisch an die Lehrenden stellt, erschweren auch institutionelle Rahmenbedingungen wie Stundenplan, mangelnde Koordination der Lehrpläne oder mangelnde Fortbildung die Umsetzung (vgl. *Weigelt/Grabinski* 1992). Lehrpersonen, die Erfahrung mit Projekten haben, beurteilen hingegen diese Unterrichtsform in der Regel sehr positiv (vgl. *Hedewig* 1991 b; 1992 a; 1994).

Aus der Vielzahl der Themen, die sich aus der Sicht des Biologieunterrichts für Projekte eignen, seien einige Beispiele genannt (vgl. *Schoof* 1977; *Frey* 1982; *Hänsel/Müller* 1988; *Eschenhagen* 1990; *Hedewig* 1993 c; 1994; *Jüdes/Frey* 1993; *Bayrhuber* u. a. 1994; *Zabel* 1994 a):

... Ökologie und Umwelt (z. B. Wald, Wasser, Stadt, Verkehr, Energie, Landwirtschaft, Wohnen, Abfall, Natur- und Umweltschutz);
... Gestaltung der Schule und ihrer Umgebung (z. B. Gestaltung eines »grünen« Klassenzimmers, Anlage eines Schulgartens, eines Teiches, einer Wallhecke o. ä.);
... Ökologisierung der Schule;
... Gesundheitsförderung (z. B. Ernährung, Erholung, Streß, Freizeit, Arbeit, Sexualität, Sport, Drogen/Suchtprävention).

## 8.4 Sozialformen

### 8.4.1 Zu den Begriffen

Schulischer Unterricht vollzieht sich im allgemeinen in Jahrgangsklassen oder Kursgruppen, d. h. in Großgruppen, die durch ihre Heterogenität in bezug auf soziale Herkunft, Interessen, Begabungsschwerpunkte, Lernbereitschaft, Arbeitsgeschwindigkeit und weitere Eigenschaften ihrer Mitglieder gekennzeichnet sind. Diese Heterogenität bedeutet Chance und Erschwernis zugleich. Einerseits eröffnet sie den Schülern die Möglichkeit zu vielfältigen sozialen Erfahrungen und zu gegenseitiger Förderung, andererseits erschwert sie die Aufgabe, allen Schülern zu optimalen Lernerfolgen zu verhelfen.

Das Bemühen, die Vorzüge und Nachteile der heterogenen Jahrgangsklasse auszugleichen, führt zu Formen der inneren Differenzierung. Vier Gruppen von Maßnahmen der Binnendifferenzierung werden unterschieden: die soziale, thematisch-intentionale, methodische und mediale Differenzierung (vgl. *Winkeler* 1975, 43). Davon ist die **soziale Differenzierung** am bedeutsamsten. Von den anderen Differenzierungsformen unterscheidet sich die soziale Differenzierung vor allem im Hinblick auf die zugrundeliegenden Zielvorstellungen: Es geht hierbei nicht nur oder in erster Linie um das bessere Erreichen von Unterrichtszielen der kognitiven oder der psychomotorischen Dimension,

---

LITERATUR
*Bastian/Gudjons* 1988; 1990; *Bayrhuber* u. a. 1994; *Dewey* 1916; *Eschenhagen* 1990; *Eulefeld* u.a. 1979; *Frey* 1982; *Hänsel* 1986; 1997; *Hänsel/Müller* 1988; *Hedewig* 1991 b; 1992 a; 1993 c; 1994; *Jüdes/Frey* 1993; *Kloehn/Zacharias* 1984; *Knoll, M.* 1992; 1993; *Meyer, Hilbert* 1987 a; b; *Otto, G.,* 1974; 1977; *Ramseger* 1992; *Rottländer* 1996; *Schmidt, R.,* 1992; *Schoof* 1977; *Weigelt/ Grabinski* 1992; *Zabel* 1975; 1994 a

sondern um das soziale Lernen, d. h. den Erwerb von »sozialer Kompetenz« ▼ 7.2.1
durch den Umgang mit anderen (vgl. z. B. *Kösel* 1975; 1976; *Gudjons* 1993).
Unter den möglichen Sozialformen können die folgenden vier Haupttypen
unterschieden werden:
... Klassenunterricht (Großgruppenunterricht; häufig mit Frontalunterricht
   gleichzusetzen),
... Kleingruppenunterricht oder Gruppenarbeit,
... Partnerunterricht oder Partnerarbeit,
... Einzelunterricht oder Alleinarbeit.

Beim **Klassenunterricht** wird die Gesamtheit aller Schüler als Einheit betrachtet. Meist steht die Lehrperson im Mittelpunkt: Sie stellt den Schülern die Unterrichtsinhalte in der »darbietenden Form« vor (evtl. auch mediengestützt oder mit Demonstrationsversuchen) oder versucht, diese nach dem »fragendentwickelnden« Verfahren oder der »aufgebenden Form« mit den Schülern gemeinsam zu erarbeiten (vgl. *Killermann* 1991). Bei verschiedenen Formen des Unterrichtsgesprächs – vor allem beim freien Gespräch, bei der Diskussion, beim Streitgespräch – tritt die Lehrkraft stärker zurück und übernimmt nur die Moderation. Im Extremfall überläßt sie die Leitung des Gesprächs einer Schülerin oder einem Schüler. Diese Situation kann durch die Anordnung des Gestühls im Klassenraum betont werden: Die Stühle werden zum Sitzkreis angeordnet. Klassenunterricht ist auch dann gegeben, wenn Schüler für alle einen Vortrag halten oder ein Rollenspiel aufführen.

Bei der **Kleingruppenarbeit** wird die Klasse in mehrere Gruppen (meist zu je 3 bis 6 Schülern) aufgelöst, die jeweils für sich arbeiten. Je nach Organisation des Gruppenunterrichts lassen sich folgende Formen unterscheiden:
... Themengleiche bzw. »arbeitsgleiche« oder homogene Gruppenarbeit. Alle
   Kleingruppen bearbeiten dasselbe Thema anhand der gleichen Arbeitsaufträge und Hilfsmittel.
... »Arbeitsteilige« Gruppenarbeit mit heterogener Aufgabenstellung. Die
   Schülergruppen erhalten jeweils unterschiedliche Aufgaben, wobei diese verschiedene Gegenstände oder denselben Gegenstand betreffen können. Meist wird auch dann von arbeitsteiliger Gruppenarbeit gesprochen, wenn die Aufgaben aller Gruppen gleich sind, sich aber auf unterschiedliche Teilthemen/Objekte beziehen.
... »Gemischt-arbeitsteilige« Gruppenarbeit. Nicht jede Schülergruppe erhält
   eine eigene Aufgabe; jeder Auftrag wird von mindestens zwei Kleingruppen parallel bearbeitet.

... Besondere Organisationsformen der Gruppenarbeit sind die »Wandergruppenarbeit« und die »Stationsarbeit«. Im Arbeitsraum sind Plätze eingerichtet, auf denen jeweils das Material zur Lösung einer Aufgabe bzw. zur selbstorganisierten Arbeit bereitsteht. Jede Schülergruppe oder auch einzelne Schüler bearbeiten eine der Aufgaben und gehen nach deren Lösung zum nächsten Arbeitsplatz über. Bei der Wandergruppenarbeit besteht in der Regel der Anlaß darin, daß jedes Medium, das genutzt werden soll, nur in einem Exemplar oder in wenigen Stücken vorhanden ist (z. B. Stopfpräparate von Tieren). Bei der Stationsarbeit stehen demgegenüber die Stationen für Schritte in einer Lernsequenz, die mit individuellem Tempo nacheinander, oftmals auch in von den Schülern frei zu wählender Menge bearbeitet werden sollen (vgl. *Graf* 1997, 80 ff.).

Im Vergleich zum Gruppenunterricht ist die **Partnerarbeit** eine einfach zu handhabende Sozialform. Da die meisten in der Schule verwendeten Arbeitstische zwei Schülern Platz bieten, läßt sich diese Form ohne zusätzlichen Organisationsaufwand verwirklichen und deshalb auch für sehr kurze Unterrichtsphasen einsetzen. Beim Experimentieren ist Partnerarbeit besonders angebracht, da sie die Arbeitsteilung (ein Partner mißt, der andere schreibt auf) begünstigt. Partnerarbeit wird oft als Vorform des anspruchsvolleren Gruppenunterrichts verwendet; sie kann aber auch die Alleinarbeit ersetzen, vor allem dann, wenn ein Medium, wie z. B. das Mikroskop, nicht in der für diese Unterrichtsform notwendigen Anzahl verfügbar ist (vgl. *Hirschmann* 1974).

**Alleinarbeit** spielte früher in wenig gegliederten Schulen als »Stillarbeit« eine bedeutende Rolle, da die Lehrperson dadurch die Freiheit bekam, sich um andere Schülergruppen zu kümmern. Heute wird diese Sozialform häufig für kurze Unterrichtsabschnitte (z. B. beim Ausfüllen von Arbeitsblättern), bei Tests und Klassenarbeiten und für die Hausaufgaben verwendet. In der »Freiarbeit« eingesetzt, bietet sie viele Möglichkeiten zu thematischer, methodischer und medialer Differenzierung, die zum Teil auch über den Unterricht im engeren Sinne hinausgehen können (z. B. Aufträge zur Beschaffung von Unterrichtsmaterial oder zur Betreuung von in der Schule gehaltenen Tieren und Pflanzen, Beobachtungsaufgaben, Einzelreferate, Facharbeiten, Gestaltung von Arbeitsmappen).

Beim »Offenen Unterricht«, bei der »Freiarbeit« und bei »Projekten« spielen Gruppen- und Einzelarbeit gegenüber dem Klassenunterricht naturgemäß eine zentrale Rolle.

Viel diskutiert war zeitweise eine anspruchsvolle Variante der Einzelarbeit, der **Programmierte Unterricht** (vgl. *Dudel* 1971; *Müller* u. a. 1977; *Schuster* 1981; *Krüger* 1985). Grundlage des Programmierten Arbeitens war in den meisten Fällen ein Buchprogramm, durch das die Schüler Schritt für Schritt mit dem Unterrichtsinhalt vertraut gemacht werden. Das Programm ist in einzelne »Lerneinheiten« gegliedert, die im allgemeinen jeweils eine Information enthalten, die die Schüler verarbeiten sollen, und eine Aufgabe oder Frage, bei deren Beantwortung die Schüler das gerade Gelernte reproduzieren oder umzusetzen sollen. In der nächsten Lerneinheit findet sich die richtige Lösung der Aufgabe. Da die Aufgaben fast durchweg sehr einfach sind, erhalten die Schüler bei dieser Selbstkontrolle leicht eine positive Rückmeldung (Verstärkung), was nach der dem Programmierten Unterricht zugrundeliegenden Theorie ihre Motivation zur weiteren Arbeit mit dem Lehrprogramm fördern soll. Die für verschiedene Schulstufen veröffentlichten Programmübersichten zu biologischen Themen ermöglichen es den Biologielehrkräften, sich ein eigenes Urteil über Möglichkeiten und Grenzen dieser Unterrichtsform zu bilden (vgl. Übersicht bei *Krüger* 1985, 64-67). Durch den Einsatz des Computers hat der Programmierte Unterricht eine ganz neue Form erhalten und ist dadurch wieder aktuell. In ihrer Bedeutung für den Biologieunterricht noch nicht genau abzuschätzen sind die in der Regel für Einzel- oder Gruppenarbeit konzipierten »interaktiven Medien«. ▼ 10.10

### 8.4.2 Sinn und Bedeutung

Wie für alle Unterrichtsmethoden gilt auch für die Sozialformen der Grundsatz »variatio delectat«. Es kann nicht darum gehen, den bisher dominierenden Frontalunterricht grundsätzlich »schlecht zu machen« und grundsätzlich durch eine der anderen Sozialformen ersetzen zu wollen (vgl. *Meyer/Meyer* 1997); sinnvoll wäre aber, je nach Unterrichtsinhalt und Klassensituation die verschiedenen Formen variabel einzusetzen. Ein guter Grundsatz ist der, daß in jedem Lernabschnitt eine gewisse Zeit für Gruppenarbeit und Spielraum für individuelle Einzelarbeit eingeplant werden.
Eine solche Verwendung der Sozialformen kann dazu beitragen, dem Unterricht etwas von seinem Zwangscharakter zu nehmen, der darin besteht, daß von den Schülern einer Klasse verlangt wird, allesamt zu einer bestimmten Zeit an einem vorgegebenen Thema zu arbeiten und dabei unter Anleitung der Lehrperson mit einem bestimmten Tempo auf einem exakt vorgeplanten Weg voranzuschreiten. Gruppen-, Partner- und Einzelarbeit ermöglichen eine gewisse

Annäherung an die Situationen, in denen Kinder meist vor Beginn ihrer Schulzeit und außerhalb der Schule lernen: allein oder im Kontakt mit wenigen meist vertrauten Personen in der ihnen gemäßen Geschwindigkeit. Keine der Sozialformen vereinigt jedoch in sich alle Merkmale einer »natürlichen« Lernsituation. Die meisten Vorzüge in diesem Sinne bietet ein Gruppenunterricht, bei dem Schülergruppen langfristig an selbstgewählten Teilthemen in weitgehender Eigenverantwortung arbeiten. Innerhalb solcher Kleingruppen können die einzelnen Schüler Aufgaben erfüllen, die ihren Neigungen und Fähigkeiten entsprechen. Das führt bei vielen Schülern zu mehr Spaß an der Arbeit, zu einem stärkeren Interesse an dem betreffenden Schulfach und zu größerer Selbständigkeit.

Die Schüler können hierbei lernen, wie man lernt. Voraussetzung dazu ist, daß seitens der Lehrperson das Material (zur Auswahl) bereitgestellt und u. U. auch didaktisch aufbereitet wird bzw. von ihr im Vorfeld der Gruppenarbeit geklärt worden ist, daß das notwendige Material, mit dem die Schüler Lernergebnisse erzielen können, zugänglich ist (z. B. in der Leihbücherei, bei Verbänden oder Krankenkassen).

Vor allem der Kleingruppenunterricht bietet die Chance, die Schüler in ihrer **sozialen Kompetenz** zu fördern (vgl. *Staeck*. 1995, 236 ff.). Die Schüler können lernen:

... aufeinander (und nicht nur auf die Lehrperson) zu hören,

... miteinander direkt (und nicht nur durch die Lehrperson vermittelt) zu sprechen,

... ihre eigene Meinung zu äußern, mit anderen zu diskutieren, durchzusetzen oder zu revidieren,

... Kritik zu üben und die von anderen geäußerte Kritik zu überprüfen und gegebenenfalls zu akzeptieren,

... Spielregeln des Zusammenarbeitens einzuhalten,

... innerhalb eines Teams eine Aufgabe zu übernehmen und gewissenhaft zu erledigen,

... anderen Schülern zu helfen und sich von anderen helfen zu lassen,

... Spannungen innerhalb einer Gruppe zu erkennen, zu ertragen und zu ihrer Lösung beizutragen,

... Gruppeninteressen gegenüber anderen zu vertreten und dabei die Begrenzung dieser Interessen durch die Ansprüche anderer zu berücksichtigen.

Unverzichtbar ist (Klein-)Gruppenarbeit bei Themen, die im außerschulischen Leben in besonderem Maße kommunikative Kompetenz erfordern, wie z. B. in der Sexualerziehung.

Die bei der Gruppenarbeit gewonnenen Erfahrungen wirken sich auch auf den übrigen Unterricht aus. Zwar werden Schüler, die gelernt haben, sich in einer Kleingruppe zu behaupten, nicht ohne weiteres ihre Verhaltensweisen auf eine Großgruppe übertragen; aber manche »stillen« Schüler gewinnen im Gruppenunterricht so viel Selbstvertrauen, daß sie sich schließlich auch am Klassenunterricht beteiligen. Gruppenunterricht kann dazu motivieren, über die eigentliche Aufgabe hinaus auch bei Hausaufgaben oder außerschulischen Vorhaben und später am Arbeitsplatz in Gruppen zusammenzuarbeiten.

Als weiterer Vorzug des (arbeitsteiligen) Gruppenunterrichts wird von einigen Autoren hervorgehoben, daß Unterrichtsinhalte schneller erarbeitet werden könnten (vgl. *Kuhn,* 1975 a; *Mostler/Krumwiede/Meyer* 1979, 50). In der Praxis zeigt sich allerdings, daß Gruppenarbeit nur dann zu einer Zeitersparnis führt, wenn darauf verzichtet wird, die Ergebnisse der einzelnen Kleingruppen auch allen anderen Schülern der Klasse zugänglich zu machen. Beim üblichen Verfahren, bei dem nach Abschluß der Arbeit in Gruppen die anderen Schüler durch »Gruppenberichte« informiert werden, wird nicht weniger, sondern eher mehr Zeit benötigt als beim Frontalunterricht, und es kommt oft zu langweiligen Phasen von durch Schülerreferate gestaltetem Frontalunterricht. Als Vorteil ist jedenfalls zu betonen, daß beim (arbeitsteiligen) Gruppenunterricht viele Schüler intensiver arbeiten und deshalb die hierbei erworbenen Kenntnisse und Einsichten dauerhafter erhalten bleiben.

Es ist keineswegs einfach, Gruppen-, Partner- und Einzelarbeit so zu handhaben, daß ihre positiven Seiten voll zur Geltung kommen. Besonders die komplizierteste Form – der längerdauernde Gruppenunterricht – birgt eine Reihe von Problemen in sich.

Eine Gefahr ist darin zu sehen, daß sich innerhalb der Kleingruppen einzelne Schüler auf Kosten der übrigen ausruhen können oder daß immer die gleichen dominieren und daß manche Schüler immer dieselbe Funktion ausüben (z. B. die des Protokollanten oder die des praktisch Experimentierenden) und dadurch einseitig gefördert bzw. in einer Rolle fixiert werden.

Es sollte bedacht werden, daß solche Probleme überall auftreten, wo Menschen zusammenarbeiten, und daß gerade der Gruppenunterricht die Möglichkeit bietet, die Schüler auch auf diese alltäglichen Schwierigkeiten vorzubereiten. Aufgabe der Lehrperson ist es, die Schüler während der Gruppenarbeit bzw. bei deren Auswertung bezüglich möglicher Fehlentwicklungen einzuschätzen und in einzelnen Gruppen evtl. behutsam lenkend einzugreifen. Damit nimmt sie eine Aufgabe wahr, die sich ihr sowieso beim Gruppenunterricht stellt: die Schüler zu betreuen, die einer Förderung besonders bedürfen, während des Klassenunterrichts aber zu kurz kommen.

## 8.4.3 Zur Durchführung

Jede der Sozialformen sollte unter der Zielsetzung gesehen und gehandhabt werden, die Schüler zu »selbständigem Denken, Urteilen und Arbeiten« und zu »sozialem Verhalten ..., zur Teamarbeit, zur Kooperation« zu erziehen (*Ulshöfer* 1971, 32). Im **Klassenunterricht** kann diese Zielsetzung dadurch deutlich werden, daß gute Impulse für eigenständiges »Nachdenken« geboten werden und sich die Lehrkraft möglichst weit zurückhält sowie sachorientierte Schüleraktivitäten und Kontakte zwischen den Schülern unterstützt. In der **Einzelarbeit** wird die Lehrperson vor allem durch eine geschickte, differenzierende Aufgabenstellung die Selbständigkeit der Schüler fördern.

Nur bei **Partner-** und **Gruppenunterricht** ergeben sich demgegenüber Möglichkeiten, Teamarbeit zu üben. Den theoretischen Vorteilen der Gruppenarbeit stehen jedoch einige Schwierigkeiten entgegen. Üblicherweise verlaufen Partner- und Gruppenarbeit in drei Hauptphasen (vgl. z. B. *Esser* 1978, 140; *Killermann* 1995, 243):

... Einführung in das Arbeiten in Gruppen: Das Gesamtthema wird im Klassenunterricht in Unterthemen aufgegliedert; die Schülergruppen bilden sich; die Themen werden den Gruppen zugeordnet bzw. von ihnen gewählt; Medien bereitgestellt; die Dauer des Arbeitens in Gruppen wird festgelegt.
... Arbeit in Gruppen: Die Kleingruppen planen ihre Tätigkeit; sie verteilen Aufgaben (innerhalb der Gruppen kann es streckenweise zu Einzel- oder Partnerarbeit kommen); die Arbeitsergebnisse werden innerhalb der Gruppen besprochen und in eine für die dritte Phase geeignete Form gebracht.
... Auswertung der Arbeit in Gruppen: Bei arbeitsgleicher Gruppenarbeit werden die Ergebnisse verglichen und evtl. korrigiert. Bei arbeitsteiliger Gruppenarbeit stellen die Kleingruppen ihre Ergebnisse der ganzen Klasse vor; Fragen der Mitschüler werden beantwortet, die Einzelresultate erörtert und gegebenenfalls zu einem Gesamtbild des behandelten Themas zusammengefügt; der Unterrichtsertrag wird schriftlich fixiert; weitere Aktivitäten, z. B. eine Ausstellung, werden geplant. Einen günstigen Abschluß bildet ein kritischer Rückblick auf die Gruppenarbeit.

Gruppenunterricht verläuft in vielen Fällen trotz der hohen Erwartungen und des oftmals großen Arbeitseinsatzes seitens der Lehrperson bei der Vorbereitung deshalb unbefriedigend, weil die Schüler gleich mit den komplizierteren Typen dieser Sozialform konfrontiert werden. In unerfahrenen Klassen sollte man in der ersten Zeit möglichst häufig **arbeitsgleiche Partnerarbeit** von etwa 20 Minuten Dauer praktizieren. Eine Schulstunde kann dann dafür ausreichen, alle drei Phasen (siehe oben) durchzuführen. Ein erster Schritt zur weiteren Differenzierung führt zur **gemischt-arbeitsteiligen Partnerarbeit**. Hier ist es wichtig, daß Schüler lernen, ihre Ergebnisse anderen zugänglich zu machen bzw. Mitschüler als Lehrende zu akzeptieren. Dadurch daß mehrere Schüler die gleiche Aufgabe bearbeitet haben, können sie einander bei der Ergebnisdarstellung ergänzen und korrigieren. Die »Konkurrenz« spornt auch zu besonders sorgfältiger Arbeit an. Der nächste Schritt führt zum **arbeitsgleichen Gruppenunterricht** (mit kurzer Laufzeit) und dann erst über den Zwischenschritt der gemischt-arbeitsteiligen Variante zur **arbeitsteiligen Gruppenarbeit**. Am Ende kann z. B. »Freiarbeit« oder ein »Projekt« stehen ▼ 8.3 (vgl. *Ellenberger* 1993, 252).

Wesentlich ist, daß den Schülern die Besonderheiten der verschiedenen Sozialformen im Unterricht bewußt werden. Sie sollen über Vor- und Nachteile nachdenken und diskutieren.
»Normale« gebundene Gruppenarbeit bedarf klarer Zielvorgaben und Aufgabenstellungen, die es möglich machen, daß die Schüler bei der Arbeit in Gruppen ohne die Lehrperson auskommen können. Das bedeutet aber nicht, daß die Aufgaben von dieser vorgegeben und formuliert werden müßten. Auch hier gilt: Zum gewünschten Erfolg führt am besten ein schrittweises Vorgehen. Zuerst wird die Lehrkraft die Arbeitsaufträge selbst festlegen und den Schülern auf vorgefertigten Arbeitsblättern vorlegen. Bei der Besprechung der Arbeitsblätter sollten die Schüler zum Nachvollziehen der Gedanken des Lehrers und zur Kritik herausgefordert werden. Später werden die Aufgaben im Unterrichtsgespräch unter möglichst starker Beteiligung der Schüler formuliert und – in einer letzten Stufe – in den Gruppen selbst entwickelt. Nicht nur die Klasse braucht für diesen Schritt in die Selbständigkeit eine Anlaufzeit – auch die meisten Lehrpersonen brauchen eine gewisse Zeit, um ihre Ängste bezüglich größerer Eigenständigkeit von Schülern abzubauen.
Während bei der Partnerarbeit und einfacheren Formen des Gruppenunterrichts die **Gruppenbildung** meist unproblematisch ist, empfiehlt es sich, bei mehrstündiger arbeitsteiliger Gruppenarbeit auf die Zusammensetzung der Gruppen einige Sorgfalt zu verwenden. Es sollte versucht werden, die Gruppen entsprechend den themenbezogenen Interessen der Schüler zu bilden.
Die sozialen Ziele, die mit der Gruppenarbeit angestrebt werden, legen es nahe, bei der Gruppenbildung darauf zu achten, daß die Schülergruppen in bezug auf die Leistungsfähigkeit ihrer Mitglieder in der Regel heterogen zusammengesetzt sind. Zu Beginn einer neuen Gruppenarbeitsphase sollten die Gruppen neu

gebildet werden. So erweitert sich der »soziale Raum« der Kinder (vgl. *Forsberg/Meyer* 1976, 47). Die Gefahr der Rollenfixierung (siehe oben) muß bei häufigem Gruppenunterricht beachtet werden.
Der noch vor einigen Jahren zu beklagende Mangel an **Medien**, die speziell für das selbständige Arbeiten von Schülern bestimmt sind (vgl. *Hirschmann* 1974; *Urschler* 1975), wurde inzwischen durch entsprechende Unterrichtsmaterialien in fachdidaktischen Zeitschriften gelindert. Viele der sowieso in Schulbüchereien und -sammlungen vorhandenen Bücher und Materialien lassen sich gut für diesen Zweck verwenden. Zusätzlich sollten die Biologielehrenden geeignete Medien sammeln, z. B. Naturobjekte, Bilder und Zeitungsausschnitte. Für Gruppenarbeit, die sich über mehrere Schulstunden hinzieht, können Schüler selbst Arbeitsmittel beschaffen, z. B. aus dem Bücherschrank der Eltern oder aus einer Leihbücherei. Da die verfügbaren Texte meist nicht für Kinder konzipiert sind, haben die Schüler oft Verständnisschwierigkeiten. Hier ergibt sich ein guter Anlaß, den Umgang mit Nachschlagewerken und Buchregistern zu üben. Eine reiche Ausstattung des Klassenraums mit Lexika und Übersichtsbüchern kann als eine der wichtigsten Voraussetzungen für erfolgreiche Gruppenarbeit bezeichnet werden. Sie verringert auch die Gefahr des Leerlaufs, der durch das unterschiedliche Arbeitstempo der Kleingruppen entstehen kann.

Die Möglichkeiten der **arbeitsteiligen Gruppenarbeit** werden dann optimal genutzt, wenn die Arbeiten der einzelnen Kleingruppen zur Lösung einer **gemeinsamen Aufgabe** notwendig sind (z. B. die Erarbeitung von Nahrungsketten, die gemeinsam zu einem Nahrungsnetz zusammengesetzt werden). Bei der Frage »War der Neandertaler ein Mensch oder ein Affe?« können im gemischt-arbeitsteiligen Verfahren einige Gruppen die Schädel von Gorilla und Neandertaler, andere die von Gorilla und Jetztmensch und die übrigen die von Neandertaler und Jetztmensch vergleichen. Erst alle drei Gruppenergebnisse zusammen liefern eine zutreffende Antwort (vgl. *Wraage* 1979). Ein Thema wie der Wunsch nach einem Heimtier kann arbeitsteilig bearbeitet werden, indem etwa die Fragen nach geeignetem Futter, Käfigen, Untersuchungen zum Verhalten und Kennzeichen des Tieres auf verschiedene Gruppen verteilt werden (vgl. *Ellenberger* 1993, 226 f.).
Als schwierigster Teil des Gruppenunterrichts gilt bei vielen die **Auswertungsphase**. Meistens müssen hierbei Sprecher der Arbeitsgruppen nacheinander über ihr Teilthema referieren (additives Verfahren, nach *Scheibner* aus *Ulshöfer* 1971, 46). Solche Schülervorträge stehen meist in bezug auf ihre Struktur und ihre inhaltliche und rhetorische Qualität einem Lehrervortrag

nach. Während sich Lehrende in der Regel scheuen, Vorträge ohne Zuhilfenahme audiovisueller Medien zu halten, wird den Schülern in der Endphase der Gruppenarbeit häufig zugemutet, längere Schülervorträge ohne Medienunterstützung anzuhören. Als Alternativen zu diesem unbefriedigenden Verfahren kommen folgende Vorgehensweisen in Betracht:

... Schriftliche Kurzberichte der Kleingruppen auf Folien oder Fotokopien, die von den Mitschülern gelesen und im Klassenverband erörtert werden.
... Darstellung der Ergebnisse in Form von Filmausschnitten, Dias, Bildern, selbstgefertigten Skizzen oder Demonstrationsversuchen.
... Zusammenfassung in Form von tabellarischen Übersichten, wobei die einzelnen Gruppen verschiedene Zeilen oder Spalten der Tabelle ausfüllen (einbauendes Verfahren, nach *Scheibner* aus *Ulshöfer* 1971, 46). Die Tabelleneintragungen können auch auf Folien vorgenommen und von jeweils einem Gruppenmitglied vorgestellt werden. Ein ähnliches Verfahren stellt der »Mosaikunterricht« dar, bei dem Bilder mit Texten, die von Kleingruppen erstellt worden sind, zu einem Gesamtbild oder einer »Mosaiktafel« vereinigt werden (vgl. *Hirschmann* 1975).
... Vereinigung der Gruppenergebnisse in einem Unterrichtsgespräch (verwebendes Zusammenschließen, nach *Scheibner* aus *Ulshöfer* 1971, 46). Dabei können die Schülergruppen als Expertengruppen auftreten, die von den anderen Schülern zu ihrem Spezialgebiet befragt werden (vgl. *Urschler* 1971).
... Fortsetzung der Gruppenarbeit in neuer Zusammensetzung (»Gruppenpuzzle«). In den neuen Gruppen bringen Schüler als Experten jeweils das Wissen ein, das sie in der vorhergehenden Gruppenarbeit erworben haben (vgl. *Rottländer* 1992).

### 8.4.4 Beispiele

Bei der Auswahl von Themen für Gruppenunterricht muß vor allem darauf geachtet werden, daß sich die Themen zwanglos in einigermaßen gleichgewichtige Unterthemen aufgliedern lassen.

Besonders einfach ist die Ausgliederung von Teilthemen beim Unterricht über **Pflanzen-** oder **Tiergruppen.** Dabei gibt es grundsätzlich zwei Möglichkeiten des Vorgehens:

... Die Merkmale einer systematischen Gruppe werden im Klassenunterricht erarbeitet; anschließend werden einige Variationen des Grundtyps in Gruppenarbeit beispielhaft ausführlich behandelt.

... Die Schülergruppen untersuchen ohne Vorgaben verschiedene Vertreter einer systematischen Gruppe; beim Zusammentragen der Ergebnisse werden dann die Gemeinsamkeiten aller Objekte erarbeitet. Wenn jede Kleingruppe gleichzeitig Vertreter zweier Pflanzen- oder Tiergruppen untersucht, also vergleichend vorgeht, erhöhen sich der Reiz des Gruppenunterrichts und die Effizienz der Untersuchung.

In der Literatur finden sich viele entsprechende Beispiele, u. a. Höhere Pilze, Familien der Blütenpflanzen, wirbellose Tiere, Wirbeltierklassen, Säugetierordnungen (z. B. anhand von Schädeln). Ein analoges Verfahren ergibt sich, wenn bei der Betrachtung eines Lebensraums die Angepaßtheit verschiedener Pflanzen oder Tiere erarbeitet wird (z. B. Frühblüher des Laubwaldes, Einzeller in Heuaufgüssen).

Schwieriger ist Gruppenunterricht mit einer einzigen **Pflanzen-** oder **Tierart** durchzuführen. Es besteht die Gefahr, »die natürliche Ganzheit eines Organismus ... (zu) zerreißen ... . Das könnte z. B. eintreten, wenn eine Gruppe die Wurzel, die zweite den Sproß, die dritte das Blatt und die vierte die Blüte einer Pflanze untersuchen müßte« (*Esser* 1978, 140 f.). Empfehlenswert ist, **Versuche** zur Pflanzen-, Tier- und Humanphysiologie in Gruppen durchzuführen (vgl. z. B. *Kasbohm* 1973 b; *Werner* 1976).

Im Bereich der Ökologie und des Umweltschutzes sollte Gruppenunterricht im **Freiland** erfolgen (z. B.: Standortuntersuchungen – Messung von Temperatur, Licht, Luftfeuchtigkeit u. a. – oder Vegetationsuntersuchungen im Wald). Auch Texte sind geeignet, ökologische Aspekte wie die Schädlingsbekämpfung arbeitsteilig zu bearbeiten (vgl. *Oehmig* 1997 b). Ausführliche Anleitungen und Materialien für mehrwöchigen Gruppenunterricht zum Thema »Wasserverschmutzung« geben *Eulefeld* u. a. (1979).

Abschließend seien einige Beispiele für **Sonderaufträge** genannt, durch die man Schülergruppen in häufig ganz unerwarteter Weise aktivieren und fördern kann (vgl. z. B. *Kuhn* 1975 a, 203; *Esser* 1978, 139; *Killermann* 1995, 244; *Stichmann* 1992):

... Beobachten von Vögeln an einem Futterhaus oder in einem Park;
... Durchführen phänologischer Beobachtungen;
... Durchführen und Protokollieren von Langzeitversuchen und -beobachtungen (z. B. bei Übernahme einer »Baumpatenschaft«);
... Fotografieren oder Filmen von Lebewesen;
... Anlegen eines Herbars oder einer Sammlung von Hinterlassenschaften (»Spuren«) bestimmter Tiere;
... Herstellen einfacher Modelle oder Bildtafeln;

... Beschaffen von Medien für den folgenden Unterricht;
... Gestalten einer Ausstellung;
... Betreuen von Tieren oder Pflanzen in der Schule.

Nicht zu vergessen sind die inzwischen zahlreichen Beispiele für **Lernspiele** bzw. spielerische Übungen im Biologieunterricht, die meist in Form von Einzel- oder Gruppenarbeit durchgeführt werden (vgl. z. B. *Dulitz* 1995).

## 8.5 Unterricht außerhalb des Schulgebäudes

### 8.5.1 Zu einigen Begriffen

Das Unterrichten außerhalb des Schulgebäudes kann jede Lernsituation betreffen, die nicht im Schulgebäude gegeben ist, die aber in Verbindung mit dem Unterricht steht. Ein Gang über das Schulgelände mit der Absicht, die Früchte einiger Bäume und Sträucher kennenzulernen, fällt ebenso unter diesen Begriff wie der Besuch eines Umweltzentrums oder die Besichtigung einer Kläranlage. Anlässe und »Lernorte« sind beim außerschulischen Unterricht demzufolge ausgesprochen vielgestaltig. ▼ 12

Im Bereich des außerschulischen Unterrichts gibt es keine allgemein anerkannte Terminologie. So werden u. a. die Bezeichnungen »Exkursion« (Unterrichtsgang, Lerngang, Lehrwanderung), »Freilandunterricht« und »außerschulischer Unterricht« gleichbedeutend verwendet. Der traditionelle Terminus »Exkursion« ist für Besichtigungen von Instituten und Besuchen von Umweltzentren nicht gebräuchlich. Die unterschiedlichen Formen des Unterrichtens außerhalb der Schule werden daher hier unter der Sammelbezeichnung »außerschulischer Unterricht« zusammengefaßt (vgl. *Hedewig/Knoll* 1986; *Entrich/Staeck* 1988; *Killermann/Staeck* 1990).

---

LITERATUR
*Denecke* 1973; *Dietrich* u. a. 1979; *Dudel* 1971; *Dulitz* 1995; *Ellenberger* 1993; *Esser, Hans,* 1978; *Eulefeld* u. a. 1979 a; *Forsberg/Meyer* 1976; *Frey, H. D.,* 1980; Friedrich Verlag 1997; *Graf* 1997; *Grupe* 1977; *Gudjons* 1993; *Hirschmann* 1974; 1975; *Kasbohm* 1973 b; *Killermann* 1991; *Kösel* 1975; 1976; *Krüger* 1985; *Kuhn, W.,* 1975 a; *Meyer/Meyer* 1997; *Mostler/Krumwiede/Meyer* 1979; *Müller, J.,* u. a. 1977; *Oehmig* 1997 b; *Rottländer* 1992; *Schuster* 1981; *Staeck* 1995; *Stegerer* 1984; *Stichmann* 1992; *Ulshöfer* 1971; *Urschler* 1971; 1975; *Werner, E.,* 1976; *Winkeler* 1975; *Wraage* 1979

Insbesondere durch die Umwelterziehung erhielt der außerschulische Unterricht neue Impulse (vgl. *Beck* 1984; *Janßen* 1988). Die »klassische Exkursionsdidaktik« wurde durch Methoden zur Freilandbiologie (vgl. *Kuhn/Probst/*
4.5.2.3 ▼ *Schilke* 1986; *Probst/Schilke* 1995) und zum Naturerleben (vgl. *Janßen* 1988;
3.2.1 ▼ *Probst* 1996), zur Formenkunde (vgl. *Mayer* 1993; 1995) sowie durch vielfältige Formen der Freilandarbeit auf dem Schulgelände und an außerschulischen Lernorten (vgl. *Hedewig/Knoll* 1986; *Entrich/Staeck* 1988) ergänzt.

Nach der **Dauer** des außerschulischen Unterrichts werden unterschieden:

... ein- bis zweistündige Unternehmungen, die meistens an Lernorten in der näheren Schulumgebung durchgeführt werden und ein eng begrenztes Thema behandeln (z. B. auf dem Schulgelände und im Schulgarten);

... halb- bis ganztägige Unternehmungen, die die Möglichkeit bieten, eine umfassende Untersuchung eines Biotops oder den Besuch eines Zoos durchzuführen;

... mehrtägige Studienfahrten (z. B. Schullandheimaufenthalte), auf denen komplexe und fächerübergreifende Themen bearbeitet werden können.

11 ▼ Die **Lernorte** sind beim außerschulischen Unterricht sehr unterschiedlich:
12 ▼ Lebensräume (Wald, Wiese, Gewässer) z. T. als didaktisch gestaltete Lernorte (z. B. Schulgarten, Freilandlabor, Umweltzentren), Produktions- und Dienstleistungsbetriebe als Beispiele angewandter Biologie (Bauernhof, Forstamt, Molkerei, Kläranlage) sowie biologische Sammlungen (Botanischer Garten, Tierpark, Zoo, Museum).

9 ▼ Hinsichtlich der **fachgemäßen Arbeitsweisen** kann außerschulischer Unterricht seinen Schwerpunkt haben im formenkundlichen Arbeiten (z. B. Sammeln, Bestimmen, Ordnen), vorwiegend beobachtenden Arbeitsformen (z. B. ethologische Beobachtungen im Zoo), bei experimentellen Untersuchungen von Böden, Gewässern und Lebensgemeinschaften (z. B. Wasseranalysen, pflanzensoziologische Aufnahmen), beim Monitoring von Umweltbelastungen (z. B. Waldschäden, Luftverschmutzung durch Flechten als Bioindikatoren) oder beim Einrichten und Pflegen von Biotopen (z. B. Anlegen von Lehrpfaden, Schulteichen).

## 8.5.2 Sinn und Bedeutung

Es gibt kaum einen Biologiedidaktiker, der die Bedeutung des außerschulischen Unterrichts bezweifelt. Die einschlägigen Veröffentlichungen betonen übereinstimmend, »daß der unterrichtliche und erzieherische Wert der

Lehrausflüge die Mühe und Zeit rechtfertigen, die man dafür aufwendet« (*Grupe* 1977, 245).

Die hohe Wertschätzung hat ihre Begründung in den folgenden Charakteristika außerschulischen Unterrichts:
Beim Unterrichten außerhalb des Schulgebäudes stehen den Lernenden hinsichtlich der zu vermittelnden Inhalte und Arbeitsweisen Objekte, Phänomene und Institutionen zur Verfügung, die über die Möglichkeiten des Unterrichts im Klassenraum hinausgehen und ihn insofern ergänzen und erweitern. Bestimmte **Lerninhalte** sind nur vor Ort angemessen zu vermitteln: z. B. Lebensweisen von Tieren und Pflanzen, die nicht in den Klassenraum geholt werden können (biologische Sammlungen, Vogelexkursion), Lebensgemeinschaften innerhalb ihres natürlichen Lebensraumes, biologische Phänomene wie jahreszeitliche Erscheinungen sowie die Bioindikation von Umweltzuständen. Charakteristische biologische Arbeitsweisen (**Feldmethoden**) wie eine Vegetationsaufnahme, die Erfassung von Umweltfaktoren (Boden, Wasser, Licht, Klima) oder Schadstoffmessungen sind unabdingbar an die Arbeit im Freiland geknüpft. Darüber hinaus verlangt ein anschaulicher, praktischer Einblick in biologische **Berufsfelder**, wie Forstwirtschaft, Landwirtschaft oder Gartenbau, diese aufzusuchen, entsprechende Tätigkeiten vor Ort zu erleben und auch selbst durchzuführen.

Ein wesentlicher Aspekt des außerschulischen Unterrichts ist die **originale Begegnung** der Schüler mit Lebewesen und biologischen Phänomenen. Das Aufsuchen eines Lernortes in der Natur eröffnet den Schülern durch die unmittelbare Anschauung die Chance, über alle Sinne die Phänomene des Lebens wahrzunehmen. Dabei bieten sich Chancen zu Eindrücken, gelegentlich sogar zu Erlebnissen, die im Schulalltag, in dem die Objekte lernzielgerecht ausgewählt, präpariert und meist isoliert dargeboten werden, selten gegeben sind. Damit kann auch der Vielfalt der menschlichen »Naturverständnisse« und »Naturbeziehungen« (neben wissenschaftlichen auch ästhetische, instrumentelle und naturschützende Aspekte) Rechnung getragen werden (vgl. *Kattmann* 1993 a; *Mayer* 1994 b; 1996 b). Die vielseitigen Eindrücke hinterlassen dabei Spuren im Fühlen, Denken und Handeln und können über die reine Vermittlung fachlicher Kenntnisse hinaus ein lebendiges Bewußtsein für den Wert der Natur hervorrufen. Das sinnliche Erfassen der Phänomene wird besonders mit Spielen zum »Naturerleben« gezielt einbezogen und verstärkt (vgl. *Janßen* 1988). Dies bringt meistens auch eine erhöhte Lernmotivation insbesondere bei jüngeren Schülern mit sich, die sich auch auf den vorangehenden und den anschließenden Unterricht positiv auswirken

▼ 4.5.2.2

▼ 4.5.2.3

## 8 METHODENKONZEPTE, GROßFORMEN, SOZIALFORMEN

4.5.2.6 ▼

kann. Das Einbeziehen der affektiven Dimension durch Vermittlung von Naturerfahrungen kann darüber hinaus umweltbezogene Werthaltungen als Einflußfaktor für »umweltgerechtes Verhalten« fördern (vgl. *Pfligersdorffer* 1984, *Mayer/Bögeholz* 1998). Der außerschulische Unterricht ist nicht an die räumliche und in der Regel nicht an die zeitliche Reglementierung des Unterrichts im Klassenraum gebunden. Dadurch eröffnen sich Möglichkeiten, insbesondere bei Tagesexkursionen und Studienfahrten, umfassende und längerfristige, projektartige Arbeitsvorhaben durchzuführen (Biotopuntersuchung, Biotopgestaltung) sowie komplexere biologische Sachverhalte zu veranschaulichen und zu bearbeiten (Gewässeruntersuchung, Biotoperkundung). Darüber hinaus können z. B. bei einer Meeres- oder Alpenexkursion Landschaften erkundet werden, die für die meisten Schulen sonst nicht zugänglich sind. In diesem Punkt zeigen außerschulischer Unterricht und Projektunterricht Ähnlichkeiten (vgl. *Hedewig* 1993 b; *Nottbohm* 1993).

8.3 ▼

5 ▼

Außerschulischer Unterricht sollte mit Handlungsorientierung und **praktischer Arbeit** wie Untersuchen, Beobachten oder Biotopgestaltung verbunden werden. Dadurch werden Eigenaktivitäten der Schüler stärker angesprochen als im sonstigen Unterricht und Selbstentfaltung, Selbststeuerung und Eigenverantwortung gefördert. Auch Exkursionen sollten so durchgeführt werden, daß das selbstorganisierte Lernen der Teilnehmer gefördert wird (vgl. *Baalmann/Fischbeck* 1994). Arbeitsteilung innerhalb der Lerngruppe bietet den Schülern Möglichkeiten zur individuellen Schwerpunktsetzung. Dadurch kann vom außerschulischen Unterricht eine starke Motivationskraft ausgehen.

8.4 ▼

Beim außerschulischen Lernen herrschen relativ **offene Sozialformen** vor, die wertvolle Handlungs- und Erprobungsfelder für das soziale Lernen darstellen. Durch die Auflösung des Klassenverbandes lassen sich neue Beziehungen zu Mitschülern aufbauen, aber auch die Kontakte zwischen Lehrpersonen und Schülern intensivieren, insbesondere bei einem mehrtägigen Aufenthalt, z. B. in einem Landschulheim. Hierbei lernen sich die Schüler untereinander und die Lehrperson oft von ganz neuen Seiten kennen, weil immer wieder Situationen auftauchen, die von der Lehrkraft vorher nicht geplant werden können und die die Schüler nicht als schulische Lernsituationen wahrnehmen.

Besichtigungen von Betrieben und der Besuch von Institutionen zeichnen sich dadurch aus, daß die Lehrpersonen vorübergehend von Experten ersetzt werden. Sie werden selbst zu Lernenden und rücken damit den Schülern näher als im übrigen Unterricht.

Die Bearbeitung von Beobachtungs- und Untersuchungsaufgaben im außerschulischen Unterricht ermöglicht eine variable Gruppenbildung aufgrund von

Interessen bzw. besonderen Fähigkeiten. Die ungezwungene Arbeitsatmosphäre vermindert Kommunikationsbarrieren, so daß der Unterricht zu einem Gemeinschaftserlebnis werden kann, das die Basis für eine fruchtbare Weiterarbeit im Klassenzimmer darstellt. Zudem kann außerschulischer Unterricht auch sinnvoll in Wandertage und Schulfahrten integriert werden (*Wiechmann* 1990; *Trommer* 1991; *Brämer* 1992; 1996; *Nottbohm* 1993).
Die Schulwirklichkeit trägt bis heute der Bedeutung des außerschulischen Unterrichts sicher nicht genügend Rechnung (vgl. *Meffert* 1980; *Burk/Claussen* 1981; *Eschenhagen/Längsfeld* 1981; *Meyer* 1986; 1987; *Pfligersdorffer* 1991). Die Gründe für dieses Defizit sind vielfältig: Außerschulischer Unterricht erfordert eine umfangreiche Vor- und Nachbereitung; viele Klassen sind noch immer sehr groß; manche Lehrer scheuen die auf Exkursionen besonders häufig auftretenden Situationen, in denen sie zugestehen müssen, eine Pflanzen- oder Tierart nicht zu kennen oder eine Schülerfrage nicht beantworten zu können; viele Lehrkräfte fürchten die beim außerschulischen Unterricht besonders vielfältigen Ablenkungsmöglichkeiten und die daraus resultierenden Disziplinprobleme. Insofern wird außerschulischer Unterricht nur dann die seiner Bedeutung entsprechende Rolle spielen können, wenn er in der Lehrerbildung und durch schulorganisatorische Maßnahmen erheblich stärker gefördert wird als bisher.

### 8.5.3 Zur Effektivität außerschulischen Unterrichts

Effekte des außerschulischen Unterrichts auf Wissen und Motivation von Schülern wurden in zahlreichen empirischen Studien untersucht, insbesondere in den USA (vgl. *Crompton/Sellar* 1981; sowie die Bibliographien *Bolscho* 1987; *Teichert* 1993). Im deutschsprachigen Raum wurden Effekte des außerschulischen Unterrichts im Schulgarten (vgl. *Blum* 1979), auf Exkursionen (vgl. *Pfligersdorffer* 1984; *Killermann/Scherf* 1986; *Rexer/Birkel* 1986; *Scherf* 1986; *Starosta* 1991; *Starosta/Wein* 1992), im Freilandlabor (*Hedewig* 1984 a), an Lehrpfaden (vgl. *Hedewig* 1986 b; *Ebers* 1996), in Umweltzentren (*Gebauer/ Rode* 1993; *Bogner* 1997) sowie in Waldschulheimen (vgl. *Thiel/Sibbing* 1983; *Bolay* 1996; 1998) untersucht.
Generell werden in den empirischen Studien die positiven Effekte von außerschulischem Unterricht auf Wissensvermittlung und auf die affektive Dimension (Interesse am Unterricht, soziales Gruppenverhalten, Einstellungen zum Naturschutz) bestätigt. Manche Untersuchungen erbrachten Hinweise darauf, daß in Biologie weniger leistungsfähige Schüler durch Exkursionen mehr

gefördert werden können als durch Klassenunterricht (vgl. *Pfligersdorffer* 1984, 177; *Rexer/Birkel* 1986). Insgesamt muß jedoch davor gewarnt werden, die Wirkungen des außerschulischen Unterrichts zu überschätzen (vgl. *Hiering/Killermann* 1991; *Killermann* 1996).
Zur Gestaltung von außerschulischem Unterricht lassen sich aus den empirischen Erkenntnissen folgende Hinweise ableiten:

... Außerschulischer Unterricht sollte eine bedeutungsvolle Erfahrung vermitteln, die nicht im Klassenraum möglich wäre.

... Schüler profitieren am meisten vom außerschulischen Unterricht, wenn die Interaktionen und Lernprozesse für Schüler durch eine mittlere Neuartigkeit gekennzeichnet sind. Es gibt Anzeichen dafür, daß ein zu hoher Neuartigkeitsgrad den intendierten Lernprozeß eher behindert. Wiederholte Besuche eines Geländes oder einer Einrichtung erzielen hohe Lernerfolge in allen Altersgruppen, insbesondere aber bei jüngeren Schülern.

... Der Lernerfolg eines Ausfluges kann wesentlich gesteigert werden, wenn die Schüler schon Vorinformationen über den Exkursionsort erhalten haben. Sie sollten gut vorbereitet und mit den Zielen der Exkursion vertraut sein. Selbstverständlich sollte auch die Lehrperson selbst mit dem Gebiet oder der Institution vertraut sein.

... Der Unterricht im Klassenraum sollte mit dem außerschulischen Unterricht abgestimmt werden. Im Klassenraum sollte in die Grundkenntnisse eingeführt werden, im Freilandunterricht sollten diese dann durch sinnliches Erleben, Erkundungen und Untersuchungen vertieft und erweitert werden. Eine Festigungsphase im Klassenraum sollte sich anschließen.

### 8.5.4 Zur Durchführung

Außerschulischer Unterricht bedarf – wie jede andere Unterrichtsform – der sorgfältigen Vorbereitung. Bei außerschulischem Unterricht besitzt diese Phase jedoch ein besonderes Gewicht. Im allgemeinen wird der Vorbereitungsaufwand zum Besuch von außerschulischen Lernorten pro Zeiteinheit höher sein als beim üblichen Klassenraumunterricht. Eine Reihe zusätzlicher Unsicherheitsfaktoren ist zu bedenken, angefangen bei den Witterungsverhältnissen bis hin zur Frage der Aufsicht.
In der Planung von außerschulischem Unterricht ist die langfristige von der kurzfristigen Vorbereitung zu unterscheiden. Die **langfristige Vorbereitung** besteht darin, daß sich die Lehrperson einen Überblick über die Möglichkeiten verschafft, die die Umgebung ihres Schulortes für den Biologieunterricht

bietet. Als Ergebnis solcher Bemühungen könnte eine »biologische Standortkartei« entstehen (vgl. *Hoebel-Mävers/Bieler* 1978), die es allen Lehrenden einer Schule gestattet, für bestimmte Zwecke geeignete außerschulische Lernorte ohne viel Mühe ausfindig zu machen. Sehr hilfreich ist es, wenn ein »Atlas außerschulischer Lernorte« oder ein »Biologischer Wegweiser« vorliegt (vgl. z. B. Freie Hansestadt Hamburg 1986; HILF 1992; *v. Falkenhausen/Klaffke-Lobsien/Eulig* 1994; *Vogt* u. a. 1997).

Häufig wird man in einer privaten **Vorexkursion** den Lernort erkunden müssen, um die Planung mit den Realitäten abzustimmen. Sollen in die Durchführung des Unterrichts weitere Personen (Experten) einbezogen werden, so muß man mit diesen genaue Absprachen über die verfügbare Zeit, Schwerpunkte der zu vermittelnden Inhalte und der verwendeten Methoden treffen. Weiterhin sollten die Schüler über die thematische Einbindung, den Lernort, organisatorische Maßnahmen und die geplanten Arbeitsformen unterrichtet werden. Manche Formen außerschulischen Unterrichts erfordern die spezielle Vorbereitung einzelner Schüler oder Schülergruppen, z. B. im Hinblick auf die vorgesehene Demonstration bestimmter Objekte.

Die langfristige Vorbereitung kann die **kurzfristige Vorbereitung** erleichtern, sie aber nicht ersetzen. Jeder einzelne außerschulische Unterricht erfordert eine ganz spezielle Vorbereitung. Dennoch können einige Fragen genannt werden, deren vorherige Klärung notwendig ist, um den Unterricht an einem außerschulischen Lernort erfolgreich durchzuführen. Insbesondere ist zu klären, was der Lernort an spezifischen Möglichkeiten zum Erreichen der Unterrichtsziele bietet. Praktische Fragen sind: Reicht die eigene Kenntnis des Exkursionsortes aus? Welche Hilfsmittel - Karten, Prospekte, Abbildungen - können das Kennenlernen erleichtern? Welche Teilthemen bieten sich an? Lassen sich bestimmte Haltepunkte vorherbestimmen? Welche Begrenzungen gibt es in bezug auf Naturschutz? Bestehen Ablenkungsfaktoren?

♦ 8-1

Bei der **Arbeit vor Ort**, also am außerschulischen Lernort, sind vor allem folgende Regeln zu beachten:
Bei Demonstrationen muß sichergestellt sein, daß alle Schüler die wesentlichen Informationen aufnehmen. Daher nicht zu viele Informationen vermitteln wollen und die Beteiligung der ganzen Klasse sichern. Auf lange Vorträge sollte verzichtet werden, statt dessen sollten die Schüler zu eigenen Äußerungen angeregt werden. Die »Gliederung« (Artikulation) des außerschulischen Unterrichts sollte für die Schüler aus dem Exkursionsverlauf deutlich werden. Daher sollten die verschiedenen Beobachtungen während einer Exkursion zueinander bzw. zu bereits vorhandenen Kenntnissen in Beziehung gesetzt

# 8 METHODENKONZEPTE, GROßFORMEN, SOZIALFORMEN

**FRAGEN ZUR VORBEREITUNG**
... Welche Unterrichtsziele sollen durch den Unterricht angestrebt werden?
... Welcher Lernort eignet sich am besten zum Erreichen der angestrebten Ziele?
... Wie lange darf bzw. soll der außerschulische Unterricht dauern?
... Auf welche Weise ist der Lernort zu erreichen?
... Welche Ausrüstung (Kleidung, Schuhwerk) erfordert der Lernort?
... Mit welchen Arbeitsweisen während des außerschulischen Unterrichts können die angestrebten Unterrichtsziele am besten erreicht werden (Demonstration durch Lehrkräfte, Experten, einzelne Schüler, Schülergruppen; Gruppenarbeit, Partnerarbeit, Einzelarbeit)?
... Welche Arbeitsmittel sind notwendig (Notizheft, Arbeitsblätter, Bleistift; Sammelgefäße, Fanggeräte; Lupen, Ferngläser; Werkzeuge, z. B. Spaten, Baumschere; Meßgeräte; Bestimmungsbücher)?
... Was soll vom Unterricht mit nach Hause genommen werden? Auch lebende Tiere? Lassen sich diese in der Schule leicht halten? Kann man sie später wieder an einem geeigneten Ort aussetzen?
... Wie soll die Auswertung des außerschulischen Unterrichts erfolgen? (Nachbereitung durch die Schüler in Form einer Hausaufgabe? Zusammentragen von Protokollen oder Berichten der Arbeitsgruppen? Ausstellung?)

**UNTERRICHT AM AUßERSCHULISCHEN LERNORT**
... Bekanntmachen mit dem Lernort und dem Arbeitsplan, Festlegung des Zeitrahmens
... Demonstration unbekannter Arbeitstechniken, Klärung von Nachfragen
... Projektdurchführung (Beobachten, Beschreiben, Protokollieren, Kartieren, Befragung, Fotografieren)
... Ergebnissammlung, Vergleiche, Ergänzung, Deutung
... Mitnahme von Materialien

**AUSWERTUNG UND VERTIEFUNG IM KLASSENRAUM**
... Auswertung mitgenommener Materialien
... Einordnung der Einzelergebnisse in übergeordnete Zusammenhänge
... Darstellung/Umsetzung der Ergebnisse in Karten, Tabellen u.ä.
... Lösung der Fragestellung, Sammlung noch offener Fragen, Reflexion
... Planung weiterer Arbeit

Tab. 8-1: Gesichtspunkte zur Planung und Durchführung außerschulischen Unterrichts

werden. Gruppen-, Partner- oder Einzelarbeit sollten motivierend und klar strukturiert sein bzw. von den Schülern selbst entsprechend vorbereitet werden (vgl. *Baalmann/Fischbeck* 1994). In jedem Fall sollten die Schüler über die zeitliche Begrenzung der Arbeit informiert sein. Die Arbeitsaufträge müssen verständlich formuliert sein und den Schülern einleuchten. Sie sollten bei sorgfältiger und zügiger Arbeitsweise zu einem deutlichen Erfolg führen. Es ist darauf zu achten, daß möglichst wenige Lebewesen geschädigt werden. Das heißt: Pflanzen oder Pflanzenteile, die bearbeitet werden, brauchen nicht

herausgerissen bzw. abgerissen zu werden. Kleintiere kann man zwar in vielen Fällen für einige Minuten (höchstens Stunden) zur Demonstration und Bestimmung in Gläsern halten. Danach werden sie wieder am Fundort ausgesetzt.
Ein erstes Zusammentragen von Ergebnissen während des außerschulischen Unterrichts sollte einerseits der Abrundung und Sicherung der gewonnenen Einsichten dienen, andererseits den Ausblick auf den folgenden Unterricht eröffnen. Beobachtungs- und Untersuchungsergebnisse sind daher zu protokollieren. Fragen, die nicht gleich beantwortet werden können oder sollen, sind zu notieren, so daß sie später Berücksichtigung finden. Es ist zu entscheiden, welche Fundobjekte mit in die Schule genommen werden sollen, und im Einzelfall abzuwägen, wie sinnvoll es ist.
Mit der Rückkehr der Exkursionsgruppe an den Schulort ist der außerschulische Unterricht häufig noch nicht beendet. Ausgeteilte Arbeitsmittel und Bücher müssen eingesammelt und die mitgebrachten Pflanzen und Tiere versorgt werden. Die eigentliche **Auswertung** wird vor allem darin bestehen, die Ergebnisse in den Ablauf des Unterrichts einzufügen und damit in größere Zusammenhänge zu stellen. Dabei wird es unter anderem um die Fragen nach der Zuordnung der Resultate zu bereits bekannten Inhalten, nach den gewonnenen Erkenntnissen durch das außerschulische Arbeiten sowie nach dem Nutzbarmachen der Exkursion für den folgenden Unterricht gehen. In vielen Fällen wird die Auswertung auch das weitere Beobachten und Untersuchen gesammelter Lebewesen, das Herbarisieren mitgebrachter Pflanzen, das Vorführen von Dias vom Exkursionsort, das Gestalten einer Ausstellung oder das Erarbeiten eines Exkursionsberichts umfassen.

### 8.5.5 Themen des außerschulischen Unterrichts, Beispiele

Aus der Vielzahl sinnvoller Themen für den außerschulischen Unterricht lassen sich Themenkomplexe zusammenstellen, die sich auch im Hinblick auf ihre Zielsetzung relativ deutlich voneinander unterscheiden:
Manche Exkursionen betreffen schwerpunktmäßig einzelne **Pflanzen-** und **Tierarten** oder Pflanzen- und Tiergruppen. Beispiele sind eine Pilzexkursion (vgl. *Gerhardt-Dircksen/Müller* 1992), Vogelstimmenexkursion (vgl. *Nottbohm* 1991) oder Fledermausexkursion (vgl. *Schmidt/Bilo/Müller* 1991). Aufgabe solcher Exkursionen ist, die Lebewesen möglichst gut kennenzulernen, sie von anderen Arten zu unterscheiden und sie bestimmten Organismengruppen zuzuordnen. Während im Klassenraum häufig nur abgepflückte Pflanzenteile und präparierte Tiere demonstriert werden können, kann man die Lebewesen

draußen im natürlichen Zustand beobachten. Im Freiland können so – im Sinne einer zeitgemäßen Formenkunde – die Namen und die morphologischen Merkmale der Organismen mit ihren charakteristischen Verhaltensweisen und Lebensräumen verknüpft werden (vgl. *Mayer/Horn* 1993; *Mayer* 1994 a). Dadurch wird nicht nur die Motivation der Schüler zum Beobachten und Bestimmen gefördert, sondern auch durch Einsicht in Zusammenhänge das Behalten erleichtert.

Andere Freilandarbeiten haben spezielle **biologische Phänomene** zum Gegenstand: Dabei werden beispielsweise ökologische Zusammenhänge gezielt untersucht, wie die Angepaßtheit der Organismen an ihre Umwelt (z. B. »Blüten und ihre Bestäuber«, »Tiere im Schlickwatt«). Es können phänologische Untersuchungen im Mittelpunkt stehen, bei denen der Blick auf Erscheinungen gerichtet wird, die für eine bestimmte Jahreszeit charakteristisch sind (vgl. *Gerhardt-Dircksen/Brogmus/Harting* 1992). Nicht zuletzt kann das Verhalten von Tieren mittels ethologischer Feldstudien erkundet werden. Dazu eignet sich in besonderer Weise der »Lernort Zoo« (vgl. *Haß* 1993; *Killermann/Vopel* 1993; *Gerhardt-Dircksen* 1992 a), es ist aber auch in Freilandbiotopen möglich (vgl. *Schmidt* 1990). Die Schüler können bei solchen Exkursionen eine besonders anschauliche Vorstellung von den biologischen Phänomenen und Zusammenhängen zwischen den Organismen und den Gegebenheiten der Umwelt gewinnen.

Häufige Themen außerschulischen Unterrichts sind ökologische Untersuchungen einer **Lebensgemeinschaft** oder eines **Ökosystems** (vgl. *Gerhardt-Dircksen/Fey* 1994), Bodenuntersuchungen im Schulgarten (vgl. *Mayer* 1996 a), Untersuchungen an einer Hecke (vgl. *Horstmann/Lienenbecker/Vieth* 1997). Besonders wichtig sind in diesem Zusammenhang Vegetationsuntersuchungen, weil sie sehr konkrete Rückschlüsse auf die herrschenden Umweltbedingungen ermöglichen (vgl. *Winkel* 1981; *Gerhardt/Dircksen* 1982; *Eschenhagen/Kattmann/Rodi* 1991). Im Kontext der Umwelterziehung dienen Exkursionen vor allem auch der Erkundung von **Einwirkungen des Menschen** auf die Umwelt (z. B. »Ein begradigter Bachlauf«, »Transekt: Biotope in einem Ballungsgebiet«, »Waldschäden«, »landschaftsökologische Bewertung«, vgl. *Leder* 1992; *Hoebel-Mävers* 1994). Dabei sollte es sich nicht immer nur um negativ einzuschätzende Eingriffe handeln; auch rekultivierte Kiesgruben oder Naturschutzgebiete sind lohnende Ziele (vgl. *Stichmann* 1988 a; *Gerhardt-Dircksen* 1992 b). Bei diesen Exkursionen wird es darum gehen, die Schüler für Probleme des Landschafts- und Naturschutzes zu sensibilisieren und einen verantwortlichen Umgang mit der Natur und Umwelt zu fördern.

Schließlich sind solche Themen außerschulischen Unterrichts zu nennen, die der Besichtigung biologisch interessanter **Betriebe** oder **Institutionen** dienen, ▼ 12 z. B. Botanischer oder Zoologischer Garten, Tierpark, Museum; Schrebergartenkolonie, Gärtnerei, Bauernhof, Hühnerfarm, Pflanzgarten im Forstbetrieb, Fischereibetrieb, Imkerei, Champignonzucht; Molkerei, Mühle, Zuckerfabrik, Bierbrauerei; Kläranlage, Wasserwerk, Müllkompostierungsanlage; Gewerbeaufsichtsamt, Pflanzenschutzamt, Hygiene-Institut (vgl. *Spandl* 1974, 67; *Berck/Erber/Hahn* 1978; *Mostler/Krumwiede/Meyer* 1979, 223; *Schroer* 1980). Die beiden in dieser Aufzählung zuerst genannten Einrichtungen (Zoo, Botanischer Garten) sind für den Biologieunterricht besonders bedeutsam. In mancher Hinsicht, vor allem durch die sichere Verfügbarkeit und Ortsgebundenheit der Tiere und Pflanzen, ähneln diese Einrichtungen Museen.

Neben auf ein Thema zentrierten Exkursionen gibt es auch Unternehmungen, die mehrere Themenbereiche gleichzeitig betreffen. Dabei handelt es sich meist um mehrtägige Studienfahrten mit einer umfassenden Bearbeitung eines Themenbereichs, beispielsweise eine Exkursion in die Alpen (*Simonsmeier* 1984; *Beyer/Hellmessen/Köhler* 1986) oder eine meeresbiologische Exkursion (*Peukert* 1982; *Hesse* 1983; *Maier* u. a. 1986).

---

LITERATUR
*Baalmann/Fischbeck* 1994; *Beck* 1984; *Berck/Erber/Hahn* 1978; *Beyer* 1992; *Beyer/Hellmessen/ Köhler* 1986; *Blum* 1979; *Bogner* 1997; *Bolay* 1996; 1998; *Bolscho* 1987; *Brämer* 1992;1996; *Brogmus/Dircksen/Gerhardt* 1983 f.; *Brunz/Nottbohm* 1988; *Burk/Claussen* 1981; *Crompton/ Sellar*1981; *Ebers* 1996; *Entrich* 1997; *Entrich/Staeck* 1988; *Erhart* 1991; *Eschenhagen/Kattmann/ Rodi* 1991; *Eschenhagen/Längsfeld* 1981; v. *Falkenhausen/Klaffke-Lobsien/Eulig* 1994; *Fränz* 1982; Freie und Hansestadt Hamburg 1986; *Gebauer/Rode* 1993; *Gerhardt/Dircksen* 1982; *Gerhardt-Dircksen/Brogmus/Harting* 1992; *Gerhardt-Dircksen* 1992 a; b; *Gerhardt-Dircksen/ Fey* 1994; *Gerhardt-Dircksen/Müller* 1992; *Grupe* 1977; *Hager* 1967; *Haller/Probst* 1979; 1981; *Haß* 1993; *Hedewig,* 1982; 1984 a; 1986 b; 1991 b; 1993 b; *Hedewig/Knoll* 1986; *Hesse* 1983; *Hiering/Killermann* 1991; HILF 1992; *Hoebel-Mävers* 1994; *Hoebel-Mävers/Bieler* 1978; *Horstmann/Lienenbecker/Vieth* 1997; *Janßen* 1988; *Kattmann* 1993 b; *Killermann* 1991; 1996; *Killermann/Scherf* 1986; *Killermann/Staeck* 1990; *Killermann/Vopel* 1933; *Kowalsky/Möller/Schnell* 1981; *Kraft* 1984; *Kuhn* 1975 b; *Kuhn/Probst/Schilke* 1986; *Leder* 1992; *Maier* u. a. 1986; *Mayer* 1993;1994 a; b; 1995; 1996 a; *Mayer/Bögeholz* 1998; *Mayer/Horn* 1993; *Meffert* 1980; *Meyer,* 1986; 1987; *Mostler/Krumwiede/Meyer* 1979; *Müller* 1995; *Noll* 1981; *Nottbohm* 1991; 1993; *Oblinger* 1978; *Peukert* 1982; *Pfligersdorffer* 1984; 1988; 1991; *Probst* 1996; *Probst/Schilke* 1995; *Reese* 1986 b; *Rexer/Birkel* 1986; *Scherf* 1986; *Schmidt* 1990; *Schmidt/Bilo/Müller* 1991; *Schroer* 1980; *Schurig* 1979; *Simonsmeier* 1984; *Soine-Wolf/Goppel* 1986; *Spandl* 1974; *Starke* 1986; *Starosta* 1990; 1991; *Starosta/Wein* 1992; *Stichmann* 1970; 1984; 1988 a; *Strey* 1973; *Tausch-Treml/Tempel* 1993; *Teichert* 1993; *Thiel/Sibbing* 1983; *Topp-Pauly/Mannesmann* 1993; *Trommer* 1991; *Vogt* 1990; *Vogt* u. a. 1997; *Wiechmann* 1990; *Winkel* 1977 b; 1981; 1982 a; b; 1990 a; 1991

# 9 Fachgemäße Arbeitsweisen

## 9.1 Allgemeines

### 9.1.1 Zum Begriff

Der Begriff »Arbeitsweise« ist in der didaktischen Literatur nicht scharf umrissen. Unter Arbeitsweisen werden methodische Handlungsmuster wie Schülerreferat, Demonstrationsexperiment oder Rollenspiel verstanden (*Meyer* 1987 a, 109 f.). Sind die Arbeitsweisen auf die besonderen Anforderungen des Biologieunterrichts abgestimmt, so spricht man von »fachgemäßen Arbeitsweisen«.

In Wissenschaft und Unterricht verwendete Methoden können als Wege beschrieben werden, die entweder zu Erkenntnissen oder zur Veranschaulichung führen. Daher kann man zwischen »Erkenntnismethoden« (Beobachten, Experimentieren, Modellbildung, Textanalyse) und »Darstellungsweisen« (Verwenden von Sprache, Protokollieren, Zeichnen, Verwenden von Diagrammen, Mathematisieren, Sammeln und Ausstellen) unterscheiden. Meist sind beide Funktionen der Arbeitsweisen miteinander verknüpft. Die Unterscheidung gibt also nur an, ob beim Einsatz der Arbeitsweise die angezielte Erkenntnis oder die vermittelte Anschauung im Vordergrund steht; sie ist aber nicht trennscharf. Im Unterricht kommt es vielmehr darauf an, beide Funktionen optimal zu nutzen.

Die Didaktik der Arbeitsweisen hängt außerdem eng mit der Frage des Medieneinsatzes zusammen, da in Unterrichtsmedien vorgefertigte methodische Entscheidungen enthalten sind (vgl. *Meyer* 1987 a, 150).

Zur Arbeitsweise »Spielen« gibt es umfangreiche schulpädagogische Literatur (vgl. z. B. *Meyer* 1987 b, 341-370; Friedrich Verlag 1995), auf die hier zusammen mit einigen biologiedidaktischen Beiträgen (vgl. z. B. *Lehmann/Portele* 1976; *Schilke* 1981; *Eschenhagen/Kattmann/Rodi* 1985, 328-339; *Schmale/Zöller* 1988; *Bartel/Bartel* 1990; *Jaenicke* 1992; *Dulitz* 1995) verwiesen wird.

Die Abfolge der Arbeitsweisen in diesem Kapitel folgt der Zuordnung zu Erkenntnismethoden bzw. Darstellungsweisen. Dem »Umgang mit Organismen« wird wegen der zentralen Bedeutung für den Biologieunterricht ein eigener Abschnitt gewidmet.

## 9.1.2 Grundlegendes zu Erkenntnismethoden

Das Verstehen und Beurteilen biologischer Erkenntnisse setzt die Einsicht in die Voraussetzungen und Bedingungen sowie in den Weg der Erkenntnisgewinnung voraus. Methoden der Biologie können daher nicht nur Hilfsmittel im Biologieunterricht sein, sondern selbst zum Unterrichtsthema werden. Die unterrichtlichen Erkenntnismethoden stehen in einem inneren Zusammenhang mit den wissenschaftlichen Erkenntnismethoden. Für den Biologieunterricht lassen sich die Methodenfragen in den fachlichen, den fachdidaktischen und den pädagogischen Aspekt aufschlüsseln.

Der **fachliche Aspekt** betrifft die Erkenntnismethoden der Wissenschaft »Biologie« und die Erkenntnisgrundlagen der Naturwissenschaften überhaupt, auf denen das gesamte im Unterricht vermittelte naturwissenschaftliche Wissen beruht. ▼ 3.3

Mit der Frage, wie Methoden der Biologie im Unterricht zu vermitteln sind, setzt der **fachdidaktische Aspekt** der Methodenfragen ein:

... Die Erkenntnisvermittlung im Biologieunterricht kann wissenschaftliches Vorgehen nicht vollständig nachvollziehen oder vollkommen nachahmen. Ein solcher Versuch wäre zu langwierig und dem Vermögen der meisten Schüler nicht angemessen. Selbst bei guter apparativer Ausstattung einer Schule ist der Unterrichtsprozeß also anders zu gestalten als der Weg wissenschaftlicher Forschung. Dennoch sollten die im Schulunterricht verwendeten Erkenntnismethoden die in der Wissenschaft angewendeten so weit widerspiegeln, daß ein Einblick in Voraussetzungen, Tragweite und Grenzen der wissenschaftlichen Vorgehensweisen und Erkenntnisse möglich ist. Die fachdidaktische Aufgabe besteht darin, die wissenschaftliche Methodik so in unterrichtliche Arbeitsweisen umzusetzen, daß die Schüler die wesentlichen Parallelen zum wissenschaftlichen Arbeiten erkennen können. ● 3-2

... In der Biologie werden sowohl stark objektivierende als auch »sanfte« Methoden angewendet. Dieses Gegenüber »komplementärer Methoden« ▼ 3.3.7 sollte auch im Biologieunterricht deutlich werden. Experimentieren gehört beispielsweise zum unverzichtbaren Bestandteil des naturwissenschaftlichen Unterrichts. Als weniger starker Eingriff in die Natur ist auch das vorsichtige und teilnehmende Beobachten zu pflegen (vgl. *Puthz* 1988). Im Biologieunterricht sollte daher vermehrt zu Freilandbeobachtungen und zur Naturbetrachtung angeregt bzw. angeleitet werden.

... Eine weitere fachdidaktische Aufgabe ist es, die Wechselbeziehungen zwischen wissenschaftlichen Erkenntnismethoden und den Sozialformen zu bestimmen. Es ist zu vermuten, daß eine wissenschaftlich kritische Einstellung nur in einem Unterricht wächst, in dem die Schüler auch selbständig arbeiten können.

Der letztgenannte Zusammenhang leitet zum **pädagogischen Aspekt** der Methodik über. Es geht hier im wesentlichen um die Wechselbeziehungen zwischen den angestrebten Unterrichtszielen und den dazu geeigneten Arbeitsweisen. Das Erreichen ausgewählter pädagogischer Ziele, wie z. B. die Bereitschaft zu verantwortungsvollem Umgang mit der Natur, ist nicht nur abhängig von den gewählten Inhalten (z. B. »Der Wald als Ökosystem«), sondern auch von den gewählten Formen und Prozessen der Vermittlung (z. B. Freilandbeobachtung, Laboruntersuchung, Tafel-Anschrieb) bzw. deren Anteilen am Unterrichtsprozeß.

Die Aufgabe des naturwissenschaftlichen Unterrichts besteht nicht darin, den Schülern naturwissenschaftliche Aussagen als ein feststehendes Tatsachengebäude zu vermitteln. Die Schüler sollen vielmehr einen Einblick gewinnen, wie naturwissenschaftliche Erkenntnisse gewonnen werden und auf welchen Voraussetzungen sie beruhen. Die Kenntnis und Anwendung naturwissenschaftlicher Methoden ist deshalb ein wichtiges Ziel im Biologieunterricht. Die Einsicht in die methodischen Voraussetzungen ermöglicht erst ein Urteilen über Geltung und Tragweite biologisch bestimmter Aussagen.

3.3.2 ▼

9-1 ●

Die Vorstellung, der Weg der Erkenntnis verlaufe vom »Erkunden zum Erkennen«, läßt sich als »induktivistisch« kennzeichnen (vgl. *Uhlig* u. a. 1962; *Grupe* 1977, 231; *Klautke* 1990; 1997). Die Tätigkeit der Wissenschaftler und Schüler, ihr Erkunden, wird dabei vorwiegend als Reaktion auf die Reize des zu erkennenden Objektes verstanden (vgl. *Grupe* 1977, 230). Entsprechend wird hier die Art der (Erkundungs-)Methoden von den Objekten mitbestimmt: Unbewegte Objekte können betrachtet, ihr Bau untersucht werden; bewegte Objekte (Naturvorgänge) dagegen können beobachtet, ihre Funktionen experimentell analysiert werden. Der Weg vom Erkunden (methodisch geleitetes Sammeln von »objektiven«, d. h. objektbestimmten, Fakten) zum Erkennen (Gewinnen biologischer Einsichten) wird bei dieser Betrachtung also vom vorgegebenen Objekt her konstruiert. Dem entspricht auch der für die Abfolge im Unterricht vorgeschlagene Erkenntnisfortschritt vom »empirischen« zum »theoretischen Erklären« (*Brezmann* 1995).

Ein solches Vorgehen muß mit der Einsicht revidiert werden, daß wissenschaftliches Untersuchen, Beobachten und Experimentieren immer schon von An-

## 9.1 ALLGEMEINES

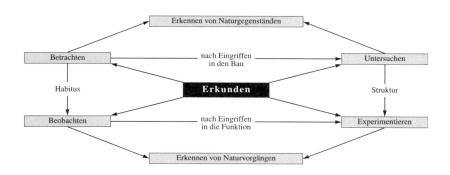

Abb. 9-1: Induktivistisches Vorgehen: Erkunden und Erkennen (nach *Uhlig* u.a. 1962, 175)

fang an durch Hypothesen und Theorien (Anschauungen) über den Gegenstand geleitet werden und auf vorhergehenden Erkenntnissen aufbauen. Dieses »hypothetisch-deduktive« Verfahren trifft sich mit der »konstruktivistischen« Auffassung in der Erkenntnis, daß die Wirklichkeit jeweils von dem erkennenden Subjekt konstruiert wird und nicht von den Objekten oder den empirischen Daten determiniert ist. Dementsprechend sind die Erkenntnismethoden vom Subjekt des Erkennens her zu begreifen und zu beschreiben. Dann werden statt der vier Methoden des »Erkundens und Erkennens« (Betrachten, Untersuchen, Beobachten und Experimentieren) nur noch zwei fundamentale Erkenntnismethoden unterschieden: das **Beobachten** und das **Experimentieren**. »Betrachten« und »Beobachten« werden also zusammengefaßt und das »Untersuchen« wird als ein Beobachten mit Hilfsmitteln definiert, das nur aus praktischen Gründen in einem gesonderten Abschnitt behandelt wird.

▼ 3.3.2
● 3-2

Dem **deduktiv-hypothetischen Vorgehen** entspricht eine im Unterricht zu wählende Abfolge. Das Vorgehen sollte also mit der Hypothesenbildung beginnen und den Schülern jeweils ihre Vorannahmen bei Beobachtung und Experiment bewußt machen. Dabei stellt sich jeweils die Aufgabe, den Schülern genügend Informationen für klare Fragestellungen und zum Aufstellen sinnvoller Hypothesen zu geben, ohne den Blick zu sehr einzuengen oder die Ergebnisse von Beobachtungen oder Experimenten vorwegzunehmen. Auch bei vorgegebenen Experimenten sollten den Schülern die Fragestellung und die jeweiligen Vorannahmen (Hypothesen) deutlich gemacht werden. Das Vorgehen besteht also wesentlich in der Revision von Hypothesen und Theorien.

♦ 9-1

215

| | |
|---|---|
| **PROBLEMSTELLUNG** | 1. Problemfindung, Formulierung von Hypothesen |
| **PLANUNG** | 2. Ableiten von empirisch überprüfbaren Folgerungen aus den Hypothesen |
| | 3. Ausarbeitung eines Plans zur Durchführung einer Beobachtung bzw. eines Experiments |
| **DURCHFÜHRUNG** | 4. Bereitstellen von Materialien |
| | 5. Aufbau der Anordnung zum Beobachten bzw. Experimentieren |
| | 6. Durchführung der Beobachtung bzw. des Experiments |
| | 7. Protokollieren der Beobachtungs- bzw. Experiment-Ergebnisse |
| **AUSWERTUNG** | 8. Deutung der Ergebnisse |
| | 9. Vergleich der Deutung der Ergebnisse mit den Folgerungen aus den Hypothesen (Bestätigung oder Widerlegung) |

Tabelle 9-1: Schritte der hypothetisch-deduktiven Methode im Unterricht (nach *Dietrich* u. a. 1979, 118 f.; verändert)

9.8 ▼ Es sollte im Unterricht stets zwischen den Beobachtungen und deren **Deutung** unterschieden werden. Bereits auf den unteren Klassenstufen der Sekundarstufe sollte man auch bei »Textanalysen« auf den Unterschied zwischen mitgeteilten Beobachtungen oder Versuchsergebnissen und deren Deutung achten.

An einigen Stellen des Unterrichts kann das methodische Vorgehen auch schon in der Sekundarstufe I selbst zum **Thema** des Unterrichts gemacht werden (»Wie arbeitet ein Naturwissenschaftler?«, vgl. *Palm* 1979 b). Fragestellung und Hypothesen sind klar zu formulieren. Es sollte deutlich werden, daß vorhergehende Hypothesen durch neue abgelöst werden können und dieser Prozeß nicht durch die Ergebnisse eines Experimentes abgeschlossen ist, sondern durch das Aufstellen weiterer Hypothesen fortgesetzt wird und prinzipiell unabgeschlossen bleibt.

---

LITERATUR
*Brezmann* 1995; *Dietrich* u. a. 1979; *Dulitz* 1995; *Eschenhagen/Kattmann/Rodi* 1985; Friedrich Verlag 1995; 1997; *Grupe* 1977; *Jaenicke* 1992; *Killermann/Staeck* 1990; *Klautke* 1990; 1997; *Meyer, Hilbert,* 1987 a; b; *Palm* 1979; *Puthz* 1988; *Schilke* 1981; *Schmale/Zöller* 1988; *Uhlig* u. a. 1962

## 9.2 Beobachten

### 9.2.1 Zum Begriff

»Mit Hilfe der Beobachtung ermitteln die Schüler Eigenschaften und Merkmale, räumliche Beziehungen oder zeitliche Abfolgen der jeweiligen biologischen Erscheinung, ohne dabei grundlegend verändernde Eingriffe an den Objekten oder Prozessen vorzunehmen« (*Dietrich* u. a. 1979, 114).
Viele Biologiedidaktiker (*Linder* 1950,15; *Stichmann* 1970, 137; *Spandl* 1974, 52 ff.; *Grupe* 1977, 232; *Bay/Rodi* 1978, 45; *Staeck* 1987, 218 ff.) unterscheiden zwischen dem Betrachten von ruhenden Objekten (statische Beobachtung im Sinne von *Astolfi/Coulibaly/Host* 1977) und dem Beobachten von Bewegungen und Veränderungen von Objekten (dynamische Beobachtung im Sinne von *Astolfi/Coulibaly/Host* 1977). Zu der räumlichen Komponente beim Betrachten kommt die zeitliche beim Beobachten hinzu. *Wilhelm Killermann* (1991, 200 f.) schließt sich zwar dieser Auffassung an, hält aber die Trennung zwischen Betrachten und Beobachten nicht streng durch. *Hans Esser* (1978, 72) versteht unter Betrachten mehr eine ganzheitliche, den affektiven Bereich ansprechende Schau (spontane Beobachtung im Sinne von *Astolfi/Coulibaly/Host* 1977). *Helmut Sturm* (1974, 339) meint mit Beobachten »ein bewußtes Erfassen von Objekten und deren zeitlichen Veränderungen mit Hilfe der Sinnesorgane unter jeweils bestimmten Gesichtspunkten«. Er schließt bewußt auch die Erfassung von ruhenden Objekten in den Begriff »Beobachten« ein.
Bei der Unterscheidung der Erkenntnismethoden wird in diesem Buch von der Tätigkeit des Subjekts, also des Schülers ausgegangen, nicht von den Eigenschaften der Objekte. Daher werden Betrachten und Beobachten zusammengefaßt (vgl. *Sturm* 1974; *Dietrich* u. a. 1979).  ▼9.1.2
Das »Untersuchen« ist ein Beobachten mit Hilfsmitteln. Es erfordert häufig  ▼9.4
Eingriffe in Bau und Funktion von Organismen und wird daher getrennt behandelt.

Für die Erkenntnisgewinnung sind die Beobachtung und der »Vergleich«  ▼9.3
verschiedener Objekte bedeutsam. Aus der vergleichenden Beobachtung heraus werden morphologische Begriffe entwickelt (z. B. Blattstiel, Blattspreite, Blattgrund, Kopf, Rumpf, Schwanz), die für das Kennenlernen und Bestimmen von Pflanzen und Tieren wichtig sind. Beobachten bezieht sich nicht nur auf den Gesichtssinn. Das Objekt kann mit verschiedenen Sinnen gleichzeitig oder sukzessiv erfaßt werden: Größe, Form, Geruch, Beschaffenheit der Körperoberfläche usw.

Nach der Intensität und Dauer kann man folgende Beobachtungsarten unterscheiden:

... »Gelegenheitsbeobachtungen« sind unterrichtlich nicht eingeplant. Sie erfolgen meist auf Exkursionen. Beispiel: Einem Schüler fällt auf, wie eine Meise einen Nistkasten anfliegt. Dies gibt Anlaß zu der Frage, wie oft die Jungen gefüttert werden. Der Schüler verweilt so lange in der Nähe des Nistkastens, bis er mit Hilfe seiner Uhr die Häufigkeit des Nistkastenbesuches erfaßt hat.

... »Kurzzeitbeobachtungen« werden in einer Unterrichtsstunde abgeschlossen (z. B. Beobachten des Kriechens einer Schnecke auf einer Glasplatte).

... »Langzeitbeobachtungen« bedürfen großer Geduld und wiederholter Anregungen von seiten der Lehrperson (z. B. bei der Keimung der Bohne).

## 9.2.2 Sinn und Bedeutung

Beim Beobachten setzen sich die Schüler aktiv mit Gegenständen auseinander. Sie lernen Wesentliches von Unwesentlichem unterscheiden. Durch Vergleich mit anderen Objekten eignen sie sich Formenkenntnisse an, vor allem dann, wenn sie dazu Nachschlagewerke und Bestimmungsbücher benutzen.

Das Beobachten von lebenden Organismen vermittelt den Schülern die Zusammenhänge von Gestalt und Lebensweise besonders eindringlich. Die Schüler studieren mit allen Sinnen Formen und Vorgänge in der Natur. Die geschulte Beobachtung bringt Ordnung in die verwirrende Mannigfaltigkeit der Umwelterscheinungen. Erziehung zum genauen Beobachten fördert die Fähigkeit zur Darstellung und Interpretation von Daten.

Die Beobachtung von Naturvorgängen schafft Erlebnismöglichkeiten. Durch den Umgang mit dem Objekt sollten die Schüler aber auch einen emotionalen Abstand zu den Lebewesen erwerben (*Memmert* 1975, 57). Die geschulte Beobachtung ermöglicht die Interpretation von Vorgängen in größeren Zusammenhängen.

## 9.2.3 Zur Durchführung, Beispiele

Die Schüler müssen das selbständige Beobachten erst allmählich erlernen. Sie sollen erfahren, daß Beobachten nicht bloßes Hinsehen ist, sondern zielgerichtet erfolgen muß. Dazu wird ein Vorgehen in vier Schritten vorgeschlagen (vgl. *Sturm* 1974, 342):

... Anleitung zum Erkennen von Merkmalen eines Objektes: Dazu werden die Gesichtspunkte für das Erfassen von Merkmalen in Form von mündlichen oder schriftlichen Arbeitsaufgaben bekanntgegeben. Dabei sollten die verschiedenen Sinne angesprochen werden. Das Erkennen von Merkmalen hängt von der Einstellung der Schüler (Motivation) und ihrer Fähigkeit ab, Merkmale aus dem Gesamteindruck herauszulösen.

... Anleitung zum Finden von Gesichtspunkten für die Auswahl bestimmter Merkmale: Dazu braucht man Phantasie, Kreativität und Abstraktionsfähigkeit. Der Mensch wendet bei der Betrachtung eines Gegenstandes seine Aufmerksamkeit auf bestimmte Teile und Vorgänge (vgl. *Rodi* 1968, 128). Zwar kann man hier nach festen Schemata vorgehen (z. B. Größe, Form), doch müssen die Reihenfolge der Merkmale und ihre Bedeutung jeweils neu bedacht werden.

... Anleitung zum Dokumentieren der erfaßten Merkmale: Es sind die Fähigkeiten zum Zählen, Messen, Zeichnen und Formulieren zu schulen, damit die Ergebnisse objektiv dokumentiert werden können. ▼9.10

... Anleitung, die bisher genannten Teilschritte sinnvoll zur Lösung eines naturwissenschaftlichen Problems zu nutzen: Dies ist der schwierigste Teil, da hier ein Mindestmaß an Überblick gefordert wird, das bei weiterem Erkenntnisfortschritt gesteigert werden soll. Das Studium verwandter Vertreter könnte z. B. die Frage ergeben, wie homologe Merkmale innerhalb einer Verwandtschaftsgruppe abgewandelt sind.

**Kurzzeitbeobachtungen:** Die Beobachtung eines Gegenstandes könnte in einer Unterrichtsstunde folgendermaßen ablaufen (vgl. *Staeck* 1972 a, 129):
... Fragestellung erarbeiten,
... Arbeitsanleitungen austeilen, Zeitbegrenzung angeben (noch besser, aber zeitraubender wäre es, die Arbeitsanleitungen gemeinsam mit den Schülern zu entwickeln),
... Hilfsmittel erklären,
... Hilfsmittel und Beobachtungsobjekte verteilen,
... Beobachtung des Gegenstandes in Partner- oder Gruppenarbeit und Festhalten der Ergebnisse,
... Sammeln der Ergebnisse der einzelnen Gruppen und Festhalten in einem Tafelanschrieb.

Zum Erlernen des Beobachtens werden zunächst Beobachtungsaufgaben gestellt. Sie sollten in kleinen Schritten ganz gezielte, von den Schülern leicht erfaßbare Anleitungen enthalten, z. B. Hinweise zum Zählen, Messen und Protokollieren.

Beispiel: Beobachtung einer Weinbergschnecke (*Linder* 1950, 27): »Achte auf ihre Bewegung. In wieviel Minuten vermag das Tier eine Strecke von 10 cm zu durchkriechen? Woraus besteht die Spur, die es hinterläßt?... Laß eine Schnecke über ein Glas kriechen und beobachte dabei die dunklen Streifen an der Unterseite des Fußes. Wieviel solcher Streifen sind gleichzeitig zu zählen? Zeichne das Bild. Beobachte und beschreibe das Zurückziehen der Schnecke ins Haus und das Wiederherauskommen.«

Viele Beobachtungen lassen sich nicht im Klassenzimmer durchführen, da die Tiere sich dort anders verhalten als in der freien Natur. Solche Beobachtungsaufgaben lassen sich besser als Hausarbeit durchführen, z. B. (*Linder* 1950, 25): »Welche Haltung nimmt die Katze ein a) wenn sie ruhig dasitzt, b) wenn sie schläft, c) wenn sie auf etwas lauert (achte dabei auf Augen, Ohren und Schwanz!). Veranlasse eine Katze zum Springen und beobachte genau die Körperhaltung vor und während des Sprungs. Mit welchen Beinen schnellt sie sich ab, und wie macht sie dies? Mit welchen Beinen berührt sie wieder den Boden?... Beobachte die Katze beim Lauern und Anschleichen auf Mäuse oder Vögel und beschreibe genau die Haltung des Körpers ...«

Die Notizen der Schüler werden dann im Klassenunterricht ausgewertet und die Ergebnisse in Form von Sätzen, Tabellen oder Skizzen festgehalten.

**Langzeitbeobachtungen:** Die einfachsten über längere Zeit andauernden Beobachtungen betreffen das Eintreten und die zeitliche Aufeinanderfolge von Ereignissen im Jahreslauf (vgl. *Linder* 1950, 15 ff.). Beispiele: Laubentfaltung; Blühen und Fruchten von Bäumen (alle Schüler sollten dabei einen bestimmten Baum, »ihren Baum«, auswählen); Aufblühzeit von Frühblühern; Eintreffen oder Abreise von Singvögeln; Beobachtungen der Wiese im Jahreslauf. Dazu kann der Lehrer als Hilfe ein vorgedrucktes Arbeitsblatt mit Beobachtungsaufgaben ausgeben, das die Schüler immer wieder an ihre Aufgabe erinnert. Die Zusammenfassung im Unterricht ist bei einheitlicher Darstellung wesentlich leichter. Derartige Beobachtungen bedürfen kaum der Anleitung und nehmen nur wenig Zeit in Anspruch. Sie sind jedoch geeignet, die Aufmerksamkeit der Schüler für lange Zeit auf bestimmte Erscheinungen zu lenken und diese bewußt erfassen zu lassen.

Schwieriger sind Langzeitbeobachtungen, bei denen ein Vorgang kontinuierlich zu verfolgen und aufzuzeichnen ist. Beispiele sind: Keimvorgänge bei Pflanzen (Bohne, Kresse, Mais), Entwicklungsvorgänge bei Fröschen oder Insekten. Die Beobachtungen können von einzelnen Schülern zu Hause gemacht werden. Bei noch ungeübten Schülern oder bei empfindlichen Lebewesen empfiehlt es sich aber, die Beobachtungen im Klassenzimmer durchzufüh-

## 9.2 BEOBACHTEN

Suche Dir eine bestimmte Pflanze zur regelmäßigen Beobachtung aus!
Trage das Datum ein, wenn Du die betreffende Beobachtung machst!

Name:　　　　　　Klasse:　　　　　　Jahr:

ART DER PFLANZE (auch Sorte) angeben:

Die KNOSPEN beginnen zu schwellen:

Die ERSTEN BLÜTEN entfalten sich:

HAUPTBLÜTEZEIT (alle Blüten sind entfaltet):

Blütenbesuchende INSEKTEN:

SCHLUSS DER BLÜTEZEIT (Fruchtansätze sichtbar):

Wie war das WETTER während der Hauptblütezeit?

ERSTE REIFE FRUCHT:

ERNTEZEIT der Früchte:

Anfang der LAUBENTFALTUNG (einzelne Blattknospen beginnen sich zu öffnen):

Die ersten BLÄTTER sind ganz entfaltet:

ALLGEMEINE BELAUBUNG (die Blätter haben ihre volle Größe erreicht):

Welche SCHÄDLINGE hast Du feststellen können?

Tabelle 9-2: Aufgaben zur Langzeitbeobachtung bei Obstbäumen und Beerensträuchern im Jahreslauf (nach *Linder* 1950, 16, verändert)

ren. Die Schüler erhalten zu Beginn oder am Ende der Stunde Zeit, an ihrer Aufgabe zu arbeiten. Die Lehrperson hat dadurch die Möglichkeit, die Schüler individuell anzuleiten. Vor der Beobachtung wird eine Tabelle entwickelt, in die die Ergebnisse eingetragen werden. Auch Skizzen sind erwünscht.

Viele Beobachtungen können an lebenden Pflanzen und Tieren und an den Schülern selbst durchgeführt werden, aber auch tote Objekte (wie Stopfpräparate, Einschlußpräparate, Ganzpräparate, Skelette und Skeletteile, Nester, Gewölle, getrocknete Pflanzenteile, Fraßspuren an Ästen und Rinden, Gallen) erhöhen die Anschaulichkeit des Unterrichts.

LITERATUR
*Astolfi/Coulibaly/Host* 1977; *Bay/Rodi* 1978; *Dietrich* u. a. 1979; *Dumpert* 1976; *Esser, H.,* 1978; *Grupe* 1977; *Killermann* 1991; *Linder* 1950; *Memmert* 1975; *Rodi* 1968; *Rüther/Stephan-Brameyer* 1984; *Spandl* 1974; *Staeck* 1972 a; 1987; *Stichmann* 1970; *Sturm* 1974

## 9.3 Vergleichen

### 9.3.1 Zum Begriff

Das Vergleichen ist ein Verfahren, bei dem mindestens zwei Gegenstände oder Vorgänge einander gegenübergestellt und im Hinblick auf Ähnlichkeiten und Unterschiede erfaßt werden (vgl. *Sturm* 1967, 18). Ein Vergleich kann als Versuch verstanden werden, Gleiches im Verschiedenen zu entdecken. Die Ebene des Vergleichs ist notwendigerweise abstrakter als die der zu vergleichenden Objekte (vgl. *Bateson* 1984, 15 ff.). Folgende Momente sind (nach *Eichberg* 1972, 17) für das Vergleichen von prinzipieller Bedeutung: der Anstoß zum Vergleichen, die Vergleichskategorien, die Vergleichsobjekte, das Vergleichsergebnis.

Der **Anlaß** zum Vergleichen ist häufig eine Fragestellung, ein Auftrag oder eine Hypothese. In vielen Fällen genügt bereits die Feststellung eines auffälligen Kontrastes zwischen zwei Gegenständen zur Auslösung des Vergleichens.

Die **Kategorien** des Vergleichs ergeben sich aus den Eigenschaften oder Merkmalen, nach denen verglichen wird (z. B. Form, Größe, Farbe, stoffliche Beschaffenheit, Merkmalskombinate). Das Ergebnis eines Vergleichs wird stärker durch die Auswahl der Vergleichskategorien bestimmt als durch die Objekte als solche. Die Vergleichskriterien können bereits zu Beginn des Vergleichens vorliegen oder auch erst im Laufe des Verfahrens entwickelt bzw. ausgeschärft werden.

Die **Objekte** sind die konkreten Träger der Merkmale, aus denen die Vergleichskategorien abstrahiert werden. Häufig stellt eines der Objekte den Ausgangspunkt des Vergleichens dar, weil es bereits vorher bekannt ist. Das hinzutretende zweite Objekt gibt dann den Anstoß zum Herausstellen von Unterschieden und Ähnlichkeiten.

Im **Ergebnis** des Vergleichens liegt die Antwort auf die auslösende Frage vor, die durch das Herausarbeiten von Kategorien präzisiert worden ist. Das Vergleichsergebnis ist meist mehr als eine bloße Zusammenfassung der durch den Vergleich gelieferten Fakten. Es enthält häufig eine Wertung und Deutung, eine Unterscheidung von Wesentlichem und Unwesentlichem.

Je nach dem Ziel des Vergleichens richtet sich die **Auswahl** der Vergleichsobjekte. Der Vergleich innerhalb einer Gruppe von Objekten leistet etwas anderes als der zwischen verschiedenen Gruppen. Man unterscheidet daher zweckmäßig »Innergruppen-Vergleich« und »Zwischengruppen-Vergleich« (auf die mißverständlichen Termini »innerartlicher« und »zwischenartlicher« Vergleich - vgl. *Sula* 1968; *Memmert* 1975, 32 ff. - sollte man verzichten).

Beim Vergleich von Objekten innerhalb einer Gruppe (z. B. beim Vergleich von Steinfrüchten untereinander) fallen besonders die Unterschiede zwischen den einzelnen Objekten ins Auge. Die ebenfalls erkennbaren Übereinstimmungen sind nicht eindeutig als Merkmale der Gruppe einzustufen; denn es könnte sich auch um Eigenschaften von übergeordneten Gruppen handeln. Der Vergleich über die Gruppengrenzen hinaus (z. B. Steinfrüchte - Beeren) rückt stärker die allgemeinen Eigenschaften in den Blick und läßt eine Trennung von Merkmalen der engeren Gruppe (z. B. äußerer Teil der Fruchtwand fleischig, innerer fest) und Merkmalen größerer Gegenstandsgruppen (z. B. Frucht saftig) zu. Will man den Begriff »Steinfrucht« ausschärfen, so tut man gut daran, zwei Vergleiche zu ziehen: innerhalb der Gruppe (mehrere Steinfrüchte untereinander) und zusätzlich zwischen den betreffenden Gruppen (Steinfrüchte und Beeren) (vgl. *Sula* 1968, 25; *Dietrich* u. a. 1979, 140 ff.). Eine entsprechende Rolle spielen die beiden Vergleichstypen bei der Begriffsbildung auf höheren Ebenen (z. B. fleischige Schließfrüchte - trockene Schließfrüchte; Schließfrüchte - Streufrüchte).
Durch einen **Wechsel der Vergleichsebene**, d. h. durch Einbeziehen weiterer Objektgruppen, kann ein und derselbe Gegenstand als typischer Vertreter verschiedener Gruppen erkannt werden, z. B. die Kirsche als Steinfrucht im Gegenüber zu Beerenfrüchten und als fleischige Schließfrucht im Gegenüber zu trockenen Schließfrüchten (vgl. *Müller/Kloss* 1990).

### 9.3.2 Sinn und Bedeutung

Das Vergleichen ist eines der wesentlichen Mittel zur Erkenntnisgewinnung. Jeder Mensch – auch das Kleinkind – wendet es ständig an. Jeder neue Gegenstand, der in den Blick gerät, wird mit bereits vertrauten Objekten in Beziehung gesetzt. Die Sprache lebt vom Vergleich; bereits einzelne Wörter, vor allem zusammengesetzte Substantive und Adjektive, enthalten Vergleiche (z. B. Zwergbirke, schneeweiß).
In der Biologie, die es mit einer verwirrenden Mannigfaltigkeit auf den verschiedenen Ebenen des Lebendigen zu tun hat, spielt das Vergleichen eine besondere Rolle. Darauf weisen bereits die Bezeichnungen einiger Teildisziplinen hin (z. B. Vergleichende Morphologie, Vergleichende Entwicklungsgeschichte). Die konsequente Anwendung des vergleichenden Verfahrens ermöglicht einerseits das Ordnen der Vielfalt und führt andererseits zu der Grunderkenntnis, daß alle Organismen in wesentlichen Eigenschaften übereinstimmen (Grundphänomene des Lebendigen).

Sollen die Schüler Begriffe entwickeln und dauerhaft verwenden, so müssen sie im Vergleichen geübt werden (vgl. *Dietrich* u. a. 1979, 140 ff.). Die grundsätzliche Aufgeschlossenheit und Fähigkeit zu diesem Verfahren bringen die Kinder bereits in die Schule mit. Das jüngere Kind sieht die Gegenstände aber noch undifferenziert und vermag nicht, das Konkret-Individuelle vom Allgemeinen zu unterscheiden. Beim Vergleichen entdeckt es stärker das Unterscheidende als das Gemeinsame von Objekten. Durch Üben des Vergleichens werden gemeinsame Merkmale stärker beachtet (vgl. *Eichberg* 1972, 98; *Brezmann* 1996). Vergleichen führt dabei zum Abstrahieren vom sinnlichen Eindruck der Gegenstände. »Das Übereinstimmende ... ist ja etwas, was nicht einfach mit einem der ... zu vergleichenden Objekte assoziiert werden kann ...« (*Sturm* 1967, 19). Das Vergleichen erweist sich also als ein Mittel zur Förderung der Beobachtungs- und Abstraktionsfähigkeit der Schüler.

Zwischen Beobachten und Vergleichen besteht eine Wechselwirkung: Wird die Beobachtungsfähigkeit der Schüler entwickelt, so wächst gleichzeitig ihre Fähigkeit, sinnvolle Vergleiche vorzunehmen (vgl. *Eichberg* 1972, 102 ff.); durch das Vergleichen werden die Schüler andererseits zu genauem Beobachten angeregt (vgl. *Rüther/Stephan-Brameyer* 1984).

*Helmut Sturm* (1967; 1974, 343) sieht im Vergleich das beste Mittel, um das selbständige Finden von Gesichtspunkten für das Beobachten zu induzieren. Die Gegenüberstellung von ähnlichen Gegenständen, die sich in einigen Merkmalen deutlich voneinander unterscheiden, lenkt den Blick der Schüler häufig ohne jede weitere Anleitung auf die wichtigen Vergleichskategorien. Auf diese Weise fördert die vergleichende Betrachtungsweise die Selbsttätigkeit und damit die Selbständigkeit der Schüler (vgl. *Weber* 1965, 70). *Sula* (1968, 37) stellt sogar das Verfahren, im Unterricht Begriffe allein mit Hilfe des Betrachtens einzelner Gegenstände – ohne Vergleich – zu bilden, als einen schwerwiegenden Fehler des Lehrers hin; als Ausnahme läßt er nur den Fall gelten, daß alle Schüler die zu beschreibenden und zu benennenden Merkmale eines Gegenstandes aus ihrer früheren Erfahrung sicher kennen, so daß diese Merkmale am neuen Gegenstand einfach wiedererkannt werden können (vgl. auch *Dietrich* u. a. 1979, 140 ff.).

Schließlich stellt das Vergleichen das entscheidende Verfahren im exemplarischen Unterricht dar. »Individuelle und im eigentlichen Sinne exemplarische Merkmale werden nur im Vergleich sichtbar« (*Memmert* 1975, 32; vgl. auch *Killermann* 1991, 250).

Auch andere Arbeitsweisen der Biologie und des Biologieunterrichts, vor allem Untersuchen und Experimentieren, haben enge Beziehungen zum Vergleichen. So lassen sich die Gewebe und Organe nur durch vergleichendes

Untersuchen voneinander abgrenzen und zu Organsystemen zusammenordnen; so baut jeder qualitative Versuch auf dem Vergleich mit einem Kontrollversuch auf; so beinhaltet jedes quantitative Experiment den Vergleich der gewonnenen Resultate.

### 9.3.3 Zur Durchführung, Beispiele

Besonders häufig wird der Vergleich zwischen nahe verwandten **Pflanzen- und Tierarten** empfohlen, z. B. zwischen verschiedenen Arten von Schmetterlingsblütlern, Hund und Wolf, Kaninchen und Hase (vgl. *Klahm* 1982). Dabei werden in erster Linie spezifische Anpassungsmerkmale deutlich (»statische« Aspekte).

Durch Einbeziehung von Vergleichsobjekten aus weiteren Verwandtschaftskreisen werden taxonomische Gruppen oder Lebensformtypen charakterisiert, z. B. Molch und Eidechse (Lurch - Kriechtier), Fuchs und Reh (Fleischfresser - Pflanzenfresser).

Bei geschickter Auswahl der Objekte kann den Schülern allmählich klarwerden, daß Ähnlichkeiten zwischen verschiedenen Arten unterschiedliche Erklärungsmuster erfordern (vgl. z. B. *Klein* 1970). Viele Ähnlichkeiten beruhen auf verwandtschaftlichen Beziehungen – die einander ähnlichen Organe, Funktionen, Verhaltensweisen werden als homolog bezeichnet. Andere Ähnlichkeiten lassen sich nur als Angepaßtheit an die jeweiligen Umweltbedingungen deuten – in diesem Falle spricht man von analogen oder konvergenten Strukturen und Funktionen. Ein Vergleich zwischen zwei Arten oder Gruppen kann Anschauung für die Phänomene der Homologie oder der Analogie bieten. So lassen sich zum Beispiel zwischen Hai und Delphin große Ähnlichkeiten (in bezug auf Körpergestalt, Fortbewegungsweise usw.) feststellen, nähere Verwandtschaftsbeziehungen der beiden Arten sind aber eindeutig auszuschließen. Der Vergleich gipfelt hier in der Feststellung, daß es sich um Fische bzw. Säugetiere handelt, die beide demselben Lebensformtyp (schnellschwimmende, räuberisch lebende Meerestiere) zugeordnet werden können (vgl. *Eschenhagen/Kattmann/Rodi* 1992; *Hedewig/Kattmann/Rodi* 1998).

Der Vergleich verschiedener Lebewesen kann sich auf den Gesamtorganismus beziehen, aber auch auf einzelne Organe beschränkt bleiben. Beliebt sind Vergleiche von verschiedenen Blütentypen bei Samenpflanzen, von Gebiß-, Schnabel- und Fußtypen. Letzten Endes geht es auch bei diesen Vergleichen um die Kennzeichnung der gesamten Lebewesen, die hier nur durch ausgewählte Teile repräsentiert werden.

## 9 FACHGEMÄSSE ARBEITSWEISEN

Konsequentes Vergleichen führt zur Erkenntnis der abgestuften Ähnlichkeit zwischen den Organismen und zum hierarchischen Klassifizieren (vgl. *Piaget/ Inhelder* 1973; *Laufens/Detmer* 1980).

Spezielle Formen des Vergleichs verschiedener Lebewesen stellen die von *Sturm* (1967) genannten Vergleiche zwischen Stammform und Zuchtformen von Kulturpflanzen und Haustieren und zwischen Gliedern stammesgeschichtlicher Ahnenreihen bzw. Stufenreihen dar (vgl. *Sieger* 1979, 54). Da hier das Element der zeitlichen Abfolge eine Rolle spielt, leiten diese Vergleichsformen bereits zu den nächsten Punkten über.

Vergleich von **Entwicklungsstadien** einer Art sind vor allem dann aufschlußreich, wenn das Ausgangsstadium einer Entwicklung zwar in sich bereits strukturiert ist, die Eigenart seiner Teile aber nur schwer erkennen läßt. Das wohl beste Beispiel ist die Entwicklung einer epigäisch keimenden zweikeimblättrigen Pflanze (etwa der Gartenbohne): Untersucht man allein die Samen, sind die »fleischigen Samenhälften« nur schwer als Keimblätter anzusprechen; läßt man die Samen keimen, so wird ihre Blattnatur offensichtlich. Ein ähnlich günstiges Beispiel sind sich entfaltende Knospen (vgl. *Sturm* 1967, 20). Während hierbei die allmähliche Entfaltung bzw. schrittweise Entwicklung veranschaulicht wird, betont der Vergleich der Entwicklungsstadien von Tieren mit Metamorphose (z. B. Schmetterlinge, Frösche) stärker die radikalen Veränderungen von einem Schritt zum nächsten. In jedem Falle regen solche Vergleiche zur Auseinandersetzung mit dem für die Ontogenese charakteristischen Phänomen »Veränderung unter Beibehaltung der Individualität« an.

Vergleiche zwischen **verschiedenen Arten** von Lebewesen betreffen nicht nur morphologisch-anatomische Elemente und damit verknüpfte Funktionen; sie können sich auch auf Abläufe direkt richten, vor allem auf Fortpflanzungs- und Entwicklungsvorgänge und Verhaltensweisen. Unter diesen »dynamischen« Aspekten lassen sich wiederum verschiedene Lebewesen vergleichen, beschreiben und nach verschiedenen Systemen ordnen. Der Vergleich von Insekten zeigt die Typen der allmählichen und vollständigen Verwandlung, der Vergleich ausgewählter Pflanzen die Formen ungeschlechtlicher und geschlechtlicher Fortpflanzung. Vergleiche von Tieren untereinander und zwischen Mensch und Tieren ermöglichen den anschaulichen Erwerb von Begriffen wie »Angeborenes Verhalten«, »Erlerntes Verhalten« und »Einsichtiges Verhalten«; sie führen auch im Bereich der Ethologie zum Aufspüren von Homologien und Konvergenzen. Durch den Vergleich des Verhaltens des Menschen mit dem von Tieren gelingt es besonders gut, den Begriff »Eigenart« herauszuarbeiten, der die spezifischen Eigenschaften einer Organismenart bezeichnet (vgl. *Kattmann* 1980 a, 134 f.).

Schließlich können auch verschiedene Arten im Hinblick auf das System ihrer Umweltbeziehungen (ökologische Nische) miteinander verglichen werden, z. B. Entenvögel, Spechtarten, Wasserwanzen.

Bei **ökologischen Systemen** setzt bereits die Ausgliederung von Elementen, z. B. bei einem Ökosystem wie See oder Wald, das Vergleichen voraus. Besonders wichtig ist dabei der Vegetationsvergleich, der es sozusagen auf den ersten Blick gestattet, eine gewisse Strukturierung vorzunehmen. Bei näherem Hinsehen kommen Vergleiche zwischen der Fauna verschiedener Lebensräume und Vergleiche zwischen den abiotischen Faktorenkomplexen hinzu (Feuchtigkeit, Bodenbeschaffenheit u. a.). Im Ökologieunterricht werden Vergleiche häufig begrenzt auf die Wirkung bestimmter Faktoren auf die Zusammensetzung und das Gedeihen der Biozönose (z. B. Vergleich eines Rotbuchenwaldes auf Muschelkalk mit einem auf Buntsandstein). Auch hier läßt sich das Zeitelement berücksichtigen, etwa durch den Vergleich verschiedenaltriger Baumbestände im Hinblick auf den Faktor Licht.

Sehr lohnend und häufig durchgeführt sind Vergleiche zwischen weitgehend naturbelassenen und stark vom Menschen beeinflußten ökologischen Systemen.

Auf Vergleichen zwischen Lebewesen oder deren Teilen mit **Bildern** oder **Modellen** beruhen die meisten Bestimmungsmethoden, die in der Sekundarstufe I angewendet werden: Die Schüler vergleichen das zu bestimmende Objekt mit bereitgestellten Photos, Skizzen oder Detaildarstellungen und versuchen, es zu identifizieren.

Auch im übrigen Biologieunterricht werden häufig bildliche Darstellungen oder Modelle zur Veranschaulichung von Sachverhalten verwendet, häufig als Ersatz für das nicht zugängliche, zu kleine oder zu große Naturobjekt. Modelle dienen dann als »Mittel zum Anschauen«. Ganz wesentlich ist, die Schüler zu der Einsicht zu bringen, daß Modelle und Modellvorstellungen niemals das Original in jeder Hinsicht und in jedem Detail repräsentieren, sondern immer nur bestimmte Eigenschaften und Attribute. Durch ständiges Üben sollten die Schüler daran gewöhnt werden, Modelle nicht nur auf ihre Abbildungsfunktion, sondern stets auch auf ihre Grenzen hin einzuschätzen. ▼ 10.4.4

Bei Vergleichen von Lebewesen oder deren Teilen mit **technischen Erzeugnissen** geht es nicht um speziell für den Unterricht konstruierte Modelle, sondern um zu anderem Zweck hergestellte Werkzeuge, technische Einrichtungen und Apparate, die samt den mit ihrer Hilfe ablaufenden Prozesse zum Vergleich mit Lebewesen und Lebensprozessen herangezogen werden (»Analogmodelle«). Sehr beliebt sind die Vergleiche »Mitochondrien - Kraftwerke«, »Auge - Fotoapparat«, »Herz - Pumpe«. Für solche Vergleiche gilt das oben

Gesagte mit noch stärkerer Betonung: Man sollte den Geltungsbereich solcher Vergleiche deutlich eingrenzen. Viele der früher häufig benutzten Vergleiche zwischen Lebewesen und technischen Gebilden mit ganz anderen absoluten Größen (z. B. Roggenhalm - Eiffelturm) beruhen auf physikalisch falschen Voraussetzungen und sollten deshalb vermieden werden (vgl. *Sturm* 1967; *Gropengießer* 1993).

## 9.4 Untersuchen

### 9.4.1 Zum Begriff

Untersuchen ist ein Beobachten mit Hilfsmitteln. Dabei geht es um die zielgerichtete Erforschung der inneren Zusammenhänge durch Eingreifen in die Objekte (*Grupe* 1977; *Dietrich* u. a. 1979). Entsprechend der Struktur der zu untersuchenden Objekte kann man verschiedene Arten von Untersuchungen unterscheiden:

Nachdem man durch Beobachten eines Lebewesens dessen morphologische Strukturen erkannt hat, geht es beim **Sezieren** und **Präparieren** um das sachgerechte Auseinandernehmen, wobei es vor allem auf anatomische Zusammenhänge ankommt. Hilfsmittel wie Pinzette, Messer, Schere, Präpariernadel, Lupe, Mikroskop und Mikrotom sowie chemische Substanzen zum Fixieren und Anfärben der Präparate werden verwendet. Aus den anatomischen Untersuchungen lassen sich Schlüsse auf die Funktionen der Organe ziehen, die dann durch »Experimente« bestätigt werden können. Zur Unterstützung der Untersuchungen können im Unterricht auch anatomische Modelle, Dias oder Abbildungen herangezogen werden.

Der chemische Aufbau von Organismen und Nahrungsmitteln wird an ausgewählten und einfachen Beispielen erarbeitet. Es werden einfache **Reagenzglasuntersuchungen** durchgeführt (z. B. Nachweis von Stärke, Zellulose, Holz).

---

LITERATUR
*Bateson* 1984; *Brezmann* 1996; *Dietrich* u. a. 1979; *Eichberg* 1972; *Eschenhagen/Kattmann/Rodi* 1992; *Gropengießer, H.*, 1993; *Hedewig/Kattmann/Rodi* 1998; *Kattmann* 1980 a; *Killermann* 1991; *Klahm* 1982; *Klein, M.*, 1970; *Laufens/Detmer* 1980; *Leicht* 1981; *Memmert* 1975; *Müller/Kloss* 1990; *Piaget/Inhelder* 1973; *Rüther/Stephan-Brameyer* 1984; *Sieger* 1979; *Sturm* 1967; 1974; *Sula* 1968; *Weber, R.*, 1965

Bei der **Aufnahme von Lebensgemeinschaften** und Lebensräumen werden die Lebewesen in ihrer Häufigkeit erfaßt (z. B. pflanzensoziologische und gewässerbiologische Aufnahmen). Die abiotischen Faktoren werden mit Hilfe von Meßgeräten (z. B. Thermometer, Psychrometer, Luxmeter, Anemometer, pH-Meter) untersucht: Temperatur, Luftfeuchtigkeit, Lichtmenge, Windverhältnisse, Bodenfeuchtigkeit, Kalkgehalt, pH-Wert. Die Struktur der Böden wird anhand von Bodenprofilen beschrieben. Untersuchungen zur Umweltgefährdung werden z. B. mit Hilfe von Lärmmessungen, Kohlenstoffmonooxidmessungen, chemischen Wasser- und Bodenanalysen durchgeführt.

### 9.4.2 Sinn und Bedeutung

Einsichten über den inneren Bau von Organismen sind meist nur durch Zerlegen der Pflanzen oder Tiere möglich. Schon das Zergliedern einer Pflanze wird aber von empfindsamen Kindern als brutaler Eingriff empfunden. Beim Sezieren von Tieren, z. B. Zergliedern von toten Insekten, sind die emotionalen Schranken bei den Schülern noch stärker. Das Präparieren von Tieren sollte daher nicht nur technisch, sondern auch psychologisch vorbereitet werden. Man sollte den Schülern verdeutlichen, daß die Untersuchung nicht aus Freude am Zerstören, sondern aus Notwendigkeit zur Erkenntnisgewinnung vorgenommen wird. Die wenigsten Bedenken gegen ein Sezieren bestehen bei der Untersuchung des inneren Baus von Schlachttieren, da diese nicht getötet werden, um von den Schülern seziert zu werden, sondern um dem Menschen als Nahrung zu dienen.

### 9.4.3 Durchführung, Beispiele

Das Untersuchen von Lebewesen wird zunächst an Pflanzen geübt. Die Zergliederung von Blüten ist einfach und benötigt keinen großen technischen Aufwand. Wie beim Beobachten werden die Schüler auch beim Untersuchen durch gezielte Aufgabenstellungen angeleitet. Mit fortschreitender Übung werden sie immer mehr an der Problemlösung beteiligt (vgl. *Linder* 1950; *Weber* 1976; *Entrich* 1996). Das Sezieren von Tieren erfordert technisches Geschick. Hier ist es gut, wenn der Lehrer ein Tier vorpräpariert. Untersuchungen an Tieren werden am besten in Gruppenarbeit durchgeführt. Besonders sensible Kinder sollten nicht zum Präparieren gezwungen werden. Sie können die Aufgabe des Protokollführers oder Berichterstatters übernehmen.

Tiere dürfen grundsätzlich nicht allein für Unterrichtszwecke und schon gar nicht vor den Augen der Schüler getötet werden. Das Präparieren und Sezieren von Vögeln und Säugern ist aus ästhetischen Gründen problematisch und sollte in der Schule nicht durchgeführt werden. Um die fachspezifische Arbeitsweise des Sezierens einzuüben, kann man auf Organe von Schlachttieren zurückgreifen: Präparation von Schweineaugen, -herzen, -lungen und -füßen, letzteres zur Demonstration der Gelenke. Auch die Präparation einer Forelle, eines Karpfens, eines anderen Fisches oder einer Tintenschnecke ist möglich (vgl. *Gropengießer, I.*, 1994 a; *Entrich* 1996).

Je kleiner die Objekte sind, desto schwieriger ist die Präparation und desto mehr Zeit benötigt man zur Einführung in die Technik. In vielen Fällen ist zu fragen, ob die entsprechenden Einsichten in die Anatomie der Lebewesen nicht besser anhand von anatomischen Modellen oder Abbildungen vermittelt werden sollten.

10.11 ▼ Viele Objekte wird die Lehrkraft für die Untersuchungen in der Arbeitssammlung zum Verbrauchen bereithalten: Zähne, Skeletteile, tote Bienen, Federn, Samen und Früchte, Gewölle usw.

9.6.4 ▼ Beim Untersuchen sind dieselben **Sicherheitsbestimmungen** zu beachten wie beim Experimentieren (vgl. BAGUV 1995). Stopfpräparate enthalten Gifte und Pestizide und sollten nur mit Handschuhen berührt werden. Gewölle müssen wegen Infektionsgefahr (z. B. Tollwut) autoklaviert werden. Mögliche allergische Reaktionen sind zu beachten.

## 9.5 Arbeiten mit Lupe und Mikroskop

### 9.5.1 Zu den Begriffen

9-2 ● Beim Untersuchen mit der **Lupe** benutzt man eine Sammellinse, die eine zwei- bis fünfzehnfache Vergrößerung ermöglicht. Wenn man sie dicht vor das Auge hält, kann man einen Gegenstand sehr nahe an das Auge bringen und sieht ihn trotzdem noch scharf (Nahsichtgerät). Als besonders praktisch erweisen sich

---

LITERATUR
BAGUV 1995; *Bay/Rodi* 1978; *Dieterle* 1993; *Dietrich* u. a. 1979; *Dumpert* 1976; *Entrich* 1996; *Eschenhagen/Kattmann/Rodi* 1991; *Gropengießer, I.*, 1994 a; *Grupe* 1977; *Killermann* 1991; *Linder* 1950; *Weber, R.*, 1976

## 9.5 ARBEITEN MIT LUPE UND MIKROSKOP

für den Unterricht die Fadenzähler, die früher zum Zählen der Fäden bei Stoffgeweben benutzt wurden. Sie werden auf das zu untersuchende Objekt gestellt. Man geht mit den Augen so nahe an die Linse heran, bis man das Objekt deutlich und scharf erkennen kann. Auf höheren Klassenstufen kann die Lupe auch als Meßinstrument eingesetzt werden (vgl. *Lahaune* 1986).

Unter **Mikroskopieren** versteht man das Beobachten von kleinen Objekten mit dem Mikroskop. Kleine Gegenstände (mikros, griech. klein) werden dadurch so vergrößert, daß man sie sehen (skopein, griech. schauen) kann. Beim Lichtmikroskop werden die Objekte mit Lichtstrahlen beleuchtet (Auflicht) oder durchleuchtet (Durchlicht). Durch Linsensysteme werden die Lichtstrahlen so gebündelt, daß sie den betrachteten Gegenstand auf der Netzhaut des Auges bis 1000fach vergrößert abbilden. Beim Elektronenmikroskop werden die Lichtstrahlen durch Elektronenstrahlen ersetzt. Dieses vergrößert bis zu tausendmal stärker. Die Bilder entstehen hier auf Mattscheiben oder Photoplatten (vgl. *Knoll* 1987 b). Wegen der hohen Kosten und der schwierigen Präpariertechnik werden Elektronenmikroskope in der Schule nicht eingesetzt. Es können aber entsprechende Bilder im Unterricht ausgewertet werden.

Durch Lupe, Lichtmikroskop und Elektronenmikroskop wird das Auflösungsvermögen des Auges verbessert: Der normalsichtige Mensch kann aus 25 cm Entfernung zwei Punkte dann gerade noch getrennt sehen, wenn sie ungefähr 0,1 mm auseinander liegen. Mit Hilfe der Lupe sind noch zwei Punkte unterscheidbar, wenn sie 0,01 mm voneinander entfernt sind. Beim Lichtmikroskop brauchen sie nur 0,0002 mm auseinanderzuliegen und beim Elektronenmikroskop nur 0,0000003 mm.

Beim Mikroskopieren werden verschiedene biologische Arbeitsweisen angewendet: Durch das Mikroskop können unbewegte Objekte untersucht, aber auch bewegte in ihrem Verhalten beobachtet werden. Mit dem Mikroskop kann man in Durchsicht nur bei dünnen Schichten Einzelheiten erkennen. Will man die innere Struktur von Lebewesen genauer untersuchen, so müssen sie, sofern sie nicht durchsichtig sind, zunächst durch Schneiden oder Zerzupfen präpariert werden.

Viele Objekte werden als Frischpräparate zur Untersuchung vorbereitet, z. B. Blattquerschnitte, Blutausstriche. Bei manchen Lebewesen kann man nur Einzelheiten erkennen, wenn man sie vorher fixiert, mit dem Mikrotom geschnitten, gefärbt und eingebettet hat: Dauerpräparate.

Mit Hilfe des Mikroskops können auch Experimente durchgeführt werden. So kann man Veränderungen der Objekte hervorrufen und diese beobachten, z. B. Plasmolyse, Reaktionen von Einzellern auf Reize.

## 9.5.2 Sinn und Bedeutung

Durch die Lichtmikroskopie wurde im 17. Jahrhundert für die Biologie eine völlig neue Dimension der Organismen entdeckt, die durch die Elektronenmikroskopie seit 1930 erweitert wurde. Viele Lebewesen sind so klein, daß sie überhaupt nur mit Hilfe der Mikroskopie entdeckt und erforscht werden konnten. Auch über Bau und Funktion der großen Organismen erhielt man mit Hilfe der Mikroskopie völlig neue Erkenntnisse. Die Mikroskopie ist eine der wichtigsten biologischen Forschungsmethoden. Sie ermöglicht auch im Biologieunterricht ein problemorientiertes, forschendes Lernen (vgl. *Kurze/Müller/ Schneider* 1977). Bestimmte Erkenntnisse können nur mit Hilfe des Mikroskops vermittelt bzw. veranschaulicht werden. Dies gilt z. B. für die Zelltheorie (»Organismen bestehen aus Zellen«, »Zellen sind die kleinsten selbständigen Einheiten des Lebendigen«), die das Verständnis der Grundlagen von Fortpflanzung und Entwicklung der Organismen sowie des Baues und der Funktion von Geweben und Organen ermöglicht bzw. wesentlich erleichtert (vgl. *Kästle* 1970; *Bauer* 1978; *Günzler* 1978).

Beim Mikroskopieren in Einzel- oder Partnerarbeit werden kognitive, affektive und psychomotorische Lernmöglichkeiten eröffnet (vgl. *Günzler* 1978): An mehreren Objekten erfahren die Schüler, daß alle Lebewesen aus Zellen bestehen. In einem zweiten Schritt lernen sie die wichtigsten Bestandteile der Zellen kennen. Das Abstraktions- und Vorstellungsvermögen der Schüler wird geschult. Sie müssen das zweidimensionale mikroskopische Bild in die dreidimensionale Vorstellung vom Realobjekt übersetzen. Dazu sind räumliche Modelle als Vorstellungshilfen nötig (vgl. *Kästle* 1974; 1978; *Bonatz* 1980; *Knoll* 1987 a; *Jungbauer* 1990). Durch den Umgang mit dem Objekt und dem empfindlichen Gerät wird die Feinmotorik der Schüler geschult. Sie lernen dabei, sehr genau auf Details zu achten. Bei der Beschreibung des Gesehenen wird die Ausdrucksfähigkeit geübt. Die Fähigkeit zur exakten Beobachtung wird durch Zeichnen des Gesehenen noch unterstützt (vgl. *Gropengießer* 1987). Vor allem jüngere Schüler mikroskopieren am besten in Partnerarbeit. Sie helfen sich gegenseitig beim Herstellen der Präparate und Einstellen des Mikroskops. Die gewonnenen Erkenntnisse werden mitgeteilt und ausgetauscht. Die Erfahrung einer völlig neuen Dimension ist für die Schüler ansprechend und anregend. Die Entdeckerfreude kann sich von der Lehrperson auf die Schüler, aber auch von den Schülern auf die Mitschüler übertragen. Viele mikroskopische Präparate (z. B. Diatomeen) sind von großer Schönheit und sprechen die Betrachter auch emotional an (vgl. *Knoll* 1987 a).

## 9.5.3 Zur Einführung in das Mikroskopieren

Die Auffassungen der Biologiedidaktiker vom richtigen Zeitpunkt der Einführung in das Mikroskopieren gehen weit auseinander. Einige Autoren lehnen die Einführung des Schüler-Mikroskopierens auf der Klassenstufe 5/6 mit folgenden Fragen und Bemerkungen ab (vgl. *Kruse* 1976; *Schulte* 1978 b) :
... Die Schüler sind in der 5. Klassenstufe meist zu einem neuen Klassenverband zusammengefaßt und müssen zunächst eine neue arbeitswillige und disziplinierte Klassengemeinschaft bilden. Eine Voraussetzung für die Einführung in das Mikroskopieren ist eine arbeitsbereite Klassengemeinschaft.
... Die Schüler des 5. Schuljahres werden im Hinblick auf die Arbeitstechnik überfordert. Sie sind nicht fähig, mit Skalpell, Rasiermesser und Mikroskop bei schwacher und mittlerer Vergrößerung umzugehen.
... Die Dimension der Zelle wird nur deutbar durch Untersuchungen in drei Schnittebenen. Sind Kinder des 5. Schuljahres überhaupt in der Lage, aus der Untersuchung der einzelnen Präparate ein Bild der mikroskopischen Wirklichkeit zu gestalten?
... Sollten die Schüler nicht zuerst in die Arbeit mit der Lupe eingeführt werden?

Viele Autoren sprechen sich dagegen für den Beginn des Mikroskopierens im 5./6. Schuljahr aus (vgl. *Kästle* 1970; 1974; 1978; Rahmenplan des VDBiol 1973; *Dietle/Stirn* 1973; *Reeh/Kaiser* 1974; *Blum* 1976; *Werner* 1976 a; *Bauer* 1978 ; *Starke* 1978; *Poser* 1982; *Bay/Rodi* 1983). Sie geben dafür folgende Begründungen:
... Die Arbeit mit der Lupe wird bereits im Sachunterricht der Grundschule geübt. Im Biologieunterricht der Orientierungsstufe soll das Mikroskopieren als eine der wichtigsten Arbeitsmethoden an dem grundlegenden Sachverhalt »Lebewesen bestehen aus Zellen« erarbeitet werden.
... Fähigkeiten und Fertigkeiten der Schüler zum Mikroskopieren sind nicht nur im Hinblick auf ihre Altersstufe, sondern auch im Zusammenhang mit ihrem Interesse und ihrer Übung zu sehen.
... Der Zeitaufwand wird durch die interessierte Mitarbeit der Schüler mehr als wettgemacht.
... Das Mikroskopieren soll bei entsprechender Gelegenheit immer wieder geübt werden (z. B. Stärkekörner in Bohnensamen, Fett in der Milch, Zusammensetzung des Blutes, Keimen von Pollen).

## 9 FACHGEMÄSSE ARBEITSWEISEN

... Die Gefahr von Beschädigungen ist bei heutigen Mikroskopen – vor allem bei Verwendung gefederter Objektive und entsprechender Information der Klasse – nicht größer als bei anderen in der Schule verwendeten Geräten.

Unterschiedliche Erfahrungen der Lehrer führten ebenfalls zu verschiedenen Aussagen. Eine vergleichende empirische Untersuchung liegt noch nicht vor (differenzierte Lernerfolgskontrollen finden sich aber bei *Reeh/Kaiser* 1974). Als Kompromiß wird vorgeschlagen, das Thema »Zelle« im 5. Schuljahr nur unter Benutzung der Lupe und ergänzt durch die Mikroprojektion einzuführen (vgl. *Thiessen* 1978). Eine andere Lösung wäre es, erst in der 6. bis 8. Klassenstufe mit dem Mikroskopieren zu beginnen (vgl. *Knoll* 1987 a).

Für die Einführung in das Mikroskopieren sollten etwa 6 bis 12 Stunden veranschlagt werden (vgl. z. B. *Kästle* 1970; *Reeh/Kaiser* 1974; *Werner* 1976 a; *Drutjons/Klischies* 1987).

Für das methodische Vorgehen werden folgende Vorschläge gemacht:

9-3 ●
- ... Kennenlernen und Beschreiben des Mikroskops durch Hantieren (Beleuchtungs- und Objektiveinstellung), Erarbeitung einer beschrifteten Skizze;
- ... Untersuchung eines einfachen Gegenstandes in Auf- und Durchlicht (Haar, Insektenbein, Feder) mit schwächster Vergrößerung (größter Objekt-Objektiv-Abstand, größtes Gesichtsfeld, größte Tiefenschärfe), langsame Steigerung der Vergrößerung (vgl. *Eschenhagen* 1987);
- ... Erkennen und Abstellen typischer und häufiger Fehler beim Mikroskopieren durch gezielte Übungen und Hilfen bei der Fehlersuche (vgl. *Gropengießer* 1997 c);
- ... Untersuchung pflanzlicher Gewebe mit und ohne Deckglas, Zeichnung eines Gewebes (vgl. *Eschenhagen/Kattmann/Rodi* 1989, 157);
- ... Studium, evtl. auch Zeichnung einfacher Strukturen pflanzlicher Zellen (vgl. *Poenicke* 1979);
- ... Erarbeitung der Zelle als räumliches Gebilde mit Hilfe eines räumlichen Zellmodells (vgl. *Kästle* 1974; 1978): Im Mikroskop sieht man in Durchsicht nur einen »optischen Schnitt«;
- ... Untersuchung tierlicher und menschlicher Zellen;
- ... Vergleich der pflanzlichen mit der tierlichen Zelle.

Beobachtungen bei der Einführung des Zellbegriffs in der Klassenstufe 5 haben gezeigt, daß die Schüler durchaus in der Lage sind, die Mikroskope zu bedienen und zu fruchtbaren Ergebnissen zu kommen. Schwierigkeiten gibt es vor allem bei der Deutung des Gesehenen. Dazu sind Mikroprojektion, Mikrodias und Modelle als Hilfen sinnvoll (vgl. *Bay/Rodi* 1983).

## 9.5.4 Zur Durchführung

**Lupen** oder Fadenzähler sind keine teuren Geräte und sollten bereits für die Primarstufe in einem Klassensatz vorhanden sein (vgl. *Hofmeister/Ellmers/ Adam-Vitt* 1987).
**Mikroskope** sind komplizierte, teure Untersuchungsgeräte, die häufig nicht im Klassensatz zur Verfügung stehen. Billige Geräte haben ein schlechtes Auflösungsvermögen. Man sollte daher für die Arbeit der Schüler einfache und robuste Markenmikroskope beschaffen (vgl. *Blum* 1976; *Werner* 1976 b; *Starke* 1978; *Dietle* 1975; *Kuohn* 1981; *Fleischer* 1981; *Kaufmann* 1990).
Bei der Beschaffung von Mikroskopen für Schulen sollte folgendes beachtet werden:
... Stabiles Stativ,
... genormte Tubuslänge (in der Regel 160 oder 170 mm),
... robustes Triebwerk,
... eingebaute Beleuchtung oder Ansteckleuchte,
... Irisblende,
... zweilinsiger Kondensor mit verstellbarer Kondensorhöhe,
... Objektiv-Vergrößerung (in Revolver eingebaut), z. B. 3-, 10-, 40fach (Numerische Apertur 0,08; 0,25; 0,65),
... Okular 10fach (Gesamt-Vergrößerung daher 30-, 100-, 400fach),
... bei scharfer Einstellung möglichst großer Abstand zwischen Objektiv und Objekt, stark vergrößernde Objektive mit Federung, gut justierte Objektive,
... Ersatzteile leicht beschaffbar.

Aspekte zur **Gesundheit** und **Sicherheit** sind beim Mikroskopieren von ▼9.6.4 vornherein zu beachten. Dies beginnt mit dem Aufstellen des Mikroskops so, daß eine unverkrampfte Körperhaltung beim Mikroskopieren möglich ist. Weiterhin sollten beim Mikroskopieren beide Augen geöffnet bleiben, wobei auch die Leuchtdichte gleich groß sein sollte. Direktes Sonnenlicht am Arbeitsplatz stört. Wird mit entspanntem Ziliarmuskel, d. h. mit Fernakkomodation mikroskopiert, ermüdet man nicht so rasch (vgl. *Gropengießer* 1987). Auf Verletzungs- und Infektionsgefahren durch Präparierwerkzeuge, Objektträger und Deckgläser ist hinzuweisen. Schnitttechniken sind zu üben.

Zur Präparation von Pflanzen und Tieren werden vorteilhaft Stereo- oder **Präpariermikroskope** (Binokulare) verwendet. Sie haben schwache Vergrößerungen (10- bis 30fach), die Arbeit erfolgt bei Auflicht. Durch zwei Objektive und zwei Okulare erhält man einen räumlichen Eindruck. Ein

## 9 FACHGEMÄSSE ARBEITSWEISEN

9-2 • Präpariermikroskop sollte für Demonstrationszwecke an jeder Schule zur Verfügung stehen. Als »Präpariergeräte« sollten Objektträger, Deckgläser, Pinzetten, evtl. Präpariernadeln, Spatel und Rasierklingen, bei denen eine Schneide mit Pflaster beklebt ist, in ausreichender Anzahl vorhanden sein.

Im Übungsraum sind breite Schülerarbeitstische sowie Strom- und Wasseranschluß für die einzelnen Schülergruppen vorzusehen. Beim Einführen in das

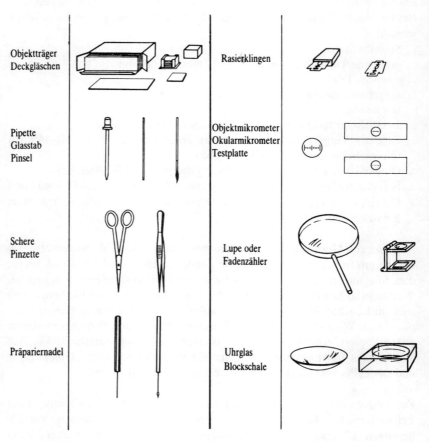

Abb. 9-2: Die wichtigsten Arbeitsgeräte zum Mikroskopieren (nach *Dietle* 1975, 16, verändert)

## 9.5 ARBEITEN MIT LUPE UND MIKROSKOP

Mikroskopieren sollte die **Lerngruppe** nicht mehr als 20 bis 25 Schüler umfassen (vgl. *Kästle* 1970; *Reeh/Kaiser* 1974). Eventuell müßte die Klasse dafür geteilt werden, oder es müßte für die Zeit der praktischen Arbeit ein zweiter Betreuer gefunden werden. Wenn manche Schüler schon Erfahrung mit dem Mikroskopieren besitzen, können sie bei Partnerarbeit ihrem Mitschüler helfen. Es sollte dann für zwei Schüler je ein Mikroskop zur Verfügung stehen.

● 9-3

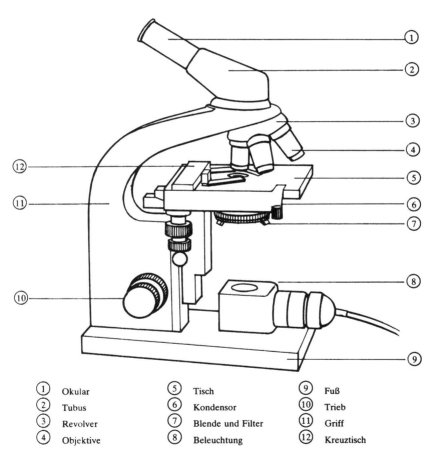

① Okular
② Tubus
③ Revolver
④ Objektive
⑤ Tisch
⑥ Kondensor
⑦ Blende und Filter
⑧ Beleuchtung
⑨ Fuß
⑩ Trieb
⑪ Griff
⑫ Kreuztisch

Abb. 9-3: Bau des Lichtmikroskops (nach *Schwarzenbach* 1979)

237

Für die praktische Arbeit mit dem Mikroskop eignen sich besonders Blockstunden, da für die Vorbereitungs- und Aufräumungsarbeiten viel Zeit benötigt wird.

Sind in der Schule nur wenige Mikroskope vorhanden oder ist nicht für alle Themenkreise die Zeit zum arbeitsunterrichtlichen Verfahren verfügbar, so können Mikroprojektion, Fernsehmikroprojektion oder Dias (Mikrodias) sowie Filme von mikroskopischen Aufnahmen die Arbeitsweise ergänzen aber nicht ersetzen (vgl. *Kruse* 1969; *Lüthje* 1994). Dabei sollte man aber nicht versäumen, auf die Dimension der entstehenden Projektionsbilder hinzuweisen. Die Demonstration ist allerdings im Vergleich zur Eigentätigkeit der Schüler und der Begegnung mit dem Originalobjekten (Lebewesen) häufig nur ein schwacher Ersatz (vgl. *Bay/Rodi* 1979, 36 ff.; *Killermann/Rieger* 1996).

### 9.5.5 Beispiele

Die Objekte für die Einführung in die Zellenlehre müssen leicht beschaffbar sein, die Zellen und ihre Inhalte müssen groß sein, die Präparate müssen leicht herstellbar sein (vgl. *Schulte* 1975). Zur Hervorhebung der Zellkerne sollte mit Iod-Kaliumiodid-Lösung oder mit Eosin-Lösung angefärbt werden.

Für die **Zellen-** und **Gewebelehre** eignen sich folgende Objekte (vgl. *Hilfrich* 1976; *Scharl* 1983; *Eschenhagen/Kattmann/Rodi* 1989):
- ... Oberhaut der Zwiebelschuppe, Moosblättchen, Wasserpestblättchen, Zellen von Tomaten, der Orange, Stärkekörner der Kartoffelknolle,
- ... Fettgewebe (vgl. *Thiessen* 1978) und Lebergewebe (vgl. *Dietle* 1971) vom Schwein,
- ... Mundschleimhaut des Menschen,
- ... einzellige tierliche Lebewesen (Heuaufguß),
- ... einzellige und fädige Pflanzen (Algen),
- ... Stengelquerschnitt durch den Kriechsproß des Hahnenfußes,
- ... Blattflächenschnitt und Blattquerschnitt der Nieswurz oder Schwertlilie,
- ... Wurzelquerschnitt der Schwertlilie.

Für Untersuchungen zur **Physiologie** und **Genetik**, vor allem in der Sekundarstufe II, sind folgende Objekte zu empfehlen:
- ... Epidermiszellen von Ampelpflanzen mit roter Blattunterseite, z. B. Zebrina pendula oder Rhoeo discolor und Roter Küchenzwiebel (Plasmolyse, Ionenfallenprinzip),

... Pantoffeltierchen, Augentierchen (Reizerscheinungen),
... Pantoffeltierchen, Wechseltierchen (Stoffwechsel),
... Zellen der Wurzelspitze der Küchenzwiebel (Mitose),
... Speicheldrüsen von Dipterenlarven, z. B. Taufliege (Riesenchromosomen),
... Zellen der Mundschleimhaut des Menschen (Sexchromatin),
... Zellen der Heuschrecken-Hoden (Meiose),
... Froschlaich (Entwicklungsgeschichte) (Naturschutzbestimmungen beachten).

Mit dem Polarisationsmikroskop lassen sich viele Strukturen, z. B. Zellwände, Muskelstränge und Nervenfasern, besser erkennen (vgl. *Probst* 1987).

## 9.6 Experimentieren

### 9.6.1 Zum Begriff

Das Experiment – im folgenden auch »Versuch« genannt – wird häufig als eine gezielte »Frage an die Natur« (vgl. *Puthz* 1988) oder als »Fortführung von Beobachtungen unter künstlich veränderten Bedingungen« bezeichnet. Mit diesen Umschreibungen rückt das Experimentieren in die Nähe des Untersuchens; denn auch diese Arbeitsform ergibt sich aus einer Fragestellung und erfordert das Eingreifen des Menschen in Objekte oder Zusammenhänge. Im Unterschied zum Untersucher, der zwar die Gegenstände in ihre Bestandteile zerlegt und die Zustandsformen dieser Teile registriert, verändert der Experimentator die Bedingungen, unter denen die Objekte existieren. Während die

---

LITERATUR
*Bauer* 1978; *Bay/Rodi* 1978; 1979; 1983; *Beckmann, H.,* 1980; *Blum* 1976; *Bonatz* 1980; *Brilla* 1975; *Dietle* 1971; 1975; *Dietle/Stirn* 1973; *Drutjons/Klischies* 1987; *Eschenhagen* 1987; *Eschenhagen/Kattmann/Rodi* 1989; *Fleischer* 1981; *Gropengießer, H.,* 1987; 1997 c; *Günzler* 1978; *Hedewig* 1984 b; *Hilfrich* 1975; 1976; *Hofmeister/Ellmers/Adam-Vitt* 1987; *Jungbauer* 1990; *Jurcak* 1993; *Kästle* 1970; 1974; 1978; *Kaufmann, M.,* 1990; *Killermann/Rieger* 1996; *Knoll* 1987 a; b; *Koch* 1972; *Kruse* 1969; 1976; *Kuohn* 1981; *Kurze/Müller/Schneider* 1977; *Lahaune* 1986; *Lüthje* 1994; *Mischke* 1987; *Moisl/Hilfrich/Werner* 1976; *Poenicke* 1979; *Poser* 1982; *Probst* 1987; Rahmenplan VDBiol 1973; *Reeh/Kaiser* 1974; *Scharl* 1983; *Schlüter* 1975; *Schulte, H.,* 1975; 1978 b; *Schürer/Freytag* 1971; *Schwarzenbach* 1979; *Starke* 1978; *Thiessen* 1978; *Vater-Dobberstein* 1975; *Voßwinkel* 1976; *Werner, H.,* 1976 a; b

Untersuchung mehr die statischen Elemente einer Erscheinung betrifft, richtet sich das Experiment stärker auf die Dynamik der Phänomene, auf Prozesse und Funktionen. Der experimentierende Mensch greift absichtsvoll in den Ablauf von Erscheinungen ein: Er versucht, die einzelnen Faktoren, die einen Vorgang beeinflussen, zu isolieren und systematisch zu variieren, um so die Bedeutung der einzelnen Parameter für die Gesamterscheinung zu bestimmen. Die drei wichtigsten Kriterien des Experiments sind also (vgl. *Pietsch* 1954/55, 197): »Beobachtung unter künstlich hergestellten Umständen«, »Isolation« und »Variation«. Im allgemeinen Sprachgebrauch, auch dem der Lehrenden, wird allerdings der Begriff »Experiment« meist weiter gefaßt. Man spricht auch dann von »Experimentieranleitungen«, wenn es sich eigentlich um Arbeitsformen handelt, die nur dem ersten Kriterium genügen, z. B. Nachweisreaktionen von Nährstoffen oder das Aufziehen von Kaulquappen in einem Aquarium. Vom Standpunkt des Schulmethodikers aus können solche Beobachtungen und Untersuchungen mit dem Experiment (i. e. S.) zur »experimentellen Lehrform« zusammengefaßt werden (vgl. *Pietsch* 1954/55).

Von einigen Autoren (vgl. z. B. *Reichart* 1982) wird das Experiment zu den Medien gerechnet oder als Arbeitsmittel bezeichnet. Im Sinne einer dringend notwendigen Vereinheitlichung der didaktischen Terminologie wird hier in Übereinstimmung mit den meisten Biologiedidaktikern (vgl. z. B. *Knoll* 1981) vorgeschlagen, das Experiment zu den Methoden zu zählen und nur die Experimentiergeräte als Medien zu bezeichnen.

10.1 ▼

Zum Wesen des Experiments in seiner höchsten Form – des »Forschungsexperiments« – gehört, daß es zur Bestätigung bzw. Falsifikation einer Hypothese dient, die aus einer bestimmten Fragestellung entwickelt wurde (vgl. *Dietrich* u. a. 1979, 113-123).

9-1 ♦

Das Experiment umfaßt also mehrere Einzelschritte von der Problemstellung bis hin zur Auswertung (vgl. auch *Klautke* 1978; *Moisl* 1988).

»Schulexperimente« unterscheiden sich in verschiedener Hinsicht von den Forschungsexperimenten. Gewisse Einschränkungen ergeben sich bereits aus der Begrenztheit des verfügbaren Materials und der Unterrichtsdauer, durch Sicherheitsvorschriften und die begrenzte Experimentierfähigkeit der Schüler. Entscheidend wichtig ist, daß der Lehrkraft (und oft auch den Schülern) im Unterschied zum Forscher das Ergebnis des Experiments bereits vor Versuchsbeginn bekannt ist. »Schulversuche können also nur bestätigenden Charakter haben« (*Mostler/Krumwiede/Meyer* 1979, 217).

Mit dieser Feststellung ist eine Unterscheidung von »Forschungsversuch« und »bestätigendem Versuch« im Biologieunterricht, wie sie z. B. von *Werner Siedentop* (1972, 97 ff.) vorgeschlagen wird, in Frage gestellt. Da aber zwischen einem Experiment, das sich auf der Grundlage selbständiger, oft mühsamer Hypothesenbildung durch die Schüler ergibt, und einem Versuch, der allein zur Bestätigung bereits bekannter Sachverhalte eingesetzt wird, ein gewichtiger Unterschied besteht, empfiehlt es sich, diese beiden Typen auch terminologisch gegeneinander abzugrenzen. Hier werden die Bezeichnungen »entdeckender Versuch« und »bestätigender Versuch« vorgeschlagen (vgl. *Stichmann* 1970, 162; *Killermann* 1991, 212). Objektiv gesehen, bestätigt auch der erste Versuchstyp nur bereits Bekanntes. Für die Schüler, für die dieses Bekannte subjektiv noch Neuland ist, handelt es sich um ein Unternehmen, das dem Forschen des Wissenschaftlers außerordentlich ähnlich ist. Diese Ähnlichkeit, aber auch die Andersartigkeit, wird durch den Terminus »entdeckendes Experiment« treffend zum Ausdruck gebracht.

Neben diesen beiden Versuchstypen kann man aufgrund seiner Stellung im Unterricht und seiner unterrichtlichen Funktion noch den »Einführungsversuch« unterscheiden. So ergibt sich insgesamt die im folgenden zugrundegelegte Einteilung (vgl. *Siedentop* 1972; *Werner* 1976; *Moisl* 1988; *Killermann* 1991).

Das **einführende Experiment** dient dem Einstieg in eine neue Fragestellung und wird vom Lehrer so geplant, daß es die Schüler in bestmöglicher Weise auf bestimmte Phänomene aufmerksam macht und sie zum weiteren Nachdenken anregt. Das Einführungsexperiment kann den ersten Schritt eines entdeckenden Versuchs darstellen, also dieselbe Funktion wie eine problemhaltige Schülerfrage, Zeitungsnotiz oder Beobachtung haben, die zur Hypothesenbildung und zu den folgenden Schritten anregt.
In den meisten Fällen wird es sich beim Einführungsversuch um eine Demonstration durch den Lehrer handeln; es kommen aber durchaus auch einfache Schülerversuche in Frage, z. B. Versuche zur Erhöhung der Pulsfrequenz bei Anstrengungen oder zum Verbrauch von Sauerstoff bei der Atmung.

Das **entdeckende Experiment** folgt im Idealfalle den Schritten, wie sie zur ♦ 9-1 Kennzeichnung des Forschungsexperiments dargestellt wurden. In sehr vielen Fällen können bei Schulversuchen nicht alle Schritte von den Schülern selbständig durchgeführt werden. Vor allem wird die Lehrperson in bezug auf die Versuchsplanung, speziell das Versuchsmaterial, häufig Hilfen geben müssen.

Das **bestätigende Experiment** hat zwei Aufgaben, nämlich die Bestätigung von Sachverhalten, die den Schülern bereits bekannt sind, und die vertiefende bzw. veranschaulichende Wiederholung. Die zuweilen ebenfalls genannte Aufgabe der »Überprüfung einer theoretisch von der Klasse entwickelten

Hypothese« (*Siedentop* 1972, 101) scheint an dieser Stelle jedoch fehl am Platze zu sein; denn die sich an eine Problemstellung anschließende (theoretische) Hypothesenbildung ist ein konstitutives Merkmal des forschenden bzw. entdeckenden Versuchs.

Auch der bestätigende Versuch kann eine Funktion im Rahmen eines umfassenden entdeckenden Experiments erfüllen. Häufig kann man beim Schritt der Verallgemeinerung (siehe oben) eine vorher entwickelte und bereits auf geeignete Objekte angewendete Versuchsanordnung, durch die eine Bestätigung der Ausgangshypothese erreicht worden ist, auf weitere Objekte anwenden und damit das gewonnene Resultat absichern.

Die drei Haupttypen des schulischen Experiments können in unterschiedlichster Weise durchgeführt werden. Nach dem **Zeitaufwand** unterscheidet man »Kurzzeitversuche«, die im Verlauf einer Stunde oder Doppelstunde abgeschlossen werden können, und »Langzeitversuche«. Im Vergleich zur Chemie und Physik ist die Biologie durch einen hohen Anteil an Langzeitversuchen gekennzeichnet. Nach den ausführenden **Personen** lassen sich »Demonstrationsversuche« und »Schülerversuche« unterscheiden, wobei im ersten Fall meist die Lehrperson der aktive Teil ist, während im zweiten Fall Einzelschüler oder Kleingruppen den Versuch durchführen.

Nach der **Nähe zum Objekt** lassen sich »Pflanzen-« und »Tierversuch«, »Modellversuch« und »Gedankenexperiment« gegeneinander abgrenzen.

**Modellversuche** sind vor allem bedeutsam zur Veranschaulichung der Funktion innerer Organe des Menschen.

**Gedankenexperimente** spielen im Rahmen eines entdeckenden Versuchs eine wichtige Rolle: Auf die Schritte der Problemstellung und der Hypothesenbildung folgt der Schritt der Versuchsplanung, der nichts anderes ist als die gedankliche Vorwegnahme des eigentlichen Versuchs. Man kann aber auch dann von einem Gedankenexperiment sprechen, wenn im Unterricht ein Versuch nicht durchgeführt, sondern nur (durch einen Bericht des Lehrers oder mit Hilfe eines Informationsblattes) theoretisch dargestellt und ausgewertet wird. Im Biologieunterricht der gymnasialen Oberstufe spielt diese Form eine bedeutende Rolle (vgl. *von Falkenhausen* 1976, 127).

Manche Gedankenexperimente sollen real gar nicht ausgeführt werden, z. B. Extremalbetrachtungen. Im »Ethikunterricht« gibt es konstruierte Situationen, deren Diskussion helfen soll, geeignete Argumente und Grundsätze zu finden. In den Kognitionswissenschaften werden durch Gedankenexperimente – z. B. zur Frage, ob Computer denken können – Probleme herausgearbeitet und im Diskurs überprüft (*Buschlinger* 1993, 68 ff. u. 111 ff.).

Im Hinblick auf den **Exaktheitsgrad** sind das »qualitative« und das »quantitative Experiment« zu unterscheiden.

Bei **qualitativen Versuchen** geht es allein um die Entscheidung der Frage, ob ein Faktor für eine Erscheinung eine Rolle spielt oder nicht (z. B. Ist Licht für die Photosynthese notwendig?). Die Antwort besteht in einem klaren »Ja« oder »Nein«, einem eindeutigen »Entweder/Oder«.

Bei **quantitativen Versuchen** wird stärker differenziert: Mehrere Einzelergebnisse werden in Zahl und Maß ausgedrückt und miteinander in Beziehung gesetzt (z. B. Welche Abhängigkeit besteht zwischen Sauerstoffproduktion und Lichtintensität bei der Photosynthese grüner Pflanzen?). Quantitative Versuche stellen oft hohe Anforderungen an das Versuchsmaterial, die Exaktheit des Arbeitens und das Verständnis der Beteiligten. Sie ergeben sich häufig erst aus qualitativen Experimenten.

### 9.6.2 Sinn und Bedeutung

Das Experiment ist »die« charakteristische Forschungsmethode der Naturwissenschaften. Zwar ist die Biologie keine rein experimentelle Wissenschaft, sondern in einigen Bereichen eine vorwiegend deskriptive und historische Disziplin, aber ihre experimentellen Anteile sind im Laufe ihrer Geschichte immer stärker in den Vordergrund getreten und dominieren zur Zeit eindeutig. Die wichtigsten Erkenntnisse der letzten Jahrzehnte sind auf experimentellem Wege gewonnen oder bestätigt worden. Daraus ergibt sich als unausweichliche Konsequenz für den Biologieunterricht die Aufgabe, den Heranwachsenden ein Verständnis der Eigenart und Bedeutung des Experiments zu vermitteln. Dazu müssen die Schüler selbst Versuche durchführen; denn man lernt »Experimentieren nur durch Experimentieren und nicht durch Anweisungen« oder »durch Zuschauen« (*Kerschensteiner* 1959, 126).

▼ 3.3.2
▼ 9.1.2
▼ 3.3.6
▼ 3.4.1

Eine wesentliche und immer wieder diskutierte Frage ist, ob sich die naturwissenschaftlichen Unterrichtsfächer gegenseitig in der Vermittlung der experimentellen Arbeitsweise vertreten können, d. h. wie weit die Einsichten, Fähigkeiten, Fertigkeiten und Einstellungen, die beim Experimentieren in einem Bereich gewonnen werden, auf andere Bereiche übertragbar sind. Als Antwort auf diese Frage mag sinngemäß das gelten, was bereits *Kerschensteiner* (1959, 121) in bezug auf die Beobachtungsfähigkeit feststellte: »Aber wir müssen uns ... bewußt bleiben, daß jede einzelne dieser Erfahrungswissenschaften nur jene Beobachtungsfähigkeit steigert, die auf die in dieser Wissenschaft organisierten Tatsachen gerichtet ist.« Ein guter Chemie- und Physikunterricht kann sich zwar sehr günstig für den Biologieunterricht auswirken, weil er den Schülern eine allgemeine Wertschätzung des experimentellen Vorgehens, einen Einblick in den formalen Ablauf eines Experiments sowie gewisse grundlegende Denkverfahren und Handfertigkeiten vermittelt, er wird aber nie das Experimentieren im biologischen Bereich ersetzen können. Das gilt besonders im Hinblick auf solche Versuche, die nur oder fast nur im Biologieunterricht vorkommen, also vor allem Versuche mit lebenden Organismen und typische Langzeitversuche, z. B. zur Entwicklung von Lebewesen unter unterschiedlichen Bedingungen (vgl. z. B. *Berkholz* 1973).

Die hohe Wertschätzung, die dem Experimentieren seit alters von Biologiedidaktikern entgegengebracht wird, resultiert u. a. daraus, daß diese Arbeitsform eine Reihe weiterer Arbeitsweisen in sinnvoller Reihenfolge umschließt, z. B. Beobachten, Vergleichen, Beschreiben, Protokollieren, Zeichnen.

Die große **Komplexität** des Experimentierens trägt aber auch dazu bei, daß viele Biologielehrkräfte zu wenig experimentieren (vgl. *Düppers* 1975; *Beisenherz* 1980; *Meyer* 1986; 1987; *Klautke* 1990). Eine solche Vernachlässigung ist nicht zu verantworten; denn diese Arbeitsform stellt nicht nur den geeignetsten Weg zum Gewinnen naturwissenschaftlicher Kenntnisse dar, sondern ist auch in anderer Beziehung besonders wertvoll.

Das richtig verstandene Experimentieren - vor allem im Sinne des entdeckenden Versuchs - beinhaltet ein ständiges Nacheinander und Miteinander von **gedanklicher Auseinandersetzung** und **handelndem Umgang** mit den Versuchsobjekten. Es bewirkt deshalb wie kaum eine andere Arbeitsform Lernfortschritte in den verschiedenen Lernzieldimensionen.

In der **kognitiven Dimension** fördert es das zielgerichtete, konsequente, planmäßige Reflektieren ebenso wie das selbständige und kreative Denken (vgl. *von Boetticher* 1978). Die Schüler erkennen durch eigenes Überlegen und Handeln die Wirksamkeit von Naturgesetzen und die Möglichkeit des Menschen, die Natur aufgrund dieses Wissens bis zu einem gewissen Grade zu beherrschen. Neben Einsichten in naturgesetzliche Zusammenhänge gewinnen sie viele Einzelkenntnisse über Objekte, Versuchstechniken und -geräte. Einige didaktische Untersuchungen weisen darauf hin, daß solche Kenntnisse, weil sie durch intensive Auseinandersetzung mit den Gegenständen gewonnen werden, besonders lange im Gedächtnis bleiben (vgl. *Kasbohm* 1973 b; 1975; 1978; *Killermann* 1996; *Klautke* 1997).

Die Fortschritte in der kognitiven Dimension sind eng gekoppelt mit solchen in der **affektiv-emotionalen Dimension**. Die Schüler erfahren beim Experimentieren, daß nur ausdauernde und zielstrebige Bemühungen, sorgfältiges

## 9.6 EXPERIMENTIEREN

und gewissenhaftes Arbeiten zum Erfolg führen. Sie können sich durch eigenes Tun davon überzeugen, daß es in vielen Situationen ohne intensive Zusammenarbeit in Gruppen, in denen sich jeder einzelne auf die anderen verlassen kann, nicht geht. Angesichts der oben erwähnten Schwierigkeiten beim Experimentieren werden die Schüler einerseits zur Einsicht in die Begrenztheit des eigenen Wissens und Könnens gelangen; andererseits werden sie auch – bei angemessener Gestaltung des Experimentalunterrichts durch die Lehrperson – Vertrauen in die eigenen Fähigkeiten gewinnen. Das alles kann insgesamt zu einer positiven Einschätzung des Faches Biologie und damit zu einer Erhöhung der Motivation für die künftige Beschäftigung mit der lebendigen Natur und mit Problemen der Biologie führen.

Experimenteller Unterricht kann schließlich in besonders günstiger Weise dazu beitragen, wesentliche Unterrichtsziele der **psychomotorisch-pragmatischen Dimension** zu erreichen. Bei der Realisation der Versuchsplanung müssen Geräte ausgewählt, zusammengestellt und gehandhabt werden. Die Auswertung der Experimente erfordert häufig den Einsatz besonderer Hilfsmittel und Techniken. In keinem anderen Fach bieten sich wohl so vielfältige Möglichkeiten der »technischen Erziehung« (*Pietsch* 1954/55) der Schüler wie in der Biologie. Hier sei nur an die Vielzahl und Verschiedenartigkeit der Arbeitsgeräte des Biologen erinnert: von der Pinzette und dem Mikroskop bis hin zum Spaten und Fernglas. Die Komplexität der Handlungen beim Experimentieren erfordert eine systematische Entwicklung der Arbeitsweise vom Einfachen zum Komplexen. Ob der Experimentalunterricht die dargestellten Erwartungen erfüllt, hängt entscheidend von der Auswahl der Experimente und ihrer Durchführung ab (vgl. *Stawinski* 1986).

Grundsätzlich läßt sich sagen, daß die positivsten Wirkungen von entdeckenden Versuchen erwartet werden können, sofern sie entsprechend den Voraussetzungen der beteiligten Schüler eingesetzt werden. Gerade das konsequente Durchlaufen der Einzelschritte des Experiments bietet die Gewähr dafür, daß die Schüler allseitig gefördert werden. Einführungsversuche dagegen werden vorwiegend die Beobachtungsfähigkeit und die damit verbundene Denkfähigkeit sowie die Motivation der Schüler beeinflussen, während Bestätigungsversuche, vor allem in der Form von Schülerversuchen, in erster Linie die Handfertigkeit der Schüler steigern. **Empirische Untersuchungen** zeigen, daß der Lernzuwachs durch Demonstrationsexperimente stärker erhöht wird als durch Schülerexperimente. Schülerexperimente haben vor allem Wirkungen im affektiven Bereich: Einstellung zur und das Interesse an Biologie werden durch sie signifikant erhöht (vgl. *Killermann* 1996; *Klautke* 1997).

### 9.6.3 Zur Durchführung, Beispiele

9.6.4 ▼ Neben den »Sicherheitsbestimmungen« sind bei Experimenten **allgemeine Regeln** zu beachten, die für alle Versuche gelten:
... »Versuchsanordnung«: »Je einfacher der Versuch ist, desto besser!«.
Das bedeutet: Wenn mehrere Versuchsanordnungen zur Verfügung stehen, die das gewünschte Resultat in der notwendigen Klarheit erbringen, so ist diejenige Anordnung zu wählen, die den geringsten Aufwand erfordert.
Eine Einschränkung erfährt diese Aussage durch die übergeordnete Forderung, bei gleichwertigen Möglichkeiten denjenigen Versuchsaufbau zu wählen, den Schüler von sich aus vorschlagen.
... »Kontrollversuche« sind zur Deutung der Ergebnisse notwendig.
Das heißt: In einem Parallelversuch wird der zu untersuchende Faktor weggelassen (Blindversuch). Soll zum Beispiel mit Hilfe der Fehling'schen Probe nachgewiesen werden, daß Stärke durch Speichel zu einem reduzierenden Zucker abgebaut wird, so wird geprüft, ob nicht auch eine Aufschwemmung von Stärke in Wasser (ohne Speichel) die betreffende Reaktion ergibt. Bei Nachweisversuchen wird auch die Reaktion der nachzuweisenden reinen Substanz mit dem Reagenz geprüft (meist als Vorversuch). Will man beispielsweise Stärke in einer Kartoffelknolle nachweisen, so testet man vorher Stärkemehl, das als solches bekannt ist, mit Iod-Kaliumiodid-Lösung.
... Der »Versuchsaufbau« soll für alle Schüler gut überschaubar sein.
Das heißt: Die Einzelteile der Versuchsapparatur sollen möglichst groß sein; ihre Bedeutung im Ganzen des Versuchs muß erkennbar sein (sorgfältige Beschriftung, flankierende Tafel- oder Folienskizze); bei Demonstrationsversuchen ist für eine geeignete Beleuchtung und Hintergrundgestaltung zu sorgen; evtl. muß die Sitzordnung der Klasse variiert werden.
... Der »Ablauf« des Experiments soll kritisch reflektiert werden.
Das bedeutet: Den Schülern sollen die Hauptschritte des Experimentierens bewußt gemacht werden. Führt ein Versuch zu verschiedenen Ergebnissen, so werden die Quellen für die unterschiedlichen Resultate diskutiert und möglichst ergründet: Welche Gegenstände, Methoden, Bedingungen und Durchführungen waren anders als vorausgesetzt oder beabsichtigt? Wenn möglich, wird der Versuch mit verbesserten Methoden wiederholt.
Bei Versuchen mit lebenden Organismen kann sich wegen der unterschiedlichen Reaktionen der Lebewesen als nötig herausstellen, parallele Meßreihen mit verschiedenen Individuen durchzuführen. Gegebenenfalls sollten mehrere verschiedene Versuchsansätze bereitgestellt werden.

... »Protokoll«: Der Versuchsablauf soll dokumentiert werden. ▼ 9.11
Daraus folgt: Die Schüler haben auch nach dem Ablauf des Unterrichts die Möglichkeit, das durchgeführte Experiment gedanklich nachzuvollziehen. Das wird ihnen vor allem durch einfache Skizzen des Versuchsaufbaus erleichtert, die sie selbst entworfen oder von einer Zeichnung der Lehrperson übernommen haben. Wesentlich ist auch eine Gliederung des Protokolls entsprechend den Schritten des Versuchs (vgl. *Wagener* 1982; 1992).
... Experimente sollten so durchgeführt werden, daß sie eine innere Differenzierung zulassen.
Das heißt: Die Klasse sollte, sofern es sich von der Sache her anbietet, in Kleingruppen mit unterschiedlichen Experimentieraufgaben aufgegliedert werden (arbeitsteiliges oder gemischt-arbeitsteiliges Verfahren). ▼ 8.3.1

Für **Langzeitversuche** sind folgende Hinweise zu beachten:
... Versuchsaufbauten bei Langzeitversuchen sollen so aufgestellt werden, daß sie von allen Schülern der betreffenden Klasse häufig betrachtet werden können.
Das heißt: Falls die Klasse einen eigenen Raum hat, sollen die Versuche in diesem Zimmer angesetzt werden. Findet der Unterricht in einem Spezialraum statt, sollen die Experimente jeweils in den Biologiestunden kurz gezeigt werden, es sei denn, daß sich seit der letzten Stunde nichts verändert hat.
... Über die Versuchsergebnisse ist ein für alle Schüler nachvollziehbares Protokoll zu führen.
Das heißt: Eine Gruppe besonders interessierter Schüler stellt die im Laufe der Versuchsdauer gewonnenen Ergebnisse in einem Protokoll zusammen, das für die ganze Klasse sichtbar ausgehängt wird.
... Während des Versuchsablaufs werden die Ergebnisse ab und zu mit der ganzen Klasse besprochen.
Daraus folgt: Bei dem Bemühen, das Interesse der Schüler an dem Langzeitversuch dauerhaft aufrechtzuerhalten, geht es darum, den rechten Mittelweg zwischen zu seltener und zu häufiger Beschäftigung mit dem Experiment zu finden. Wesentlich ist vor allem, daß bei jedem Betrachten des Versuchsaufbaus deutliche Veränderungen gegenüber dem letzten registrierten Zustand festzustellen sind. Günstig ist, wenn jedem einzelnen Schüler ermöglicht wird, die Resultate durch eigenes Betrachten oder Untersuchen zu gewinnen.

### 9.6.4 Hinweise zu Schutz- und Sicherheitsbestimmungen

Zur Sicherheit und Gesundheit der Schüler gelten folgende **allgemeine Vorsichtsmaßnahmen**, die bei allen praktischen Arbeiten (also auch beim Beobachten, Untersuchen und Mikroskopieren) einzuhalten sind. Hierzu sind auch die Erlasse der Bundesländer heranzuziehen (vgl. BAGUV 1995).

... Schüler dürfen Fachräume nur in begründeten Ausnahmefällen allein betreten. Sie sind über Lage und Bedienung der Not-Aus-Schalter für Strom und den zentralen Haupthahn für Gas zu informieren. Löscheinrichtungen wie Feuerlöscher, Löschdecke, Löschsand, sind in ihren Funktionen zu erklären.
... Das Verhalten im Katastrophenfall ist zu üben (Fluchtwege).
... Es muß auf mögliche Gefahren eines Versuches hingewiesen werden.
... Wichtig ist ein Mindestmaß an Disziplin.
... Notwendige Schutzmaßnahmen wie z. B. Brille und Einmalhandschuhe sind zu erläutern, einzufordern und anzumahnen.
... Grundlegende hygienische Anforderungen sind einzuhalten, z. B. nicht essen, trinken oder schminken. Arbeitsflächen und Geräte sind zu säubern, evtl. auch mit handelsüblichen Mitteln zu desinfizieren. Das abschließende Händewaschen mit Seife ist obligatorisch.
... Mögliche allergische Reaktionen von einzelnen Schülern sind zu erfragen und zu beachten.

Versuche an **Schülern** dürfen nur dann durchgeführt werden, wenn eine physische und psychische Schädigung ausgeschlossen werden kann und Hygieneregeln beachtet werden. Die Schülerin oder der Schüler muß mit seiner Rolle einverstanden sein (*Bretschneider* 1994 b).
Das bedeutet: Blutentnahme bei Schülern ist verboten. EKG's und EEG's dürfen nur mit Geräten vorgenommen werden, die der Medizingeräteverordnung entsprechen. Versuche mit berührungsgefährlichen Spannungen und ionisierenden Strahlungen sind verboten. Licht, Schall und Wärme dürfen nur in ungefährlichen Intensitäten eingesetzt werden. Eine Überreizung der Sinnesorgane ist zu vermeiden. Mundstücke müssen hygienisch einwandfrei sein: entweder Verbrauchsmaterial oder sterilisierbare Glasstücke verwenden.

Beobachtungen und Experimente mit **Tieren** unterliegen besonderer Sorgfaltspflicht (vgl. BAGUV 1995):
... Es dürfen nur solche Tiere herangezogen werden, die nicht aufgrund der geltenden Naturschutz- und Artenschutzbestimmungen besonders geschützt sind (vgl. *Krischke* 1987 b; Naturschutzrecht 1991).

## 9.6 EXPERIMENTIEREN

Das bedeutet: Zur Entnahme von geschützten Organismen aus der Natur ist die Genehmigung der zuständigen Naturschutzbehörde einzuholen. Die Organismen sind an der Entnahmestelle wieder auszusetzen.

... Im Biologieunterricht durchgeführte Beobachtungen und Verhaltensexperimente mit Tieren sind keine »Tierversuche« im Sinne des Tierschutzgesetzes. Die Versuche müssen jedoch so ausgewählt und durchgeführt werden, daß die verwendeten Tiere nicht geschädigt werden (vgl. *Pommerening* 1977; *Rupprecht* 1979; *Schaaf* 1986; *Krischke* 1987 b; *Puthz* 1988; *Heimerich* 1998).

Das heißt: Es sind alle Versuche zu unterlassen, mit denen Tieren Schmerzen oder sonstiger Schaden zufügt werden können. Die Versuche sind also so zu gestalten, daß die Tiere unversehrt bleiben. Das gilt auch für die Behandlung der Tiere nach Beendigung des Versuchs.

... Giftige Tiere oder Tiere, die als Krankheitsüberträger in Frage kommen, dürfen in der Schule weder gehalten noch eingesetzt werden.

Das bedeutet: Säugetiere aus dem Freiland dürfen nicht eingesetzt werden, sie sollten stets aus behördlich kontrollierten Zuchten (Zoohandel) bezogen werden. Es sollten nur solche Vögel gehalten werden, denen amtstierärztlich bescheinigt wurde, daß sie frei von Ornithose (Psittakose) sind.

Hygienische Grundregeln sind zu beachten: Körperteile, die mit den Tieren in Berührung gekommen sind, werden gründlich gewaschen.

... Es ist zu bedenken, ob die Versuchstiere bei den Schülern Ekel- oder Angstgefühle hervorrufen können (vgl. *Schanz* 1972; *Berkholz* 1973).

Das bedeutet: Es hat keinen Sinn, Schüler dazu zu zwingen, Versuche mit Tieren durchzuführen, die sie nicht mögen (z. B. mit Regenwürmern, Nacktschnecken, Spinnen). Es kann aber nützlich sein, Schüler mit solchen Tieren freiwillig experimentieren zu lassen und dabei das Ziel zu verfolgen, Schülern Möglichkeiten anzubieten, mit Ekel- oder Angstgefühlen umzugehen (*Gropengießer/Gropengießer* 1985; *Killermann* 1996, 341 f.).

Vor der Arbeit mit (Teilen von) giftigen **Pflanzen** sind die Schüler über davon ausgehende Gefährdungen wie Vergiftungen oder mögliche allergische Reaktionen zu informieren. Das heißt: Bei Arbeiten mit Pflanzen wie z. B. Christrose (Helleborus niger), Maiglöckchen (Convallaria majalis), Herbstzeitlose (Colchicum autumnale) oder Aronstab (Arum maculatum) muß vor Beginn der Arbeit auf die Gefahr aufmerksam gemacht werden und ein sachgemäßes Verhalten eingefordert werden. Listen mit (sehr) stark giftigen Pflanzen finden sich in den Richtlinien zur Sicherheit im naturwissenschaftlichen Unterricht (BAGUV 1995). Hinweise finden sich auch in vielen Bestimmungsbüchern.

Beim Umgang mit **Mikroorganismen** sind durch besondere Vorsicht und sorgfältiges Arbeiten Infektionen auszuschließen. Eine für die mikrobiologischen Versuche angemesse Ausstattung ist Voraussetzung (vgl. *Lucius/ Bayrhuber* 1993; 1996). Man sollte bevorzugt mit Mikroorganismen aus der Nahrungsmittelproduktion arbeiten. Alle Kulturgefäße sind mit Namen bzw. Herkunft der Mikroorganismen, dem Nährmedium und dem Datum zu kennzeichnen. Die Arbeitsflächen sollen flüssigkeitsdichte und desinfizierbare Oberflächen haben. Alle Arbeitsgeräte, die mit Mikroorganismen in Berührung gekommen sind, müssen sterilisiert werden. Hände und Unterarme gründlich mit Seife waschen, ggf. vorher mit handelsüblichen und geprüften Desinfektionsmitteln desinfizieren (BAGUV 1995). Solche Maßnahmen sollten aber nicht vor der Arbeit mit Mikroorganismen abschrecken, sondern vielmehr Anlaß sein, sie aus biologischer Sicht zu begründen (*Graf/Graf* 1991). Nicht mehr benötigte Kulturen von Mikroorganismen sind sachgerecht zu entsorgen: Die verschlossenen Kulturgefäße werden in speziellen Beuteln gesammelt und bei 1 bar Überdruck, entsprechend 121°C, mindestens 20 Minuten autoklaviert.

Wenn allein schon wegen der Herkunft von Mikroorganismen, z. B. aus Fäkalien, Abwässern, Kadavern oder dem Intimbereich, mit Krankheitserregern zu rechnen ist, sind diese für den Unterricht ungeeignet. Mikroorganismen von Fingerabdrücken, Klinken von (Toiletten-)Türen, aus Luft, Wasser und Boden sind vor der Inkubation auf Nährböden mit Parafilm oder Klebeband zu versiegeln und geschlossen zu halten. Offenes Mikroskopieren oder Überimpfen ist wegen der möglichen Anreicherung pathogener Keime zu unterlassen. Ein Heuaufguß sollte nur mit höchstens handwarmem Wasser als Sukzessionsversuch angesetzt werden. Die Lehrperson kann dann jeweils einen Tropfen entnehmen, der von den Schülern mikroskopiert wird.

Als Reinkulturen dürfen nur definierte, nicht humanpathogene Mikroorganismen eingesetzt werden. Solche Stämme sind von der DSM (Deutsche Sammlung von Mikroorganismen und Zellkulturen) zu beziehen (vgl. *Lucius* 1992).

LITERATUR
BAGUV 1995; *Beisenherz* 1980; *Berkholz* 1973; v. *Boetticher* 1978; *Bretschneider* 1994; *Buschlinger* 1993; *Dietrich* u. a. 1979; *Düppers* 1975; v. *Falkenhausen* 1976; *Graf, H.-U./Graf, U.* 1991; *Gropengießer, H./Gropengießer, I.*, 1985; *Hafner* 1978; *Heimerich* 1998; *Kasbohm* 1973 b; 1975; 1978; *Kerschensteiner* 1959; *Killermann* 1991; 1996; *Klautke* 1978; 1990; 1997; *Knoll* 1981; *Krischke* 1987 b; *Lucius* 1992; 1993; *Lucius/Bayrhuber* 1993; 1996; *Meyer, Hubertus,* 1986; 1987; *Moisl* 1988; *Mostler/Krumwiede/Meyer* 1979; Naturschutzrecht 1991; *Palm* 1979 b; *Pietsch* 1954/55 *Pommerening* 1977; *Puthz* 1988; *Reichart* 1982; *Rupprecht* 1979; *Schaaf* 1986; *Schanz* 1972; *Siedentop* 1972; *Stawinski* 1986; *Stichmann* 1970; *Wagener* 1982; 1992; *Werner, E.,* 1976

## 9.7 Modellieren

Neben Beobachten und Experimentieren ist das Bilden von Modellen als eine weitere grundlegende Erkenntnismethode anzusehen. Die Modellierung besteht wesentlich im Konstruieren von Gedankenmodellen und im zweiten Schritt in der Herstellung eines entsprechenden gegenständlichen Modells. ▼ 10.4.1
Für die Einsicht in Voraussetzungen und Grenzen naturwissenschaftlicher Aussagen spielt die Modellbildung auch beim »Mathematisieren«, bei der ▼ 9.13
»Computersimulation« und beim Aufstellen von »Diagrammen« eine aus- ▼ 10.10.4
schlaggebende Rolle. ▼ 9.14
Bei der »Modellmethode« tritt im hypothetisch-deduktiven Verfahren von ♦ 9-1
Beobachten und Experimentieren das Modell an die Stelle des originalen Objektes. Das Vorgehen ist hier prinzipiell das gleiche wie bei den sonstigen Beobachtungen und Experimenten. Die Modellbildung wird in der Phase der »Planung« vollzogen. In der »Durchführung« werden der Bau des Modells und das Experimentieren mit dem Modell, in der Phase der »Auswertung« werden der Vergleich zwischen Modell und Original angestellt sowie die Schlußfolgerungen vom Modell auf das Original gezogen. Besonders diese letzte Phase muß sorgfältig durchgeführt werden, damit die am Modell gewonnenen Ergebnisse in ihrer Tragfähigkeit zur Erklärung des überprüften Problems richtig ▼ 10.4.4
eingeschätzt werden können (vgl. *Dietrich* u. a. 1979, 123 ff.; *Pawelzig* 1981; *Neupert* 1996).


## 9.8 Analysieren von Texten

### 9.8.1 Zu Begriff, Sinn und Bedeutung

Als Texte werden gesprochene oder geschriebene Sätze bezeichnet. Textanalysen werden im Unterricht zweckmäßigerweise an geschriebenen Texten durchgeführt. Auch in den Naturwissenschaften spielen Texte eine wichtige Rolle, und zwar für die Dokumentation der wissenschaftlichen Arbeiten, die Diskussion der Ergebnisse (wissenschaftliche Originaltexte) und bei der Vermittlung der wissenschaftlichen Erkenntnisse an eine breitere Öffentlichkeit (Lehrbuchtexte, populärwissenschaftliche Texte).

---

LITERATUR
*Dietrich* u. a. 1979; *Meyer, Hubertus,* 1990; *Neupert* 1996; *Pawelzig* 1981

Im Biologieunterricht sollen Texte zu Versuchen (Versuchsberichte und Versuchsanleitungen) von den Schülern verstanden und sachgemäß umgesetzt werden.
Wissenschaftliche Originaltexte und gute populärwissenschaftliche Texte können vor allem dazu dienen, einen Einblick in dasjenige wissenschaftliche Arbeiten zu geben, das durch eigenes Beobachten und Experimentieren nur schwer zugänglich ist (z. B. Arbeiten mit kompliziertem apparativen Aufwand, Feldbeobachtungen, Ausgrabungen, Forschungsreisen). Texte zur Geschichte der Biologie vermitteln darüber hinaus Erkenntniswege der Biologie.
Nicht vergessen werden sollte die motivierende Wirkung von anschaulich schildernden oder problemhaltigen Texten, die kontrovers zu diskutieren sind.

### 9.8.2 Zur Durchführung

Bei Texten, die die persönliche Sichtweise des Autors oder gegensätzliche Gesichtspunkte behandeln, sollte die Textanalyse möglichst zu Schülerdiskussionen führen. Die Aufgabe der Lehrperson ist es dann, sich bei der Leitung des Gesprächs zurückzuhalten und dafür zu sorgen, daß der Text selbst zum Sprechen kommt. Dies geschieht durch Nachfragen, Verstärken von diesbezüglichen Schüleraussagen und Vermeiden von Beurteilungen einzelner Schüleräußerungen oder Textaussagen.

Textanalysen können in die folgenden **Schritte** untergliedert werden, wobei mit entsprechender Übung einzelne Schritte zusammengefaßt werden können:
... Fragen nach (vermutlich) »unbekannten Wörtern«, Klären von im Text verwendeten »Fachwörtern«. Da in Textanalysen ungeübte Schüler nur bemüht sind, den allgemeinen Sinn eines Textes zu erfassen, ist ein Nachfragen der Schüler und notfalls der Lehrkraft nach den für das genaue Verständnis wichtigen Begriffen unbedingt notwendig. Falls ein Originaltext solche Termini enthält, mit denen im Unterricht nicht weitergearbeitet wird, empfiehlt es sich, diese bereits im vervielfältigten Text durch eine Fußnote oder durch eine in eckige Klammern gesetzte Erläuterung zu erklären.
... »Informationsfragen«. Mit diesem Schritt werden wichtige Informationen und Zusammenhänge erarbeitet, die direkt dem Text zu entnehmen sind. Auf diese Weise wird vor der Weiterarbeit gesichert, daß alle Schüler die Hauptaussagen des Textes erfaßt haben.
... Nachvollziehen des »Gedankenganges« des Textes. Dieser Schritt ist bei verschiedenen Arten von Texten unterschiedlich zu gestalten.

## 9.8 ANALYSIEREN VON TEXTEN

Bei Versuchsanleitungen ist der Text z. B. durch die praktische Umsetzung (Versuchsaufbau, Durchführung, Beachten der Versuchsbedingungen) nachzuvollziehen.

Bei anderen Texten können die folgenden Formen sinnvoll sein: Erstellen einer kurzen schriftlichen Zusammenfassung durch die Schüler; Gliedern eines längeren Textes in Abschnitte; Finden von Überschriften für die einzelnen Abschnitte des Textes; bei einem klar gegliederten Text (etwa bei einer klassisch aufgebauten wissenschaftlichen Arbeit): Formulieren der wichtigsten Schritte und Folgerungen des Textes in eigenen Worten.

... Unterscheidung von »Beobachtung und Deutung«. Für eine kritische Einstellung und ein eigenständiges Beurteilen eines Textes ist es wichtig, zwischen den nachprüfbaren Beobachtungen und Versuchsergebnissen einerseits sowie den Deutungen und Urteilen eines Autors andererseits zu unterscheiden. Diese Aufgabe stellt sich besonders bei populärwissenschaftlichen Texten. Einfach, aber eindrücklich kann der Unterschied zwischen Beobachtungen und Deutungen herausgearbeitet werden, indem die Schüler in Einzelarbeit alle diejenigen Teile eines Textes unterstreichen, die ihrer Meinung nach Deutungen enthalten. Da es Grenzfälle gibt, müssen kontroverse Meinungen über die Anteile von Beobachtung und Deutung diskutiert werden.

... Nennen und Erörtern der »Vorannahmen« (Hypothesen) des Autors. Anhand der formulierten oder der versteckt im Text enthaltenen Hypothesen, die vom Verfasser vorausgesetzt werden, wird der theoretische, geschichtliche oder weltanschauliche Zusammenhang hergestellt, in dem ein Text steht. Es wird geprüft, ob die Folgerungen des Textes schlüssig und widerspruchsfrei sind (nicht, ob man anderer Meinung ist!). Danach wird erörtert, ob und wie die Hypothesen und die Fragestellung die Ergebnisse beeinflussen.

... Vergleich des Textes mit »gegenteiligen Auffassungen«. Die Aussagen eines Textes können mit dem Vorwissen der Schüler oder aber mit einem parallel bearbeiteten Text in Widerspruch stehen. In beiden Fällen ist wichtig, die Texte zunächst in ihrer eigenen Argumentation zu verstehen, bevor sie anhand abweichender Anschauungen beurteilt werden. Schüler der höheren Klassenstufen können auf diese Weise Teile von wissenschaftlichen Kontroversen in der Diskussion nachvollziehen.

... »Texteinordnung«. Beim Vergleich von Texten unterschiedlicher literarischer Form bzw. mit unterschiedlichen Argumentationsebenen werden die Texte jeweils als ganze anhand ihrer Merkmale charakterisiert und in eine Kategorie eingeordnet (z. B. naturwissenschaftlicher Sachtext – Propagandatext – religiöser Lehrtext; aktuelle Meldung, historische Quelle).

Eine interessante Variante der Textarbeit schildert *Elke Rottländer* (1992). Sie kombiniert Textarbeit mit Gruppenarbeit im »Gruppenpuzzle«. Diese Methode erlaubt es, mehrere Texte nebeneinander zu behandeln, wobei in einer ersten Phase jede Gruppe nur je einen Text analysiert. Aus diesen Gruppen bilden sich »Experten« für den jeweiligen Text. Dann werden die Gruppen neu zusammengesetzt, wobei die Experten jeweils ihren Text in den neuen Gruppen vertreten.

8.4 ▼ ### 9.8.3 Beispiele

Zur Textanalyse sind besonders Texte zum **Verhalten der Tiere** geeignet, wie sie in »populärwissenschaftlichen Schriften« zu finden sind. Bei der Unterscheidung von Beobachtung und Deutung sind hier vor allem anthropomorphisierende Interpretationen tierlichen Verhaltens zu beachten. Hierzu eignen sich auch Texte aus *Brehm*s Tierleben (vgl. *Friedmann* 1981). Besonders ergiebig
9.8.3 ▼ sind **Erlebnis- und Forschungsberichte**, beispielsweise von Anthropologen über Entdeckungen zur Abstammung des Menschen (z. B. *Robert Broom*, zitiert bei *Kattmann/Pinn* 1984). Daneben können Texte aus dem Alltag analysiert werden, die einen Bezug zur Biologie haben, um eine Hilfe zum Verstehen und kritischen Umgang zu geben (z. B. Texte von Werbeanzeigen, Beipackzettel zu Medikamenten, Zeitungsmeldungen, vgl. *Beyer* 1995). In der Sekundarstufe II sollen die Schüler mit geeigneten **historischen Quellentexten** den Gang der Forschung und Forschungsdiskussionen nachvollziehen können (vgl. *Fels* 1967; *Knoll* 1979; *Scharf* 1983; *Kattmann/Pinn* 1984; *Rimmele* 1984; *Stripf* u. a. 1984; DIFF 1985 ff.; 1990; *Quitzow* 1986; 1990; *Wood* 1997). Die Methode der Textanalyse eignet sich auf dieser Schulstufe besonders zur Klärung von »Methodenproblemen« in der Wissenschaft (vgl. *Beyer/Kattmann/Meffert* 1980; *Schrooten* 1981 b; v.
3.3 ▼ *Falkenhausen* 1989).
3.5 ▼ Texte sind außerdem zur Auseinandersetzung mit philosophischen, **weltanschaulichen** und **ethischen Fragen** unerläßlich, um Positionen und Fälle zu verdeutlichen (vgl. *Kattmann* 1971 b; 1972; *Süßmann/Rapp* 1981; *Birnbacher/Hörster* 1982; *Birnbacher/Wolf* 1988; *Bade* 1989; *Dulitz/Kattmann* 1990; *Erhard* u. a. 1992). Hier ist es besonders nützlich, Texte unterschiedlicher Kategorien nacheinander zu behandeln und dann zu vergleichen und einzuordnen (vgl. *Böhne-Grandt/Weigelt* 1990).
Es lohnt auch, Texte von **Unterrichtsmedien** untersuchen zu lassen, um den Schülern den Umgang mit diesen zu erleichtern oder sie auch kritisch gegen-
10.9 ▼ über diesen Medien einzustellen. So ist es empfehlenswert, bestimmte Passa-

gen des Schulbuches analysieren zu lassen (vgl. *Marquardt/Unterbruner* 1981). Desgleichen kann der Kommentartext zu einem Unterrichtsfilm vervielfältigt und die Aufgabe gestellt werden, das im Kommentar Ausgesagte mit dem im Film Gezeigten zu vergleichen.

## 9.9 Verwenden von Sprache

### 9.9.1 Alltagssprache - Fachsprachen - Unterrichtssprache

Die emotionalen und sozialen Funktionen von Sprache werden zuweilen gegenüber den sachbezogen informationellen übersehen:

... Sprachen dienen nicht nur der Verständigung zwischen Menschen, sondern auch der »Abgrenzung«. Die spezifische Sprache, die ein Wissenschaftler verwendet, grenzt ihn nicht nur gegenüber den Laien, sondern auch gegen Wissenschaftler anderer (nah verwandter) Sparten ab.

... Sprache kann auch zur »Einschüchterung« des Gegenübers verwendet werden. Fachsprache taugt besonders gut zum Imponieren.

... Sprachen dienen der »Verständigung« zwischen Menschen. Diese Aufgabe ist angesichts der anderen genannten Funktionen keineswegs selbstverständlich. Als Verständigungsmittel liefert Sprache die nötige Anschauung, um das Gemeinte zu verstehen.

Die Sprachen, mit denen in den Wissenschaften geredet und geschrieben wird, erscheinen dem Laien häufig unverständlich und fremd. Schüler empfinden dies kaum anders. Wissenschafts- oder **Fachsprachen** beruhen auf Übereinkünften der Wissenschaftler der jeweiligen Fachgebiete. Sie unterscheiden sich damit in wesentlichen Punkten von der **Alltagssprache** (vgl. *Memmert* 1975, 42 ff.; *Werner* 1973, 158 ff.; *Schaefer* 1980, 101). Die spezifische Aufgabe der Fachsprachen besteht in der »Objektivierung«. Das Ausgesagte

---

LITERATUR

*Bade* 1989; *Berck* 1975 a; *Berck* u.a. 1986; *Beyer* 1995; *Beyer/Kattmann/Meffert* 1980; *Birnbacher/Hörster* 1982; *Birnbacher/Wolf* 1988; *Böhne-Grandt/Weigelt* 1990; DIFF 1985 ff.; 1990; *Dulitz/Kattmann* 1990; *Erhard* u. a. 1992; *Falkenhan/Müller-Schwarze* 1981; *v. Falkenhausen* 1989; *Fels* 1967; *Friedmann* 1981; *Kattmann* 1971 b; 1972; *Kattmann/Pinn* 1984; *Knoll* 1979; *Marquardt/Unterbruner* 1981; *Quitzow* 1986; 1990; *Rimmele* 1984; *Rottländer* 1992; *Scharf* 1983; *Schrooten* 1981 b; *Stripf* u. a. 1984; *Süßmann/Rapp* 1981; *Wood* 1997

## 9 FACHGEMÄSSE ARBEITSWEISEN

soll möglichst unabhängig vom Kontext und vom Sprecher – also intersubjektiv – gelten. Definitionen sollen für alle verbindlich sein. Objektivierung bedeutet also zunächst Intersubjektivität, dann aber auch: Verfügbarmachen für den wissenschaftlichen Gebrauch. Fachsprachlich eindeutig definierte Begriffe sind wissenschaftlich leicht handhabbar.

In der Alltagssprache oder Umgangssprache sind die verwendeten Wörter und Sätze meist mehrdeutig. In naturwissenschaftlichen Fachsprachen werden dagegen »Eindeutigkeit« und »Situationsunabhängigkeit« (Kontextunabhängigkeit) angestrebt: Fachwörter sollen auch in unterschiedlichen Zusammenhängen zuverlässig ein und denselben Begriff bezeichnen; Fachwörter und Fachaussagen sollen so normiert und formalisiert werden, daß sie für alle möglichen Situationen verwendbar sind, auf die sie überhaupt zutreffen. Wo es möglich und sinnvoll ist, führt dies zur Überführung der

9.13 ▼ Fachaussagen in mathematische Symbolsysteme (»Mathematisierung«).

Trotz der aufgeführten Eigenschaften sind Fachsprachen nicht unabhängig von der Alltagssprache, sondern setzen diese voraus. Sie wurzeln in dieser, indem aus ihr immer wieder Vorstellungen und Bezeichnungen entnommen und im Sinne der Fachaussagen umgedeutet werden. Fachsprachen weichen dabei von den durch die Alltagssprache geprägten Vorstellungen ab, engen diese ein oder gehen über diese hinaus. Da sie vornehmlich unanschauliche Bereiche erfassen, gebrauchen sie Wörter im übertragenen Sinne und verwenden anschauliche,

9.9.3 ▼ aber auch mißleitende »Metaphern«.

Alltagssprache und Fachsprache haben gemeinsam, daß sie zur Verständigung dienen sollen. Damit ist aber auch die Fachsprache, trotz der angestrebten Personenunabhängigkeit, an das Verstehen der Adressaten gebunden. Wie die Alltagssprache wird die Fachsprache »dann daraufhin beurteilt, ob der Schreiber/Sprecher den Adressaten seine Ergebnisse und Erfahrungen deutlich verständlich machen kann und ob diese dann mit den eigenen Erfahrungen und Ergebnissen der Leser/Hörer übereinstimmen bzw. sich vereinbaren lassen« (*Hilfrich* 1979, 154; vgl. *Spanhel* 1980). Fachsprachen sind also gruppenspezifische Umgangssprachen der Wissenschaftler. Sie sind »Soziolekte« der jeweiligen Wissenschaftlergemeinschaft.

Unterricht ist kein Abbild von Wissenschaft. Sprache im Biologieunterricht ist daher auch nicht das reduzierte Abbild der biologischen Fachsprache, die als Soziolekt der Wissenschaftler nicht einfach übernommen werden kann. Bei der Vermittlung wissenschaftlicher Aussagen an die Öffentlichkeit (Popularisierung) und im Unterricht ist es unerläßlich, die jeweilige Fachsprache mit einer den Adressaten adäquaten Alltagssprache zu verbinden. **Unterrichtssprache** hat die Funktion, zwischen dem Soziolekt der Wissenschaftler und der allgemeinen Umgangssprache zu vermitteln (vgl. *Priesemann* 1971). Alltagssprache ist dabei durch Elemente der Fachsprache zu ergänzen, Fachsprache teilweise in Alltagssprache zu übersetzen. Alltagssprachliche Elemente der Fachsprache sind besonders auf die mit ihnen vermittelten Vorstellungen zu hinterfragen (vgl. *Hilfrich* 1979; *Knoll* 1979; *Kattmann* 1992 e; f). Fachsprache ist im Unterricht als Mittel der Verständigung und Anschauung zu nutzen. Die Bildung einer angemessenen Unterrichtssprache ist eine eigenständige fachdidaktische Aufgabe (vgl. *Schaefer/Loch* 1980; *Entrich/Staeck* 1992).

### 9.9.2 Begriffslernen und Sprache

Beim Begriffslernen ist klar zwischen drei Bereichen zu unterscheiden: den bezeichneten Gegenständen (Referenten), den gedanklichen Konstrukten (Vorstellungen) und den sprachlichen Ausdrücken (Zeichen). Begriffe gehören zum gedanklichen Bereich. »Begrifflich« heißt nichts anderes als »gedanklich«. Begriffe werden sprachlich durch Termini (Wörter, Namen, Symbole) ◆9-3 bezeichnet; ihre Bedeutung wird durch Definitionen oder Umschreibungen vermittelt.

Zwischen der Verwendung von Sprache, der Begriffsbildung und dem Erfassen der Wirklichkeit besteht daher ein enger Zusammenhang. Unterrichtssprache bestimmt das Biologielernen wesentlich mit: »Nur durch die Sprache können wir von Gegenständen und Erscheinungen der Natur, dem konkret Gegebenen, zur Abstraktion, d. h. von der Anschauung zu Begriff und Urteil gelangen. Daher ist tätiger Umgang mit den Sachen und ständige Beobachtung der Erscheinung eng mit der Pflege sprachlichen Ausdrucks verbunden« (*Grupe*

| REFERENT | VORSTELLUNG | ZEICHEN |
|---|---|---|
| **Wirklichkeitsbereich** | Theorie | Aussagengefüge |
| **Sachverhalt** | Konzept | Satz, Aussage |
| **Ding, Objekt, Ereignis** | Begriff | Terminus |
| **Individuum** | | Eigenname |

Tabelle 9-3: Referentieller, gedanklicher und sprachlicher Bereich: Zuordnung von Termini auf verschiedenen Komplexitätsebenen (nach *Gropengießer* 1997 a, 26, gekürzt)

1977, 167). Die sprachliche Schulung, das genaue und klare Formulieren, kann die Urteilsbildung und das schlußfolgernde Denken fördern. Die Schüler sollen erfahren, daß es in der Biologie Übereinkünfte darüber gibt, welches Wort jeweils zur Benennung eines Begriffes benutzt wird. Sie sollen lernen, Fachwörter in ihrer Bedeutung zu erkennen und sie zutreffend zu benutzen. Vielfach wird beklagt, daß der Biologieunterricht mit Begriffen überladen und die Verwendung der entsprechenden Fachtermini zudem uneinheitlich sei. Es wird daher vorgeschlagen, zentrale Termini insbesondere aufgrund von Häufigkeitsanalysen auszuwählen und überflüssige Termini nicht mehr zu verwenden (vgl. *Berck* 1986; *Graf* 1989 a; 1995; *Berck/Graf* 1992; *Schäfer/Berck* 1995). Fachtermini, mit deren Hilfe eindeutige Vorstellungen entwickelt werden, können Hilfen zum Lernen sein und sind keine Lernhindernisse. Dies belegen u. a. Untersuchungen zur logischen Verknüpfung von Begriffen und zu Begriffsnetzen (vgl. *Müller* 1968; 1989; *Brehme/Domhardt/Lepel* 1984; *Graf* 1989 a; b; 1995; *Müller/Kloss* 1990; *Bretschneider* 1992; *Brezmann* 1992; *Lepel* 1996 a; b).
Dabei sollten Fachbegriffe oder gar nur deren Namen nicht isoliert betrachtet werden. Termini werden erst dann wirklich bedeutsam, wenn der sprachliche und begriffliche Kontext über bloße Definitionen hinaus hergestellt und die mit der Fachsprache verknüpften Vorstellungen erkannt werden (vgl. *Kattmann* 1992 f; 1993 b).

### 9.9.3 Schülervorstellungen und Sprache

Es kommt im Biologieunterricht darauf an, an die im alltäglichen Sprachgebrauch sichtbar werdenden Erfahrungen und »Vorstellungen der Schüler« auch sprachlich anzuknüpfen. Fachsprache kann hier sinnvoll nur insoweit verwendet werden, als es gelingt, die mitgeteilten Begriffe und Sachverhalte auf Vorwissen zu beziehen und auf dem Hintergrund eigener Erfahrungen zu verstehen. Auf diese Weise wird vermieden, daß Fachwörter unverstanden nachgesprochen werden, weil sie nicht mit Anschauung verbunden werden. Dem Aufdecken von Zusammenhängen zwischen Alltagserfahrungen und Fachsprache dienen u. a. Untersuchungen zum Verhältnis des logischen Kerns zum assoziativen Umfeld eines Begriffes (vgl. *Schaefer* 1980; 1983; 1992). Es zeigt sich, daß affektive Faktoren, die im assoziativen Umfeld erfaßt werden, die mit einem Fachbegriff gegebenen Vorstellungen stark beeinflussen können. Auf unteren Klassenstufen ist an die »anthropomorphe« Sichtweise der Kinder anzuknüpfen, mit der die Umwelt beseelt und vermenschlicht wird, um emotionale Beziehungen nicht zu beschädigen bzw. zu fördern (vgl. *Gebhard* 1990; 1994 a; *Etschenberg* 1994 a). Biologiefachliche Aussagen sollten aber mit besonderer Sorgfalt formuliert werden, wenn die Gefahr besteht, daß menschliches Erleben und Handlungsweisen unreflektiert auf das Naturgeschehen übertragen werden (vgl. *Dylla/Schaefer* 1978, 67 ff.; vgl. *Friedmann* 1981). Doch ist besonders auf höheren Klassenstufen eine Metaposition anzustreben, bei der die vermenschlichende Sprache als Metapher verstanden wird. Voraussetzung dafür ist, daß der anthropomorphe Vergleich im Sinne eines »als ob« begriffen und so lediglich als Anschauungsmittel und Lernhilfe verwendet wird und nicht als buchstäbliche Beschreibung.

»Finale Ausdrucksweisen« sind häufig uneindeutig und verführen leicht dazu, zweckgerichtete Faktoren und planvolles Handeln anzunehmen. »Jeder Satz, der sich auf Lebewesen bezieht und die Wörter 'damit', 'weil' oder 'um zu' enthält, sollte kritisch geprüft werden« (*Eschenhagen* 1976, 6), und zwar darauf, ob die Aussagen eindeutig die biologische Bedeutung eines Sachverhalts beschreiben (»funktionale Erklärung«) oder ob sie die Annahme zwecktätiger ▼ 3.3.6
und zielgerichteter Faktoren nahelegen (»teleologische Erklärung«).
Die »Personifizierung« von biologischen Strukturen oder Prozessen kann zu irreführenden Vorstellungen führen. Hierzu gehören Wendungen wie »Die Natur als Erfinder« oder Mutation und Selektion als »Konstrukteure des Artenwandels« (*Konrad Lorenz;* vgl. *Eschenhagen* 1976, 6). In der Humanbiologie ist darauf zu achten, daß nicht einzelne Körperteile personifiziert werden. Die Personifizierung kann schon allein darin bestehen, daß Organe grammatikalisch als Subjekte auftreten und somit als Handelnde erscheinen: Nicht »das Auge sieht«, sondern der Mensch sieht »mit« den Augen.

### 9.9.4 Der Einfluß der Fachwörter auf die Begriffsbildung

Die Aufgabe der Fachsprache, Sachverhalte und Begriffe durch Aussagen und Termini möglichst genau zu bezeichnen, wird im Unterricht oft dadurch erschwert, daß die Fachwörter mit unpassenden Vorstellungen verbunden sind, nicht eindeutig verwendet werden oder das Gemeinte nur ungenau erfassen. Es ist also nicht verwunderlich, daß hieraus entsprechende Unklarheiten und Lernschwierigkeiten bei den Schülern resultieren (vgl. *Pfundt* 1981 a). Die Beziehungen zwischen der verwendeten Sprache und dem Lernen von Begriffen sind daher genau zu untersuchen. Hier führt die Frage weiter, welche Anschauungen die Fachwörter (Namen) selbst vermitteln.

Die Fachsprache enthält aus der Umgangssprache übernommene **euphemistische Umschreibungen** (z. B. »Artenschwund« statt »Ausrottung von Arten«) und vom Nützlichkeitsstandpunkt geprägte Wendungen (z. B. »Unkräuter« statt »Wildkräuter«), die den gemeinten Erscheinungen nicht gerecht werden (vgl. *Friedmann* 1981; *Gigon* 1983; *Trommer* 1990 b).

Im Sinne der »Eindeutigkeit« werden Fachwörter in einer gegenüber dem Alltagsgebrauch des Wortes eingeengten Bedeutung verwendet. Die stets mitschwingende anschauliche **Alltagsbedeutung** kann die fachliche Bedeutungszuweisung behindern. So können die Schüler die Unterscheidung von Reiz und Erregung in der Sinnesphysiologie schon deshalb schwer nachvollziehen, weil mit der Bezeichnung »Reiz« unmittelbar die Alltagsvorstellungen von »Schönheit«, »Gereiztheit« und damit eben auch von »Erregung« verknüpft sind.

Fachwörter machen gegenüber ihrer Verwendung in der Alltagssprache notwendigerweise einen »Bedeutungswandel« durch. Sind die Namen oder Bezeichnungen ungünstig gewählt, so muß direkt gegen die Alltagsbedeutung gelernt werden. Dies gilt z. B. für den Terminus »ökologische Nische«, dessen räumliche Deutung regelmäßig zu falschen Vorstellungen bei den Lernern führt. Fachsprache enthält darüber hinaus zahlreiche, ursprünglich der Umgangssprache entnommene **Metaphern**, die in ihrer Bedeutung über das fachlich Gemeinte hinausgehen und häufig zu unangemessenen Vorstellungen verleiten (z. B. die Metaphern vom »Kampf ums Dasein« und der »Vererbung«). Solche begrifflichen Fehldeutungen belegen die »Macht der Namen«: Termini und Metaphern können durch das Mitschwingen ihrer umgangssprachlichen Bedeutung auf das Gelernte einen stärkeren Einfluß haben als das mit dem Fachbegriff Gemeinte (vgl. *Kattmann* 1992 f).

Wie ein Begriff benannt wird, hängt vielfach von den in einer Wissenschaft **herrschenden Konzepten** ab. Ein Beispiel für ein herrschendes Konzept ist das der »Anpassung« bzw. »Angepaßtheit« der Organismen an ihre Umwelt (zur Unterscheidung vgl. *Schrooten* 1981 a). Die herrschende Vorstellung führt zu Fehlbezeichnungen und Mißkonzepten wie »Fehlanpassungen« und »Voranpassung« oder »Präadaptation« (vgl. *Kattmann* 1992 f).

Fachwörter passen – auch aus »historischen Gründen« – manchmal schlecht zu dem bezeichneten Begriff. Am Beispiel der Zellenlehre läßt sich gut zeigen, wie unter diesen Umständen widersprüchliche Vorstellungen in den Köpfen der Schüler gebildet werden können (vgl. *Kattmann* 1993 b).

## 9.9.5 Zur Durchführung

Sprache ist im Unterricht nach wie vor das bedeutendste »Medium«. Sie nimmt als Schüler- oder Lehreräußerung den weitaus größten Teil der Unterrichtsdauer ein. Die einzig wirklich sprachfreie Arbeitsweise ist der stumme Impuls, und das auch nur dann, wenn er ohne geschriebenen Text auskommt. Es lohnt sich, auf Sprach- und Textelemente bei anderen Medien und Darstellungsweisen besonders zu achten: z. B. auf den Kommentar und die Einblendungen bei Ton- bzw. Stummfilmen oder auf die Beschriftung bei Zeichnungen und Folien. Im Biologieunterricht sind also methoden- und adressatenspezifische Sprachformen zu entwickeln und zu üben.   ▼ 10.1

Das eigene Reden sollte die Lehrperson dadurch kontrollieren, daß sie wesentliche **Fragen** sowie kurze **Lehrervorträge** und die zu erarbeitenden **Merksätze** vor dem Unterricht schriftlich formuliert. Dadurch kann sie deren sachliche Richtigkeit prüfen und deren Verständlichkeit abschätzen.
Im **Unterrichtsgespräch** ist jeweils durch Nachfragen oder durch gegenseitige Korrektur und Hilfe der Schüler selbst zu sichern, daß die Bedeutung der verwendeten Fachwörter klar ist. Dabei sollte auf die Ausdrucksweise der Schüler eingegangen werden. Man wird zwar auf genaue Formulierungen achten, aber vermeiden, daß lediglich diejenige Formulierung aus den Schülern herausgefragt wird, die die Lehrperson im Sinn hat. Soweit es sachlich vertretbar ist, sollte man eine nicht so elegante, aber schülergemäße Formulierung übernehmen.
Wenn das Miteinandersprechen durch emotionale Befangenheit eingeschränkt ist, kann Gruppenarbeit das freie Reden fördern, besonders dann, wenn gesprächsauslösende Medien verwendet werden (z. B. Bilder, Situationskarten; vgl. *Seger* 1990; *Fahle/Oertel* 1994).   ▼ 4.3.5.3

Die sprachliche Ausdrucksfähigkeit der Schüler kann durch das Formulieren von »Merksätzen«, das Zusammenfassen der Ergebnisse einer Stunde und das »Protokollieren«, vor allem aber durch kurze (5 bis 10 Minuten dauernde) **Schülervorträge** geübt werden. Der Vortragstext sollte nicht auswendig gelernt, sondern anhand von Stichwörtern vorgetragen werden. Den Schülern sollten dabei Hilfen gegeben werden, die an das freie Sprechen und genaue Formulieren heranführen. Dazu gehören das übersichtliche Notieren der Stichwörter, die Gliederung der Aussagen und das Hervorheben des Wesentlichen. Das eigene Formulieren kann hier dadurch gefördert werden, daß man die Schritte der »Textanalyse« entsprechend anwendet.   ▼ 9.10

▼ 9.8.3

9.3 ▼ Das **Begriffslernen** besteht im Biologieunterricht wesentlich im Klassifizieren, Vernetzen durch Begriffsbeziehungen und Definieren (vgl. *Müller/Kloss* 1990; *Heinzel* 1990; *Berck/Graf* 1992, 79 f.; *Brezmann* 1992). Dabei spielt vor allem die Methode des »Vergleichens« eine Rolle (vgl. *Sula* 1968). Verfahren, die in der Begriffsforschung zur Überprüfung des Begriffslernens angewendet werden, eignen sich im Unterricht zur Aneignung und Festigung, wenn sie von den Schülern selbst durchgeführt werden. So bilden die Lerner nach der Mapping-Methode aus vorgegebenen Termini und Relationen »Begriffsnetze« (sogenannte Maps, vgl. *Graf* 1989 a; b; *Kattmann* 1997 b, 12). Assoziationstests können zur Motivation, Definitionstests zum logisch korrekten Formulieren und Multiple-choice-Tests zum tiefergehenden, differenzierenden Verständnis der Begriffe beitragen, wenn die jeweiligen Lösungen eingehend besprochen werden (vgl. *Schaefer* 1992).

Die mit der Fachsprache transportierte Bedeutung der **Termini** kann das Verständnis des fachlich Gemeinten fördern oder behindern. Entsprechend sind Fachwörter eine Lernhilfe, wenn sie die zutreffenden Vorstellungen vermitteln; sie sind ein Lernhindernis, wenn sie Mißverständnisse auslösen. Das Finden und Benutzen angemessener Termini sind daher wesentliche Teile einer fachgemäßen Begriffsbildung, bei der die für den Unterricht geeigneten Namen sorgfältig anhand eines Kriterienkataloges auszuwählen sind (vgl. *Kattmann* 1993 b).
In vielen Fällen wird man aber nicht darum herumkommen, ungünstig geprägte, jedoch gebräuchliche Fachwörter in den Unterricht einzuführen, und zwar auch dann nicht, wenn diese mißverständlich oder irreführend sind. Dies gilt z. B. für die Bezeichnung »ökologische Nische«. Es muß daher versucht werden, den Begriff anders zu umschreiben, nämlich als das »Gefüge der Umweltbeziehungen einer Art« oder kurz die »Art-Umwelt«. »Aus Gründen der Ökonomisierung und Effektivierung des Unterrichts sollten von vornherein Namen verwendet werden, die den Schülern die Sache möglichst unmittelbar geben und damit Umschreibungen überflüssig machen. Ist die sachliche, begriffliche und terminologische Klärung pädagogisch richtig durchgeführt worden und wird den Schülern erst dann das übliche (in diesem Fall ungeschickt gewählte) Fachwort mitgeteilt, können ernsthafte Schwierigkeiten vergleichsweise leicht vermieden werden« (*Weninger* 1970, 407). Lehrpersonen und Schüler sollen auf diese Weise fähig werden, kritisch mit der Fachsprache umzugehen. Den Schülern soll dabei auch deutlich werden, daß sowohl die Sprache wie die Sachverhalte häufig einer starren Festlegung und überschneidungsfreien, exkludierenden Begriffsbildung entgegenstehen (vgl.

*Schmidt* 1992). Widersprüchliche Konzepte und unterschiedliche Betrachtungsweisen können durch das Kennenlernen verschiedener wissenschaftsgeschichtlicher Konzepte bewußt gemacht werden (vgl. *Kattmann* 1993 b).

## 9.10 Protokollieren

### 9.10.1 Zu Begriff, Sinn und Bedeutung

Protokollieren ist in der ursprünglichen Bedeutung des Wortes ein förmliches Niederschreiben, ein schriftliches Zusammenfassen der wesentlichen Punkte einer Besprechung. Moderne Aufzeichnungstechniken wie Video, Flip-Chart-Kopierer, Copyboard haben die Möglichkeiten des genauen Fixierens beim Protokollieren stark erweitert. Das Protokollieren kann neben dem Aufschreiben auch andere Techniken umfassen wie Zeichnen, graphisches Gestalten, Computer-Techniken. Im Biologieunterricht spielt das Protokollieren eine besondere Rolle beim Anwenden naturwissenschaftlicher Erkenntnismethoden sowie bei der Evaluation des Lernens, z. B. Protokollieren des Unterrichts, Führen eines Lerntagebuchs durch Schüler (vgl. *Killermann* 1991; *Winkel* 1995, 329; *Asdonk* 1997, 5; *Meyer* 1987 b, 172 f.; *Labudde* 1997, 94). Das Protokollieren als eine Technik der Informationsverarbeitung und das Protokoll als eine Gedächtnishilfe sind im Biologieunterricht in mehrfacher Hinsicht von Bedeutung. Mit dem Protokollieren lernen die Schüler eine Technik kennen, die in den Naturwissenschaften als unentbehrliches Mittel der Erkenntnisgewinnung und -sicherung gilt. Das Protokollieren ist daher für die Entwicklung von Sach-, Lern-, Denk-, Sprach- und instrumenteller Kompetenz der Schüler bedeutsam (vgl. *Schaefer* 1997, 41 ff.).

LITERATUR
*Bauer, E. W., 1981 b; Berck, H., 1986; Berck/Graf 1987; 1992; Brehme 1976; Brehme/Domhardt/Lepel 1984; Bretschneider 1992; Brezmann 1992; Carl 1981; Dylla/Schaefer 1978; Entrich/Staeck 1992; Erber, D., 1983; Eschenhagen 1976; Etschenberg 1994 a; Fahle/Oertel 1994; Friedmann 1981; Gebhard 1990; 1994 a; Gigon 1983; Graf, D., 1989 a; b; c; 1995; Gropengießer, H., 1997 a; Gropengießer/Kattmann 1994; Grupe 1977; Hedewig 1988 b; Heinzel 1990; Hilfrich 1979; Kattmann 1992 e; f; 1993 b; 1997 b; Knoll 1979; Lepel 1996 a; b; Lepel/Kattmann 1991; Memmert 1975; Müller, Johannes, 1968; 1989; Müller/Kloss 1990; Oehmig 1990; Pfundt 1981 a; b; Pfundt/Duit 1994; Priesemann 1971; Schäfer/Berck 1995; Schaefer 1980; 1983; 1992; Schaefer/Loch 1980; Schmidt, E., 1992; Schrooten 1976; 1981 a; Seger 1990; Spanhel 1980; Sula 1968; Trommer 1990 b; Weninger 1970; Werner, H., 1973*

Die Schüler werden veranlaßt, ihre Aufgaben genau zu durchdenken, exakt zu planen, gewissenhaft durchzuführen und unter Verwendung der Fachsprache sowie graphischer Darstellungen korrekt zu lösen. Sorgfältige Protokollführung trägt zum Gelingen von Beobachtungen, Untersuchungen und Experimenten bei und erhöht damit die Freude am Unterricht und die Motivation für künftige ähnliche Aktivitäten. Besonders wichtig sind Protokolle von Langzeitbeobachtungen und -experimenten, weil nur auf diese Weise die Erinnerung an sämtliche Phasen des Gesamtablaufs gesichert werden kann.

Durch das Protokollieren wird die Fähigkeit der Schüler gefördert, Aufgaben- und Problemstellungen zu erfassen bzw. zu entwickeln, Hypothesen zu bilden und diese zu überprüfen, gewonnene Daten auszuwerten und Folgerungen abzuleiten. Die Schüler werden dadurch veranlaßt, sich der einzelnen Denk- und Arbeitsschritte bewußt zu werden (vgl. *Wagener* 1992, 122 f.). Das Protokollieren kann auf diese Weise dazu beitragen, das Verstehen der Prinzipien experimenteller Anordnungen bei den Schülern zu fördern. Auf entsprechende Defizite bei deutschen Schülern bis zum Ende der Klasse 8 hat die Dritte Internationale Mathematik- und Naturwissenschaftsstudie (TIMSS) aufmerksam gemacht (vgl. *Baumert/Lehmann* u. a. 1997, 86).

Das Protokoll als eine Gedächtnishilfe ist auch für die Evaluation von Unterricht bedeutsam. Anhand von Protokollen – angefertigt durch die Lehrperson oder durch Schüler – lassen sich frühere Unterrichtssituationen rekonstruieren und auf Fehler und Schwächen hin überprüfen (vgl. *Meyer* 1987 b, 172 f.).

**9.10.2 Zur Durchführung**

Die Schüler sollten bereits während der Grundschulzeit lernen, wie Beobachtungen, kleine Experimente und einfache Langzeitversuche in kurzen Texten, Zeichnungen oder Tabellen dargestellt werden können. Spätestens beim Eintritt in die Orientierungsstufe sollten sie ein einfaches Schema kennen, das einem Beobachtungs- oder Versuchsprotokoll zugrunde gelegt werden kann (z. B.: Unsere Frage – Unsere Vermutungen – Der Versuch – Die Ergebnisse – Die Antwort auf die Frage).

Im darauf aufbauenden Biologieunterricht können – in Abhängigkeit von der Schulstufe – anspruchsvollere Protokollschemata verwendet werden. *Arnold Wagener* (1992, 123; 1995, 16) unterscheidet vier Hauptpunkte im Protokollschema für Schülerexperimente: 1. Frage/Hypothesen, 2. Aufbau/Durchführung, 3. Beobachtung, 4. Auswertung.

Noch differenzierter ist das folgende Schema für Beobachtungen und Experimente:

»1. Ziel- (Aufgaben-, Problem- )stellung ◆ 3-2
2. Theoretische Überlegungen (Hypothesen, Vermutungen)
3. Gedankliche Planung zur Durchführung des Experiments, einschließlich der Geräte, Materialien und Bedingungen, evtl. Skizze der Experimentieranordnung
4. Darstellung der Durchführung des Experiments
5. Erfassen und Notieren der Ergebnisse und Meßwerte
6. Auswertung der Ergebnisse, Ziehen von Schlußfolgerungen, weiterführende Fragen und Probleme« (*Dietrich* u. a. 1979, 159).

Beide Vorschläge für ein Protokollschema sind dann geeignet, wenn ein ◆ 9-1
»entdeckendes Experiment« protokolliert werden soll. Für das »einführende Experiment« tritt die Aufgabenstellung an die Stelle der Hypothesen, weil Hypothesenbildung und das Ableiten von Folgerungen aus Hypothesen nur konstituierende Merkmale des »entdeckenden Experiments« sind. ▼ 9.1.2
Bei ökologischen Untersuchungen werden häufig **Feldprotokolle** geführt, in die zahlreiche Freilandbedingungen aufzunehmen sind. Ein Feldprotokoll zur chemisch-physikalischen Beurteilung eines Fließgewässers sollte folgende Gliederungspunkte aufweisen (vgl. *Barndt/Bohn/Köhler* 1990, 49 f.):
Beobachter, Datum, Uhrzeit, Name des Gewässers, Untersuchungsstelle, Wetterverhältnisse (Bewölkung, Niederschläge, Wind), wasserbauliche Gegebenheiten (Wehre, Uferbefestigung u.a.), biologische Gewässergüte, Algenblüte, Wasserpflanzen, Uferpflanzen, Wassereigenschaften (Fließgeschwindigkeit in m/min bzw. cm/s, Trübung, Geruch, Schaumbildung, Eisensulfid unter den Steinen/im Sediment, Wassertemperatur in °C, pH-Wert, Ammonium in mg/l, Nitrit in mg/l, Nitrat in mg/l, Orthophosphat in mg/l ).

Die Lehrperson sollte beim Einsatz naturwissenschaftlicher Erkenntnismethoden Situationen schaffen, in denen die Schüler bzw. Schülergruppen solche Schemata anwenden können. Am Anfang empfiehlt es sich, kurze Beobachtungs- oder Experimentierphasen vorzusehen und dabei die Gliederungspunkte für das Protokoll den Schülern ständig zugänglich zu halten (vgl. *Mitsch* 1971; *Wagener* 1992; 122 f.). Anhand der erstellten Protokolle werden positive Ansätze betont und Verbesserungsmöglichkeiten herausgestellt. Weitere Möglichkeiten sind der Einsatz eines Tafelanschriebs oder von Arbeitsblättern. Sind die Schüler mit der Protokollführung vertraut, ist ihnen ein selbständiges und freies Handhaben des Protokollschemas zu ermöglichen.

Bei **Langzeitbeobachtungen** und **Langzeitexperimenten** sollte schon vor dem Beginn über eine angemessene Form des Protokollierens gemeinsam beraten werden. Beispielsweise kann ein großformatiges Protokollblatt oder eine Wandzeitung im Klassenraum angebracht werden, worin die Beobachtungen – für die Schüler deutlich sichtbar – übersichtlich eingetragen werden.

**Beispiel für das Protokollieren einer Langzeitbeobachtung**

**Aufgaben- bzw. Fragestellung:** Wie entwickeln sich Mehlwürmer weiter?
*Vermutung:* Mehlwürmer sind Larven, sie werden zu Puppen und schließlich Käfer.
**Durchführung:** Am 09.07.1981 werden 50 Mehlwürmer in eine Glasschale (Durchmesser 12 cm, Höhe 6 cm) gesetzt, die bis zur halben Höhe mit Weizenkleie gefüllt ist. Das Gefäß wird mit einer Glasplatte zugedeckt und in den Sammlungsraum gestellt.

**Beobachtungen:**

| Datum | Anzahl der Larven | Anzahl der Puppen | Anzahl der Käfer | Sonstige Beobachtungen |
|---|---|---|---|---|
| 09. 7. | 50 | 0 | 0 | |
| 16. 7. | 39 | 9 | 0 | 2 tote Larven, leere Larvenhäute (entfernt) |
| 23. 7. | 18 | 28 | 0 | 2 weitere tote Larven (entfernt) |
| 30. 7. | 13 | 21 | 11 | 1 tote Puppe (entfernt) |
| 06. 8. | 7 | 10 | 27 | 1 tote Larve, Käfer zum Teil weißlich, zum Teil bräunlich, zum Teil schwarz |

**Auswertung:** Entsprechend der Vermutung machen Mehlkäferlarven eine vollständige Verwandlung durch. Die Puppenzeit dauert mindestens 14 Tage.

Das Protokollieren des Verlaufs einer ganzen **Unterrichtsstunde** durch Schüler ist ein anspruchsvolles Verfahren der Ergebnissicherung und sollte zuerst mit der ganzen Klasse geübt werden. Als Vorübung kann das systematische Aufstellen und Fixieren von Merksätzen dienen (vgl. *Heinzel* 1995). Die Erstellung der Protokolle ist formal und inhaltlich zu betreuen. Dazu zählen: Verlesen der Protokolle und Besprechen wesentlicher Punkte und offener Fragen, Beheben der in den Protokollen enthaltenen Unschärfen bzw. Fehler, Geben von Hilfestellungen für eine anspruchsvolle sprachliche und formale

Gestaltung der Protokolle, Sichern der Vervielfältigung der Protokolle (vgl. *Meyer* 1987 b, 172 f.). Nach solchen gemeinsamen Übungen an geeigneten Beispielen kann dazu übergegangen werden, die Protokollführung für ausgewählte Unterrichtsabschnitte einzelnen Schülern oder Kleingruppen turnusmäßig zu übertragen. Die Bedeutung des Protokollierens für Schüler und Lehrpersonen sollte dadurch betont werden, daß die »verabschiedeten« Protokolle in eine Mappe abgeheftet werden, die im Verlauf des folgenden Unterrichts immer wieder herangezogen werden kann.

Eine Form des Protokollierens von Unterricht durch die Schüler stellt das Führen eines **Lerntagebuches** dar. Es bietet den Schülern die Möglichkeit, die eigenen Lernprozesse zu reflektieren und damit besser zu erkennen (vgl. *Labudde* 1997, 94).

## 9.11 Zeichnen

### 9.11.1 Zum Begriff

Beim Zeichnen handelt es sich um das Darstellen von Objekten sowie von Zusammenhängen, das an das Mittel der Linie (im Unterschied zum Malen - Gestalten einer Fläche mit Farbe) gebunden ist. Dabei steht im Biologieunterricht die künstlerische Qualität in der Regel nicht im Vordergrund. Zeichnungen werden im Unterricht von der Lehrperson und von Schülern angefertigt. »Zeichnerische Darstellung« und die »graphische Darstellung« (Diagramm) sind voneinander zu unterscheiden. Zeichnerische Darstellungen werden nach ihrem Abstraktionsgrad noch weiter aufgegliedert. So werden »Skizze«, »Schema« und »Symbol« unterschieden (vgl. *Baer/Grönke* 1981).

Die **Skizze** definiert *Oskar P. Spandl* als »Zeichnung, die das Erscheinungsbild des originalen Objekts mehr oder weniger vereinfacht wiedergibt«. Sie beschränkt sich auf das Wesentliche und ist »erscheinungsaffin«. Das **Schema** ist eine anschauliche Darstellung, ein vereinfachtes Muster von einem Objekt oder Zusammenhang, das wesentliche Merkmale umfaßt. Das Schema ist nach *Spandl* »merkmalsaffin«. Zweifellos gibt es zwischen Skizze und Schema

---

LITERATUR
*Asdonk* 1997; *Barndt/Bohn/Köhler* 1990; *Baumert/Lehmann* u. a. 1997; *Dietrich* u. a. 1979; *Drews* 1971; *Heinzel* 1995; *Killermann* 1991; *Labudde* 1997; *Meyer, Hilbert,* 1987 b; *Mitsch* 1971; *Ruppolt* 1966/67; *Schaefer* 1997; *Wagener* 1992; 1995; *Winkel* 1995

fließende Übergänge, so daß die Zuordnung einer vorliegenden Darstellung in vielen Fällen schwerfallen dürfte (vgl. Piktogramme bei Hinweisschildern und »ikonische Darstellungen« in Diagrammen).
Das **Symbol** ist ein Bild- oder Schriftzeichen mit verabredeter oder unmittelbar einsichtiger Bedeutung. Es wird zur verkürzten Darstellung eines Begriffs, Objekts oder Sachverhalts verwendet (z. B. Symbole für männlich und weiblich; Baum, Staude, einjährig, mehrjährig). Das Symbol wird als »inaffin« bezeichnet, weil hierbei von der Erscheinungsform und den Merkmalen natürlicher Objekte ganz abgesehen wird und bestimmte Zeichen an deren Stelle treten (*Spandl* 1974, 105). Symbole werden häufig in »Diagrammen« und bei der »Mathematisierung« verwendet, es ist deshalb gerechtfertigt, sie in diesem Zusammenhang zu behandeln.

### 9.11.2 Sinn und Bedeutung

Das Zeichnen ist im Biologieunterricht unter verschiedenen Aspekten bedeutsam. Es dient in erster Linie unter dem Aspekt des Gewinnens von Erkenntnissen der Entwicklung von Sachkompetenz der Schüler. Daneben ist das Zeichnen unter den Aspekten der Fähigkeits- und Fertigkeitsentfaltung für die Entwicklung von Lern-, Denk-, Umwelt- und instrumenteller Kompetenz von Bedeutung (vgl. *Schaefer* 1997, 41 ff.). *Martin Verführt* (1987 a, 77) kennzeichnet die biologische Sachzeichnung als ein Verfahren, das über die verschiedenen Stufen zunehmend abstrakterer Darstellungsformen zu modellhaften und theoretischen Denkweisen führt.

Das Zeichnen kann darüber hinaus als Brücke zu den künstlerischen Fächern in ausgewählten Lernsituationen bedeutsam sein, indem es zum Beachten anderer fachlicher Sichtweisen hinführt (vgl. *Schecker/Bethge* u. a. 1996). Dies ist beispielsweise bei Projektarbeiten der Schüler zum Themenbereich »Biologie und Kunst« gegeben (vgl. *Knoll* 1987 c; *Jüdes/Frey* 1993, 219). Zeichnen im Biologieunterricht kann auf diese Weise mit zur Entwicklung ästhetischer Kompetenz der Schüler beitragen.

Zeichnen durch die Schüler und die Lehrperson dient vor allem dazu, **Informationen** über biologische Objekte (von der molekularen Ebene bis zur Ebene der ökologischen Vielfalt), ihre Eigenschaften, Merkmale sowie Zusammenhänge klar und knapp darzustellen. Eine Skizze an der Wandtafel bzw. einem Arbeitsblatt läßt, wenn sie gut durchdacht ist, die Schüler das Wesentliche eines Phänomens, einer Experimentieranordnung oder eines Zusammenhangs oftmals

auf einen Blick erkennen, wozu es sonst vieler erklärender Worte bedarf. Das Zeichnen bietet damit auch jenen Schülern eine geeignete Ausdrucksmöglichkeit, die Schwierigkeiten haben, sich sprachlich zu äußern (vgl. *Borsum* 1987).
Zeichnungen, die nach und nach mit der Klasse erarbeitet werden, ermöglichen den Schülern Einblicke in die **Struktur** der Unterrichtsgegenstände und in das Vorgehen beim Anwenden fachgemäßer Arbeitsweisen. Während ihrer Entstehung bzw. Vervollständigung haben die Schüler genügend Zeit zum Beobachten und Mitdenken. Rückfragen können durch Abänderung der Zeichnung, durch Zusatzskizzen oder durch Farbgebung bestimmter Einzelteile geklärt werden. Farben schaffen Übersicht, können helfen zu unterscheiden, zu ordnen und ähnliche Dinge zu sortieren.
Zeichnen fördert bei den Schülern das Erfassen von **Formen**, Formmerkmalen und Lagebeziehungen von biologischen Objekten und vertieft dadurch die geistige Verarbeitung von Unterrichtsinhalten. Beispielsweise gelingt das Zeichnen eines Weinblattes dann, wenn durch genaues Beobachten erkannt wird, wie die Ausbuchtungen sich nach den Blattadern richten. Beim Zeichnen wird dann die Form des Blattes »aufgebaut«, indem die Richtung der fünf Blattadern beachtet, ihre richtige Länge gefunden und dann die Außengrenze des Blattes verwirklicht wird (vgl. *Reindl* 1997, 3).
Zeichnen führt im Biologieunterricht damit bei den Schülern zum **exakten Erfassen**, Zergliedern, zu logischem Verstehen, zu logischer Einsicht. Hier kommt es auf Sachangemessenheit und Exaktheit der Zeichnung an. Hierbei werden das Gefühl und der ästhetische Eindruck zwar nicht ganz ausgeklammert, sie sind aber nachrangig (vgl. *Winkel* 1995, 260). Dies den Schülern zu vermitteln, ist ein längerfristiger Prozeß und bedarf der Geduld der Lehrperson. Anfangs lassen sich beispielsweise Schülerzeichnungen finden, in denen der Schüler sich in seine Beobachtung etwas »hineinwünscht«, d. h. er hat Empfindungen und Vorstellungen in die Zeichnung eingebracht, die deren sachlichen Wert mindern (vgl. *Horn* 1988, 168).

Zeichnen im Biologieunterricht kann in bestimmten, ausgewählten Lernsituationen aber auch - ausgehend von bereits im Kunstunterricht Erlerntem - zum **bildnerischen Gestalten** führen (vgl. *Unterbruner* 1993, 8). Dabei baut der Schüler den Gegenstand zwar nach dessen Form auf, gestaltet ihn jedoch zugleich nach seiner inneren Formvorstellung. Dabei entsteht eine neue Gestalt, die kein Abklatsch der Wirklichkeit ist (vgl. *Reindl* 1997, 4). Als Thema bietet sich beispielsweise als Arbeit im Freiland an: »Alte Bäume« unter verschiedenen Aspekten (ökologisch, systematisch-taxonomisch, geographisch, kulturgeschichtlich, künstlerisch).

## 9 FACHGEMÄSSE ARBEITSWEISEN

Zeichnen durch die Lehrperson ist für »Unterrichtseinstiege« und die »Lernmotivation« bedeutsam. Zeichnungen eignen sich zur Pointierung von Problemen. Spricht die Zeichnung den Schüler an, so wird er das Problem erkennen und nach Lösungswegen suchen (vgl. *Winnenburg* 1993, 6).

13 ▼ Zeichnen ist im Biologieunterricht als ein Mittel der »Evaluation« bedeutsam. Schülerzeichnungen ermöglichen der Lehrperson zu erkennen, inwieweit die Schüler Sachverhalte und Zusammenhänge wirklich verarbeitet haben und ein richtiges Verständnis erreicht wurde (vgl. *White/Gunstone* 1993, 98 ff.). Bei der Beurteilung von Zeichenleistungen sind die manuellen Fertigkeiten der einzelnen Schüler zu berücksichtigen. Maßgeblich ist die sachliche Richtigkeit der Zeichnung und nicht der ästhetische Eindruck.

### 9.11.3 Zur Durchführung

Die folgenden Regeln gelten vorwiegend für zeichnerische Darstellungen, lassen sich aber größtenteils auch auf graphische Darstellungen übertragen. Zeichnungen sollen:
... eher zu groß als zu klein sein;
... nur mit Bleistift ausgeführt werden, um ein Korrigieren zu ermöglichen;
... stets mit einer Überschrift oder Unterschrift versehen werden;
... in der Regel Größenangaben enthalten, aus denen die Originalgröße der gezeichneten Objekte zu ersehen ist;
... beschriftet werden. Die Fachwörter können auf Hinweisstriche geschrieben werden. Die Hinweisstriche sollten gerade sein, möglichst horizontal verlaufen, sich nicht überschneiden und keine Pfeilspitzen aufweisen (Pfeile werden in Diagrammen allein zur Kennzeichnung von Strömen und Relationen verwendet). Bei umfangreicher Beschriftung, die über die Zeichnung dominieren würde, werden an die Hinweisstriche nur Zahlen oder Buchstaben geschrieben und diese in einer Legende erläutert;
... nur dann farbig sein, wenn Farben die Form besser zur Geltung bringen, auf Wesentliches aufmerksam machen, einander entsprechende Strukturen besser unterschieden werden sollen oder Farben eine symbolische Bedeutung gegeben wird (z. B. rot: sauerstoffreiches, blau: sauerstoffarmes Blut).

9-4 ● Beim Zeichnen von Objekten sollte man nach bekannten Grundformen suchen (z. B. Kreis, Quadrat, Dreieck, Zylinder). Diese geben die Ausgangsform oder Umrisse von Objekten ab. Viele Objekte sind aus verschiedenen Grundformen zusammengesetzt. Der erste Entwurf wird am besten mit sehr feinen Strichen und Hilfslinien angelegt. So kann viel einfacher korrigiert werden. Man korrigiert die Bleistiftzeichnungen am besten erst, wenn man die gewünschte Form oder Linie fixiert hat.

Das biologische **Zeichnen der Schüler** muß regelrecht geübt werden. Es sollte angestrebt werden, daß die Schüler bereits während ihrer Grundschulzeit Techniken wie Zeichnen und Malen zum Themenbereich Umwelt und Natur kennenlernen und üben (vgl. *Faust-Siehl* u. a. 1996, 95 f.). Man kann so vorgehen, daß zunächst alle Schüler ein Objekt beobachten und Skizzen anfertigen. In einem zweiten Schritt übertragen mehrere Schüler ihre Skizze auf die Wandtafel. Diese Zeichnungen werden im Klassenverband verglichen und beurteilt. Anhand der gelungensten Zeichnung erfolgt eine ausführliche Besprechung. Nach einigen Übungen kann dann zum direkten freien Zeichnen nach dem Objekt übergegangen werden.
Wie diese Vorgehensweise ist auch der Schwierigkeitsgrad der Zeichenaufgaben den wachsenden Fähigkeiten der Schüler anzupassen. Begonnen werden sollte mit dem Zeichnen flacher Gebilde wie Blätter, Blattstellungen, Federn. Auch Körperteile, die weniger flach sind, sich aber weitgehend in einer Ebene erstrecken, sind anfangs geeignete Objekte. Schwieriger ist das Darstellen von Schnitten durch Objekte, weil hier bereits ein höherer Grad der Abstraktion erforderlich ist. Hier sollte von Längsschnitten (z. B. Zahn, Blüte) zu Querschnitten (z. B. Blütendiagramm) übergegangen werden. Räumliche perspektivische Darstellungen spielen im Biologieunterricht eine geringe Rolle.
Besondere Sorgfalt sollte – unter Anwendung spezieller Methoden – auf das Üben des Zeichnens mikroskopisch kleiner Objekte verwendet werden (vgl. *Siedentop* 1972, 77 f.; *Poenicke* 1979; *Gropengießer* 1987).
Weitere Möglichkeiten des Zeichnens im Biologieunterricht sind das Abzeichnen, das Übertragen und das Durchzeichnen (Pausen). Das Abzeichnen nach

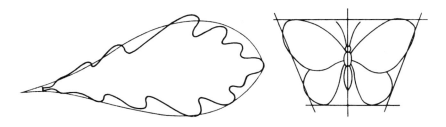

Abb. 9-4: Beispiele für Zeichnen mit Hilfslinien (aus *Baer/Grönke* 1981, 289)

Vorlagen kann für Übungen im Zeichnen bedeutsam sein oder auch bei der Freilandarbeit, z. B. Abzeichnen von geschützten Arten (Pflanze, Raupe), die nicht entfernt werden dürfen. Das Übertragen als eine Technik des genauen Kopierens und des Veränderns der Größe mit Hilfe eines einfachen Netzrasters (vgl. *Deacon* 1992, 7) kann z. B. bei ökologischen und vegetationskundlichen Arbeiten bedeutsam sein. Das Durchzeichnen kann sinnvoll sein beim Erfassen von Oberflächenstrukturen verschiedener Naturobjekte, z. B. Rindenstrukturen verschiedener Baumarten. Allerdings sollte bei diesen Arten des Zeichnens sowie beim farbigen Ausmalen einer vorgegebenen Skizze grundsätzlich sehr sparsam mit der kostbaren Unterrichtszeit umgegangen werden.

Für das **Zeichnen der Lehrpersonen** gelten viele der obengenannten Regeln für Schülerzeichnungen sinngemäß (vgl. *Wohlfahrt* 1974; *Lisse* 1974; *Bauer* 1976; 1981 a; *Bühs* 1986). Für die Erstellung von **Tafelzeichnungen** bzw. Tafelbildern wird von *Wolfram Winnenburg* (1993, 6 ff.) aus wahrnehmungspsychologischer Sicht auf »Gesetze des Sehens« hingewiesen, deren Anwendung Lernprozesse fördert:

... »Figur-Kontrast-Unterschied«: Die Konturen einer Figur sollten betont werden, so daß diese sich deutlich vom Untergrund abheben.

... »Nähe«: Zusammengehörende Dinge sollten nebeneinander in der Tafelzeichnung angeordnet werden.

... »Gleichartigkeit oder Ähnlichkeit«: In der Tafelzeichnung sollen gleiche oder ähnliche Dinge hinsichtlich ihrer Eigenschaften wie z. B. Größe, Farbe, Strukturierung übereinstimmen oder ähnlich symbolisiert werden.

... »Einfachheit«: Je einfacher eine Zeichnung angelegt ist, desto wirksamer ist sie.

... »Symmetrie«: In Zeichnungen sollten Symmetrien (z. B. bilaterale Symmetrie – Spiegelung; rotative Symmetrie – Drehung; translative Symmetrie – Verschiebung) herausgearbeitet werden, da diese sich besonders gut einprägen (vgl. *Wille* 1986; *Hahn* 1995; *Sitte* 1997).

... »Dynamik«: Die Leserichtung erfolgt im europäischen Kulturkreis durch die lateinische Schrift geprägt auch bei bildlichen Darstellungen von links nach rechts. Dies ist beim Anfertigen, beim Beschriften sowie bei der Interpretation der Zeichnungen und des Tafelbildes zu beachten.

Lehrpersonen sollten vor der Klasse an der Wandtafel oder Folie frei zeichnen. Hemmungen sind unbedingt zu überwinden, da gerade diese Lehreraktivitäten wertvoll sind für das Entwickeln des Zeichnens der Schüler. Für das freie Zeichnen können einige Hilfsmittel eingesetzt werden:

... Bei der Unterrichtsvorbereitung wird das Anfertigen der vorgesehenen Zeichnungen an der Wandtafel geübt.

... Die Zeichnung kann vor dem Unterricht in ihren schwierigen Teilen vorgefertigt werden und wird im Unterricht vervollständigt. Ein Nebeneffekt ist die Zeitersparnis.

... An der Wandtafel oder auf Folie werden die wichtigsten Punkte der Zeichnung markiert und vor den Augen der Schüler dann diese Punkte zum vollständigen Tafelbild entwickelt. Unter gewissen Umständen kommt auch das Vorzeichnen der Skizze mit dunkler Farbkreide auf der dunklen Tafel und ein späteres kontrastiertes Nachzeichnen in Frage (vgl. *Mostler/ Krumwiede/Meyer* 1979, 244).

## 9.12 Verwenden von Diagrammen

### 9.12.1 Zu Begriff, Sinn und Bedeutung

Im Zusammenhang mit den biologischen Methoden werden hier unter Diagrammen nur diejenigen graphischen Darstellungen (Graphen) verstanden, in denen mathematische und logische Größen bzw. Operationen (Relationen, Mengen, Anzahlen und Ausmaße) abgebildet werden. Vereinfachende Skizzen (Schemata), wie Blütendiagramme oder Körperumrisse von Lebewesen, werden hier nicht berücksichtigt.

Diagramme sind als mathematische Abbildungen immer zugleich bildliche Modelle. Ihr Einsatz gleicht daher dem Arbeiten mit »Modellen«. ▼ 10.4.4

Die in den Diagrammen enthaltene »Mathematisierung« dient dazu, Zusammenhänge und Strukturen herauszustellen sowie Beobachtungen und Versuchsergebnisse sinnvoll zu ordnen. Die Darstellung soll dabei helfen, ▼ 9.13

---

LITERATUR
*Baer/Grönke* 1981; *Bauer* 1976; 1981 a; *Borsum* 1987; *Bühs* 1986; *Christow* 1971; *von Criegern* 1982; *Deacon* 1992; *Faust-Siehl* u. a. 1996; *Gropengießer, H.,* 1987; *Grupe* 1977; *Hahn* 1995; *Honomichl* u. a. 1982; *Horn* 1988; *Jüdes/Frey* 1993; *Knoll* 1987 c; *Lisse* 1974; *Mertlich* 1970; *Mostler/Krumwiede/Meyer* 1979; *Nordsieck* 1968; *Poenicke* 1979; *Reindl* 1997; *Schaefer* 1997; *Schecker/Bethge* et al. 1996; *Seger* 1990; *Siedentop* 1972; *Sitte* 1997; *Spandl* 1974; *Steiner* 1982; *Unterbruner* 1993; *Verführt* 1987 a; *White/Gunstone* 1993; *Wille* 1986; *Winkel* 1995; *Winnenburg* 1993; *Wohlfahrt* 1974

## 9 FACHGEMÄSSE ARBEITSWEISEN

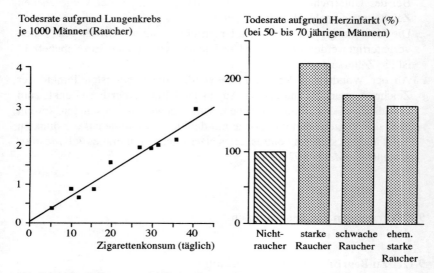

Abb. 9-5: a) Punktdiagramm und Kurvendiagramm. Abhängigkeit der Todesrate aufgrund von Lungenkrebs vom Zigarettenkonsum. Als Kurve ist die Regressionsgerade gezeichnet.
b) Säulendiagramm. Todesraten aufgrund von Herzinfarkt bei Männern. Die Nichtraucher sind gleich 100 % gesetzt (nach *Kattmann/Rüther* 1990).

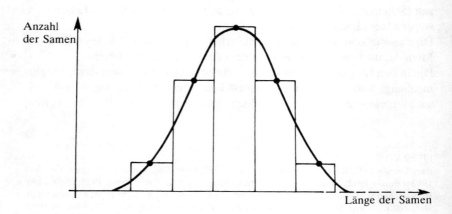

Abb. 9-6: Überführen eines Säulendiagramms in ein Kurvendiagramm (Normalverteilung von Samenlängen)

Gleichartiges leichter zu erkennen und Verschiedenartiges leichter zu unterscheiden. Durch die Darstellung werden Beobachtungen und Versuchsergebnisse aber nicht nur veranschaulicht, sondern zum Teil auch interpretiert (zum Beispiel durch das Konstruieren einer Kurve aufgrund von Meßergebnissen). In der ordnenden, verdeutlichenden und interpretierenden Funktion liegt die entscheidende didaktische Aufgabe von Diagrammen. Diagramme sollten daher stets so angelegt sein, daß sie direkt von den Schülern ohne Rückgriff auf einen erläuternden Text »gelesen« werden können. Dazu müssen die verwendeten Symbole (z. B. Pfeile, Kästen, Wörter) eindeutig festgelegt sein.

Damit Diagramme die angeführten Aufgaben optimal erfüllen können, muß die Art der jeweiligen Darstellung stets sorgfältig ausgewählt werden. So kann verhindert werden, daß ungewollt – allein durch die Form des gewählten Diagrammtyps – Unterschiede oder Gemeinsamkeiten vorgetäuscht werden, die in der Sache gar nicht vorhanden sind. Daher wird bei den folgenden Beispielen stets auf den speziellen Anwendungsbereich der jeweils behandelten Diagramme hingewiesen (vgl. *Astolfi/Coulibaly/Host* 1977; *Leicht* 1981, 107 ff.). Wenn die Lehrperson die Diagramme konsequent verwendet, kann deren Bedeutung von den Schülern erkannt werden, und diese können die Diagramme dann gezielt in eigenen Arbeiten anwenden (z. B. bei Protokollen, Hausaufgaben). Das Interpretieren von Diagrammen lernen die Schüler wohl am besten, indem sie diese selbst anfertigen. Dabei sollen sie auch entscheiden und rechtfertigen können, welchen Diagrammtyp sie zur Darstellung wählen.

### 9.12.2 Darstellung von Anzahlen, Ausmaßen und Anteilen

Bei der grafischen Darstellung von Meßwerten sollten die diskrete bzw. die stete Verteilung der Werte beachtet werden.
Beim Eintragen von Meßwerten in ein Achsenkreuz ergibt sich zunächst ein **Punktdiagramm**. Dieses ist zugleich die ohne weitere Interpretation gültige Darstellung. Die Bedeutung der Achsen muß dabei präzise definiert werden (Angabe der Größen und Dimensionen).
Bei kontinuierlichen Messungen und bei mathematischen Funktionen kann aus den Meßwerten ein **Kurvendiagramm** konstruiert werden (z. B. eine Wachstumskurve oder bei statistischen Erhebungen eine Regressionsgerade). Die mit der Kurve gegebene Interpretation muß mit den Schülern diskutiert werden. Stets sollten das Eintragen der ermittelten Meßwerte und das Zeichnen des Kurvenbildes unterschieden werden:

● 9-5 a

## 9 FACHGEMÄSSE ARBEITSWEISEN

9-6 ●
... Werden die Messungen in der Auswertung im Sinne eines gesetzmäßig ablaufenden Prozesses oder einer regelhaften Verteilung gedeutet (stete Verteilung), so wird durch das Kurvenbild meist eine mathematische Funktion abgebildet (z. B. Proportionalität durch eine Gerade, Normalverteilung durch die Gaußsche Glockenkurve). Die eingezeichneten Verbindungen zwischen den Meßpunkten sind Interpolationen, die als wahrscheinliche Ergebnisse nicht vorgenommener Messungen gelten können.

... Ist eine solche Deutung nicht möglich (diskrete Verteilung), so ist die Darstellung als Punktdiagramm oder Säulendiagramm angemessen, da eine Kurvenlinie einen kontinuierlichen Prozeß nur vortäuschen kann. Im Punktdiagramm ist das Zeichnen von Verbindungslinien zwischen den Meßwerten daher in diesem Fall zu vermeiden.

9-5 b ●
Für die Darstellung und die Interpretation von Zahlenwerten ist ein **Säulendiagramm** immer dann besser geeignet als ein Kurvendiagramm, wenn die den Werten zugrundeliegenden Messungen nicht kontinuierlich erfolgten oder durch diese unterschiedliche Stichproben bzw. nur bestimmte Ausschnitte aus einer größeren Gesamtheit erfaßt werden.

9-6 ●
Für die Darstellung können sowohl senkrechte wie auch waagerechte Säulen gewählt werden. Bei kontinuierlicher Skala werden die Säulen eng aneinandergerückt (»Histogramm«). Eine besondere Form eines waagerecht angelegten Säulendiagramms ist das »Altersklassendiagramm« einer Bevölkerung (sogenannte Alterspyramide). Der Nullpunkt liegt bei dieser Darstellung in der Mitte, die Säulen sind nach links und rechts für die Geschlechter getrennt gezeichnet. Dieser Diagrammtyp eignet sich auch zur Veranschaulichung, wenn Werte zweier verschiedener Gruppen einander gegenübergestellt werden sollen, wie z. B. beim Vergleich der Geschlechtsgruppen, von Daten aus verschiedenen Jahren, Jahreszeiten oder Regionen.

9-7 ●
Zur Darstellung von Anteilen an einer Gesamtheit eignet sich besonders das **Kreissektorendiagramm,** in dem die Größe jedes Anteils in den entsprechenden Winkelanteil an 360° und somit in einen Kreisausschnitt umgesetzt wird.

### 9.12.3 Darstellung von logischen Klassen

9-8 ●
Klassifizieren nennt man das Ordnen einer Anzahl von Gegenständen nach bestimmten Kriterien (Merkmalen). Zur Darstellung eignen sich die aus der Mengenlehre bekannten **Mengen-Diagramme**: das Diagramm nach *Venn* (»Venndiagramm«) und das Diagramm nach *Caroll* (»Carolldiagramm«). Die

9.12 VERWENDEN VON DIAGRAMMEN

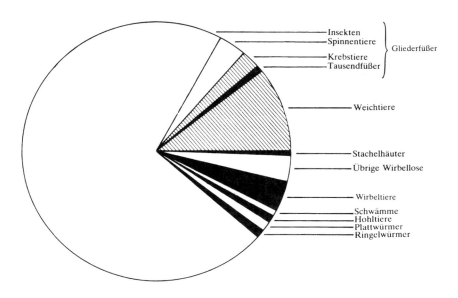

Abb. 9-7: Kreissektorendiagramm. Anteile von Tiergruppen an der Gesamttierartenanzahl

Aufgliederung einer Gesamtmenge kann außerdem in einem Baum binärer Entscheidungsschritte, einem **Dendrogramm** dargestellt werden, wie es den meisten Bestimmungstabellen zugrundeliegt. Derartige Dendrogramme werden in Ähnlichkeitsanalysen sehr häufig benutzt. Sie werden oft sogar in Lehrbüchern als »Stammbäume« bezeichnet. Das ist jedoch nicht richtig. Dendrogramme geben nichts weiter an als die Entscheidungsschritte bei der Klassifikation. Sie enthalten lediglich Angaben über die Ähnlichkeit zwischen Gruppen, die mit Hilfe bestimmter Klassifikationskriterien ermittelt wird. **Stammbäume** enthalten dagegen stets eine Zeitleiste und zusätzliche Hypothesen über den Verlauf der Stammesgeschichte. Um Verwechslungen zu vermeiden, sollten Dendrogramme nur dann verwendet werden, wenn die einzelnen Entscheidungsschritte mit dem Diagramm von den Schülern selbst konstruiert oder zumindest nachvollzogen werden sollen. Die Reihenfolge der Entscheidungsschritte legt man in der Richtung am besten von oben nach unten fest. Bei Stammbäumen verläuft dagegen die Zeitachse in der üblichen Darstellung von unten nach oben. Mit der Darstellung eines Stammbaums wird vorausgesetzt, daß zwischen den Stammeslinien genetische Isolation herrscht (es treten

● 9-8 c

277

## 9 FACHGEMÄSSE ARBEITSWEISEN

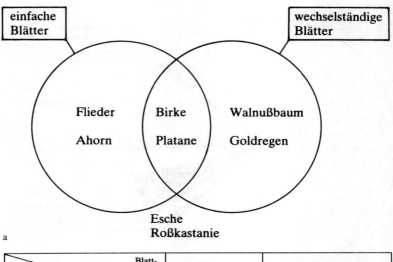

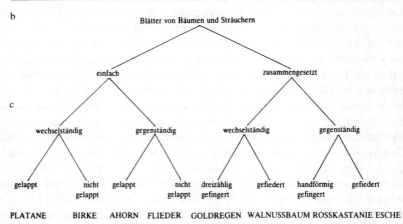

Abb. 9-8: Diagramme zur Darstellung von Mengen und Klassen (Ordnen von Bäumen und Sträuchern). a) Venndiagramm; b) Caroll'sches Diagramm; c) Dendrogramm

ausschließlich Aufspaltungen auf, keine Verschmelzungen). Stammbäume dürfen daher nur für Evolutionsprozesse oberhalb des Artniveaus gezeichnet werden. Für Unterarten und Entwicklungen innerhalb sogenannter kultureller Evolution (z. B. Entwicklung von Geräten) ist die Stammbaumdarstellung nicht angebracht, da hier die einzelnen Entwicklungslinien informationell (genetisch bzw. traditiv) nicht voneinander isoliert sind.

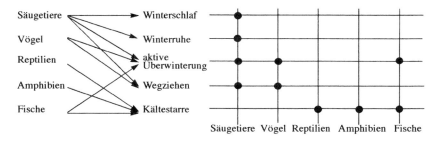

Abb. 9-9: Diagramme zur Zuordnung (Verhalten von Tieren im Winter).
a) Pfeildiagramm. Jeder Pfeil bedeutet die Relation: »Unter den ... gibt es Tiere, die überwintern durch ...«; b) Koordinationsdiagramm

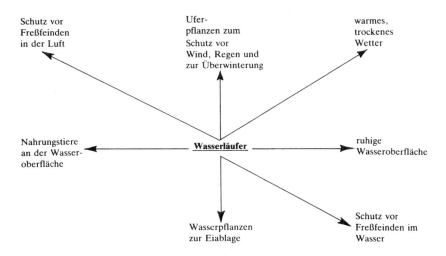

Abb. 9-10: Pfeildiagramm zur Darstellung einer ökologischen Nische (Umweltbeziehungen des Wasserläufers). Jeder Pfeil bedeutet die Relation: »Diese Organismenart benötigt ...« (nach *Kattmann/Palm/Rüther* 1983, 81).

### 9.12.4 Darstellung von Relationen

9-9 b ●

Relationen sind regelmäßig vorhandene Beziehungen zwischen Gegenständen oder Größen. In konkreten Systemen sind sie empirisch feststellbar. Solche Zuordnungen können auch Merkmale betreffen, die sich nicht gegenseitig ausschließen. Diese können gut durch ein **Koordinationsdiagramm** oder auch als **Tabelle** veranschaulicht werden. Bei Mehrfachzuordnungen ist das Koordinationsdiagramm, bei einfachen die Tabellenform vorzuziehen. Beziehungsgefüge werden häufig durch **Pfeildiagramme** dargestellt. So lassen sich die im Koordinationsdiagramm erfaßten Zuordnungsrelationen auch im Pfeildiagramm

9-9 a ● abbilden. Die Pfeile können in den Diagrammen alle möglichen Relationen repräsentieren. Es ist jedoch sorgfältig darauf zu achten, daß innerhalb ein und desselben Pfeildiagramms die Pfeile immer nur ein und dieselbe Art der Relation abbilden. In einer Nahrungskette und einem Nahrungsnetz wird durch die Pfeile stets die Relation »... werden gefressen von ...« symbolisiert (vgl. *Eschenhagen/Kattmann/Rodi* 1991, 107). Im Diagramm zur Rangordnung steht jeder Pfeil für die Relation »... dominiert über ...«, zur ökologischen

9-10 ● Nische für die Relation »Das Lebewesen ... benötigt ...«. Derartige Pfeildiagramme können bei geschickter Wortwahl direkt gelesen, d. h. in sprachliche Formulierungen umgesetzt werden.

Wechselbeziehungen (Hinrelation und Rückrelation) sollten nicht als Doppelpfeil (Pfeil mit zwei Spitzen), sondern durch zwei entgegengesetzte Pfeile (Hin- und Rückpfeil) gezeichnet werden. Nur auf diese Weise werden wirklich zwei getrennte Relationen abgebildet. Der Doppelpfeil sollte den Fällen vorbehalten werden, wo ein und dieselbe Relation auf zwei Partner oder Größen einwirkt, z. B. beim Oszillieren zwischen zwei Zuständen (Mesomeriepfeil in der Chemie). Der Doppelpfeil kann allerdings auch stehen, wenn mehrere Relationen, die gleichzeitig wirken und eng gekoppelt sind, wirklich zu einer einzigen zusammengefaßt werden sollen (z. B. symbiotische Wechselbeziehung zwischen zwei Lebewesen).

Relationspfeile werden auch in Blockdiagrammen verwendet, und zwar vor
9-12 b ● allem für die zeitliche Abfolge (» Abfolgediagramme«).

### 9.12.5 Darstellung von Prozessen.

Prozesse werden meist in Form von **Blockdiagrammen** dargestellt. In diesen sind Blöcke (Kästchen, Ovale, Rhomben etc.) durch Pfeile verbunden. Hinter dieser Form verbergen sich aber zwei verschiedene Darstellungsweisen.

Im ersten Diagrammtyp symbolisieren die Pfeile die zeitliche Folge. Sie verbinden die in den Blöcken stehenden Zustände, Handlungen oder Prozesse. Sie haben also die Bedeutung der Relation: »darauf folgt ...«. Zur Unterscheidung von dem folgenden Blockdiagrammtyp werden sie hier **Abfolgediagramme** genannt. (Der in diesem Zusammenhang mißverständliche Name »Fließdiagramm« ist zu vermeiden.) Auf diese Weise kann z. B. auch die (idealisierte) Handlungskette bei der Stichlingsbalz dargestellt werden.  ● 9-12 b
Mit weiter differenzierten Abfolgediagrammen werden vor allem Programme tierlichen Verhaltens abgebildet (vgl. *Miram* 1980). Bei den Blöcken wird dabei unterschieden zwischen »Anfangs-« und »Endgliedern« (Kästen mit abgerundeten Ecken, Ovale), »Befehlsgliedern« (eckige Kästen) und »Entscheidungsgliedern« (Rhomben). Eine solche Darstellung zeigt für die Abfolge in der Handlungskette der Stichlingsbalz dreierlei: Es wird nur das Programm  ● 9-12 c
für einen der Partner abgebildet. Das des anderen kann analog formuliert werden. Das Verhalten des einen Partners ist jeweils ein Entscheidungsglied im Programm des anderen. Durch »unzuverlässiges« Reagieren oder durch Störversuche kann die lineare Abfolge zur zyklischen werden (Phasen werden wiederholt).

Im zweiten Typ des Blockdiagramms symbolisieren die Pfeile keine Relationen, sondern Flüsse (Informationsströme, Masseströme, Energieströme). Daher heißen derartige Blockdiagramme auch **Flußdiagramme**. Die »Blöcke« repräsentieren Teile des abgebildeten Systems: bei technischen Systemen Apparate (Bauteile), bei Biosystemen z. B. Organe, Organismen oder Organismengruppen. Im einfachsten Fall symbolisieren die »Pfeile« ausschließlich Informationsströme. Ein Beispiel hierfür ist das **Reiz-Reaktionsdiagramm**. Der  ● 9-11
Organismus (gezeichnet als Block) wird dabei als »black box« angesehen. Die

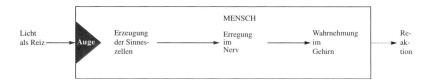

Abb. 9-11: Reiz-Reaktionsdiagramm für die Sinneswahrnehmung (nach *Kattmann/Palm/Rüther* 1982, 133). Im einfachsten Fall wird die Darstellung der Informationsströme im Organismus weggelassen. Ergänzt werden kann die Darstellung des Informationsstromes von der Wahrnehmung bis zum Erfolgsorgan. Das Erfolgsorgan kann dann als nach außen gerichtetes Dreieck gezeichnet werden.

# 9 FACHGEMÄSSE ARBEITSWEISEN

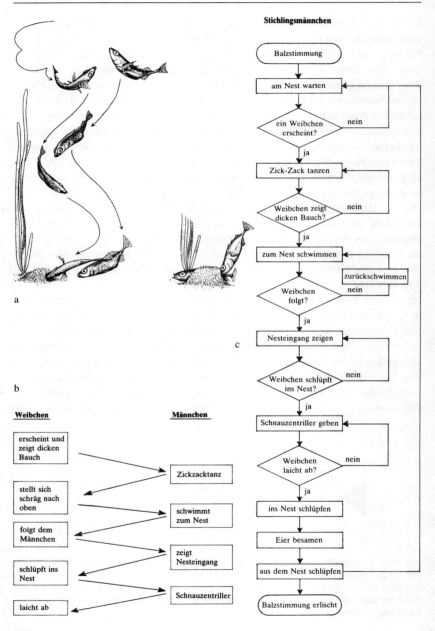

## 9.12 VERWENDEN VON DIAGRAMMEN

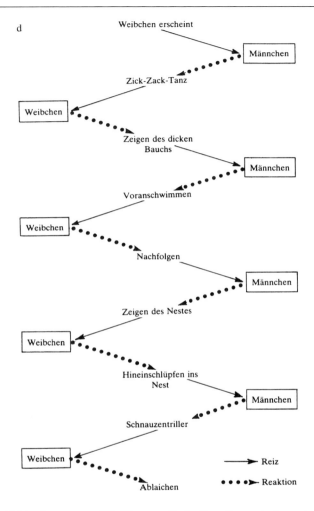

Abb. 9-12: Abfolgediagramme und Flußdiagramm (in den Darstellungen ist davon abgesehen, daß das Balzverhalten des Stichlings nicht so eindeutig fixiert ist, wie es die isolierte Handlungskette nahelegt). a) Bildliches Diagramm (nach *Tinbergen* 1952). b) Abfolgediagramm. Jeder Pfeil bedeutet die Relation: »darauf folgt ...«. c) Differenziertes Abfolgediagramm (Programm). Ovale Kästen: Anfangs- bzw. Endglied; eckige Kästen: Befehlsglieder; Rhomben: Entscheidungsglieder. Das Verhaltensprogramm des Weibchens kann in gleicher Weise dargestellt werden. d) Flußdiagramm (nach *Kattmann/Palm/Rüther* 1983). Die vom Reiz-Reaktionsschema abgeleitete Darstellung zeigt das Ineinandergreifen von Reaktionen und Auslösern deutlicher als das üblicherweise verwendete Abfolgediagramm.

Informationsströme, die eingehenden Reize (»input«) und die erfolgenden Reaktionen (»output«) werden entsprechend als Pfeile gezeichnet. In der Sekundarstufe I ist es günstig, die Pfeile für Reize und die für Reaktionen zu unterscheiden. Dies kann dadurch geschehen, daß der Reaktionspfeil gepunktet wird (vgl. *Meyer* 1979). Außerdem wird meist das aufnehmende Sinnesorgan als Halbkreis oder als nach innen gerichtetes Dreieck symbolisiert. In die »black box« können auch die Informationsströme im Organismus eingetragen werden.

Durch das Hintereinanderschalten mehrerer Reiz-Reaktionsdiagramme können Handlungsketten, die zwischen mehreren Individuen ablaufen, dargestellt werden.

Sehr **komplexe Block- und Flußdiagramme** sind in der Kybernetik zur Darstellung bestimmter Typen von Regelprozessen üblich. Derartige Diagramme können auch zur Darstellung von Stoffkreisläufen (Energieströmen und Biomasseströmen) in der Ökologie verwendet werden. In diesen komplexen

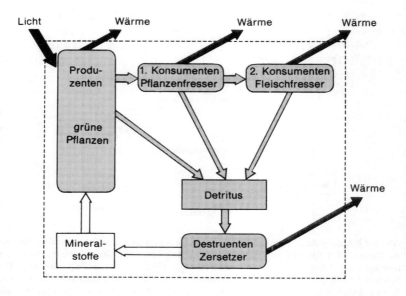

Abb. 9-13: Komplexes Flußdiagramm. Modell des Stoffkreislaufs und des Energieflusses in Ökosystemen (zur Differenzierung der Pfeile und Kästen s. Text; aus *Eschenhagen/Kattmann/Rodi* 1991, 73)

kybernetischen und ökologischen Diagrammen sollten die Pfeile entsprechend den unterschiedlichen Strömen differenziert gezeichnet werden: Informationsströme als einfache Pfeile; Masseströme und Energieströme als breite Pfeile; Masseströme als nicht ausgefüllte Pfeile; Energieströme als breite ausgefüllte (schwarze, an der Tafel: weiße) Pfeile; Energieströme, die an Masseströme gekoppelt sind (z. B. Biomasseströme), als graue (an der Tafel: schraffierte) Pfeile. Bei der Darstellung der Blöcke im Ökosystemdiagramm empfiehlt sich eine Differenzierung der organismischen Teile (Produzenten, Konsumenten, Reduzenten), bei denen die Blöcke abgerundet werden, von den nichtlebenden Teilen (Detritus, Nährstoffvorräte etc.), die als (eckige) Kästen gezeichnet werden.  ● 9-13

## 9.12.6 Diagramme zur Genealogie und Genetik

In der Genetik sind besondere Diagrammtypen üblich, die von der Symbolik der bisherigen Diagrammtypen abweichen.
Besonders in der Humangenetik werden **Familiendiagramme** (sogenannte ● 9-14 a
Stammbäume) verwendet. In ihnen werden Frauen durch Kreise, Männer durch Kästchen symbolisiert, Personen unbekannten Geschlechts werden durch einen Rhombus symbolisiert. Merkmalsträger werden durch ausgefüllte Personensymbole gekennzeichnet (●; ■). Abstammungsverhältnisse werden durch Striche angegeben: Eltern werden durch waagerechte, Eltern und Kinder durch senkrechte Striche verbunden. Geschwister werden durch waagerechte Striche verknüpft, die sich senkrecht verzweigen. Alle anderen Verwandt-

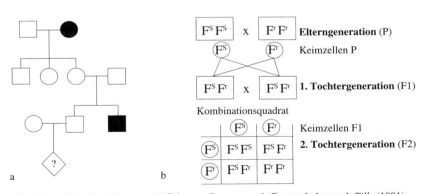

Abb. 9-14: a) Familiendiagramm; b) Erbgangsdiagramm mit Gensymbolen nach *Tille* (1991)

schaftsbeziehungen ergeben sich aus der Stellung des Personensymbols im Diagramm. Familiendiagramme mit Angabe der Merkmalsträger erlauben Schlüssse auf den Erbgang eines Merkmals.

9-14 b ● In Kreuzungs- oder **Erbgangsdiagrammen** wird die Verteilung der Allele bei der Fortpflanzung und damit das statistische Auftreten von Merkmalen im Erbgang simuliert. Dazu werden die Allele in Körperzellen und Keimzellen symbolisiert. Im Standardfall ist die Eltergeneration für die betrachteten Merkmale reinerbig. Die statistische Häufigkeit der Merkmale in der 2. Tochtergeneration ergibt sich aus den Anteilen im Kombinationsquadrat.

Besonders wichtig ist die Form der in Erbgangsdiagrammen und Familiendiagrammen verwendeten **Gensymbole**. Die übliche Form von Groß- und Kleinbuchstaben hat mehrere Nachteile: Sie ist ungeeignet für Fälle, in denen mehr als zwei Allele vorkommen; die Groß-und Kleinschreibung suggeriert, daß die Allele dominant bzw. rezessiv seien, während dies nur für die Merkmale zutrifft; es gibt keine Abkürzung für das rezessive Allel. Diese Nachteile werden vermieden, wenn man einem Vorschlag von *Rolf Tille* (1991) folgt und zur Symbolisierung jeweils zwei Buchstaben verwendet: einen Großbuchstaben, der den Genort symbolisiert (z. B. F für den Genort für das Merkmal »Farbe«) und jeweils einen Indexbuchstaben für das Allel, das die jeweilige Merkmalsausprägung bewirkt (z. B. S für »schwarz« als dominantes Merkmal; r für rot als rezessives Merkmal). Mit diesen Gensymbolen wird vermieden, für Merkmale und Gene dieselben Symbole zu verwenden (wie es z. B. bei den AB0-Blutgruppen üblicherweise geschieht) und so wird auch dem Mißverständnis vorgebeugt, die Gene seien verkleinerte Eigenschaftsträger (vgl. *Hedewig/Kattmann/Rodi* 1999).

### 9.12.7 Darstellung von Regelungssystemen

Unter Regelung wird ein Verhalten verstanden, bei dem ein System sich selbst so steuert, daß nach einer Einwirkung der vorherige Zustand mindestens einer Größe (»Normalzustand«) annähernd oder vollständig wiederhergestellt wird (vgl. *Hassenstein* 1977). Kybernetisch definiert, ist Regelung die Selbststeuerung mit negativer Rückwirkung (»Regelkreis«, vgl. *Schaefer* 1972 b). Im Biologieunterricht werden hauptsächlich drei Bereiche von Regelungen
9-15 ● beschrieben, und zwar die Regulation
... des Verhaltens;
... des Stoff- und Energiewechsels;
... des ökologischen Gleichgewichts und des Populationswachstums.

## 9.12 VERWENDEN VON DIAGRAMMEN

Ziel der **Regelkreisdarstellung** ist es meist, möglichst alle Regelungsphänomene zu beschreiben. Diese kybernetischen Diagramme stellen die Strukturübereinstimmungen von Systemen heraus, deren Elemente dennoch ganz verschieden sein können. Die kybernetischen Diagramme beschreiben also die den verschiedenen Systemen zugrundeliegenden allgemeinen Strukturen und machen so das Verhalten dieser Systeme auf einer abstrakten Ebene vergleichbar. Darin liegt ihre hauptsächliche didaktische Funktion (vgl. *Schaefer* 1972 a; b; 1978 b; *Bayrhuber* 1974; *Högermann* 1989 b; *Kattmann* 1990).
Von verschiedenen Autoren wurden jedoch z. T. sehr unterschiedliche Regelkreis-Diagramme vorgeschlagen (vgl. *Eschenhagen/Kattmann/Rodi* 1985, 261 ff.). Die wesentlichen Unterschiede beruhen darauf, daß die Diagramme an verschiedenen Spezialfällen der Regelung entwickelt wurden und daher nur diese völlig zutreffend abbilden. So zeigt sich bei der Anwendung kybernetischer Diagramme sehr bald ein grundsätzliches Problem: Die an technischen Systemen gewonnenen kybernetischen Vorstellungen werden häufig unkritisch auf Steuerungs- und Regulationsvorgänge bei Organismen und anderen Biosystemen übertragen, ohne daß dabei die Grenzen und die Angemessenheit der Übertragung genügend beachtet werden. Insbesondere wurde auch versucht, ganz verschiedenartige Vorgänge mit ein und demselben Diagrammtyp zu beschreiben, obgleich dieser Voraussetzungen enthält, die für einen Teil der Regelungsprozesse gar nicht zutreffen. In diesen Fällen wird also eine Strukturgleichheit von Systemen suggeriert, die gar nicht oder nicht vollständig vorhanden ist.

Die meisten Regelkreisdiagramme sind **Flußdiagramme**, also Blockdiagramme, deren Blöcke »Bauglieder« und deren Pfeile »Ströme« symbolisieren. Diese Diagramme setzen in ihrer Symbolik also immer die Existenz von Baugliedern im Regelungssystem voraus.
Dennoch ist in der fachwissenschaftlichen und fachdidaktischen Literatur häufig der Versuch zu finden, derartige Regelkreis-Flußdiagramme auf Vorgänge in Ökosystemen anzuwenden. Die Autoren übersehen dabei, daß die in ihren Diagrammen vorausgesetzten Bauteile (Glieder) und auch getrennte Informationsbahnen (also von Masse- und Energieströmen getrennte Informationsströme, Nebenströme) in Ökosystemen nicht vorhanden sind (vgl. *Schaefer/Bayrhuber* 1973).
Um diese Gefahr zu vermeiden, ist bei der Verwendung aller Regelkreis-Diagramme besonders deren Anwendungsbereich genau zu beachten.
Dabei zeigt sich, daß alle Flußdiagramme – einschließlich der an technischen Modellen entwickelten eigentlichen kybernetischen Darstellungen – nur Spe-

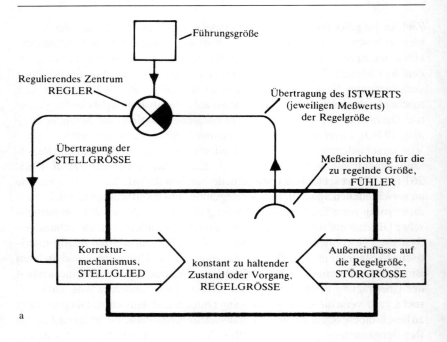
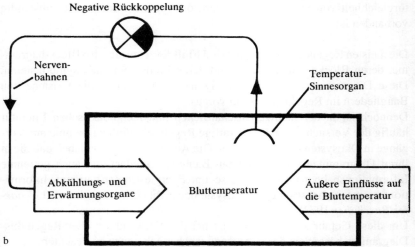

Abb. 9-15: Regelkreis-Flußdiagramm nach *Hassenstein* (1977; mehrere Abbildungen kombiniert)
a) allgemeines Diagramm; b) Diagramm zur Temperaturregulation bei warmblütigen Tieren

zialfälle beschreiben, da sie Ströme von Informationen sowie von Energie bzw. Masse abbilden. Allgemeine Regelkreisdiagramme bilden dagegen Relationen ab (Abfolgediagramme, Pfeildiagramme).
Von den verschiedenen Flußdiagrammen sind für die Zwecke des Biologieunterrichts von mehreren Autoren unterschiedliche Varianten entwickelt worden. Von diesen wird das Diagramm von *Hassenstein* (1977) besonders häufig verwendet. ●9-15
Während die Informationsübertragungs- und Reaktionsmechanismen in diesem Diagramm differenziert erfaßt werden, wird die Regelgröße einfach als eine Zustandsgröße behandelt, die auf einem bestimmten Wert konstant oder annähernd gleich zu halten ist. Diese Beschreibung paßt gut für Verhaltensreaktionen (Gleichgewichtsregulation, Pupillenregelkreis, Orientierungsreaktionen; vgl. z. B. *Probst* 1973), weniger gut jedoch für physiologische Regelungsprozesse. So wird bei der Wärmeregulation die Zustandsgröße »Temperatur« eingesetzt. Die Regelung erfolgt jedoch über Wärmeströme und Wärmeabströme. Mit der statisch gedachten Zustandsgröße wird die Dynamik der Regelung bei physiologischen Prozessen nicht erfaßt.
Für die Regelung des Stoff- und Energiewechsels sollte daher prinzipiell von den Verhältnissen bei **Durchflußsystemen** ausgegangen werden (vgl. *Kattmann* 1980 c; 1990). In einem Durchflußsystem kann sich allein durch Wechselwirkungen zwischen den Größen ein Fließgleichgewicht einstellen. Das System der Wechselwirkungen in einem solchen Durchflußsystem kann in technischen Systemen oder im Organismus durch Rückkoppelungsmechanismen ergänzt werden. Ein solches Kombinat aus Fließgleichgewicht und homöostatischer Regelung durch Rückkoppelungsmechanismen (Servomechanismen) wird als **»homöostatisch gesichertes Fließgleichgewicht«** bezeichnet (*Kattmann* ●9-16 1980 b; 1990). Dem entspricht das für dieses Regelungssystem entwickelte Flußdiagramm. Wesentlich in der Darstellung des Diagramms ist der das System in einer Richtung durchfließende Hauptstrom. So bleibt auch in der Regelkreisdarstellung die Vorstellung vom Fließgleichgewicht erhalten.
Während bei allen von technischen Regelungssystemen abgeleiteten Regelkreisdiagrammen davon ausgegangen wird, daß Einflüsse auf die Regelgröße »Störgrößen« darstellen, veranschaulicht das Diagramm des homöostatisch gesicherten Fließgleichgewichts, daß in Biosystemen die Einströme und Ausströme als solche keine Störungen sind, sondern daß sie im Gegenteil zur Erhaltung des organismischen Fließgleichgewichts unbedingt notwendig sind (vgl. die Anwendungen des Diagramms bei *Hedewig* 1990 a, 22; *Eschenhagen/ Kattmann/Rodi* 1995, 165 ff.). Grundlegend ist dabei, daß den Schülern nicht ein statisches, sondern ein dynamisches Bild der Vorgänge im Organismus

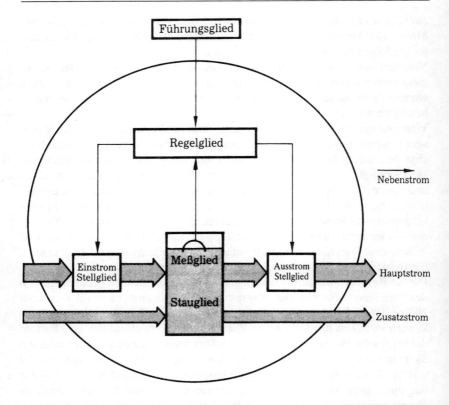

Abb. 9-16: Flußdiagramm des homöostatisch gesicherten Fließgleichgewichts (nach *Kattmann* 1980 c). Die Terminologie richtet sich im wesentlichen nach den von *Gerhard Schaefer* (1972 a) systematisch gewählten Bezeichnungen. Es werden unterschieden:
... Bauteile (»Glieder«): Meß-, Regel-, Stau-, Führungs-, Stellglieder (dargestellt als Blöcke);
... Nebenstrom: steuernder Informationsstrom (dargestellt durch dünne Pfeile), der Informationen über »Werte« zwischen den Bauteilen überträgt: Ist-, Soll-, Stellwerte;
... Hauptstrom: gesteuerter Energie- oder Massestrom. Im Hauptstrom werden Flußgrößen unterschieden: Haupteinstromgröße, Einstromstellgröße, Ausstromstellgröße, Hauptausstromgröße (dargestellt mit breiten Pfeilen) sowie eine Zustandsgröße: die Staugröße (oder Regelgröße) (dargestellt als Säule im Stauglied);
... Zusatzstrom: nicht gesteuerter Energie- oder Massestrom.
Die Rückkoppelungsmechanismen können das Durchflußsystem grundsätzlich an zwei Stellen beeinflussen: durch Steuerung der Einstromgröße bzw. der Ausstromgröße. Gesteuert werden durch die Stellglieder zwei Flußgrößen des Hauptstromes: Einstrom- und Ausstromstellgröße. Gemessen und annähernd konstant gehalten wird die Zustandsgröße im Stauglied: die Staugröße. Das homöostatisch gesicherte Durchflußsystem befindet sich immer dann im Fließgleichgewicht, wenn die Werte der Gesamteinstromgröße und der Gesamtausstromgröße gleich sind.

## 9.12 VERWENDEN VON DIAGRAMMEN

vermittelt wird. Andere Regelkreisblockdiagramme sollten daher für Regelungen des Energie- und Stoffwechsels nur dann verwendet werden, wenn auf die Darstellung des Fließgleichgewichts kein Wert gelegt wird.

Allgemein anwendbare Beschreibungsformen für Regelungsprozesse sind die anschaulichen **Abfolgediagramme** nach *Hardin* (1966). Mit ihnen werden ●9-17 Prozesse beschrieben, bei denen nach einer Abweichung der Regelgröße vom

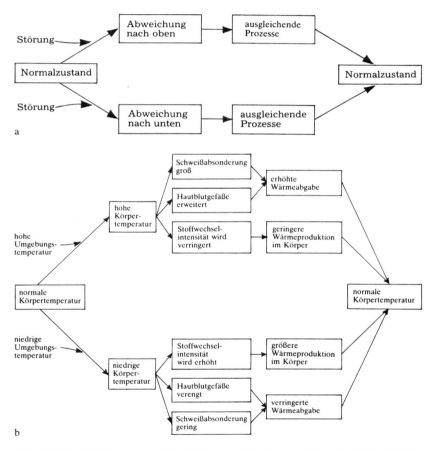

Abb. 9-17: Abfolgediagramm zur Beschreibung von Regelungsvorgängen (nach *Hardin* 1966; verändert). a) allgemeines Diagramm; b) Diagramm der Wärmeregulation im Körper des Menschen (nach *Kattmann/Rüther* 1990)

»Normalzustand« dieser wiederhergestellt wird. Die einzelnen Prozesse sind durch die Relation »darauf folgt ...«, hier in der Regel durch eine Kausalbeziehung, verbunden. Dabei können die Einzelprozesse unterschiedlich sein, je nachdem, ob vom Normalzustand nach »oben« oder »unten« abgewichen wird. Daraus ergeben sich zwei Prozeßfolgen, je eine für die beiden »Störungsfälle«. Dieses Diagramm kann auf alle möglichen Typen und Bereiche von Regelungsprozessen angewendet und dabei sinnvoll differenziert oder erweitert werden. Es lassen sich mit ihm im Bereich des Verhaltens zum Beispiel eine einfache Kompensationsreaktion (z. B. Pupillenregelkreis) oder das komplexe Verhalten einer Eidechse bei der Wärmeregulation beschreiben. Schließlich lassen sich mit demselben Grunddiagramm auch Regelungen von Populationen und ökologischen Gefügen veranschaulichen. Bei der Anwendung des Diagramms auf die Wärmeregulation des menschlichen Körpers wird deutlich, wie das Diagramm für komplizierte Fälle differenziert werden kann (vgl. *Eschenhagen/*

9-17 b ● *Kattmann/Rodi* 1995, 140 ff., 165).

Da die Darstellung mit Hilfe des Diagramms durch Angabe der einzelnen Prozeßschritte stets konkret und anschaulich bleibt, eignet es sich sehr gut zur Einführung in die kybernetische Denkweise. Es ist auch sinnvoll, dieses Diagramm neben den Regelkreis-Flußdiagrammen zu verwenden, da die Schüler durch es dazu angehalten werden, die Einzelprozesse der Regelung jeweils genau zu erfassen und entsprechend auch in das Flußdiagramm einzusetzen. Das Diagramm setzt allerdings voraus, daß auch dann von einem

9-17 a ● »Normalzustand« gesprochen wird, wenn die Regelgröße, wie häufig in physiologischen und ökologischen Prozessen, periodisch um einen Mittelwert schwankt. Mit der Festlegung auf einen Normalzustand wird im Diagramm also von derartigen periodischen Abweichungen abstrahiert.

Im Vergleich zu den Abfolgediagrammen nach *Hardin* haben die **Pfeildia-**
9-18 ● **gramme** nach *Schaefer* (1972 a; vgl. *Bayrhuber/Schaefer* 1980) stärker abstrahierenden Charakter. Die Pfeile symbolisieren jeweils Kausalbeziehungen zwischen Größen und entsprechen damit der allgemeinsten Definition von Steuerung. Im Pfeildiagramm werden positive (fördernde) und negative (hemmende) Kausalrelationen unterschieden:

... Die fördernde Kausalbeziehung wird durch einen Pfeil mit einem Plus-Zeichen angegeben: A wirkt positiv auf B: je größer A, desto größer B; je kleiner A, desto kleiner B.

... Die hemmende Kausalbeziehung wird durch einen Pfeil mit einem Minus-Zeichen gekennzeichnet: A wirkt negativ auf B: je größer A, desto kleiner B; je kleiner A, desto größer B.

## 9.12 VERWENDEN VON DIAGRAMMEN

a) Aufschaukelungskreis

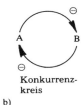
b) Konkurrenzkreis

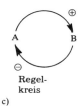
c) Regelkreis

Abb. 9-18: Drei Typen von Kausalkreisen, dargestellt im Pfeidiagramm nach *Schaefer* (1972 a)

Demnach gibt es drei Typen von Kausalkreisen zwischen zwei Größen: ● 9-18
... Das Kombinat zweier positiver Beziehungen heißt »Aufschaukelungskreis«. Die beiden Größen fördern (verstärken) sich gegenseitig. Mit diesem Kausalkreis können z. B. Wachstumsprozesse beschrieben werden.
... Das Kombinat aus zwei negativen Beziehungen heißt »Konkurrenzkreis«. Die beiden Größen hemmen (schwächen) sich gegenseitig. Mit diesem Diagramm können wechselwirkende antagonistische Prozesse beschrieben werden, die zuweilen auch zu einem labilen Gleichgewicht führen können.
... Das Kombinat aus einer positiven und einer negativen Beziehung heißt »Regelkreis«. Mit diesem Diagramm können die Regelungen aller Typen beschrieben werden. Diese haben grundsätzlich die Eigenschaft, daß sich zwischen den Größen ein Gleichgewicht einstellen kann.

Der hohe Abstraktionsgrad, der mit dieser Darstellung erreicht wird, zeigt sich besonders deutlich darin, daß auf diese Weise mindestens drei strukturell **unterschiedliche Typen** von Regelungssystemen gleichartig dargestellt werden:
... Regelungen, die aufgrund von Baugliedern (Rückkoppelungsmechanismen) stattfinden: **homöostatisches Gleichgewicht**, z. B. die Regelung des Wasserstandes im Wasserstandsregelungssystem mit Hilfe von Schwimmern, Ventilen und Hebeln: Die Höhe des Wasserstandes wirkt in diesem Fall über die Bauglieder negativ auf die Größe des Wasserzuflusses.
... Regelungen in einem **Fließgleichgewicht** aufgrund der simultan wirkenden Wechselbeziehungen. Die Höhe der Wassersäule wirkt durch den hydrostatischen Druck positiv auf die Abflußgeschwindigkeit, die Abflußgeschwindigkeit negativ auf die Höhe der Wassersäule.

... Regelungen aufgrund zahlreicher Wechselbeziehungen in einem Stufenbau von Durchflußsystemen, z. B. bei Beziehungen zwischen Populationen in einem Ökosystem: **ökologisches Gleichgewicht**. Die Pfeile im Diagramm stehen dabei nicht für simultan wirkende Größen, sondern für solche, die zeitlich aufeinander folgen, also eigentlich eine Prozeßkette oder »Schraube« darstellen. Die Größe des Hasenbestandes übt erst nach einer zeitlichen Verzögerung eine positive Wirkung auf den Fuchsbestand aus, die dann erst wieder mit einer Verzögerung eine negative Wirkung auf den Hasenbestand haben könnte (von den tatsächlichen ökologischen Beziehungen wird hier abgesehen).

Die skizzierten Strukturunterschiede werden in der abstrakten Pfeildiagrammdarstellung nicht erfaßt. Dieses hohe Abstraktionsniveau hat Schüler und Lehrpersonen und wiederholt auch die Autoren von Unterrichtseinheiten dazu verführt, die Pfeildiagramme allzu schematisch ohne Rücksicht auf die tatsächlich nachweisbaren Kausalgefüge anzuwenden. Dies gilt ganz besonders im ökologischen Bereich, da hier leicht Kausalbeziehungen postuliert werden, die zwar plausibel erscheinen, aber einer genaueren Prüfung nicht standhalten (vgl. *Palm* 1978; *Dulitz* 1990; *Kattmann* 1990; *Bay/Rodi* 1991, 33 ff.).

Die Schwierigkeiten, mit den Pfeildiagrammen nach *Schaefer* komplexes Systemverhalten zu beschreiben, ergeben sich aus der einfachen Tatsache, daß in den Pfeildiagrammen die einzelnen Relationen stets für sich, also als Einzelrelation zwischen zwei Größen betrachtet werden. Die Pfeile stellen Einzelrelationen dar, die dann zu Kausalkreisen, -ketten oder -netzen zusammengefügt werden. Bei vielen Biosystemen gibt es unter wechselnden Bedingungen auch einen Wechsel in den »Systemrelationen«. Die System-Dynamik kann daher mit den Pfeildiagrammen nicht abgebildet werden.

Aufgrund der großen Abstraktheit der Pfeildiagramme und der schwierigen Überlegungen, die für eine angemessene Verwendung von Pfeildiagrammen nach *Schaefer* im Unterricht nötig sind, wird empfohlen, diese frühestens in der 8. Klassenstufe einzusetzen.

---

LITERATUR

*Astolfi/Coulibaly/Host* 1977; *Bay/Rodi* 1991; *Bayrhuber* 1974; *Bayrhuber/Schaefer* 1980; *Dulitz* 1990; *Eschenhagen/Kattmann/Rodi* 1991 ; 1995; *Hedewig/Kattmann/Rodi* 1999; *Hardin* 1966; *Hassenstein* 1977; *Hedewig* 1990 a; *Högermann* 1989 b; *Kattmann* 1980 b; 1990; *Kattmann/Palm/ Rüther* 1982; *Kattmann/Rüther* 1990; 1991; *Leicht* 1981; *Meyer, G.,* 1979; *Miram* 1980; *Palm* 1978; *Probst* 1973; *Schaefer* 1972 a; b; 1978 b; *Schaefer/Bayrhuber* 1973; *Sehmrau* 1980; *Tille* 1991

## 9.13 Mathematisieren

### 9.13.1 Zu Begriff, Sinn und Bedeutung

Mathematisieren besteht im Biologieunterricht darin, biologische Aussagen in mathematische »Sprache« zu übersetzen. Drei Formen sind zu unterscheiden:
... »Formalisierung« der Aussagen in einem eindeutigen Symbolsystem. Zur mathematischen Formalisierung gehören auch die entsprechenden Darstellungen mit Symbolen in »Diagrammen«. ▼ 9.12
... »Quantifizierung« der Aussagen: Darstellung quantitativ erfaßbarer Gesetzmäßigkeiten in Zahlen und Größensystemen, Anwendung von Rechenverfahren.
... »Mathematische Modellierung«: Übersetzung eines umgangssprachlich formulierten Denkmodells in ein mathematisches Modell. Das Modell kann einschließlich der auf der mathematischen Ebene erhaltenen Ergebnisse auf die Problemsituation rückbezogen werden. Mathematische Modellierung spielt insbesondere bei »Computersimulationen« eine große Rolle. ▼ 10.10

Die Schüler sind Mathematisierungen aus dem Physik- und Chemieunterricht gewohnt. Im Biologieunterricht sollte die Mathematisierung aufgrund der besonderen methodischen Voraussetzungen der Biologie weder im gleichen Ausmaß noch in derselben Weise durchgeführt werden wie im Physik- und Chemieunterricht. Sie hat jedoch auch hier den Sinn, die Aussagen auszuschärfen und damit den Schülern schrittweise nahezubringen. Dies führt zu größerer Präzision und Eindeutigkeit der Aussagen und erlaubt die Durchdringung schwer erfaßbarer Zusammenhänge, die in der nicht immer eindeutigen Alltagssprache lange Satzfolgen erfordern würden (vgl. *Murawski/Bedürftig* 1995, 3; *Schönwald* 1996, 259). Die »Modellierung« biologischer Sachverhalte (vgl. *Krainer/Wallner* 1995; *Reck* 1997) ist für die Entwicklung der Sprachkompetenz bedeutsam (vgl. *Schaefer* 1997, 42). Dabei ist die Darstellung von biologischen Sachverhalten zunächst aus der Alltagssprache in die Fachsprache der Biologie und dann in die Formalsprache der Mathematik zu übersetzen, die als Metasprache für alle Fachsprachen verstanden wird (vgl. Stellungnahme ... 1996, 40 f.). Auch bei der Rückinterpretation der Ergebnisse in die Alltagssprache sind sprachliche Leistungen zu erbringen. ▼ 9.9
Mathematisierung sollte jedoch auf diejenigen biologischen Bereiche beschränkt bleiben, in denen sie das Verständnis der Sachverhalte erleichtert, ohne den Blick auf andere Sichtweisen und Darstellungsmöglichkeiten zu verbauen (vgl. *Bantje* 1979; *Weninger* 1981; *Meyer* 1988; *Reck* 1997 a).

## 9.13.2 Durchführung im Unterricht, Beispiele

Grundlegend für eine sachlich und didaktisch angemessene Mathematisierung ist die Hinführung der Schüler zu einer **exakten Formalisierung**. Dies gilt auch in jenen Bereichen, in denen eine Mathematisierung üblich ist, aber meist in unbefriedigender Weise durchgeführt wird.
Die übliche Form der Hardy-Weinberg-Formel
AA : Aa : aa = $p^2$ : 2pq : $q^2$
ist zum Beispiel deshalb unkorrekt, weil im ersten Teil nicht Erbanlagenpaare, sondern deren Anzahlen gemeint sind. Anzahlen werden durch den Buchstaben »N« gekennzeichnet, die Erbanlagenpaare müssen daher im Index stehen:
N(AA) : N(Aa) : N(aa) = $p^2$ : 2pq : $q^2$.
Berücksichtigt man, daß nur die fortpflanzungsfähigen (ff) erwachsenen (adulten, ad) Individuen erfaßt werden dürfen, so erhält die Formel die mathematisch korrekte Form (*Weninger* 1981,159 f.):
N(ff, ad, AA) : N(ff, ad, Aa) : N(ff, ad, aa) = $p^2$ : 2pq : $q^2$.
Was bei der genauen Formulierung der Hardy-Weinberg-Formel auf den ersten Blick wie ein übertriebener Formalismus aussehen mag, ist in Wirklichkeit die Voraussetzung für eine exakte und klare Einsicht in das Modell der erbkonstanten Bevölkerung, das durch die Formel beschrieben wird.

**Mathematische Modelle** sind als Denkmodelle für die »Modellierung« durch die Schüler und für das Arbeiten mit »Modellen« bedeutsam. Die theoriebestimmten Eigenschaften von Modellen sind beim mathematischen Modellieren besonders klar erkennbar. Die mathematische Modellierung erlaubt nicht nur Prognosen über das zukünftige Verhalten eines Biosystems, sondern kann auch tiefere Einsichten in wesentliche Systemzusammenhänge vermitteln. Zusammen mit der Simulation im Computer eröffnen sie ein neuartiges Lern- und Experimentierfeld im Biologieunterricht (vgl. *Pfligersdorffer* 1997; *Reck* 1997 a; b).

Eine mathematische Behandlung bietet sich bei den folgenden biologischen **Themen** besonders an:
... Bereits auf der Sekundarstufe I kann das Prinzip der »Oberflächenvergrößerung« mit einfachen mathematischen Methoden (z. B. Zerschneiden eines Würfels, Berechnung der Oberflächen) veranschaulicht werden (vgl. *Siedentop* 1972, 38; *Tille* 1996; 1997). Die mathematische Bestätigung ist hier auch deshalb angebracht, weil es sich bei der Oberflächenvermehrung um ein bei Organismen vielfach vorzufindendes Prinzip handelt.

## 9.13 MATHEMATISIEREN

... Bei ökologischen Untersuchungen zum Thema Wald als Lebensgemeinschaft (Ökosystem) kann die »Höhenbestimmung« zur Ermittlung der Schichtung des Waldökosystems mit Hilfe der Strahlensätze durchgeführt werden. Dies kann mit einer Latte erfolgen, die als Mittel zur Peilung verwendet wird (vgl. *Zender* 1997, 49; *Beuthan* 1996, 105).

... Ebenfalls beim Thema Wald kann eine Reihe von Sachverhalten mit den Mitteln der Mathematik erarbeitet werden, z. B. Wasseraufnahmefähigkeit des Bodens und Versiegelung, Begradigung von Flüssen und deren Auswirkungen, Waldschadensstatistik, Ozonalarm (vgl. *Klimmek* 1996; *Winter* 1996; *Böhm* 1996).

... Schon auf der Sekundarstufe I sollte (ohne mathematische Ableitung) ein Verständnis für Normalverteilung und Interpretation der Gaußschen Glockenkurve erreicht werden, um die Variabilität quantitativ erfaßbarer Merkmale in Populationen beschreiben zu können. Auf der Sekundarstufe II können weitere biometrische Methoden angewandt werden (vgl. *Stengel* 1975; *Strick* 1983; *Meyer* 1988).

... In der Sekundarstufe I und II sind die Zahlenverhältnisse der Kombinatorik bei der Anwendung der »Mendelschen Regeln« von Bedeutung (vgl. *Heiligmann* 1978). In der Sekundarstufe II ist besonders eine mathematisch einwandfreie Ableitung und Anwendung der »Hardy-Weinberg-Formel« sinnvoll (vgl. *Schrooten* 1978; *Weninger* 1981). Nach der Ableitung kann das Hardy-Weinberg-Dreieck als Nomogramm eingeführt und zur weiteren Interpretation genutzt werden (vgl. *Knievel* 1983). Diese Kenntnisse sind dann Voraussetzung dafür, auch Heterozygotenvorteil und Fragen zur populationsgenetischen Wirksamkeit von eugenischen Programmen angemessen zu behandeln (vgl. *Kattmann* 1991 c). Bei allen komplexen Simulationen ist bei diesen Themen der Computer einzusetzen.   10.10 ▼

... Zum angemessenen Verständnis von »Wachstumsprozessen« sollten in der Sekundarstufe II die zugrundeliegenden mathematischen Funktionen besonders behandelt werden (vgl. *Harbeck* 1976; *Winter* 1994). Dies gilt sowohl für das Wachstum von Organismen und die dort zu beobachtende Allometrie wie auch für Bevölkerungswachstum und »Populationsdynamik« (vgl. *Schaefer* 1976 b; *Timischl* 1979; *Bantje* 1979; *Krumwiede* 1988 a; *Opitz* 1996; *Knauer* 1997; *Reck/Franck* 1997 a; b; *Reck/Wielandt* 1997).

... In der Verhaltenslehre können spieltheoretische Modelle zum Verständnis von Verhaltensstrategien beitragen (vgl. *Maier* 1994).

... Auch wenn die mathematischen Grundlagen nur teilweise zu vermitteln sind, so verhelfen die Konzepte des Fraktals und des kreativen Chaos doch entscheidend zu einem zutreffenden Verständnis der »Musterbildung« bei

Organismen (vgl. *Krumwiede* 1988 b; *Schlichting* 1992; 1994; *Reck/ Miltenberger* 1996; *Reck* 1997 b; *Komorek/Schnegelberger/Duit* 1998).

Zur Einführung in die Mathematik gibt es mehrere Lehrbücher für Biologen (vgl. z. B. *Bach* 1989; *Riede* 1992).

## 9.14 Sammeln und Ausstellen

### 9.14.1 Zu den Begriffen

Als **Sammeln** wird das Zusammentragen von Gegenständen bezeichnet. Sammeln gehört zu den ursprünglichsten Tätigkeiten des Menschen (Sammeln von Nahrung) und ist auch Teil des naturwissenschaftlichen Forschens. In Wissenschaft und Unterricht geht es aber nicht nur um das Zusammentragen einer möglichst großen Anzahl von Einzelobjekten, sondern auch um die Auswahl und das Ordnen des Sammelgutes nach bestimmten Kriterien. Geordnete Sammlungen, die anderen Menschen zugänglich gemacht werden, heißen »Ausstellungen«.

Sammeln und Ausstellen sind Tätigkeiten, die eng aufeinander bezogen sind: Das Sammeln dient als Vorbereitung für das Ausstellen, und Ausstellungen sind ohne vorhergehendes Zusammentragen von Gegenständen nicht denkbar. Dieser Abschnitt ist dem Sammeln und Ausstellen in der Schule gewidmet. Ausstellungen, die nicht von Schülern gestaltet werden, finden sich vor allem in Museen.

12.5 ▼ Die Wahl der Sammelobjekte richtet sich nach den Interessen der Schüler und nach den didaktischen Absichten der Lehrkraft, vor allem dann, wenn gezielt auf eine geplante Ausstellung hin gesammelt wird.

---

LITERATUR
*Bach* 1989; *Bantje* 1997; *Baumert/Lehmann* u. a. 1997; *Beuthan* 1996; *Böhm* 1996; *Erklärung* ... 1997; *Harbeck* 1976; *Heiligmann* 1978; *Kattmann* 1991 c; *Klimmek* 1996; *Knauer* 1997; *Knievel* 1983; *Komorek/Schnegelberger/Duit* 1998; *Krainer/Wallner* 1995; *Krumwiede* 1988 a; b; *Maier* 1994; *Meyer* 1988; *Murawski/Bedürftig* 1995; *Opitz* 1996; *Peitgen* 1994; *Pfligersdorfer* 1997; *Reck* 1997 b; *Reck/Franck* 1997 a; b; *Reck/Miltenberger* 1996; *Reck/Wielandt* 1997; *Riede* 1992; *Schaefer* 1976 b; 1997; *Schlichting* 1992; 1994; *Schönwald* 1996; *Schrooten* 1978; *Siedentop* 1972; *Stellungnahme* 1996; *Stengel* 1975; *Strick* 1983; *Tille* 1996; 1997; *Timischl* 1979; *Weninger* 1981; *Winter* 1994; 1996; *Zender* 1997

Nach der Zielsetzung kann man die folgenden Typen von **Ausstellungen** unterscheiden:
»Kurzzeitausstellungen« als kleinere, regelmäßig wechselnde Ausstellungen können von der Lehrkraft allein oder – besser – durch sie und einige Schüler in Gemeinschaftsarbeit vorbereitet werden. Meist betreffen sie nur ein eng begrenztes Thema. Beispiele: Ausstellung von Pflanzen für Kennübungen mit Hilfe eines Pflanzentisches (Formenkenntnis). Ausstellung zum Thema »Luftverschmutzung«, z. B. geschädigte Zweige von Bäumen und Sträuchern, Fotos und Graphiken (Umwelterziehung).
»Langzeitausstellungen« als kleinere Ausstellungen, die längere Zeit ohne Wechsel bestehen bleiben, wie beispielsweise Vivarien. Die in ihnen gehaltenen Tiere wecken durch ihr Erscheinungsbild, unterschiedliches Verhalten und durch ihre Entwicklung immer wieder neues Interesse bei den Schülern.
»Sonderausstellungen« können Ergebnisse beinhalten, die in einer Arbeitsgemeinschaft oder im Projektunterricht zu bestimmten Themen erarbeitet wurden. Wenn im Schullandheim einzelne Gruppen Detailprobleme erforscht haben, ist es sinnvoll, diese den anderen Teilnehmern mit Hilfe kleiner Ausstellungen zugänglich zu machen.
»Große Ausstellungen« umfassen meist mehrere Räume mit verschiedenen Themen und sind im allgemeinen für die Öffentlichkeit bestimmt. Sie sollen die Eltern und andere interessierte Erwachsene über die biologische Arbeit an der Schule informieren und haben daher ihre besondere Bedeutung anläßlich eines »Tages der offenen Tür«.

### 9.14.2 Sinn und Bedeutung

Das **Sammeln** ist für den Biologen eine grundlegende Arbeitsweise. Die Biologielehrkraft nutzt mit ihr das Interesse der Schüler am Sammeln für den Lernprozeß im Biologieunterricht. Das wird nur dann voll gelingen, wenn die Biologielehrkraft den Schülern zu erkennen gibt, daß sie deren Sammeltätigkeit schätzt, und wenn sie im Unterricht genügend Zeit zur Verfügung stellt, daß die von Schülern mitgebrachten Gegenstände betrachtet, besprochen und eventuell auch ausgestellt werden können. Durch das Suchen von Naturobjekten, das genaue Beobachten, Vergleichen, Bestimmen und Ordnen werden manuelle und geistige Fähigkeiten der Schüler gefördert. Sammeln ermöglicht ein Einleben in den Formenschatz der Natur, erweitert die Artenkenntnis und bahnt ein Verständnis für Ordnungsprinzipien und systematische Zusammenhänge an. Die Schüler gewinnen zu den von ihnen gesammelten Objekten ein

persönliches Verhältnis, da jedes einzelne Stück etwas Besonderes darstellt und ihre Funde oft mit Erlebnissen verknüpft sind.
Über die Förderung biologischer Arbeitsweisen hinaus werden auch allgemeine Eigenschaften gestärkt, wie Aufmerksamkeit, Ordnungssinn, Ausdauer, Gewissenhaftigkeit, Sachlichkeit, Urteilsfähigkeit, Hingabe an eine Aufgabe. Im Normalfall legen Schüler eine Sammlung für sich selbst an; oft stellen sie besonders schöne Sammlungsstücke in ihrem eigenen Zimmer aus. Man kann Schüler aber auch dazu anregen, beim Aufbau einer Arbeitssammlung in der Schule oder bei der Vorbereitung einer Ausstellung mitzuwirken.

Der wesentliche Wert des **Ausstellens** in der Schule liegt in der aktiven Mitwirkung der Schüler an der Gestaltung. Dadurch wird das Interesse am Biologieunterricht gefördert. Die Schüler identifizieren sich mit »ihrer Ausstellung« und sind stolz auf ihr gemeinsames Werk. Durch den regelmäßigen Umgang mit den Ausstellungsobjekten wird auch ein Wissenszuwachs erreicht. Neben den beim Sammeln bereits geübten Arbeitsweisen lernen die Schüler, Ausstellungen zu planen und zu gestalten. Dabei spielen ästhetische Aspekte eine wichtige Rolle. Die Schüler sind gezwungen, die Ausstellung inhaltlich und von der Darstellung her so zu gestalten, daß jeder Betrachter das Anliegen versteht. Bei der Gestaltung einer Ausstellung verfolgen Lehrpersonen und Schüler ein gemeinsames Ziel. Dabei ist gegenseitige Hilfe nötig. Durch die Zusammenarbeit wird das persönliche Kennenlernen in besonderer Weise gefördert. Aber auch für diejenigen Schüler, die sich nicht an der Vorbereitung beteiligt haben, ist eine Ausstellung von Bedeutung:
... Sie kann den Unterricht vorbereiten, indem sie bestimmte Probleme aufwirft und das Interesse der Schüler an den Unterrichtsinhalten weckt.
... Sie kann der Wiederholung dienen, indem die im Unterricht verwendeten Gegenstände für ein längeres und intensiveres Betrachten für einige Zeit zur Verfügung gestellt werden (vgl. *Sturm* 1972; *Grupe* 1977, 280; *Forster* 1978). Die Schüler können sich zum Beobachten der Objekte beliebig viel Zeit lassen. Außerdem besteht die Möglichkeit des Vergleichens verschiedener Anschauungsmittel zu demselben Thema.
... Sie kann den Unterricht ergänzen, indem zusätzliche Objekte zur Anschauung gebracht werden und dadurch eine Transferleistung gefördert wird.

Umfangreiche empirische Untersuchungen über die Wirksamkeit von Ausstellungen bei Schülern liegen nicht vor. *Sturm* (1972) hat in einigen einfachen Untersuchungen gezeigt, daß Ausstellungen für die Wiederholung und Vertiefung bedeutsam sind.

Trotz der dargestellten Vorzüge werden biologische Ausstellungen in der Schule nur selten durchgeführt. Zur Begründung wird oft angegeben, die zusätzliche Arbeit würde sich nicht lohnen, und zwar besonders dann nicht, wenn ein Museum, ein Zoo oder ein Botanischer Garten in der Nähe sind. Bei dieser Begründung werden die besonderen Funktionen und der spezifische Wert schulischer Ausstellungen unterschätzt und demzufolge nicht beachtet.

**9.14.4 Zur Durchführung , Beispiele**

Beim **Sammeln** sollten die folgenden Hinweise beachtet werden:
... Wesentlich für den Erfolg der Sammeltätigkeit ist die Berücksichtigung der Naturräume und Jahreszeiten (vgl. *Siedentop/Flindt* 1978).
... Für eine Dauersammlung sollten nur leicht zu bearbeitende, einfach zu konservierende und gut aufzubewahrende Objekte gesammelt werden. Pflanzen und Pflanzenteile sind frisch in eine Pflanzenpresse einzulegen und nach dem Trocknen sorgfältig aufzubewahren. Schädel- und Skeletteile werden von Fleischresten, Vogelnester und Gewölle vor der Einordnung in die Sammlung von Milben und Insekten befreit.
... Pflanzen sollten nicht ausgerissen, sondern sorgfältig abgepflückt oder abgeschnitten werden.
... Bei allen Sammlungsobjekten ist es wichtig, den Namen des Objekts, eventuell die Zugehörigkeit zu einer taxonomischen Gruppe (Familie, Ordnung) und zu einer Lebensgemeinschaft, das Funddatum und den Fundort anzugeben.
... Die Schüler dürfen auf keinen Fall zum Töten von Tieren angeleitet werden (z. B. nicht Schnecken, sondern nur leere Schneckenhäuser sammeln).
... Geschützte Pflanzen und Tiere sind als solche zu kennzeichnen und dürfen nicht gesammelt werden (Naturschutzbestimmungen beachten).
... Wollen Schüler eine eigene Sammlung anlegen, sollte man sie dazu anhalten, nicht wahllos zu sammeln, sondern sich auf ein Gebiet (z. B. Schnecken oder Muscheln oder Zapfen) zu spezialisieren.

Folgende **Themen** eignen sich besonders für das Sammeln durch die Schüler:
... Morphologische und systematische Sammlungen: Blütenpflanzen im Herbar, Blattformen, Zweige und Knospen, Samen, Früchte und Zapfen, Borkenstücke, Holzschliffe, Pilze (Exsikkate), Moose, Flechten, auf Papier aufgezogene Algen; Schädel von Schlachttieren und von Wild, Abwurfstangen, Schneckengehäuse, Muschelschalen;

## 9 FACHGEMÄSSE ARBEITSWEISEN

... Sammlungen nach ökologischen Gesichtspunkten: Pflanzen mit Insekten- und Windbestäubung, Frühblüher, Schutt-, Wiesen-, Waldpflanzen, Ackerwildkräuter, Wasser,- Feuchtland- und Trockenlandpflanzen; Fraßspuren von Nagern und Insekten, Gewölle;

... geologisch-paläontologisch-bodenkundliche Sammlungen: Fossilien, Gesteinsarten, Bodentypen;

... aktuelle Themen: Abbildungen, Zeitungsberichte, statistische Angaben.

Beim **Ausstellen** wird in der Planungsphase das Thema erarbeitet, und es werden Überlegungen angestellt, für wen, an welchem Ort, für welchen Zeitraum und mit welchen Mitteln die Ausstellung vorbereitet werden soll.

»Ort«: Ist die Ausstellung nur für eine kleinere Gruppe gedacht, so wird sie im Klassenzimmer aufgebaut. Soll sie für die ganze Schule bedeutsam werden, so wird man sie vor dem Fachraum aufbauen. Noch besser ist eine zentrale Aufstellung in der Eingangshalle.

In Kleinbehältern können Austellungsstücke – in Freiarbeit – als »Kistenmuseen« gestaltet werden (vgl. *Nottbohm* 1996).

»Dauer«: Eine Wechselausstellung sollte den Schülern Gelegenheit geben, die Objekte mehrmals in Ruhe anzuschauen. Dazu ist ein Zeitraum von etwa vier bis sechs Wochen angebracht. Wenn die Ausstellung länger dauert, haben sich die Schüler an sie gewöhnt, und das Interesse läßt nach. Die Dauer der Ausstellung hängt auch von der Wahl der Objekte ab. Blumen eines Pflanzentisches muß man spätestens nach acht Tagen ersetzen, oder man sollte die Ausstellung wechseln. Wenn die Ausstellung für einen längeren Zeitraum bestehen bleiben soll, wird man auch die Darstellung und Beschriftung sorgfältiger wählen als bei einer Kurzzeitausstellung.

9-5 ♦ »Unterbringung der Ausstellungsobjekte«: Vitrinen sind meist für eine Betrachtung von verschiedenen Seiten gedacht. Dazu eignen sich besonders manche Präparate und räumliche Modelle. Das Anbringen von größeren Texten ist dort nicht so günstig. Schaukästen mit Glasschiebetüren sind für die Betrachtung von einer Seite zugänglich. Wenn sie im Zusammenhang mit dem Biologieraum oder der Biologiesammlung stehen, können sie von dort aus bedient werden. Die Kombination eines Tisches mit einer Korkstecktafel und evtl. mit einer Neonröhre mit Blendschutz am Oberrand der Korktafel bietet vielfältige Möglichkeiten der Ausstellung. Von Vorteil ist, daß die auf dem Tisch gezeigten Gegenstände von verschiedenen Seiten betrachtet und auch sehr verschiedene Anschauungsmittel verwendet werden können. Lebende Objekte lassen sich leicht versorgen. Nachteilig ist, daß die Objekte nicht geschützt sind. Bei empfindlichen Gegenständen sind ein Hinweisschild oder

## 9.14 SAMMELN UND AUSSTELLEN

| MEDIEN | BEISPIELE/ANMERKUNGEN |
|---|---|
| **Lebende Pflanzen** | Topfpflanzen, Schnittpflanzen übersichtlich beschriften, bei längerer Ausstellungsdauer regelmäßig auswechseln |
| **Lebende Tiere** | Fische, Lurche, Kleinsäuger, Insekten bei sachgemäßer Unterbringung und sorgfältiger Pflege hoher Ausstellungswert |
| **Experimente** | Keimversuche, Wasserleitung und Transpiration bei Pflanzen, Photosynthese Beschriftung und evtl. Protokolle erforderlich |
| **Präparate** | |
| Trockenpräparate | Herbarbögen, Skelette, Insekten sicher unter Glas oder in Vitrinen, Glaskästen unterbringen |
| Flüssigkeitspräparate | Entwicklungsstadien, innere Organe bruchsicher in Vitrinen unterbringen |
| Kunstharzeinschlüsse | gegen Entwendung sichern |
| **Modelle** | |
| statische Modelle | Morphologie: Blütenmodelle, DNA-Modelle |
| dynamische Modelle | Funktionen: Kiemenmodelle, Atmungsmodelle |
| **Bilder** | Fotos, Kunstwerke, Diagramme, Tabellen Mindestgröße, Farben, bei Texten Schriftgröße, Lesbarkeit und Länge beachten |

Tabelle 9-5: Die Eignung verschiedener Medien für Ausstellungen (nach *Forster* 1978, 74, verändert)

ein Extrabehälter angebracht. Pflanzenausstellungen können mit tragbaren Pflanzentischen leicht auf- und abgebaut werden (vgl. *Linder* 1950; *Witte* 1967,143 ff.; *Sturm* 1972, 220; *Gleisl* 1978, 244).

»Ausstellungsgegenstände«: Um eine Ausstellung abwechslungsreich und interessant zu gestalten, empfiehlt sich eine sinnvolle Kombination verschiedener Objekte. Wenn die Ausstellungsbedingungen es zulassen, haben lebende vor toten Organismen und tote Lebewesen vor Nachbildungen den Vorzug. Modelle sind wegen ihrer räumlichen Struktur besser geeignet als Skizzen. Besonders attraktiv sind Funktionsmodelle, vor allem dann, wenn sie auch in Funktion gezeigt werden können (vgl. *Schulz zur Wiesch* 1972).

»Gestaltung der Ausstellung«. Oberster Grundsatz für eine Ausstellung ist: Beschränkung statt Fülle. Das Thema der Ausstellung muß durch eine entsprechend große und prägnante Überschrift deutlich sichtbar sein. Es empfiehlt sich, ein Objekt als Blickfang aufzustellen, das durch Farbe, Form, Größe oder Beliebtheit das Interesse auf sich zieht. Auch die vergleichende Gegenüberstellung von Anschauungsmitteln kann einen solchen Anziehungspunkt bilden. Es sollte eine klare Gliederung der Ausstellung erkennbar sein. Unterschiedliche Schriftfarben oder Hintergrundfarben können Hinweise für zusammengehörige Teile geben. Von Schülern erstellte Zeichnungen können die Aussagen der Exponate verdeutlichen (vgl. *Borsum* 1987, 44; *Meyer* 1994).

Als **Themen** für Schulausstellungen werden vorgeschlagen:
... Ausstellungen von Pflanzen und Pilzen nach systematischen oder ökologischen Gesichtspunkten (frische Exemplare oder Herbarmaterial);
... Tiermonographien, Tiergruppen: Maulwurf, Spechte, Nagetiere, Insekten;
... Angepaßtheiten bei Tieren: Land-, Flug- und Wassertiere;
... Lebensgemeinschaften: Wiese, Acker, Wald, Hecke, Gewässer;
... Vivarien: Kleinsäuger, Fische, Amphibien, Reptilien, Insekten;
... Artenschutz: Nistkastenaktion, Bilder geschützter Pflanzen oder Tiere, Plakate/Poster; Untersuchung eines Naturschutzgebietes;
... Umweltschutz: Luftreinhaltung, Gewässerschutz;
... Menschenkunde: Der Sehvorgang, Atmung, Verdauung;
... Gesundheitserziehung: Gefährdung durch Rauchen, Drogen, Herzinfarkt;
... Allgemeine Biologie: Die Zelle, Photosynthese.

## 9.15 Pflegen von Pflanzen und Tieren

### 9.15.1 Zum Begriff

Bei der Pflanzen- und Tierpflege geht es grundsätzlich um eine längerfristige Beschäftigung mit lebendigen Organismen. Im allgemeinen handelt es sich um Individuen in ihrer Ganzheit; nur beim Treiben abgeschnittener Baum- oder Strauchzweige, bei der vegetativen Vermehrung und bei Gewebekulturen pflegt man Teile von Organismen.
Statt des Ausdrucks »Pflege« wird häufig die Bezeichnung »Haltung« gebraucht. Durch die Verwendung des Begriffs »Pflege« soll betont werden, daß es sich in der Schule niemals nur um das Bereithalten oder Bereitstellen von

---

LITERATUR
*Borsum* 1987; *Brucker/Flindt/Kunsch* 1995; *Forster* 1978; *Geschwentner* 1996; *Gleisl* 1978; *Grupe* 1977; *Kühn* 1981; *Kuhn/Probst/Nogli-Izadpanah* 1993; *Linder* 1950; *Lütke* 1973; *Meyer, K. O.*, 1994; *Nottbohm* 1996; *Schulz zur Wiesch* 1972; *Siedentop/Flindt* 1978; *Sturm* 1972; *Witte* 1967

Untersuchungsmaterial handelt bzw. handeln sollte, sondern immer um eine aktive Zuwendung, die von einer bestimmten Einstellung zu Pflanzen und Tieren bestimmt wird (vgl. *Winkel* 1978 a; 1987).

Das Pflegen geht – auch im Bereich der Schule – häufig über in das Vermehren von Lebewesen. Deutlicher gegen das Pflegen abgrenzbar ist das Züchten, d. h. das auf eine Veränderung der Pflanzen oder Tiere gerichtete Vermehren. In der Schule spielt eine solche zielgerichtete Vermehrung vorwiegend im Bereich der Vererbungslehre eine Rolle.

»Werden an einer Schule Tiere an einer separaten Örtlichkeit (Freigehege, Tierraum) für den Einsatz im Unterricht aller Klassen gehalten, kann man diese Einrichtung als 'Schulzoo' bezeichnen« (*Verfürth* 1987 a, 105; vgl. 1986). Die bisher vorliegenden Berichte über Erfahrungen mit Schulzoos klingen vielversprechend (vgl. *Peukert* u. a. 1987).

### 9.15.2 Sinn und Bedeutung

Das Pflegen von Pflanzen und Tieren kann als diejenige Arbeitsweise bezeichnet werden, die allein dem Biologieunterricht zukommt. Beobachten, Untersuchen oder Experimentieren, die Durchführung von Exkursionen oder die Behandlung von Filmen haben auch in anderen Fächern eine wesentliche Bedeutung; aber in keinem anderen Fach gibt es Elemente, die der Pflanzen- und Tierpflege vergleichbar sind. Eine Grundaufgabe des Biologieunterrichts besteht darin, den Schülern ein unmittelbares, tätiges Umgehen mit Pflanzen und Tieren zu ermöglichen. Die Erfüllung dieser Aufgabe wird dadurch erschwert, daß viele Lebewesen in der freien Natur nur zu bestimmten Zeiten und an bestimmten (oft vom jeweiligen Schulort weit entfernten) Orten zu finden sind. Dadurch ist es gerade im Biologieunterricht sehr schwierig, den beiden berechtigten Forderungen - Auseinandersetzung mit den lebenden Objekten selbst und langfristige Planung - gerecht zu werden. Hier bietet sich oft das Pflegen von Lebewesen als Ideallösung an (vgl. z. B. *Bunk/Tausch* 1980).

Die Pflanzen- und Tierpflege dient gleichzeitig dem Bestreben, die Umwelt der Schüler mit Lebendigem anzureichern. Immer stärker wird (auch von Nichtbiologen) die Verarmung der natürlichen Umwelt in Stadt und Land empfunden. Immer deutlicher muß deshalb die Forderung erhoben werden, daß die Schule auch in dieser Hinsicht eine gewisse Ausgleichsfunktion übernimmt. Eine Schule, deren Gelände mit verschiedenartigen Bäumen, Sträuchern und Stauden bepflanzt ist und in der ständig Pflanzen und Tiere gepflegt werden, kann auch in einer biologisch wenig anregenden Umgebung den Schülern wichtige Erfahrungen vermitteln, die im außerschulischen Bereich nicht mehr oder nur in eingeschränktem Ausmaß gewonnen werden können.

Tiere und Pflanzen, die für die Behandlung im Unterricht bereitgehalten werden, fordern spezifische Pflegemaßnahmen. Weil sie auf Gedeih und Verderb ihrem Pfleger ausgeliefert sind, verpflichten sie Lehrer und Schüler zu intensiver Zuwendung (vgl. *Hemmer* 1977). Es ist ein weiteres Ziel der Pflanzen- und Tierpflege in der Schule, den Schülern die Umweltansprüche der verschiedenen Tiere und Pflanzen deutlich werden zu lassen. Hier ist eine besonders günstige Gelegenheit, durch direkte Erfahrung Einblick in die Lebensgewohnheiten von Organismen zu gewinnen. Die Motivation zum Gewinnen solcher Einsichten ist stark, denn gerade dort, wo sich ein Mensch verantwortlich fühlt für ein anderes Lebewesen, wird er bestrebt sein, diesem das Leben in Gefangenschaft erträglich zu machen.

Die Pflanzen- und Tierpflege bietet viele Möglichkeiten, Fragen der Beziehung zwischen verschiedenen Lebewesen und zwischen Lebewesen und unbelebter Umwelt zu behandeln. Sie dient damit der von vielen Biologiedidaktikern als besonders wichtige Aufgabe des Biologieunterrichts angesehenen Förderung des Verständnisses ökologischer Zusammenhänge. Bei der Pflege von Tieren können die Schüler zudem Beobachtungen anstellen, die wesentliche ethologische Einsichten vermitteln.

Eine pädagogisch bedeutsame Frage ist, ob die Schüler durch das Pflegen von Tieren und Pflanzen emotional so beeinflußt werden können, daß sie allmählich eine fürsorgliche Haltung allem Lebendigen, also auch dem Mitmenschen gegenüber, gewinnen. Zu diesem schwierigen Problem gibt es verständlicherweise keine statistisch abgesicherten Aussagen. Es ist wohl kaum zu bestreiten, daß sich Kinder bei der selbständigen Betreuung von Tieren und Pflanzen in verantwortlichem Handeln üben und daß sich diese Übung positiv auf Einstellungen und Haltungen auswirken kann (vgl. *Bretschneider* 1994 b). Auch soziales Verhalten wird durch das Pflegen gefördert, etwa dann, wenn beispielsweise eine Schülergruppe die Verantwortung für ein Vivarium übernommen hat und sich nun darum bemüht, die beste Form der Pflege zu finden. Gesunde Pflanzen und gut gepflegte Vivarien bieten einen ästhetischen Anblick und können auch vielen an der Pflege nicht Beteiligten Freude bereiten. Außerdem fördern sie die Interessen der Schüler an biologischen Sachverhalten (vgl. *Gehlhaar/Klepel* u. a. 1997). Die Lehrperson sollte auch diese Komponente der Pflege von Lebewesen bedenken.

Schließlich hat das Pflegen von Pflanzen und Tieren ein unmittelbar pragmatisches Ziel. Durch die in der Schule gewonnenen Erfahrungen und Erkenntnisse sollen die Schüler in die Lage versetzt werden, Pflanzen und Tiere auch zu Hause sachgemäß zu pflegen (vgl. *Stephan* 1970, 529). Unter den Händen von Kindern sterben auch heute noch Tausende von Tieren, weil zwar ein Interesse für diese Tiere vorhanden ist, aber das Wissen um deren Umweltansprüche und die Ausdauer und Übung für eine lang anhaltende Pflege fehlen.
Positive Erfahrungen aus der Schulzeit können auch dazu beitragen, daß später im Erwachsenenalter Tier- oder Pflanzenpflege als Hobby betrieben wird.
Außerschulische Einrichtungen, zum Beispiel Botanische Gärten und Schulbiologiezentren, können nur zum Teil das Pflegen von Lebewesen in den einzelnen Schulen ersetzen, weil ein langfristiges unmittelbares Beschäftigen der Schüler mit den Tieren nicht möglich ist.   ▼ 12

### 9.15.3 Zur Durchführung, Beispiele

**Voraussetzungen**
Das Pflegen von Pflanzen und Tieren in der Schule ist eine besonders komplexe und verantwortungsvolle Aufgabe, die im Vergleich zu anderen Arbeitsformen des Biologieunterrichts an viele Voraussetzungen gebunden ist:
... Gesetzliche Regelungen müssen beachtet werden (vor allem Naturschutz-, Tierschutz- und Pflanzenschutzbestimmungen und Erlasse zur Tierhaltung in der Schule (vgl. *Clausnitzer* 1982; *Gospodar* 1983; *Pauksch* 1987; *Winkel* 1987; *Wagener* 1992, 174 f.; BAGUV 1995).
... Charakteristisch für das Pflegen ist der Bedarf an geeigneten Behältern bzw. Freiflächen.   ▼ 11.2
... Der Pflanzenpflege dienen Anzuchtschalen, Blumentöpfe oder -kästen, Zimmergewächshäuser, Freiflächen im Schulgelände und Schulgärten.
... Für die Tierpflege benötigt man die verschiedensten Vivarien: Käfige, Aquarien, Terrarien, Aquaterrarien, Insektarien (Spezialtypen: Bienenkästen, Formicarien für Ameisen), die eine artgemäße Unterbringung der Lebewesen gestatten, ohne daß diese das sonstige Geschehen in der Schule negativ beeinflussen (z. B. durch Geräusche oder Gerüche).
... Die Pflege erfordert ständig den Einsatz von finanziellen Mitteln (z. B. für Blumenerde, Düngemittel, Einstreu, Futter).
... Es muß sichergestellt sein, daß die Lebewesen auch während der Ferienzeiten angemessen betreut werden (durch den Hausmeister, die Lehrperson oder freiwillig helfende Schüler).

… Es muß geklärt sein, was mit den Tieren geschehen soll, die nach einer gewissen Zeit der Pflege in der Schule nicht weiter verwendet werden können (vor allem in der Schule geborene Jungtiere, aber auch Alttiere).

Diese starke Voraussetzungsgebundenheit ist sicher mit dafür verantwortlich, daß keineswegs an allen Schulen Pflanzen und Tiere gepflegt werden. Nach einer umfangreichen Erhebung von *Klaus Dumpert* (1976, 103) werden an 49% bis 65% der bundesdeutschen Schulen irgendwelche lebenden Organismen gehalten, und zwar »am häufigsten ... Blütenpflanzen ..., dann andere Pflanzen, Fische, Amphibien, Einzeller, Insekten, Säuger, Vögel, Reptilien, Mollusken, Krebse und schließlich andere ... Wirbellose«. Nach einer weiteren Untersuchung scheint eine positive Korrelation zwischen der Häufigkeit der Tier- und Pflanzenhaltung und der Medienausstattung der Schulen zu bestehen (vgl. *Meffert* 1980,12).

**Kriterien für die Auswahl, Pflegemaßnahmen**
Für die Auswahl der Pflanzen und Tiere gilt, daß Lebewesen, die in der Schule gepflegt werden, biologisch vielseitig interessant sein sollen, sich leicht und billig auch in größerer Anzahl halten lassen sollen, nicht zu hohe Ansprüche an die Pflegefähigkeit und Pflegezeit des Betreuers stellen dürfen, nicht viel Platz und möglichst keine Spezialräume erfordern sollen und den Schulbetrieb nicht durch laute Geräusche oder unangenehmen Geruch stören dürfen (vgl. *Winkel* 1970 a, 26). Im einzelnen ist die Auswahl von den Zielen abhängig, zu denen die Lebewesen gehalten werden sollen. In vielen Fällen geht es vorwiegend um das Bereithalten von Pflanzen und Tieren zur Demonstration bestimmter Bau- und Funktionsmerkmale oder zur Durchführung physiologischer und ethologischer Experimente (vgl. *Hallmen* 1997 a).

In anderen Fällen ist der Hauptzweck die Anreicherung der Schule mit Lebendigem, an dem sich alle Mitglieder der Schule erfreuen können. Im allgemeinen wird man anstreben, beides miteinander zu verbinden, z. B. indem man die Tiere aus »Schau-Vivarien« unter speziellen Fragestellungen in den Biologieunterricht einbezieht und außerdem durch eine sorgfältige Beschriftung dafür sorgt, daß mit dem Betrachten dieser Tiere auch ein möglichst großer Lerneffekt verbunden ist, oder indem man die »Versuchstiere« gelegentlich auch für die Schulöffentlichkeit ausstellt.

Im einzelnen werden Tiere und Pflanzen zur Haltung empfohlen, die sich im Unterricht lohnend einsetzen lassen (vgl. *Bay/Brenner* 1984; *Winkel* 1987; 1990 b; *Winkel/Fränz* 1990). Auch manche Pilze eignen sich zur Kultivierung in der Schule (vgl. *Reiß* 1987; *Probst* 1993).

## Pflege

Tiere aus der freien Natur sollten in der Regel nur eine gewisse Zeit im Biologiefachraum gehalten werden. Da viele Arten unter Naturschutz stehen, sind die Naturschutzbestimmungen zu beachten. Tierarten, die in der Schule gehalten werden, sollten schonend und möglichst vielseitig im Unterricht eingesetzt werden können (vgl. *Bay/Renner* 1984; *Winkel* 1987). Die folgenden Hinweise zur Pflege von Tieren lassen sich leicht auch auf die Pflanzenpflege übertragen.

Dem Anfänger sei empfohlen, mit einfachen Möglichkeiten der Tierpflege zu beginnen und erst später, wenn er Erfahrungen gewonnen hat, zu schwierigeren Formen überzugehen. Relativ einfach ist die Verwendung von Käfigen für Kleinsäuger und von Aquarien für Fische, Amphibien und Wasserinsekten (Larven). Auch die Einrichtung von Insektarien zur Haltung von Grillen oder Stabheuschrecken kann Anfängern uneingeschränkt empfohlen werden.

**Käfige** für Kleinsäuger werden in Fachgeschäften in verschiedener Größe und Ausstattung angeboten. Grundsätzlich sollte man die Käfige etwas größer wählen, als sie für die betreffende Tierart empfohlen werden; denn es geht in der Schule nicht um Massenhaltung von Tieren unter wirtschaftlichen Bedingungen, sondern darum, den Tieren so günstige Lebensbedingungen zu bieten, daß sie ihr arteigenes Verhaltensrepertoire möglichst uneingeschränkt zeigen. Diesem Ziel dienen auch die sonstigen Pflegemaßnahmen. Zwar wird heute für jede »gängige« Kleinsäugerart ein Standardfutter angeboten, häufig in Form von Preßlingen; aber in fast allen Fällen erweist es sich als günstig, Tieren größere Abwechslung zu bieten, vor allem durch Zufüttern von frischem, vitaminreichem Gemüse und Obst. Über die jeweilige »Idealkost« kann man sich leicht durch Nachschlagen in der Spezialliteratur (z. B. Hefte der »Lehrmeister-Bücherei«) informieren. Auch in bezug auf die Ausstattung des Käfigs mit Spiel- und Bewegungsgeräten und auf die Reinigung sollte man lieber zu viel als zu wenig Aufwand treiben.

Bei der Einrichtung von **Aquarien** (vgl. *Dombrowsky* 1977; *Hähndel* 1979; *Kühn* 1981; *Siemon* 1982 a; b; *Aßmann/Bollmann/Gärtner* 1987; *Brucker/Flindt/Kunsch* 1995) sollte man auf jeden Fall an Interesse von Schülern als angehenden Aquarianern anknüpfen (vgl. *Hauschild* 1997). Die technischen Hilfsmittel, die Fachgeschäfte bereithalten, wird man ebenfalls nutzen. Zwar ist es erstrebenswert, ein Kaltwasseraquarium so zu gestalten, daß sich in ihm ein gewisses Gleichgewicht zwischen den Wasserpflanzen als Sauerstoffspendern und den Tieren als Sauerstoffverbrauchern einstellt, aber diese

Absicht ist nicht leicht zu verwirklichen. Sehr empfehlenswert ist deshalb eine Filteranlage, weil sie das Wasser reinigt und belüftet, so daß ein Aquarium wochenlang ohne Wasserwechsel in Betrieb gehalten werden kann. Auch empfiehlt sich die Anschaffung einer Kunstlichteinrichtung und diese mit einer Schaltuhr zu kombinieren, die über Nacht die Beleuchtung automatisch für einige Stunden ausschaltet. Im Fachhandel sind auch Futterautomaten erhältlich, die es gestatten, ein Aquarium einige Tage lang sich selbst zu überlassen.
In vielen Fällen wird es nicht möglich sein, ein Vivarium mit der ganzen Klasse gemeinsam einzurichten - so wünschenswert das auch sein mag. Günstig ist es, wenn die Lehrperson zusammen mit einigen interessierten Schülern demonstriert, welche Einrichtungsgegenstände und Arbeitsschritte zur sachgemäßen Einrichtung notwendig sind.
Im Schulgelände können auch pflegeleichteNutztiere wie Hauskaninchen und Haushühner gehalten werden (vgl. *Wolf/Stichmann* 1996).

**Betreuung durch Schüler**
Die laufende Betreuung von Vivarien sollte von regelmäßig wechselnden Schülergruppen vorgenommen werden, die einander nach einem vorher festgelegten »Pflegeplan« ablösen (vgl. *Hallmen* 1997 a). Beim Aufstellen des Planes sind mehrere, gelegentlich widerstreitende Forderungen zu berücksichtigen. Zum einen muß eine gute Betreuung der Tiere sichergestellt sein; zum zweiten sollten viele Schüler an der Tierpflege beteiligt werden; zum dritten sollte dafür gesorgt werden, daß die Schüler sich mit ihrer Aufgabe identifizieren und einen gewissen Erfolg ihrer Bemühungen erkennen können. Folgende Lösung wird den verschiedenen Forderungen am ehesten gerecht:
... Die Klasse wird in Pflegegruppen eingeteilt; jede Gruppe umfaßt drei bis vier möglichst unterschiedlich interessierte und erfahrene Schüler. Jede Gruppe ist im Laufe des Schuljahres einmal, und zwar drei bis fünf Wochen lang, für die Pflege eines Vivariums verantwortlich.
... Jede Gruppe führt während ihrer Pflegeperiode ein Protokoll über Veränderungen an dem betreffenden Vivarium bzw. an den Tieren. Wenn die Vivarien nicht sowieso in das Unterrichtsgeschehen einbezogen werden, berichtet jede Gruppe mindestens einmal über »besondere Ereignisse« (z. B. Geburten, Todesfälle, Krankheiten).

Entscheidend wichtig für die optimale Auswertung von Vivarien und die angemessene Pflege der Vivarientiere ist die **Beschriftung**. Sie umfaßt zum einen die Beschreibung der im Vivarium gehaltenen Tier- und Pflanzenarten, zum anderen Hinweise zu den Haltungsbedingungen und Pflegemaßnahmen.

## 9.15 PFLEGEN VON PFLANZEN UND TIEREN

Für die Beschriftung wird am besten fester weißer Karton verwendet, der in Plastiktaschen geschoben wird. Während es günstig ist, alle Angaben zu den Pflegemaßnahmen auf einem Stück Karton zusammenzufassen, empfiehlt es sich, für jede gehaltene Tier- bzw. Pflanzenart einen eigenen Bogen zu verwenden. Bei jeder Veränderung in der Besetzung eines Vivariums braucht man dann nur die eine oder andere Artbeschreibung auszuwechseln. So kann man auch die »Steckbriefe der Arten« für eine spätere Verwendung aufheben. Die »Artbeschreibungen« können die folgenden Informationen enthalten:
... eine Abbildung der betreffenden Art, evtl. Weibchen und Männchen;
... eindeutige Namen (deutsch und /oder wissenschaftlich);
... systematische Zugehörigkeit (Familie, Ordnung, Klasse, evtl. Stamm);
... Merkmale (Form, Farbe, Maximalgröße, Geschlechtsmerkmale);
... geographische Verbreitung (evtl. mit Kartenskizze);
... Umweltansprüche (Kennzeichen des Lebensraumes, z.B. in Bezug auf Ernährung, Umgebungstemperatur, pH-Wert des Wassers);
... Besonderheiten der Lebensweise (z.b. Sozialverhalten, Fortpflanzungsverhalten, Ei- bzw. Jungenanzahl, Höchstalter, Geschlechtsreife);
... Fortpflanzung in Gefangenschaft (Anzahl der im Vivarium geborenen Jungtiere, Daten der Eiablage und des Schlüpfens der Jungen bzw. der Geburt).

Die Angaben zur »Haltung und Pflege« sollten umfassen:
... Umgebungstemperatur, pH-Wert des Wassers;
... Ernährung (z. B. Häufigkeit der Fütterung, Futtermenge, Art des Futters – Lebendfutter, Trockenfutter);
... Häufigkeit sowie Art und Weise der Reinigung des Vivariums;
... Angaben zu technische Einrichtungen (z. B. Angaben zur Beleuchtungszeit pro Tag, zur Art und Leistung der Filteranlage).

---

**LITERATUR**
*Aßmann/Bollmann/Gärtner* 1987; BAGUV 1995; *Bay/Brenner* 1984; *Bretschneider* 1994 b; *Brucker/Flindt/Kunsch* 1995; *Bunk/Tausch* 1980; *Clausnitzer* 1982; *Dombrowsky* 1997; *Dumpert* 1976; *Gehlhaar/Klepel* u. a. 1997; *Gospodar* 1983; *Hauschild* 1997; *Hähndel* 1979; *Hallmen* 1997a; *Hemmer* 1977; 1978; *Kühn* 1981; *Meffert* 1980; *Pauksch* 1987; *Peukert* u. a. 1987; *Reiß* 1987; *Siemon* 1982 a; b; *Stephan* 1970; *Verfürth* 1986; 1987 a; b; *Wagener* 1992; *Winkel* 1970 a; 1978 a; 1987; 1990 b; *Winkel/Fränz* 1990; *Wolf/Stichmann* 1996

# 10 Medien

## 10.1 Allgemeines

### 10.1.1 Zum Begriff

Man unterscheidet zwischen Massenmedien, z. B. Zeitung, Rundfunk, Fernsehen (vgl. *Halbach/Maschwitz* 1975; *Halbach/Gahl* 1982), und **Unterrichtsmedien**. Die letzteren vermitteln Informationen, die im Unterricht für die Lehr- und Lernprozesse relevant sind (z. B. Schulbuch, Arbeitstransparent, Schulfernsehen).

Im Bereich der Mediendidaktik wird der Begriff »Medien« sehr unterschiedlich verwendet (vgl. *Staeck* 1980, 7; *Knoll* 1981, 1; *Hedewig* 1993 a). *Günther Dohmen* (1973, 5) definiert »Medien« allgemein als »Träger und/oder Vermittler von Informationen«. Diese Auffassung ist sehr weit, denn sie betrachtet sogar Lehrpersonen und Schüler, sofern sie Informationen zum Unterricht beisteuern, als Medien. Manche Autoren (vgl. z. B. *Ostertag/Spiering* 1975, 5; *Brucker* 1976) teilen diese weite Auffassung; sie unterscheiden zwischen personalen Medien (Bewegung, Gestik, Mimik und Sprache von Lehrenden, Mitschülern und sonstigen Gesprächspartnern) und apersonalen (nichtpersonalen) Medien. Die meisten Biologiedidaktiker betrachten Lehrpersonen und Schüler als eigenständige Faktoren des Unterrichts (vgl. *Schaefer* 1971 b; *Memmert* 1977, 105; *Staeck* 1980, 26; *Knoll* 1981 b). Lehrpersonen und Schüler werden im folgenden nicht zu den Medien gerechnet.

Die Einteilung der Medien kann nach dem Grad der Abstraktion (Realität, Nachbildung, Abbildung, Schema, Symbol), nach der Sinnesmodalität oder nach der Herstellungs- und Verwendungsart erfolgen (vgl. *Memmert* 1975, 59; 1977, 108; *Ostertag/Spiering* 1975, 5; *Brucker* 1976; *Knoll* 1981). Die Medien sind aber zum Teil so komplex, daß eine Systematisierung nach sehr vielen Gesichtspunkten möglich ist.

Häufig werden Medien durch die **Sinneskanäle** charakterisiert, die sie ansprechen. Die »auditiven Medien« (z. B. Hörfunk, Schallplatten- und Kassettenwiedergabe) werden nur mit dem Gehör, die »visuellen Medien« (z. B. Arbeitstransparent, Dia, Stummfilm) nur mit dem Gesichtssinn erfaßt. Es sind »Einkanal-Systeme«. Die »audiovisuellen Medien« (AV-Medien, z. B. Tonbildreihe, Tonfilm, Fernsehen) werden mit zwei Sinnen erfaßt: »Zweikanal-Systeme«. Obwohl Fotogramme, Fotografien, Poster und Wandbilder zu den visuellen Medien gehören, werden sie in Darstellungen über V-Medien im

## 10.1 ALLGEMEINES

allgemeinen nicht berücksichtigt. Neben dem visuellen Kanal (Gesichtssinn) und dem auditiven Kanal (Gehörsinn) spielen im Biologieunterricht der haptische (taktile Sinn, Tastsinn) und der olfaktorische Kanal (Geruchssinn) sowie der Geschmackssinn eine wichtige Rolle.

Bedeutsam ist die Unterscheidung von Primär- und Sekundärerfahrung. Von **Primärerfahrung** der Wirklichkeit spricht man, wenn Schüler mit ihren Sinnen unmittelbar oder durch Geräte, die die Leistung der Sinnesorgane erweitern (z. B. Lupe, Mikroskop, Mikroprojektion, Fernglas, Stethoskop), mittelbar mit den Gegenständen in Kontakt treten (vgl. *Bay/Rodi* 1978).

Bei der **Sekundärerfahrung** erfolgt die Information nicht unmittelbar vom Naturgegenstand aus, sondern über Nachbildungen, Abbildungen, Schemata oder Symbole. Sekundärerfahrung ist meist eine durch die Art der Vermittlungsinstanz – des Mediums – »gefilterte Erfahrung«.

Primär- und Sekundärerfahrungen sind nicht scharf zu trennen, sondern bilden ein spannungsvolles Kontinuum. Dementsprechend lassen sich die Medien in der Spannung zwischen Primärerfahrung mit den »Originalen« und der Sekundärerfahrung mit den »Abbildern« anordnen.   ● 10-1

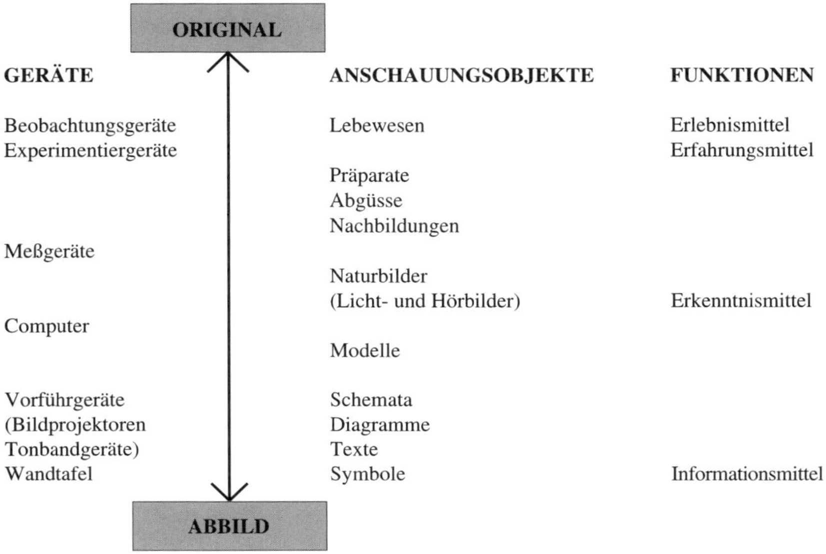

| GERÄTE | ORIGINAL ↑↓ ABBILD | ANSCHAUUNGSOBJEKTE | FUNKTIONEN |
|---|---|---|---|
| Beobachtungsgeräte Experimentiergeräte | | Lebewesen | Erlebnismittel Erfahrungsmittel |
| | | Präparate Abgüsse Nachbildungen | |
| Meßgeräte | | | |
| | | Naturbilder (Licht- und Hörbilder) | Erkenntnismittel |
| Computer | | Modelle | |
| Vorführgeräte (Bildprojektoren Tonbandgeräte) Wandtafel | | Schemata Diagramme Texte Symbole | Informationsmittel |

Abb. 10-1: Medien des Biologieunterrichts, geordnet nach der Stellung zwischen Original und Abbild

Dieser Spannungslinie lassen sich auch die **Geräte** zuordnen. Geräte, mit deren Hilfe Informationen vermittelt werden, spielen im Biologieunterricht eine wichtige Rolle. »Beobachtungsgeräte« und »Experimentiergeräte« unterstützen die Gewinnung von Primärerfahrungen. Das Experiment selbst ist kein Medium, sondern eine Methode zur Erkenntnisgewinnung.
»Vorführgeräte« (hardware, z. B. Diaprojektor, Filmprojektor, Tonkassetten und Videorecorder, Computer) vermitteln über verschiedene Informationsträger (software, z. B. Diskette, Film, Dia) Sekundärerfahrung.
»Naturbilder« sind zweidimensionale Momentaufnahmen eines Ausschnittes der Wirklichkeit. Sie lassen die Individualität des Objekts noch erkennen. Während *Wolfgang Memmert* (1975, 62) unter der Bezeichnung »Abbildungen« nur visuelle Medien ohne Bewegung versteht, werden bei anderen Autoren (z. B. *Ostertag/Spiering* 1975) darunter auch auditive Medien verstanden.
»Schemata« und »Symbole« in Form von graphischen Zeichen und Farbdarstellungen abstrahieren von allen individuellen, nebensächlichen Merkmalen und stellen nur typische, repräsentative, übertragbare Züge des Objekts dar (vgl. *Memmert* 1975, 63). »Diagramme« sind graphische Darstellungen, die mathematische oder logische Größen enthalten. Sie haben insofern Modellcharakter. Mit Hilfe des Computers und entsprechender Programme können Simulationsmodelle dokumentiert werden. In »komplexen Medien« werden Naturbilder, Texte und Schemata kombiniert verwendet. So kann man auf Arbeitstransparenten, in Schulbüchern, Filmen und Lernspielen z. B. Naturgegenstände und Diagramme abbilden sowie Texte verwenden.
Ein Kombinat verschiedener Medien wird als »Medienverbundsystem« bezeichnet.

## 10.1.2 Sinn und Bedeutung

Medien spielen eine entscheidende Rolle für die Gestaltung des Unterrichts (vgl. *Schulz* 1977, 23, 34 ff.). Sie sind nicht nur schmückendes Beiwerk und Ergänzung, sondern konstitutives Element des Unterrichts. Allerdings sollte beachtet werden, daß sich der Medieneinsatz nicht gegenüber anderen Methodenentscheidungen verselbständigt. In diesem Sinne stellt *Hilbert Meyer* (1993, 36 f.) heraus: »Der Begriff Medium ist eine Theoriefalle. Was im Unterricht als Zweck und Mittel zu betrachten ist, ist eine Frage der Perspektive. ... Medien sind keine 'Selbst-Lehrsysteme', die den Lehrer ersetzen, sondern Lehr- und Lernhilfen, die mit möglichst viel methodischer Phantasie verlebendigt werden müssen«. »Unterrichtsmedien sind 'tiefgefrorene' Ziel-,

## 10.1 ALLGEMEINES

Inhalts- und Methodenentscheidungen. Sie müssen im Unterricht durch das methodische Handeln von Lehrern und Schülern wieder 'aufgetaut' werden« (*Meyer* 1987 a, 150). In diesem Buch wird daher der Umgang mit einigen Medien primär unter methodischem Aspekt als »Arbeitsweisen« behandelt. ▼9

Nach der **Funktion im Lernprozeß** kann man die Medien ebenfalls in Spannung zwischen Original und Abbild gruppieren. Grundsätzlich sind zwei Gruppen zu unterscheiden (vgl. *Memmert* 1975; *Knoll* 1981):
... Medien, die den Schülern neue bzw. differenziertere Erfahrungen vermitteln, dienen als »Erlebnis-« und »Erfahrungshilfen« (z. B. lebende Organismen, Naturfilme, Geräte zur Beobachtung).
... Medien, die den Schülern zur Bildung und Festigung einer neuen oder erweiterten Erkenntnis bzw. Theorie verhelfen, sind »Erkenntnis-« und »Informationshilfen« (z. B. Modelle, Diagramme, vergleichende Darstellungen). Sie schaffen durch Abstraktion einen emotionalen Abstand zum originalen Objekt bzw. zum aktuellen Problem (distanzierende Funktion); sie isolieren bestimmte Ausschnitte bzw. Aspekte der Wirklichkeit (isolierende Funktion).

Nach der Stellung im Unterricht können vier Anwendungsbereiche von Medien herausgestellt werden: Motivierung, Informationsvermittlung, Erkenntnis- und Problemerschließung, Steuerung der handelnden Auseinandersetzung mit dem Unterrichtsgegenstand (vgl. *Staeck* 1980, 28).
Zur Motivation werden am besten Naturobjekte oder kurze Filmszenen verwendet. Für die Informationsvermittlung eignen sich vor allem Naturgegenstände, Präparate, AV-Medien, Modelle und auch Texte. Zur Erkenntnis- und Problemerschließung sind Modelle, Schemata, Diagramme und Tabellen besonders wichtig. Zur Steuerung der handelnden Auseinandersetzung mit dem Unterrichtsgegenstand sind Abfolgediagramme und Arbeitsanleitungen ▼9.12.6 bedeutsam.

Während manche Autoren (vgl. z. B. *Stöcker* 1975) der originalen Begegnung mit dem Naturobjekt sehr große Bedeutung beimessen und den AV-Medien nur eine Ersatzfunktion zuschreiben, sind die meisten der Auffassung, daß bei manchen Fragestellungen allein die AV-Medien bestimmte Zugänge und Erkenntnismöglichkeiten erschließen (vgl. *Memmert* 1975; *Werner* 1973; *Bay/ Rodi* 1978).
Bei allen Vorteilen, die Nachbildungen, Abbildungen und Schemata für den Erkenntnis- und Lernprozeß haben, sollten die Biologielehrenden eine Gefahr

nicht übersehen. Mit der didaktischen Aufbereitung dieser Medien werden gegenüber der Realität Veränderungen vorgenommen und dadurch Vorleistungen für die Erkenntnisgewinnung erbracht. Unwesentliches wird abgetrennt, Wichtiges in der bestmöglichen Perspektive dargestellt. Was in der Natur oft nicht gleichzeitig vorkommt (z. B. Blüten und Früchte, Sommer- und Winterpelz), wird im Medium im nächsten Augenblick gezeigt. Alles erscheint den Schülern als wunderbar geordnet und ist doch in der Natur so nicht zu beobachten.

### 10.1.3 Der Einsatz von Medien

10-1 • Für die Behandlung einzelner biologischer Themen steht den Lehrkräften oft eine große Anzahl unterschiedlicher Medien zur Verfügung. Folgende Kriterien sind für **Auswahl** von Medien maßgebend (vgl. *Bönsch* 1972; *Weiß* 1973; *Werner* 1973; *Staeck* 1980):

... Voraussetzungen bei den Lernenden: Ist das Medium im Abstraktionsgrad der Altersstufe angemessen? Haben die Schüler ein entsprechendes Vorwissen?

... Voraussetzungen bei den Lehrenden: Hat sich die Lehrperson vorher gründlich über den sachlichen Inhalt des Mediums informiert und über dessen Einsatz Gedanken gemacht? Ist sie in der Lage, das Medium auch technisch einwandfrei vorzuführen?

... Örtliche und zeitliche Voraussetzungen: Gibt es bei der Beschaffung und Bereitstellung der Vorführgeräte und Informationsträger Schwierigkeiten? Falls z. B. AV-Medien von den Kreisbildstellen geholt werden: Ist eine Vorbestellung sinnvoll, da infolge der auf die Jahreszeiten abgestimmten Lehrpläne an vielen Schulen dasselbe Thema zur gleichen Zeit behandelt wird? Lohnt sich der Zeit- und Kraftaufwand für die Suche, Beschaffung, Vorführung und Rückgabe der Medien im Verhältnis zum Nutzen im Lehr- und Lernprozeß?

... Unterrichtsverfahren und -organisation: Wie ist der Einsatz des Mediums vor- und nachzubereiten? In welcher Organisationsform wirkt das Medium am effektivsten?

... Welche Inhalte können mit dem Medium oder den verschiedenen Medien erarbeitet werden?

... Wirksamkeit: Wie wirkt das Medium vermutlich in der kognitiven, pragmatischen und affektiven Dimension im Lernprozeß der Schüler?

... Welche Intentionen werden mit dem Einsatz des Mediums verfolgt?

Für den **Einsatz** von Medien gibt es verschiedene Konzeptionen (vgl. *Tulodziecki/Zimmermann* 1976, 41 f.; *Staeck* 1980):
»Enrichment-Modell«: Die Medien dienen zur Bereicherung oder Illustration eines Unterrichts, der didaktisch nur wenig auf sie zugeschnitten ist.
»Kontext-Modell«: Die Medien werden gezielt als Medienverbundsystem mit entsprechenden Begleitmaterialien für die Lehrkräfte und Arbeitsblättern für die Schüler zur Planung und Durchführung des Unterrichts entwickelt.
»Direct-Teaching«: Die Medien werden im Zusammenhang mit Begleitmaterialien »selbstlehrend«, d. h. für das Eigenstudium, konzipiert. Die Lehrperson wird entbehrlich (z. B. Fernstudien-, Funkkollegmaterialien, Lehrprogramme).

## 10.1.4 Zur Effektivität von Medien

Die bisher vorliegenden Untersuchungen zur Effektivität von Medien im Biologieunterricht sind vorwiegend auf Lernerfolge in der kognitiven Dimension gerichtet. Diese Einschränkung ist angesichts der Schwierigkeiten, andere Dimensionen zu erfassen, verständlich.
Da der Untersuchungsplan (das Design) unterschiedlich gestaltet wurde, ist ein Vergleich der Ergebnisse verschiedener Untersuchungen nur bedingt möglich. Einige Autoren haben die Vergleichbarkeit ihrer Untersuchungsgruppen durch Überprüfen der Homogenität getestet. Die Untersuchungen wurden teils im »Labor«, teils im »Klassenverband« durchgeführt. Der Vortest zur Überprüfung des ursprünglich vorhandenen Wissens fand einige Tage oder unmittelbar vor der Präsentation der Medien statt. Der erste Nachtest wurde im Anschluß an die Präsentation, der zweite Nachtest zwei bis vier Wochen später vorgenommen. Der Lernzuwachs wird verschieden angegeben, und zwar als Vergleichswert zur Kontrollgruppe, die mit 100% gleichgesetzt wird (vgl. *Düker/Tausch* 1957; *Düker* 1971), oder als Differenz der Ergebnisse zwischen Nachtest 1 und Vortest. Als Behaltensleistung wird die Differenz zwischen Nachtest 2 und Vortest angegeben (vgl. *Staeck* 1980, 142 ff.).
Die Ergebnisse der Untersuchungen differieren erheblich. Besonders ◆ 10-1 unterschiedlich war der Effekt des Einsatzes von lebenden Organismen gegenüber verschiedenen anderen Medien. Während bei einer Anzahl von Untersuchungen das lebende Objekt größeren Lernzuwachs bzw. bessere Behaltensleistungen bewirkte (vgl. *Düker/Tausch* 1957; *Leicht/Hochmuth* 1979; *Killermann* 1980 a; *Petsche* 1985), ergab sich bei anderen entweder kein Unterschied (vgl. *Werner* 1973), oder andere Medien rangierten vor dem »realen Gegenstand« (vgl. *Staeck* 1980).

# 10 MEDIEN

| THEMA | VER-SUCHS-PERSONEN | MEDIUM | VOR-TEST | NACH-TEST 1 | NACH-TEST 2 | LERN-ZU-WACHS | BE-HALTENS-LEISTUNG | AUTOREN |
|---|---|---|---|---|---|---|---|---|
| **Meer-schwein-chen** | 145 S Kl. 5-7 | Tonband + Bild + Stopfpräparat + leb. Tier | | | | K 9,5 % 20,0 % 40,7 % | | *Düker/ Tausch* (1957) |
| **Fisch-otter** | 202 S Kl. 7 | Tonband + Skelett | | | | K 38 % | | *Düker* (1971) |
| **Gold-hamster** | 63 S | Tonband +leb. Tier | 10,29 P 10,29 P | 26,26 P 25,38 P | | - - | | *Werner* (1973) |
| **Kreuz-spinne** | 312 S Kl. 7-9 | Film Dias | 6,7 P 6,1 P | 15,9 P 16,9 | 13,7 P 13,7 P | 9,2 P 10,8 P | 7,0 P 7,6 P | *Leicht/ Hochmuth* (1979) |
| **Regen-wurm** | 146 S Kl. 5 | Film leb. Tier | | 65 % 78 % | 59 % 75 % | | | |
| **Igel** | 143 S Kl. 6 | Tonfilm Tonband + Stopfpräparat | 47,8 % 37,9 % | 82,8 % 84,3 % | 80,2 % 81,7 % | 35,0 % 46,4 % | 32,4 % 43,8 % | *Killermann* (1980 a) |
| **Regen-wurm** | 408 S Kl. 7 | Buchprogramm + Wandbild Diareihe leb. Tier Modell/ Transparent Film verbal (K) | 2,75 P 3,16 P 2,70 P 2,92 P 3,52 P 3,89 P | 24,60 P 23,14 P 21,98 P 20,38 P 20,10 P 18,94 P | 14,40 P 12,02 P 11,9 P 10,96 P 12,15 P 9,90 P | 21,85 P 19,98 P 19,28 P 17,46 P 16,58 P 14,96 P | 11,65 P 9,86 P 9,24 P 8,04 P 9,23 P 5,92 P | *Staeck* (1980) |
| **Zoologie** (s. Text) | 374 S Kl. 6 | leb. Tiere tote Tiere + Filme K (s. Text) | | 73,4 % 66,9 % 55,0 % | 70,6 % 61,2 % 48,9 % | | | *Petsche* (1985) |
| **Pflanzen-zelle, Amöbe** | 619 S Kl. 8 | Mikrosko-pieren Videofilm | - | | | | 5,41 P 3,39 P | *Killermann/ Rieger* (1996) |

Tabelle 10-1: Vergleichende Untersuchungen zur Wirksamkeit von Medien im Biologieunterricht (K: Kontrollgruppe, P: Punkte, S: Schüler)

## 10.1 ALLGEMEINES

Die umfangreichste Untersuchung führte *Lothar Staeck* (1980) durch. Er verglich in verschiedenen, nach denselben Lernzielen aufgebauten Unterrichtskonzeptionen (Treatments) verschiedene Medienkombinate zum Thema »Regenwurm«. Die Erarbeitung des Lerninhaltes mittels des realen Gegenstandes war sowohl im unmittelbaren Lernzuwachs als auch im längerfristigen Behalten der Instruktion durch das Lernprogramm unterlegen (zur Rangfolge der unterrichtlichen Medien hinsichtlich des Lernzuwachses und der Wirksamkeit auf das längerfristige Behalten). Da *Staeck* seine Resultate z. T. mit Besonderheiten der von ihm verwendeten Medien erklärt (das Buchprogramm war am besten auf die Lernziele abgestimmt; im Film paßten die Informationen der unterschiedlichen Kanäle – Bild und Ton – nicht optimal zueinander), sind seine Ergebnisse nur begrenzt übertragbar.

Die Untersuchungen von *Karin Petsche* (1985) betrafen den Tierkundeunterricht mit den Themen »Polypen«, »Planarien«, »Regenwürmer«, »Krebse« und »Schnecken« in sechs Klassen mit lebenden Organismen (Gruppe I), in sechs Klassen mit toten Organismen (Gruppe II) und in vier Klassen, für die keine Hinweise auf die Unterrichtsgestaltung über den Lehrplan der DDR hinaus gegeben wurden (Kontrollgruppe). Im Abschlußtest wurde von den Schülern das Arbeiten mit einem bisher nicht behandelten lebenden Organismus (Stabheuschrecke) verlangt. Gruppe I hatte offenbar im Laufe des Versuchszeitraums gelernt, mit lebenden Tieren umzugehen, worauf sich das signifikant bessere Ergebnis zurückführen läßt (vgl. *Petsche* 1985, 151).

Der von *Wilhelm Killermann* und *Wolfgang Rieger* durchgeführte Vergleich zwischen Mikroskopieren und Video ist zugleich ein Vergleich zwischen Lebewesen (pflanzliche Zellen, tierische Einzeller) und Laufbildern. Der Behaltenstest zeigt die Überlegenheit des Mikroskopierens.

Die abweichenden Untersuchungsergebnisse weisen insgesamt darauf hin, daß der Konkretheitsgrad eines Informationsangebots keine hinreichende Bedingung für den Erfolg des Medieneinsatzes darstellt. Vielmehr muß gerade auch der Einsatz von Lebewesen sorgfältig methodisch gestaltet werden.   ▼ 10.2
In den genannten empirischen Untersuchungen werden überwiegend nur Aspekte der kognitiven Dimension erfaßt. Die pragmatische und die affektive Dimension sind aber – vor allem bei der Begegnung mit den Naturgegenständen – besonders bedeutsam. Insofern ist interessant, daß das Mikroskopieren dem Videofilm auch in der affektiven Wirkung überlegen ist. Rund 79 % der Schüler bevorzugen bei freier Wahl das Mikroskopieren. Als Wahlmotive werden »Selbständigkeit« und »lebende Objekte« angegeben (*Killermann/ Rieger* 1996, 19). Die Effektivität unterschiedlicher Medien darf also nicht

allein an Ergebnissen kognitiver Leistungstests gemessen werden. In einer Studie mit Schülern der Klassenstufe 5 von Haupt- und Realschulen stellte *Werner Baur* (1985) beim Unterricht über Frösche und Kröten fest, daß Einstellungsänderungen am wirksamsten durch das Treatment »Realobjekt«, weniger wirksam durch das Treatment »Schulbuch« und am wenigsten durch das Treatment »Dia« erreicht wurden. Aufgrund des Mangels an weiteren Untersuchungen ist es sehr schwierig, über die Wirksamkeit unterschiedlicher Medien didaktisch sinnvolle und allgemeingültige Aussagen zu machen.

## 10.2 Lebende Organismen

### 10.2.1 Sinn und Bedeutung

Die Bedeutung des Unterrichts mit lebenden Pflanzen und Tieren ist in den letzten 300 Jahren (seit *Johann Amos Comenius*) sehr oft unterstrichen worden. Wie in den Chemieunterricht Chemikalien mitgebracht und verwendet werden, so selbstverständlich gehören Lebewesen in den Biologieunterricht.

Als wichtigste Funktionen, die mit dem Einsatz von lebenden Objekten verbunden werden können, sind vor allem in der frühen Sekundarstufe I die Motivierung der Schüler für biologische Fragestellungen, das Entwickeln einer positiven Einstellung Lebewesen gegenüber sowie das Gewinnen von biologischen Grunderfahrungen herauszustellen (vgl. *Staeck* 1980, 40; *Wenske* 1981; *Gehlhaar* 1991; *Bretschneider* 1994 b). Eine besondere Rolle spielt deshalb die »Pflege von Pflanzen und Tieren« durch die Schüler.

9.15 ▼

Aus folgenden Gründen bevorzugen viele Schüler Tiere vor den Pflanzen (vgl. *Ruppolt* 1967): Die Tiere bewegen sich; das Beobachten der Verhaltensweisen ist interessant; sie reagieren; man kann mit Tieren Kontakt aufnehmen (affektive Bindung); manche Tiere erscheinen den Schülern als »Persönlichkeiten«; höhere Tiere sind dem Menschen ähnlich; Schüler haben oft mit Tieren schon

---

LITERATUR

*Baur* 1985; *Bay/Rodi* 1978; 1979; *Blänsdorf/Dierks* 1978; *Blume/Fels* 1980; *Bönsch* 1972; *Brucker, A.*, 1976; *Dohmen* 1973; *Döring* 1973; *Düker* 1971; *Düker/Tausch* 1957; *Dumpert* 1976; *Eschenhagen/Kattmann/Rodi* 1985; *FWU* 1995; *Halbach/Gahl* 1982; *Halbach/Maschwitz* 1975; *Hedewig* 1993 a; *Killermann* 1980 a; *Killermann/Rieger* 1996; *Knoll* 1981; *Leicht/Hochmuth* 1979; *Lieb* 1980 a; *Memmert* 1975; 1977; *Meyer, Hilbert*, 1987 a; 1993; *Ostertag/Spiering* 1975; *Petsche* 1985; *Schaefer, G.*, 1971 a; b; *Schulz* 1977; *Staeck* 1980; *Stöcker* 1975; *Tulodziecki/ Zimmermann* 1976; *Weiß, H.*, 1973; *Werner, H.*, 1973

zu Hause Kontakt gehabt. Neben Tieren und Pflanzen wird auch der Mensch als lebender Organismus für Beobachtungen und Experimente einbezogen. Lebende Objekte sind, wahrnehmungspsychologisch gesehen, als besonders komplex zu bezeichnen, da sie in der Regel mehrere Sinneskanäle beanspruchen. So werden z. B. beim Beobachten eines Meerschweinchens der Gesichts-, der Tast-, der Gehör- und evtl. der Geruchssinn angesprochen. Für die Lebewesen als Medien sind das komplexe, zum Teil schwer faßbare Erscheinungsbild und die Informationsdichte charakteristisch, da der Gegenstand selbst nicht didaktisch aufbereitet werden kann. Die Fülle der Spontaneindrücke und das in der Regel hohe Maß an Zuwendung (z. B. bei Meerschweinchen) oder emotionaler Sperre (z. B. bei Spinnen) können die Informationsaufnahme und -verarbeitung erschweren (vgl. *Gropengießer/Gropengießer* 1985). Der Einsatz von lebenden Objekten ist immer dann gegenüber dem aller anderen Medien vorzuziehen, wenn besonders affektive Unterrichtsziele angestrebt werden. Allerdings muß beachtet werden, daß viele Tiere (wie z. B. Katze und Hund) im Klassenzimmer häufig nicht die charakteristischen Verhaltensweisen zeigen. Dann ist ein guter Film dem lebenden Objekt vorzuziehen.

### 10.2.2 Zur Praxis des Einsatzes von lebenden Organismen

*Wilfried Stichmann* (1970, 140) stellt fest, daß im Biologieunterricht die Arbeit mit Tafel und Kreide, Lehrbuch und Bild, Dia und Film sowie bestenfalls mit Stopf- und Spirituspräparaten gegenüber der Beschäftigung mit lebenden Organismen vorherrscht. Durch eine empirische Untersuchung an 231 Schulen konnte *Klaus Dumpert* (1976) diese negativen Aussagen über den Einsatz von lebenden Pflanzen und Tieren im Unterricht relativieren. Seine Stichprobe ist für die damaligen bundesdeutschen (allgemeinbildenden) Schulen repräsentativ. Die wichtigsten Ergebnisse seiner Umfrage sind:

... An 49% bis 65% aller Schulen werden lebende Organismen gehalten. Am häufigsten findet man Blütenpflanzen, dann andere Pflanzen und Fische.

... 52% der befragten Lehrer geben an, daß sie es für unbedingt notwendig halten, im Biologieunterricht mit lebenden Organismen zu arbeiten; 42% der Lehrer sind der Meinung, daß die Arbeit mit lebenden Organismen zwar nicht notwendig, wohl aber didaktisch nützlich sei.

... Lebende Organismen werden im Biologieunterricht am meisten dafür verwendet, um deren Morphologie zu zeigen. Es folgt dann in abnehmender Häufigkeit ihre Verwendung für die Teildisziplinen Physiologie, Ökologie, Ethologie und Genetik.

| ORGANISMEN | MORPHOL. | GENETIK | PHYSIOL. | ETHOLOG. | ÖKOLOGIE |
|---|---|---|---|---|---|
| Einzeller | 30 (±7,8) | 4 (±3,3) | 18 (±6,5) | 3 (±2,9) | 10 (±5) |
| Insekten | 39 (±8,2) | 10 (±5) | 21 (±6,9) | 16 (±6,2) | 18 (±6,5) |
| Mollusken | 23 (±7,1) | 1 | 9 (±4,9) | 5 (±3,7) | 9 (±4,9) |
| Krebse | 12 (±5,5) | 1 | 4 (±3,3) | 3 (±2,9) | 5 (±3,7) |
| Andere Wirbellose | 18 (±6,5) | 0 | 6 (±4) | 3 (±2,9) | 7 (±4,3) |
| Fische | 34 (±8) | 6 (±4) | 17 (±6,3) | 15 (±6) | 15 (±6) |
| Amphibien | 34 (±8) | 3 (±2,9) | 14 (±5,9) | 8 (±4,6) | 11 (±5,3) |
| Reptilien | 20 (±6,8) | 2 | 7 (±4,3) | 6 (±4) | 6 (±4) |
| Vögel | 23 (±7,1) | 3 (±2,9) | 10 (±5) | 8 (±4,6) | 10 (±5) |
| Säugetiere | 33 (±8) | 5 (±3,7) | 16 (±6,2) | 20 (±6,7) | 13 (±5,7) |
| Blütenpflanzen | 66 (±8) | 15 (+6) | 43 (±8,4) | 6 (±4) | 26 (±7,4) |
| Andere Pflanzen | 48 (±8,5) | 6 (±4) | 26 (±7,4) | 4 (±3,3) | 20 (±6,7) |

Tabelle 10-2: Verwendung von lebenden Organismen im Biologieunterricht. Relative Häufigkeiten der Ankreuzungen auf die entsprechende Frage. Der Wert in Klammern gibt jeweils das Konfidenzintervall an (aus *Dumpert* 1976).

... Die meisten der in der Schule gehaltenen Organismen werden aus dem Freiland geholt, ein großer Teil von ihnen wird von Schülern mitgebracht.
... Außerhalb des Klassenraums werden lebende Organismen am häufigsten durch Exkursionen in den Biologieunterricht einbezogen, u. a. bei Klassenausflügen und beim Besuch von Waldlehrpfaden. Der Besuch von Zoos spielt eine geringe und die Schulgartenarbeit an damaligen bundesdeutschen Schulen fast gar keine Rolle.
... Unter den Unterrichtsmethoden, die im Zusammenhang mit lebenden Organismen angewendet werden, hat das Stellen von Beobachtungsaufgaben eine besondere Bedeutung. In abnehmender Häufigkeit folgen das Demonstrieren der Lebewesen, das Schüler- und das Lehrerexperiment.

*Axel Meffert* (1980, 11) gibt an, daß bei 33% von kleineren Schulen mit weniger als 400 Schülern und bei 58% von größeren Schulen Tiere gehalten werden. Bei größeren Schulen ist der Prozentsatz wahrscheinlich deshalb höher, weil die Arbeitsbelastung der einzelnen Lehrkraft beim Betreuen der Tiere sinkt. Die Haltung von Pflanzen liegt im Durchschnitt der allgemeinbildenden Schulen bei 35%. In der Grundschule sind es allerdings 75%. Der relativ hohe Prozentsatz in der Grundschule läßt sich aus den Inhalten des biologisch orientierten Sachunterrichts ableiten. Die Pflege von Pflanzen hat in der Primarstufe einen hohen Stellenwert.

## 10.2 LEBENDE ORGANISMEN

| ART | UNTERRICHTSTHEMEN | LITERATUR |
|---|---|---|
| Brutblatt (Bryophyllum) | Vegetative Vermehrung (Blatt-Brutpflanzen) Sukkulenz | *Fränz* 1983 |
| Fleißiges Lieschen | Stecklingsvermehrung, Wassertransport, Transpiration | *Strotkoetter* 1969; *Dietle* 1970; *Noack* 1985 |
| Ampelpflanze (Tradescantia) | Stecklingsvermehrung, Plasmaströmung in Staubfadenhaaren | *Strotkoetter* 1969; *Fränz* 1981; 1983 |
| Buschbohne | Epigäische bzw. hypogäische Keimung, | *Weber* 1973 |
| Feuerbohne | Wachstum, Blühen, Selbstbestäubung, | *Baer* 1983 |
| Erbse | Fruchtbildung, Quellung | |
| Gartenkresse | Keimung, Versuche zu verschiedenen Tropismen | *Schwarz* 1979 |
| Mimose | Seismonastie | *Winkel* 1977 a |
| Venusfliegenfalle | zum Insektenfang umgewandelte Blätter, Haptonastie | |
| Kakteen | Angepaßtheit an Trockenheit, Sukkulenz | *Fränz* 1981; 1983 |
| Wolfsmilcharten | Konvergenz | |
| Grünlilie | Vegetative Vermehrung (Tochterpflanzen an Ästen des Blütenstandes) | *Fränz* 1981; 1983 |
| Wasserpest | Photosyntheseversuche | *Baer* 1983 |
| Weizen | Wurzelhaarbildung, Keimfähigkeit | *Baer* 1983 |
| Rosen | Genetik, Metamorphose | *Pfisterer* 1995 b; 1997 |
| Parkgehölze | Ökologie, Genetik | *Pfisterer* 1995 a |
| Pilze | Entwicklung, Ernährung, Ökologie | *Reiß* 1987; *Oehmig* 1993; *Probst* 1993; *Müller/Gerhardt-Dircksen* 1997 |

Tabelle 10-3: Für den Biologieunterricht empfohlene Pflanzen und Pilze

### 10.2.3 Zur Durchführung, Beispiele

Bei Exkursionen, darunter Schullandheimaufenthalten und Schulwandertagen, sowie bei der Schulgartenarbeit und sonstigen Freilandarbeit können die Lebewesen in ihrer Umwelt beobachtet und besonders ökologische Fragestellungen behandelt werden. Im Klassenraum können dagegen vor allem morphologische und physiologische Fragen mit entsprechenden Hilfsmitteln und durch Experimente geklärt werden, und zwar meist wesentlich besser als im Freien (vgl. *Baer* 1983; *Ogilvie/Stinson* 1995). Außerdem sind im Klassenraum die Beobachtungen leichter zu protokollieren und die Ergebnisse besser zusammenzufassen. Am intensivsten kommen die Schüler mit den lebenden Pflanzen und Tieren in Kontakt, wenn sie diese über einen längeren Zeitraum betreuen.

▼ 9.15

| ART | THEMEN (ANMERKUNGEN) | LITERATUR |
|---|---|---|
| **Säugetiere**\*\* | | |
| Meerschweinchen | Nagezähne, Fortpflanzung, Nestflüchter | *Betz/Erber* 1975 |
| Goldhamster | Verhalten, Angepaßtheit an Trockengebie- | *Erber/Schweitzer* 1978 |
| Zwerghamster | te, Fortpflanzung, Nesthocker | *Krischke* 1984; 1987 a; *Schlitter/Berck* 1987 |
| Hausmaus (Weiße Maus, Farbmaus) | Verhalten, vor allem Lernen, Fortpflanzung, Nesthocker, Vererbung (wegen des unangenehmen Geruchs nur in Sonderräumen halten!) | *Winkel* 1970 b; *Ellenberger* 1978; *Schwarberg/Palm* 1978; *Falk* 1985 |
| Rennmaus | Angepaßtheit an Trockengebiete, Verhalten, Fortpflanzung | *Mau* 1978; *Schröpfer* 1978; 1979; 1982; *David* 1992 |
| **Vögel**\*\* | Meist nur als Schauobjekte verwendet (zur | *Eversmeier/Koschnik* 1982 |
| Kanarienvogel | Brut sind Sonderräume nötig) | |
| Wellensittich | Verhalten: Gesang, Sozialverhalten, Brut | |
| Zebrafink | offenes Nest, Nistkasten, Nistkörbchen) | |
| Haushuhn | Verhalten | *Wolff/Stichmann* 1996 |
| | | |
| **Reptilien**\* | Fortbewegung, Ernährung, | *Weber* 1991; *Witte* 1991; |
| Strumpfbandnatter | Trockenlufttiere | *Hallmen* 1997 b |
| | | |
| **Amphibien**\* | Verhalten, Laich, Kaulquappen, | *Dombrowsky* 1977; *Hemmer* |
| Grasfrosch, | Übergang zum Landleben | 1978; *Kasbohm* 1973 a; |
| Erdkröte | Angepaßtheit an das Wasserleben, | *Gospodar* 1983; *Klahm* 1983; |
| Krallenfrosch | Verhalten, Aufzucht der Larven | *Bay* 1993 a; *Raether* 1978; 1979; |
| Molche, Axolotl | Feuchtlufttiere | *Gonschorek/Zucchi* 1984; *Bauerle* 1997 |
| **Fische** | | |
| Silberkarausche | Fortbewegung, Atembewegungen, Nah- | *Erber* 1971; *Dombrowsky* 1977; |
| (Goldfisch) | rungsaufnahme, physiol. Experimente | *Mohn* 1978; *Pfisterer* 1979; |
| Stichling | Fortpflanzungsverhalten | *Zupanc* 1990; *Philipsen* 1986; |
| Guppy | Sexualdimorphie, Verhalten, Entwicklung | *Berck/Theiss-Seuberling* 1977 |
| Paradiesfisch, | Nestbau, Balz, Brutpflege | *Pfisterer* 1979; 1981 |
| Kampffisch | Territorialverhalten | *Bergmann* 1984 |
| Regenbogencichlide | Verhalten, Brutpflege | *Plösch* 1989; 1990 |
| | | |
| **Insekten** | | *Illies* 1974; *Wyniger* 1974 |
| Riesenschabe | Verhalten, allmähliche Verwandlung | *Teschner* 1979; *Eschenhagen* |
| Zweifleckgrille, | Verhalten, vor allem Lautäußerungen der | 1971; *Mau* 1979; *Bay* 1993; |
| Heimchen | Männchen, allmähliche Verwandlung | *Bäßler* 1965; *Frings* 1977; |
| Stabheuschrecke, | Fortbewegung, Verhalten, allmähliche | 1978; *Gehlhaar/Klepel* 1997; |
| Gespenstschrecke | Verwandlung | *Löser* 1991 |
| Ameisen | Leben in »Staaten«, u. a. soziales Füttern, Kampfverhalten | *Kirchner/Buschinger* 1971; *Hagemann* 1979; *Knoth* 1983; *Tiemann/Hagemann* 1993; |
| Bienen, Hummeln, | Verhalten, »Staaten«, Entwicklung, | *Sandrock* 1992; *Frings* 1994; |
| Wespen | Ökologie, Formenkunde | *Pohl* 1994; *Hallmen* 1996 a; b; 1998 |

\*Naturschutzbestimmungen, \*\*Sonderbestimmungen beachten

## 10.2 LEBENDE ORGANISMEN

| ART | THEMEN (ANMERKUNGEN) | LITERATUR |
|---|---|---|
| Kartoffelkäfer | Vollständige Verwandlung | Eschenhagen 1971; *Knoll* |
| Mehlkäfer | | 1974 b; Eschenhagen 1989 a |
| Kongo-Rosenkäfer | | *Löser* 1991 |
| Kohlweißling | | *Dylla* 1967; *Illies* 1974; *Hoehl* |
| andere Tagfalter* | | 1985; *Lammert/Lammert* 1985; |
| Schwammspinner | | *Bay* 1993 b; *Brauner* 1995 |
| Taufliege, | Genetik, vollständige Verwandlung | *Kuhn/Probst* 1980; |
| Stubenfliege | | *Entrich* 1990 |
| Gelbrandkäfer* | Schwimmen, Atmen (auch Larven) | *Löwe* 1976 a |
| Libellen* | Larven: Atmung, Beutefang | |
| Eintagsfliegen | Larven: Atmung, Beutefang | |
| Köcherfliegen | Larven: Atmung mit Tracheenkiemen | |
| Stechmücken | Larven: Köcherbau, Köcherformen | *Walter/Wortmann* 1990 |
| | Larven: Atmung, Entwicklung, Übergang zum Luftleben | |
| **Spinnentiere** | Verhalten, Netzbau | *Kattmann* 1989; *Hertlein* 1994; |
| Spinnen | | *Zucchi/Balkenhol* 1994 |
| **Krebstiere** | Orientierung, Nahrungsaufnahme, | *Hollwedel* 1972; *Müller* 1977 |
| Wasserflöhe, | Nahrungsketten, Fortpflanzung | *Hasenkamp* 1978; |
| Salzkrebschen | | *Eschenhagen /Bay* 1993 |
| Landasseln | Orientierung, Ernährung | *Clausnitzer*1981; *Skaumal*, u.a. 1997 |
| Flußkrebse | Entwicklung, Fortpflanzung | *Dahms/Schminke* 1987 |
| **Vielfüßer** | Ernährung, Abwehrverhalten | *Hoebel-Mävers* 1970 |
| **Ringelwürmer** | Fortbewegung, Ernährung, Verhalten | *Botsch/Brester* 1970; *Kuhn* |
| Regenwürmer | | 1975 b; *Jobusch* 1983; *Klahm/* |
| Nereis | | *Meyer* 1987; *Groß* 1993; |
| Blutegel | | *Skaumal* 1997 |
| **Mollusken** | Sinnesleistungen, Fortbewegung, | *Knoblauch* 1973; *Janßen* 1995; |
| Weinbergschn. | Nahrungsaufnahme | *Werner* 1978; *Grothe* 1987; |
| Bänderschnecken | | *Kattmann* 1989 |
| Achatschnecke | Bau, Nahrungsaufnahme | *Witte* 1974; *Gaberding/Thies* |
| Muscheln | | 1980; *Thies/Gaberding* 1981 |
| **Plattwürmer** | Sinnesleistungen, Orientierung | *Hellmann/Wingenbach* 1977 |
| **Nesseltiere** | | |
| Süßw.polypen | Beutefang, Fortpflanzung | *Brauner* 1987; *Eschenhagen* 1993 |
| **Einzeller** | Organellen, Fortbewegung, Ernährung, Orientierung, Fortpflanzung | *Sieger* 1973; *Dietle* 1975; *Hilfrich* 1976; *Müller* 1977; *Schulte* 1978 b; *Hillen* 1979; *Vater-Dobberstein/Hilfrich* 1982; *Hedewig* 1984 b |

Tabelle 10-4: Für den Biologieunterricht empfohlene Tiere

# 10 MEDIEN

10-3 ◆ Bei der Auswahl von **Pflanzen** tut man gut daran, solche Arten zu bevorzugen, an denen man im Laufe der Zeit deutliche Veränderungen beobachten kann oder die charakteristische Erscheinungen deutlich zeigen. Ideal wäre ein Sortiment zur Erarbeitung folgender Themen (vgl. *Verfürth* 1987 a, 119):

... »Geschlechtliche« und »ungeschlechtliche Fortpflanzung« bei Samenpflanzen (Heranziehen rasch keimender und wachsender Pflanzen aus Samen; Vermehrung durch Knollen, Zwiebeln, Ausläufer, Ableger, Stecklinge).
... Unterschiedliche Ansprüche von Pflanzen an ihre »Umwelt« (z. B. Feuchtigkeit, Mineralsalze, Wärme, Licht).
... Typische »physiologische Leistungen« von Pflanzen (z. B. Wassertransport in Gefäßen, Photosynthese, Phototropismus).
... Erscheinungen der »Vererbung« (Variabilität, Mutanten, vgl. *Winkel* 1975).
... »Metamorphosen« der Grundorgane (z. B. Sproßachse als Windesproß oder Knolle, Blatt als Ranke oder Dorn, Wurzel als Knolle oder Luftwurzel).

11.2.3 ▼ Besonders die Erscheinungen der letzten Gruppe lassen sich auch gut an freilebenden oder leicht beschaffbaren Pflanzen demonstrieren. Viele der für den Unterricht benötigten Pflanzen sollten im Schulgelände angepflanzt werden (vgl. *Bay/Brenner* 1984; *Winkel* 1990 b; *Winkel/Fränz* 1990). Außer Pflanzen (und Tieren) eignen sich auch manche **Pilze** zur Kultivierung (vgl. *Reiß* 1987).

Beim Einsatz von **Tieren** im Unterricht ist vor allem auf die Bestimmungen des Tierschutzgesetzes zu achten (vgl. *Pommerening* 1977; *Eschenhagen/Kattmann/Rodi* 1991, 5 f.). Für Demonstrationszwecke (z. B. Erdkröte) erteilt die untere Naturschutzbehörde nach entsprechender Anfrage durch die Lehrkraft jedoch oft eine Ausnahmegenehmigung.

Die Mehrzahl der Tiere kann über zoologische Fachgeschäfte bezogen werden. Auch Schüler bringen gern ihr Heimtier für Demonstrationen mit oder geben selbst gezogene Jungtiere (z. B. Kleinsäuger, Fische) für die Pflege in der Schule ab. Tiere dürfen im Unterricht auf keinen Fall unsachgemäß behandelt werden.

10-4 ◆ Im einzelnen können die in der Tabelle aufgelisteten Tierarten für die Haltung in der Schule empfohlen werden (vgl. *Bay/Brenner* 1984; *Winkel* 1987).
So ist man in der Auswahl von Tieren erheblich stärker eingeschränkt als bei der Pflanzenauswahl. Grundsätzlich sollte es auch unterlassen werden, in der Schule ausländische Arten zu halten, deren Vermehrung unter Gefangenschaftsbedingungen noch nicht im großen Maßstab gelungen ist (vgl. *Pauksch* 1987).

Diese Regel sollte auch für diejenigen Arten gelten, die in ihren Heimatländern noch nicht zu den seltenen Arten zählen. Damit scheiden viele Tiere aus, die sich bei Hobby-Tierhaltern zur Zeit großer Beliebtheit erfreuen, vor allem viele exotische Vögel, Reptilien, Amphibien und Fische. Eine Ausnahme bilden beispielsweise die Kornnatter und der Leopardgecko, die regelmäßig nachgezogen werden.

**Mikroorganismen** werden im Unterricht zum Beispiel bei Untersuchungen von Heuaufgüssen eingesetzt. Beim mikrobiologischen Arbeiten ist besonders auf Hygiene und Sicherheitsvorschriften zu achten. Für die Arbeit mit Bakterien ▼ 9.6.4 ist eine entsprechende Ausstattung und die Beschaffung von für den Unterricht geeigneten Reinkulturen angebracht (vgl. *Bayrhuber/Lucius* 1992, Band 3).

LITERATUR
*Baer* 1983; BAGUV 1995; *Bäßler* 1965; *Bauerle* 1997; *Bay* 1993 a; b; *Bay/Brenner* 1984; *Bayrhuber/Lucius* 1992; *Berck/Theiss-Seuberling* 1977; *Bergmann, H.-H.*, 1984; *Betz/Erber* 1975; *Bolay/Zucht* 1979; *Botsch/Brester* 1970; *Brauner* 1987; 1995; *Bretschneider* 1994 b; *Brucker/Flindt/Kunsch* 1995; *Clausnitzer* 1981; 1982; *Dahms/Schminke* 1987; *David* 1992; *Dietle* 1970; 1975; *Dombrowsky* 1977; *Dumpert* 1976; *Dylla* 1967; *Ellenberger* 1978; *Entrich* 1990; *Erber, D.*, 1971; *Erber/Schweizer* 1978; *Eschenhagen* 1971; 1989 a; 1993; *Eschenhagen/Bay* 1993; *Eschenhagen/Kattmann/Rodi* 1991; *Esser, Hans*, 1969; *Eversmeier/Koschnik* 1982; *Falk* 1985; *Falkenhan* 1981, Bd. 3; *Fränz* 1981; 1983; *Frings* 1977; 1978; 1994; *Gaberding/Thies* 1980; *Gehlhaar* 1991; *Gehlhaar/Klepel* 1997; *Gehlhaar/Klepel/Fankhänel* 1998; *Gonschorek/Zucchi* 1984; *Gospodar* 1983; *Gropengießer, H./Gropengießer* 1985; *Groß* 1993; *Grothe* 1987; *Hagemann* 1979; *Hähndel* 1979; *Hallmen* 1996 a; b; 1997 a; b; 1998; *Hasenkamp* 1978; *Hauschild* 1997; *Hedewig* 1984 b; *Hellmann/Wingenbach* 1977; *Hemmer* 1977; 1978; *Hertlein* 1994; *Hilfrich* 1976; *Hillen* 1979; *Hoebel-Mävers* 1970; *Hoehl* 1985; *Hollwedel* 1972; *Illies* 1974; *Janßen* 1995; *Jobusch* 1983; *Kasbohm* 1973 a; *Kattmann* 1989; *Kirchner/Buschinger* 1971; *Klahm* 1983; 1987; *Klahm/Meyer* 1987; *Knoblauch* 1973; *Knoll* 1974 b; *Knoth* 1983; *Krischke* 1984; 1987 a; *Kühn* 1981; *Kuhn, W.*, 1975 b, Bd. I; *Kuhn/Probst* 1980; *Lammert/Lammert* 1985; *Löser* 1991; *Löwe* 1976 a; *Mau* 1978; 1979; 1980; *Meffert* 1980; *Menke* 1975; *Mohn* 1978; *Müller, H.*, 1977; *Müller, M.*, 1977; *Müller, S./Gerhardt-Dircksen* 1997; *Noack* 1985; *Oehmig* 1993; *Ogilvie/Stinson* 1995; *Pauksch* 1987; *Peukert* u. a. 1987; *Pfisterer* 1979; 1981; 1995; a; b; 1997; *Philipsen* 1986; *Plösch* 1989; 1990; *Pohl* 1994; *Pommerening* 1977; *Probst* 1993; *Raether* 1978; 1979; *Reiß* 1987; *Ruppolt* 1967; *Sandrock* 1992; *Schlitter/Berck* 1987; *Schröpfer* 1978; 1979; 1982; *Schulte, H.*, 1978 b; *Schwarberg/Palm* 1978; *Schwarz, E.*, 1979; *Sieger* 1973; *Siemon* 1982 a; b; *Skaumal* 1997; *Skaumal/Rohweder/Westphal* 1997; *Staeck* 1972; 1980; *Stephan* 1970; *Stichmann* 1970; *Stichmann/Ant* 1972; *Strotkoetter* 1969; *Teschner* 1979; *Thies/Gaberding* 1981; *Tiemann/Hagemann* 1993; *Vater-Dobberstein/Hilfrich* 1982; *Verfürth* 1986; 1987 a; b; *Wagener* 1992; *Walter/Wortmann* 1990; *Weber, I.*, 1991; *Weber, R.*, 1973; *Wenske* 1981; *Werner, E.*, 1978; *Winkel* 1970 a; b; 1975; 1977 a; 1978 a; 1987; 1990 b; c; *Winkel/Fränz* 1990; *Witte, G. R.*, 1974; 1991; *Wolf/Stichmann* 1996; *Wyniger* 1974; *Zucchi/Balkenhol* 1994; *Zupanc* 1990

## 10.3 Präparate, Abgüsse und Nachbildungen von Lebewesen

**Präparate** sind zur Beobachtung hergerichtete oder konservierte tote Organismen sowie Teile von Organismen.

Präparationsobjekte und -techniken sind sehr vielgestaltig (vgl. *Entrich* 1996). Je nach Herkunft und Beschaffenheit der Organismen(teile) müssen zur unterrichtlichen Verwendung bzw. Präparation verschiedene Vorkehrungen getroffen werden. Teile von Schlachttieren (z. B. Rinderaugen, Schweine- oder Hühnerherzen, Schweinefüße) können frisch im Unterricht verwendet werden. Man kann sie aber auch bis zum Zeitpunkt der Verwendung in der Tiefkühltruhe lagern oder in 70%iger Alkohollösung fixieren.

Knochen, Zähne, Panzer und Hornteile sind nach dem Säubern und Trocknen haltbar und unzerbrechlich; sie können daher leicht aufbewahrt und den Schülern zur selbständigen Arbeit in die Hand gegeben werden (z. B. Federn, Fellproben, Schädel-Präparate; vgl. *Quasigroch* 1979 b). Skelett- und Hornteile verschiedener Tiere werden auch gern zusammen auf ein Schaubrett montiert, z. B. zum Vergleich von Säuger- und Vogelfüßen und von Vogelschnäbeln. Fische, Lurche und Würmer bewahrt man am besten in Alkohollösung auf (Flüssigkeitspräparate).

Trockenpräparate lassen sich wegen des Chitinpanzers recht einfach von Insekten und anderen Arthropoden anfertigen. Oft werden Entwicklungsstadien von Insekten zusammen mit den getrockneten Futterpflanzen in einem Schaukasten untergebracht.

Verschiedene Objekte können in Gießharz eingebettet und als Einschlußpräparate oder Bioplastiken präsentiert werden.

Trockenpräparate größerer Tiere (Säugetiere, Vögel, Reptilien) sind kompliziert herzustellen. Stopfpräparate, Dermoplastiken oder Methanol-Trockenpräparate lassen sich – eventuell in Zusammenarbeit mit naturkundlichen Museen – begrenzt selbst herstellen (vgl. *Piechocki* 1985/86; *Brucker/Flindt/Kunsch* 1995; *Echsel/Rácek* 1995). Für Fische, Lurche, aber auch einzelne Organe, Entwicklungsstadien und verschiedene Wirbellose ist die Konservierung in Alkohollösung geeignet (Flüssigkeitspräparate).

Aus dem Bereich der Pflanzenkunde sind nur wenige Dauerpräparate für den Unterricht nötig, da frische Pflanzen meist leicht beschafft werden können. Empfehlenswert ist es aber, eine Sammlung von getrockneten Pflanzenteilen (Holzstücke mit Rinde, Zapfen, Früchte und Samen) sowie ein Herbar ausgewählter Pflanzenarten anzulegen.

Von Pilzfruchtkörpern können mit einer einfachen Methode gefriergetrocknete Dauerpräparate angefertigt werden (vgl. *Steffens/Storrer* 1995).

## 10.3 PRÄPARATE, ABGÜSSE UND NACHBILDUNGEN

Unter mikroskopischen Dauerpräparaten versteht man fixierte Organismen oder Organismenteile, die – falls nötig – sehr dünn geschnitten, dann meist gefärbt und zwischen Objektträger und Deckglas in Kunstharz eingebettet wurden.  ▼ 9.5

**Abgüsse** sind vor allem von Fossilien käuflich erhältlich und können auch im Unterricht selbst hergestellt werden (vgl. *Nottbohm* 1998). Lohnend ist auch die Herstellung von Gipsabgüssen von Pilzfruchtkörpern, die entsprechend koloriert werden (vgl. *Nogli-Izadpanah* 1993). Von der Epidermis verschiedener Laubblätter lassen sich Abzüge mit Hilfe von dünn aufgetragenem Hartkleber (Uhu) herstellen. Die Oberflächenstrukturen (Haare, Zellgrenzen, Schließzellen) lassen sich am Abdruck leicht mikroskopieren. Auf diese Weise wird das Erstellen eines Dünnschnittpräparates umgangen.

**Nachbildungen** sind dreidimensionale naturgetreue Abbildungen von Naturobjekten (z. B. Kunststoffnachbildungen von Schädeln oder ganzen Skeletten, inneren Organen, von Amphibien oder Wirbellosen sowie von Fossilien). Aufgrund ihrer Dreidimensionalität werden sie häufig als »Modelle« bezeichnet. Da ihnen aber weitestgehend die Orientierung an einer Theorie und einem entsprechenden Denkmodell fehlt, sind sie als körperliche »Naturbilder« anzusehen.

Das Präparieren und der Einsatz von Präparaten im Biologieunterricht sind keineswegs unumstritten. Für den Biologieunterricht stellt sich die Frage, ob ein Präparat als Demonstrationsobjekt verwendet werden soll oder ob das Präparat das Ergebnis des Präparierens der Schüler sein soll, wobei das Präparieren als eine fachgemäße Arbeitsweise auch eine tiefergehende geistige Auseinandersetzung mit dem zu präparierenden Objekt erfordert (vgl. *Entrich* 1996). Präparate und Präparieren stoßen bei Schülern zuweilen auf Abneigung und können so das Bemühen der Lehrpersonen um einen interessanten Unterricht beeinträchtigen. Sicherheits- und Hygienevorschriften sind beim Herstellen von Präparaten ebenso einzuhalten wie die Bestimmungen von Naturschutz- und Tierschutzgesetzen.  ▼ 9.4 ▼ 9.6.4

---

LITERATUR
*Baer/Grönke* 1981; *Brucker/Flindt/Kunsch* 1995; *Echsel/Rácek* 1995; *Entrich* 1996; *Nogli-Izadpanah* 1993; *Nottbohm* 1998; *Piechocki* 1985/86; *Quasigroch* 1979 b; *Steffens/Storrer* 1995

## 10.4 Modelle

### 10.4.1 Zum Begriff

Das Wort »Modell« ist abgeleitet von der Verkleinerungsform des lateinischen Wortes »modus«, nämlich modulus, was soviel wie Maß, Maßstab oder Art und Weise bedeutet. Die Definitionen des Begriffes »Modell« stimmen darin überein, daß sie als Gegenbegriff den des »Originals« enthalten: Modelle sind vereinfachte Abbildungen von Originalen. Sie repräsentieren somit gedankliche und materielle Realität (vgl. *Halbach* 1977; *Nachtigall* 1978, 132; *Stachowiak* 1980; *Meyer* 1990). Als Grundlage aller Modelle können die Modellvorstellungen angesehen werden, die wir uns aus denkökonomischen Gründen machen: »So behilft sich das menschliche Bewußtsein damit, Teilbereiche der Wirklichkeit durch Denkmodelle abzubilden, um wenigstens in Teilbereichen erfolgreich denken zu können« (*Steinbuch* 1977, 10).

10-2 ● Der Prozeß der **Modellierung** setzt stets einen Theoriebezug voraus. Ausgehend von gegenständlicher Realität (Originale) verläuft er über die gedankliche Realität (Denkmodelle) zu gegenständlichen Modellen (Anschauungsmodellen). Während **Originale** (wie alle anderen Gegenstände) unendlich viele Eigenschaften haben, bilden **Denkmodelle** nur diejenigen Eigenschaften ab, die als wesentlich erscheinen. Welche Eigenschaften als wesentlich betrachtet werden, entscheiden die Annahmen (Theorien, Hypothesen), nach denen die originale Wirklichkeit gedeutet wird und die Denkmodelle gebildet werden. Wird ein Denkmodell in ein **Anschauungsmodell** umgesetzt, so hat dieses als Gegenstand wiederum unendlich viele Eigenschaften. Neben den im Sinne der Modellierung wesentlichen hat es immer auch unwesentliche Eigenschaften, das sogenannte Beiwerk. Modelle sind also niemals Kopien der Originale; ihre Eigenschaften sind nicht mit denen der Originale identisch; sie sind vielmehr theoriebezogene Abbilder von Originalen.

Originale und Modelle können sich hinsichtlich des Substrats (Aufbau aus anderen chemischen Stoffen), der Dimension (Verkleinerung, Vergrößerung) und der Abstraktion (Anzahl wesentlicher Eigenschaften) unterscheiden.

### 10.4.2 Sinn und Bedeutung

Ein gemeinsames Kennzeichen aller Modelle ist ihr zweifach finaler Charakter: Zum einen wird die Modellierung im Hinblick auf bestimmte Zwecke durchgeführt, zum anderen werden die so gebildeten Modelle zu bestimmten

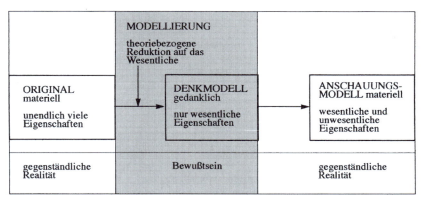

Abb. 10-2: Modellbildung (nach *Steinbuch* 1977, 11; verändert)

Zwecken eingesetzt (z. B. in der Absicht zu forschen oder zu unterrichten). Modelle sind also zweckmäßig konstruierte Hilfsmittel mit den **Funktionen** der Erkenntnisgewinnung und Erkenntnisvermittlung (vgl. *Schulte* 1978 a; *Simon* 1980):

... Als einfache Abbildungen erleichtern sie das Erfassen von Sachverhalten und das Lösen von Problemen (»denkökonomische Funktion«).

... Als Konstrukte, mit denen als wesentlich angesehene Teile der gegenständlichen Realität erfaßt werden, haben Modelle Hypothesen- und Entwurfscharakter und dienen zur Problemfindung und Problemeingrenzung (»heuristische Funktion«).

... Als Abbilder sowohl ideeller wie auch gegenständlicher Realität dienen Modelle der Veranschaulichung von Strukturen und Prozessen (»Anschauungsfunktion«).

Damit Modelle diesen Funktionen genügen können, sind an sie die folgenden **Anforderungen** zu stellen (vgl. *Stachowiak* 1965, 436; 1980; *Dietrich* u. a. 1979, 124):

... Das Modell muß in den wesentlichen Eigenschaften dem Original entsprechen. Es ist dem Original daher in den Hauptmerkmalen ähnlich (»Ähnlichkeit und Entsprechung«).

... Das Modell soll einfacher sein als das Original, es soll die wesentlichen Eigenschaften adäquat abbilden (»Einfachheit und Adäquatheit«).

... Das Modell soll so exakt sein, daß es unter bestimmten Bedingungen Voraussagen über das Original zuläßt (»Exaktheit und Fruchtbarkeit«).

# 10 MEDIEN

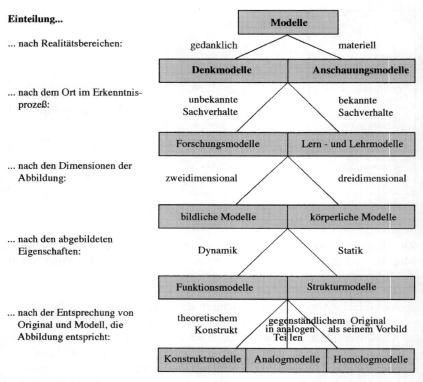

Abb. 10-3 Einteilung von Modellen nach verschiedenen Gesichtspunkten

Die meisten käuflichen Modelle dienen als Erklärungs- oder als Demonstrationsmodelle. Für die Verwendung vor der Klasse sind sie aber mit einem Vergrößerungsmaßstab von 4:1 bzw. 5:1 meist zu klein. Selbsthergestellte Demonstrationsmodelle sollten sehr groß sein und das Wesentliche deutlich hervorheben. Eine konsequente Farbgebung von einander entsprechenden Teilen hilft, das Wesentliche zu erfassen.

### 10.4.3 Einteilung in Typen, Beispiele

Zur Einteilung in verschiedene Modelltypen gibt es zahlreiche Vorschläge. Grundlegend ist die bereits erwähnte Unterscheidung zwischen (gedanklichen) »Denkmodellen« und (materiellen) »Anschauungsmodellen«.

Zu den **Denkmodellen** zählen vor allem rein mathematische Abbildungen und die damit verbundenen Vorstellungen, z. B. das Modell des »idealen Gases« in der Physik und das der »erbkonstanten Bevölkerung« (vgl. *Weninger* 1981, 185 ff.). Zu den **Anschauungsmodellen** zählen alle gegenständlichen Modelle.

Nach der Funktion im Erkenntnisprozeß kann zwischen **Forschungsmodellen** sowie **Lern-** und **Lehrmodellen** unterschieden werden. Im Biologieunterricht der Schule können Lehr- und Lernmodelle als Mittel
... der Erkundung und des Entdeckens,
... der Erklärung und Bestätigung,
... der Veranschaulichung und Demonstration eingesetzt werden.
Lernmodelle sollen vor allem dem forschenden Lernen dienen (»Erkundungsmodelle«, vgl. *Reichart* 1978 a). Wenn die Schüler das Modell selbst in die Hand nehmen und damit umgehen können (visueller und taktiler Kanal), können sie dadurch stark motiviert werden (vgl. *Memmert* 1974). Am intensivsten beschäftigen sich die Schüler mit Modellen, wenn sie sie selbst herstellen (Anregungen hierzu bei *Linder* 1950; *Bauer* 1978; *Erber/Klee* 1988; *Meyer* 1990).

Zu den Anschauungsmodellen werden hier neben den dreidimensionalen **körperlichen Modellen** auch zweidimensionale **bildliche Modelle** (ikonische und symbolische Darstellungen) gerechnet. Diese werden manchmal zu den Denkmodellen gestellt, obgleich sie an materielle Träger (Kreide, Tafel; Tinte, Papier) gebunden sind.  ▼ 10-4

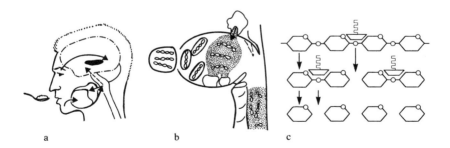

Abb. 10-4: Darstellungsformen von bildlichen Modellen. a) Ikonisches (bildähnliches) Modell: Speichelabsonderung als Reflex; b) vermischtes Modell: Stärkeabbau im Mund; c) symbolisches (Zeichen-)Modell: biochemische Vorgänge beim Stärkeabbau (nach *Müller/Brehme/Lepel* 1985)

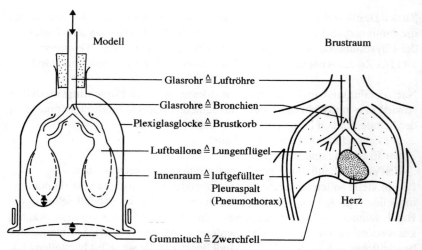

Abb. 10-5: Funktionsmodell. Modell der Zwerchfellatmung nach Donder mit Angabe der Entsprechungen von Modell und Original (nach *Wenk/Trommer* 1978, 199, verändert)

9.12 ▼ Zu den bildlichen Modellen gehören auch »Diagramme« und »Symbolsysteme«,
10-4 ● die Strukturen oder Funktionen abbilden (z. B. chemische Formeln und Zeichen für Nährstoffe und deren Bausteine). Die Zeichen sollten in einer Grafik denselben Abstraktionsgrad haben, und sie sollten eindeutig sein (vgl. *Kattmann* 1983 c; *Müller/Brehme/Lepel* 1985).

Nach der Art der dargestellten Eigenschaften wird zwischen »Strukturmodellen« und »Funktionsmodellen« unterschieden.
**Strukturmodelle** zeichnen sich dadurch aus, daß mit ihnen Baumerkmale möglichst getreu wiedergegeben werden. Es sind meist Modelle der Morphologie und Anatomie (vgl. *Staeck* 1980, 43; *Erber/Klee* 1988). Sie sind häufig zerlegbar. Sie eignen sich zur Darstellung von:
... sonst nicht analysierbaren Organen und Organismen (z. B. menschlicher Torso);
... Strukturen, die ohne Zusatzgeräte nicht beobachtet werden können (z. B. Doppelhelix der DNS).

**Funktionsmodelle** bilden den Verlauf von Prozessen ab. Sie ermöglichen damit die Analyse von Funktionen und Mechanismen. Die anatomischen Verhältnisse werden dabei meist nur ungenau erfaßt (z. B. Donder'sches
10-5 ● Modell der Atmung; Blutkreislauf, vgl. *Gude* 1988; Innenohrfunktion, vgl.

| ORGANELL | ENTSPRECHUNG IN EINEM UNTERNEHMEN | FUNKTION |
|---|---|---|
| **Membran** | Wände, Zäune, Türen | Schutz (Durchflußregulierung) |
| **ER** | Gänge, Flure | Transport |
| **Kern** | Geschäftsleitung | Steuerung und Kontrolle |
| **Nukleolus** | Datenverarbeitung | Informationsübergabe und -aufbereitung |
| **Chromosom** | Datenbank | genetische Information |
| **Vakuole** | Speicherraum, Magazin | Speicherung von Stoffen |
| **Ribosom** | Verarbeitung | Proteinsynthese |
| **Mitochondrium** | hauseigenes Kraftwerk | Energieumwandlung |
| **Golgi-Apparat** | Packraum, Versand | Zusammensetzen von Sekreten |

Tabelle 10-3: Analogmodell. Entsprechung von Teilen eines Unternehmens mit den Organellen einer Zelle und deren Funktionen (nach *Cavese* 1978, 183)

*Ronneberger* 1990; Augenmodelle, vgl. *Erber/Klee* 1986). Modelle der DNS ermöglichen die Darstellung der Reduplikation; die Pfeffer'sche Zelle ist ein Modell für die osmotischen Vorgänge in der Zelle; mit Kugeln und Wänden mit Poren können molekulare Vorgänge bei der Osmose (als Modell vom Modell der Pfeffer'schen Zelle) simuliert werden (vgl. *Gropengießer* 1981; *Bartsch/ Rüther/Toonen* 1990); Funktionsmodelle der Wirbelsäule erlauben Angaben über Beweglichkeit und quantitative Aussagen zur Statik der menschlichen Wirbelsäule (vgl. *Schneider* 1981; *Hedewig* 1990 a).
Zu den Funktionsmodellen gehören auch die Simulationen von ökologischen, populationsbiologischen und evolutionären Prozessen (z. B. Mimikry-Modell, vgl. *Gropengießer/Laudenbach* 1987), auch wenn sie mit Hilfe des »Computers« ausgeführt werden.

▼ 10.10.3

Eine weitere Möglichkeit, Modelle zu betrachten und zu ordnen, bezieht sich auf die Art und Weise, in der sie Originale abbilden (Art der Übertragung). Diejenigen Modelle, die einem gegenständlichen Original nachgebildet sind, heißen **Homologmodelle**. Sie geben das Original selten in den Dimensionen, meist aber in den Proportionen und damit in der Gestalt wieder. Dies trifft vor allem auf Strukturmodelle zu.
**Analogmodelle** bilden das Original dagegen nur in einer bestimmten Anzahl von Eigenschaften ab, die sich bei Original und Modell einander zuordnen (analogisieren) lassen, ohne daß im übrigen eine Übereinstimmung (z. B. in der Gestalt) zwischen beiden vorhanden ist. Bei Analogmodellen wird das An-

♦ 10-3

## 10 MEDIEN

Abb. 10-6: Konstruktmodell. Mensch mit Facettenaugen und Fliege mit Linsenaugen. Ein Mensch würde ein Facettenauge von etwa 1 m Durchmesser benötigen, wenn dieselbe Winkelauflösung wie bei einem Linsenauge erreicht werden soll. Ein Linsenauge mit der Winkelauflösung des Auges einer Fliege wäre etwa so groß wie deren Facettenauge (aus *Kirschfeld* 1984).

schauungsmodell meist nicht eigens hergestellt, sondern das Original mit einem Gegenstand der vorgegebenen Realität verglichen. Ein Gegenstand wird als das Original einem anderen als dem Modell zugeordnet, wobei Funktionsanalogien betrachtet werden (z. B. Vergleich des Stempels der Salbeiblüte mit einem Schlagbaum; der Zelle mit einem Unternehmen; der Enzymkinetik mit der Schalterabfertigung, vgl. *Köhler* 1985 b; eines Lebewesens mit einer Kerzenflamme, vgl. *Kattmann* 1971 b; 1980 b; 1990; *Schaefer* 1977 a; des Neurons mit einem mechanischen bzw. hydraulischen System, vgl. *Poenicke* 1985; *Bauer* 1987). Zu den Analogmodellen gehören auch Vergleiche zwischen biologischen und technischen Systemen (vgl. *Gropengießer* 1993).

Schließlich gibt es Modelle, die kein gegenständliches Original, sondern ein gedachtes Gefüge, also ein theoretisches Konstrukt abbilden. Diese Modelle beruhen also vorwiegend oder ausschließlich auf (theoriegeleiteten) Rekonstruktionen und Konstruktionen (z. B. rekonstruierter Schädel eines Fossils, Abbildung eines Bauplans). Das Original findet sich in der gegenständlichen Realität nicht. Das eigentliche Original ist ein gedankliches Konstrukt. Man kann diese Modelle daher als **Konstruktmodelle** bezeichnen.

Modelle kann man nacheinander unter allen genannten Aspekten betrachten und beurteilen. So ist die »Donder'sche Glocke« ein Anschauungsmodell, ein Lern-und Lehrmodell, ein körperliches Modell, ein Funktionsmodell und ein Homologmodell. Das »Flußdiagramm« eines Ökosystems ist ein Lern- und Lehrmodell, ein Anschauungsmodell, ein bildliches Modell, ein Funktionsmodell und ein Homologmodell. Das Modell eines »Menschen mit Facettenaugen« ist ein Anschauungsmodell, ein bildliches Modell, ein Strukturmodell, ein Konstruktmodell sowie ein Forschungsmodell und als Abbildung in diesem Buch auch ein Lehr-Lernmodell.

● 10-5

● 9-14

● 10-6

### 10.4.4 Zur Durchführung

Wann im Unterricht Modelle und wann Originale (Lebewesen) eingesetzt werden, muß jeweils didaktisch sorgfältig abgewogen werden. Keinesfalls können Modelle die Originale völlig ersetzen (gegen *Reichart* 1982). Dies gilt auch für die Beschreibung und Analyse von Prozessen mit Hilfe mathematischer Modelle (z. B. »Computersimulation«). Der gezielte Einsatz von Modellen zur Erkundung und zum Entdecken wird auch als **Modellmethode** bezeichnet. Zum Umgang mit Modellen gehört dabei die **Modellkritik**. Sie ist besonders wichtig, um die wesentlichen (theoriebezogenen) Eigenschaften der Modelle zu erfassen und so auch die Entsprechung von Modell und Original genau zu erkennen. Vor dem Einsatz von Modellen und der Durchführung von Modellversuchen sind daher Original und Modell gegenüberzustellen. Dabei sollte deutlich werden, daß mit einem Modell die Wirklichkeit nicht einfach nachgebildet, sondern im Sinne der Theorie (Hypothese) über das Original konstruiert wird. Da besonders Funktionsmodelle oft die anatomischen oder morphologischen Details der Originale nicht wiedergeben, ist es bei ihnen besonders wichtig, die Teile des Modells mit den entsprechenden Teilen des Originals genau zu parallelisieren und so die Vergleichspunkte zwischen Modell und Original präzise zu bestimmen (vgl. *Bonatz* 1978; *Eschenhagen* 1981 a, 19 f.; *Meyer* 1990, 8 f.; *Neupert* 1996).

▼ 10.10
▼ 9.7

● 10-2

● 10-5

Um eine Verwirrung der Schüler zu vermeiden, müssen Stärken und Schwächen der verwendeten Modelle erörtert werden. Als Modell wird im besten Fall ein theoriegerechtes Bild des Originals konstruiert, das der Wirklichkeit immer nur in derselben Weise entsprechen kann, wie es die zugrundeliegende Theorie tut. Bei Modellversuchen sollte daher grundsätzlich die Begrenztheit der Aussagekraft der verwendeten Modelle und der mit ihnen durchgeführten Experimente diskutiert werden. Dabei sind die von der Theorie gesetzten

Beschränkungen (Abstraktionen und Vereinfachungen) besonders zu beachten. Die Schüler sollen die Modellbildung als ein Mittel erkennen, mit dem sie sich die komplexe Realität geistig verfügbar machen können.
Wenn möglich, sollten zur Verdeutlichung eines Phänomens verschiedene Modellversuche eingesetzt werden. Da kein Modell (auch kein Denkmodell) das Original optimal repräsentiert, können verschiedene Modellversuche ein vielseitigeres und damit umfassenderes Bild vermitteln als nur ein Experiment.

## 10.5 Stehbilder

### 10.5.1 Allgemeines

Während Naturobjekte und viele materielle Modelle dreidimensional sind, werden die Objekte auf Bildern nur in zwei Dimensionen dargestellt. Bei den Stehbildern spielt im Gegensatz zu den Laufbildern auch die Dimension der Zeit keine Rolle.
Im Biologieunterricht sind die folgenden **Typen** von Stehbildern von Bedeutung:
... naturgetreue Darstellungen: »Naturbilder« (Naturfoto, bildhafte Zeichnung),
9.11 ▼ ... »Schemata« (vereinfachte Umrißzeichnung, Blütengrundriß, Bauplanzeichnung, Fotogramm),
9.12 ▼ ... »Diagramme« (Graphen von mathematischen Funktionen),
... »geographische Karten« (z. B. von Verbreitungsgebieten),
... »künstlerische Illustrationen« (z. B. Karikatur, Gemälde),
... »Stehbildkombinate« (z. B. Collagen).

---

LITERATUR
*Bartsch/Rüther/Toonen* 1990; *Bauer, E. W.,* 1978; *Bauer, R.,* 1987; *Bay/Rodi/Linhart* 1981; *Bischoff* 1988; *Bonatz* 1978; *Cavese* 1978; *Dietrich* u. a. 1979; *Erber/Klee* 1986; 1988; *Eschenhagen* 1981 a; *Gropengießer, H.,* 1981; 1993; *Gropengießer/Laudenbach* 1987; *Gude* 1988; *Halbach* 1977; 1981; *Hedewig* 1990 a; *Högermann* 1986; 1989 a; *Kattmann* 1971 b; 1980 b; 1983 c; 1990; *Killermann/Stöhr* 1980; *Kirschfeld* 1984; *Knievel* 1984 a; *Köhler* 1985 b; *Linder* 1950; *Memmert* 1974; *Meyer, Hubertus,* 1990; *Miram* 1980; *Müller, Johannes,* 1974; *Müller/Brehme/Lepel* 1985; *Müller* u. a. 1977; *Nachtigall* 1972; 1978; *Neupert* 1996; *Pawelzig* 1981; *Poenicke* 1985; *Reichart* 1978 a;b; 1982; *Ronneberger* 1990; *Schaefer* 1977 a; *Schneider, H.,* 1981; *Schulte, H.,* 1978 a; *Simon* 1980; *Stachowiak* 1965; 1980; *Staeck* 1980; *Steinbuch* 1977; *Strube-Harms* 1984; *Trommer* 1980 c; *Viebahn* 1976; *Weninger* 1981; *Wenk/Trommer* 1978

Die genannten Bildtypen können in mehreren der folgenden Gruppen von Stehbild-Medien vertreten sein.

Hinsichtlich der **Wirkung** von verschiedenen Bildtypen auf das Lernen stellen *Kordula Schneider* und *Ulla Walter* (1992, 327) aufgrund einer empirischen Untersuchung fest: »Entgegen der Meinung vieler Unterrichtender, die Abbildungen müßten so realitätsgetreu wie möglich sein, weisen unsere Untersuchungsergebnisse auf eine andere Möglichkeit hin. Für den Aufbau sowohl kurz- und langfristiger Wissensstrukturen eignen sich alle Bildsorten, die eine Herausforderung an die Lernenden darstellen. Dies bedeutet, daß der einfache Bildtypus, bei dem der Leser die Information schnell erfaßt und nur oberflächlich verarbeitet, nicht so häufig eingesetzt werden sollte. ... Hingegen führen komplexe Bildtypen, die einen überwindbaren Lernwiderstand hervorrufen, zu einer intensiven und bewußten Verarbeitung.« Die Autorinnen setzten ausschließlich Schemata ein, wobei die komplexeren Bildtypen logische Verknüpfungen zwischen Einzelbildern in einer Bildfolge erforderten (z. B. vergleichende Bildreihen, Darstellung von Kreisläufen). Sie folgern aus ihren Ergebnissen, daß die Hinführung zu komplexeren Bildtypen stufenweise erfolgen müsse, damit kein zu großer Lernwiderstand auftritt, der zu einem Abbruch der Informationsaufnahme führen könnte.

### 10.5.2 Dia und Diaprojektor

Unter »Diapositiv« (verkürzt Dia) versteht man ein transparentes Kleinbild, das gerahmt ist und mit Hilfe eines Diaprojektors vorgeführt wird. Mit polarisiertem Licht, Doppelprojektion und einer Brille ist auch Stereo-Projektion möglich. Dias werden im Unterricht einzeln oder als Diareihen eingesetzt. Die meisten Dias sind Naturfotografien. Der fotografierende Biologe bereitet das Naturfoto bereits im Moment der Aufnahme durch Wahl der Perspektive, des Objektivs und des Bildausschnitts didaktisch auf. Mit Hilfe von Vorsatzlinsen oder Zwischenringen kann man beim Aufnehmen das Objekt vergrößern (Nahaufnahme, Makrofotografie). Das Aufnehmen von Bildern durch das Mikroskop nennt man Mikrofotografie. Durch Nahaufnahmen und Mikrofotografie zeigen sich dem Betrachter morphologische und anatomische Einzelheiten, die normalerweise dem Auge verborgen bleiben. Scheue Großtiere (z. B. Vögel) werden durch Fernrohre beobachtet und fotografiert: Telefotografie. Durch Fotografie von schematischen Abbildungen, Graphen und Tabellen entstehen Schemadias (Zeichendias).

Beim Einsatz im Unterricht sprechen Dias aufgrund ihrer großen Helligkeit und Projektionsgröße in starkem Maße den visuellen Sinneskanal an. Dias ersetzen die Naturobjekte, wenn diese gar nicht oder nicht in dem für die Behandlung notwendigen Entwicklungszustand verfügbar sind. Ihr Einsatz ist mit geringem technischen Aufwand verbunden, denn die neueren lichtstarken Projektoren lassen einen Einsatz bei nur schwach verdunkelten Räumen zu. Die Projektion ermöglicht eine Konzentration der Klasse auf den Unterrichtsgegenstand. Dias können auch Impulse zur selbständigen Erkundung und zum anschließenden Unterrichtsgespräch geben. Dabei sollte man den Schülern genügend Zeit für die Betrachtung lassen. Erst soll das Bild, dann sollen die Schüler und zum Schluß soll die Lehrperson sprechen (vgl. *Killermann* 1991). Dias beleben die Erinnerung; so können Eindrücke von einer Exkursion oder einem gezeigten Film wieder aufgefrischt werden. Es sollten in einer Stunde nur wenige Dias (nicht mehr als zehn) gezeigt werden (vgl. *Staeck* 1980). Nur so können sie von den Schülern lange genug beobachtet und im Unterrichtsgespräch ausgewertet werden.

Nicht nur die Lehrpersonen, sondern auch die Schüler können durch selbst hergestellte Naturfotografien den Biologieunterricht beleben (vgl. *Heinrich* 1975). Durch gezielte Arbeitsaufträge (z. B. Dokumentation von Langzeitbeobachtungen bei der Entwicklung von Lebewesen oder der Entwicklung einer Wald-Lebensgemeinschaft im Jahreslauf) wird das entdeckende Herangehen an die Naturobjekte gefördert. Mehr als das Endprodukt sollte dabei der Prozeß des Lernens im Vordergrund stehen. Biologische Arbeitsgemeinschaften sind für dieses Vorhaben besonders geeignet (vgl. *Bay/ Rodi* 1979, 27-29).

Einzeldias werden für Unterrichtszwecke nach unterschiedlichen didaktischen Gesichtspunkten zu **Diareihen** zusammengestellt.

... In »monographischen Reihen« wird ein Objekt unter verschiedenen Gesichtspunkten betrachtet (z. B. Honigbiene, Gesunde Zähne).

... Bildreihen mit »Übersichtscharakter« stellen einen umfassenderen Problemkreis unter verschiedenen Aspekten dar (z. B. Einheimische Schlangen, Tiere überwintern).

... Für den Einsatz von »Tonbildreihen« (vgl. *Bergmann* 1970; *Bay/Rodi* 1979) werden in der Regel drei Geräte benötigt: ein Diaprojektor, ein Tonbandgerät und ein Steuergerät, das die Koordination von Bild und Ton gewährleistet. Dies macht die Verwendung von Tonbildreihen im Unterricht besonders aufwendig und störanfällig. Der Bildwechsel erfolgt im allgemeinen alle 15 bis 20 Sekunden; damit ist die Präsentationsdauer für viele Schüler zu kurz. Die Bildinformationen werden mit besonderen Erläuterungen, mit Musik oder Naturgeräuschen (z. B. Vogelstimmen) unterlegt. Tonbildreihen sind als »selbstlehrende Medien« zu verwenden. Die Lehrperson hat keine Möglichkeit der didaktischen Gestaltung. Da die Schüler die Darbietung nur passiv aufnehmen können, sollten Tonbildreihen im Unterricht nur selten verwendet werden.

Durch die verbesserte Technik der Farbkopierer lassen sich Farbdias heute problemlos auf Folien für »Arbeitstransparente« kopieren. ▼ 10.5.6

Flache Naturobjekte (z. B. Bandwurmglieder, Blätter, zergliederte Blüten, Früchte, Insektenflügel und -beine, Fingerabdrücke auf Tesafilm) kann man zwischen zwei Diagläser bringen und so als **Objektdias** rahmen.
Mit Hilfe der Diaprojektion lassen sich auch lichtsinnesphysiologische Versuche durchführen: Als **Experimental-Dias** dienen z. B. Bilder, die zu optischen Täuschungen führen, oder Abbildungen farbiger Flächen, die positive bzw. negative Nachbilder erzeugen.
Bringt man statt des Dias eine Küvette in den Strahlengang des Projektors, so kann man damit Kleinlebewesen des Wassers zeigen. Bei einer solchen **Küvetten-Projektion** steht das Bild allerdings auf dem Kopf.
Mikropräparate, die nur eine schwache Vergrößerung benötigen, kann man ebenfalls direkt projizieren (vgl. *Kronfeldner* 1980; *Buschendorf* 1981; *Sturm* 1981). Setzt man an die Stelle der normalen Optik des Diaprojektors einen Mikrovorsatz, so kann man stärker zu vergrößernde Mikropräparate projizieren. Im Vergleich zu den Mikrodias ist diese Projektion aber sehr lichtschwach. Dafür haben die Schüler die Möglichkeit, die Herstellung der Mikropräparate zu verfolgen oder sogar selbst durchzuführen. ▼ 9.5

### 10.5.3 Fotogramme

Fotogramme sind Kontaktabzüge von Objekten auf lichtempfindlichem Papier. Auf diese Weise können vor allem Schattenrisse von flachen Gegenständen hergestellt werden (z. B. von Blättern). Das Objekt wird auf Fotopapier oder Blaupauspapier, das man von einem Architekturbüro erhalten kann, gelegt, mit einer Glasplatte beschwert und belichtet. Das Papier wird anschließend entwickelt und fixiert.
Fotogramme können Schülerzeichnungen teilweise ersetzen. Bei formenkundlichen Themen sollte man diese Möglichkeit des Methodenwechsels gelegentlich nutzen.

### 10.5.4 Bilder in Büchern und Bildmappen, Einsatz des Episkops

Schulbücher sind meist mit vielen bunten Abbildungen ausgestattet, die die Arbeit im Unterricht und das Nacharbeiten zu Hause erleichtern. Mit Hilfe von Buchprogrammen können sich die Schüler in Einzelarbeit mit Hilfe von Text und Abbildungen Kenntnisse in Biologie aneignen.

Zu bestimmten Unterrichtsthemen gestaltete **Bilderhefte** sind besonders auf den unteren Klassenstufen geeignet, die Schüler emotional anzusprechen und sie die veranschaulichten Phänomene selbständig erarbeiten zu lassen (vgl. Beilagen zur Zeitschrift Unterricht Biologie). Auf den Sekundarstufen wird man Bilderhefte oder Einzelbilder aus Bildmappen bei denjenigen Unterrichtsthemen einsetzen, bei denen die affektiv-emotionale Dimension im Vordergrund steht (vgl. *Kattmann* 1978; *Gruen/Kattmann* 1983). Wenn die Abbildung von den Schülern unmittelbar betrachtet wird, wirkt sie intensiver und individueller als beim projizierten Dia.

Will die Lehrkraft die Aufmerksamkeit der ganzen Klasse auf ein Bild konzentrieren, so besteht mit Hilfe des Episkops die Möglichkeit, Abbildungen aus Büchern zu projizieren. Die Bilder sind allerdings nicht so hell wie bei der Tageslicht- oder der Diaprojektion. Man muß daher vollständig verdunkeln. Mit Hilfe des Episkops kann man auch kleinere flache Naturobjekte farbig projizieren (mit dem Arbeitsprojektor geht dies nicht).

Durch **Ordnen von Bildern** können sich die Schüler in Einzel- oder Gruppenarbeit im Systematisieren üben, z. B. beim Thema »Verwandtschaft bei Tieren« (Ordnen von Bildern eines Memory-Spiels).

Die Schüler sollten auch dazu angeregt werden, zu Themen, die im Unterricht behandelt werden, Bilder aus Zeitschriften und Illustrierten zu sammeln und im Klassenzimmer aufzuhängen oder ins »Arbeitsheft« einzukleben.

Bei bestimmten Themen (z. B. Gesundheitserziehung: Rauchen, Drogen) kann man die Schüler zum Herstellen von **Collagen** anregen (vgl. *Zucchi* 1979). Zeitungsausschnitte oder Bilder aus Illustrierten können im Klassenzimmer an einer »Pinnwand« zu einer »Wandzeitung« zusammengestellt werden.

### 10.5.5 Poster und Wandbilder

Poster sind große Farbdrucke von Fotos oder Farbbildern. Sie sind gelegentlich biologiedidaktischen Zeitschriften beigelegt.

Die Bezeichnungen »Bildtafel«, »Lehrtafel« und »Wandbild« werden gleichbedeutend gebraucht. Man versteht darunter bis zu 2 x 2 m große farbige Bilder für den Unterricht. Die biologischen Lehrtafeln stellen die Objekte teilweise in ihrer Umgebung dar. Es gibt aber auch monographische Darstellungen von einzelnen Pflanzen und Tieren sowie Schautafeln zur Systematik. Auf demselben Wandbild sind zu einzelnen Arten oft Details schematisch abgebildet. Im Gegensatz zur Tafelskizze, die im allgemeinen nur für eine Unterrichtsstunde stehenbleibt, sind Wandbild und Poster jederzeit verfügbar und brauchen zur Darbietung keinen technisch-organisatorischen Aufwand. Sie können über mehrere Stunden in der Klasse hängen, so daß man wiederholt auf sie zurückgreifen kann.

Viele von Verlagen angebotene Wandbilder weisen Mängel auf (vgl. *Staeck* 1980). Sie sind mit Details überladen. Die Tafeln sind nicht mit allen Teilen in jeder Altersstufe einsetzbar. Teilausschnitte sind oft für eine genauere Betrachtung in der Klasse zu klein. Abbildungsmaßstäbe sind häufig nicht angegeben. Da man Einzelteile kaum abdecken kann, ist ein entwickelndes Unterrichtsverfahren schwer möglich. Um diese Mängel zu vermeiden, stellt man sich die benötigten Wandbilder am besten mit Hilfe eines Projektors selbst her.

### 10.5.6 Arbeitstransparente und Arbeitsprojektor

Die Verwendung von Arbeitstransparenten (Folien) und deren Projektion durch ein kombiniertes Spiegel-Linsen-System eröffnet vielfältige methodische Möglichkeiten für den Biologieunterricht. »Arbeitsprojektion« (AP) bedeutet, daß die Arbeitstransparente (AT) nicht unverändert projiziert werden, sondern daß mit ihnen durch Zeichnen, Beschriften oder Übereinanderlegen gearbeitet werden kann. Die Möglichkeit der Dynamisierung spielt bei der Verwendung der Arbeitsprojektion eine entscheidende Rolle (vgl. *Witte* 1969, 76; *Knievel* 1986). Durch gezielte Auswahl der Teile von Aufbautransparenten ist ein flexibler, am Lernprozeß orientierter Einsatz möglich (vgl. *Jaenicke* 1986).

Die Arbeitsprojektion heißt auch Overhead-Projektion oder »Rückwärtsprojektion«. Die Lehrperson steht mit dem Gesicht zur Klasse, während sie an dem Transparent arbeitet. Dadurch hat sie einen besseren Kontakt zur Klasse als bei Verwendung der Tafel. Der Ausdruck »Tageslichtprojektion« gibt an, daß man zur Projektion nicht verdunkeln muß; vor allzu großer Helligkeit sollte man aber die Projektionsleinwand abschirmen. Da nicht verdunkelt ist, kann die Lehrkraft während der Erarbeitung mit den Schülern im Gespräch bleiben. Unter »Folie« im engeren Sinne versteht man ein unbeschriftetes Transparent im DIN A4-Format, das die Lehrperson im Unterricht beschriftet und entsprechend einer Tafel benutzt. Sie kann aber auch Folien bereits zu Hause teilweise vorbereiten und dann im Unterricht ergänzen. Für die vorbereiteten Teile verwendet man am besten Permanent-Folienstifte, für die Ergänzung im Unterricht wasserlösliche Stifte. Nach Abwischen der wasserlöslichen Beschriftung kann die vorbereitete Folie wieder benutzt werden. Bei den meisten Tageslichtprojektoren sind »Lauffolien« angebracht. Das sind Transparentbänder, die mit Hilfe von Rollen über die Projektionsfläche befördert werden und fortlaufend beschriftet werden können. Man kann die zu Hause vorbereitete Folie auch unter die unbeschriftete Lauffolie schieben und dann die Lauffolie mit wasserlöslichen Stiften beschreiben.

Damit die Schüler die **Beschriftung** auf den Transparenten noch lesen können, darf sie nicht zu klein (mindestens 5 mm) und nicht zu dünn sein. Um größere Flächen farbig anzulegen, verwendet man am besten farbige, selbstklebende Folien (vgl. *Lauterbach* 1974).

Beschriftete und bebilderte Vorlagen für die Arbeitsprojektion nennt man **Arbeitstransparente**. Käufliche Arbeitstransparente haben gegenüber den selbst hergestellten die Nachteile, daß sie wesentlich teurer und nicht so gut auf die jeweilige Unterrichtsplanung abgestimmt sind (vgl. *Hintermeier* 1983 a). Die Lehrkraft sollte sie vor dem Einsatz im Hinblick auf sachliche Richtigkeit und methodische Aufbereitung überprüfen (vgl. *Armbruster/Hertkorn* 1977, 88 ff.; *Staeck* 1980, 57 ff.; *Schminke/Schultz* 1981).

Die meisten käuflichen Arbeitstransparente enthalten schematische Zeichnungen. Es gibt aber auch »Diatransparente«, die Naturobjekte als Fotografien abbilden. Bei kombinierten Systemen werden Naturfoto und Schema vergleichend projiziert. Mit Hilfe von Farbkopierern können auch eigene Dias auf Folien kopiert und für Arbeitstransparente verwendet werden.

Um komplexe Sachverhalte darzustellen, verwendet man **Aufbautransparente**. Auf eine Grundfolie können von den vier Seiten Deckfolien (Overlays) hereingeklappt werden (Klapptechnik). Eine letzte Folie enthält dann oft die Beschriftung.

Das Entwickeln eines neuen Bildes durch Verschieben der Deckfolien ist eine weitere Möglichkeit zur Verwendung von Arbeitstransparenten. Beispiel: Ausgehend von einem allgemeinen Schema einer Blütenpflanze, wird durch Höherziehen von drei Deckfolien mit aufgedruckten Laubblättern die Blüte eingehüllt. Durch Entfernung des Stengels entsteht dann daraus das Bild einer

10-7 • Zwiebel. Werden die Deckfolien nicht unmittelbar übereinandergelegt, sondern besteht zwischen ihnen ein Abstand von einigen Zentimetern, so entstehen sogenannte **Schichtmodelle**. Damit kann man sehr gut die verschiedenen optischen Ebenen beim Aufbau der Zelle zeigen. Das dreidimensionale Gebilde wird in mehrere planparallele Ebenen zergliedert, die durch Herauf- oder Herunterbringen der Projektionsoptik des Arbeitsprojektors jeweils scharf eingestellt werden können (vgl. *Wenske* 1973; *Kästle* 1974; 1978).

Dynamik kann nicht nur über Aufbaufolien suggeriert werden. Oft ist es auch eine gute Hilfe, wenn man schattengebende bewegliche Teile (sogenannte Figurinen) einsetzt, um Zuordnungen flexibel vorzunehmen und schwer zu verstehende Prozesse zu veranschaulichen (z. B. Nahrungsketten und Nahrungsnetze; Antigen - Antikörperreaktionen; Replikation der DNS; Chromosomen im Zellzyklus). Statt der schattengebenden Figurinen werden noch besser transparente farbige Teile verwendet. Ein Nachteil dieses Verfahrens im Vergleich zu den Aufbausätzen besteht allerdings darin, daß die einzelnen Teile sich leicht verschieben, so daß eine Beschriftung erschwert wird. ▼ 10.8.5

Werden die Aufbauteile mit einem Druckknopf oder einer Metallklammer drehbar auf der Grundfolie montiert, so kann man damit **Funktionsmodelle** herstellen (Beispiele: Funktionsmodell des Schlagbaummechanismus bei der Salbeiblüte, vgl. *Bay/Rodi* 1979, 119; Schluckvorgang, Peristaltik, Nahrungstransport und Resorption, Muskelkontraktion, vgl. *Hedewig* 1981 a, 34 ff.). Auf diese Weise erreicht man auf der Leinwand eine starke Vergrößerung der Funktionsmodelle.

Durch die »Technamation« können mit Hilfe der Arbeitsprojektion Kreisprozesse simuliert werden (vgl. *Witte* 1969; 1971-1973; *Armbruster/Hertkorn* 1977, 100). Man verwendet dazu als Pfeile oder »Teile mit Drehbewegung« Polarisationsfolien. Unter der Projektionsoptik wird ein sich im Kreise bewegender Polarisationsfilter angebracht, der dann die Scheinbewegung auf den

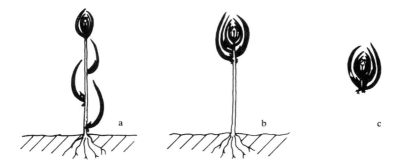

Abb. 10-7: Beispiel für die Benutzung von Arbeitstransparenten (aus *Vogel* 1980, 209)
a) Gesamttransparent: Schema des Aufbaus einer Blütenpflanze;
b) die drei Overlays nach oben gezogen: Schema einer End-Knospe;
c) das Grundtransparent mit Wurzel und Stengel entfernt: Schema einer Zwiebel

speziell entwickelten Transparenten hervorruft. Solche Transparente kann man selbst herstellen. Einige werden auch von Verlagen angeboten. Technamation ist in der Anschaffung teuer und nur bei wenigen Themen verwendbar, so daß man zur Darstellung von entsprechenden Vorgängen besser Filme einsetzt (vgl. *Armbruster/Hertkorn* 1977, 101).

Mit Hilfe der Arbeitsprojektion können auch **Naturobjekte** projiziert werden – wenn sie undurchsichtig sind, als Schattenrisse. Damit wird erreicht, daß eine große Gruppe gleichzeitig dieselben Naturerscheinungen beobachten kann. Sehr gut eignen sich Bewegungsanalysen bei Fischen, Lurchen, Insekten und Würmern. Allerdings muß darauf geachtet werden, daß die ausgestrahlte Wärme die Tiere nicht schädigt und daß diese oft sehr lichtscheu sind und daher der Projektion ausweichen. Mit Hilfe der Schattenrißprojektion von Präparaten (Bioplastiken) lassen sich sehr gut Vergleiche anstellen, zum Beispiel zwischen Fledermausskelett und Vogelflügelskelett. Durch Auflegen von Teilen einer Blüte auf die Projektionsfläche kann man Blütendiagramme entwickeln. Verschiedene Stadien der Laubzersetzung können veranschaulicht werden (vgl. *Moisl* 1981). Die an die Tafel projizierten Naturobjekte können von Schülern oder der Lehrperson an der Wandtafel im Umriß nachgezeichnet werden. Solche Umrisse eignen sich für die Übertragung in die Hefte der Schüler und dienen dann der Ergebnissicherung.

Mit Hilfe der Tageslichtprojektion lassen sich in Petrischalen auch einfache **Experimente** demonstrieren, z. B. Diffusionsversuche oder Versuche zur Fotosynthese (vgl. *Brucker* 1975; *Berholz* 1977; *Arend/Bäßler/Storrer* 1984; *Storrer/Arend* 1984; *Storrer/Bäßler/Arend* 1984).

Der Arbeitsprojektor ist eines der vielseitigsten Medien. Durch die Projektion von fertigen, oft sehr komplexen Zeichnungen und umfangreichen Lückentexten besteht aber die Gefahr, daß einige Schüler überfordert werden. Bei einem dosierten Einsatz wird von einem gesteigerten Lernerfolg berichtet (vgl. *Jaenicke* 1986). Durch die Arbeitsprojektion spart die Lehrperson in vielen Fällen sehr viel Zeit. Darunter können aber die Spontaneität und die Kreativität der Schüler leiden (vgl. *Rüther* 1980, 203).

10.5.7 ▼ Die Arbeitsprojektion sollte die Arbeit mit der Wandtafel nicht ersetzen (vgl. *Quasigroch* 1979 a; *Knievel* 1986). Text- und Bildinformation können an der Wandtafel für die ganze Stunde sichtbar bleiben, während man bei der Arbeitsprojektion normalerweise nicht die Ergebnisse einer ganzen Stunde in einer Übersicht festhalten kann. Durch kombinierten Einsatz von Tageslichtprojektor und Wandtafel kann dieser Mangel behoben werden.

## 10.5.7 Wandtafel

Die im allgemeinen an der Vorderseite des Klassen- oder Fachraums angebrachten dreiteiligen »Altartafeln« oder zweiteiligen »Schiebetafeln« dienen vor allem dazu, den Unterrichtsablauf in Stichworten und Skizzen festzuhalten. Diese Aufzeichnungen können die Schüler jederzeit leicht in ihre Arbeitshefte übernehmen. Die in vielen Räumen an den Seitenwänden vorhandenen starren Tafelflächen eignen sich besonders zum Festhalten von Langzeitbeobachtungen und für Schülerzeichnungen (vgl. *Bauer* 1981 a, 63 f.).
Die Qualität der Tafelarbeit wird wesentlich durch die Exaktheit und Sauberkeit des Tafelanschriebs bestimmt. Farben im Tafelanschrieb dienen gelegentlich ▼ 6.3.3
der Darstellung realer Gegenstandsfarben, häufiger jedoch als Symbole zur Hervorhebung eines Sachverhaltes. Einfache Strichzeichnungen, die sich auf das Wesentliche beschränken, sind besonders wertvoll. Malereien an der ▼ 9.11
Wandtafel sind heute im Biologieunterricht nicht mehr üblich. Dafür gibt es Dias, Transparente oder Bildtafeln.

## 10.5.8 Aufbausätze

In den letzten 40 Jahren wurden mit Hilfe verschiedener technischer Möglichkeiten Vorschläge zur Entwicklung von zusammensetzbaren Bildern (Aufbausätze) für den Unterricht erarbeitet, mit deren Hilfe man an einer Tafel Strukturen, Funktionen und vor allem Prozesse darstellen kann.
Aufbausätze sind ein geeignetes Mittel, um den Lernprozeß fortschreitend zu dokumentieren. Das Lernen wird durch das manuelle Begreifen und den Wechsel von visueller und verbaler Kommunikation über den Sachverhalt verbessert. Außerdem lassen sich die gewonnenen Erkenntnisse mit Hilfe der Aufbausätze gut sichern, vor allem dann, wenn entsprechende Arbeitsblätter zur Verfügung stehen, die das Aufbaubild festhalten.
Die Erarbeitung braucht nicht allein von der Lehrperson, sondern kann auch von den Schülern (unter mehr oder weniger starker Anleitung) vorgenommen werden. Es handelt sich dabei aber fast immer um Frontalunterricht. Für Gruppenarbeit müßten die Aufbausätze (evtl. in verkleinerter Form) mehrfach vorhanden sein. Beim Zusammentragen der Ergebnisse der Gruppenarbeit könnten die Lösungen dann an der Tafel veranschaulicht werden.
Ursprünglich wurden Aufbausätze von Lehrern selbst hergestellt. Einige der Vorschläge wurden inzwischen weiterentwickelt und werden von Verlagen angeboten (vgl. *Lhotte* o. J.; *Sandrock* 1980). Zur Beurteilung von Aufbausätzen

können die folgenden Kriterien herangezogen werden: Strukturiertheit und Verfügbarkeit des Aufbausatzes; Vielseitigkeit des Einsatzes; Verschiebbarkeit und Austauschbarkeit der Elemente.

Im Biologieunterricht werden vor allem folgende Aufbausätze eingesetzt:

... »Flanell-Aufbausätze« (vgl. *Gehrle* 1964; *Lhotte* o. J.) haben als Unterlage eine Flanelltafel. Die beweglichen Teile werden aus Filz ausgeschnitten, oder es wird auf die Rückseite von Kartonteilen eine rauhe Faserschicht aufgeklebt.

Vorteile: Die einzelnen Bilder sind auf der ganzen Fläche frei beweglich.
Nachteile: Eine Beschriftung der Flanelltafel ist nicht möglich. Beschriftungskästchen und -pfeile müssen daher ebenfalls vorbereitet werden.

... »Magnet-Aufbausätze« (vgl. *Kirschke* 1972; *Sandrock* 1980): Als Unterlage wird hier eine Stahltafel benutzt. Auf der Rückseite der beweglichen Teile werden selbstklebende Magnethafter angebracht.

Vorteile: Die einzelnen Bilder sind auf der ganzen Tafel verschiebbar, haften gut und ermöglichen einen schnellen Einsatz im Unterricht. Die Beschriftung der Teilbilder ist auf der Tafel jederzeit möglich.
Nachteile: Es muß gewährleistet sein, daß eine Stahltafel oder eine dauermagnetische Tafel im Unterrichtsraum vorhanden ist.

... »Styroporteile« kann man ausschneiden und mit Karton bekleben. Sie haften an der nassen Tafel.

Vorteile: Sie können leicht selbst hergestellt werden und sind billig.
Nachteile: Die Styroporteile fallen beim Trocknen der Tafel nach 15 bis 20 Minuten ab.

10.5.6 ▼ ... Auf dem »Arbeitsprojektor « kann man mit zerschnittenen Folien (Minitransparenten) oder 6 mal 6-Dias als Aufbausätzen arbeiten.

---

LITERATUR

*Arend/Bäßler/Storrer* 1984; *Armbruster/Hertkorn* 1977; 1978; *Bauer* , *E. W.*, 1981 a; *Bay/ Rodi* 1979; *Beckmann, H.*, 1970; *Bergmann, E.*, 1970; *Berkholz* 1977; 1978; *Brucker, G.*, 1975; *Buschendorf* 1981; *Christow* 1971; *Fahle/Oertel* 1994; *Gehrle* 1964; *Gruen/Kattmann* 1983; *Hafner, L.,* 1972; *Hedewig* 1981 a; *Heinrich* 1975; *Heißling* 1974; *Hintermeier* 1983 a; *Hirschmann* 1973; *Hüchtker* 1974; *Jaenicke* 1986; *Kästle* 1974; 1978; *Kattmann* 1978; *Killermann* 1991; *Kirchner/Rüthe*r 1972; *Kirschke* 1972; *Knievel* 1986; *Kronfeldner* 1980; *Lauterbach* 1974; *Lhotte* o. J.; *Moisl* 1981; *Paprotte* 1980; *Quasigroch* 1979 a; *Rüther* 1980; *Sandrock* 1980; *Schminke/ Schultz* 1981; *Schneider/Walter* 1992; *Schwadtke* 1975; *Seger* 1990; *Sommermann* 1980; *Staeck* 1980; *Storrer/Arend* 1984; *Storrer/Bäßler/Arend* 1984; *Sturm* 1981; *Vogel, G.,* 1980; *Wenske* 1973; *Witte, A.,* 1969; 1971-1973; *Zucchi* 1979

## 10.6 Laufbilder

### 10.6.1 Film

Im Vergleich zum Dia kommt beim Film die Dimension der Zeit hinzu. Dies ist im Biologieunterricht besonders zur Darstellung von Bewegungs- und Entwicklungsvorgängen bedeutsam. Die Schüler zu einem kritischen Filmverständnis zu führen, ist eine wichtige Aufgabe des Biologieunterrichts (vgl. *Etschenberg* 1994 c). Im Vergleich zur Herstellung eines Dias kann der Produzent beim Filmen wesentlich stärker gestalterisch eingreifen. Die Lehrkraft muß dies beachten, wenn sie den Schülern einen Film als »Dokumentation der Natur« vorstellt.

Die räumlichen Dimensionen von Filmen entsprechen denen bei Fotografien (Natur-, Tele-, Nah- und Mikroaufnahmen). Mit Hilfe von Röntgenstrahlen kann man Vorgänge im Inneren des Körpers studieren. Durch Infrarotlicht lassen sich lichtscheue Tiere in ihrem natürlichen Lebensraum beobachten. Auch die zeitliche Dimension läßt sich im Film variieren. Bei der Zeitraffung wird der natürliche Bewegungsablauf durch den Film beschleunigt. Die Zeitdehnung (Zeitlupe) ermöglicht das Studieren sehr schneller Bewegungen. Durch die Bewegung der Kamera (Perspektive und Schwenk) werden Zusammenhänge leichter erkannt. Nach der angesprochenen Sinnesmodalität lassen sich folgende Filme unterscheiden:

... Stummfilme sprechen nur den visuellen Kanal an. Man unterscheidet Schwarzweißfilme und Farbfilme.

... Bei Tonfilmen kommt noch der auditive Kanal hinzu (Magnet-Ton oder Licht-Ton). Durch Naturgeräusche wird das Erkennen erleichtert und das Erleben beim Betrachten vertieft. So kommen Farbtonfilme dem unmittelbaren Naturerleben recht nahe.

Die meisten Tonfilme haben zusätzlich noch einen Kommentar. Zur Vertiefung des Eindrucks ist es bedeutsam, daß Bilddokumentation und Kommentar sich verstärken und der Kommentar nicht vom Wesentlichen ablenkt.

An die naturgetreue Darstellung (Wirklichkeitsgehalt) von Naturfilmen müssen höchste Anforderungen gestellt werden, weil der Film in seiner inhaltlichen Verdichtung auf den Schüler vielfach mit stark suggestiver Kraft einzuwirken vermag (vgl. *Stichmann* 1974, 25 f.; *Müller* 1981; *Teutloff* 1994).

Entsprechend ihrer Gestaltung haben Filme eine unterschiedliche Bedeutung. Die Aufgabe der größten Anzahl unserer Filme liegt zwischen Dokumentieren, Lehren und Unterhalten (vgl. *Bauer* 1980). Die folgenden Einteilungskriterien gelten daher nicht streng.

Die Filme der Naturforscher (vor allem Filme zum Verhalten von Tieren; vgl. *Lieb* 1980 b) sind reine **Dokumentationsfilme**, die Vorgänge in der Natur festhalten. Verhaltensabläufe müssen ohne »Manipulation« durch den Bearbeiter dokumentiert werden können. Sie sind oft für einen Außenstehenden zu langatmig und daher für den Schulunterricht nicht immer brauchbar (vgl. das Angebot des Instituts für den Wissenschaftlichen Film in Göttingen, IWF).
Der **Unterhaltungsfilm** (z. B. für Kinovorführungen) ist lang, spricht in oft sehr kurzen Szenen vielerlei Themen an und hat eine meist auffällige Begleitmusik (z. B. FWU 32 0468, Wiesensommer). Der reine Unterhaltungsfilm wird im Unterricht selten verwendet.

Der **Unterrichtsfilm** ist in seiner inhaltlichen und didaktischen Bearbeitung auf den Unterricht – oft sogar für eine bestimmte Altersstufe – zugeschnitten. Die bisher genannten Filmtypen werden meist als 16 mm-Filme angeboten.
Der 8 mm- **Arbeitsstreifen** (S 8-Film, single-concept-Film, Kurzfilm, Elementfilm) dient zur Erarbeitung einzelner Teilfragen zu einem Unterrichtsthema. Arbeitsstreifen werden teilweise durch Auswahl von Abschnitten aus 16 mm-Filmen hergestellt. Sie laufen nur wenige Minuten. Naturvorgänge werden meist nur dokumentiert und nicht interpretiert. Es wird im allgemeinen nur der visuelle Kanal zur Information genutzt. Der Arbeitsstreifen ist didaktisch gestaltungsoffen (vgl. *Bay/Rodi* 1979, 107), d. h. er läßt sich auf Grund dieser Merkmale in den verschiedenen Unterrichtsphasen einsetzen

10.6.2 ▼ Seit einigen Jahren werden Unterrichtsfilme und Arbeitsstreifen zunehmend als **Videokassetten** angeboten (vgl. FWU 1995). Beide Projektionsformen haben Vor- und Nachteile (vgl. *Teutloff* 1994), jedoch ist der Trend zur einfacher zu handhabenden Videokassette deutlich. Zudem kann die moderne Gerätetechnik (Großbildprojektion) die Nachteile des Fernsehbildes aufheben. Großbildprojektoren können evtl. bei Bildstellen ausgeliehen werden.
Filme der unterschiedlichen Typen spielen im Biologieunterricht eine bedeutende Rolle. Alle Lehrer in der Bundesrepublik Deutschland haben die Möglichkeit, Filme bei den Kreis- und Landesbildstellen auszuleihen; Arbeitsstreifen werden aber im Normalfall nicht verliehen.

Mit einer guten Ausrüstung und etwas Übung können Videofilme heute relativ leicht selbst hergestellt werden. Die Produktion von Filmen mit Schülern ist am ehesten in Arbeitsgemeinschaften möglich. Die aktive Filmarbeit läßt sich in folgende Phasen einteilen: Festlegung des Themas, Analyse der technischen Möglichkeiten und Probleme, Planung der Filmaufnahmen, Aufnahme, Filmschnitt, Endabnahme des Filmes (vgl. *Müller* 1976; *Kleine* 1981; *Dalhoff* 1994; *Lüthje/Stauske/Wessling* 1994).

97% der Biologielehrenden, die *Norbert Herrmann* (1969, 35) befragte, befürworteten den **Filmeinsatz**, und 79% benutzten selbst Filme im Unterricht. Der Einsatz von Filmen im Unterricht erfordert eine sorgfältige Vorbereitung. Vor der Verwendung eines Films sollte die Lehrperson sich diesen anschauen und mit Hilfe des Beiheftes – unter Berücksichtigung der Klassensituation und der Unterrichtsziele – prüfen, ob sie ihn ganz oder in Teilen, mit oder ohne Ton vorführen will. Dabei muß sie auch emotionale Aspekte beachten. Die meisten Menschen sprechen auf die Begleitmusik und die Farbe emotional stark an. So wirkt zum Beispiel die Nahrungsaufnahme der Ringelnatter im Farbtonfilm (FWU 32 1285) »brutaler« als bei der entsprechenden Szene im Schwarzweißfilm über die Kreuzotter (FWU 30 0448). Durch Filmdarstellungen können Sympathien ebenso wie Ekelgefühle verstärkt werden. Eine Untersuchung zum Thema AIDS zeigte, daß durch einen Dokumentarfilm das Behalten von Fakten, durch einen Spielfim die Einstellung gegenüber HIV-Infizierten verbessert wurde (vgl. *Killermann* 1996, 343 f.).

### 10.6.2 Fernsehsendungen

Das Fernsehbild ist im Normalfall wesentlich kleiner als das Bild der Filmprojektion, aber es ist sehr klar und lichtstark, so daß die Darbietung in einem nur teilweise verdunkelten Raum erfolgen kann. Fernsehsendungen können im Klassenraum direkt übernommen werden oder über Aufzeichnungen (mit Hilfe eines Video-Recorders) vorgefüht werden.
Im Gegensatz zu den Unterrichtsfilmen bringen die Fernsehsendungen meist aktuelle Themen mit Statements von Fachleuten, Diskussionen und Interviews. Populärwissenschaftliche Sendungen faszinieren oft durch ihre Bilddokumente, enthalten aber häufig fachliche Fehler oder mißverständliche Aussagen, so daß ihr Einsatz sehr kritisch und fachdidaktisch überlegt erfolgen sollte.
Biologisch orientierte Sendungen der **allgemeinen Programme** werden von Schülern sehr gerne zu Hause angeschaut (vgl. *Graebner* 1969; *Bauer* 1980; *Halbach/Gahl* 1982). Besonders Sendungen über Tiere haben eine sehr hohe Einschaltquote (z. B. »Expeditionen ins Tierreich«). Diese Sendungen sind meist als »Unterhaltungssendungen« konzipiert. Die Schüler verfügen durch regelmäßiges Beobachten dieser Sendungen über eine Fülle von Kenntnissen, die im Unterricht genutzt werden können. Eine Gefahr des »Fernsehkonsums« ohne Möglichkeit der Aussprache besteht darin, daß vor allem jüngere Schüler die Wirklichkeit und die Scheinrealität des Fernsehens nicht mehr voneinander trennen können. Daher ist im Unterricht eine Fernseherziehung nötig, die den

Schülern die Herkunft der Erfahrungen bewußt macht und zu kritischem Fernsehen anleitet. Dazu müssen auch die in vielen Fernsehfilmen enthaltenen Anthropomorphismen erkannt werden.

Für das Fach Biologie ist das Angebot im **Schulfernsehen** in der Bundesrepublik Deutschland verhältnismäßig spärlich (vgl. *Schubert/Teutloff* 1993). Im Gegensatz zum allgemeinen Fernsehen hat das Schulfernsehen folgende Besonderheiten:

... Schulfernsehen wird während der Unterrichtszeit (oft in Wiederholungen) gesendet. Die Sendungen dürfen aufgezeichnet werden.

... Schulfernsehsendungen orientieren sich in Themenauswahl (z. B. Lebensraum Acker, vgl. *Eschenhagen/Fulda/Jagnow* 1977; Der Hund, vgl. *Breddermann/Fulda* 1977) und Aufbereitung an den Schülern und am Lehrplan. Die Sendereihen bestehen meist aus 5 bis 6 Einzelsendungen von 20 bis 30 Minuten Dauer.

Das Schulfernsehen kann – bei entsprechender Vor- und Nachbereitung durch die Lehrkraft – eine Abwechslung in den Biologieunterricht bringen, zumal die Sendungen neueres Anschauungsmaterial verwenden und aktuell aufbereitet sind (vgl. *Dearden* 1982). Ist in der Schule eine Fernsehkamera vorhanden, so können Aufnahmen direkt in die Klasse übertragen oder über ein Videogerät aufgezeichnet und später wiedergegeben werden. Für den Biologieunterricht ergeben sich durch ein solches **schulinternes Fernsehen** folgende Möglichkeiten (vgl. *Bäßler* 1969): Kleine Gegenstände (z. B. kleine Insekten) werden bei entsprechender Einstellung (des Zoom-Objektivs) auf dem Bildschirm stark vergrößert abgebildet und können von der ganzen Klasse gleichzeitig betrachtet werden. Setzt man eine Fernsehkamera auf ein Mikroskop mit entsprechender Beleuchtung, so erhält man ein **Videomikroskop**, mit dem man mikroskopisch kleine Lebewesen sehr gut zeigen kann, ohne die Objekte stark zu erwärmen, wie das bei der Mikroprojektion oft geschieht (vgl. *Lüthje* 1994). Mit Hilfe der Fernsehkamera lassen sich auch Rollenspiele aufzeichnen und kritisch reflektieren. Zum Einsatz des Fernsehens im Unterrichtsverlauf gilt das zum »Film« Gesagte.

---

LITERATUR

*Bäßler* 1969; *Bauer* 1980; *Bay/Rodi* 1979; *Breddermann/Fulda* 1977; *Burghagen* 1984; *Dalhoff* 1994; *Dearden* 1982; *Ermeling/Stüper* 1971; *Eschenhagen/Fulda/Jagnow* 1977; *Etschenberg* 1994 c; FWU 1995; *Graebner* 1969; *Halbach/Gahl* 1982; *Herrmann* 1969; *Killermann* 1996; *Kleine* 1981; *Könnicke* 1980; *Lieb* 1980 b; *Lüthje* 1994; *Lüthje/Stauske/Wessling* 1994; *Müller, G. J.,* 1981; *Müller, H.,* 1976; *Schubert/Teutloff* 1993; *Stichmann* 1974; *Teutloff* 1994; *Thies/Gaberding* 1981; *Weber, K.,* 1979

## 10.7 Auditive Medien

Die auditiven Medien sprechen allein den Gehörsinn (auditiver Kanal) an. Als akustische Eindrücke lassen sich Sprache, Musik und Geräusche unterscheiden. Von den für den Biologieunterricht interessanten Naturgeräuschen spielen Tierstimmen eine besondere Rolle. Vor allem bei Wirbeltieren (und manchen Insekten) sind vielfältige Formen der Lauterzeugung zu beobachten (vgl. *Janßen* 1991). Mit einem Sonographen können Schallereignisse aufgezeichnet und differenziert ausgewertet werden. Bestimmte Lautäußerungen von Tieren, die für den Menschen nicht hörbar sind (z. B. Ultraschall der Fledermäuse) können durch Frequenzmodulation in den menschlichen Hörbereich transformiert werden. Auch bioelektrische Vorgänge kann man durch Übertragung auf einen Lautsprecher hörbar machen (z. B. Phono-Elektrokardiogramm). Bei der Wiedergabe akustischer Eindrücke ist die Schallplatte heute fast vollständig von der Compactdisc (CD) ersetzt worden. Diese hat einen größeren Speicherplatz und die einzelnen Tondokumente sind besser anwählbar als bei der Schallplatte. Für eigene Aufnahmen sind Kassettenrecorder mit Tonbandkassetten geeignet.

Das Angebot an für den Biologieunterricht produzierten auditiven Medien ist gering, da die meisten akustischen Informationen bei den Laufbildern mitgeliefert werden (vgl. FWU 1995). Nach der Art der Gestaltung unterscheidet man:

... Aufnahmen von **Naturgeräuschen**, häufig mit Kommentar (z. B. Laute der Fledermaus; Stimmen des Haushuhns, vgl. *Klahm* 1984). Im Handel sind vor allem Vogelstimmen-CDs erhältlich. Im Biologieunterricht sollten alle Möglichkeiten genutzt werden, um den Gehörsinn der Schüler zu verfeinern. Die Eigentätigkeit der Schüler läßt sich am besten fördern, indem man sie zum Aufnehmen von Vogelstimmen oder anderen Naturgeräuschen sowie von Interviews und Geräuschcollagen anregt. Mit Hilfe von selbst auf Kassette aufgenommenen Vogelstimmen können die Schüler auch das Revierverhalten der betreffenden Vogelarten studieren (vgl. *Witte* 1973).

... Bei **Dokumentationen** (Features) handelt es sich meistens um Interviews und Gespräche mit Fachleuten (z. B. »Über das Rauchen«).

... **Hörspiele** enthalten eine Spielhandlung. Sie konzentrieren die Aufmerksamkeit auf das gesprochene Wort und wirken motivierend, indem sie das Vorstellungsvermögen anregen. Sie werden vor allem zur Darstellung biologiegeschichtlicher Ereignisse eingesetzt. Hörspielszenen können von der Lehrkraft selbst als Einstieg zur Motivation oder zusammen mit den Schülern zur Ergebnissicherung hergestellt werden (vgl. *Klenke/Wigbers* 1995; *Werner* 1997; *Miehe* 1998).

... **Schulfunksendungen** sind hinsichtlich Inhalt und Gestaltung auf die Bedürfnisse der Schule abgestimmt, dennoch wurden die Sendungen mit biologischem Inhalt nur wenig genutzt (vgl. *Eschenhagen/Längsfeld* 1981).

## 10.8 Arbeitsblatt, Arbeitsheft und Arbeitsmappe

**Arbeitsblätter** sind Medien, die zu einzelnen Stunden oder für spezielle Aufgaben einer Stunde ausgegeben werden. Sie werden am besten von der Lehrperson eigens für den Unterricht entwickelt bzw. aus Vorlagen modifiziert. Von Schulbuchverlagen gibt es ein großes Angebot für Kopiervorlagen, die auch in Lehrerhandbüchern meist zahlreich vorhanden sind. Im Gegensatz zum Schulbuch, das meist dem Schulträger gehört, ist das Arbeitsblatt Eigentum der Schüler und kann daher beschrieben werden. Oft werden bei Zuordnungsaufgaben Teile ausgeschnitten und entsprechend aufgeklebt (vgl. *Gebhardt* 1975; *Gehlhaar* 1980; *Hell* 1980).

Ein vervielfältigter Zeitungsabschnitt kann durchgearbeitet und anschließend diskutiert werden. Aus Tabellen können Säulendiagramme erstellt werden. Beobachtungs- und Versuchsanleitungen werden bereitgestellt (Arbeitskarten). Unbeschriftete Abbildungen von komplizierten Sachverhalten werden beschriftet.

In den Arbeitsblättern sind meist Text- und Bildinformationen, Lückentexte oder Zuordnungsaufgaben, unbeschriftete Abbildungen und Arbeitsaufträge miteinander kombiniert (vgl. *Hasselberg/Meyer* 1978; *Brogmus/Dircksen/ Gerhardt* 1983 f.). Bei den »biologischen Skizzenblättern« und beim »Kopieratlas Biologie« (vgl. *Henes* 1972 ff.; *Gehendes* 1987 f.) sind nur unbeschriftete Umrißskizzen vorgegeben. Solche Skizzen können vom Lehrer mit Hilfe von »Umrißstempeln« für die Klasse auch selbst hergestellt werden (Anregungen bei *Gürtler/Werner* 1966). Sehr häufig kann man die Arbeitsblätter im Zusammenhang mit einem (identischen) Arbeitstransparent oder mit einem Aufbausatz für die Zusammenfassung und Ergebnissicherung verwenden. Das Beschriften von Skizzen und das Ausfüllen von Lückentexten können auch als Hausaufgabe erfolgen.

---

LITERATUR

*Eschenhagen/Längsfeld* 1981; FWU 1995; *Hochhold* 1974; *Janßen* 1991; *Klahm* 1984; *Klenke/ Wigbers* 1995; *Miehe* 1998; *Schill* 1978; *Werner* 1997; *Witte, A.*, 1973

## 10.8 ARBEITSBLATT, ARBEITSHEFT UND ARBEITSMAPPE

Arbeitsblätter haben im Vergleich zu Aufzeichnungen im Arbeitsheft den Vorteil der Zeitersparnis. Allerdings wird durch sie der Unterricht stark gelenkt, vor allem, wenn sie schon zu Beginn des Unterrichts ausgeteilt werden und sehr differenziert angelegt sind. Wenn Texte und Zeichnungen immer vorgegeben werden, üben sich die Schüler zu wenig im selbständigen Arbeiten. Aus diesem Grunde sollten das Ausfüllen von Arbeitsblättern und das Eintragen ins Arbeitsheft im Wechsel angewendet werden.

Im **Arbeitsheft** halten die Schüler die Ergebnisse der Biologiestunden fest und haben damit eine Gedächtnisstütze (vgl. *Heinzel* 1995). Zum Wiederholen sind dagegen Arbeitsblätter mit beschrifteten Skizzen meist besser geeignet als nur Texte.

Wenn Arbeitsheft und Arbeitsblätter im Wechsel verwendet werden, empfiehlt sich, das Heft als eine Sammlung von DIN A 4-Blättern in einem Schnellhefter anlegen zu lassen. Die Blätter sollten numeriert und mit Datum versehen werden. Manche Lehrpersonen lassen statt der Schnellhefter **Arbeitsmappen** führen, in die die Blätter lose eingelegt werden. Die Schüler können dann ihr Material noch leichter nachträglich ergänzen, aber nicht so gut Ordnung halten wie im Hefter.

*Volker Längsfeld* (1981) schlägt ein **Einheitenheft** vor, in das die Schüler alles Material, das sie selbst gesammelt oder erarbeitet haben, zusammen mit von der Lehrkraft ausgeteilten Arbeitsblättern einkleben bzw. eintragen. Der Autor erwartet, daß die Schüler bei dieser Art der Unterrichtsdokumentation Freude an ihrem eigenen Werk empfinden, sich mit Hilfe des Einheitenhefts besser an den betreffenden Unterricht erinnern und nicht in die Konsumentenrolle hineingeraten, in die sie durch übermäßige Verwendung von Arbeitsblättern so leicht gebracht werden. Mit den selbständig bearbeiteten Teilen gleicht das Einheitenheft dem **Portefolio** (»Künstlermappe«), in dem z. B. mit schriftlichen Ausarbeitungen, Protokollen oder kommentierten Sammlungen von Materialien von den Schülern selbständig übernommene Aufgaben über einen längeren Zeitraum dokumentiert werden (vgl. *Duit/Häußler* 1997; *Kattmann* 1997 b, 13).

---

LITERATUR
*Brogmus/Dircksen/Gerhardt* 1983 f.; *Duit/Häußler* 1997; *Gebhardt* 1975; *Gehendges* 1987 f.; *Gehlhaar* 1980; *Gürtler/Werner* 1966; *Hasselberg/Meyer* 1978; *Heinzel* 1995; *Hell* 1980; *Henes* 1972 ff.; *Kattmann* 1997 b; *Längsfeld* 1981

## 10.9 Biologie-Schulbuch

### 10.9.1 Zum Begriff

Schulbücher sind – im Unterschied zu anderen Büchern – für die Benutzung durch Schüler in unterrichtlichen Zusammenhängen konzipiert. Sie sind jeweils an den Anforderungen bestimmter Schulstufen, oft auch bestimmter Schultypen, orientiert. Gegenüber anderen Büchern zeichnen sich Schulbücher durch eine Reihe von Gestaltungsmerkmalen aus, z. B. durch einen hohen Anteil an Abbildungen, Arbeitsanleitungen und die Lehrerbegleittexte. Ein weiteres Charakteristikum von Schulbüchern besteht darin, daß sie vor ihrer Veröffentlichung ein Begutachtungsverfahren durch Einzelgutachter oder Kommissionen durchlaufen müssen, die von den für die Schulbuchgenehmigung zuständigen Ministerien bestellt sind. Durch dieses Verfahren soll vor allem sichergestellt werden, daß die Schulbücher mit den geltenden Richtlinien oder Lehrplänen übereinstimmen. Da die Richtlinien von Bundesland zu Bundesland differieren, sind viele Verlage dazu übergegangen, von ihren Schulbüchern verschiedene Länderausgaben herauszubringen.

Entsprechend der Auswahl der Inhalte und ihrer Anordnung im Buch lassen sich mehrere **Typen** von Biologie-Schulbüchern ausmachen (vgl. *Maurer* 1978; *Loidl* 1980, 696).

Beim »systematisch-morphologischen« Typ orientiert sich die Stoffanordnung am System des Pflanzen- und Tierreichs. Die monographische Betrachtungsweise dominiert; Zusammenfassungen und Verallgemeinerungen dienen vorwiegend der Orientierung im Sinne der Systematik. Allgemeine Zusammenhänge, z. B. ökologischer Art, kommen meist zu kurz. Dieser Schulbuchtyp war bis in die siebziger Jahre vor allem in der Unter- und Mittelstufe des Gymnasiums verbreitet.

Auch der »Lebensraumtyp«, der seine größte Bedeutung im Bereich der Hauptschule hatte, spielt heute keine wesentliche Rolle mehr. Wie der systematisch-morphologische Typ bringt auch der Lebensraumtyp die Schwierigkeit mit sich, daß wichtige Aspekte der Allgemeinen Biologie nicht oder nur unter Zwang in das Gliederungsschema (Lebensräume und Jahreszeiten) einzufügen sind und nicht in der wünschenswerten Geschlossenheit behandelt werden können.

Der »Kennzeichen-des-Lebendigen-Typ« ist durch die Stoffanordnung nach Gesichtspunkten der Allgemeinen Biologie charakterisiert. Während dieser Schulbuch-Typ früher nur in der Oberstufe des Gymnasiums eine Rolle spielte, sind ihm heute die meisten Schulbücher zuzuordnen. Zweifellos ermöglicht dieser Typ die größte Variabilität im einzelnen. Er entspricht auch am ehesten Beschreibungen zur Neustrukturierung der Bezugswissenschaft Biologie nach den Teildisziplinen des Faches (z. B. Physiologie, Ethologie, Ökologie). Innerhalb der Haupttypen lassen sich Untergruppen bilden. Vor allem unterscheiden sich die Bücher dadurch voneinander, daß sie mehr oder weniger gut als **Arbeitsbücher** geeignet sind. Schon bei *Werner Siedentop* (1972, 122 f.) findet sich die Unterscheidung »Systematisches Lehrbuch« und »Methodisches Lehrbuch« (vgl. auch *Kuhn* 1975 a). Mit der Curriculumreform hat das Gegensatzpaar »Lehrbuch - Arbeitsbuch« an Bedeutung gewonnen. Nach »der landläufigen Meinung« ist das Arbeitsbuch »ein Buch ..., in das der Schüler hineinschreibt, seien es Merksätze, Lösungen von Aufgaben, die Beschriftung von Skizzen u. ä.« (*Loidl* 1980, 691). Einige dieser Bücher setzen sich aus einem Lehrbuchteil und einem »Arbeitsteil« zusammen, wobei der zweite Teil gelegentlich aus einer Sammlung von Arbeitsblättern besteht.

### 10.9.2 Sinn und Bedeutung

Die Aussage *Werner Siedentops* (1972, 124), »für manche Kinder, vielleicht sogar Familien, ist das Lehrbuch die einzige Quelle biologischer Erkenntnis«, dürfte heute kaum mehr zutreffen, da dem Medium Schulbuch mittlerweile sowohl eine große Anzahl von Kinder- und Jugendsachbüchern bzw. allgemein verständliche Fachbücher gegenüberstehen als auch Vermittlung biologischer Inhalte über populäre Fernsehfilme stattfindet. Doch dürfte die Wirkung des Biologie-Schulbuches nach wie vor größer sein als die jedes anderen im Biologieunterricht eingesetzten Mediums, schon allein auf Grund seiner Verfügbarkeit. Wie hoch seine Bedeutung eingeschätzt wird, läßt sich auch daraus ablesen, daß es als einziges Medium nach wie vor einem vom Staat verordneten Genehmigungsverfahren unterzogen wird, um Lehrplankonformität zu gewährleisten (Schulbücher sind »zum Leben erweckte Lehrpläne«; *Marquardt/ Unterbruner* 1981, 10).
Das Biologie-Schulbuch kann von Schülern und Lehrkräften in vielfältiger Weise genutzt werden (vgl. *Weber* 1992):
... zum Lesen und Interpretieren von Texten und zur Besprechung von Abbildungen, Diagrammen oder Tabellen im Klassenunterricht;
... zur Erarbeitung von Inhalten oder Lösung von Aufgaben während des Unterrichts in Form von Einzel-, Partner- oder Gruppenarbeit;
... zur Vorbereitung auf den Unterricht durch alle Schüler in häuslicher Arbeit;

... zur Unterrichtsvorbereitung durch einzelne Schüler oder Schülergruppen (Referate, Versuche, Demonstrationen u. a.);
... als Anregung zur Erkundung der Umwelt oder zur Auswertung weiterer Informationsquellen;
... zur Erfüllung von im Unterricht gestellten Hausaufgaben;
... zur Wiederholung und Festigung erworbener Kenntnisse im Anschluß an den Unterricht;
... zum Nacharbeiten durch Schüler, die Unterrichtssequenzen versäumt haben;
... zur Überprüfung der eigenen Kenntnisse durch die Schüler;
... zum freien Lesen und Betrachten der Bilder;
... als Nachschlagewerk für die Schüler und ihre Angehörigen;
... als Hilfe für die Lehrperson zur Strukturierung von Unterrichtsinhalten;
... zur Unterstützung der fachlichen Vorbereitung der Lehrkraft;
... als Quelle methodischer Anregungen für die Lehrkraft;
... als Ersatz oder Ergänzung für andere Medien des Biologieunterrichts (z. B. Originaltexte, Abbildungen, Arbeitsblätter, Arbeitshefte).

Die genannten Nutzungsmöglichkeiten sind nicht alle gleichwertig. Wesentlich ist, das Schulbuch möglichst vielseitig und variabel einzusetzen und keiner dieser Einsatzmöglichkeiten eine Monopolstellung einzuräumen. Darüber hinaus sollte auch im Biologieunterricht darauf geachtet werden, daß Schüler das Aufnehmen und Verarbeiten von Informationen aus (Schulbuch)Texten lernen und trainieren.

Nach *Loidl* (1980) hat das Schulbuch einen nicht unerheblichen Anteil an der Unterrichtsvorbereitung vieler Lehrer. Dies kann problematisch sein, wenn das Schulbuch als dominierende Informationsquelle nicht hinterfragt bzw. ergänzt wird.

Man tut gut daran, mit dem Schulbuch genauso umzugehen wie mit anderen Medien auch: Man sollte ihm unter Berücksichtigung aller anderen Parameter des Unterrichts – wie Ziele, Inhalte, Methoden – eine angemessene Funktion zuweisen. Damit wird das Schulbuch zu einem Element in einem wohldurchdachten System von Medien, in dem es vor allem »der Präsentation des Gesamtstoffes sowie als Arbeitsmittel, Lieferant zusätzlicher Informationen, Nachschlagewerk und Repetitionsmittel dienen« kann (*Koch* 1977 a, 60; vgl. *Stawinski* 1982; *Hahn* 1983).

In vielen seiner Funktionen kann das Schulbuch von anderen Büchern bzw. schriftlichen Materialien sinnvoll unterstützt werden. Im Biologieraum oder Klassenzimmer sollten verschiedene Nachschlagewerke und Lexika, Kinder-

bzw. Jugendsachbücher zu botanischen, zoologischen, ökologischen und anderen Themen zur Verfügung stehen. Eine solche kleine **Handbücherei** dient nicht nur der Klärung von Fragen, die im Unterricht aufgeworfen werden, sondern auch dem Einsatz in Freiarbeit, Partner- oder Gruppenarbeiten, der inneren Differenzierung, der Vorbereitung von Referaten oder der Beschäftigung von Schülern, die mit ihrer Arbeit früher fertig geworden sind als ihre Mitschüler.

### 10.9.3 Kriterien zur Beurteilung von Biologie-Schulbüchern

In der biologiedidaktischen Literatur findet sich eine Vielzahl von Einzelforderungen zur Gestaltung von Schulbüchern bzw. von Einzelkriterien zur Beurteilung vorliegender Schulbücher. Diese Kriterien werden von fast allen Autoren angeführt, die sich mit dem Thema befassen (vgl. *Beier* 1971; *Pfeiffer* 1971; *Klautke* 1974; *Koch,* 1977 b; *Hillen* 1978; *Loidl* 1980). Schwierigkeiten bereitet offenbar die Zusammenfassung mehrerer Kriterien zu Gruppen. Während einige Autoren (vgl. *Klautke* 1974; *Hillen* 1978) nur drei Kategorien unterscheiden (stofflich-inhaltliche, didaktisch-methodische Gesichtspunkte und Ausstattung), finden sich bei anderen bis zu sieben Kriteriengruppen (Aufbau, methodische Gestaltung, Bildausstattung, Textgestaltung, Arbeitsteil, Weltbild, Lehrerbegleitheft; vgl. *Loidl* 1980, 700). Umstritten ist auch die Gewichtung der Einzelkriterien. Die meisten Autoren verzichten auf eine solche Gewichtung; die Versuche, der Lehrperson »Testbogen« zur Beurteilung von Biologiebüchern an die Hand zu geben, unterscheiden sich beträchtlich voneinander (vgl. *Hillen* 1978; *Loidl* 1980).

Allgemein anerkannt ist das Kriterium der **Sachrichtigkeit**. Weit verbreitet ist die Ansicht, daß Sachfehler in Biologie-Schulbüchern der Sekundarstufe I kaum vorkommen (vgl. *Beier* 1971, 22; *Loidl* 1980, 696). Wie jede detaillierte Überprüfung gängiger Bücher – vor allem Erstauflagen – zeigt, kann diese Behauptung nicht aufrechterhalten werden. Die Frage nach der Sachrichtigkeit läßt sich auch keineswegs immer so einfach beantworten, wie das auf den ersten Blick scheint. Besonders in Schulbüchern für niedere Schulstufen spielt das Moment der didaktischen Reduktion eine bedeutende Rolle (vgl. *Weber* 1976), und die Grenze zwischen „vereinfacht" und „falsch" ist oft schwer zu ziehen. ▼ 3.2.4
Größere Schwierigkeiten bereitet der Gesichtspunkt der **Inhaltsauswahl**. Bereits beim amtlichen Begutachtungsverfahren wird darauf geachtet, daß die Schulbuch-Inhalte mit den Forderungen der Richtlinien übereinstimmen. Aber

die inhaltlichen Vorgaben in den Lehrplänen sind im allgemeinen nicht detailliert, und die Schulbuchautoren müssen sich entscheiden, an welchen Stellen sie Schwerpunkte setzen oder Ausweitungen vornehmen wollen. Das Schulbuch sollte aber auch die inhaltlichen Freiräume, die die Richtlinien lassen, optimal nutzen. Im einzelnen ist zu fragen, ob die gewählten Inhalte die Motivation der Schüler fördern, ob aktuelle Ergebnisse der Wissenschaft berücksichtigt sind, ob die Inhalte geeignet sind, den Schülern neben Grundeinsichten und Lebenshilfen auch Methodenbewußtsein und Methodenbeherrschung zu vermitteln (vgl. *Klautke* 1974).

Die **Anordnung der Inhalte** ist vor allem von der Konzeption bestimmt, die dem Schulbuch zugrunde liegt. Eine Beurteilung der Stoffanordnung läuft daher häufig auf eine Kritik der Konzeption hinaus. Daneben ist zu erwägen, ob komplexe Themen durch vorhergehende Kapitel genügend vorbereitet werden und ob Zusammenhänge zwischen den Teilen des Buches deutlich werden. Wichtig ist schließlich, daß die Abschnitte innerhalb der einzelnen Kapitel logisch aufeinander aufbauen und alle Elemente der Einheiten sinnvoll miteinander verknüpft sind. Eine Orientierung an **Lernzielen**, wie sie *Siegfried Klautke* (1974) fordert, sollte im Schulbuch erkennbar sein. Fraglich ist allerdings, ob die Unterrichtsziele auch im Schülerbuch (nicht nur im Lehrerbegleitbuch) angegeben werden sollen.

Biologie-Schulbücher sollten auch in Hinblick auf ihren **ideologischen Gehalt** beurteilt werden. Die »Transparenz einer Gesinnung« (*Loidl* 1980, 698), das Offenlegen der zugrundeliegenden Weltbildes ist dafür notwendig. Nach *Siegfried Klautke* (1974) ist in diesem Sinne positiv zu bewerten, wenn demokratische Haltungen gefördert, autoritäre Praktiken abgelehnt werden und emanzipative Aspekte betont werden. Die Realisierung dieser Forderung mahnt auch *Erika Hasenhüttl* (1997) an, die in einer Analyse von Kapiteln zur Sexualerziehung in Biologie-Lehrbüchern anti-emanzipatorische Werthaltungen (z. B. Rollenverteilung, Darstellung der Sexualität) feststellt.

4.3 ▼

Auch die Frage nach der **politischen Bildung**, die Schulbücher vermitteln, ist zu stellen. Sie ist besonders relevant in Hinblick auf die Anwendung biologischer Erkenntnisse in Fragen des Natur- und Umweltschutzes. Eine Analyse österreichischer Biologie-Schulbücher zeigt, daß diese gesellschaftsrelevante Dimension meist nicht oder nur unzureichend behandelt wird (vgl. *Unterbruner* 1984). Politische Bildung findet damit aber dennoch statt, und *Peter Heintel* (1977, 39) sieht darin eine einseitige und gefährliche Beeinflussung, »weil sie geschieht, ohne daß sie als solche in klaren Konturen auftritt und thematisierbar ist. Ohne daß es die Beteiligten genau wissen oder gar dazu

Stellung nehmen können, werden sie also sowohl inhaltlich als auch verhaltensmäßig politisch gebildet«. Ideologiekritik an Schulbüchern kann Elemente eines »heimlichen Lehrplans" zutage fördern, d. h. unbeabsichtigte oder nicht offengelegte mögliche Wirkungen aufdecken (vgl. *Zinnecker* 1976). Lehrpersonen sollten sich nicht scheuen, ideologiekritische Schulbuch-Analysen gemeinsam mit ihren Schülern durchzuführen (vgl. *Marquardt/Unterbruner* 1981). Auch *Bernd Oehmig* (1992) plädiert als Gegengewicht zur »klinisch-sterilen Sprache« der Schulbücher für kritisch-reflektierende Gespräche mit den Schülern.   ▼ 3.5.3
▼ 9.8.3

Im Hinblick auf die **Bildausstattung** ist zu fragen, ob die Anzahl der Bilder angemessen ist, ob die Abbildungen einen hohen Aussagewert haben, ob die unterschiedlichen Abbildungstypen (wie Fotos, Schemata) sachgemäß eingesetzt sind, die Bildlegenden treffend und hinreichend sind und ob eine adäquate Bild-Text-Verschränkung gegeben ist. Die Funktionen von Bildern wurden vorwiegend im Sinne eines Beitrages zur Textverständlichkeit, der Motivation und einer Verbesserung der Behaltensleistung gesehen. Neuere kognitionspsychologische Ansätze betonen die Bedeutung von Bildern in Lernprozessen unter einem zusätzlichen Aspekt, nämlich dem des Aufbaues mentaler Modelle. Der gelungenen Integration von Bild und Text kommt dabei wesentliche Bedeutung zu (vgl. *Weidenmann* 1994).

Anhand empirischer Untersuchungen an verschiedenen Schülergruppen konnten *Kordula Schneider* und *Ulla Walter* (1992) die Bedeutung der »Bild-Text-Verschränkung« für den Lernerfolg bestätigen. Am effektivsten erwies sich eine Bild-Text-Gestaltung mit komplementären Inhalten und Strukturierungshinweisen: Bild wie Text sind (nicht-redundante) Informationsträger; der Text enthält Hinweise auf die ergänzenden Bildinformationen, wodurch der Leser strukturiert durch Bild und Text geführt wird. Die Analyse von Schulbüchern und Lernmaterialien zeigt hingegen, daß Bilder häufig redundante Inhalte des Textes enthalten, schmückendes oder motivierendes Beiwerk zum Text sind und manchmal in keiner Beziehung zum Text stehen.

Eine ganze Reihe wichtiger Anforderungen betrifft die **Textgestaltung**. Ein wesentliches Kriterium ist die **Verständlichkeit**. Das Verständlichkeitskonzept von *Inghard Langer, Friedemann Schulz von Thun* und *Reinhard Tausch* (1990) ist hilfreich für die Textbeurteilung, seine Brauchbarkeit ist mehrfach empirisch belegt. Die vier Merkmalsdimensionen der Verständlichkeit lauten »Einfachheit«, »Gliederung-Ordnung«, »Kürze-Prägnanz« und »anregende Zusätze«. Im Hinblick auf diese vier Merkmale wird ein Text durchgesehen und für jedes Merkmal mittels einer fünfstufigen Skala beurteilt. Der Verständlichkeit wurde auch mit Hilfe von Tests nachgegangen, in denen Schüler nach

der Lektüre von Texten aus Biologie-Schulbüchern Fragen zu beantworten hatten (vgl. *Koch* 1977 a; *Etschenberg* 1984 b).
Ein weiterer wichtiger Bereich betrifft die in den Schulbüchern verwendeten **Fachwörter** (Termini). Analysen von Biologie-Schulbücher ergaben, daß die Texte im Vergleich zu anderen Fächern enorm viele Fachwörter enthalten (vgl. *Berck* 1986; *Graf* 1989 a; b). Nach Untersuchungen von *Dittmar Graf* steht die Anzahl biologischer Fachwörter »in einem krassen Mißverhältnis zu der Fähigkeit der Schüler zum Begriffslernen« (1989 b, 219). Der Autor zieht daraus den Schluß, daß die Anzahl der Fachausdrücke stark reduziert werden müsse. Ferner regt er an, daß ein biologischer »Grundwortschatz« für Lehrpläne und Schulbücher, dessen Beherrschung für eine biologische »Grundbildung« notwendig ist, erarbeitet werden sollte (vgl. *Graf* 1989 a, 239).

9.9 ▼

Auch *Bernd Oehmig* (1990) fordert nach eigenen empirischen Erhebungen eine Verringerung der Anzahl an Fachwörtern, er stellt aber fest, daß für die Lerneffektivität eines Textes weniger die Anzahl der Termini als die Gliederung und Gestaltung des Textes, die Qualität der erläuternden Beispiele, die Einfachheit und Eindeutigkeit der Definitionen, die Betonung der wichtigsten Begriffe („Zielbegriffe") sowie deren Vernetzung im Buchtext und im Unterrichtsgespräch entscheidend sind.

Als ein wesentliches Element moderner Biologie-Schulbücher gelten **Aufgabenstellungen** und Arbeitsanweisungen. Ihr Wert wird von den meisten Autoren darin gesehen, daß sie die Schüler zu selbständiger Arbeit anregen. Bei genauer Betrachtung solcher Aufgaben stellt man allerdings fest, daß in den wenigsten Fällen die Schüler ganz ohne Unterstützung auskommen können und häufig eine Hilfestellung durch die Lehrperson unumgänglich ist. Folgende »Aufgabentypen« lassen sich unterscheiden:

... Aufgaben, die dazu geeignet sind, der Lehrkraft das Unterrichten zu erleichtern, indem sie ihr die Mühe abnehmen, selbst lohnende Aufgaben für die Arbeit im Unterricht oder zu Hause zu entwickeln. Vieles spricht dafür, solche Aufgaben nicht im Schülerbuch, sondern im Lehrerband abzudrukken (vgl. *Hillen* 1978, 369).

... Anregungen zur selbständigen Auseinandersetzung der Schüler mit dem Thema. Die Schwierigkeit bei diesem Aufgabentyp liegt in dem Fehlen einer Kontrollmöglichkeit. Wenn im Buchtext keine Antwort auf eine gestellte Frage zu finden ist, können sich die Schüler nicht vergewissern, ob sie eine richtige Vermutung angestellt haben.

... Aufgaben, die den Schülern eine selbständige Lernkontrolle ermöglichen. Bei diesem Aufgabentyp ist zu fordern, daß die Antworten bzw. Lösungen im Buch selbst aufzufinden sind.

An Arbeitsanleitungen und Aufgabenstellungen sind die folgenden »Anforderungen« zu stellen (vgl. *Pfeiffer* 1971, 434; *Klautke* 1974):
... Sie sollen klar, eindeutig und motivierend formuliert sein;
... sie müssen alle benötigten Materialien und alle zum Erreichen des Ziels notwendigen Einzelschritte nennen;
... sie müssen ohne Gefahr realisierbar sein und zu eindeutigen Ergebnissen führen;
... der zur Lösung notwendige Aufwand an Zeit, Mühe und Material soll in einem angemessenen Verhältnis zum Ertrag stehen.

Der Einsatz eines Schulbuches hängt in gewissem Maße auch von der äußeren Aufmachung und **Ausstattung** ab. Als Einzelkriterien können gelten: Format des Buches, Satz- und Schriftbild, Anordnung der Einzelthemen (z. B. auf Doppelseiten), Anordnung von Abbildungen und Textblöcken, Mehrfarbendruck, Farbqualität der Farbabbildungen, Gestaltung des Umschlages und der Titelseite, Papierqualität, Vorhandensein und Qualität eines Inhaltsverzeichnisses sowie eines Sachregisters (vgl. *Klautke* 1974).

Das Vorhandensein eines **Lehrerbegleitbuches** oder Materialienbandes gilt als ein weiteres Gütekriterium für ein Biologie-Schulbuch, wenn es die folgenden Funktionen berücksichtigt:
... Darlegung der didaktischen Konzeption des Schulbuches;
... Erläuterung des Schulbuchaufbaus;
... allgemeine Hinweise zur Benutzung des Schulbuches;
... Hilfen zur Durchführung des Unterrichts zu den einzelnen Schulbuch-Kapiteln, gegliedert in Sachinformationen (falls notwendig), Didaktische Überlegungen, Unterrichtsziele, Hinweise zur praktischen Unterrichtsgestaltung (z. B. mit Lösungen der im Schulbuch gestellten Aufgaben, Kopiervorlagen, Testvorschlägen), Nachweis von Medien und weiterführender Literatur.

---

LITERATUR
*Beier* 1971; *Berck, H.*, 1986; *Etschenberg* 1984 b; *Graf, D.*, 1989 a; b; *Grupe* 1977; *Hahn, M.*, 1983; *Halbfas* 1975; *Hasenhüttl* 1997; *Heintel* 1977; *Hillen* 1978; *Jeske* 1976; *Killermann* 1991; *Klautke* 1974; *Koch, K.*, 1977 a; b; *Kuhn, W.*, 1975 a; *Langer/Schulz von Thun/Tausch* 1990; *Loidl* 1980; *Marquardt/Unterbruner* 1981; *Martin* 1982; *Maurer* 1978; *Mostler/Krumwiede/Meyer* 1979; *Oehmig* 1990; 1992; *Pfeiffer* 1971; *Schneider/Walter* 1992: *Siedentop* 1972; *Stawinski* 1982; *Stichmann* 1970; *Unterbruner* 1984; *Weber, H. E.*, 1976; *Weber, W.*, 1992; *Weidenmann* 1994; *Zinnecker* 1976

## 10.10 Computer

### 10.10.1 Allgemeines

Seit der Entwicklung des ersten Prototypen Z1 durch den Deutschen *Konrad Zuse* im Jahre 1936 hat diese Maschine viele Bereiche unseres Lebens verändert. In diesen Jahren hat sich der Computer von der einfachen Rechenmaschine zu einem programmierbaren und universell einsetzbaren Werkzeug entwickelt. Gegenläufig veränderten sich Ansprüche und Komplexität der Bedienung. Während früher nur Spezialisten diese Geräte bedienen konnten, kommen heute sogar Kinder damit zu Rande. Auf Grund dieser Anwenderfreundlichkeit ist der Computer nicht mehr alleinige Angelegenheit und Selbstzweck des Informatikunterrichts, sondern vielmehr Lehr- und Lernmedium für den generellen Unterricht.

In den 70iger Jahren, zunächst in Amerika und mit einer gewissen Verzögerung in Europa, wurde die Idee des Computereinsatzes immer häufiger auf den Biologieunterricht angewandt. Man sah im Computer ein neues und wertvolles Werkzeug zur simulativen Abbildung natürlicher Vorgänge und ihrer unterrichtlichen Bearbeitung. So beschreiben amerikanische Autoren bereits 1971 Computerversuche zur Genetik, Molekularbiologie und Populationsdynamik (vgl. *Gerrick* 1971; *Hyatt* u. a. 1972). Auch in Deutschland wurden Computerprogramme schon bald etwa zur Veranschaulichung von Räuber-Beute-Beziehungen (vgl. *Meyer/Meyer* 1975) oder im Rahmen der Enzymkinetik, Populationsbiologie und Biorhythmik (vgl. *Wedekind* 1979) eingesetzt. Weitere Themen für Programme waren die Mendelschen Regeln sowie natürliche Selektion und Evolution. Umfangreiche Programmsammlungen in Basic erschienen im Rahmen von Buchveröffentlichungen zu ökologischen, umweltorientierten und biologisch-physiologischen Vorgängen (vgl. *Bossel* 1985; *Asselborn* u. a. 1986; *Künzel* 1987; *Röpke* 1987).

Immer häufiger forderte man eine Integration dieser Technologien in den Unterricht. 1976 gab die Gesellschaft für Informatik e.V. Rahmenempfehlungen für den Informatikunterricht ab. In Nordrhein-Westfalen, wie auch in anderen Bundesländern, entwickelte und evaluierte man curriculare Konzepte als Entscheidungsgrundlage für die Kultusminister zur Einführung der Informatik (vgl. *Sturm* 1982). Später setzten sich auch die Fachverbände auf Tagungen mit dieser Thematik auseinander. Als ein Ergebnis formulierte der Deutsche Verein zur Förderung des mathematischen und naturwissenschaftlichen Unterrichts e.V. mit einigen Vorbehalten »Empfehlungen zum Computer-Einsatz im Biologieunterricht«. Man unterstrich die Bedeutung der originalen Begegnung und forderte, daß »der Einsatz dieses neuen Mediums ... nicht Selbstzweck sein [dürfe], sondern ... in ein übergreifendes didaktisch begründetes Konzept eingebettet sein [müsse]« (MNU 1985, 235). Mit der Einführung der neuen Informations- und Kommunikationstechniken als Unterrichtsprinzip wird die Auseinandersetzung und die Arbeit mit dem Computer für alle Unterrichtsfächer und damit auch für den Biologieunterricht verpflichtend.

**10.10.2 Zum Begriff, Anwendungen**

Computer sind Geräte der elektronischen Datenverarbeitung. Man unterscheidet den Gerätesatz, die Hardware, und die auf Disketten, CD-ROM etc. gelieferten Programme, die Software (vgl. z. B. *Koschwitz* 1985, 488; MNU 1985, 236; *Wedekind* 1990, 4; *Kaufmann* 1991). Erst durch den Einsatz der entsprechenden Programme erhalten diese Geräte ihre Bedeutung. Im folgenden werden die derzeit am Markt vertretenen Softwaretypen erläutert, die für den Biologieunterricht relevant sind.

Unter Simulationen versteht man die Darstellung oder Nachbildung biologischer, ökologischer, physiologischer u. a. Prozesse und Systeme durch »Modelle« sowie das experimentelle Umgehen mit diesen Modellen. **Computer-** ▼ 10.4
**simulationen** sind mathematische und formallogische Modelle realer Gegebenheiten und stellen besondere Innovationen und Quellen neuer Lernerfahrungen für den Biologieunterricht dar. *Peter G. Hiering* (1995) spricht daher von einem »neuen didaktischen Medium«. Simulationen sind die im Biologieunterricht bislang am meisten genutzten Formen des Computereinsatzes (vgl. *Meyer/Meyer* 1975; *Wedekind* 1981; *Winde* 1981; *Göbel/Koblischke* 1981; *Koschwitz* 1985; *Laudenbach* 1986; *Hiering* 1990; *Koschwitz/Wedekind* 1993).

Unterstützt durch entsprechende Hardwarekomponenten und Verkabelungen ermöglichen **Netzwerkprogramme** die Teilnahme an den weltweiten Internetdiensten, wie dem WWW (world wide web), dem E-Mail und den Newsgroups. Grundprinzip sind dabei die (zumeist textgebundene) Kommunikation und der Informationsaustausch zwischen weltweit verbreiteten Nutzern (Usern). Gerade für die Umwelterziehung gewinnen diese Netzwerke besondere Bedeutung. Die zentrale Leitidee »Global denken, lokal handeln« gewinnt hier eine neue Dimension. Einen Überblick über die umweltorientierten

Netzprojekte bekommt man über die Suchmaschinen im WWW und einschlägige Publikationen (vgl. z. B. *Hartard* u. a. 1995; *Schröder/Tissler* 1995; *Albert* u. a. 1996; *Pfligersdorffer* 1997).

9.6 ▼ Die Durchführung von »Realexperimenten« im Rahmen des Biologieunterrichts nimmt einen wichtigen Stellenwert ein. Dabei lassen sich mit herkömmlichen Meßgeräten eine Vielzahl biologischer Parameter erfassen. Grenzen sind bislang dort gesetzt, wo sehr große Datenmengen anfallen, die zu messenden Vorgänge sehr schnell oder sehr langsam über viele Tage ablaufen. Hier kommt dem Computer zur automatisierten **Meßwerteerfassung** eine große Bedeutung zu. Über eine Schnittstelle (Interface) werden die analogen Meßwerte entsprechend digitalisiert und für das Programm aufbereitet (vgl. *Asselborn* 1990; *Röpke* 1991; *Koschwitz/Wedekind* 1993; *Lindner-Effland* 1997). Anschließend können die Meßwerte im Programm weiter bearbeitet, statistisch ausgewertet und als Diagramme dargestellt werden.

Eine Vielzahl herkömmlicher Softwareprogramme sind als **Datenbanken, Textprogramme, Multimedia-tools** auch für den Einsatz im Biologieunterricht geeignet. Werden sie projekt- und schülerorientiert eingesetzt, so wird der Werkzeugcharakter des Computers unterstrichen und ein selbstverständlicher sowie an inhaltlichen Problemen orientierter Umgang erreicht.

... »Statistik und Datenverarbeitung«: Mit dem Computer können z. B. Mittelwerte und Standardabweichungen berechnet, Meßreihen (T-Test) und die Zusammenhänge (Korrelationen) zwischen zwei Größen erfaßt werden (vgl. *Koschwitz/Wedekind* 1985; *Laudenbach* 1986, 163 ff.; *Graf/Wöllert* 1991, 226 ff.). Es gibt kombinierte Systeme für Textverarbeitung, Tabellenkalkulation und Grafik, so daß die statistischen Ergebnisse unmittelbar in Grafiken veranschaulicht werden können.

... »Datenbanken«, »Lexika«, »Karteien«: Mit Hilfe von Programmen lassen sich Daten verwalten, Nahrungsmitteltabellen erstellen (vgl. *Wedekind* 1990) oder die Biologiesammlung ordnen (vgl. *Terstegge* 1988). Speziellere, für biologische Fragestellungen konzipierte Software erlaubt die Archivierung, Darstellung und Kommentierung von Umweltdaten (vgl. *Tremp/ Ziebarth/Schumacher* 1991; *Zacharias/Waldow* 1992; *Knutzen* 1993; *Kroß* 1994).

... »Autorensysteme«: Sie ermöglichen einen außerordentlich kreativen Umgang mit dem Computer, indem Lehrpersonen und Schüler selbst multimediale Informationen und Internetpublikationen herstellen können. Projektarbeiten werden dann nicht als Plakate oder Broschüren dokumentiert, sondern als digitales Medium mit Hypertextstruktur, unter Einbindung von Bild- und Tonsequenzen, Animationen und Filmausschnitten (vgl. *Bauer* 1995, 390). Der Reiz solcher Publikationsmöglichkeiten ist groß und kann an den vielen schulischen Homepages und unterrichtsbezogenen Projektbeschreibungen aus dem WWW abgeschätzt werden. Auch in der Freizeit sind Jugendliche dafür zu begeistern. So werden in den Feriencamps der Naturfreundejugend Deutschlands in Computerwerkstätten Ergebnisse von Umweltprojekten durch die Jugendlichen multimedial dargestellt (vgl. *Klarner* 1995).

**Informationsprogramme** stellen derzeit (vorwiegend als CD-ROM) die populärsten Computermedien dar und erlauben auf Grund ihrer zumeist einfachen graphischen Bedienungsoberfläche auch den Anfängern ein problemloses Umgehen. Es handelt sich dabei zumeist um multi- und hypermedial strukturierte Informationsträger. Das bedeutet, daß textliche Sequenzen einhergehen mit visuellen Darstellungen in Form von Abbildungen, Filmen und Animationen, ergänzt um auditive Effekte. Die Verwendung von Hyperlinks erlaubt neben einer linearen Bearbeitung des Textes auch die assoziative Erschließung. Auf dem Markt gibt es inzwischen eine schier unüberblickbare Anzahl von Medien dieses Softwaretyps. Sie sind mehr oder weniger für den Unterricht konzipiert, bzw. geeignet. Die Qualität der angebotenen Produkte reicht dabei vom gut strukturierten multimedialen Informationsmedium bis hin zum digitalisierten Bilderbuch (*Hasebrook* 1995 b; *Issing/Klimsa* 1995).

»Drill and practice« **Unterrichtssoftware** findet man vor allem zu Themen des Mathematik- oder Sprachenunterrichts. In diesen Bereichen wird sie als individualisiertes Lernmedium zur Festigung von Wissen und Fertigkeiten eingesetzt. Typische Beispiele sind Rechenprogramme und Vokabeltrainer. Für den Biologieunterricht gibt es nahezu keine, zumindest deutschsprachige, Software.

Besonders in der Berufsaus- und -weiterbildung gewinnt die **tutorielle Software** zunehmend an Bedeutung. Im Vordergrund steht dabei ein finanzielles Kalkül der Firmen, die den einmaligen Entwicklungskosten einer solchen Software die immer wieder anfallenden Kosten einer traditionellen Mitarbeiterschulung gegenüberstellen (vgl. *Fricke* 1995). Die idealtypische tutorielle Software stellt ein multimediales Selbstlernmedium dar, mit der Fähigkeit, sich auf den Lernenden einzustellen. Einer Informationsvermittlung folgen Aufgaben- und Fragenkataloge, mit denen der Stand der Kenntnisse und Fertigkeiten geprüft wird. Den Lernfortschritten entsprechend bietet das Programm dann entweder Hilfestellungen an oder geht zu neuen Themen über (vgl. *Duhrkopf* 1993; *Mandl* u. a. 1994). In modereren Entwicklungen (»intelligente« tutorielle Systeme) sucht man dabei vermehrt auch problemorientierte, konstruktivistische und dem Ansatz des cognitive-apprenticeships entsprechende Vorgangsweisen umzusetzen (vgl. *Mandl/Gruber/Renkel* 1992; 1994; *Arzberger/Brehm* 1994). Ziel ist hierbei nicht die Anhäufung von Prüfungswissen, sondern vielmehr die Aneignung handlungsorientierten und strategischen Wissens durch die Lerner.

Im schulischen Bereich hat diese Softwarekategorie noch geringe Bedeutung (vgl. *v. Lück* 1993). Die Produkte sind bislang zu teuer, aufwendig und pädagogisch wenig überzeugend.

### 10.10.3 Sinn und Bedeutung

Unter Biologielehrkräften wird die Verwendung des Computers im Unterricht sehr kontrovers diskutiert. Einwände betreffen die mit Computern möglicherweise verbundene Naturferne, Technik- und Wirtschaftsgläubigkeit (vgl. *Köhler* 1985 a; *Kähler/Tischer* 1988; *Landsberg-Becher* 1988). Daneben wird eine unangemessene »Mathematisierung des Biologieunterrichts« befürchtet (*Schaefer* in *Bosler* u. a. 1979).

Befürworter hingegen sehen vor allem neue **Lernerfahrungen** und **Lernchancen**, die sich mit dem Einsatz von Computerprogrammen gerade auch im Rahmen des Biologieunterrichtes ergeben, und zwar in lernpsychologischer, inhaltlicher und methodisch didaktischer Hinsicht. Eine kritische Auswahl der auf dem Markt befindlichen Medien und sorgfältige Beurteilung ihrer unterrichtlichen Einsatzmöglichkeit sind dafür allerdings eine unbedingte Voraussetzung. Hilfestellung für die Einschätzung von Software geben lernpsychologisch relevante Dimensionen (vgl. *Mandl/Hron* 1989) und an unterrichtlichem Einsatz orientierte Kriterienraster (vgl. *Seibt/Pfligersdorffer* 1997).

Wirklich neue Lernerfahrungen und Lernmöglichkeiten bieten vor allem **Computersimulationen**. Im Biologieunterricht zählen zwar originale Begegnung und primäre Erkenntnisgewinnung zu den didaktischen Grundprinzipien. Überall dort aber, wo die Arbeit mit dem Original zu aufwendig, zu kompliziert, zu teuer, zu riskant oder aus moralisch-ethischen Gründen ausgeschlossen ist, ermöglicht die Simulation eine angemessene Bearbeitung des Themas (vgl. *Dönhoff* 1993; *Hiering* 1995).

Als prinzipielle Vorteile von Computersimulationen gegenüber anderen Methoden sind zu nennen: geringer Aufwand; beliebige Wiederholbarkeit; automatische Dokumentation des Verlaufs; Ungefährlichkeit; keine Beeinträchtigung von Lebewesen durch ein Experiment; Überschaubarkeit: Dimensionen der abgebildeten Realität können beliebig abgeändert werden; Vielzahl gleichzeitig erfaßter Faktoren; Veranschaulichung komplexer Sachverhalte; schnelle und unmittelbare Rückmeldung auf Eingriffe der Lernenden.

Das hohe Maß an Interaktivität erlaubt es dem Lernenden, Eingriffe in das simulierte System vorzunehmen, Parameter zu verändern und damit Auswirkungen seines Handelns analysieren zu können. Simulationen eignen sich besonders für problemorientiertes Vorgehen mit entdeckendem Lernen, induktiver Hypothesenbildung sowie für den Erwerb von deklarativem (was) und prozeduralem (wie) Wissen (vgl. *Wedekind* 1979; *Mandl* 1997).

Hinsichtlich des didaktischen Wertes von Computersimulationen nimmt die Veranschaulichung eine zentrale Rolle ein. So lassen sich dynamische Vorgänge, Entwicklungen und Verläufe durch graphische Darstellung anschaulich und verständlich gestalten. Dies gilt auch für komplexe und vernetzte Systeme, wie sie in der Ökologie, Humanbiologie und vielen anderen Bereichen anzutreffen sind (vgl. *Hiering* 1990; *Meisner* 1997; *Reck/Wielandt* 1997).

Einzelprozesse mögen hinsichtlich ihrer Entwicklung noch vorstellbar sein, komplexe Wechselwirkungen hingegen lassen sich vom Menschen nicht mehr nachvollziehen (vgl. *Wedekind* 1980). Denn während der Mensch in der Lage ist, nur etwa eine Handvoll Faktoren hinsichtlich ihrer Dynamik und Wechselwirkung zu überblicken (vgl. *Preuss* 1991), sind dem Computer praktisch keine Grenzen gesetzt. Auf Computersimulationen sind die Grundsätze des Arbeitens mit »Modellen« anzuwenden. In jedem Fall ist deutlich zu machen, daß die an den Simulationen gewonnenen Ergebnisse zunächst einmal nur für dieses Computermodell selbst Gültigkeit haben. Inwieweit Rückschlüsse auf die originalen Gegebenheiten möglich sind, ist davon abhängig, wie wirklichkeitsgetreu der Realitätsausschnitt abgebildet werden kann und wie angemessen der Einsatz des Modells erfolgt (vgl. *Bossel* 1994, 27; *Reck* 1997 a, 3 f.). Die ständige Rückbeziehung, die Verknüpfung mit den realen Situationen, ist unbedingt notwendig. Erst dadurch wird für den Schüler augenscheinlich, worin die Unterschiede virtueller und tatsächlicher Realitäten liegen (vgl. *Hiering* 1997; *Pfligersdorffer/Seibt* 1997).

Besondere Lernerfahrungen ermöglicht die unterrichtliche Nutzung von **Computernetzwerken**. Mit dem neuen Medium ist Lehrern und Schülern ein neues Werkzeug zur weltweiten Vernetzung in die Hände gegeben worden.

Über die elektronisch unterstützte Kommunikation können Schüler miteinander interagieren. Sie tauschen Informationen über sich und ihre lokale Umwelt aus, überwinden dabei soziale, nationale und kulturelle Grenzen und tragen so dazu bei, daß sich Menschen näherkommen. Darüber hinaus dient das Internet als Informationsquelle für aktuelle biologische und umweltkundliche Belange. Das Lernen kann dabei mit authentischen Problemstellungen selbstgesteuert und im sozialen Kontext ablaufen (vgl. *Mandl* 1997; *Gräsel* u. a. 1997). In dem Umfang, wie diese Ansätze realisiert werden, ändert sich auch die Rolle der Lehrperson vom »Wissensvermittler zum Wissensmanager und Organisator von Lernprozessen« (*v. Lück* 1993, 7; vgl. 1996; *Rüschoff* 1995).

Multimedia **Informationsprogramme** üben aufgrund ihrer audiovisuellen und abwechslungsreichen Gestaltung eine hohe Motivationskraft auf Schüler aus. In einer zumeist attraktiven Lernumgebung können sie durch Wiederholen, Rückblenden von Animationen und Anhalten des Programms nach eigenen Vorstellungen und individuellem Tempo Informationen suchen und bearbeiten. Für biologische Inhalte besonders wichtig ist die multimediale Verschränkung der Informationen, die Ergänzung von Ton, Bild, Video, Animation und Text. So sind Lautäußerungen und Verhaltensweisen von Tieren, Animationen von physiologischen und mikrobiologischen Vorgängen unmittelbar und im Kontext der schriftlichen Ausführungen abrufbar.

Informationsmedien können lehrerzentriert oder schülerorientiert eingesetzt werden. Für den unterrichtlichen Einsatz durch die Lehrpersonen liegen Erfahrungen vor allem aus Amerika vor, wo dieses Medium als Dialogvideo, Bildplatte bzw. CD-I (eine Parallelentwicklung zur CD-ROM) bereits seit längerem eine Verbreitung erfahren hat. Geschätzt wird gegenüber Video, Film, Dia oder Tonband die schnelle und unmittelbare Verfügbarkeit sowie die einheitliche Technik. Die Lehrperson kann von der CD im beliebigen Wechsel einzelne Textpassagen, Bilder, Filmabschnitte oder Animationen zur Veranschaulichung abrufen. Dargestellt werden sie über Computer oder Videomonitor, idealerweise aber über einen Datenprojektor, wie Overheaddisplay oder LCD-Projektor (vgl. *Duhrkopf/Kramer* 1991; *Ralph* 1995).

Schülerzentriert eingesetzt hat die Informationssoftware die Funktion eines »Selbstlernmediums«. In Einzel- oder Partnerarbeit können Schüler selbstorganisiert bestimmte Fragestellungen bearbeiten (vgl. *Blankenburg* 1991; *Matray/ Proulx* 1995; *Kramer* 1991). »Der individuelle Lernweg, der Spaß und die Freude am entdeckenden Lernen – gerade in Hypermedia-Programmen –, die persönlichen Lernvoraussetzungen und -erfahrungen, lassen ein ‚neues' Lernen und damit auch eine neue Schule zu« (*Bauer* 1995, 389).

## 10.10.4 Beispiele

Es lassen sich mehrere Klassen von »Computersimulationen« unterscheiden, die zum Teil fließend ineinander übergehen (vgl. *Leutner* 1990; *Mandl* u. a. 1994; *Pfligersdorffer/Weiglhofer* 1997):

... **Experimentiersatz:** Mit dem Computer können Experimente simuliert werden, die wegen der damit verbunden Gefahren, der Unverfügbarkeit der Objekte oder aus Naturschutzgründen real nicht durchgeführt werden können. In virtuellen mikrobiologischen Labors können z. B. (gefährliche) Bakterien gezüchtet und bestimmt werden (vgl. *Hiering* 1997); in einem simulierten Körperkreislauf können die Funktionen des Herzens, die Wechselwirkungen von Puls, Blutdruck, Gasaustausch, sowie die Wirkung von Adrenalin und Noradrenalin analysiert werden (Explorer Biologie). Eine virtuelle Froschpräparation (die aus dem Internet abrufbar ist) ermöglicht anatomische Studien, ohne daß dabei auch nur ein einziger Frosch getötet werden muß (Lawrence Berkeley National Laboratory 1994-1996). Umfangreiche Züchtungsversuche können durch die Simulation Mendelscher Erbgänge im Computer ersetzt werden (vgl. *Mendel* 1985; *Schneider* 1986; *Pondorf* 1997).

... **Systemsimulationen** und **Planspiele:** Interessante Simulationen sind mit den Welt- und Systemmodellen möglich. Hypothesengeleitet können Schüler untersuchen, wie die einzelnen Faktoren zueinander in Beziehung stehen, das Gesamtsystem beeinflussen und unter welchen Bedingungen am ehesten nachhaltige Entwicklungen erreicht werden (vgl. *Bossel* 1985; *Bossel/Meadows* u. a. 1993; *Nowak/ Bossel* 1994). Programme zu Räuber-Beute-Beziehungen, Regelkreisläufen, ökologischem Gleichgewicht stellen einige weitere Themen dar (vgl. *Hiering* 1991; *Hilty/Seidler* 1991; *Pradel* 1992; *Nüchel* 1993). Eines der bekanntesten Planspiele ist wohl das von *Frederic Vester* entwickelte »Ökolopoly«. Ziel dieser Simulation, bei der es ein Land zu regieren gilt, ist das spielerische Erfassen von Zusammenhängen und das vernetzte Denken. Diese Spielsimulation versteht sich als »kleine Denkschulung für den Umgang mit komplexen Systemen, die die Steuerungs- und Selbstregulationsvorgänge in einem Lebensraum erfahren läßt« (*Vester* 1990, 10). An dieser und anderen umweltorientierten Simulationen lassen sich die besonderen Eigenschaften ökologischer Systeme hervorragend veranschaulichen und studieren. Schüler erfahren die Vernetzung der Faktoren, die Dynamik der Beziehungen, wie exponentielle und zeitverzögerte Entwicklungen und die strukturelle Komplexität (vgl. *Simon/ Wedekind* 1980; *Pfligersdorffer* 1994 a; *Pfligersdorffer/Seibt* 1997).

Wie Menschen sich unter diesen komplexen Umweltsituationen verhalten und zu welchen Fehlern sie neigen, ist Gegenstand von wissenschaftlichen »Planspielen« (vgl. *Dörner* 1975; 1991; *Ernst/Spada* 1993). Auch wenn es dazu noch kaum spezielle Unterrichtssoftware gibt, ist die Behandlung solcher Simulationen für den Umwelterziehungsunterricht fruchtbar. Empfohlen sei an dieser Stelle das Fischereispiel von *Dennis Meadows* u. a. (1995).

... **Trainung von Lösungsstrategien:** Mit den Computerplanspielen können Lösungsstrategien erprobt, im Hinblick auf die Problemlösung überprüft und reflektiert werden. »Interaktiv gestaltete Computersimulationen ökologischer Probleme könnten sich für solche Zwecke als ausgesprochen nützliches Medium erweisen« (*Strohschneider* 1994, 139). Hierfür geeignete Planspiele sind u. a. »Ökolopoly« (*Vester* 1990), »Hunger in Afrika« (*Schrettenbrunner* 1994), »Nara - Leben in der Sahelzone« (*Staschen/ Wedekind* 1989). Auf einer ganz einfachen Ebene weist das Programm der »Müllvermeider« (*Hammer/Fritz* 1995) in Richtung »Erlernen von Handlungsmustern«. In dieser Spielsimulation haben Schüler die Möglichkeit, müllvermeidendes Verhalten beim Einkauf in den Geschäften und bei der Entsorgung gewissermaßen »einzuüben«.

10.4.2 ▼
10.4.4 ▼

... **Modellbildungssysteme:** Die Simulation von Prozessen oder Funktionen setzt immer ein entsprechendes »Denkmodell« voraus. Um die damit in Verbindung stehenden Probleme deutlich zu erfahren, Voraussetzungen und Struktur der Modelle zu erkennen und die Begrenztheit der Simulationen zu verstehen, ist es sinnvoll, diesen Prozeß der Modellbildung einmal mit den Schülern gemeinsam durchzuführen (vgl. *Staudacher* 1988; *Dönhoff/ Weigend* 1991; *Stieglitz* 1997). Im Falle der Simulation des Flügelschlags von Insekten wird das Resultat ein aus Holz und Pappendeckel gebautes Modell sein und im Falle der Abbildung von Wachstumsprozessen, vernetzten Faktoren etc., ein mathematisch-formallogisches, das mit Hilfe der Computersprache programmiert wurde. Dabei ist der Weg vom Denkmodell zu einer Computersimulation zu beschreiben (vgl. *Koschwitz/Wedekind* 1993). Spezielle Modellbildungssoftware, wie »Modus« (*Walser/Wedekind* 1991), »Dynamos« (*Brandenburg* u. a. 1988) und »Flummy« (*Staudacher* 1989) sind geeignet, den Entwicklungsprozeß zu unterstützen.

Interessante Beispiele zur **Meßwerteerfassung** finden sich etwa zur Pulsmessung, zum Hautwiderstand und zur Reaktionsschnelligkeit (vgl. *Röpke* 1991; *Weiglhofer* 1997) sowie zur Ableitung von Nervenaktivitäten (vgl. *Lindner-Effland* 1997). Im amerikanischen Sprachraum findet dieses computerunterstützte Experimentieren im Rahmen sogenannter »microcomputer-based labs« besonders zu humanbiologischen und ökologischen Themen breiten Einsatz. Insgesamt wird der unterrichtliche Effekt als sehr positiv beschrieben (vgl. *Labudde* 1989; *Stringfield* 1994). Als Nachteile sind aber die hohen Gerätekosten zu nennen, sowie der Umstand, daß die Experimente durch den größeren technischen Aufwand für die Schüler schwerer durchschaubar werden können (vgl. *Koschwitz/Wedekind* 1993, 20).

**Internetprojekte** zeigen, daß Natur und Umwelt keine nationalen Grenzen kennen: Es können das Voranschreiten des Frühlings vom Süden bis hinauf in den hohen Norden Europas beobachtet werden (vgl. *Meyer/Muuli* 1997), in einer Flußpatenschaft ein Gewässer von der Quelle bis zur Mündung untersucht, betreut und Veränderungen der Wasserqualität registriert werden (vgl. *Schorr* 1991; *Scholl* 1997), oder es werden für ein Entwicklungshilfeprojekt Solarkocher für Brasilien organisiert (vgl. *Schuster* 1997). Andere derartige Projekte sind GREEN, GLOBE, Global Thinking Project und BioNet (vgl. *Hassard/Weisburg* 1992; *Prigge* 1994; *Rauch* 1996; *Sarnow* 1996).

### 10.10.5 Zur Effektivität

Es lassen sich positive, wenn auch geringe Effekte des computerunterstützten Unterrichts versus herkömmlichem Unterricht hinsichtlich Lernleistung und Einstellung feststellen. Etwas stärkere Effekte finden sich bei jüngeren Schülern (Forschungsübersichten bei *Frey* 1989; *Kulik/Kulik* 1991; *Niegemann* 1995; *Hasebrook* 1995). Dementsprechend wird resümiert, »daß das Lernen mit elektronischen Medien im Vergleich zu traditionellen Unterrichtsformen leichte Vorteile aufweist« (*Glowalla/Häfele* 1995, 422).
Deutliche Auswirkungen sind im Hinblick auf die Lerngeschwindigkeit festzustellen. In zahlreichen Untersuchungen zeigt sich, »daß die individualisierte Form des Lernens am Computer und die freie Einteilung der Lernzeiten und des Arbeitstempos im Gegensatz zum starren Frontalunterricht eine erhebliche Reduktion der Lernzeit ergibt (20 bis 70%)« (*Hasebrook* 1995 a; b).
Auch die multimediale Gestaltung von Informationsmedien ist in mehrfacher Hinsicht lernwirksam. Zum einen ist darauf zu verweisen, daß unsere Gedächtnisleistung in bezug auf Bilder wesentlich ausgeprägter ist als in bezug auf Sprache (*Paivo* nach *Klimsa* 1995, 11). Erklärt wird dieser positive Effekt mit dem »Modell der doppelten Enkodierung« durch die verschränkte Darbietung von Bild und Text und die damit erfolgende mentale Verarbeitung (vgl.

*Hasebrook* 1995 b). Zum anderen ergeben sich auch Lernvorteile bei visueller Präsentation und simultaner Sprachausgabe von Textpassagen (*Pyter/Issing* 1996). Die Bearbeitung von Hypertext wird allgemein als interessant und attraktiv eingeschätzt, und multimediale Lernprogramme erfahren auf Grund der individualisierten Lernprozesse und der Anschaulichkeit hohe Akzeptanz (vgl. *Fach-Overhoff* 1990, 186 ff.; *Niegemann* 1995, 94). Besonders in multimedialen Informationsprogrammen kann es hingegen Probleme mit der Orientierung geben. Untersuchungen zeigen, daß streng hierarchische Texte von Versuchspersonen schneller erschlossen werden als Hypertexte und mit Hypertext signifikant weniger als mit schriftlichen Materialien gelernt wird (vgl. *Niegemann* 1995, 91 ff.; *Klimsa* 1995, 13; *Glowalla/Häfele* 1995). Ursache dafür scheinen Orientierungsschwierigkeiten zu sein – »Lost in Hyperspace« wird dieses Phänomen bezeichnet. Gute Software nimmt darauf bezug und zeigt z. B. mit Hilfe »kognitiver Landkarten« dem Lernenden die augenblickliche Position im Programm und den zurückgelegten Lernpfad.

---

LITERATUR

*Aeppli/Egli* 1989; *Albert* u. a 1996; *Arzberger/Brehm* 1994; *Asselborn* 1990; *Asselborn* u. a. 1986; *Bauer* 1995; *Bosler* u. a. 1979; *Bossel* 1985; 1994; *Blankenburg* 1991; *Bossel/Meadows* u. a. 1993; *Brandenburg/Husch/Kokvecz* 1988; *Breuer* 1990; *Dönhoff* 1993; *Dönhoff/Weigend* 1991; *Dörner* 1975; 1991; *Drews-Trojan* 1991; *Duhrkopf* 1993; *Duhrkopf/Kramer* 1991; *Ernst/Spada* 1993; *Fach-Overhoff* 1990; *Frey* 1989; *Fricke* 1995; *Gerrick* 1971; *Glowalla/Häfele* 1995; *Göbel/Koblischke* 1981; *Gottfried* 1978; *Graf/Schorr* 1992; *Graf/Wöllert* 1991; *Gräsel* u. a. 1994; 1997; *Grimm* 1978; *Haggerty* 1975; *Hammer/Fritz* 1995; *Hartard/Jänsch/Seuring* 1995; *Hasebrook* 1995 a; b; *Hassard/Weisburg* 1992; *Hiering* 1990 a; b; 1991; 1995; 1997; *Hilty/Seidler* 1991; *Hyatt/Eades/Tenczar* 1972; *Issing/Klimsa* 1995; *Jaenicke/Kähler/Tischer* 1988; *Kähler/Tischer* 1988; *Kaufmann* 1991; *Klarner* 1995; *Klimsa* 1995; *Knutzen* 1993; *Köhler* 1985 a; *Koschwitz* 1985; *Koschwitz/Wedekind* 1985; 1993; *Kramer* 1991; *Kroß* 1994; *Kulik/Kulik* 1991; *Künzel* 1987; *Labudde* 1989; *Landsberg-Becher* 1988; *Laudenbach* 1986; Lawrence Berkeley National Laboratory 1997; *Leutner* 1990; *Lindner-Effland* 1997; v. *Lück* 1993; 1996; *Mandl* 1997; *Mandl/Gruber/Renkl* 1992; 1994; *Mandl/Hron* 1989; *Matray/Proulx* 1995; *Meadows/Fiddaman/Shannon* 1995; *Meadows/Meadows/Randers* 1992; *Meisner* 1997; *Mendel* 1985; *Meyer/Meyer* 1975; *Meyer/Muuli* 1997; *Miram* 1990; MNU 1985; Niedersächsisches Kultusministerium 1991; *Niegemann* 1995; *Nowak/Bossel* 1994; *Nüchel* 1993; *Pfligersdorffer* 1994 a; 1997; *Pfligersdorffer/Seibt* 1997; *Pfligersdorffer/Weiglhofer* 1997; *Pondorf* 1997; *Pradel* 1992; *Preuss* 1991; *Prigge* 1994; *Pyter/Issing* 1996; *Ralph* 1995; *Rauch* 1996; *Reck* 1997 a; *Reck/Wielandt* 1997; *Riedel/Trommer* 1981; *Rode* 1991; *Röpke* 1987; 1991; *Rüschoff* 1995; *Sarnow* 1996; *Schneider, E.,* 1986; *Scholl* 1997; *Schorr* 1991; *Schrettenbrunner* 1994; *Schröder/Tissler* 1995; *Schulze/Hägerbäumer* 1991; *Schuster* 1997; *Seibt/Pfligersdorffer* 1997; *Simon* 1980; *Simon/Wedekind* 1980; *Staschen/Wedekind* 1989; *Staudacher* 1985; 1988; 1989; *Stieglitz* 1997; *Stringfield* 1994; *Strohschneider* 1994; *Sturm* 1982; *Terstegge* 1988; *Titzmann* 1993; *Tremp/Ziebarth/Schumacher* 1991; *Vester* 1990; *Walser/Wedekind* 1991; *Wedekind* 1979; 1980; 1981; 1990; *Weiglhofer* 1997 a; *Winde* 1981; *Zacharias/Waldow* 1992

## 10.11 Biologiesammlung

### 10.11.1 Zum Begriff

Bei der Biologiesammlung handelt es sich um eine Sammlung derjenigen Medien, die entsprechend den Zielen, Inhalten und methodischen Vorgehensweisen des Biologieunterrichts für das Fach Biologie an einer Schule bereitgehalten werden. Sie sind vorwiegend in einem biologischen Sammlungsraum untergebracht. Die Biologiesammlung ist veränderbar und muß dem Biologieunterricht jeweils zeitgemäß entsprechen (vgl. *Baer/Grönke* 1981; *Verführt* 1987 a). Die Anfänge von Biologiesammlungen lassen sich bis an die Anfänge des Biologieunterrichts zurückverfolgen (z. B. zu *Andreas Reyher*). Sie ent- ▼ 2.1.1 hielten lange Zeit vorwiegend gesammelte Naturgegenstände (»Naturalienkabinette«). Später umfaßten sie zusätzlich ein Arsenal an speziell für den Unterricht hergestellten und vom Fachhandel angebotenen Geräten und Anschauungsmaterialien, das heute enorm vielfältig geworden ist. Zur Biologiesammlung sind auch Bücher und Zeitschriften sowie lebende Pflanzen und Tiere zu rechnen, die im Schulgebäude gehalten werden. ▼ 9.15
Einige Fachdidaktiker (z. B. *Baer/Grönke* 1981; *Killermann* 1991; *Brucker/ Flindt/Kunsch* 1995) unterscheiden die »Arbeitssammlung« von einer »Lehr«- »Schau«- oder »Anschauungssammlung«. Da auch diejenigen Objekte, die in ▼ 9.14 erster Linie zu Demonstrationszwecken genutzt werden, zur Erarbeitung von Unterrichtsthemen herangezogen werden können und umgekehrt auch »Arbeitsobjekte« zur Demonstration geeignet sind, wird im folgenden auf die Differenzierung des Begriffs »Biologiesammlung« verzichtet.

### 10.11.2 Sinn und Bedeutung

Die Biologiesammlung stellt für die Umsetzung der in den Lehrplänen beschriebenen Ziele, Inhalte und methodischen Vorgehensweisen eine grundlegende Voraussetzung dar. Sie ist daher für einen modernen Biologieunterricht unabdingbar. Die Biologiesammlung mit ihren Sammlungsobjekten dient:
... einer anschaulichen Einführung in ein Unterrichtsthema;
... dem Gewinnen von Vorstellungen zu Strukturen, Funktionen und Entwicklungen von biologischen Objekten;
... dem Erwerb biologischer Kenntnisse und beim Entwickeln von Fertigkeiten der Anwendung »fachgemäßer Arbeitsweisen«, wie z. B. Beobachten, ▼ 9 Experimentieren, Arbeit mit Modellen, Bestimmen;

## 10 MEDIEN

... dem Üben und Wiederholen, z. B. beim Mikroskopieren, Ordnen, Zuordnen und Definieren von Begriffen, Bestimmen, im Umgang mit Geräten, Chemikalien, Apparaturen sowie beim variantenreichen Entwerfen experimenteller Anordnungen;
... dem Systematisieren biologischer Kenntnisse, wie z. B. zur Abstammung der Organismen;
... dem Heranführen der Schüler an die »Idee des Pflegerischen« (*Winkel* 1978 a; 1995, 53 ff.) und deren Entfaltung im Biologieunterricht;
... den Formen des offenen Unterrichts durch Bereitstellen von Materialien (vgl. *Ellenberger* 1993);
... dem Evaluieren der Lernergebnisse der Schüler, wie z. B. Heranziehen ausgewählter Medien (Naturobjekte, Präparate, Nachweisreagenzien, Modelle, Anschauungstafeln) für mündliche und schriftliche Kontrollen;
... der »Fünf-Minuten-Biologie« (vgl. *Stichmann* 1992, 4 ff.) durch raschen Zugriff auf die Biologiesammlung, der ermöglicht, u. a. aktuelle Nachrichten oder Beobachtungen spontan in den Unterricht einzufügen;
... dem berufs- oder studienbezogenen Arbeiten in Wahlpflichtkursen sowie in Arbeitsgemeinschaften (vgl. *Wagener* 1992, 168).

9.14 ▼ Die Biologiesammlung hat außerdem »Ausstellungsfunktion«. Neben den themenbezogenen Ausstellungen können in einer speziell dafür vorgesehenen Vitrine jeweils »aktuelle Sammlungsstücke« (z. B. neubeschaffte Modelle, Bücher) zur Schau gestellt werden. Dabei ist großer Wert auf die Beschriftung zu legen, die auch Angaben über den Sinn der Anschaffung enthalten sollte. Die Biologiesammlung kann diese Bildungsanliegen dann unterstützen, wenn sie – wie *Martin Verführt* (1987 a, 86) betont – ständig aktualisiert, ergänzt, umstrukturiert und erhalten wird sowie stets zugriffsbereit ist. Hierbei bietet sich auch ein breites Feld für die Einbeziehung von Schülern und deren Mitwirkung an. So kann das Anfertigen von Sammlungsobjekten das Lernen der Schüler motivieren, den Biologieunterricht bereichern und zugleich dem Ausbau der Sammlung dienen.

Mit dem Einsatz von Sammlungsobjekten können jedoch nicht alle Ziele des Biologieunterrichts erreicht werden. Bei phänologischen Beobachtungen, wie auch beim Erfassen der biologischen Vielfalt und ökologischen Aspekten, ist das Lernen im Biologieunterricht auf direkte Naturbegegnungen angewiesen. Ähnliches gilt für Themen der angewandten Biologie.

Neben der schuleigenen Sammlung können Biologielehrer an manchen Orten auf eine »zentrale Mediothek für das Schulfach Biologie« (vgl. *Wagener* 1980) zurückgreifen.

## 10.11.3 Beschaffung der Sammlungsgegenstände

Die Neueinrichtung der Biologiesammlung ist sehr kostenaufwendig. Zur Erhaltung und Ergänzung der Sammlung ist ein jährlicher Aufwand erforderlich, z. B. für die Anschaffung neuer Medien, für Ersatzteile und Wartung von Geräten, Neubeschaffung von Chemikalien und Glasgeräten als Verbrauchsmaterialien im Unterricht, Futterkosten für gehaltene Tiere (vgl. *Wagener* 1992, 168). Meist ist eine der Biologielehrkräfte für die Verwaltung, die Pflege und den Ausbau der Sammlung verantwortlich (Sammlungsleitung). Die Sammlungsobjekte lassen sich auf verschiedene Weise erwerben:

... Die meisten Sammlungsobjekte sind durch **Kauf** zu beschaffen. Das Angebot an Medien aller Art durch den Fachhandel ist heute so umfangreich und differenziert, daß die Lehrkraft viel Zeit darauf verwenden muß, sich einen Überblick zu verschaffen. Dabei sind umfangreiche Kataloge der Lehrmittelfirmen, Lehrmittelausstellungen wie Didactica und Interschul, Besprechungen neuer Medien in einschlägigen Zeitschriften behilflich. Kostenintensive Objekte sollten grundsätzlich erst dann angeschafft werden, wenn man sich selbst überzeugt hat, daß sie die aufzuwendenden Mittel wert sind. Dies sollte auch bei On-line-Bestellungen beachtet werden. Als Kriterien der Beurteilung sind unter anderem zu nennen: die wissenschaftlich einwandfreie Gestaltung (z. B. bei Wandbildern, Modellen, Arbeitstransparenten), der fachdidaktische Wert (d. h. lernzielentsprechende Verwendbarkeit), die Haltbarkeit sowie die einfache Aufbewahrungs- und Pflegemöglichkeit (vgl. *Baer/Grönke* 1981, 302).

... Eine Reihe von Objekten läßt sich durch **Sammeltätigkeit** der Lehrpersonen und durch spontanes bzw. angeleitetes Sammeln der Schüler beschaffen. Schüler bringen häufig Objekte mit, die ihnen biologisch interessant bzw. fragwürdig erscheinen (vgl. *Billich* 1992). Viele dieser Objekte lassen sich in die Biologiesammlung eingliedern, indem sie beispielsweise herbarisiert (z. B. auch Algen; vgl. *Kämmerer/Lindner-Effland* 1997, 20 f.), präpariert (vgl. *Entrich* 1996), gehältert (z. B. Seesterne aus der westlichen Ostsee; vgl. *Jäger/Twenhöven* 1993, 35 ff.) oder einfach eingegliedert und zugeordnet werden (z. B. Sammelgut des Strandes; vgl. *Schmidtke* 1990). Für die Behandlung aktueller Themen ist das Sammeln von Bildern der verschiedensten Art, von Zeitungs- und Zeitschriftenaufsätzen sowie von Informationen aus dem Internet (Links, Volltexte zu Themen, Daten und Fakten, Argumentationen) sowie deren Katalogisierung nützlich. Gesammelte oder auf andere Weise beschaffte lebende Organismen können in der Schule gepflegt und häufig in mehrerlei Hinsicht im Biologieunterricht eingesetzt werden: Sie eignen sich als »Originalobjekte« zur Erkenntnisgewinnung (z. B. durch Beobachten, Experimentieren, Bestimmen). Sie können für die Herstellung von Präparaten genutzt werden (z. B. Epidermis des Laubblatts, Entwicklungsstadien von Insekten).

... Zur **kostenlosen Beschaffung** von Sammlungsobjekten verhelfen manchmal Verbindungen zu bestimmten Personen und Institutionen, z. B. Arzt, Landwirt, Förster, Fischer; Schlachthof, Botanischer und Zoologischer Garten, Naturkundemuseum, Krankenkasse sowie eine Sponsorschaft (z. B. Bank, Versicherungsgruppe).

... Eine Reihe von Sammlungsgegenständen kann von Lehrpersonen und Schülern in **Selbstherstellung** angefertigt werden, z. B. Arbeitsfolien, Wandbilder, Dias, Fotos, einfache Struktur- und Funktionsmodelle, Experimentiergeräte (vgl. *Baer/Grönke* 1981, 304; *Knoll* 1981; *Meier* 1993, 28 ff.; *Brucker/Flindt/Kunsch* 1995).

... Viele **Gegenstände des täglichen Lebens** können bei einfachen Versuchen anstelle teurer Laborgeräte benutzt werden (z. B. Babykostgläser oder Joghurtbecher anstelle von Bechergläsern, vgl. *Palm* 1979 a; c).

### 10.11.4 Die Aufbewahrung und Pflege der Sammlungsgegenstände

Die Art und Weise der Aufbewahrung der Sammlungsobjekte hat Auswirkungen auf ihre Zugriffsfähigkeit im Unterricht, auf den zu betreibenden Pflegeaufwand sowie auf die langfristige Erhaltung und Bewahrung oft wertvoller Sammlungsbestände. Vom Fachhandel werden vielfältige Systeme angeboten. Der Sammlungsleiter sollte aber auch eigene Vorstellungen zur Aufbewahrung der Sammlungsobjekte entwickeln, besonders aus der Sicht der täglichen Arbeit. Dabei sind die Richtlinien zur Sicherheit im Biologieunterricht zu beachten (vgl. BAGUV 1995).

**Kleinmaterialien** und **Arbeitsgeräte** des täglichen Bedarfs werden am besten in verschließbaren Schränken der Fachräume aufbewahrt. Das gilt vor allem für Mikroskope und Lupen; Präpariergeräte wie Pinzetten, Präpariernadeln, Skalpelle; Glasgeräte wie Blockschalen und Bechergläser sowie für Dia- und Videoprojektor, Episkop, tragbaren Kofferprojektor, Camcorder, Mikroprojektor. Die in Klassensätzen vorhandenen Geräte sollten jeweils für sich in deutlich gekennzeichneten Behältnissen aufbewahrt werden. Sie werden vom Fachhandel – auch für Gerätesätze – in verschiedenen Größen angeboten. Diese können auf Grund ihrer normierten Größen geordnet und raumsparend aufbewahrt werden. Manche Vorteile bieten selbstangefertigte Behälter für die verschiedenen Gerätesätze, z. B. für Präpariernadeln, Scheren, Skalpelle (vgl. *Palm* 1979 c; *Hackbarth* 1981, 125). Bei dieser Aufbewahrungsweise kann rasch überprüft werden, ob der Gerätesatz vollständig ist.

**Naturobjekte** als Klassensätze bzw. als Arbeitssätze für Kleingruppen, z. B. Fellproben, Gewölle, Schädel und Knochen von Kleinsäugern, Schneckenhäuser, sollten in der Regel im Sammlungsraum aufbewahrt und bei Bedarf in den Fachraum transportiert werden. Auch für diese Sammlungsobjekte gilt eine geordnete und raumsparende Unterbringung. Empfehlenswert ist eine Aufbewahrung in festen Regal- oder Schrankböden. Bei der Aufbewahrung von Naturobjekten sollte der Aspekt »Ausstellungscharakter der Biologiesammlung« beachtet werden. Dazu sollten in staubdichten Glasschränken gut erhaltene und aussagekräftige Objekte aufbewahrt werden. Hinzuweisen ist dabei auf das Anbringen einer ausreichenden Beschriftung. Sie kann entweder am Objekt selbst angebracht oder dem Objekt in Form einer Karte oder eines »Reiters« aus festem Karton beigegeben werden. Günstig ist es in jedem Falle, wenn die wichtigsten Elemente der Beschriftung (z. B. Karteinummer, Artname, Geschlechtsangabe) an einer bei normaler Aufstellung nicht sichtbaren Stelle des Objekts angebracht werden. Wenn das Objekt im Unterricht ohne Beschriftung eingesetzt werden soll, wird diese zugeklebt oder verbleibt im Schrank. Die Unterbringung von **Präparaten** im Sammlungsraum setzt voraus, daß diese nicht dem Sonnenlicht ausgesetzt sind. Kunstharzeinschlüsse sind vor flüchtigen Lösungsmitteln zu schützen und möglichst nicht im selben Schrank mit Flüssigkeitspräparaten aufzubewahren.

Für die Aufbewahrung aller anderen Medien werden ebenfalls vom Fachhandel verschiedene Spezialvorrichtungen angeboten. Beispielsweise gut bewährt sind die Aufhänger für **Wandbilder** und **Karten**, die an einer festen Wand installiert werden. Die Anordnung der Bilder kann nach dem biologischen System bzw. nach Themengebieten des Biologieunterrichts erfolgen. Mehrere Möglichkeiten gibt es für die Aufbewahrung von **Dias**. Spezielle Diaschränke bieten den Vorteil, daß vor dem unterrichtlichen Einsatz jedes einzelne Bild gegen die Leuchtwand an der Rückseite des Schrankes leicht zu betrachten ist. Die kostenaufwendige Lösung ist damit verbunden, daß jeweils zum Unterricht einzelne Bilder zu einer Reihe zusammenstellen zu sind. Dias können auch in Sichtkassetten, bereits in Reihen zusammengestellt, aufbewahrt werden. Diese lassen sich gut unterbringen. Wichtig ist, daß aus Gründen eines raschen Zugriffs und der Übersichtlichkeit jede Diaserie ihren festen, eindeutig gekennzeichneten Platz hat. Wenig Probleme bietet die Aufbewahrung von **Videokassetten**, die in genormten Kästen geliefert werden. Zu ihrer Unterbringung eignen sich am besten flache Regale oder Schränke.

10.10 ▼ Die Aufbewahrungsorte der Sammlungsobjekte sollen nicht nur aus der Beschriftung des Mobiliars hervorgehen, sondern zugleich auch problemlos aus der **Sammlungskartei** zu ermitteln sein. Bei der Anlage der Sammlungskartei ist besonders der Einsatz des »Computers« hilfreich (vgl. *Terstegge* 1988). Für die Erfassung der Sammlungsobjekte sind folgende Rubriken empfehlenswert: laufende Nummer, Tag des Zugangs, Bezeichnung des Objekts, Preis, Tag des Abgangs, Ursache des Abgangs, Aufbewahrungsort, thematischer Bezug zum Unterricht. Sammlungen können nach unterschiedlichen Einzelkriterien geordnet werden, z. B. sind taxonomische, oder ökologische Ordnungssysteme möglich (vgl. *Brucker/Flindt/Kunsch* 1995, 136). Günstig ist die Anlage einer zweiten Kartei, die vornehmlich der Unterrichtsvorbereitung dient. Sie ist vor allem nach Unterrichtsthemen geordnet. In diese Kartei können neben den schuleigenen Sammlungsobjekten auch schulfremde Medien aufgenommen werden, vor allem Medien aus den Bildstellen (vgl. *Baer/Grönke* 1981, 314).

Die **Pflege** der Sammlungsobjekte wird durch ihre sachgemäße Unterbringung erheblich vereinfacht. Dicht schließende Schränke bewahren die Sammlungsobjekte vor Staub und Beschädigung durch Schädlinge, passende Behältnisse verringern Bruchschäden bei Glasmaterialien und Geräten, Abdunkelung bewahrt die Präparate vor Ausbleichung. Dennoch sind Pflegemaßnahmen erforderlich. Dazu sind vor allem zu zählen:
... regelmäßige Wartung der Großgeräte; Reinigung der Präparate.
... Bestimmte Sammlungsobjekte sollten jährlich gründlich auf Schädlingsbefall hin untersucht und neu desinfiziert werden: Herbarien, Stopfpräparate, Insektensammlungen, Federn, Nester. Vorbeugend sollten Mottenschutzpapiere in die Sammlungsschränke bzw. Behältnisse eingebracht werden. Durch Schenkung erhaltene Präparate sollten immer einer „Quarantäne" unterzogen werden, d. h. unter Abschluß gehalten und vorbeugend mit Schädlingsbekämpfungsmitteln behandelt werden.

### 10.11.5 Übersicht über die Ausstattung der Biologiesammlung

Für die Ausstattung einer Biologiesammlung sollten folgende Gegenstandsgruppen berücksichtigt werden (vgl. auch *Demel* 1978; LEU 1982; *Wagener* 1992, 168 ff.; BAGUV 1995):
... Grundgeräte für experimentelles Arbeiten, z. B. Brenner mit Zubehör, Heizplatten, Kühlschrank, Wärmeschränke, Zentrifugen, Wasserstrahlpumpen, Stromversorgungsgerät, Handwerkszeug;

## 10.11 BIOLOGIESAMMLUNG

... Meßgeräte, z. B. Waagen, Maßbänder, digitales Thermo- und Hygrometer, elektronisches pH-Meter, Windgeschwindigkeitsmesser;
... Stativmaterial, z. B. Bunsenstativ, Hebebühne, Universalklemme;
... Geräte für das Arbeiten mit Lupe und Mikroskop, z. B. Lehrermikroskope, Schülermikroskope, Lupen, Mikrotom;
... Glasgeräte und Laborkleinmaterial, z. B. Bechergläser, Erlenmeyerkolben, Meßzylinder, Reagenzgläser, Standzylinder, Glasstäbe und -rohre, Deckgläser, Objektträger, Blockschälchen, Petrischalen, Pipetten, Mörser mit Pistill, Thermosflaschen, Porzellanschalen, Trichter, Marmeladengläser mit Deckel, Glasrohrschneider, Gummistopfenbohrer, Tiegelzangen, Holzzangen, Gummischläuche, Stangen, Draht-Keramik-Gitter, Reagenzglasständer, Kunststofflöffel, Kunststoffflaschen, Scheren, Pinzetten, Nadeln;
... Spezialgeräte für Physiologie und Ökologie, z. B. Umweltmeßkoffer mit diversem Zubehör;
... Geräte für das Sammeln, Präparieren und Pflegen von Tieren, z. B. Netze, Präparierbestecke, Aquarien und Terrarien mit Zubehör;
... Chemikalien für Schüler- und Demonstrationsexperimente;
... Ganzpräparate und Teilpräparate, einschließlich Skelette, z. B. Stopfpräparate, Einschlußpräparate, Anschauungskästen;
... Mikropräparate, z. B. zur Allgemeinen Biologie, Zytologie, Botanik, Zoologie, Ökologie, Mikroorganismen;
... Modelle zu allen Themengebieten der Biologie;
... Projektions-, Ton- und Fernsehgeräte sowie Zubehör, z. B. Tageslichtprojektoren, Kopierfolien, Episkop, Farbfernsehgerät, Videorekorder, Diaprojektor, Kassettenrecorder und CD-Spieler;
... Materialien, Geräte und Einrichtungen zur Arbeitssicherheit, Unfallverhütung, Entsorgung, z. B. Sicherheitsschränke, Schürzen, Schutzhandschuhe, Schutzbrillen, Gasabzug, Etiketten für Entsorgungsbehälter;
... Videokassetten, Tonkassetten/CD, Diapositive;
... Arbeitstransparente;
... Wandbilder, Poster;
... Computer mit Zubehör;
... Computer-Disketten mit Programmen und Dokumenten.

LITERATUR
*Baer/Grönke* 1981; BAGUV 1995; *Billich* 1992; *Brucker/Flindt/Kunsch* 1995; *Demel* 1978; *Ellenberger* 1993; *Entrich* 1996; *Hackbarth* 1981; *Jäger/Twenhöven* 1993; *Kämmerer/Lindner-Effland* 1997; *Killermann* 1991; *Knoll* 1981; LEU 1982; *Meier* 1993; *Palm* 1979 a; c; *Schmidtke* 1990; *Stichmann* 1992; *Terstegge* 1988; *Verführt* 1987 a; *Wagener* 1980; 1992; *Winkel* 1978 a; 1995

# 11 Die Schule als Lernort für den Biologieunterricht

## 11.1 Biologiefachräume

### 11.1.1 Allgemeines

Die Effektivität eines auf Beobachtung und Experiment ausgerichteten Biologieunterrichts hängt wesentlich von der Verfügbarkeit der Fachräume ab (vgl. *Meffert* 1980; *Stawinski* 1986; *Weigelt/Grabinski* 1992). Für die **Anlage** und **Gestaltung** von Biologiefachräumen gelten Kriterien (vgl. *Büchter* 1972, 4; *Beimdiek/Burgmer/Oberliesen* 1973, 187; *Simon* 1973, 119), die verschiedene Bereiche von Biologie, Technik, Arbeits- und Umweltschutz sowie Fachdidaktik und Erziehungswissenschaft berühren:

... Wohlbefinden von Lehrern und Schülern in arbeitshygienischer Hinsicht (psychologische und arbeitshygienische Gesichtspunkte);

... optimale Einsatzmöglichkeiten sämtlicher Unterrichtsformen, wie Klassenunterricht, Gruppen- und Einzelarbeit (pädagogisch-soziologische und unterrichtsorganisatorische Fragestellungen);

... Verfügbarkeit der erforderlichen Arbeitsmittel und Möglichkeit zu raschem Methodenwechsel (methodische Überlegungen);

... geeignete Plätze für Schreibarbeit sowie gute Beobachtungsmöglichkeit für Demonstrationsversuche und Fernsehbild (maximale Entfernung ca. 6 m), gute Lesbarkeit der Tafelschrift (maximale Entfernung 9 m) (arbeitshygienische Gesichtspunkte);

... geeignete, unfallgesicherte Experimentierplätze für Demonstrations- und Schülerversuche sowie ausreichende Fluchtwege und Bewegungsmöglichkeit für Schüler und Lehrkräfte beim Experimentieren zur Vermeidung gegenseitiger Behinderung und Gefährdung der Gesundheit (sicherheitstechnische Aspekte);

... ausreichender Platz zum Herausholen und Verteilen von Gerät und Material, z. B. Fahrwege für Ansatztische von 1 m Breite; zweckmäßige Aufbewahrung des Experimentiermaterials für Demonstrations- und Schülerversuche (arbeitsökonomische Gesichtspunkte).

Aufgrund der spezifischen Arbeitsweisen des Faches Biologie sind bei der Ausstattung der Biologiefachräume – im Unterschied zu denen der Chemie und Physik – besondere Bedingungen zu berücksichtigen, die eine gemeinsame Benutzung von Fachräumen einschränken:

... Langzeitbeobachtungen von Pflanzen und Tieren sind in einem Raum, in dem häufig mit Chemikalien gearbeitet wird, nicht ratsam.

... Im Vergleich zu Physik und Chemie wird in Biologie weniger experimentiert, dafür aber mehr beobachtet und untersucht. Man muß Langzeitversuche aufbauen und stehen lassen können. Hierfür sind gesonderte Stellflächen an den Fensterseiten erforderlich.

... Wenn man ein Gespräch führen möchte oder wenn man sich um Naturobjekte gruppieren möchte, sind die für Physik und Chemie fest montierten Schülertische hinderlich. Für Biologie sind bewegliche Tische und fest montierte Energiesäulen erforderlich.

### 11.1.2 Anzahl, Größe und Ausstattung der Biologiefachräume

Insgesamt lassen sich folgende Raumtypen unterscheiden (vgl. *Büchter* 1972, 3; *Hadel* 1972, 327; *Palm* 1979 a, 5 ff.; LEU 1980 f.):

... »Fachunterrichtsräume«: Lehrsaal (Hörsaal, Demonstrationsraum, Vortragsraum), Übungsraum (Praktikumsraum, Gruppenarbeitsraum mit Experimentiertischen, Schülerexperimentierraum, Mikroskopierraum), Lehr-Übungsraum (Großgruppenraum);

... »Hilfsräume«: Vorbereitungsraum, Sammlungsraum (oft in einem Raum vereinigt), Tierhaltungsraum, Werkstatt, Dunkelkammer (Fotolabor), Lehrerstation (Fachbereichsbibliothek).

Aus finanziellen Gründen wird das gesamte Raumprogramm nur an sehr großen Schulen (z. B. vier- und mehrzügigen Schulen) verwirklicht werden können. In kleineren, einzügigen Schulen, vor allem Haupt- und Realschulen, ist bestenfalls ein gemeinsamer naturwissenschaftlicher Fachraum für Physik, Chemie und Biologie vorhanden (vgl. *Breuer* 1971 b, 545). Da ein Fachraum erst optimal genutzt wird, wenn er 26 Stunden in der Woche belegt ist, kann man das auch akzeptieren. Anhand der derzeitig gültigen Lehrpläne (vgl. *Hedewig* 1980) läßt sich zeigen, daß für dreizügige Haupt- und Realschulen je ein Fachunterrichtsraum für Biologie und für dreizügige Gymnasien sogar mindestens je zwei nötig sind. Die vorgesehenen Unterrichtsräume sind für die Schultypen und -größen in den Schulbaurichtlinien der Länder festgelegt
Die Fensterfront der Biologieräume sollte zum Schutz vor zu starker Besonnung von Pflanzen und Vivarien sowie Dauerversuchen nicht nach Süden, sondern besser nach Osten zeigen. Die Größe der Räume wird durch die Funktion (Lehrsaal, Übungsraum oder Lehr-Übungsraum) und durch die

# 11 DIE SCHULE ALS LERNORT FÜR DEN BIOLOGIEUNTERRICHT

Richtlinien für die Klassenbildung bestimmt. Für die Jahrgangsstufen 5 bis 10 sind Räume mit maximal 40 Plätzen einzurichten. Die Kultusministerien der Bundesländer haben Richtlinien zur Sicherheit, Geräteausstattung sowie zur Aufbewahrung der Geräte erlassen.

Der **Lehrsaal** hat einen Lehrer-Experimentiertisch, große Tafel- und Projektionsflächen und ansteigendes, fest eingebautes Gestühl. Damit die Entfernung der Schüler zum Experimentiertisch möglichst gering ist, sind die »Tischflächen« des Gestühls sehr schmal.

11-1 a ●

Vorteile: Der Saal kann auch für eine große Anzahl von Schülern verhältnismäßig klein sein, er ist für den Demonstrationsunterricht optimal ausgestattet.
Nachteile: Gruppenarbeit und Schülerexperimente sind nicht möglich.

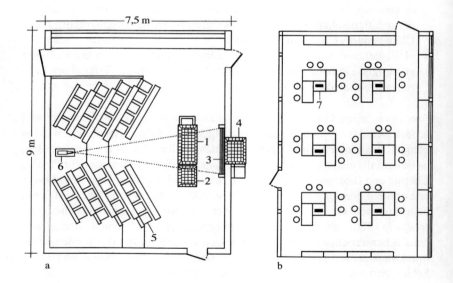

Abb. 11-1: Biologiefachräume (nach *Bay/Rodi* 1978, 14, verändert).
a) Lehrsaal: 1 Demonstrationstisch (Fliesen), 2 Ansatzfahrtisch (Fliesen), 3 Doppelschiebetafel und Projektionsleinwand, 4 Abzugsanlage, 5 Hörsaalklappstuhl, 6 Projektionsschränkchen;
b) Übungsraum: Die Anordnung von Arbeitsplätzen um die Energiesäulen (7) ist variabel.

## 11.1 BIOLOGIEFACHRÄUME

Der **Übungsraum** besitzt Energiesäulen (mit Gas-, Wasser- und Stromanschluß) für Gruppen zu höchstens 6 bis 8 Schülern. Ein Demonstrations-Experimentiertisch fehlt. Für kurze Besprechungen sollte eine kleine Tafelfläche zur Verfügung stehen. Der Fußboden des Raumes steigt nicht an. Die Geräte für die Schülerarbeiten sollten in der Nähe der Schülerarbeitsplätze untergebracht sein. Für Biologie ist es zweckmäßig, wenn die Arbeitstische nicht fest an den Energiesäulen montiert sind. Reine Übungsräume werden vor allem für die praktischen Kurse der Studienstufe an Gymnasien gefordert, in denen bevorzugt Langzeitversuche durchgeführt werden sollen. • 11-1 b

Vorteil: Der Raum ist für praktische Schülerarbeiten optimal ausgestattet.
Nachteil: Demonstrationsunterricht ist nur bei kleinen Schülergruppen möglich.

Der **Lehr-Übungsraum** ist ein Kombinat aus Lehrsaal und Übungsraum. Er enthält große Tafel- und Projektionsflächen, einen Demonstrations-Experimentiertisch, fest eingebaute Energiesäulen und Schränke für die Schüler-Arbeitsgeräte. Da im Biologieunterricht nicht nur in Partnerarbeit experimentiert, sondern auch in Gruppenarbeit beobachtet wird, sollten die Tische beweglich sein (vgl. *Leicht* 1971; *Palm* 1979 a, 9). • 11-2

Vorteile: Alle für den Biologieunterricht wichtigen Unterrichtsformen können im Lehrsaal-Übungsraum durchgeführt werden. Die beweglichen Tische können mit geringem Aufwand während des Unterrichts umgestellt werden, so daß Demonstrationsunterricht, Gruppenarbeit oder Schülerdiskussionen möglich sind. Getrennte Lehr- und Übungsräume sind fast immer gleichzeitig belegt. Dann ist ein Wechsel der Räume, um die Organisationsform zu ändern, kaum möglich.

Nachteile: Der Abstand der Schüler zum Experimentiertisch ist größer als im Lehrsaal, sofern sie an ihren Plätzen bleiben. Die Demonstrationsobjekte und Demonstrationsexperimente müssen dann auf dem Experimentiertisch erhöht aufgebaut werden, wenn der Saal nicht in Stufen ansteigt.

Beispiel für einen Lehr-Übungsraum, der mit einem Vorbereitungsraum kombiniert ist: An der Vorderwand sorgt eine mehrteilige Schiebetafel für entsprechende Schreibflächen. Hinter der Tafel befindet sich eine Projektionswand, die für Arbeitsprojektion geneigt werden kann. Rechts und links der Tafel sind an der Decke herablaßbare Aufhängevorrichtungen für Karten montiert. Für Versuche mit giftigen oder ätzenden Gasen ist ein Abzug vorhanden. Zum Reinigen der Geräte bei Schülergruppenarbeit ist ein Waschtrog mit Tropfbrett und Ablauf angebracht. An der Stirnseite des Raumes sollten ein Lautsprecher und evtl. auch ein Fernsehapparat fest montiert werden. Der Experimentiertisch muß genügend Abstand zur Tafel und aus

# 11 DIE SCHULE ALS LERNORT FÜR DEN BIOLOGIEUNTERRICHT

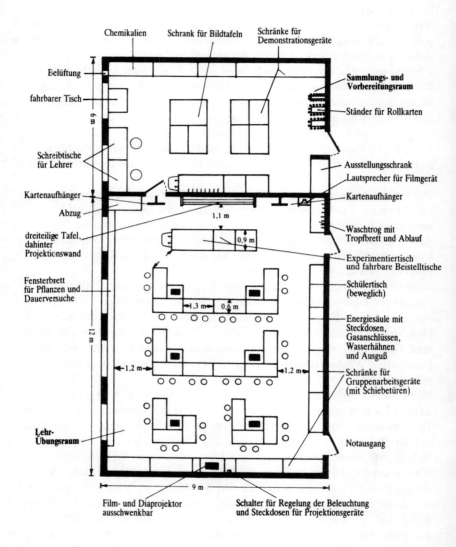

Abb. 11-2: Entwurf für die Ausstattung eines Biologie-Lehr-Übungsraumes mit dem dazugehörigen Vorbereitungsraum. Die Tische sind beweglich und unterschiedlich angeordnet (vordere Reihen für Demonstrationsunterricht, hintere Reihe für Gruppenarbeit (nach *Bay/Rodi* 1978, 15; *Mostler/Krumwiede/Meyer* 1979, 270)

Sicherheitsgründen auch zu den ersten Schülertischen haben. Am Experimentiertisch sind eine zentrale Stromabschaltung und der Gashaupthahn für die Energiesäulen der Schüler unterzubringen. Die Regelung der Beleuchtung und Verdunkelung kann vom Experimentiertisch aus erfolgen. Fahrbare Tische ermöglichen einen raschen Wechsel der Aufbauten in den Pausen. Die Energiesäulen sind so hoch wie die Schülertische. Werden jedoch vier Tische sternförmig an die Energiesäulen gestellt, so müssen diese die Tische überragen, damit die Strom-, Wasser- und Gasanschlüsse zugänglich bleiben. Sehr geeignet ist eine zweireihige Anordnung der Energiesäulen. Die Schülertische sollten sich je nach der Unterrichtsform unterschiedlich anordnen lassen. Ein durchgehendes Fensterbrett ermöglicht die Aufstellung von Pflanzen und Vivarien sowie die Durchführung von Langzeitversuchen. An der Rückwand sind in dem mittleren Schrank auf ausschwenkbaren Unterlagen die Projektionsgeräte untergebracht. Steckdosen und Schalter zur Regelung der Beleuchtung und Verdunkelung sind in denselben Schrank eingebaut. Eine unter Putz verlegte Verbindung zu dem Lautsprecher an der Vorderfront ist vorgesehen. An den übrigen Wandflächen sind Schränke für die Schüler-Arbeitsgeräte. Der Wandgang muß als Fluchtweg zu den beiden Türen mindestens 1 m breit sein. Zur Bedienung der Schülergruppen muß dort auch ein fahrbarer Tisch Platz haben.

Der **Vorbereitungsraum** ist häufig in einen Sammlungsraum integriert. Er ▼ 10.11
sollte folgende Einrichtungsgegenstände enthalten:
... Sitz- und Schreibgelegenheit;
... Experimentiertisch mit Ablauf und Tropfbrett zur Vor- und Nachbereitung von Versuchen und Pflanzenausstellungen;
... Stellflächen für fahrbare Tische.

Als weitere Hilfsräume und Sonderräume empfiehlt es sich, einen getrennten **Tierhaltungsraum** einzurichten, der für die betreuenden Schüler zugänglich ist. Eine Dunkelkammer kann mit den anderen Fächern gemeinsam benutzt werden. Den Biologielehrkräften sollte auch eine Werkstatt zur Herstellung von Versuchseinrichtungen, Käfigen für die Tierhaltung etc. zugänglich sein. An großen Schulen könnten noch ein **Gruppenarbeitsraum** für den naturwissenschaftlichen Bereich mit Büchern für die Schüler und eine **Lehrerstation** mit naturwissenschaftlichen Fachbüchern eingerichtet werden.

Die **Umgestaltung eines Klassenzimmers** in einen Biologiefachraum läßt sich (als Notbehelf) ohne Aufwendung größerer Geldmittel verhältnismäßig leicht vollziehen. Eine absolut dicht schließende Verdunkelung muß angebracht werden, damit auch Mikroprojektion möglich ist. An der Rückwand des Raumes sollten mehrere Steckdosen vorhanden sein, an die Projektionsgeräte angeschlossen werden können. Zum Mikroskopieren sollten an den Wänden genügend Stromanschlüsse installiert sein. Nach Möglichkeit sind mehrere Waschbecken anzubringen. Für Demonstrations- und vor allem Schülerarbeitsmaterial müssen genügend Schränke vorhanden sein. Zum Mikroskopieren sind Verlängerungskabel mit Mehrfach-Tischsteckdosen angebracht. Am Fenster sollte ein breiter Fenstersims für die Unterbringung von Langzeitversuchen vorhanden sein. Wenn auch Strom- und Wasserzufuhr in dem Behelfsfachraum nicht optimal gelöst sind, so können doch die wichtigsten biologischen Arbeitsweisen durchgeführt werden, und im Vergleich zum Unterricht im Klassenzimmer werden die Geräte und Anschauungsmaterialien geschont.

Oft muß auch heute noch der Biologieunterricht im **Klassenzimmer** stattfinden. In der Sekundarstufe I werden an Gesamtschulen 75 %, an Gymnasien ca. 70%, an Realschulen 59% und an Hauptschulen 33% des Biologieunterrichts im Fachraum unterrichtet (vgl. *Meffert* (1980, 12; *Meyer* 1986, 308).
Ein Klassenzimmer, in dem Biologieunterricht durchgeführt wird, sollte verdunkelbar sein und mindestens ein Waschbecken enthalten. Die Tische können für Partnerarbeit in Hufeisenform aufgestellt werden, so daß in der Mitte ein größerer Platz frei bleibt, von dem aus die einzelnen Arbeitsgruppen mit Materialien versorgt werden können (vgl. *Palm* 1979 a, 13; *Bay/Rodi* 1983). Experimentiergeräte werden auf einem fahrbaren Tisch, einem Tablett oder in einem Gerätekoffer transportiert. Als Wärmequellen dienen elektrische Kochplatten oder tragbare Kartuschen-Gasbrenner. Auch die meisten Objekte der Biologiesammlung lassen sich in das Klassenzimmer transportieren. Auf einen eigenen Vorbereitungs- und Sammlungsraum kann allerdings auf keinen Fall verzichtet werden.
Biologieunterricht im Klassenzimmer ist nur als ein Notbehelf zu betrachten. Bereits bei nicht ausreichend ausgestatteten Fachräumen verarmt in der Regel das experimentelle Arbeiten im Biologieunterricht (vgl. *Weigelt/Grabinski* 1992, 3).

---

LITERATUR
*Bay/Rodi* 1978; 1983; *Beimdiek/Burgmer/Oberliesen* 1973; *Breuer* 1971 b; *Büchter* 1972; *Hadel* 1972; *Hedewig* 1980; *Heller* 1985; *Hollwedel* 1971; *Leicht* 1971; LEU 1980 f.; *Meffert* 1980; *Meyer, Hubertus,* 1986; *Mostler/Krumwiede/Meyer* 1979; *Müller, Joachim,* 1981; *Palm* 1979 a; *Simon* 1973; *Stawinski* 1984; 1986; *Völcker* 1964; *Weigelt/Grabinski* 1992

## 11.2 Schulgelände und Schulgarten

### 11.2.1 Zu den Begriffen

Unter **Schulgelände** versteht man den Bereich der Schule mit Schulhaus, Sporthalle, Sportplatz, Pausenhof und den dazwischen liegenden Flächen. Hier soll der Schwerpunkt der Betrachtung auf die »Außenanlagen« gelegt werden. *Rauch* (1981) verwendet den Begriff »Freiräume an Schulen« in seiner doppelten Bedeutung: frei von Unterricht als organisiertem Lernen, frei für Aktivitäten der Kinder. Früher bestanden die Außenanlagen der Schulen oft nur aus einem großen, geteerten, eventuell mit Bäumen umstandenen Schulhof. Heute bemüht man sich, das Schulgelände aufzulockern und in kleinere Flächen zu strukturieren. Das Schulgelände ist oft mit ausländischen Bäumen und Sträuchern bepflanzt; die Grünflächen werden von einem gepflegten Zierrasen eingenommen, der meist nur wenige Grasarten enthält.
Neuerdings wird häufig empfohlen, einen Teil des Geländes als »Naturgarten« anzulegen (vgl. *Schwarz* 1980; 1981; 1983 a; b; *Kloehn/Zacharias* 1984; *Hintermeier* 1983 b; *Lütkens* 1983; *Akkermann* 1985; *Wessel* 1986; *Heininger* 1986; *Neuhaus/Winkel* 1987; *Nogli-Izadpanah/Probst* 1991; *Schilke/Zacharias* 1992; *Klawitter* 1992; *Kleber/Kleber* 1994; *Winkel* 1995; 1997). Dort sollten einheimische Bäume und Sträucher gepflanzt werden. Die Grünflächen bestehen aus einer bunten Blumenwiese. Wo es das Gelände erlaubt, wird auch ein Teich angelegt.
Zwischen dem Naturgarten und dem konventionellen Garten gibt es charakteristische Unterschiede.

◆ 11-1

An manchen Schulen ist innerhalb des Schulgeländes ein Bezirk als **Schulgarten** abgegrenzt, der intensiver bearbeitet wird. Dort sind Beete angelegt, die

| NATURGARTEN | KONVENTIONELLER GARTEN |
|---|---|
| vorwiegend Lenkung | stärkere Gestaltung |
| Eingriffe nicht massiv | massive Eingriffe |
| Beobachten, Überlegen, Pflegen | Pflege nach Schema |
| Einsatz von wenig Fremdenergie | Einsatz von viel Fremdenergie |
| kein Einsatz von Gift | regelmäßiger und teils massiver Einsatz von Gift |
| keine Verwendung von Mineraldünger | Verwendung von Mineraldünger |

Tabelle 11-1: Unterschiede zwischen Naturgarten und konventionellem Garten (nach *Salzmann* 1980)

regelmäßig gepflegt werden müssen (vgl. *Bay* 1986). Die Betreuung des Schulgartens erfolgt vor allem durch die Lehrkräfte und durch Schüler. In einigen Städten (z. B. Hamburg, Hannover, Berlin, Leipzig) wurden bereits im letzten Jahrhundert von den Stadtgärtnereien betreute Zentralschulgärten angelegt, die sich zu »Schulbiologiezentren« entwickelt haben.

### 11.2.2 Sinn und Bedeutung

Eine sinnvolle Gestaltung des Schulgeländes ermöglicht es, den Unterricht ohne längere Anmarschwege ins Freie zu verlegen (vgl. *Rauch* 1981, 57). Die Anlage und die Benutzung des »Schulgartens« im engeren Sinn haben sich im Laufe der Geschichte gewandelt (vgl. *Winkel* 1997).
Er geht in seiner Tradition bis auf die Klostergärten (z. B. St. Gallen um 800) zurück. Im 19. Jahrhundert diente der Schulgarten als »Wirtschaftsgarten« der Einführung in landwirtschaftliche Techniken und war daher ein bäuerlicher **Nutzgarten**.
Den zweiten entscheidenden Anstoß erhielt die Gestaltung des Schulgartens Ende des 19. Jahrhunderts durch die Förderung des Biologieunterrichts. Der Schulgarten dient nun vorwiegend als **Biologischer Garten.** In ihm fand der Biologieunterricht von Zeit zu Zeit als Demonstrationsunterricht oder in Gruppenarbeit statt (vgl. *Oberseider* 1981).
Einen weiteren Impuls erhielt die Nutzung des Schulgartens durch die Arbeitsschulbewegung der zwanziger Jahre. Der Schulgarten wird zum **Arbeitsgarten** (vgl. *Schmitt* o. J.). Nach 1945 wurde an die Arbeitsschulbewegung angeknüpft.

In der DDR war der Schulgarten im Rahmen der polytechnischen Erziehung bedeutsam (vgl. *Böhme* u. a. 1987; Ministerrat der DDR 1988). So hatte fast jede Schule einen Schulgarten. In den Klassenstufen 1 bis 4 gab es das Fach »Schulgartenunterricht«. Der Schulgarten war in erster Linie ein Nutzgarten. Seit dem Beitritt der östlichen Bundesländer gab es tiefgreifende organisatorische und didaktische Veränderungen (vgl. *Teutloff* 1991; *Schwier* 1993). Der Schulgartenunterricht wurde nur in Sachsen-Anhalt als selbständiges Schulfach in der Primarstufe beibehalten.

Die dauerhafte Betreuung von Lebewesen durch die Schüler kann dazu beitragen, pflegerisches Verhalten einzuüben (vgl. *Winkel* 1978 a; *Falke* 1979). Als Experimentierfeld ist der Schulgarten geeignet, die Eingriffe des Menschen in den Naturhaushalt zu verdeutlichen (*Steckhan* 1975; *Kleber/Kleber* 1994;

*Winkel* 1981; 1997). Beim Einüben naturgemäßer Anbaumethoden lernen die Schüler, wie man diese Eingriffe möglichst gering halten kann. Affektive und psychomotorische Unterrichtsziele werden im üblichen Unterricht häufig zugunsten der kognitiven vernachlässigt. Bei der Schulgartenarbeit können die drei Lernzieldimensionen miteinander berücksichtigt werden. Die Arbeit im Schulgarten fördert die Zusammenarbeit der Schüler; Konflikte müssen gemeinsam gelöst werden. In manchen Schulen, z. B. Waldorfschulen, betreuen einzelne Schüler in eigener Verantwortung einen Sommer lang einen Beetabschnitt. So wird das Prinzip der Arbeitsschulbewegung »Lernen durch die Hand« verwirklicht (vgl. *Gögler* 1982).

Solche Überlegungen sollten sich heute nicht mehr allein auf den Schulgarten als einen eingegrenzten Teil der Außenanlage an Schulen beziehen, sondern auf das gesamte Schulgelände als »unterrichtsfördernde Gartenanlage«. Häufig entfällt daher eine Trennung in Grünanlagen und Schulgarten (vgl. *Rauch* 1981, 134). Die Schüler wirken dann an der Gestaltung und Pflege eines Teils des Schulgeländes (im Sinne eines Naturgartens) mit. Durch eine gut gepflegte Anlage kann das ästhetische Empfinden der Schüler geschärft werden. Dadurch wird die Bereitschaft gefördert, sich der Natur fühlend, denkend und handelnd zuzuwenden (vgl. HILF 1988).

### 11.2.3 Anlage und Pflege von biologisch nutzbaren Teilen des Schulgeländes

Beim Schulneubau wird meist nur auf die Ausstattung der Gebäude geachtet. Für die Flächen zwischen den Gebäuden bleibt kaum Geld übrig. Es ist leider nicht die Regel, daß bei der Planung und Gestaltung der Außenanlagen Fachleute hinzugezogen werden. Wenn ein qualifizierter Garten- oder Landschaftsarchitekt mitwirkt, besteht die Aussicht, daß die Schule ein nach pädagogischen und fachdidaktischen Gesichtspunkten gestaltetes Gelände erhält (vgl. *Rauch* 1981, 55). Die Biologielehrkräfte sollten sich bemühen, frühzeitig auf die Planung des Schulgeländes Einfluß zu nehmen. Aber auch bereits vorhandene Schulhöfe können nach modernen Konzeptionen umgestaltet werden, indem Teerflächen aufgebrochen und vor allem in den Randbereichen Busch- und Baumgruppen angelegt werden (vgl. *Rauch* 1981; *Teutloff* 1983; *Köhler* 1987). Der Schulhof sollte als Erholungsfläche ausgestaltet werden. Mehrere kleine Einheiten sind günstiger als eine große Fläche. Innerhalb des Schulgeländes sind **Freiluft-Unterrichtsplätz**e vorzusehen. Für kleinere Gesprächsrunden sollten Sitzgelegenheiten angeboten werden. Die Grundschüler erhalten am Rande des Schulgeländes Spielmöglichkeiten. Zur Durchführung von Festen empfiehlt sich die Anlage eines »Partyplatzes«, eventuell mit Möglichkeiten zum Grillen am Holzfeuer. Schüler sollten dort auch in ihrer Freizeit Gelegenheit zu Sport und Spiel haben (vgl. Friedrich Verlag 1995). Bei der Anlage des Schulgeländes sollte man einen »parkähnlichen« Bereich vorsehen, der vor allem für die für den Biologieunterricht wichtigsten

10.2 ▼ einheimischen **Bäume** und **Sträucher** gedacht ist. Die wenigen für den Biologieunterricht bedeutsamen ausländischen Arten pflanzt man am besten gesondert an (vgl. *Schad* 1981, 188 f.).

Folgende Bäume und Sträucher können empfohlen werden:

... Einheimische Bäume: Apfel, Kirsche, Eberesche, Linde, Bergahorn, Feldahorn, Spitzahorn, Hainbuche, Birke, Erle, Rotbuche, Eßkastanie, Eiche, Weide, Pappel, Ulme, Esche, Lärche, Fichte, Gemeine Waldkiefer, Latsche, Weißtanne, Eibe.

... Fremdländische Bäume: Robinie, Roßkastanie, Ginkgo, Thuja, Metasequoia, Omorika-Fichte.

... Einheimische Sträucher: Waldrebe, Wildrosen, Felsenbirne, Seidelbast, Pfaffenhütchen, Liguster, Haselnuß, Efeu, Holunder, Schneeball.

... Fremdländische Sträucher: Pfeifenstrauch, Mispel, Zwergmispel, Feuerdorn, Glycinie, Sommerflieder, Flieder, Forsythie, Zaubernuß, Echter Jasmin, Tamariske.

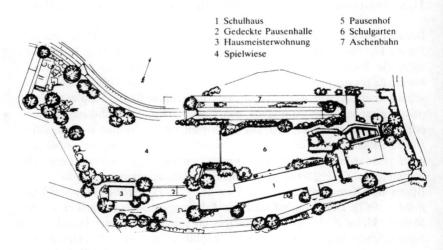

1 Schulhaus
2 Gedeckte Pausenhalle
3 Hausmeisterwohnung
4 Spielwiese
5 Pausenhof
6 Schulgarten
7 Aschenbahn

Abb. 11-3: Beispiel einer gegliederten Schulanlage (aus *Rauch* 1981, 56)

## 11.2 SCHULGELÄNDE UND SCHULGARTEN

Von einer Baumart sollten mehrere Exemplare gepflanzt werden, z. B. von der Rotbuche verschiedene Mutanten (z. B. Blutbuche, Hängebuche, schlitzblättrige Buche). Am Apfel lassen sich beispielsweise viele Phänomene aufzeigen, wenn fünf bis sechs Sorten und Wildformen sowie die Wuchsformen der verschiedenen Veredelungsunterlagen gepflanzt werden. Dann können die Schüler auch wichtige Arbeiten der Baumpflege kennenlernen sowie »nützliche« und »schädliche« Insekten studieren (vgl. *Becker* 1979). Die Kirsche ist wichtig für das Thema »Von der Blüte zur Frucht«.

Über die Frage, ob man lebende **Tiere** in Käfigen auf dem Schulgelände halten soll, gehen die Ansichten auseinander (»Schulzoo«, vgl. *Steinecke* 1951 b; ▼ 9.15 *Krüger/Millat* 1962; *Verfürth* 1986). Reizvoll und wichtig ist die Aufstellung eines Honigbienenstandes. Biologische Schädlingsbekämpfung wird durch ▼ 10.2.3 Schaffen von Lebensgrundlagen für Schädlingsvertilger mit den Schülern praktiziert (z. B. Bauen von Nistkästen für Vögel und Hartholz-Nisthilfen für solitäre Hautflügler; vgl. *Eschenhagen/Kattmann/Rodi* 1991, 7; *Winkel* 1997). Für die Beurteilung von Wachstumsvorgängen spielen Klimafaktoren eine entscheidende Rolle. Daher ist die Errichtung einer **Wetterstation** auch für den Biologieunterricht sinnvoll (vgl. *Krüger/Millat* 1962; *Dorst* 1979).

Ein Bereich des Schulgeländes kann unter Mitarbeit der Schüler als **Naturgarten** angelegt werden. Dieser besteht zum Beispiel aus Hecken (vgl. *Denker* 1979; *Wildermuth* 1981; *Holtappels* 1981), die gleichzeitig als Schutzgehölze für Vögel dienen (vgl. *Winkel* 1979 ; *Schulz-Kühnel* 1981), und blumenreichen Dauerwiesen (vgl. *Briemle* 1981 a), die nur spärlich gedüngt und nur ein- bis zweimal im Jahr (mit der Sense) gemäht werden. Zierrasen kann in eine Blumenwiese umgewandelt werden (Anleitungen bei *Salzmann* 1981; *Kloehn/ Zacharias* 1984). Eventuell können Schüler Vergleiche zwischen der Entwicklung einer Dauerwiese und eines Rasens anstellen (vgl. *Stenzel* 1979; *Höppner* 1981). Wie der Naturgarten der Kantonsschule Solothurn nach vieljährigem Bestehen beweist, macht die Pflege eines Naturgartens wenig Arbeit und erspart damit Kosten (vgl. *Schwarz* 1981; 1983 a; b; *Breitenmoser/Schwarz* 1981; *Oberholzer/Lässer* 1983). Das Anlegen von **Biotopen** auf dem Schulgelände ist in jedem Falle lohnend (vgl. *Kloen/Zacharias* 1984; *Kleber/ Kleber* 1994; *Winkel* 1997). Sand- und Kiesflächen bilden Pionierstandorte. Ein Feuchtgebiet mit einem einige Quadratmeter großen und an der tiefsten Stelle mindestens 1 m tiefen Teich (vgl. *Wildermuth* 1978; *Winkel* 1979; *Zimmerli* 1980) sorgt dafür, daß auch ein sonst in Schulnähe meist nicht vorhandener Feuchtbiotop für den Biologieunterricht verfügbar ist. Es können auch »Lehrpfade« eingerichtet werden, die Lehrern und Schülern Anregungen ▼ 11.3.2 für den Unterricht geben (vgl. *Rodi* 1986; *Gerhardt-Dircksen* 1991).

## 11.2.4 Anlage eines Schulgartens

Entschließt man sich zur Anlage eines Schulgartens im engeren Sinne (vgl. *Kilger* 1981; *Fränz* 1982), so sollte dieser nicht vom Schulgebäude aus eingesehen werden können, damit die Schüler in den Klassen nicht abgelenkt werden. Vor allem kleinere Schulgartenbezirke in unmittelbarer Schulnähe – insbesondere, wenn sie einen Teich enthalten – sollten durch einen Maschendraht, besser durch eine Naturhecke, abgegrenzt werden (vgl. *Steinecke* 1951 b; *Zimmerli* 1980, 44). Dadurch wird die Anlage gegen unkontrollierte und unsachgemäße Behandlung durch Menschen und das Eindringen großer Tiere, z. B. Hunde, geschützt. Auch die Betreuung wird erleichtert. Allerdings bringt die Abkapselung auch Nachteile: Der Anblick des Schulgeländes wird durch einen Zaun empfindlich gestört; interessierte Beobachter haben keinen freien Zugang mehr. Bevor ein Schulgarten eingerichtet wird, müssen folgende **Vorbedingungen** geklärt werden (vgl. *Winkel* 1979, 9 ff.):

... Einstellung der Schulaufsicht, der Schulträger, der Schulleitung, des Kollegiums, des Fachkollegiums, des Hausmeisters und der Raumpflegerinnen.
... Organisatorische Grundbedingungen: verantwortliche Leitung durch erfahrene Lehrkräfte, Betreuung (auch während der Ferien), Ausbildungs- und Fortbildungsmöglichkeiten für die »Gartenlehrkräfte«.
... Finanzielle Voraussetzungen für die Einrichtung und für die Erhaltung (Kostenübersicht vgl. *Winkel* 1979, 11).
... Möglichkeiten der Unterbringung der Gartengeräte (in einem Schuppen oder einem Abstellraum des Schulhauses).
... Beaufsichtigung und Abgrenzung des Geländes: Besteht die Gewähr, daß die Anlage nicht mutwillig zerstört wird, daß Beschriftungstafeln für Beete und Einzelpflanzen erhalten bleiben?
... Ziel der Schulgartenarbeit: Wird der Schwerpunkt auf einen Lehr-, einen Arbeits- oder einen Liefergarten gelegt? Soll der Arbeitsgarten von einer bestimmten Altersstufe (Primarstufe, Sekundarstufe I oder II) betreut werden? Wird die Arbeit im Schulgarten in den Klassen-Biologieunterricht integriert (dies ist bei den derzeit geringen Stundenanzahlen für den Biologieunterricht und die Festlegungen durch die Lehrpläne kaum mehr möglich), oder wird eine Arbeitsgemeinschaft »Schulgarten« gegründet? Welches Verhältnis zwischen praktischen Pflegearbeiten und unterrichtlicher Auswertung wird angestrebt?
... Inhaltliche Schwerpunkte: Liegt die Hauptbedeutung des Schulgartens auf der Systematik oder der Ökologie?
... Eignet sich der Boden für die Anlage eines Schulgartens?

Es soll hier herausgestellt werden, daß zur Einrichtung und Pflege eines Schulgartens viel Idealismus notwendig ist, da der Schulgarten persönliches Engagement und viel Zeit erfordert. Dies ist wohl auch der Grund, warum in den letzten 30 Jahren nur wenige Schulgärten im engeren Sinne eingerichtet und unterhalten wurden. *Gerhard Winkel* (1979, 8 f.) hat die **Schwierigkeiten** zusammengestellt:

... Die Schulferien stellen die stärkste Behinderung dar. Man sollte bei dem gesamten Anbauplan auf die Sommerferien Rücksicht nehmen. Schülerferiendienste können eingerichtet werden, die Lehrkraft schaut selber nach dem Rechten, oder ein gutwilliger Hausmeister kann eingeschaltet werden.
... Die Lehrkräfte sind meist für die Schulgartenarbeit weder ausgebildet noch begeistert.
... Eine starke Fluktuation unter den Lehrpersonen verhindert eine erfolgreiche Gartenarbeit.
... Schulgartenarbeit ist wetterabhängig. Das erschwert die Planung.
... Schulgartenarbeit bringt notwendigerweise Schmutz mit sich. Das stört Eltern, Lehrkräfte, Hausmeister und Raumpflegerinnen. Schmutzarbeit wird meist geringer eingestuft als Geistesarbeit.
... Schulgartenarbeit kostet jedes Jahr von neuem Geld für Pflanzen, Dünger und Geräte.

Trotz dieser Schwierigkeiten sollten sich wegen des großen Bildungswerts viele Kollegen für die Anlage und Erhaltung eines Schulgartens einsetzen, zumal oft die Hausmeister die Arbeit gern unterstützen.

Nach dem Zweck kann man im Schulgarten folgende Gebiete unterscheiden: ● 11-4
**Systematische Beete** haben heute nicht mehr dieselbe Bedeutung wie früher, da die Lehrpläne auf allgemeinbiologische und ökologische Fragen mehr Wert legen als auf systematische. Trotzdem sollten zur Einführung in die Systematik wenigstens einige Pflanzenfamilien mit mehreren Beispielen vertreten sein. Dazu eignen sich vor allem Liliengewächse und ihre Verwandten, Hahnenfußgewächse, Rosengewächse, Lippenblütler und Korbblütler.
Auf den **ökologischen Beeten** kann die Angepaßtheit von Pflanzen an Umweltbedingungen dokumentiert werden. Auch verschiedene Bestäubungsweisen und Verbreitungsmechanismen sollten veranschaulicht werden.
Auf **Versuchsbeeten** können die Mendelschen Regeln z. B. mit Erbsen oder Wunderblumen demonstriert werden. Auf **Probeflächen** werden ökologische Experimente zu unterschiedlichen Bewirtschaftungsformen durchgeführt: Ein Teil eines mit den gleichen Kulturpflanzen bebauten Beetes wird mit organischem, ein anderer Teil mit mineralischem Dünger behandelt, ein dritter Teil

## 11 DIE SCHULE ALS LERNORT FÜR DEN BIOLOGIEUNTERRICHT

bleibt ungedüngt; die Erträge werden miteinander verglichen. Den Schülern kann dabei die Bedeutung des naturgemäßen Anbaus und der Mischkulturen nahegebracht werden (vgl. *Briemle* 1981 b; *Hedewig* 1986 a; *Klawitter* 1992; *Kreuter* 1992). Für das Verständnis des naturgemäßen Anbaus ist es erforderlich, daß der Kompost auf dem Schulgelände selbst hergestellt wird.

**Nutzbeete** werden zum Kennenlernen wichtiger Nutzpflanzen (Getreide, Kartoffeln, Gemüse, Gewürzpflanzen, Heilpflanzen) und ihrer Pflege angelegt. Ob eigene **Blumenbeete** vorgesehen werden, hängt vom vorhandenen Platz und den für die Pflege zur Verfügung stehenden Arbeitskräften ab. Der Blumenschmuck des Schulhauses kann nach Rücksprache mit der für den Schulgarten verantwortlichen Lehrkraft auch von den bereits besprochenen unterschiedlichen Typen von Beeten geholt werden.

Für morphologisch-anatomische Untersuchungen und Bestimmungsübungen braucht man oft mehrere Exemplare derselben Art, die man am besten auf

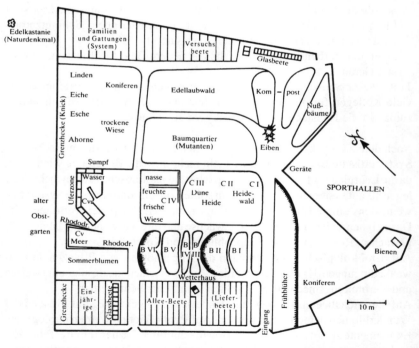

Abb. 11-4: Beispiel eines Schulgartens. B Beete (darunter Steinbeete), C formationsbiologische Anlagen (aus *Steckhan* 1975, 109)

**Lieferbeeten** gesondert anbaut. Das ist für diejenigen Arten nötig, deren Beschaffung aus der freien Natur nicht oder nur schwer möglich ist.
In den meisten Büchern über Schulgärten werden auch **Formationsbiologische Anlagen** vorgeschlagen (vgl. *Steinecke* 1951 b). Man versteht darunter, daß eine in der freien Natur vorkommende Lebensgemeinschaft (Felsspaltgesellschaft, Kalk-Trockenrasen, Sand-Heide, Feuchtwiese, Teich) in den Schulgartenbereich hereingeholt wird. Dazu müssen die Standortbedingungen erst geschaffen werden. So muß beispielsweise für die Sand-Heide der Boden tief ausgehoben, die Grube mit einer Plastikfolie bedeckt und der Sandboden aus einem Heidegebiet eingebracht werden. Nach dem Einsetzen der Heidepflanzen muß laufend geprüft werden, daß nur die kennzeichnenden Heide-Arten gedeihen. Wenn daher die entsprechenden Lebensgemeinschaften in der Nähe der Schule vorkommen, sollte man sie nicht unter erheblichem Aufwand in den Schulgarten verpflanzen, es sei denn, sie entwickeln sich im Naturgartenbereich fast von selbst.

LITERATUR
*Akkermann* 1985; *Bay* 1986; *Becker, R.,* 1979; *Böhme* u. a. 1987; *Breitenmoser/Schwarz* 1981; *Briemle* 1981 a; b; *Denker* 1979; *Dorst* 1979; *Eschenhagen/Kattmann/Rodi* 1991; *Falke* 1979; *Fränz* 1982; Friedrich Verlag 1995; *Gerhardt-Dircksen* 1991; 1993; *Gögler* 1982; *Hedewig* 1986 a; *Heininger* 1986; HILF 1988; *Hintermeier* 1983 b; *Hoff* 1991; *Holtappels* 1981; *Höppner* 1981; *Kienert* 1982; *Kilger* 1981; *Klawitter* 1992; *Kleber/Kleber* 1994; *Kloehn/Zacharias* 1984; *Köhler, T.,* 1987; *Kreuter* 1992; *Krüger/Millat* 1962; *Lütkens* 1983; Ministerrat der DDR 1988; *Neuhaus/Winkel* 1987; *Nogli-Izadpanah/Probst* 1991; *Oberholzer/Lässer* 1983; *Oberseider* 1981; *Rauch* 1981; *Rodi* 1986; *Salzmann* 1980; 1981; *Schad* 1981; *Schilke/Zacharias* 1992; *Schmitt* o. J.; *Schulz-Kühnel* 1981; *Schwarz, U.,* 1980; 1981; 1983 a; b; *Schwier* 1993; *Steckhan* 1975; *Steinecke* 1951 b; *Stenzel* 1979; *Teutloff* 1983; 1991; *Verfürth* 1986; *Wessel* 1986; *Wetzlar* 1991; *Wildermuth* 1978; 1981; *Winkel* 1978 a; 1979; 1981; 1995; 1997; *Witt* 1983; *Zimmerli* 1980

## 12 Außerschulische Lernorte für den Biologieunterricht

### 12.1 Allgemeines

In der Biologiedidaktik wird großer Wert auf die originale Begegnung und auf Handlungsorientierung gelegt. Der Unterricht im Freiland und die Nutzung von außerschulischen Einrichtungen soll vor allem die unmittelbare Begegnung mit der Umwelt fördern. In der Umwelterziehung spielen außerschulische Lernorte daher eine wichtige Rolle (vgl. *Zimmerli* 1980; *Beck* 1984; *Hedewig/ Knoll* 1986; *Verfürth* 1987 a, *Entrich/Staeck* 1988; *Eulefeld* u. a. 1993). Die Kooperation von Schulen und außerschulischen Lernorten wurde durch zahlreiche Modellversuche zur Umwelterziehung gefördert (vgl. DGU/IPN 1989; 1990; 1991).

Viele ökologische Lerninhalte und Arbeitsweisen lassen sich am besten durch den Unterricht im Freiland erschließen: Die jahreszeitliche Entwicklung von einzelnen Lebewesen und von Lebensgemeinschaften, Folgen von Eingriffen in Lebensgemeinschaften (z. B. Mahd, Düngung, Herbizideinsatz) können in Einrichtungen für den Freilandunterricht an Probeflächen über einen längeren Zeitraum verfolgt werden. Die Komplexität ökologischer Zusammenhänge kann durch regelmäßige Freilandarbeit und die vorzugsweise dort anzuwendenden »Arbeitsweisen« von den Schülern erfaßt und durchschaut werden.

Für das Arbeiten im Freiland steht mittlerweile eine Vielzahl von didaktisch gestalteten Einrichtungen zur Verfügung. Sie reichen vom naturnah gestalteten Schulgelände über schulnahe Biotope, Einrichtungen für mehrtägige Aufenthalte (Schullandheime u. a.) sowie Natur- und Umweltzentren, Einrichtungen bis zu Zoos (Zooschulen), Botanischen Gärten (Grüne Schulen) und Museen (Museumsschulen). Um den Lehrkräften Anregungen für außerschulischen Unterricht zu geben, werden vielerorts regionale Atlanten außerschulischer Lernorte erstellt (vgl. Freie Hansestadt Hamburg 1986; HILF 1992; ANU 1996; *von Falkenhausen/Klaffke-Lobsien/Eulig* 1994; *Rixius* 1994; *Vogt* u. a. 1997).

Im folgenden werden nur die didaktisch gestalteten außerschulischen Lernorte behandelt. Nicht dargestellt werden andere naturnahe oder naturferne Biotope (vgl. *Eschenhagen/Kattmann/Rodi* 1991), Naturschutzgebiete und Nationalparks (vgl. *Bibelriether* 1997), ebensowenig forschungsorientierte biologische Einrichtungen, wie Hochschulinstitute und Forschungsanstalten und Einrichtungen der Angewandten Biologie, wie Land- und Forstwirtschaftsbetriebe,

## 12.1 ALLGEMEINES

| AUSSERSCHULISCHE EINRICHTUNGEN | ANZAHL (ca.) | ÜBERSICHTSLITERATUR/ ADRESSEN |
|---|---|---|
| **Naturlehrgebiete** | | |
| ... Freilandlabore | 11 | ANU 1996 |
| ... Lehrpfade | 600 | *Ebers* 1996; *Ebers/Laux/Kochanek* 1997 |
| **Biologische Sammlungen** | | |
| ... Botanische Gärten | 70 | *Schmidt* 1996 |
| Grüne Schulen | 23 | |
| ... Zoos | 39 | *Gerhardt-Dircksen* 1992 a; *Jantschke* |
| Zooschulen | 38 | 1996 |
| ... Tierparks | 68 | |
| ... Wildparks | 63 | |
| ... Naturkundemuseen | 324 | *Schroer* 1980 |
| **Umweltzentren** | 189 | ANU 1996 |
| ... Schulbiologiezentren | 17 | |
| ... Naturschutzzentren | 129 | |
| **Schullandheime** | 400 | Verband deutscher Schullandheime 1996 |
| **Jungendwaldheime** | 48 | Initiative Forst und Holz 1996 |
| **Schulbauernhöfe** | 8 | *Woydich/Tempel/Marks* 1996 |
| **Jugendfarmen** | 50 | Bund der Jugendfarmen 1995 |

Tab.:12-1: Außerschulische Einrichtungen für den Biologieunterricht

Kläranlagen, Pflanzenschutzämter (vgl. *Schroer* 1980). Diese Einrichtungen werden neben Vereinen, Gesundheitsinstitutionen, Wirtschaftsbetrieben und kommunallen Ämtern im Sinne des Konzeptes »Schule öffnen« zunehmend als außerschulische Lernorte genutzt (vgl. *Stichmann* 1996).

---

LITERATUR

ANU 1996*; Beck* 1984*; Bibelriether* 1997; Bund der Jugendfarmen und Aktivspielplätze 1995; *Burk/Claussen* 1981; *Dempsey/Janßen/Reuther* 1993; DGU/IPN 1989; 1990; 1991; *Ebers* 1996; *Ebers/Laux/Kochanek* 1997; *Entrich/Staeck* 1988; *Eschenhagen/Kattmann/Rodi* 1991; *Eulefeld* u. a. 1993; *von Falkenhausen/Klaffke-Lobsien/Eulig* 1994; Freie Hansestadt Hamburg 1986; *Gebauer/Rode* 1993; *Gerhardt-Dircksen* 1992 a; *Hedewig* 1982; *Hedewig/Knoll* 1986; HILF 1992; Initiative Forst und Holz 1996; *Jantschke* 1996; *Killermann* 1993; *Rixius* 1994; *Schmidt* 1996; *Schroer* 1980; *Stichmann* 1996; *Teichert* 1993; Verband Deutscher Schullandheime 1996; *Verfürth* 1987 a; *Vogt* u. a. 1997; *Woydich/Tempel/Marks* 1996; *Zimmerli* 1980

## 12.2 Lehrpfad, Freilandlabor und Schulwald

Lebensräume außerhalb des Schulgeländes, die aber von der Schule aus leicht erreichbar sind, können für den Unterricht als »Naturlehrgebiete« (vgl. *Hedewig* 1982) genutzt werden. Die Schulnähe dieser Lernorte hat den Vorteil eines kurzen Anmarschweges; so ist eine tägliche Beobachtung möglich; die didaktische Gestaltung des Lernortes (Anlegen spezifischer Biotope, Stege, Gerätehütten u. ä.) sowie die Überwachung des Gebietes sind einfach. Die Nähe zum Schulgelände kann die Arbeit aber auch beeinträchtigen, Tierbeobachtungen können durch ständige Störungen erschwert werden.

**Naturlehrpfade** sind Wege, an denen durch Hinweise auf besonders bemerkenswerte Naturerscheinungen aufmerksam gemacht wird (vgl. *Erdmann* 1975; *Stichmann* 1977; 1985; *Baade* 1980; *Wessel* 1980; *Zimmerli* 1980; *Hedewig* 1985; *Knieps* 1990; *Ebers* 1996; *Ebers/Laux/Kochanek* 1997). Mit Lehrpfaden wird das Ziel verfolgt, »bei der Bevölkerung Interesse für die Natur zu wecken und das Engagement der Menschen für umweltbewußtes Verhalten und den Naturschutz zu fördern« (*Ebers* 1996, 1).
Nach der inhaltlichen Thematik unterscheidet man Botanische Lehrpfade, (z. B. Baumlehrpfad), Zoologische Lehrpfade (z. B. Vogellehrpfad), Geologische Lehrpfade, Biotop-Lehrpfade (z. B. Waldlehrpfad, vgl. *Klenk* 1986; Stadtlehrpfad, vgl. *Kleine* 1982), Lehrpfade zur Angewandten Biologie (z. B. Weinlehrpfad, Waldschadenspfad), kombinierte Pfade (z. B. Geologischer Pfad mit Angaben zu Boden und Vegetation), erweiterte Naturlehrpfade (mit geschichtlichen, heimatkundlichen oder technikgeschichtlichen Objekten).
Nach einer Erhebung der Lehrpfadsituation in Deutschland machen Waldlehrpfade ca. die Hälfte der etwa 600 Lehrpfade aus (vgl. *Ebers* 1996).
Nach der Methode der Darstellung gibt es z. B. Lehrpfade ausschließlich mit Informationstafeln, solche mit Nummern und einer Begleitbroschüre, Sinnespfade mit Übungen zur sinnlichen Wahrnehmung und Bewegung in der Natur, mobile Pfade, bei denen Informationen und Geräte in einem Koffer oder Rucksack enthalten sind (vgl. *Trommer/Ilgner* 1986), den die Besucher mit sich führen, interaktive Pfade mit angeleiteten Eigenaktivitäten der Besucher sowie letztlich diejenigen, die mehrere dieser Methoden einbeziehen (vgl. *Ebers* 1996). Die Broschüren und Geräte werden meist am Ausgangspunkt, z. B. einer Jugendherberge oder einem »Naturschutzzentrum«, angeboten. Über die meist passive Wissensaneignung hinaus wird mit neueren Konzepten ein aktives Lernen durch Aufgaben, Beobachtungen und Untersuchungen angestrebt (vgl. *Brauner* 1993). Die sogenannten Naturerlebnispfade betonen

besonders die sinnliche Wahrnehmung und Körpererfahrung in der Natur (vgl. *Ebers/Laux/Kochanek* 1997). Lehrpfade werden meist von Schulen und Naturkundevereinen in Zusammenarbeit mit der Schutzgemeinschaft Deutscher Wald, den Forst- und Landwirtschaftsämtern, Fremdenverkehrsämtern, Stadt- oder Gemeindeverwaltungen und Landratsämtern eingerichtet. Schulklassen können auf den Lehrpfaden geführt werden oder in Gruppen an gestellten Aufgaben arbeiten (vgl. z. B. *Hedewig* 1986 b). Besonders bedeutsam werden sie, wenn sie an Projekttagen von Lehrkräften und Schülern gemeinsam erstellt (vgl. *Wessel* 1980; 1992) oder auf dem Schulgelände eingerichtet werden (vgl. *Gerhardt-Dircksen* 1991).

Als **Freilandlabore** bezeichnet man weitgehend ursprünglich belassene, z. T. nach didaktischen Grundsätzen gestaltete Lebensräume, die für Freilandarbeiten mit Schülern genutzt werden. Sie sollen auf engem Raum unterschiedliche Biotope mit einer artenreichen Pflanzen- und Tierwelt enthalten und mit Einrichtungen versehen sein, die das Arbeiten von Schülern erleichtern (vgl. *Fokken/Witte* 1979; *Hedewig* 1981 b; 1987; *Peukert* 1983).
Freilandlabore werden meist in Zusammenarbeit mit Hochschulen, Schulen, Naturschutzbehörden oder privaten Naturschutzverbänden angelegt (vgl. *Zimmerli* 1980; *Hedewig* 1981 b). Voraussetzung ist, daß ein weitgehend naturbelassenes Gelände in Schulnähe vorhanden ist, das in Pacht genommen oder aufgekauft werden kann. Der Pflanzenbestand mancher Biotope kann durch Anpflanzung von fehlenden Arten aus der Nachbarschaft ergänzt werden. Eine Arbeitshütte mit Arbeitsplätzen, die auch einen abschließbaren Raum für die Aufbewahrung von Geräten (z. B. Meßgeräte, Mikroskope, Ferngläser) und Bestimmungsliteratur enthalten sollte, und eine Trockentoilette sind zu errichten. Für Anfahrtswege muß gesorgt werden. Im übrigen sollte das Areal möglichst in seinem ursprünglichen Zustand erhalten bleiben.
Nach *Roland Hedewig* (1981 b, 51) kann ein Freilandlabor folgende Funktionen erfüllen:
... Durchführung von Freilanduntersuchungen durch Schüler unter der Anleitung der Biologielehrkräfte während mehrstündiger Exkursionen;
... Nutzung für die Ausbildung von Biologiestudierenden; hier bieten sich Möglichkeiten für projektorientierte Arbeiten;
... Durchführung von Exkursionen im Rahmen der Lehrerfortbildung zur Demonstration von Möglichkeiten der Freilandarbeit;
... Nutzung durch die Öffentlichkeit als Informationszentren für angrenzende Naturschutzgebiete und die Naturschutzarbeit.

**Schulwälder** sind begrenzte Waldgebiete in der Nähe von Schulen, die unter der Anleitung von Förstern und Biologielehrkräften durch die Schüler betreut werden (vgl. *Grupe* 1977; *Wessel* 1980, 40). Sie können spezielle Anpflanzungen enthalten, z. B. Baumschule und »Arboretum«. Die Betreuung und Pflege eines Schulwaldes bietet die Möglichkeit, durch praktisches Arbeiten die Funktionen des Waldes, die Waldnutzung sowie Umweltgefährdung und Schutz des Waldes nachzuvollziehen.

12.5 ▼

## 12.3 Schullandheim, Jugendwaldheim und Schulbauernhof

Gemeinsam ist diesen Einrichtungen, daß sich in ihnen durch den ganz- oder mehrtätigen Besuch spezifische Möglichkeiten des Unterrichts eröffnen: Die Lehrpersonen sind frei von schulorganisatorischen Sachzwängen und können leichter fächerübergreifend sowie situationsgebunden und handlungsorientiert arbeiten. Gemeinsame Erlebnisse und die Verbindung von Unterricht und Freizeit steigern die Motivation und das Interesse der Schüler (vgl. *Thiel/ Sibbing* 1983). Durch das Zusammenleben von Schülern und Lehrkräften können intensiver als in der Schule die Zielsetzungen der Individual- und Sozialerziehung erreicht werden.

Der Aufenthalt in einem **Schullandheim** führt an Biotope und Landschaften heran, wie Gebirge, See, Moor, die den Schülern sonst nur schwer zugänglich sind, und erleichtert die Naturbegegnung und den Unterricht mit Lebewesen (vgl. Verband deutscher Schullandheime 1980; *Winkel* 1986). In den letzten Jahren bemühen sich die Schullandheime intensiv um die Umwelterziehung (vgl. *Kersberg* 1987; BASP 1990; *Kruse/Ritz* 1991).

Im **Jugendwaldheim** können die Schüler unter Anleitung eines Försters praktische Waldarbeiten durchführen, z. B. Anziehen und Setzen von Jungbäumen (vgl. *Bolay* 1976; 1998 a; b; *Otto* 1990; 1994). Neben den Jugendwaldheimen, die meist Mehrtagesangebote anbieten, gibt es Waldschulen, die Tagesangebote entwickelt haben (vgl. ANU 1996; WaldpäP1996).

---

LITERATUR

*Baade, H.,* 1980; *Brauner* 1993; *Ebers* 1995; 1996; *Ebers/Laux/Kochanek* 1997; *Erdmann* 1975; *Fahrenberger* 1982; *von Falkenhausen/Klaffke-Lobsien/Eulig* 1994; *Fokken/Witte* 1979; *Gerhardt-Dircksen* 1991; *Grupe* 1977; *Hedewig* 1981 b; 1982; 1984 a; 1985; 1986 b; *Hedewig/Schaffrath* 1987; *Kleine* 1982; *Klenk* 1986; *Knieps* 1990; *Krieglsteiner/Rodi* 1975; *Peukert* 1983; *Rixius* 1994; *Schroer* 1980; *Schulte* 1991; *Stichmann* 1977; 1985 b; 1996; *Trommer/Ilgner* 1986; *Wessel* 1980; 1992; *Zimmerli* 1980

Auf einem **Schulbauernhof** verfolgen die Schüler, sich aktiv beteiligend, die Arbeit des Landwirtes und können sich mit der Vernetzung der Beziehungen zwischen Landwirtschaft, Ernährung, Gesundheit und Umwelt auseinandersetzen (vgl. Landesinstitut für Schule und Weiterbildung 1992; *Woydich/ Tempel/Marks* 1996). Sogenannte Jugendbauernhöfe und **Jugendfarmen** bieten meist in der Nähe von Großstädten die Möglichkeit – eingebunden in die offene Kinder- und Jugendarbeit –, an Projekten zur Tierpflege, Gartenarbeit und anderen landwirtschaftlichen Arbeiten teilzunehmen.

## 12.4 Umweltzentren

Umweltzentren sind sehr unterschiedliche Einrichtungen, die Umweltbildung vermitteln (vgl. ANU 1996). Im weiteren Sinne kann man dazu auch einige der gesondert behandelten außerschulischen Lernorte rechnen. Weiterhin gehören dazu die Umweltakademien, Naturschutzzentren, Vogelschutzwarten, Naturparkzentren und Nationalparkhäuser, Freiland- bzw. Freilichtmuseen (vgl. *Knauss* 1992), Umweltgärten, Biologische Stationen, Ökologiezentren, Schulbiologiezentren und Landesschulzentren für die Umweltbildung. Das spezifische Anliegen von vielen Umweltzentren ist es, unmittelbares Naturerleben zu vermitteln, Umweltuntersuchungen durchzuführen und projektorientiertes, aktives Lernen zu fördern (vgl. *Dempsey/Janßen/Reuther* 1993). Sie haben sich in einer »Arbeitsgemeinschaft Natur- und Umweltbildung« (vgl. ANU 1996) sowie in einem »Bundesweiten Arbeitskreis der staatlich getragenen Bildungsstätten im Natur- und Umweltschutz« (vgl. BANU 1997 a) zusammengeschlossen.

Unter inhaltlichen Gesichtspunkten lassen sich folgende Gruppen von Umweltzentren unterscheiden (vgl. *Eulefeld/Winkel* 1986):

... Umweltzentren mit Schwerpunkt im **Erziehungsbereich** sind zum einen »Schulbiologiezentren«, die Schulen entsprechend den Lehrplänen mit Pflanzen und Tieren versorgen. Sie leihen Geräte aus, halten botanische,

---

LITERATUR
ANU 1996; BASP 1990; *Bauer* 1981c; *Beck* 1984; *Bolay* 1976; 1998 a; b; *Kersberg* 1987; 1995; *Klenk* 1990; *Kruse/Ritz* 1991; Landesinstitut für Schule und Weiterbildung 1992; *Otto* 1990; 1994; *Soine-Wolf/Goppel* 1986; *Thiel/Sibbing* 1983; Verband Deutscher Schullandheime 1980; 1996; WaldpäP 1996; *Winkel* 1986; *Woydich/Tempel/Marks* 1996

zoologische, ökologische Schülerkurse, erarbeiten Unterrichtshilfen und betreiben Lehrerfortbildung, vor allem im Bereich der Umwelterziehung (z. B. Schulbiologiezentrum Hannover; vgl. *Reese* 1986 a). Zum anderen werden zu diesem Typ Umweltzentren und »Naturschutzzentren« gerechnet, die ihre Aufgabe hauptsächlich in der Organisation von Umwelt- bzw. Naturschutzmaßnahmen sehen. Sie konzentrieren sich meist stärker auf Erwachsene, bieten aber häufig auch Lehrgänge für Schulen an. In Landesschulzentren für Umweltbildung stehen meist Themen der Ökologie und des Umweltschutzes im Vordergrund, wie ökologischer Landbau, Gewässerreinhaltung, naturnahe Waldbewirtschaftung.

... Umweltzentren mit Schwerpunkt im **Informationsbereich** sind Einrichtungen, die Seminare, Symposien, Kolloquien zu Umweltthemen sowie Lehrgänge, Praktika und Exkursionen anbieten und z. T. wissenschaftliche Untersuchungen zu Umwelt- und Naturschutzproblemen durchführen. Sie dokumentieren Daten und Materialien, führen berufliche Fortbildung im Bereich Umwelt- und Naturschutz durch und beraten die Öffentlichkeit in Umweltfragen (z. B.»Umweltakademien« der Länder vgl. BANU 1997; BUND-Naturschutzzentren).

... **Ökozentren** führen Seminare und Einzelveranstaltungen mit praktischen Übungen über Ökologie und Ökonomie, Naturgärten, gesunde Ernährung, ökologisches Bauen, sanfte Techniken und alternative Energien durch.

... **Naturparkzentren** dienen zur Information der Besucher von Naturschutzgebieten, Nationalparks und Naturparks durch Führungen, AV-Medien, Vorträge und Kurse (vgl. *Janßen* 1984; *Killermann* 1987).

... Bei **Gartenzentren** steht die unmittelbare Anschauung von Pflanzen und Tieren im Mittelpunkt. Es werden Führungen und Vorträge, z. T. auch praktische Arbeiten durchgeführt.

---

LITERATUR
ANU 1996; BANU 1997 a; b; *Dempsey/Janßen/Reuther* 1993; *Eulefeld/Winkel* 1986; *Heinrich* 1996; *Janßen* 1982; 1984; *Killermann* 1987; *Knauss* 1992; *Kochanek/Pleines* 1991; *Reese* 1986 a; *Weiss* 1983

## 12.5 Botanischer Garten, Zoo und Naturkundemuseum

### 12.5.1 Allgemeines

Botanische Gärten, Zoos und Museen sind wissenschaftliche Einrichtungen und betreiben eigene Forschungen. Ihrem Bildungsauftrag kommen die drei Institutionen nach, indem sie ihre biologischen Objekte der Öffentlichkeit präsentieren. Die Nutzung für den schulischen Biologieunterricht wird dadurch vorangetrieben, daß z. T. hauptamtliche Lehrkräfte als Garten-, Zoo- oder Museumspädagogen entsprechende Bildungskonzeptionen für die jeweilige Einrichtung entwickeln und mit den Interessierten an zuvor vereinbarten Themen arbeiten. Teilweise sind auch eigene Unterrichtsräume eingerichtet, in denen die Veranstaltungen durchgeführt werden (Gartenschulen, Zooschulen).

Eine Lehrkraft, die eine der Institutionen mit einer Klasse besuchen will, sollte sich mit den Mitarbeitern beraten und überlegen, in welcher Form die Arbeit am außerschulischen Lernort zu gestalten ist, wie sie mit den Schülern im Unterricht den Besuch vorbereitet und wie er später nachbereitet werden kann. ▼ 8.5
Methodisch gibt es verschiedene Möglichkeiten der Arbeit an diesen Lernorten:
... Bei der früher allein üblichen **Führung** leitet die Lehrkraft die Klasse frontal an. Die präsentierten Objekte stehen dabei im Mittelpunkt. Eins nach dem anderen wird erläutert. Meist ergibt sich keine Diskussion und Problematisierung. Die Aktivität der Schüler ist gering, ihre Aufmerksamkeit läßt in der Regel bald nach.
... Bei einem **Trail** oder einer **Rallye** steht den Schülern ein kleines thematisches Arbeitsheft zur Verfügung, in das Informationen, Fragen, Aufgaben, Zeichnungen, Spiele eingearbeitet sind. Mit Hilfe von Markierungen finden die Schüler ihren Weg. Diese Form ist gut geeignet, sich am Lernort zu orientieren und ihn mit seinen vielfältigen Angeboten kennenzulernen.
... Der **themengebundene Unterricht** findet ebenfalls mit speziell zum Thema erstelltem Arbeitsmaterial statt (vgl. *Dürr/Rodi* 1981; *Erber/Göttert* 1981; *Janßen* 1982). Da vor den einzelnen Exponaten meist nicht für eine ganze Klasse Platz ist, empfiehlt sich arbeitsteiliger Gruppenunterricht. Die Schüler arbeiten für maximal 60 bis 90 Minuten selbständig. Zur Überprüfung ihrer Arbeit können sie Lösungsblätter erhalten oder die Ergebnisse in einzelnen Gruppen oder der ganzen Klasse besprechen. Die meisten Schüler arbeiten lieber mit Arbeitsblättern, als daß sie an Führungen teilnehmen; die Lehrkraft kann das Erarbeitete besser vertiefen, wenn die Schüler Unterla-

gen haben. Gegen den ausschließlichen Einsatz von Arbeitsblättern kann eingewendet werden: Die Methode ist einseitig; das Papier könnte für die Schüler wichtiger werden als das Objekt; die Schüler werden sehr stark angeleitet (vgl. *Winkel* 1978 b, 12).

... Auch **Arbeitsunterricht** wird in einigen Einrichtungen durchgeführt. Dafür sind in der Regel Arbeitsräume, zusätzliches Material aus dem Magazin, Bücher und viel Zeit notwendig.

### 12.5.2 Botanische Gärten und Arboreten

**Botanische Gärten** sind einerseits Stätten der wissenschaftlichen Forschung, andererseits solche der Belehrung, Bildung und Erholung für viele Menschen (vgl. *Winkel* 1990 a, 10). Sie haben vor allem folgende Aufgaben: Arbeiten zur Pflanzensystematik, Pflanzengeographie, Vegetationsgeschichte, Artenschutz, Erhalt alter Kultursorten und gefährdeter Arten (z. T. in Samenbanken), ökologische Forschung, Kultivierung potentieller Zimmerpflanzen und Heilpflanzenforschung.

Ein **Arboretum** ist ein unter botanischen Gesichtspunkten angepflanzter Baumbestand.

Pflanzen sind als Unterrichtsgegenstand bei Schülern nicht gerade beliebt. Die Arbeit im Botanischen Garten kann jedoch motivierend wirken. Die inhaltlichen Schwerpunkte lassen sich der Systematik und Morphologie, Ökologie (z. B. Bestäubungsökologie, extreme Angepaßtheiten), Biogeographie, Genetik und Stammesgeschichte zuordnen. Arbeitsvorschläge gibt es z. B. zu Themen wie Ökosystem Regenwald, Zimmerpflanzen, Nutzpflanzen und Wildformen, Heil- und Giftpflanzen (vgl. *Fränz* 1982; *Winkel* 1982 a; 1990 a; *Verfürth* 1987 a; *Franz-Balsen/Leder* 1993): Neben dem Kenntnisgewinn können Arbeitstechniken geübt sowie die Sinneswahrnehmungen geschult werden (*Gülz* 1993). Das Empfinden für die Schönheit der Natur und das Staunen über die Artenvielfalt fördern die Naturverbundenheit (vgl. z. B. *Fränz* 1982; 1985; *Winkel* 1982 a; *Große* 1987).

### 12.5.3 Zoologische Gärten und Tierparks

**Zoos** sind Einrichtungen, in denen einheimische und fremdländische Tiere in Gehegen, die vielfach als naturähnliche Biotopausschnitte gestaltet sind, gehalten und den Besuchern vorgestellt werden. Es besteht keine scharfe

## 12.5 BOTANISCHER GARTEN, ZOO UND NATURKUNDEMUSEUM

Grenze zu **Tier- und Wildparks**, in denen häufig nur einheimische Tierarten gehalten werden. Zoos, Tier- und Wildparks haben die Aufgabe, das Bedürfnis vieler Menschen nach Erholung zu erfüllen, zu informieren, dem Artenschutz zu dienen und Forschungsmöglichkeiten für verschiedene Wissenschaften zu bieten (vgl. *Dylla* 1965; *Winkel* 1977 b; *Beyer* 1988; 1992). In vielen Zoos ist eine »Zooschule« eingerichtet, und es stehen Arbeitsmaterialien für Schüler zur Verfügung (vgl. *Rath* 1978; *Kirchshofer* 1981; 1982; *Verfürth* 1986; *Haßfurther* 1986; *Hertrampf/Laßke* 1986; *Nittinger/ Krull/Rüdiger* 1992; *Pies-Schulz-Hofen* 1992). Manche Tiergärten haben einen »Kinderzoo«, in dem die Kinder frei herumlaufende Tiere streicheln und manchmal füttern dürfen; auf manchen Tieren darf auch geritten werden. Die Erlebnisse im Zoo, die unmittelbare Begegnung und das genaue Beobachten tragen dazu bei, daß Schüler ihre Einstellungen gegenüber Tieren und der Natur entwickeln. Sie nehmen die Wirkungen des Menschen und seine Verantwortungl den Tieren gegenüber wahr und stärken ihr Interesse an der Tierwelt. Die für den Biologieunterricht relevanten Themen sind Körperbau, Lebensweise und Umwelt einzelner Arten, Angepaßtheit an die Umgebung in Form, Farbe und Verhalten, natürliche Verwandtschaft, Evolutionshinweise, moderne artgerechte Zootierhaltung (vgl. *Dylla* 1965; *Kuhn* 1975 b; *Winkel* 1977 b; *Rath* 1978; *Kirchshofer* 1981; 1982; *Verfürth* 1986; 1987 a; *Seger* 1990; 1996; *Beyer* 1992; *Nittinger* 1992).

### 12.5.4 Naturkundliche Museen und Ausstellungen

Museen haben im wesentlichen drei Aufgaben: Sammeln und Bewahren, Forschen und Dokumentieren, Erschließen und Vermitteln. In modernen Naturkundemuseen werden Objekte ausgestellt, die eine Beziehung zur belebten Welt haben (Präparate, Nachbildungen, Modelle) oder von früher lebenden Organismen zeugen (Fossilien). Selten werden auch lebende Tiere und Pflanzen gehalten. Bei der Präsentation ist die systematische Aneinanderreihung vieler Objekte nach taxonomischen Gesichtspunkten häufig nicht mehr vorherrschend. Themen der Evolution, der Ökologie und des Umweltschutzes spielen eine besondere Rolle (vgl. *Wiese* 1988). Die Stellung des Menschen in der Natur wird oft zum Leitgesichtspunkt erhoben, z. B. »Mensch und Natur« oder »Landschaft und Mensch« (vgl. *Dürr* 1992). »Erläuternde Texte, Bilder, Grafiken und technische Hilfsmittel von einfachen mechanischen Modellen über audiovisuelle Medien bis zu Computern verbinden, unterstützen und interpretieren die einzelnen Objekte und machen die Ausstellung insgesamt zu

einem vielfältig nutzbaren Erlebnis- und Lernort« (*Gries* 1996). Lernpsychologisch sind besonders solche Exponate bedeutsam, die zum Weiterdenken auffordern (die Lösung kann durch Knopfdruck erfragt werden), die zum Anfassen und zu Aktivitäten ermutigen und anregen (vgl. *Witte* 1986). Die Freude daran, etwas Neues kennenzulernen, sich mit Naturobjekten zu beschäftigen, die in der Schule meistens nicht vorhanden sind, schafft eine gute Lernvoraussetzung. Die Präsentationsformen moderner Museen und auch die von Museumspädagogen erarbeiteten Lernangebote sollen so gestaltet sein, daß nicht nur der Verstand, sondern auch die Sinne in vielfältiger Weise angesprochen werden (vgl. *Gries* 1996).
Eine umfangreiche Themenliste mit den in Museen verwendeten Methoden und Arbeitsmaterialien findet sich bei *Erber/Göttert* (1981).

Für folgende Themen ist das Museum besonders geeignet (vgl. *Rodi* 1975 b; *Winkel* 1978 b; *Feustel* 1981; *Hesse* 1994; *Gries* 1996):
... Vergleich von Bau und Funktion (z. B. Angepaßtheit an das Wasserleben: Bartenwal, Delphin, Robbe, Pinguin),
... Artenfülle und Formenvielfalt (z. B. Vögel, Insekten, Muscheln, Korallen, Schwämme),
... Evolution, bezogen auf taxonomische Gruppen (Pflanzen, Tiere, Mensch),
... ausgestorbene Tiere (z. B. Urvogel, Saurier),
... Biologie interessanter Tiergruppen (z. B. Kloakentiere, Beuteltiere),
... Ökosysteme der Heimat (z. B. See, Fluß, Wald, Feld) und der Fremde (z. B. Tropischer Regenwald, Antarktis),
... Natur- und Umweltschutz,
... anthropologische Fragen (z. B. Abstammung, geografische Vielfalt des Menschen,»Naturvölker«).

Elemente klassischer Museen und Anteile von Erlebnisparks gehen in eine neue Form von Ausstellungen ein, die in besonderer Weise interaktive Erfahrungen ermöglichen. Obwohl als Bezugswissenschaft eher die Physik zu nennen ist, bieten »Science-Zentren« wie die Phänomenta in Flensburg auch für den Biologieunterricht Erkundungs- und Lernanlässe beispielsweise im Zusammenhang mit der Schulung der Sinne und der Förderung der Wahrnehmung (vgl. *Fiesser* 1996).

Auch Vereine, Verbände oder andere außerschulische Institutionen (z. B. Greenpeace, BUND, Gesundheitsamt, Pro Familia) bieten in unregelmäßigen Abständen **Ausstellungen** lokal an. Sie sind oft für den Biologieunterricht von

Interesse, da Aktuelles oder regional Bedeutsames thematisiert wird, z. B. zur Gesundheitserziehung (Rauchen und Alkohol), zur Wahrnehmung, zu Ökologie und Umweltschutz sowie zum Artenschutz. Je nach pädagogisch-didaktischer Ambition des Anbieters werden manchmal spezielle Materialien für Schüler bereitgehalten. Meistens jedoch müssen die Lehrkräfte nach einem Vorabbesuch ihre Impulse und Aufgabenstellungen für die Schüler selbst planen und den Ausstellungsbesuch selbst gestalten.

Nach einer Untersuchung von *Gerhard Winkel* (1978 b, 12) beurteilen 52% der 16-jährigen Besucher die Museen als interessant und besuchenswert, aber nur wenige Schüler besuchen sie regelmäßig (1% sehr oft, 2% oft, 6% öfters, 17% manchmal, 29% selten, 45% nie). Im Zusammenhang mit dem Biologieunterricht bieten Museums- oder Ausstellungsbesuche eine willkommene Abwechslung im Schulalltag.

LITERATUR

*Beyer, P. K.,* 1988; 1989; 1992; *Dürr* 1992; *Dürr/Rodi* 1981; *Dylla* 1965; *Erber/Göttert* 1981; *Feustel* 1981; *Fiesser* 1996; *Franz-Balsen/Leder* 1993; *Fränz* 1982; 1985; *Gerhardt-Dircksen* 1994; *Gries* 1996; *Große* 1987; 1993; *Gülz* 1993; *Haßfurther* 1986; *Hertrampf/Laßke* 1986; *Hesse* 1994; *Janßen* 1982; *Kirchshofer* 1981; 1982; *Knauss* 1992; *Kuhn* 1975 b; *Nittinger* 1992; *Pies-Schulz-Hofen* 1992; *Rath* 1978; *Rodi* 1975 b; *Seger* 1990; 1996; *Verfürth* 1979; 1986; 1987 a; *Wiese* 1988; *Winkel* 1977 b; 1978 b; 1982 a; 1990 a; *Witte, G. R.,* 1986

## 13 Evaluation von Schülerleistungen

### 13.1 Zum Begriff

»Evaluation« bedeutet »Bewertung« oder »Beurteilung«. Im Zusammenhang mit Schule und Unterricht kann man Evaluation durch die folgenden drei Aufgaben charakterisieren (vgl. *Cronbach* in *Wulf* 1972, 42):
... Verbesserung von Curriculum und Unterricht;
... Grundlage für Entscheidungen über Leistungen von Schülern;
... Anlaß zu administrativen Regelungen, z. B. über Schultypen.

1-2 ● Evaluation ist auf alle Parameter des »didaktischen Systems« (vgl. *Schaefer* 1971 b) gerichtet, d. h. auf eine Verbesserung des Unterrichts im Hinblick auf Schüler, Lehrende, Ziele, Inhalte, Methoden, Medien, Milieufaktoren. Selbst die Evaluationsinstrumente (z. B. Tests), die im Unterricht eingesetzt werden, müssen ihrerseits einer Bewertung unterzogen werden.
In diesem Buch geht es nur um die Formen der Evaluation, mit denen es die meisten Lehrpersonen häufig zu tun haben: mit der Bewertung ihres eigenen
6.4 ▼ Unterrichts (»Selbstevaluation«) und mit der Beurteilung und Benotung ihrer Schüler, die meist in Form einer »Fremdevaluation« erfolgt.
Die Evaluation von Schülerleistungen hat besonderes Gewicht, da die Lehrpersonen zur Leistungsbewertung verpflichtet sind und diese sich stark auf den weiteren Bildungsgang und Lebensweg der Schüler auswirken kann.

### 13.2 Formen der Leistungskontrolle

Das Spektrum der Evaluationsmethoden ist groß; es reicht von der einfachen qualitativen Beschreibung von Unterrichtsergebnissen bis hin zur exakten Messung verschiedener Variablen mit Hilfe vorgegebener Kriterien. Die im Biologieunterricht gebräuchlichsten Formen der individuellen Leistungskontrolle sind die »mündliche Überprüfung«, die Kontrolle der »Hausaufgaben«, »Klassenarbeiten« und »Tests« (vgl. *Wagener* 1992). Die Formen werden dabei anhand der Tätigkeiten der Prüflinge unterschieden. Bei einer solchen Einteilung ist es schwierig, im Biologieunterricht wichtige psychomotorische Fähigkeiten zu berücksichtigen (z. B. experimentelles Arbeiten, Mikroskopieren). In anderer Weise können die Formen der Leistungsbewertung klassifiziert werden, wenn man sich an den Tätigkeiten der Prüfer orientiert.

## 13.2 FORMEN DER LEISTUNGSKONTROLLE

| BEOBACHTUNG VON VERHALTEN | AUSWERTUNG VON DOKUMENTEN |
|---|---|
| **Bewertung mündlicher Äußerungen**<br>mündliche Prüfungen<br>Beteiligung am Unterricht | **Bewertung sprachlicher Dokumente**<br>schriftliche Erörterungen<br>Klassenarbeiten<br>Hausaufgaben |
| **Bewertung komplexen Verhaltens**<br>experimentelles Arbeiten<br>Freilandarbeit<br>Pflegen von Pflanzen und Tieren<br>Zusammenarbeit in Gruppen | Tests<br><br>**Bewertung von Zeichnungen**<br>Schemazeichnungen, Übersichten<br>Diagramme |
| | **Bewertung komplexer Dokumente**<br>Arbeitshefte, Arbeitsmappen (Portefolios)<br>Facharbeiten |

Tabelle 13-1: Formen der Leistungskontrolle (nach *Kattmann* 1997 b, 7)

Die Prüfenden haben grundsätzlich nur zwei Möglichkeiten, Leistungen zu evaluieren: durch die Beobachtung von Verhalten und die Auswertung von Dokumenten. Daraus ergibt sich die entsprechende Einteilung. ◆ 13-1

**Mündliche Prüfungen** (oft in der Funktion von »Wiederholungen« zu Beginn eines neuen Lernabschnitts) sind bei vielen Biologielehrkräften zur Ermittlung individueller Leistungen beliebt, weisen aber beträchtliche Schwächen auf: Nur wenige Schüler werden erfaßt, und die abverlangten Leistungen sind oftmals nicht miteinander vergleichbar. Darüber hinaus langweilen sich die nicht betroffenen Schüler, nachdem ihre Sorge oder auch Hoffnung, selbst zu den Prüflingen in dieser Stunde zu gehören, verflogen ist. Zudem ist es durch das Ritual der mündlichen Prüfung zu Beginn der Stunde schwierig, ein auf die Sache gerichtetes Interesse aufzubauen (vgl. *Mostler/Krumwiede/Meyer* 1979, 52; *Kattmann* 1997, 4).

Ein vergleichsweise wenig angewendetes »**halbschriftliches**« **Verfahren** (Stegreifarbeiten) besteht darin, daß die Lehrperson einige mit wenigen Worten zu lösende Aufgaben stellt und alle Schüler die Lösungen aufschreiben (vgl. *Killermann* 1991). Die Kontrolle kann dann durch einen Austausch der Hefte zwischen den Schülern erfolgen, und die Fehler können Anlaß sein, unverstandene Elemente des voraufgegangenen Lernabschnittes zu klären. Die Überprüfung der **Hausaufgaben** stellt ein bewährtes, wenn auch nicht unproblematisches Mittel dar, die Schüler individuell zu beurteilen (vgl. *Völp* u. a. 1984). Besonders jüngere Kinder sind dankbar, wenn ihre Bemühungen gewürdigt werden. Auch in höheren Klassen lohnt es sich, die Hefte bzw. Mappen der Schüler ab und zu zu überprüfen, nicht zuletzt deshalb, weil man dabei ein aufschlußreiches Bild des eigenen Unterrichts zu sehen bekommt. Problematisch sind Benotungen von Hausaufgaben, da nie sicher ist, wer letztendlich die Qualität der Hausaufgaben bestimmt hat – Eltern, Geschwister, Nachhilfelehrer oder der Schüler selbst. Auch können Schüler aus schwierigen häuslichen Verhältnissen ständig benachteiligt werden, weil es ihnen aus praktischen Gründen nicht gelingt, »gute Hausaufgaben« abzuliefern.

Eine neue Variante der Hausaufgaben ist das Anlegen eines »Portfolios«. Im Prinzip handelt es sich im Fach Biologie dabei um eine angereicherte Biologie-**Arbeitsmappe**, in der selbstgewählte Problemstellungen im Rahmen vorgegebener Lernziele selbständig zu Hause bearbeitet werden (vgl. *Häußler/Duit* 1997, 24). Für den Unterricht wird die Portfoliomethode (bisher) vor allem im angelsächsischen Raum eingesetzt, um individuelle Leistungsnachweise bewerten zu können. Die Eigenverantwortlichkeit der Schüler und Schülerinnen für ihren Schulerfolg wird durch diese Methode gestärkt.

**Schriftliche Erörterungen**, die meist zentraler Bestandteil von »Klassenarbeiten« sind, erfordern zu ihrer objektiven Beurteilung einen hohen Aufwand an Zeit und Mühe. Vorwiegend aus diesem Grunde sind sie in den vergangenen Jahrzehnten im Biologieunterricht stark zurückgedrängt worden. Es darf jedoch nicht vergessen werden, daß solche Arbeiten den Schülern die Möglichkeit geben, ein Problem ausführlich und differenziert darzustellen. Dem Eindruck von Subjektivität und Beliebigkeit, der der Beurteilung solcher Arbeiten oftmals anhaftet und vielen Schülern ein Gefühl des Ausgeliefertseins an die Lehrperson vermittelt, läßt sich erheblich mildern, indem man klar umrissene Aufgaben stellt und vor der Beurteilung der Ergebnisse festlegt, was man von den Schülern erwartet. Diese Form der schriftlichen Arbeit, die bereits wesentliche Züge von Tests zeigt, gehört heute zum Standardprogramm der gymnasialen Oberstufe. Im allgemeinen umfassen solche Klausuren eine Reihe von Aufgaben, die an Arbeitsmaterialien (z. B. Texte, Abbildungen, Tabellen) geknüpft sind und zu denen die Lehrkraft einen Erwartungshorizont aufstellt (vgl. *Schrooten* 1971; 1974; *Hasselberg/Meyer* 1978; *Knievel* 1979; *v. Falkenhausen* 1981; *Jaenicke* 1983 ff.; Unterricht Biologie 1993 ff.; 1998). Derartige »materialgebundene« Arbeiten sind im Unterschied zu einfachen Tests gut dazu geeignet, auch Lernerfolge in bezug auf höhere Anforderungsbereiche (z. B. Rekombination, Transfer, Analyse, Synthese, Bewertung) zu überprüfen. Sie sollten auch auf der Sekundarstufe I mehr als bisher Verwendung finden, vor allem auch, um die Versprachlichung lebenspraktisch relevanter Sachverhalte aus der Biologie zu üben. Dabei muß jedoch bedacht werden, daß die Benotung von »biologischen Aufsätzen« leicht zu einer Deutschnote wird, wenn es den Schülern nicht an biologischem Wissen, sondern an aktivem Sprachvermögen mangelt. Dieser Aspekt ist bei allen sprachgebundenen Evaluationsformen zu beachten (vgl. *Etschenberg* 1997).

Ein interessantes Evaluationsverfahren stellt in diesem Zusammenhang das Instrument des **Begriffsnetzes** dar: Schülern werden Begriffe vorgegeben, die sie durch kurze Formulierungen zueinander in Beziehung setzen sollen (vgl. *Kattmann* 1997, 12).

Eine größere Unabhängigkeit von der Interpretation durch die Lehrperson und ein deutlich höherer Grad an Objektivität der Beurteilung ist durch **Tests** zu erreichen. Objektivität – das wichtigste Gütekriterium von Testverfahren – ist dann gegeben, wenn »verschiedene Personen unabhängig voneinander bei der Testdurchführung, bei der Auswertung und Interpretation der Testdaten zu den gleichen Ergebnissen kommen« (*Rapp* 1975, 47 f.). Tests erlauben eine vergleichsweise differenzierte und exakte Feststellung der Leistungen. Differenzierte Aussagen über Leistungen werden in der Testpraxis dadurch erreicht, daß eine Gesamtaufgabe in mehrere klar umrissene Teilaufgaben aufgegliedert wird, deren Lösungen als Teilleistungen durch eine im voraus festgelegte (und den Schülern auch bekannte) Punktanzahl bewertet werden. Eine exakte Leistungsmessung zeichnet sich dadurch aus, daß »auch geringe Unterschiede der Leistung ... bei der Messung berücksichtigt« werden und daß »Unterschiede im Meßergebnis ... ausschließlich durch Unterschiede in der Leistung verursacht« sind (*Schröder* 1974, 140).

Das objektivste Evaluationsinstrument ist (zumindest theoretisch) der **standardisierte Test**. Solche Tests werden an großen Gruppen professionell erprobt und geeicht. Sie spielen im Biologieunterricht bisher keine große Rolle. Dem Vorteil der Standardisierung steht der Nachteil gegenüber, daß zur Durchführung ein dem Test angepaßter Unterricht vorausgehen muß. Das würde aber zu einer Vereinheitlichung von Unterricht führen, in dem kein Platz mehr wäre für Gelegenheitsunterricht, für Flexibilität seitens der Lehrperson, Einbeziehung von Schülerinteressen, variablen Medieneinsatz, Standortbezogenheit usw. Schon allein durch die unterschiedliche Zusammensetzung von Lerngruppen oder durch unterschiedlich starken Unterrichtsausfall ist mit einem solchen Test kein zuverlässiger Vergleich der Leistungen zwischen Gruppen möglich.

Die zur Zeit am häufigsten verwendete Form der Leistungskontrolle ist der
13.4 ▼ **informelle Test** (vgl. z. B. *Rapp* 1970; *Zöller* 1971; 1973). Tests dieses Typs werden in Hinblick auf eine bestimmte Lerngruppe und auf einen konkreten Lernprozeß (»lehr- bzw. lernzielorientiert«) erstellt.

Zur Auswertung informeller Tests zum Zwecke des Notengebens und des **Leistungsvergleichs** der Schüler gibt es unterschiedliche Methoden.
Analog zu standardisierten Tests kann man im voraus festlegen, mit welcher Leistung (Punktanzahl) welche Note erreicht wird. Ein Nachteil dieser »standardisierten« Auswertung, der besonders bei unerfahrenen Lehrkräften zum Tragen kommen kann, ist der, daß eine Klasse in unrealistischem Maße zu einem hohen Anteil gute oder schlechte Noten erhält. Gemeinhin sagt man dann, der Test sei »zu leicht« oder »zu schwer« gewesen, was oft zur Durchführung eines weiteren Tests führt (vgl. *Rapp* 1975, 161 ff.).
Dieses Problem wird vermieden, wenn man »verteilungsorientiert« (normorientiert bzw. gruppenbezogen) auswertet. Von der Annahme ausgehend, daß in der Lerngruppe »normalverteilt« gute und weniger gute Schüler und Schülerinnen vertreten sind, ermittelt man die durchschnittlich erreichte Punktanzahl und setzt die übrigen Noten gemäß der »Gauß'schen Verteilungskurve« fest (vgl. *Potthoff* 1974, 24). Die durchschnittlich erreichte Punktanzahl markiert eine Leistung zwischen befriedigend und ausreichend. Dieses Vorgehen führt in der Regel zu einem akzeptablen Notenspiegel. Aber auch diese Methode birgt Risiken: Eine Lerngruppe kann es »darauf anlegen«, das Leistungsniveau zu drücken und trotzdem ein annehmbaren Notenspiegel zu erreichen. Andererseits kann eine gute Leistung (bezogen auf andere Lerngruppen) durchaus innerhalb einer besonders starken Leistungsgruppe nur mit »befriedigend« bewertet werden, weil sie gemessen am durchschnittlich erreichten Punktwert nicht besser zu bewerten ist. Solche Schwierigkeiten weiß der erfahrene Lehrer im Laufe der Jahre durch eine Verbindung beider erläuterter Verfahren, durch Variationen der Testaufgaben und durch Absprachen mit Kollegen zu meistern.

Eine ganz andere Funktion erfüllen Tests, die »zielorientiert« (kriterienbezogen) konstruiert und ausgewertet werden. Hierbei geht es um eine **Lernerfolgskontrolle**, also darum, ob Schüler ein bestimmtes Lehrziel erreicht haben oder nicht. Dazu setzt die Lehrperson Kriterien fest, an denen sie – für Schüler nachvollziehbar – den Lernerfolg mißt (vgl. *Potthoff* 1974, 32). Solche Lern–erfolgskontrollen bilden eine gute Grundlage für die Beurteilung des Unterrichtserfolgs: Der beste Unterricht ist der, durch den alle Schüler die Ziele erreicht

haben. Sie eignen sich naturgemäß nicht zum Leistungsvergleich von Individuen oder Gruppen.
Leider beziehen sich fast alle Evaluationsverfahren im Unterricht nur auf die »kognitive Dimension«, während die Ermittlung von Lernerfolgen in der »psychomotorischen Dimension« (Fertigkeiten, Fähigkeiten) zu kurz kommt. Dabei spielt diese Lerndimension im Biologieunterricht eine wichtige Rolle und kann – im Gegensatz zu Unterrichtszielen der affektiven Dimension – auch relativ leicht überprüft werden (vgl. *Jungwirth* 1979; *Kattmann* 1997 b).

## 13.3 Sinn und Bedeutung von Leistungskontrollen

Während die Bedeutung einer ständigen Selbstevaluation der Lehrpersonen allgemein anerkannt ist, gehen die Ansichten über die Evaluation von Schülerleistungen (Leistungskontrollen, Lernerfolgskontrollen) weit auseinander; es gibt kaum ein anderes Thema der Pädagogik, das so kontrovers behandelt wird. Der Hinweis auf die Verpflichtung der Lehrpersonen, Schülerleistungen zu messen und zu beurteilen, macht die Frage nach einer Begründung nicht überflüssig, sondern verschärft eher ihre Brisanz.
In der didaktischen Literatur findet man eine ganze Reihe von Erwartungen, die an die Schülerbeurteilung geknüpft werden (vgl. *Kattmann* 1997 b).
Unumstritten ist die sogenannte **Rückmeldefunktion** für den Lernenden selbst. Durch Lernerfolgskontrollen und Zeugnisse erfahren die Schüler, wie ihre Leistungen eingeschätzt werden. Sie können daraus Konsequenzen für ihr eigenes zukünftiges Lernverhalten ableiten. Es ist leicht einsehbar, daß diese Funktion durch die übliche Art und Weise der Notengebung nur unvollkommen erfüllt wird: Die Zensuren geben ein viel zu pauschales Bild. Den meisten Schülern ist auch nicht bewußt, daß die Noten primär nur eine Aussage machen über ihre Leistung im Vergleich zu einer bestimmten Lerngruppe (vgl. *Ingenkamp* 1989). Dies wird ihnen oftmals erst bei einem Gruppen- oder Schulwechsel klar, wenn sich die eigenen Noten dramatisch verbessern oder verschlechtern. Die Rückmeldefunktion von Noten kommt nur dann wirklich zum Tragen, wenn sie durch Hinweise auf den individuellen Lernfortschritt ergänzt werden. Dabei wird die Leistung eines Schülers zu seiner eigenen früheren Leistung in Beziehung gesetzt. Auch sollten Schüler und Schülerinnen auf spezifische Stärken und Schwächen bei der erbrachten Leistung aufmerksam gemacht werden und bezüglich einer gezielten Verbesserung beraten werden. Von einer derartigen differenzierenden Schülerbeurteilung können wesentliche Anstöße für den Prozeß der Selbstfindung und Verselbständigung der Lernenden

erwartet werden. In diesem Sinne verstanden, hat die Beurteilung der Schüler letzten Endes das Ziel, diese schrittweise zur **Selbstevaluation** zu befähigen. Nicht zu unterschätzen ist die Bedeutung solcher Rückmeldungen für die Ausbildung eines realistischen Selbstbildes und eines belastungsfähigen Selbstbewußtseins von Schülern, das sie vor Selbstüber- und -unterschätzungen mit den entsprechenden psychosozialen Folgeproblemen schützt.

Mit der Rückmeldefunktion eng verknüpft ist die **Anreizfunktion**: Schüler und Schülerinnen können in ihren Lernbemühungen bestätigt oder zu größeren Anstrengungen angeregt werden. Dazu sollte auch die Bewertung einer schlechten Leistung in jedem Falle Elemente der Ermutigung enthalten.

Die beiden bisher genannten Funktionen können prinzipiell durch jede Form der Lernerfolgskontrolle erfüllt werden. Arbeiten mit gegenseitiger Schülerkontrolle oder Schülerselbstkontrolle haben hier ihren Stellenwert, da sie die Schüler dazu anregen kann, ihren Lernerfolg selbständig zu überprüfen (vgl. *Grüninger* 1971; *Liem* u. a. 1981). Lernerfolgskontrollen geben auch den Lehrenden Rückmeldungen über die »Qualität ihres Unterrichts« und damit Ansatzpunkte für die Revision ihrer Planung und für eine Überprüfung der dem Unterricht zugrundeliegenden Vorannahmen über die Lernvoraussetzungen der Schüler. Insbesondere die gemeinsame Fehleranalyse sollte von der Lehrperson als Chance begriffen werden, zukünftige Lernangebote besser auf »Schülervorstellungen« abzustimmen (vgl. *Kattmann* 1997 b).

Leistungsmessung hat außerdem eine **Berichtsfunktion**; durch sie erfahren die Eltern etwas über die schulischen Leistungen ihres Kindes. Hier gilt: Je objektiver und nachvollziehbarer eine Leistungskontrolle und -bewertung durchgeführt wird, um so weniger Konflikte mit dem Elternhaus sind diesbezüglich zu erwarten, und je differenzierter der »Bericht« ausfällt, desto angemessener kann die Reaktion der Eltern dem Kind gegenüber sein.

Der Aussagewert der Leistungsmessung kann dadurch gesteigert werden, daß im Laufe der Zeit unterschiedliche Evaluationsformen eingesetzt werden. So wird sichergestellt, daß nicht diejenigen Schüler benachteiligt werden, die eine Aversion gegen eine bestimmte Evaluationsform haben.

Daß der Notengebung zweifellos eine **Disziplinierungsfunktion** innewohnt bzw. innewohnen kann und sie in diesem Sinne von Lehrern »mißbraucht« werden kann, sei hier nur erwähnt.

Ohne Zweifel ist die **Siebungs-** und **Zuteilungsfunktion** der Leistungsbeurteilung für den einzelnen Menschen und die Gesellschaft besonders bedeutsam. Obwohl allgemein bekannt ist, daß man »nur mit großer Vorsicht von der Basis des gegenwärtigen Leistungsstandes eines Schülers Voraussagen für spätere

## 13.3 SINN UND BEDEUTUNG VON LEISTUNGSKONTROLLEN

Leistungen machen« kann (*Rapp* 1975, 25), bestimmen Schulleistungen den Lebensweg der meisten Menschen in erheblichem Ausmaß. Aufgrund der Leistungsvergleiche werden Kinder bestimmten Schultypen, Klassen oder Kursen zugeordnet und Schulabsolventen in bestimmte Studiengänge oder Berufe gelenkt.

Es ist zu überlegen, ob es im Biologieunterricht nicht möglich und sinnvoll ist, Verhaltensweisen der Schüler – etwa durch ein Punktesystem – in die Bewertung einzubeziehen, die nicht »getestet« werden können, z. B. Zuverlässigkeit bei Pflegearbeiten, die bereitwillige Beschaffung von Unterrichtsmaterial oder die engagierte Vorbereitung von Versuchen (vgl. *Grupe* 1977, 305; *Wagener* 1992, 196). Bei Gruppenarbeiten sollten in der Regel die Leistungen aller Kleingruppenmitglieder einheitlich bewertet werden. Schüler und Schülerinnen ▼ 8.4 können dadurch die wichtige Erfahrung machen, daß im Leben nicht nur die kognitive Leistung zählt. Bei solchen Bewertungen muß man durch entsprechende Gewichtung von Teilleistungen (Einzelnoten) darauf achten, daß keine allzu große Verzerrungen im Leistungsbild erfolgen und die Objektivität der Notengebung im Prinzip gewährleistet bleibt (vgl. *Winter* u. a. 1997).

Angesichts der vielen Probleme, die mit der auf Leistung basierenden Schülerbeurteilung verbunden sind, stellt sich die Frage nach dem Sinn des **Leistungsprinzips** in Schule und Gesellschaft. In der erziehungswissenschaftlichen Literatur wird diese Frage sehr differenziert diskutiert (vgl. z. B. *Harten-Flitner* 1978). Anscheinend gibt es – bei aller wohlbegründeten grundsätzlichen Kritik – neben dem Leistungsprinzip bisher keine sinnvolle und praktikable Lösung für das Problem der Zuteilung von Lebenschancen unter den Bedingungen einer demokratischen Gesellschaft. Das Leistungsprinzip könnte viel von seinen negativen Aspekten verlieren, wenn in der Gesellschaft mehr nach dem Sinn von Leistungen gefragt würde und Erfolge mit anderen als den bisher gängigen Maßstäben (Einkommen, Vermögen u. ä.) gemessen würden. Für die Schule sollte diese Überlegung die Konsequenz haben, daß Leistungen nicht um der Leistung willen gefordert werden, sondern möglichst im Hinblick auf eine den Schülern sinnvoll erscheinende Anwendung.

Den Beurteilten sollte die **Relativität** jeder Leistungsbeurteilung verdeutlicht werden. Sie müssen wissen, daß ihre Leistung zum Zeitpunkt der Leistungskontrolle bewertet wird, nicht ihre Leistungsfähigkeit in dem betreffenden Schulfach für das gesamte Schuljahr oder gar für das ganze Leben. Es sollte ihnen klargemacht werden, daß durch objektivierte Leistungskontrollen meist nur kognitive Elemente evaluiert werden und keine Aussagen über sonstige Fähigkeiten oder gar über die ganze »Persönlichkeit« möglich sind.

## 13.4 Informelle Leistungstests

Bei der Konstruktion von informellen Tests sollte man die folgenden Gesichtspunkte beachten. Ein solcher Test soll:
... eng auf die Ziele der erfaßten Unterrichtseinheit bezogen sein;
... alle wesentlichen Lerninhalte der Unterrichtseinheit berücksichtigen;
... in bezug auf die Aufgabentypen vielseitig und abwechslungsreich sein;
... im Schwierigkeitsgrad der Lerngruppe angemessen sein;
... Aufgaben unterschiedlichen Schwierigkeitsgrades enthalten;
... den Schülern ermöglichen, den Schwierigkeitsgrad der einzelnen Aufgaben einzuschätzen (durch Angabe der erreichbaren Punkteanzahl);
... nur Aufgabenformulierungen enthalten, die von allen Schülern verstanden werden können.

Einige dieser Gesichtspunkte bedürfen im besonderen Maße einer Erläuterung. Die Forderung nach einer Mischung verschiedener Aufgabentypen ergibt sich vor allem aus der Überlegung, daß jede Aufgabenart spezifische Fähigkeiten erfordert und daher unterschiedliche Schülertypen anspricht. Hinzu kommt die Erwägung, daß Abwechslung als solche die Schüler motiviert. Testaufgaben, die Bilder enthalten, können einen größeren Lernerfolg anzeigen als rein textliche Aufgaben (vgl. *Schmidt, E.,* 1974; *Schneider/Walter* 1992, 328; *Kattmann* 1997 b).

Die für den Biologieunterricht wichtigsten »Aufgabentypen« sollen im folgenden kurz dargestellt werden (vgl. auch *Etschenberg* 1997).

**Kurzantwort-Aufgaben**
Beispiel: Nenne die fünf Klassen der Wirbeltiere! (5 Punkte)
Erwartet wird: Fische, Lurche, Kriechtiere, Vögel, Säuger.

**Ergänzungsaufgaben**
Beispiel: Ergänze den folgenden Text! (1 Punkt)
Mit Iodkaliumiodid-Lösung kann man ... nachweisen.
Erwartet wird: Stärke

Beispiel: Beschrifte die nebenstehende Abbildung! (3 Punkte)

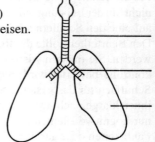

Erwartet wird: Luftröhre, Bronchien, Lungenflügel

13.4 INFORMELLE LEISTUNGSTESTS

Beispiel: Vervollständige die folgende Zeichnung und beschrifte den eingetragenen Teil der Blüte! (2 Punkte)

Erwartet wird:
Einzeichnen des Stempels, Beschriftung mit »Stempel« (oder »Fruchtknoten, Griffel und Narbe«).

**Zuordnungsaufgaben**
Beispiel: Ordne die folgenden Pflanzenarten den richtigen Familien zu! Schreibe den richtigen Buchstaben neben die Ziffern! (4 Punkte)

Schmetterlingsblütler   1 ...          a Krokus
Lippenblütler           2 ...          b Leberblümchen
Kreuzblütler            3 ...          c Hornklee
Hahnenfußgewächse       4 ...          d Löwenzahn
                                       e Weiße Taubnessel
                                       f Raps

Erwartet wird: 1 c, 2 e, 3 f, 4 b

Es empfiehlt sich, bei solchen Aufgaben in einer der beiden Reihen mehr Elemente als in der anderen aufzuführen. Nur so wird vermieden, daß sich die Zuordnung des letzten Paares von selbst ergibt. Eine andere Möglichkeit wäre, für die Lösung der Aufgabe jeweils einen Punkt weniger zu vergeben, als die Reihe an Elementen enthält.

Beispiel: Ordne die aufgeführten Bezeichnungen den Zeichnungen zu! Verbinde die richtigen Bezeichnungen mit den Skizzen! (3 Punkte)

Blutplättchen
Weißes Blutkörperchen
Rotes Blutkörperchen
Blutplasma

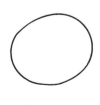 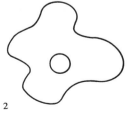 

1            2            3

Erwartet wird:
1 Rotes Blutkörperchen, 2 Weißes Blutkörperchen, 3 Blutplättchen

419

**Umordnungsaufgaben**
Beispiel: Ordne die folgenden Vorgänge der Eutrophierung eines Gewässers nach ihrer zeitlichen Abfolge! (5 Punkte)

a Mangel an Sauerstoff,
b Verstärktes Wachstum von Wasserpflanzen,
c Anreicherung des Wassers mit Mineralstoffen,
d Sterben von Fischen und anderen Wassertieren,
e Absterben von Wasserpflanzen,
f Starke Vermehrung von Bakterien

Richtige Reihenfolge: ....................
Erwartet wird: c b e f a d

**Mehrfach-Wahl-Aufgaben** (Multiple-choice-Aufgaben)
Beispiel: Die ausgeatmete Luft enthält einen Stoff in geringerer Menge als die frische Luft. Kreuze diesen Stoff an! (1 Punkt)

1 Stickstoff
2 Sauerstoff
3 Kohlenstoffdioxid
4 Wasserdampf

Erwartet wird: 2

Bei Mehrfach-Wahl-Aufgaben sind u. a. folgende Aspekte zu berücksichtigen:
... Für die Sekundarstufe I wird pro Aufgabe nur eine richtige Antwort vorgegeben, oder es wird jeweils vermerkt, wie viele der zur Wahl gestellten Aufgabenlösungen richtig sind. Andere Verfahrensweisen erhöhen die Schwierigkeit.
... Es sollten mindestens vier, möglichst fünf Lösungen vorgegeben werden. Sonst ist die Wahrscheinlichkeit, allein durch Raten zum Ziel zu kommen, zu groß. (Aus diesem Grunde werden die »Richtig-Falsch-Aufgaben«, bei denen die Rate-Wahrscheinlichkeit 50% beträgt, hier nicht behandelt.)
... Die vorgegebenen Falschantworten (Distraktoren) dürfen nicht von vornherein als unsinnig zu erkennen sein, wie etwa in dem folgenden Beispiel (vgl. *Schröder* 1974, 148):
Von welchem Insekt wird die Schlafkrankheit übertragen?
a Moskito  b Termite  c Tsetsefliege  d Känguruh

## 13.4 INFORMELLE LEISTUNGSTESTS

Durch einen solchen »Känguruh-Distraktor« wird die Ratewahrscheinlichkeit so erhöht, daß die betreffende Aufgabe mit den anderen Aufgaben des Tests nicht mehr vergleichbar ist.

Bei Tests, die mehrmals verwendet werden sollen, empfiehlt es sich, eine **Distraktorenprüfung** vorzunehmen. Dazu listet man die Anzahl der Ankreuzungen, die bei einer Durchführung des Tests auf die verschiedenen Lösungen entfallen sind. Für die Distraktorenprüfung gelten folgende Regeln: ♦ 13-2
... Neben der richtigen Lösung sollten auch die Distraktoren für die Schüler eine gewisse Attraktivität haben (nicht gegeben bei Aufgabe 1 in der Tabelle).
... Kein Distraktor sollte mehr als 50% der falschen Ankreuzungen auf sich vereinigen (nicht gegeben bei Aufgabe 2 wegen Antwort b).
... Kein Distraktor sollte weniger als 10% aller falschen Lösungen aufweisen (nicht gegeben bei Aufgabe 3: a ist ein »Känguruh-Distraktor«).
Unter den erfaßten Aufgaben erfüllt nur Aufgabe 4 alle Anforderungen.

Als sehr wichtig wird auch angesehen, jede Aufgabe eines Tests – unabhängig vom Aufgabentyp – im Hinblick auf ihren **Schwierigkeitsgrad** insgesamt zu prüfen. Als Maß für die Schwierigkeit gilt der »Schwierigkeitsindex«, der angibt, wieviel Prozent der Schüler die richtige Lösung gefunden haben und der nach folgender Formel zu berechnen ist (vgl. *Schröder* 1974, 160 f.):

$$\text{Schwierigkeitsindex S} = \frac{\text{Anzahl der richtigen Lösungen r} \cdot 100}{\text{Anzahl der beteiligten Schüler n}}$$

Für die in der Tabelle aufgeführten Test-Aufgaben ergibt sich:
Aufgabe 1: S = 83,3    Aufgabe 3: S = 60,0
Aufgabe 2: S = 53,3    Aufgabe 4: S = 40,0

| AUFGABE NR. | LÖSUNG a | LÖSUNG b | LÖSUNG c | LÖSUNG d |
|---|---|---|---|---|
| 1 | 2 | 1 | 25 X | 2 |
| 2 | 16 X | 8 | 3 | 3 |
| 3 | 0 | 5 | 7 | 18 X |
| 4 | 4 | 12 X | 8 | 6 |

Tabelle 13-2: Beispiel für eine Distraktorenprüfung bei Mehrfach-Wahl-Aufgaben. Die richtigen Lösungen sind jeweils angekreuzt.

Ein hoher Schwierigkeitsindex entspricht einer leichten Aufgabe, ein niedriger zeigt eine schwierige Aufgabe an. Allgemein wird empfohlen, aus einem überprüften Test alle Aufgaben auszuscheiden, deren Schwierigkeitsindex höher als 80 oder niedriger als 20 ist. In dem oben gewählten Beispiel wäre also die Aufgabe 1 mit S > 80 zu leicht und sollte bei einem neuen Einsatz des Tests vermieden werden.

## 13.5 Schriftliche Abiturprüfung

Eine besonders wichtige und folgenschwere Form der Evaluation stellt die Abiturprüfung dar. In ihr können die Schüler Biologie zum Hauptfach (»Leistungsfach«) wählen. Sie müssen dann in diesem Fach eine schriftliche Prüfung ablegen, deren Ergebnis die Durchschnittsnote des Abiturzeugnisses stark mitbestimmt. Diese wiederum ist zur Zeit – seit der Einführung des Numerus clausus für eine Reihe begehrter Studienfächer – für die Zulassung zum Hochschulstudium von großer Bedeutung.
Rahmen und Hilfestellung zur Durchführung bieten die von der Kultusministerkonferenz vereinbarten »Einheitlichen Prüfungsanforderungen in der Abiturprüfung« (EPA Biologie 1975; 1983). Diese Vereinbarung soll »sicherstellen, daß durch die Beschreibung der vom Schüler erwarteten Kenntnisse, Fähigkeiten und Fertigkeiten in einem Fach, durch Aussagen über Lernzielstufen, Lernzielkontrolle und Bewertungskriterien, Art und Anzahl der Prüfungsaufgaben und Ablauf der schriftlichen und mündlichen Prüfung künftig eine größtmögliche Einheitlichkeit bei der Abiturprüfung in der neugestalteten Oberstufe erreicht wird« (EPA 1975, 3). Die erste Fassung der EPA Biologie (1975) stieß auf Kritik, die vor allem den Versuch betraf, für die verschiedenen Fächer Inhalte festzulegen, und die damit verbundene Erwartung, auf diesem Wege zu einer Vergleichbarkeit der Prüfungsleistungen zu gelangen (vgl. z. B. *Bayrhuber* 1976; *Schaefer* 1976 c; VDB-Schulkommission 1977).
In der zweiten Fassung der EPA Biologie (1983) sind wesentliche Aspekte der Kritik berücksichtigt worden. Vor allem ist jede Festschreibung von Einzelinhalten vermieden und dadurch dem Mißverständnis der EPA als »Normenbuch« (vgl. Kritik bei *Westphal* 1976 b) der Boden entzogen worden. Unumstritten ist, daß die Ausführungen zu den Aufgabenarten der schriftlichen Abiturprüfung und zum Bewerten von Prüfungsleistungen sowie die Beispielaufgaben für Grund- und Leistungskurse für die aufgabenstellenden Biologielehrkräfte sehr hilfreich sind. Das Problem des Anspruchsniveaus von Leistungsanforderungen wird durch die Angabe von vier »Lernzielstufen« in der

ersten EPA-Fassung (Reproduktion, Reorganisation, Transfer, Problemlösendes Denken) und von drei »Anforderungsbereichen« in der neuen Fassung ▼7 markiert. Eine Reihe von Buch- und Zeitschriftenpublikationen gibt Beispielaufgaben, die zum Teil auch Analysen und Bewertungen dieser Aufgaben umfassen (vgl. z. B. *Daumer* 1975; *Baumann* 1979; *v. Falkenhausen* 1979; 1980; 1983; *Joschko* 1980; *Ritzer/Ritzer* 1988; *v. Falkenhausen/Döring/Otto* 1990; *Birkner* 1990; *v. Falkenhausen* u. a. 1992).
Die neuen Anforderungen an die Abiturprüfung haben mannigfaltige Auswirkungen auf den gesamten Biologieunterricht der Sekundarstufe II und darüber hinaus. Wenn den Schülern in der Abiturprüfung Leistungen der verschiedenen Anforderungsbereiche abverlangt werden, so ist das nur zu verantworten, wenn auch der zum Abitur hinführende Unterricht und die entsprechenden Klausuren anspruchsvoll sind. Hierzu sind einige publizierte Aufgabensammlungen hilfreich (vgl. *Hasselberg/Meyer* 1978; *Jungwirth* 1979; *Bils/Dürr* 1983; *Jaenicke* 1983 ff.; Unterricht Biologie 1993 ff.; 1998; *Oehler* 1996).
Von diesen Überlegungen werden im weiteren auch der Unterricht der Sekundarstufe I und die Lehrerausbildung berührt.

---

LITERATUR
*Baumann, K.*, 1979; *Bayrhuber* 1976; *Bils/Dürr* 1983; *Birkner* 1990; *Daumer* 1975; Einheitliche Prüfungsanforderungen 1975; 1983; *Etschenberg* 1997: *v. Falkenhausen* 1979; 1980; 1981; 1983; *v. Falkenhausen* u. a. 1992; *v. Falkenhausen/Döring/Otto* 1990; Friedrich Verlag 1996 a; *Grüninger* 1971; *Grupe* 1977; *Harten-Flitner* 1978; *Hasselberg/Meyer* 1978; *Häußler/Duit* 1997; *Ingenkamp* 1989; *Jaenicke* 1983 ff; *Joschko* 1980; *Jungwirth* 1979; *Kattmann* 1997 b; *Killermann* 1991; *Knievel* 1979; *Liem* u. a. 1981; *Miram* 1975; *Mostler/Krumwiede/Meyer* 1979; *Oehler* 1996; *Potthoff* 1974; *Rapp* 1970; 1975; *Ritzer/Ritzer* 1988; *Schaefer, G.*, 1971 a; b; 1976 c; *Schmidt, E.*, 1974; *Schneider/Walter* 1992; *Schröder, H.*, 1974; *Schrooten* 1971; 1974; *Treitz* 1974; Unterricht Biologie 1993 ff.; 1998; VDB-Schulkommission 1977; *Völp* u. a. 1984; *Wagener* 1992; *Westphal* 1976 b; *Winter* u. a. 1997; *Wulf* 1972; *Zöller* 1971; 1973; 1974; 1975

# 14 Biologiedidaktische Zeitschriften und Bibliographien

## 14.1 Zeitschriften

**Biologen heute**. Mitteilungen des Verbandes Deutscher Biologen.

**Biologie in der Schule** (BioS). Berlin: Pädagogischer Zeitschriftenverlag Beiträge zur Biologiedidaktik, zum Unterricht und zu fachinhaltlichen Fragen

**Journal of Biological Education.** London: Institute of Biology. Internationale Zeitschrift mit Forschungsarbeiten und schulpraktischen Beiträgen

**Der mathematische und naturwissenschaftliche Unterricht** (MNU). Bonn: Dümmler. Die Beiträge betreffen vor allem die Sekundarstufe II

**Praxis der Naturwissenschaften, Biologie** (PdN-B). Köln: Aulis. Sachinformationen und Unterrichtsmaterialien für die Sekundarstufe II

**Unterricht Biologie** (UB). Velber: Friedrich. Zeitschrift für alle Schulstufen. Themenhefte mit Basisartikel, Unterrichtsmodellen und Materialien; Reihe: Aufgabe pur; farbige Beihefter; unregelmäßig biologiedidaktische Kurzbeiträge

**Zeitschrift für Didaktik der Naturwissenschaften** (ZfDN). Kiel: Schmidt & Klaunig. Fachdidaktische Forschung

## 14.2 Bibliographien

**Biolitera.** CD-ROM. Beiträge in populärwissenschaftlichen und biologiedidaktischen Zeitschriften. Stolzenau: grusoft

**Datenbank Schulpraxis.** Soest: Landesinstitut für Schule und Weiterbildung in Zusammenarbeit mit FIS Bildung. CD-ROM. Beiträge in fachdidaktischen und pädagogischen Zeitschriften

**The ERIC Database.** In wissenschaftlichen Bibliotheken vorhanden

**Verzeichnis lieferbarer Bücher.** Frankfurt: Buchhändler-Vereinigung

# 15 Literaturverzeichnis

Abkürzungen der zitierten **Zeitschriften:**
| | |
|---|---|
| biol. did. | biologica didactica |
| BioS | Biologie in der Schule |
| BU | Der Biologieunterricht |
| DDS | Die Deutsche Schule |
| IDB | Institut für Didaktik der Biologie Münster |
| MNU | Der mathematische und naturwissenschaftliche Unterricht |
| NiU-B | Naturwissenschaften im Unterricht, Biologie |
| PdN-B | Praxis der Naturwissenschaften, Biologie |
| SMP | Sachunterricht und Mathematik in der Grundschule |
| UB | Unterricht Biologie |
| WPB | Westermanns Pädagogische Beiträge |
| ZfDN | Zeitschrift für Didaktik der Naturwissenschaften |

Abkürzungen für **Verbände** und **Institute**
| | |
|---|---|
| BZgA | Bundeszentrale für gesundheitliche Aufklärung, Bonn |
| DGG | Deutsche Gesellschaft für Geschlechtererziehung |
| DGU | Deutsche Gesellschaft für Umwelterziehung |
| DIFF | Deutsches Institut für Fernstudien, Tübingen |
| FWU | Institut für Film und Bild, München |
| GDSU | Gesellschaft für Didaktik des Sachunterrichts |
| IPN | Institut für die Pädagogik der Naturwissenschaften, Kiel |
| IPTS | Institut für Theorie und Praxis der Schule, Kiel |
| HILF | Hessisches Institut für Lehrerfortbildung |
| LEU | Landesstelle für Erziehung und Unterricht, Stuttgart |
| VDBiol | Verband Deutscher Biologen |

*Adam, H.* (1993). Kinder als Opfer von Krieg und Verfolgung. In.: *Barke, R.* (Hrsg.), »Aber wir müssen zusammenbleiben.« Hamburg: Dölling und Galitz
*Adl-Amini, B.* (1980). Verwissenschaftlichung des Schulwesens und Idee einer Theorie der explikativen Didaktik. In: *Rodi/Bauer* (1980), 21–35
*Adorno, T. W.* (1971). Erziehung zur Mündigkeit. Frankfurt/M.: Suhrkamp
*Aeppli, H. M./Egli, M.* (1989). Biologiegeschichte am Computer - Carl Wilhelm von Nägelis Gleichgewichte der Konkurrenz. MNU 42, H. 5, 291–295
*Affemann, R.* (1978). Erziehung zur Gesundheit. München: Kösel
*Akkermann, R.* (1985). Schulgärten. Bonn: Deutscher Naturschutzring
*Albert, R.,* u. a. (1996). Fließgewässeruntersuchung und Datenfernübertragung. Kronshagen: IPTS
*Altenkirch, W.* (1977). Ökologie. Frankfurt/Berlin/München: Diesterweg/Salle
*Altner, G.* (1991). Naturvergessenheit. Darmstadt: Wiss. Buchgesellschaft
*Ammon, G.* (1971). Gruppendynamik der Aggression. Berlin
*Ant, H./Stipproweit, A.* (Hrsg.) (1986 a). Beiträge zur Geschichte und Didaktik der Biologie: Bd. 1/1985. Frankfurt: Haag + Herchen
– (1986 b). Biologieunterricht im Dienste des Nationalsozialismus. In: *Ant/Stipproweit* (1986 a), 31–48

# 15 LITERATURVERZEICHNIS

ANU (Arbeitsgemeinschaft Natur- und Umweltbildung) (Hrsg.) (1996). Umweltzentren in Deutschland. München: ökom
*Arber, A.* (1960). Sehen und Denken in der biologischen Forschung. Reinbek: Rowohlt
*Arcury, T.A./Johnson, T. P.* (1987). Public environmental knowledge: a statewide survey. Journal of Environmental Education 18 (1987), H. 4, 31–37
*Arend, D./Bäßler, U./Storrer, J.* (1984). Einsatz von Dia- und Overheadprojektor im experimentellen Biologieunterricht I. PdN-B 33, H. 3, 91–94
*Armbruster, B./Hertkorn,O.* (1977). Arbeitstransparente im Unterricht. Köln: Greven
– (1978). Allgemeine Mediendidaktik. Köln: Greven
*Arnold, W.*, u. a. (1995). Netzwerk Gesundheitsfördernde Schulen. Flensburg/Kiel/Magdeburg
*Arzberger, H./Brehm, K.-H.* (Hrsg.) (1994). Computerunterstützte Lernumgebungen. Planung, Gestaltung und Bewertung. München: Publicis MCD
*Asdonk, J.* (1997). Forschen im naturwissenschaftlichen und technischen Unterricht. In: Friedrich Verlag (1997), Lernbox, 5
*Asselborn, W.* (1990). Computereinsatz im Chemieunterricht. In: *Asselborn* u. a. (1990), 133–139
– u. a. (1986). Unterrichtspraxis mit dem Computer: Biologie, Chemie, Physik. Hannover: Schroedel
– u. a. (Hrsg.) (1990). Lehren und Lernen mit dem Computer. 1. Computereinsatz im Fachunterricht. Nutzung des Computers als Medium und Werkzeug. Tübingen: DIFF
*Aßmann, B./Bollmann, S./Gärtner, H.* (1987). Ein Aquarium ist kein Möbelstück. UB 11, H. 128, 26–28
*Astolfi, S. P./Coulibaly, A./Host, V.* (1977). Ein lernzielorientierter Biologielehrplan für die Klassen 5 und 6. IPN-Arbeitsberichte 27. Kiel: IPN
*Asztalos, A.* (1981). Schule kaputt? Braunschweig: Westermann
*Auer, A.* (1984). Umwelttethik. Düsseldorf: Patmos
*Aurand, K./Hazard, B. P./Tretter, F.* (Hrsg.) (1993). Umweltbelastungen und Ängste. Opladen: Westdeutscher Verlag
*Ausubel, D. P.* (1960). The use of advanced organizers in the learning and retention of meaningful verbal material. Journal of Educational Psychology 51, 267-272
*Baade, H.* (1980). Gestaltung eines Naturlehrpfades und seine Nutzung im Biologieunterricht. BioS 29, H. 2-3, 77-83
*Baalmann, W.* (1997). Schülervorstellungen zur Evolution. In: *Bayrhuber* u. a. (1997), 163-167
*–/Fischbeck, M.* (1994). Selbstorganisiertes Lernen im Rahmen mehrtägiger Exkursionen. In: *Kattmann* (1994 a), 141-153
*–/Frerichs, V./Gropengießer, H./Kattmann, U.* (1998). Das Modell der Didaktischen Rekonstruktion. Untersuchungen in den Bereichen »Genetik« und »Evolution«. In: *Duit/Mayer* (1998)
*Bach, G.* (1989). Mathematik für Biowissenschaftler. UTB 1501. Stuttgart: Fischer
*Bach, K. R.* (1991). Die Sexualitäten des Menschen im Biologieunterricht. BioS 40, H. 5, 177–181
*Bade, L.* (1985). Ethische Aspekte des Naturschutzes. UB 9, H. 108, 37–40
– (1986). Ethische Dimensionen des Naturschutzes. PdN-B 35, H. 2, 19–24
– (1989). Ethik und Biologie. Lesehefte Ethik. Stuttgart: Klett
– (1990 a). Bioethik. Eine annotierte Bibliographie. Kiel: IPN
– (1990 b). Biotechnik - Chancen und Probleme. UB 14, H. 151, 31-36
– (1992). Ehrfurcht vor dem Leben - ein neues Unterrichtsprinzip. PdN-B 41, H. 3, 43–45
*Baer, H.-W.* (1983). Biologische Schulexperimente. Berlin: Volk und Wissen (Aufl. 1981, Köln: Aulis
*–/Grönke, O.* (1981). Biologische Arbeitstechniken. Köln: Aulis (4. Aufl.)
BAGUV (Bundesverband der Unfallversicherungsträger der öffentlichen Hand e.V.) (Hrsg.) (1995). Richtlinien zur Sicherheit im naturwissenschaftlichen Unterricht. Empfehlungen der Kultusministerkonferenz.

*Bak, P./Chen, K.* (1991). Selbstorganisierte Kritizität. Spektrum, H. 3, 62–71
*Bantje, O.* (1979). Schwerpunkte und Grenzen der Mathematisierung des Biologieunterrichts. MNU 32, H. 3, 166–172
BANU (Bundesweiter Arbeitskreis der staatlich getragenen Bildungsstätten im Natur- und Umweltschutz) (1997 a). Liste der staatlich getragenen Bildungseinrichtungen für Naturschutz. Natur und Landschaft 72, H. 3, 149
– (1997 b). Leitlinien Umweltbildung 2001. Natur und Landschaft 72, H. 3, 150 f.
*Bär, J.* (1978). Wozu und warum piept das Küken? NiU-B 26, H. 1, 12–16
*Barndt, G./Bohn, B./Köhler, E.* (1990). Biologische und chemische Gütebestimmung von Fließgewässern. Bonn: Vereinigung Deutscher Gewässerschutz (3. Aufl.)
*Barney, G. O.* (Hrsg.) (1980). Global 2000. Frankfurt: Zweitausendeins
*Bartel, A./Bartel, M.* (1990). Umweltspiele noch und noch. Freiburg: Herder
*Bartsch, A./Rüther, F./Toonen, R.* (1990). Die Pfeffersche Zelle: Realität und Modell. UB 14, H. 160, 34–37
BASP (Bayerische Akademie für Schullandheimpädagogik) (Hrsg.) (1990). Umwelterziehung im Schullandheim. Hamburg: Verband Deutscher Schullandheime
*Bäßler, U.* (1965). Das Stabheuschreckenpraktikum. Stuttgart: Franckh
– (1969). Einsatz von Fernsehkameras im Biologieunterricht. BU 5, H. 3, 85–87
*Bastian, J./Gudjons, H.* (Hrsg.) (1988). Das Projektbuch. Hamburg: Bergmann + Helbig (2. Aufl.)
– (Hrsg.) (1990). Das Projektbuch II. Hamburg: Bergmann + Helbig
*Bateson, G.* (1984). Geist und Natur. Frankfurt: Suhrkamp
– (1985). Ökologie des Geistes. Frankfurt: Suhrkamp
*Bauer, E. W.* (1976). Zeichnen auf Tafel und Folie. Humanbiologie. Berlin: CVK
– (1978). Unterrichtsstunde mit einer 5. Realschulklasse.»Lebewesen sind aus Zellen aufgebaut«. In: *Eulefeld/Rodi* (1978), 213–221
– (1980). Grenzen der Schau. In: *Rodi/Bauer* (1980), 187–189
– (1981 a). Schreiben, zeichnen und malen an der Tafel. UB 5, H. 60/61, 63–65
– (1981 b). Erzählen, ein didaktisches Relikt? UB 5, H. 60/61, 71–73
– (1981 c). Das Schullandheim. In: *Falkenhan* (1981), Bd. 2, 65–93
*Bauer, R.* (1987). Analoge Funktionsmodelle im Biologieunterricht. PdN-B 36, H. 7, 42–46
*Bauer, W.* (1995). Multimedia in der Schule? In: *Issing/Klimsa* (1995), 377–399
*Bauerle, K.* (1997). Ein Tier, das nie erwachsen wird. UB 21, H. 222, 24–26
*Baumann, B./Harwardt, M./Schoppe, S./Kattmann, U.* (1996). Vom Wasser aufs Land – und zurück. UB 20, H. 218, 17–21
*Baumann, K* (1979). Abiturprüfungsaufgaben – eine vergleichende Betrachtung. PdN-B 28, H. 7, 187–190
*Bäumer, Ä.* (1990). NS-Biologie. Stuttgart: Hirzel
*Bäumer-Schleinkofer, Ä.* (1992). NS-Biologie und Schule. Frankfurt: Lang
*Baumert, J./Lehmann, R.,* u. a. (Hrsg.) (1997). TIMSS. Mathematisch-naturwissenschaftlicher Unterricht im internationalen Vergleich. Deskriptive Befunde. Opladen: Leske + Budrich
*Baur, R.* (1985). Zur Veränderung von Einstellungen durch Unterricht. Dissertation. Weingarten
*Bay, F.* (1986). Schulgartenarbeit in der Grundschule. In: *Hedewig/Knoll* (1986) 64-71
– (1993 a). Entwicklung bei Wirbeltieren. In: *Eschenhagen/Kattmann/Rodi* (1993), 21–38
– (1993 b). Entwicklung bei Insekten. In: *Eschenhagen/Kattmann/Rodi* (1993), 83–102
– */Brenner, J.* (1984). Wir pflegen Pflanzen und Tiere. Tübingen: DIFF
– */Rodi, D.* (1978). Grundzüge einer Biologiedidaktik der Sekundarstufe I. Tübingen: DIFF
– */Rodi, D.* (1979). Medien im Unterricht. Fernstudium Erziehungswissenschaft. Tübingen: DIFF
– */Rodi D.* (1983). Einführung in das Mikroskopieren im Biologieunterricht der Hauptschule. Pädagogische Welt 37, H. 3, 153 f.; 167–171

## 15 LITERATURVERZEICHNIS

*Bay, F./Rodi, D.* (1991). Beziehungen zwischen Beutegreifern und Beutetieren. In: *Eschenhagen/ Kattmann/Rodi* (1991), 32-48
- */Linhart, D.* (1981). Modelle zur Informationsübermittlung im Bienenstock. UB 5, H. 60/61, 46-50
*Bayrhuber, H.* (1974). Über den Wert kybernetischer Fragestellungen im Bereich der Biologie. MNU 27, H. 5, 293–301
- (1976). Das Normenbuch Biologie. In: *Westphal* (1976 a), 55–69
- (1977). Kann Biologieunterricht nach einem systemtheoretischen Ansatz strukturiert werden? In: *Kattmann/Isensee* (1977), 244–258
- (1988). Ethische Fragen der Biotechnik im Biologieunterricht. In: *Hedewig/Stichmann* (1988), 62–74
- (1992). Ethische Analyse der Gentherapie von Keimzellen im Unterricht. In: Friedrich Verlag (1992), 128–131
- */Brinkman, F.* (Hrsg.) (1998). What–Why–How? Research in Didaktik of Biology. Kiel: IPN
- */Lucius E. R.* (Hrsg.) (1992). Handbuch der praktischen Mikrobiologie und Biotechnik. Band 1–3. Hannover: Metzler
- */Mayer, J.* (1990). Biologieunterricht in den Westdeutschen Bundesländern. BioS 39 (1990), H. 11, 408-413; H. 12, 467-476
- */Schaefer, G.* (1980). Kybernetische Biologie. Köln: Aulis (2. Aufl.)
- */Schletter, J. C.* (1997). Schülervorstellungen zum Thema »Lernen und Gedächtnis«. In: *Bayrhuber* u. a. (1997), 253–257
- */Stoite, S.* (1997). Schülervorstellungen von Bakterien und Konsequenzen für den Unterricht. In: *Bayrhuber* u. a (1997), 311–315
- u. a. (Hrsg.) (1994). Interdisziplinäre Themenbereiche und Projekte im Biologieunterricht. Kiel: IPN
- u. a. (Hrsg.) (1997). Biologieunterricht und Lebenswirklichkeit. Kiel: IPN
- u. a. (Hrsg.) (1998). Biologie und Bildung. Kiel: IPN
*Beck, H.* (Hrsg.) (1984). Umwelterziehung im Freiland. Köln: Aulis
*Becker, P. E.* (1988). Zur Geschichte der Rassenhygiene. Stuttgart/New York: Thieme
*Becker, R.* (1979). Der Kleinst-Apfelbaumgarten. UB 3, H. 36/37, 19–25
*Beckmann, H* (1970). Steckmodelle im Biologieunterricht. BioS 19, H. 4, 147–148
- (1980). Zur Durchführung obligatorischer mikroskopischer Schülerübungen. BioS 29, H. 6, 248–250
*Beckmann, H.-K. /Biller, K.* (Hrsg.) (1978). Unterrichtsvorbereitung. Braunschweig: Westermann
*Beer, W.* (1982). Ökologische Aktion und ökologisches Lernen. Opladen: Westdeutscher Verlag
- */De Haan, C.* (Hrsg.) (1984). Ökopädagogik. Weinheim/Basel: Beltz
- */De Haan, C.* (1987). Ökopädagogik. In: *Calließ/Lob* (1987), Bd. 2, 32–42
- */Schober, F./Wulff, C.* (Hrsg.) (1988). Die Schöpfung als Supermarkt? Hannover: Buchdruckerwerkstätten
*Beier, W.* (1971). Auswahl von Biologiebüchern durch den Lehrer. Blickpunkt Schulbuch, H. 11 (Juli), 20–24
*Beiler, A.* (1965). Die lebendige Natur im Unterricht. Ratingen: Henn
*Beimdiek, D./Burgmer, M./Oberliesen, R.* (1973). Konzeptionen naturwissenschaftlicher Unterrichtsräume und deren kritische Bewertung. NiU 21, H. 5, 185–192
*Beisenherz, W.* (1980). Die Bedeutung des Experimentes im Biologieunterricht der gymnasialen Oberstufe der Sekundarstufe II. PdN-B 29, H. 7, 216–219
- (1993). Entwicklung beim Menschen. In: *Eschenhagen/Kattmann/Rodi* (1993), 38–68
*Berck, H.* (1986). Begriffe im Biologieunterricht. Köln: Aulis
*Berck, K.-H.* (1975 a). Quellen und Arbeitstexte Biologie. Bonn: Dümmler

*Berck, K.-H.* (1975 b). Neue Tendenzen im Biologieunterricht – der Einfluß von Curriculum-Theorien. PdN-B 24, H. 7, 169–176
– (1976). Fundamentalthemen – notwendiges oder nutzloses Element von Biologiecurricula? MNU 29, H. 8, 471–474
– (1980). Biologiedidaktik – Ein Beitrag zur Ortsbestimmung. In: *Rodi/Bauer* (1980), 86–97
– (1987 a). Aufgaben des Biologieunterrichts – vor einer Gegenreform? PdN-B 36, H. 8, 43–45
– (1987 b). Warum zu wenig Interesse der Schüler am naturwissenschaftlichen Unterricht? MNU 40, H. 7, 387–389
– (1992). Der Einstieg in eine Biologiestunde. MNU 45, H. 1, 44–48
– (1996). Biologieunterricht – exemplarisch für das Exemplarische. ZfDN 2, H. 3, 17–24
– */Erber, D./Hahn, H.* (1978). Kennzeichen biologiedidaktischer Exkursionen. PdN-B 27, H. 1, 1–5
– */Graf, D.* (1987). Begriffslernen im Biologieunterricht – Begriffe zur Unterrichtseinheit »Zelle«. MNU 40, H. 3, 161–168
– */Graf, D.* (1992). Begriffsauswahl und Begriffsvermittlung – Überblick über den Forschungsstand für den Biologieunterricht. In: *Entrich/Staeck* (1992), 76–90
– */Klee, R.* (1992). Interesse an Tier- und Pflanzenarten und Handeln im Natur- und Umweltschutz. Frankfurt: Lang
– u. a. (1986). Quellen und Arbeitstexte Biologie. Sekundarstufe I. Teil II. Bonn: Dümmler
– */Starosta, B.* (1990). Lernorte außerhalb der Schule. In: *Killermann/Staeck* (1990), 163–166
– */Theiss-Seuberling, H. B.* (1977). Schulversuche mit Guppys (Lebistes reticulatus) zur Erarbeitung grundlegender ethologischer Sachverhalte. MNU 30, 432–440; 486–493
– */Weiss, J.* (Hrsg.) (1984). Naturschutz heute – Naturschutz-Zentrum Hessen 3, Wetzlar
*Berg, J. H. van den* (1960). Metabletica. Göttingen: Vandenhoeck und Ruprecht
*Bergmann, E.* (1970). Audiovisuelle Mittel in der modernen Schule. München: BSV
*Bergmann, H. H.* (1984). Über die Verwendung des Kampffisches (Betta splendens) im ethologischen Unterricht. BU 20, H. 2, 42–61
*Berkholz, G.* (1973). Das Experiment im Biologieunterricht – Tierversuche in der Schule? NiU 21, H. 12, 541–548
– (1977). Die Arbeitsprojektion als Hilfsmittel bei der Durchführung von Experimenten im Biologieunterricht. NiU-B 25, H. 6, 188–191
– (1978). Das Transparent als unterstützendes Arbeitsmittel bei der Durchführung von Versuchen im Biologieunterricht. NiU-B 26, H. 12, 382–383
– (1980). Erziehung zur Tierliebe. NiU-B 28, H. 3, 84–89
*Bertalanffy, L. von* (1932; 1951). Theoretische Biologie. Bd. I. Berlin: Borntraeger; Bd. II. Bern: Francke (2. Aufl)
– (1953). Biophysik des Fließgleichgewichts. Braunschweig: Vieweg
– (1990). Das biologische Weltbild. Wien/Köln: Böhlau (Neudruck der 1. Aufl. 1949)
– */Beier, W./Laue, R.* (1977). Biophysik des Fließgleichgewichts. Braunschweig: Vieweg
*Betz, B./Erber, D.* (1975). Vergleichende Beobachtungen zum Lernverhalten an Goldhamster, Hausmaus und Meerschweinchen im Hinblick auf die Verwendbarkeit im Biologieunterricht. Teil 1 u. 2. PdN-B 24, H. 3, 57–66; H. 4, 94–100
*Beuthan, S.* (1996). Mathematik auf dem Schulhof. Praxis Mathematik 38, H. 3, 104–107.
*Beyer, A.* (Hrsg.) (1998). Nachhaltigkeit und Umweltbildung. Hamburg: Krämer
*Beyer, I.* (1995). Aktuelle Biologie – Zeitungs- und Zeitschriftenartikel als Grundlage zu Aufgaben. PdN-B 44, H. 1, 1–30
*Beyer, L./Kattmann, U./Meffert, A.* (1980). Methodenprobleme bei der Erforschung von Naturvölkern. UB 4, H. 44, 36–40
– (Hrsg.) (1982). Biologie und Gesellschaft. UB 6, H. 72/73

# 15 LITERATURVERZEICHNIS

*Beyer, P.-K.* (1988). Artenschutz – eine Aufgabe Zoologischer Gärten? PdN-B 37, H. 6, 29–32
– (1989). Biologieunterricht und Umwelterziehung in der Schule im Vergleich zum naturnahen Unterricht im Tierpark. PdN-B 38, H. 7, 37–40
– (1992). Der außerschulische Lernort Zoo – Didaktische Überlegungen. PdN-B 41, H. 3, 1–5
*Beyer, W./Hellmessen, U./Köhler, K.-H.* (1986). Vegetationskundlich-ökologische Untersuchungen an Skipisten im Rahmen einer Alpenexkursion. PdN-B 35, H. 3, 37–45
*Bibelriether, H.* (1997). Naturland Deutschland: Freizeitführer, Nationalparke und Naturlandschaften. Stuttgart: Franckh
Bildungskommission NRW (1995). Zukunft der Bildung – Schule der Zukunft. Berlin: Luchterhand
*Billich, V.* (1992). Sammeln, Vergleichen, Kennenlernen. UB 16 176, 25–26
*Billig, A.* (1990). Möglichkeiten der Bewußtseins- und Verhaltensänderung durch Umwelterziehung. In: Schulische und außerschulische Lernorte der Umwelterziehung. Kiel: IPN
*Billmann-Mahecha, E./Gebhard, U./Nevers, P.* (1997). Naturethik in Kindergesprächen. Grundschule 29, H. 5, 21–25
*Bils, W./Dürr, G.* (1983). Übungsaufgaben und Antworten zu Kernthemen des Biologieunterrichts der Sekundarstufe II. Heidelberg: Quelle & Meyer (2. Aufl. 1989)
Biological Sciences Curriculum Study (1973). Biological Science. An inquiry into life. New York: Harcourt, Brace & World (3. Aufl.)
*Birkenbeil, H.* (1973). Zum Problem der Motivation im Biologieunterricht. NiU 21, H. 2, 86–89
*Birkner, C.* (1990). Die Konstruktion von Aufgaben für die mündliche Abiturprüfung. PdN-B 39, H. 5, 39–46
*Birnbacher, D.* (Hrsg.) (1997). Ökophilosophie. Stuttgart: Reclam
– */Hoerster, N.* (Hrsg.) (1982). Texte zur Ethik. dtv 6042. München: DTV (4. Aufl.)
– */Wolf, J.-C.* (1988). Verantwortung für die Natur. Hannover: Schroedel
*Bischof, N.* (1991). Das Rätsel Ödipus. München: Piper (2. Aufl.)
*Bischoff, G.* (1988). Ein Herz pocht für den Unterricht. PdN-B 37, H. 6, 42–43
*Bittner, C.* (1979). Die Ermittlung von Schülerinteressen zu dem vorgegebenen Thema »Vögel«. NiU-B 27, H. 8, 233–240
– (1983). »Die duftenden Blumen sind unsere Schwestern, die Rehe, das Pferd, der große Adler – sind unsere Brüder«. UB 7, H. 82/83, 29–34
*Blankenburg, J.* (1991). Computer – Nerven. Computer und Unterricht 1, H. 1, 35–39
*Blänsdorf, K./Dierks, W.* (1978). Medien und Geräte für den naturwissenschaftlichen Unterricht. Köln: Aulis
*Bleckmann, H./Berck, K.-H./Schwab, C.* (1980). Unterrichtseinheit Naturschutz. Bonn: Dümmler
*Bloom, B. S.*, u. a. (1972). Taxonomie von Lernzielen im kognitiven Bereich. Weinheim: Beltz
*Blum, A.* (1979). Affektive Einflüsse von Experimenten im Schulgarten. UB 3, H. 36/37, 28 f.
*Blum, H.* (1976). Gedanken und Hinweise zum Mikroskopieren in der Unterrichtsstunde. BioS 25, H. 9, 393–394
*Blume, D./Fels, G.* (Hrsg) (1980). Probleme der Mediendidaktik. BU 16, H. 4
*Blumenstock, L.* (1995). Interesse fördern – eine pädagogische Aufgabe. Grundschule 27, H. 6, 10
*Boehnke, K. /Macpherson, M. J.* (1993). Kriegs- und Umweltängste sieben Jahre danach: Ergebnisse einer Längsschnittstudie. In: *Aurand* u. a. (1993), 164–179
*Boetticher, A. von* (1978). Experimenteller Unterricht – eine Kompensationsmöglichkeit für Schüler mit geringer Sprachdifferenzierung? NiU-B 26, H. 6, 177–181
*Bögeholz, S.* (1997). Biologieunterricht und Allgemeinbildung. Pädagogik 49, H. 6, 42–47
*Bogner, F.*: Einstellungen gegenüber Natur und Bereitschaft zu umweltbezogenem Verhalten bei Schülerinnen und Schülern der Sekundarstufe I. In: *Bayrhuber* u. a. (1997), 360–364
*Böhm, A./Faas, A./Legewie, H.* (Hrsg.) (1989). Angst allein genügt nicht. Weinheim: Beltz
*Böhm, R.* (1996). Ozonalarm. Mathematik Lehren 76, 54–57

## 15 LITERATURVERZEICHNIS

*Böhme, W.,* u. a. (1987). Schulgartenarbeit, methodische Empfehlungen. Berlin: Volk und Wissen
*Böhne-Grandt, R./Weigelt, C.* (1990). Wissenschaftsrealität und Mythos in biologischen Erkenntniswegen. In: *Killermann/Staeck* (1990), 209–215
*Böhnke, H.* (1978). Die Behandlung wissenschaftlicher Erkenntnisweisen im Biologieunterricht der gymnasialen Oberstufe. MNU 31, H. 8, 490–495
*Bojunga, W.* (1985). Non scholae sed vitae discimus! Einige Gedanken und Grundpositionen zu einer zeitgemäßen Didaktik des Biologieunterrichts auf der gymnasialen Oberstufe. PdN-B 34, H. 6, 41-45
*Bolay, E.* (1976). Die Arbeit im Waldschulheim – mit einer Unterrichtseinheit »Vom Samen zum Forst«. BU 12, H. 3, 67–84
– (1980). Motivation im Unterricht. NiU-B 28, H. 4, 110–117
– (1998 a). Das Waldschulheim. In: *Bayrhuber* u. a. (1998)
– (1998 b). Das Waldschulheim – lernen beim Arbeiten in freier Natur. BioS 47, H. 1, 10–15
–*/Zucht, B.* (1979). Anregungen zur ganzheitlichen Betrachtung von Säugetieren im Rahmen einer Arbeitsgemeinschaft. BU 15, H. 4, 25–44
*Bolscho, D.* (1987). Umwelterziehung in der Schule. Kiel: IPN
– (1997). Umweltbildung für umweltgerechtes Handeln. In: *Zimmer* (1997), 202–212
–*/Seybold, H.* (1996). Umweltbildung und ökologisches Lernen. Berlin: Cornelsen Scriptor
–*/Eulefeld, G./Seybold, H.* (1980). Umwelterziehung. München: Urban & Schwarzenberg
*Bölts, H.* (1995). Umwelterziehung. Darmstadt: Wissenschaftliche Buchgesellschaft
*Bonatz, H. H.* (1978). Der »bedenkliche Haken« des Atmungsmodelles. In: *Wenk/Trommer* (1978 a), 197–202
– (1980). Seifenschaum als Zellgewebemodell. UB 4, H. 42, 43–44
*Bönsch, M.* (1972). Zur Didaktik audiovisueller Mittler. Die Realschule 80, H. 3, 87–91
*Borneff, J./Borneff, M.* (1991). Hygiene. Stuttgart: Thieme (5. Aufl.)
*Borsum, W.* (1987). Die Schülerzeichnung im Sachunterricht. UB 11, H. 123, 42-44
*Bosler, U.,* u. a. (1979). Computersimulation im Biologieunterricht. log in, H. 3, 18-25
*Bossel, H.* (1985). Umweltdynamik. 30 Programme für kybernetische Umwelterfahrungen auf jedem BASIC-Rechner. München
– (1994). Modellbildung und Simulation. Braunschweig/Wiesbaden: Vieweg
–*/Meadows, D.,* u. a. (1993). Das Simulationsprogramm World 3–91: Die neuen Grenzen des Wachstums. Stuttgart: Bild der Wissenschaft
*Botkin, J. W./Elmandjra, M./Malitza, M.* (Hrsg.) (1979). Das menschliche Dilemma: Zukunft und Lernen. Wien: Molden
*Botsch, D./Brester, U.* (1970). Einige Schulversuche zur Lebensweise der Regenwürmer. NiU 18, H. 8, 347–350
*Brämer, R.* (1979). Die Beliebtheit des naturwissenschaftlichen Unterrichts als Kriterium für seine Sozialisationswirksamkeit. Zeitschrift für Pädagogik 25, H. 4, 259–273
– (1992). Natur zu Fuß erschließen. Pädagogik und Schulalltag 47, 294–301
– (1996). Wanderführerschein für Lehrer/innen. DDS 88, H. 4, 509–517
*Brandenburg, R. J./Husch, B./Kokvecz, B. G.* (1988). Dynamos. Braunschweig: Westermann
*Braun, A.* (1983). Umwelterziehung zwischen Anspruch und Wirklichkeit. Frankfurt: Haag+Herchen
– (1984). Ist die Umwelterziehung auf dem richtigen Weg? Geographie und Unterricht, H. 9, 322–326
– (1987). Untersuchungen über das Umweltbewußtsein bei Lernenden im Schulalter. In: *Callies/Lob* (1987), Bd. 2, 56–61
*Brauner, K.* (1980). Gesundheitserzieherische Bestrebungen und ihre Realisierbarkeit aus pädagogischer Sicht. biol. did. 3, H. 2, 69–81
– (1987). Wir beobachten und züchten Süßwasserpolypen. UB 11, H. 127, 45–48

# 15 LITERATURVERZEICHNIS

*Brauner, K.* (1993). Vom Bachlehrpfad zum Bachlernpfad. UB 17, H. 188, 48–49
– (1995). Schwammspinner-Zucht ohne Probleme. UB 19, H. 202, 52
*Breddermann, D./Fulda, H.* (1977). Verhalten des Hundes. Köln: Schulfernsehen
*Brehme, S.* (1976). Die Verwendung von Synonymen im Biologieunterricht. BioS 25, H. 6, 233–237
– /*Domhardt, D./Lepel, W.-D.* (1984). Begriffe und Begriffssysteme im Biologieunterricht. BioS 33, H. 6, 224–229
*Brehmer, K.* (1993). Ethik im Biologieunterricht. PdN-B 42, H. 3, 41–47
*Breitenmoser, U./Schwarz, U* (1981). Naturgärten. PdN-B 30, H. 8, 225–228
*Brenner, U.* (1989). Umwelt-Umfrage. Hätten Sie's gewußt? natur, H. 4, 78–82
*Bretschneider, J.* (1992). Wie konsequent ist die biologische Fachsprache? In: *Entrich/Staeck* (1992), 140–146
– (1994 a). Biologisches Objekt, biologische Objekttheorie und Biologieunterricht. MNU 47, H. 1, 8–13
– (1994 b). Lebende Objekte im Biologieunterricht. BioS 43, H. 3, 169–171
*Breuer, K* (1971 a). Gesundheitserziehung im Biologieunterricht. NiU 19, H. 2, 82–89
– (1971 b). Die Ausstattung der Hauptschulen für den Biologieunterricht. NiU 19, H. 12, 544–548
– (1990). Übungen, Tests und tutorielle Programme. In: *Asselborn* u. a. (1990), 133–139
*Brezmann, S.* (1992). Die Welt der Begriffe im Biologieunterricht. MNU 45, H. 8, 498–503
– (1995). Erkenntnistätigkeit im Biologieunterricht und Stoffanordnung. BioS 44, H. 5, 263–268; H. 6, 327–323
– (1996). Das Vergleichen und seine Beziehungen zu anderen Schülertätigkeiten. BioS 45, H. 6, 321–326
*Briemle, H.* (1981 a). Rasen oder Wiese. PdN-B 30, H. 8, 244–246
– (1981 b). Naturnaher Nutzgarten. PdN-B 30, H. 8, 246–249
*Brilla, G.* (1975). Zellbiologischer Kurs. In: *Rodi* (1975), 133–137
*Brockhaus, W.* (1958). Biologie in unserer Zeit. Essen: Neue Deutsche Schule
*Brogmus, H./Dircksen, R./Gerhardt, A.* (1983/84). Arbeitsblätter zum Thema »Die Natur im Wechsel der Jahreszeiten« (1 bis 10). NiU-B 31, H. 4, 137–143; H. 7, 227–230; H. 8, 259–262; H. 10, 335–338; 338–343; 32, H. 1, 1–5; 6–9; H. 4, 113–120; H. 6, 117–183; H. 10, 321–331
*Brohmer, P.* (1936). Die Deutschen Lebensgemeinschaften. Osterwieck/Berlin: Zickfeldt
*Brucker, A.* (1976). Was ein Lehrer über Medien lernen muß. Lehrmittel aktuell 2, H. 1, 31–33
*Brucker, G.* (1975). Der Tageslichtprojektor im Einsatz bei experimentellen Untersuchungen zur Fotosynthese. PdN-B 24, H. 8, 217–218
– (1978). Fach: Biologie. Vom Lernfach zur Integration. Düsseldorf: Schwann
– (1979). Lernen mit Strukturen im Biologieunterricht. biol. did. 2, H. 1, 17–41
– (1980). Biologieunterricht – pädagogische Analysen, Texte und Beispiele. Stuttgart: Klett
– (1986). Kleinlebensräume einfach untersucht. Köln: Aulis
– (1993). Ökologie und Umweltschutz. Ein Aktionsbuch. Heidelberg: Quelle & Meyer
– /*Flindt, R./Kunsch, K.* (1995). Biologisch-ökologische Techniken. Wiesbaden: Quelle & Meyer
*Brügelmann, H.* (1972). Offene Curricula. Zeitschrift für Pädagogik 1, H. 1, 95–116
*Brüggemann, O.* (1958). Philosophie im biologischen Unterricht. In: *Ballauff, T.* (Hrsg.), Philosophie im mathematischen und naturwissenschaftlichen Unterricht. Heidelberg: Quelle & Meyer 167–209
*Bruner, J. S.* (1970). Der Prozeß der Erziehung. Düsseldorf: Schwann
*Brunz, M./Nottbohm, G.* (1988). Natur gemeinsam erleben. UB 12, H. 137, 19–21
*Büchter, F. R.* (1972). Zur Erstellung naturwissenschaftlicher Unterrichtsräume im Hinblick auf optimale Arbeitsbedingungen in der Klasse 5–10. NiU 20, H. 1, 3–7
*Buddensiek, W.* (1994). Die soziale Architektur einer ökologischen Schule. In: *Schreier* (1994)

## 15 LITERATURVERZEICHNIS

*Bühs, R.* (1986). Tafelzeichnen kann man lernen. Hamburg: Bergmann+Helbig
Bund der Jugendfarmen und Aktivspielplätze e.V. (Hrsg.) (1995). Kontaktadressenliste, (Haldenwies 14, 70567 Stuttgart)
Bund-Länder-Kommission (1973). Bildungsgesamtplan, Band I. Stuttgart: Klett
BUND/Misereor (Hrsg.) (1996). Zukunftsfähiges Deutschland – Ein Beitrag zu einer globalen nachhaltigen Entwicklung. Basel: Birkhäuser
Bundesminister für Bildung und Wissenschaft (Hrsg.) (1989). Umweltbildung in der EG. Studien zu Bildung und Wissenschaft 79. Bonn
– (1991). Zukunftsaufgabe Umweltbildung. Bildung – Wissenschaft – aktuell 3/91. Bonn
Bundesminister für Umwelt, Natur und Reaktorsicherheit (Hrsg.) (o. J.). Bericht der Bundesregierung über die Konferenz der Vereinten Nationen für Umwelt und Entwicklung im Juni 1992 in Rio de Janeiro. Bonn
*Bunk, B./Tausch, J.* (1980). Verhaltenslehre. Braunschweig: Westermann
*Bünning, E.* (1959). Der Lebensbegriff in der Physiologie. Studium Generale 12, H. 3, 127–133
*Burghagen, H.* (1984). Neuroethologie des Beutefangs bei Kröten, eine quantitative Filmanalyse. PdN-B 33, H. 12, 373–384
*Burk, K./Claussen, C.* (1981). Auswertung einer Umfrage »Lernorte außerhalb der Schule«. Beiträge zur Reform der Grundschule 49. Frankfurt: Arbeitskreis Grundschule e. V., 164–195
*Burow, F. /Hanewinkel, R.* (1994). Nichtrauchen ist »in«. UB 18, H. 198, 34–36
*Busche, E./Marquardt, B./Maurer, M.* (Hrsg.) (1978). Natur in der Schule. Reinbek: Rowohlt
*Buschendorf, J.* (1981). Objektdias im Biologieunterricht. BioS 30, H. 6, 237–239
*Buschlinger, W.* (1993). Denk-Kapriolen? Gedankenexperimente in Naturwissenschaften, Ethik und Philosophy of Mind. Würzburg: Königshausen & Neumann
*Büttner, C.* (1984). Kinder und Krieg. Frankfurt: Campus
BZgA (Hrsg.) (1996). Sexualität und Kontrazeption aus der Sicht der Jugendlichen und ihrer Eltern. Wiederholungsbefragung (*Schmid-Tannwald/Kluge*). Köln
*Calließ, J./Lob, E.* (Hrsg.) (1987; 1988). Praxis der Umwelt- und Friedenserziehung. Düsseldorf: Schwann, Bde. 1 und 2: Grundlagen. Umwelterziehung; Band 3: Friedenserziehung
*Campbell, N. A.* (1997). Biologie. Heidelberg/Berlin/Oxford: Spektrum
*Carl, H.* (1981). Die Biologie in der Umgangssprache. In: *Falkenhan* (1981), 425–485
*Carson, R.* (1963). Der stumme Frühling. München: Biederstein
*Cavese, J. A.* (1978). Lebendige Zelle AG – Ein Modell für die Zelle. In: *Wenk/Trommer* (1978), 182–186
*Chiout, H./Steffens, W.* (1978). Unterrichtsvorbereitung und Unterrichtsbeurteilung. Frankfurt: Diesterweg (4. Aufl.)
*Christow, C. P.* (1971). Über eine Untersuchung der Wandtafelarbeit. Die Realschule, 122–126
*Chroust, P.* (1984). Vom schnellen Tod – »Euthanasie« im Nationalsozialismus. UB 8, H. 100, 46–50
*Clausnitzer, H.-J.* (1981). Die Assel im Unterricht. NiU-B 29, H. 5,129–134
– (1982). Bundesartenschutzverordnung und Biologieunterricht. UB 6, H. 68, 39–40
– (1983). Die Problemfindungsphase im Biologieunterricht. NiU-B 31, H. 5, 147–149
– (1992). Freie Arbeit im Biologieunterricht. UB 16, H. 172, 49 f.
Club of Rome (1979). Zukunftschance Lernen. München
*Comenius, J. A.* (1658). Orbis sensualium pictus. Dortmund: Harenberg (Nachdruck 1978)
*Cornell, J.* (1979). Mit Kindern die Natur erleben. Oberbrunn: Ahorn
– (1991). Mit Freude die Natur erleben. Mülheim: Verlag an der Ruhr
*Criegern, A. von* (1982). Handbuch der ästhetischen Erziehung. Stuttgart u.a.: Kohlhammer
*Crompton, J. L./Sellar, C.* (1981). Do outdoor education experiences contribute to positive development in the affective domain? Journ. of Environmental Education 12, H. 4, 20–29

## 15 LITERATURVERZEICHNIS

*Crost, H./Hönigsberger, H.* (1993). Mit Umwelterziehung die Schule verändern. In: *Seybold/ Bolscho* (1993), 83–95
*Cube, F./Storch, V.* (Hrsg.) (1988). Umweltpädagogik. Heidelberg: Schindele
*Czihak, G./Langer, H./Ziegler, H.* (Hrsg.) (1976). Biologie. Berlin/Heidelberg/New York: Springer (4. Aufl. 1990)
*Dahms, H.-U./Schminke, G.* (1987). Flußkrebse für das Schulaquarium. UB 11, H. 127, 42–43
DAK (1996). Verflixte Schönheit. Projekt-Ideen für die Schule. Hamburg
*Dalhoff. B.* (1994). Rettung von Amphibien – eine Videoproduktion. UB 18, H. 192, 24–30
*Danneel, I.* (1977). Die Beliebtheit einiger Fachgebiete bei Grundschülern. NiU-B 25, H. 10, 313–316
*Daum, E.* (1988). Der neue Gefühlskult in der Umwelterziehung. Oldenburger Vordrucke, H. 32, Oldenburg: Universität (ZpB)
*Daumer, K.* (1975). Lernzielorientierte, taxonomiebezogene Leistungsmessung in der Kollegstufen-Biologie. In: *Daumer, K./Glöckner, W.* (Hrsg.), Der Biologieunterricht in der Kollegstufe. München: BSV
– (1982). Bericht der Arbeitsgruppe »Lehrpläne für die Sekundarstufe II.« In: *Hedewig/Rodi* (1982), 137–141
*David, R. W.* (1992). Das Lernverhalten der Mongolischen Rennmaus. UB 16, H. 172, 34–39
*De Haan, G.* (1995). Perspektiven der Umweltbildung/Erziehung. DGU-Nachrichten 12, 19–30
– */Kuckartz, U* (1996). Umweltbewußtsein. Opladen: Westdeutscher Verlag
*Deacon, J.* (1992). Zum Bleistift: Zeichnen. Mülheim: Verlag a. d. Ruhr
*Dearden, M.* (1982). Experiment. Beispiele aus der biologischen Forschung. UB 6, H. 74, 25–44
*Deci, E. L.* (1975). Intrinsic motivation. New York
– */Ryan, R. M.* (1993). Die Selbstbestimmungstheorie der Motivation und ihre Bedeutung für die Pädagogik. Zeitschrift für Pädagogik 39, H. 2, 223–238
*Deichmann, U.* (1992). Biologen unter Hitler. Frankfurt/New York: Campus
*Demel, W.* (1978). Grundausstattung für den Biologieunterricht (Vorschlag). In: *Killermann/ Klautke* (1978), 313–324
*Dempsey, R./Janßen, W./Reuther, C.* (Hrsg.) (1993). Umweltzentren im wiedervereinten Deutschland und im zukünftigen Europa. Habitat Nr.10. Hankensbüttel
*Demuth, R.* (1992). Elemente des »Umweltwissens« bei Schülern der Abgangsklassen der Sekundarstufe I. NiU-Chemie 3, Nr. 12, 36–38
*Denecke, W.* (1973). Nahrungsketten aus der Sammlung. PdN-B 22, H. 2, 39–43
*Denker, W.* (1979). Hecken im Schulgelände. UB 3, H. 36/37, 68–69
Deutscher Bildungsrat (1970). Strukturplan für das Bildungswesen. Bonn
*Dewey, J.* (1916). Demokratie und Erziehung. Braunschweig: Westermann (3. Aufl.1964)
DGU/IPN (Hrsg.) (1990). Die Einrichtung fächerübergreifender, lokaler und regionaler Netze zur Umwelterziehung. Kiel
– (1989-1991). Modelle zur Umwelterziehung in der Bundesrepublik Deutschland. Kiel
– (1990). Schulische und außerschulische Lernorte in der Umwelterziehung. Kiel: IPN
*Dichanz, H./Mohrmann, K.* (1980). Unterrichtsvorbereitung. Stuttgart: Klett (4. Aufl.)
*Dick, L. van* (1991). Freie Arbeit, Offener Unterricht, Projektunterricht, Handelnder Unterricht, Praktisches Lernen – Versuch einer Synopse. Pädagogik 43, H. 6, 31–34
*Diekmann, A./Preisendörfer, P.* (1992). Persönliches Umweltverhalten. Diskrepanz zwischen Anspruch und Wirklichkeit. Kölner Zeitschrift für Soziologie und Sozialpsychologie 44, H. 2, 226–251
*Diekmann, H./Engstfeld, C./Forkel, J.* (1984). Kooperation mit außerschulischen Bildungseinrichtungen. In: Friedrich Verlag (1984), 129–134
*Dieterle, A.* (1993). Papieruntersuchung mit einfachen Mitteln. UB 17, H. 187, 50 f.

# 15 LITERATURVERZEICHNIS

*Dietle, H.* (1970). Weitere Versuche mit dem Fleißigen Lieschen. NiU 18, 310–313
– (1971). Zellen als Bausteine der Lebewesen. Mikrokosmos 60, 252–255
– (1975). Das Mikroskop in der Schule. Stuttgart: Franckh (2. Aufl.)
– /*Stirn, A.* (1973). Die Zelle im Biologieunterricht. Die Schulwarte 26, H. 7, 1–16
*Dietrich, G.* (1985). Der Biologieunterricht in vier Jahrzehnten nach unserer Befreiung. BioS 34, H. 5, 173–179
– u. a. (Hrsg.) (1979). Methodik Biologieunterricht. Berlin: Volk und Wissen (2. Aufl.)
*Dietz, L. J.* (1996). Unterwegs zum digitalen Datensex. I: DGG-Informationen 19, H. 4, 1–5
DIFF (Hrsg.) (1985 ff.). Evolution der Pflanzen- und Tierwelt. Studienbriefe. Tübingen
– (1987). Fächerübergreifende Zusammenarbeit zum Thema Evolution 1. Tübingen
– (1989). Nara – Leben in der Sahelzone. Lehren und Lernen mit dem Computer 5. Tübingen
– (1990). Evolution des Menschen. Tübingen
– (1991). Modellbildung und Simulation dynamischer Systeme. Tübingen
*Döhl, J.* (1993). Altern und Tod. In: *Eschenhagen/Kattmann/Rodi* (1993), 150–173
*Dohmen, G.* (1973). Medienwahl und Medienforschung im didaktischen Problemzusammenhang. Unterrichtswissenschaften 5, H. 2/3, 2–26
*Dombrowsky, S.* (1977). Serie Aquaristik: Das Schulaquarium. NiU-B 25, H. 3, 79–85; H. 4, 114–122; H. 6, 167–177; H. 8, 233–235
*Dönhoff, H.-U.* (1993). Modellbildung und Simulation im Unterricht. In: Friedrich Verlag (1993), 118–120
– /*Weigend, M.* (1991). Kohlenstoffhaushalt, Treibhauseffekt und Politik. Computer und Unterricht 3, 33–35
*Döpp-Woesler, A.* (1978). Motivation und Realsituationen zum Erlernen gesunder Lebensführung. WPB 30, H. 2, 67–71
*Döring, K. W.* (1973). Lehr- und Lernmittel: Medien des Unterrichts. Weinheim/Basel: Beltz
*Dörner, D.* (1975). Wie Menschen eine Welt verbessern wollten... Bild d. Wissen. 12, H. 2, 48–53
– (1991). Die Logik des Mißlingens. Reinbek: Rowohlt
*Dorst, W.* (1979). Schüler rüsten ihren Schulgarten aus. NiU-B 27, H. 10, 296–297
*Drews, L./Trojan, K.* (1991). Computer im Biologieunterricht. BioS 40, H. 6, 218–22
*Drews, R.* (1971). Das Protokollieren im naturwissenschaftlichen Unterricht. PdN-B 20,111–112
*Driesch, H.* (1921). Philosophie des Organischen. Leipzig: Quelle & Meyer (2. Aufl.)
– (1957). Das Wunder der Regeneration: In: *Dennert, W.* (Hrsg.), Die Natur, das Wunder Gottes im Lichte der modernen Forschung. Bonn: Athenäum, 131–138
*Driver, R./Easley, J.* (1978). Pupils and paradigmas. Studies in Science Education, H. 5, 61–84
*Drutjons, P.* (1973). Biologieunterricht. Erziehung zur Mündigkeit. Frankfurt: Diesterweg
– (1980). Gesellschaftsrelevanz des Biologieunterrichts. 19 Statements. UB 4, H. 48/49, 28–46
– (1982). Biologieunterricht 5-10. Weinheim/Basel: Beltz
– (1986). Umwelterziehung als neuartige Aufgabenstellung des Biologieunterrichts. UB 10, H. 119, 46–48
– (1987). Fürsorge für kommende Generationen? UB 11, H. 125, 32–37
– (Hrsg.) (1988 a). Umwelterziehung. UB 12, H. 134
– (1988 b). Plädoyer für eine andere Umwelterziehung. UB 12, H. 134, 4–13
– /*Klischies, A.* (1987). Einführung in die Handhabung des Mikroskops. UB 11, H. 129, 18–21
*Dudel, H.* (1971). Ein Vergleich zwischen programmiertem Selbstunterricht (PU) und schulbuchmäßigem Selbstunterricht (SU). MNU 24, H. 5, 299–303
*Duderstadt, H.* (1977). Biologisch-prognostisches Denken als Strukturierungsmoment des Biologieunterrichts. In: *Kattmann/Isensee* (1977), 35–45
*Duffy, T. M./Jonassen, D. H.* (1991). Constructivism: New implications for instructional technology? Educational Technology 31, H. 5, 7–12

## 15 LITERATURVERZEICHNIS

*Duhrkopf, R.* (1993). Tutorial software. The American Biology Teacher 55, H. 2, 123 f.
– */Kramer, D. W.* (1991). Enhancing biology lectures with videodisc. The American Biology Teacher 53, H. 1, 48–53
*Duit, R.* (1990). Trends der Forschung zum naturwissenschaftlichen Denken – von Alltagsvorstellungen zur konstruktivistischen Sichtweise. In: *Wiebel, K. H.* (Hrsg.), Zur Didaktik der Physik und Chemie. Alsbach: Leuchtturm
– (1992). Forschungen zur Bedeutung vorunterrichtlicher Vorstellungen für das Erlernen der Naturwissenschaften. In: *Riquarts* u. a. (1992), 47–84
– */Häußler, P.* (Hrsg.) (1997). Unterricht bewerten. NiU-P 8, H. 38
– */Jung, W./Pfundt, H.* (Hrsg.) (1981). Alltagsvorstellungen und naturwissenschaftlicher Unterricht. Köln: Aulis
– */Mayer, J.* (Hrsg.) (1998). Studien zur naturwissenschaftsdidaktischen Lern- und Interessenforschung. Kiel: IPN
*Düker, H.* (1971). Veranschaulichung und Unterrichtserfolg. In: *Döring, K. W.* (Hrsg.), Lehr- und Lernmittelforschung. Weinheim: Beltz, 133–141
– */Tausch, R.* (1957). Über die Wirkung der Veranschaulichung von Unterrichtsstoffen auf das Behalten. Zeitschrift für experimentelle und angewandte Psychologie 4, H. 4, 384–399
*Dulitz, B.* (1990). Beutetier-Beutegreifer-Regulation. UB 14, H. 158, 26–31
– (Hrsg.) (1995). Spiele im Biologieunterricht. Sammelband UB. Seelze: Friedrich
– */Kattmann, U.* (1990). Bioethik. Fallstudien für den Unterricht. Stuttgart: Metzler
– */Kattmann, U.* (1991). Verantwortung für die Biosphäre. Behandlung ethischer Fragen am Beispiel »Vernichtung des Regenwaldes« in der Sekundarstufe II. UB 15, H. 162, 46–50
*Dumpert, K* (1976). Eine Umfrage über die Verwendung lebender Organismen im Biologie- und Sachkundeunterricht an Schulen der Bundesrepublik. PdN-B 25, H. 3, 57–68; H. 4, 100–104
*Duncker, L./Popp, W.* (Hrsg.) (1997). Über Fächergrenzen hinaus. Band 1. Heinsberg: Diek
*Düppers, W.* (1975). Wie weit ist der Biologieunterricht experimenteller Unterricht? MNU 28, H. 4, 197–199
*Düring, R.* (1991). Ganzheitliche Umwelterziehung am Beispiel des Waldes. Frankfurt: Haag+Herchen
*Dürr, C.* (1992). Biologieunterricht im Museum. Frankfurt: Haag + Herchen
– */Rodi, D.* (1981). Erste Schritte in Richtung Museumspädagogik: »Eigentätigkeit« der Besucher der Abteilung Landschaftsgeschichte des Städtischen Museums Schwäbisch Gmünd – Anregung durch Arbeitsblätter. Unicornis 1, H. 2, 33–34
*Dylla, K.* (1965). Methoden des Unterrichtens im Zoologischen Garten. BU 1, H. 5, 52–65
– (1967). Schmetterlinge im praktischen Biologie-Unterricht. Köln: Aulis
– (1972). Eine Untersuchung über die Transformierbarkeit moderner biologischer Erkenntnisse in den Unterstufenunterricht. MNU 25, H. 1, 37–46
– (1973). Zur Motivation der Schüler im Biologieunterricht. PdN-B 22, H. 7, 185–190; 23 (1974), H. 10, 266–273
– (1976). Zur Relevanz der Schülerinteressen für den Biologieunterricht auf der Orientierungsstufe. PdN-B 25, H. 12, 321–329
– (1978). Zur Mitarbeit von Lehrern in der Curriculumentwicklung. biol. did. 1, H. 4, 203–234
– (1980). Ansätze zu einem problemorientierten Biologieunterricht auf der gymnasialen Oberstufe der Sekundarstufe II. PdN-B 29, H. 2, 42–52
– (1986). Unterrichtspraktische Versuche. Ein Weg zur Verwissenschaftlichung des eigenen Unterrichts. MNU 35, H. 2, 98–103
– */Bojunga, W.-D./Fokken, U./Kästle, G./Zannier, F.* (1974). Zur Didaktik eines zeitgemäßen Biologie-Unterrichts – Zur Struktur des Faches. MNU 27, H. 3, 139–144
– */Schaefer, G.* (1978). Tiere sind anders. Köln: Aulis

*Ebers, S.* (1996). Die Lehrpfadsituation in Deutschland. Leverkusen
– */Laux, L./Kochanek, H.-M.* (1997). Vom Lehrpfad zum Erlebnispfad. Handbuch für Naturerlebnispfade. Wetzlar: Naturschutzzentrum
*Echsel, H./Rácek, M.* (1995). Biologische Präparation. Wien/München
*Eckebrecht, D.* (1995 a). Instinktlehre – Vom Umgang mit Originalarbeiten. Dargestellt am Beispiel Springspinnen. PdN-B 44, H. 2, 41–43
– (1995 b). Schlüsselreize. UB 19, H. 208, 43–48
*Ehrnsberger, R.* (1985). Entscheidungen im Naturschutz. UB 9, H. 108, 33–36
*Eibl-Eibesfeldt, I.* (1975). Krieg und Frieden aus Sicht der Verhaltensforschung. München: Piper
*Eichberg, E.* (1972). Über das Vergleichen im Unterricht. Hannover: Schroedel
*Eigenmann, J./Strittmatter, A.* (1972). Ein Zielebenenmodell zur Curriculum-Konstruktion (ZEM). In: *Aregger, K./Isenegger, U.* (Hrsg.), Curriculumprozeß. Basel: Beltz, 65–128
Einheitliche Prüfungsanforderungen in der Abiturprüfung, Biologie (1975). Neuwied: Luchterhand (Neubearbeitung 1983)
*Ellenberger, W.* (1978). Angeborenes und erworbenes Verhalten bei Mäusen. NiU-B 26, H. 2, 45–59
– (Hrsg.) (1993). Ganzheitlich-kritischer Biologieunterricht. Berlin: Cornelsen
*Elliott, J.* (1993). Umwelterziehung in Europa: Innovation, Marginalisation oder Integration. In: OECD/CERI-Bericht »Umwelt, Schule, handelndes Lernen«. Frankfurt u. a.: Lang, 24–45
Empfehlungen zur Arbeit in der gymnasialen Oberstufe. Beschlüsse der Kultusministerkonferenz (1978). Neuwied: Luchterhand
Empfehlungen zur Lehrerausbildung in Mathematik und in den Naturwissenschaften (1989). Biologie heute, Nr. 368, 3 ff.
*Engelhardt, W.* (1980). Umweltschutz. München: BSV (6. Aufl. 1993)
*Engels-Wilhelmi, S.* (Hrsg.) (1993). Umweltbildung in Deutschland. Adressen, Aufgaben und Angebote von Institutionen und Verbänden. Bonn: Economica
*Entrich, H.* (1976). Lehrerbildung Biologie. IPN Arbeitsberichte 25. Kiel: IPN
– (1979). Überlegungen zur Situation und zur Reform der Biologielehrerausbildung. In: *Eulefeld/Rodi* (1979), 124–141
– (1990). Die Stubenfliege – ein harmloses Ungeziefer? UB 14, H. 154, 16–20
– (1994 a). Biologie in der Bildungsdiskussion. Alsbach: Leuchtturm
– (1994 b). Das Lehramtsstudium Biologie in Deutschland. Alsbach: Leuchtturm
– (1995). Von der Biologie zu den Biowissenschaften – von der Biologiedidaktik zur Didaktik der Biowissenschaften? BioS 44, H. 2, 65–73
– (Hrsg.) (1996). Präparieren. UB 20, H. 213
– (1997). Natur schützen – Zukunft öffnen. Das Dilemma der Umwelterziehung und Umweltbildung in der Schule. BioS 46, H. 4, 197–205
– */Eulefeld, G./Jaritz, K.* (Hrsg.) (1995). Fallstudien zur Umwelterziehung. Kiel: IPN
– */Gebhard, U.* (1990). Friedenserziehung als Aufgabe des Biologieunterrichts. In: *Killermann/Staeck* (1990), 35–39
– */Graf, H.-U.* (1984). Untersuchungen zum biologischen Wissen und zur Studienmotivation von Studienanfängern im Fach Biologie. In: *Hedewig/Staeck* (1984), 252–273
– */Staeck, L.* (Hrsg.) (1988). Außerschulisches biologisches Arbeiten im Brennpunkt der fachdidaktischen Diskussion. Bremen: Universität
– */Staeck, L.* (Hrsg.) (1992). Sprache und Verstehen im Biologieunterricht. Alsbach: Leuchtturm
– */Staeck, L.* (Hrsg.) (1994). Biologische Bildung in einem Europa des politischen Umbruchs. Alsbach: Leuchtturm
*Erber, D.* (1971). Der Zebrabuntbarsch, ein Fisch für das Aquarium. Teil 1 u. 2. PdN-B 20, H. 5, 87–93; H. 11, 201–204

# 15 LITERATURVERZEICHNIS

*Erber, D.* (1983). »Fertiges Insekt« oder »Imago«? Ein Beitrag zur Vereinheitlichung biologischer Begriffe. MNU 36, H. 5, 288–290
– */Göttert, E.* (1981). Biologieunterricht im Naturkundemuseum. MNU 34, H. 3, 130–139
– */Klee, R.* (1986). Zwei Modelle zur Akkommodation des menschlichen Auges. MNU 39, H. 4, 233–237
– */Klee, R.* (1988). Die Herstellung von Blütenmodellen durch Schüler. MNU 41, H. 7, 428–432
– */Schweizer, B.* (1978). Zum Bauverhalten des Goldhamsters. MNU 31, H. 2, 108-112; H. 4, 226–230
*Erber, M.* (1977). AG-Sitzungsbericht über sexualpädagogische Probleme. NiU-B 25, H. 2, 58-61
– (1978). »Sexualerziehung im Teamwork«. NiU–B 26, H. 9, 281–287; H. 11, 342–346
*Erdmann, K. H./Kastenholz, H.* (1992). Umweltverantwortliches Handeln lernen. Ein handlungsleitender Ansatz für die Schulpraxis. In: *Pfadenhauer* (1992), 473–478
*Erdmann, W.* (1975). Lehrpfade und ihre Gestaltung. Oldenburg: Holzberg
*Erhard, R.,* u. a. (1992). Akzente. Materialien zur Ethik im Biologieunterricht. Köln: Aulis
*Erhart, M.* (1991). Biologieunterricht im Freien. Pädagogische Welt 45, H. 4, 159–167
Erklärung der Fachverbände DMV, GDM und MNU (1997). Schlechte Noten für den Mathematikunterricht in Deutschland – Anlaß und Chance für Innovationen. Math. Schule 355, 257–259
*Ermeling, H./Stüper, F. J.* (1971). Erfahrungen mit dem Schulfernsehen. MNU 24, H. 3, 171–177
*Ernst, A. M./Spada, H.* (1993). Bis zum bitteren Ende? In: *Schahn, J./Giesinger, T.* (Hrsg.), Psychologie für den Umweltschutz. Weinheim: Beltz, 17–27
*Eschenhagen, D.* (1971). Die Metamorphose der Insekten unter didaktischem Aspekt. Teil 1 und 2. NiU 19, H. 10, 450–457; H. 11, 492–494
– (1976). Das Thema Evolution im Unterricht. UB, H. 3, 2–12
– (Hrsg.) (1973). Biologie in der Grundschule. Wolfenbüttel: Kallmeyer
– (1977). Zu den Aufgaben der Fachdidaktik. NiU-B 25, H. 1, 24–26
– (Hrsg.) (1978). Säugling und Kleinkind. UB 2, H. 27
– (1981 a). Funktionsmodelle – kritisch betrachtet. UB 5, H. 60/61, 19–21
– (1981 b). Ökologieunterricht und Umwelterziehung in der Grundschule. In: *Riedel/Trommer* (1981), 47–69
– (1983 a). Kann und sollte Biologieunterricht »Existenzbiologie« sein? UB 7, H. 85, 51–52
– (1983 b). Das Konzept »Problemlösender Unterricht« und die Biologiedidaktik. In: *Lange/Löhnert* (1983), 223–233
– (1984). Untersuchungen zu Pflanzen- und Tierkenntnissen von Schülern. In: *Hedewig/Staeck* (1984), 143–156
– (1985). Vermittlung von Pflanzen- und Tierkenntnissen in der Grundschule. SMP 13, H. 4, 120–126
– (1987). Die Vogelfeder – Mikroskopierobjekt für Anfänger. UB 11, H. 129, 21 f.
– (1989 a). Die Entwicklung von Tieren (Beispiel Mehlkäfer). SMP 17, H. 6, 249–254
– (1989 b). Anmerkungen zu Konzeptionen der Umwelterziehung. UB 13, H. 144, 43–46
– (1990). Das Projekt, eine auch für den Biologieunterricht wichtige methodische Grundform. In: *Killermann/Staeck* (1990), 40–44
– (1993). Ungeschlechtliche Fortpflanzung bei Tieren. In: *Eschenhagen/Kattmann/Rodi* (1993), 241–248
– */Bay, F.* (1993). Eingeschlechtliche Fortpflanzung bei Tieren. In: *Eschenhagen/Kattmann/Rodi* (1993), 248–260
– */Fulda, H./Jagnow, G.* (1977). Lebensraum Acker. Köln: Schulfernsehen
– */Kattmann, U./Rodi, D.* (1985). Fachdidaktik Biologie. Köln: Aulis (1. Aufl.)
– *Kattmann, U./Rodi, D.*(Hrsg.) (1989; 1991; 1992; 1993; 1995). Handbuch des Biologieunterrichts Sekundarbereich I. Bde 1; 8; 2; 3; 5. Köln: Aulis

*Eschenhagen, D./Längsfeld, V.* (1981). Biologie in der Grundschule im Lichte der Aussagen von Schülern des 5. Schuljahres. NiU-B 29, H. 3, 71–77
*Eschner, J./Wolff, J. /Schulz, W.* (1991). ASKA. Eine Schule spart Energie. Ergebnisse einer Arbeitsgemeinschaft. Kiel: IPN
*Esser, Hans* (1969). Beobachtungen zur Molchentwicklung. Teil 1–3. PdN 18, H. 5, 81–92; H. 6, 105–112; H. 7, 123–129
– (1978). Der Biologieunterricht. Hannover: Schroedel (3. Aufl.)
*Esser, Hartmut* (1991). Die multi-kulturelle Gesellschaft. Ethnische Konflikte. In: DIFF (Hrsg.), Funkkolleg Humanökologie. Studienbrief 3. Weinheim/Basel: Beltz, 11–46
*Esser, J.* (1973). Zur Theorie und Praxis der Friedenspädagogik. Wuppertal: Jugenddienst
*Etschenberg, K.* (1979). Zielorientierter Biologieunterricht in der Sekundarstufe I. Hamburg: Sample
– (1983). Welche biologischen Objekte können Schüler beim Übergang in die Sekundarstufe I benennen? NiU-B 31, H. 10, 344–351
– (1984 a). Lernvoraussetzungen der Schüler für das Fach Biologie in der Sekundarstufe I beim Übergang aus der Grundschule. In: *Hedewig/Staeck* (1984), 129–142
– (1984 b). Informationsaufnahme aus Biologiebuchtexten. NiU-B 32, H. 4, 130–136
– (1986). Sexualität und Partnerschaft. UB 10, H. 119, 2–8
– (1990 a). AIDS – noch (k)eine Seuche wie viele andere. UB 14, H. 152, 4–13
– (1990 b). Formen der Motivierung im Biologieunterricht. In: *Killermann/Staeck* (1990) 45–52
– (1992 a). Sexualerziehung/-pädagogik. In: *Dunde, S.* (Hrsg.), Handbuch Sexualität. Weinheim: Deutscher Studienverlag, 241–245
– (1992 b): Fünf Minuten Gesundheitserziehung. UB 16, H. 176, 14-17
– (1993 a). Sexualerziehung. In: *Eschenhagen/Kattmann/Rodi* (1993), 294–300
– (1993 b). Sexualität und Gesundheit. In: *Eschenhagen/Kattmann/Rodi* (1993), 334–342
– (1994 a). Anthropomorphismen als pädagogisches und fachdidaktisches Problem im Biologieunterricht. In: *Kattmann* (1994 a), 109–117
– (1994 b). Sexualität und Gesundheit. UB 18, H. 191, 4–13
– (1994 c). Informationsaufnahme aus Filmen. UB 18, H. 192, 52 f.
– (1996 a). AIDS – Material für 7. bis 10. Klasse. Hrsg. von der BZgA. Stuttgart: Klett
– (1996 b). Vorbild, Vermittler, Berater. In: Friedrich Verlag (1996 b), 89–93
– (1996 c). Schwanger in der Badewanne. In: Friedrich Verlag (1996 b), 104–107
– (1996 d). Unterricht mit Gästen. UB 20, H. 217, 12–15
– (1996 e). Du und ich – wir beide. Handreichung für den Unterricht. Berlin: Cornelsen
– (Hrsg.) (1996 f). Sexualität. Sammelband UB. Velber: Friedrich
– (Hrsg.) (1997 a). Ökofaktor Mensch. UB 21, H. 226
– (1997 b). Den Bau einer Tulpenblüte kennen UB 21, H. 230, 14–17
– */Erber, M./Kattmann, U.* (1993). Formen partnerbezogener Sexualität. In: *Eschenhagen/Kattmann/Rodi* (1993), 307–334
– */Gerhardt, A.* (1984). Was sollen Schüler der Sekundarstufe I im Fach Biologie lernen? Überlegungen aus aktuellem Anlaß. NiU-B 32, H. 4, 121–127
*Eulefeld, G.* (1977). Ein ökologisches Strukturierungsprinzip für das Biologie-Curriculum in der Sekundarstufe I. In: *Kattmann/Isensee* (1977), 125–157
– (1979). Ökologie und Umwelterziehung im Schulunterricht. DDS 71, H. 11, 671–676
– (1991). Die DGU als Dienstleistungsunternehmen für die Entwicklung des Umweltbewußtseins. DGU-Nachrichten, Nr. 4
– (1992). Empirische Studien im Bereich Umwelterziehung. Kiel: IPN
– (1993 a). Umwelterziehung als unverzichtbarer Erziehungsauftrag der allgemeinbildenden Schulen. DGU-Nachrichten, Nr. 7, 8–13

# 15 LITERATURVERZEICHNIS

*Eulefeld, G.* (Hrsg.) (1993 b). Studien zur Umwelterziehung. Kiel: IPN
– */Bolscho, D./Seybold, H.* (1979). Unterrichtsmaterialien zur Umwelterziehung 2. Köln: Aulis
– */Bolscho, D./Seybold, H.* (Hrsg.) (1991). Umweltbewußtsein und Umwelterziehung.Kiel: IPN
– */Kapune, T.* (Redaktion) (1978). Empfehlungen zur Umwelterziehung. Kiel: IPN
– */Kapune, T.* (Hrsg.) (1979). Empfehlungen und Arbeitsdokumente zur Umwelterziehung – München 1978. Kiel: IPN
– */Puls, W.* (1978). Umwelterziehung in den Schulfächern Biologie und Geographie. NiU-B 26, 251 f.
– */Rodi. D.* (Hrsg.) (1978). Biologielehrerausbildung. Köln: Aulis
– u. a. (1979). Probleme der Wasserverschmutzung.Köln: Aulis
– u. a. (1980). Umweltunterricht in der Bundesrepublik Deutschland. Köln: Aulis
– u. a. (1981). Ökologie und Umwelterziehung. Stuttgart/Berlin/Köln/Mainz: Kohlhammer
– u. a. (1988). Praxis der Umwelterziehung in der Bundesrepublik Deutschland. Kiel: IPN
– u. a. (1993). Entwicklung der Praxis schulischer Umwelterziehung in Deutschland. Kiel: IPN
– */Winkel, G.* (Hrsg.) (1986). Umweltzentren, Stätten der Umwelterziehung. Kiel: IPN u.a.
*Eversmeier, A./Koschnik, K.* (1982). Die Rennmaus. UB 6, H. 66, 11–14
*Ewers, M.* (1974). Bildungskritik und Biologiedidaktik. Frankfurt: Athenäum
– (Hrsg.) (1975). Naturwissenschaftliche Didaktik zwischen Kritik und Konstruktion. Weinheim/Basel: Beltz
– (Hrsg.) (1978 a). Wissenschaftsgeschichte und naturwissenschaftlicher Unterricht. Bad Salzdetfurth: Franzbecker
– (1978 b). Biologiedidaktik. Fachdidaktische Trendberichte. Betrifft Erziehung 11, H. 1, 60–63
– (Hrsg.) (1979 a). Abhandlungen zur Biologiedidaktik. Bad Salzdetfurth: Franzbecker
– (1979 b). Biologiedidaktik ist nicht »angewandte Biologie«, sondern Sozialwissenschaft. biol. did. 2, H. 2, 117–121
*Ewert, J.-P./Kühnemund, H.* (1986). Neuroethologie. Ethologie 4. Tübingen: DIFF
*Fach-Overhoff, M.* (1990). Computerunterstützte interaktive Lernprogramme für den naturwissenschaftlichen Unterricht. Frankfurt: Lang
*Fäh, H.* (1984). Biologie und Philosophie. Stuttgart: Metzler
*Fahle, W.-E./Oertel, G.* (1994).»Miteinander reden«. UB 18, H. 191
– */Oertel, G./Schroer, W.-D./ Vorpahl, B.-W.* (1992). AIDS. Hrsg. von der BZgA. Stuttgart: Klett
*Fahrenberger, G.* (1969). Der Kleinbildwerfer als vielseitiges Demonstrationsgerät im Biologieunterricht. BU 5, H. 3, 50–62
– (Hrsg.) (1982). Biologieunterricht im Freiland. NiU-B 30, H. 8
– (1983). Tierjunges – Menschenkind. NiU-B 31, H. 2, 72–82
*Falk, B.* (1985). Brutpflege bei Mäusen. UB 9, H. 102, 15–17
*Falke, F.* (1979). Gartenarbeiten im Schulgarten. UB 3, H. 36/37, 12–15
*Falkenhan, H.-H.* (Hrsg.) (1981). Handbuch der praktischen und experimentellen Schulbiologie. Studienausgabe. Köln: Aulis
– */Müller-Schwarze, D.* (1981). Biologische Quellen. In: *Falkenhan* (1981), Band 8, 2–250
*Falkenhausen, E. von* (1976). Die Stellung des Experimentes im Biologieunterricht. Teil 1-3. PdN-B 25, H. 2, 50–53; H. 3, 75–78; H. 5,124–128
– (1979). Anforderungen und Anspruchsniveau im Biologieunterricht der Sekundarstufe II. PdN-B 28, H. 4, 97–103
– (1980). Zu den EPA Biologie. PdN-B 29, H. 3, 86–95
– (1981). Leistungsmessung im Biologieunterricht. In: *Falkenhan* (1981), Bd. 1, 309–353
– (1983). Abituraufgaben im Vergleich. PdN-B 32, H. 3, 81–89
– (1988). Wissenschaftspropädeutik im Unterricht. Köln: Aulis (2. Aufl.)
– (1989). Unterrichtspraxis zum wissenschaftspropädeutischen Unterricht. Köln: Aulis

## 15 LITERATURVERZEICHNIS

*Falkenhausen, E. von* (1991). Wissenschaftspropädeutik im Unterricht. BioS 40, H. 4, 116–120
– (1992). Richtung. Zum Biologieunterricht in den Neunziger Jahren. Biologie heute, 385, 5-9
– (1997). Wissenschaft und Religion – zwei Welten begreifbar machen (Sekundarstufe II). BioS 46, H. 6, 354–359
– */Döring, R./Otto, A.-R.* (1990). Abituraufgaben Biologie. Köln: Aulis (5.Aufl.)
– */Döring, R./Otto, A.-R./Treinies, H.* (1992). 50 neue Abituraufgaben Biologie. Köln: Aulis
– */Klaffke-Lobsien, G./Eulig, M.* (Hrsg.) (1994). Natur in und um Hannover. Seelze: Kallmeyer
*Faust-Siehl, G.* u. a. (1996). Die Zukunft beginnt in der Grundschule. Reinbek: Rowohlt
*Fels, G.* (1967). Abstammungslehre, dargestellt anhand von Quellentexten. Stuttgart: Klett
– (1969). Zur Situation der Sexualerziehung an unseren Schulen. BU 5, H. 1, 4–21
– (1978). Zur Situation der Biologie in der Sekundarstufe II. BU 14, H. 3, 68–82
*Ferwer, W.* (1991). Der Stadtteich – ein anthropogenes Ökosystem. PdN-B. 40, H. 6, 9–18
*Feuerstein, P.* (1988). Biologiegeschichtliche Schülerseminare an der Herzog August Bibliothek, Wolfenbüttel. UB 12, H. 133, 50–52
*Feustel, H.* (1981). Biologieunterricht im Naturkundemuseum. In: *Falkenhan* (1981), Bd. 2, 309–322
*Fiesser, L.* (1996). Science-Zentren. In: *Fauser, P. /Madellung, E.* (Hrsg.), Vorstellungen bilden. Velber: Friedrich
*Fietkau, H. J.* (1984). Bedingungen ökologischen Handelns. Weinheim: Beltz
*Figge, P. A. W.,* u. a. (1977). Betrifft: Sexualität. Braunschweig: Westermann
*Fingerle, K.* (1984). Pädagogische Probleme der Umwelt- und Naturerziehung. In: *Berck/Weiss* (1984), 1–24
*Fischer, A.* (1985). Zukunft + Politik. In: *Fischer, A./Fuchs, W./Zinnacker, J.*(Hrsg), Jugendliche und Erwachsene '85. Leverkusen: Jugendwerk der Deutschen Shell, Band. 1, 105–135
*Fischer, R./Rixius, N.* (1994). Öffnung von Schule in die regionale Umwelt. In: *Friedrich/Isensee/ Strobl* (1994), 245–250
*Fischerlehner, B.* (1993).»Die Natur ist für die Tiere ein Lebensraum, und für uns Kinder ist es so eine Art Spielplatz«. In: *Seel* u. a. (1993), 148–163
*Fleischer, H.* (1981). Möglichkeiten zum effektiven Einsatz des Mikroskopierens im Biologieunterricht. BioS 30, H. 10, 425–433
*Fokken, U./Witte, G.* (1979). Freilandlabor und alternativer Biologieunterricht. Wetzlar: Naturschutzzentrum Hessen e. V.
*Forsberg, B./Meyer, E.* (Hrsg.) (1976). Einführung in die Praxis der schulischen Gruppenarbeit. Heidelberg: Quelle & Meyer
*Forster, H.* (1978). Die Schulausstellung. UB 3, H. 24/25, 73–76
*Frank, A.* (1992). Offener Unterricht in der Sekundarstufe I. UB 16, H. 177, 46 f.
*Fränz, D.* (1981). Pflegeleichte Topfkulturen in der Schule. MNU 34, H. 4, 236–243
– (1982). Lernort Botanischer Garten. NiU-B 30, H. 8, 303–313
– (1983). Welche Pflanzen sollen in einer Schule vorhanden sein? MNU 36, H. 4, 236–243
– (1985). Unterrichtsgänge in einem Botanischen Schaugarten. MNU 38, H. 2, 105–112
*Franz, S.* (1980). Didaktische Zielsetzung bei der Herstellung von Biologiefilmen des FWU München. In: *Rodi/Bauer* (1980), 190–194
*Franz-Balsen, A./Leder, K.* (1993). Ökosystem Regenwald – Schüler erleben, beobachten und untersuchen Pflanzen und Tiere eines bedrohten Lebensraumes. PdN-B 42, H. 4, 1 ff
Freie und Hansestadt Hamburg, Behörde für Schule und Berufsbildung (Hrsg.) (1986). Biologischer Wegweiser für Hamburg und Umgebung. Hamburg
*Frey, C.* (1992). Verantwortung nicht nur für das Handeln, sondern auch für das Denken. In: *Preuschoft/Kattmann* (1992), 1–18
*Frey, H.-D.* (1980). Methoden des individuellen Lernens. BU 16, H. 4, 67–80

# 15 LITERATURVERZEICHNIS

*Frey, K.* (1971). Theorien des Curriculums. Weinheim: Beltz
– (Hrsg.) (1975). Curriculum-Handbuch. 3 Bde. München: Piper.
– (1976). Curriculum. In: *Roth* (1976), 76–85
– (1982). Die Projektmethode. Weinheim/Basel: Beltz
– (1989). Effekte der Computerbenutzung im Bildungswesen. Z. f. Pädagogik 35, H. 5, 637–656
–/*Lattmann, U. P.* (1971). Effekte der Operationalisierung von Lernzielen. Schweizerische Zeitschrift für Psychologie und ihre Anwendungen 30, 119–127
*Freyer, M.* (1995 a). Vom mittelalterlichen Medizin – zum modernen Biologieunterricht. Passau: Rothe
– (1995 b). Etablierung des »Biologieunterrichts« im Lateinischen bzw. Höheren Schulwesen (Mittelalter bis Ende des 19. Jh.s). BioS 44, H. 4, 242–245
*Fricke, R.* (1995). Evaluation von Multimedia. In: *Issing/Klimsa* (1995), 401–413
*Friedmann, H.* (1981). Sperber und Habicht – heimtückische Meuchelmörder? Literarische Lehrbeispiele zur Entstehung und Wirkung menschlicher Vorurteile. BU 17, H. 2, 50–77
Friedrich Verlag (Hrsg.) (1983). Frieden. Jahresheft I, Seelze
– (1984). Schüler. Jahresheft II, Seelze
– (1985). Bildschirm. Jahresheft III, Seelze
– (1986). Lernen. Jahresheft IV, Seelze
– (1988). Bildung. Jahresheft VI, Seelze
– (1990). Gesundheit. Jahresheft VIII, Seelze
– (1992). Verantwortung. Jahresheft X, Seelze
– (1993). Unterrichtsmedien. Jahresheft XI, Seelze
– (1994). Schule. Jahresheft XII, Seelze
– (1995). Spielzeit. Jahresheft XIII, Seelze
– (1996 a). Prüfen und Beurteilen. Jahresheft XIV. Seelze
– (1996 b). Liebe und Sexualität. Schüler. Seelze
– (1997). Lernmethoden Lehrmethoden. Jahresheft XV, Seelze
– (1998). Arbeitsplatz Schule. Jahresheft XVI, Seelze
*Friedrich, G./Isensee, W./Strobl, G.* (Hrsg.) (1994). Praxis der Umweltbildung. Bielefeld: Ambos
*Fries, E./Rosenberger, R.* (1981). Forschender Unterricht. Frankfurt/M.: Diesterweg (5. Aufl.)
*Frings, H.-J.* (1977). Die Gespenstschrecke im Unterricht. NiU-B 25, H. 8, 235–242
– (1978). Fortpflanzung und Entwicklung von Gespenstschrecken in der Schülerbeobachtung. NiU-B 26, H. 2, 33–40
– (1994). Experimentelle Bienenkunde in der Schule. Hannover: Schulbiologiezentrum
–/*Winkel, G.* (1981). Zur Ausstattung für den Biologieunterricht. UB 5, H. 60/61, 74–89
*Fromberg, E. von/Boehnke, K./Macpherson, M.* (1989). Die Reaktion westdeutscher Jugendlicher auf makrosozialen Stress. In: Bewußtsein für den Frieden/Sonderausgabe, Bd. 2, 7–34
FWU (Institut für Film und Bild) (1995). Gesamtkatalog. Grünwald
*Gaberding, K-H./Thies, M.* (1980). Miesmuscheln im Watt. UB 4, H. 43, 29–35
*Gadermann, U.* (1992). AIDS aus biologischer und sozial-ethischer Sicht im Unterricht der Jahrgangsstufe 10. BioS 41, H. 5, 183–188; H. 6, 211–216
*Gahl, H.* (1973). Über die Formenkenntnis des Primarschülers und seine Einstellung zum Tier. In: *Schwartz, E.* (Hrsg.), Entdeckendes Lernen im Lernbereich Biologie. Frankfurt: Arbeitskreis Grundschule, H. 16/17, 155–175
– (1977). Über die Quellen von Tierkenntnissen bei Grundschülern. In: Arbeiten zum 70. Geburtstag von Prof. Dr. H. Desselberger, Gießen: Universität, 89–101
*Galinsky, G./Regelmann, J.-P.* (1984). Einflußnahme eines politischen Systems auf eine Wissenschaft: Trofim D. Lyssenko und die Wirkungen auf die Biologie in der Sowjetunion 1928–1959. BU 20 (1984), H. 4, 65–106

*Galtung, J.* (1971). Gewalt, Frieden und Friedensforschung. In: *Senghaas* (1971), 45–64
– (1973). Probleme der Friedenserziehung. In: *Wulf* (1973), 124–151
*Garbers, A.*, u. a. (1977). Projektunterricht in der Orientierungsstufe. In: *Kaiser/Kaiser* (1977), 203–213
*Gärtner, H.* (1977). Lehrplan Biologie. Analyse und Konstruktion. Hamburg: Sample
– (1990). Umwelterziehung und Umweltbewußtsein. In: *Hoebel-Mävers/Gärtner* (1990), 86–96
– (1991). Umweltpädagogische Sachkompetenz durch ökologisch orientierte Umweltvorsorge. In: *Gärtner, H./Hoebel-Mävers, M.* (Hrsg.), Umwelterziehung – ökologisches Handeln in Ballungsräumen. Hamburg: Krämer, 47–106
*Gawor, H.* (1988). Frieden als Aufgabe der Bildungsarbeit im informellen Sektor. Anregungen aus den USA für die Bundesrepublik Deutschland. Regensburg: Roderer
*Gebauer, M.* (1992). Erste Ergebnisse einer Untersuchung zum Einfluß von Umwelterziehung auf das Umweltbewußtsein von Grundschülern. In: *Eulefeld* (1992), 135–176
– (1994). Kind und Umwelt. Frankfurt: Lang
– /*Rode, H.* (1993). Erste Ergebnisse einer Pilototstudie zum Lernverhalten in Umweltzentren. In: *Eulefeld* (1993), 247–259
*Gebhard, U.* (1986). »Es gibt auch ein Bewußtsein meiner Kruste – das ist auch wichtig – sonst geht das Innere kaputt.« In: *Hedewig/Knoll* (1986), 312–321
– (1988 a). Naturwissenschaftliches Interesse und Persönlichkeit. Frankfurt: Nexus
– (1988 b). Gegenstand und Gefühl. In: *Hedewig/Stichmann* (1988), 284–297
– (1990). Dürfen Kinder Naturphänomene beseelen? UB 14, H. 153, 38–42
– (1991). Nachdenklichkeit und Muße. Biologie heute, Nr. 385, 9–11
– (1992 a). Träumen im Biologieunterricht? UB 16, H. 172, 44–46
– (1992 b). Welche Sprache finden Kinder und Jugendliche für die Wahrnehmung der Umweltzerstörung? In: *Entrich/Staeck* (1992), 168–175
– (1993 a). Natur in der Stadt. In: *Sukopp, H./Wittig, R.* (Hrsg.), Stadtökologie. Stuttgart: Fischer, 97–112
– (1993 b). Psychoanalytische Aspekte von Wahrnehmen, Denken und Erkennen. In: *Kühnemund/Frey* (1993), Band I; 36–44
– (1994 a). Kind und Natur. Opladen: Westdeutscher Verlag
– (1994 b). Vorstellungen und Phantasien zur Gen- und Reproduktionstechnologie bei Jugendlichen. In: *Jäkel* u. a. (1994), 144–156
– (1997). Die Rolle von Naturkonzeptionen bei Vorstellungen von Jugendlichen zur Gentechnologie. In: *Bayrhuber* u. a. (1997), 301–305
– /*Billmann-Mahecha, E./Nevers, P.* (1997). Naturphilosophische Gespräche mit Kindern. In: *Schreier, H.* (Hrsg.), Mit Kindern über die Natur philosophieren. Heinsberg: Diek
– /*Feldmann, K./Bremekamp, E.* (1994). Hoffnungen und Ängste. In: *Bremekamp, E.* (Hrsg.), Faszination Gentechnik und Fortpflanzungsmedizin. Bad Heilbrunn: Klinkhardt, 11-25
– /*Johannsen, F.* (1990). Gentechnik als ethische Herausforderung. Gütersloh: Mohn
– /*Langlet, J.* (1997). Natur als Leitbild? Grundschule 29, H. 5, 11–14
*Gebhardt, R.* (1975). Wie können Arbeitsblätter noch anschaulicher und effektiver gestaltet werden?. BioS 24, H. 8, 320–324
*Gecks, L. C./Reißmann, J.* (1993). Zur Problematik schulischer Umwelterziehung. In: *Pieschl* (1993), 35–67
*Gedicke, K* (1972–1975). Sozialhygiene. 4 Bände. Neuwied/Berlin: Luchterhand
*Gehendges, F.* (1987). Kopieratlas Biologie. Menschenkunde. Köln: Aulis
– (1988). Tierkunde und Pflanzenkunde. Köln: Aulis
*Gehlhaar, K.-H.* (1980). Möglichkeiten der Gestaltung von Arbeitsblättern zur Festigung der Lernergebnisse. BioS 29, H. 2/3, 63–68

# 15 LITERATURVERZEICHNIS

*Gehlhaar, K.-H.* (1990). Kenntnisse über Organismus-Umwelt-Beziehungen im Biologieunterricht der Klassen 5-10 als Beitrag zur Herausbildung eines umweltbewußten Verhaltens der Schüler. In: Karl-Marx-Universität (Hrsg.), Biologiemethodik. Leipzig, 80–90
– (1991). Arbeit mit dem biologischen Objekt. BioS 40, H. 9, 335-336
– */Graf, D./Klee, R.* (1994). Bericht über das Symposium »Biologieunterricht und Umwelt«. In: *Bayrhuber* u. a. (1994), 201–207
– */Klepel, G.* (1997). »Gespenster« im Biologieraum. UB 21, H. 222, 20–23
– */Klepel, G./Fankhänel, K.* (1998). Analyse der Ontogenese der Interessen an Biologie, insbesondere an Tieren und Pflanzen, an Humanbiologie und Natur- und Umweltschutz. In: *Duit/Mayer* (1998)
*Gehrle, E.-M.* (1964). Arbeit mit der Flanelltafel. Donauwörth: Auer
*Genschel, R.* (1932/33). Organisches Denken und Biologie-Unterricht. Der Biologe 2, H. 11, 257–261
*Gerhardt, A.* (1993). Was Schüler lernen, was Schüler verstehen – Schülervorstellungen und ihre Bedeutung für den Biologieunterricht. In: *Kühnemund/Frey* (1993), Band I, 45–59
– (1994). Analyse von Schülervorstellungen im Bereich der Biologie und ihre Bedeutung für den Biologieunterricht. In: *Jäkel* u. a. (1994), 121-132
– */Burger, J.* (1997). Ausgangssituationen, Methoden und Praxiserfahrungen zu »Konstruktivistischer Unterrichtsgestaltung« – Beispiel Photosynthese. In: *Bayrhuber* u. a. (1997), 384-388
– */Dircksen, R.* (Hrsg.) (1982). Biologieunterricht im Freiland - Das Wattenmeer. NiU-B 30, H. 5
– */Piepenbrock, C.* (1992). Untersuchungen zu Alltagsvorstellungen von Schülern im Biologieunterricht der Sekundarstufe I – Beispiel Energie. In: *Entrich/Staeck* (1992), 257-266
– */Rasche, B./Rusche, G.* (1993). Vorstellungen von Schülern der Sekundarstufe I im Bereich der Biologie. IDB, H. 2, 63-75
*Gerhardt-Dircksen, A.* (1985). Anregungen zu mikroskopischem Arbeiten. PdN-B 34, H. 7, 51-53
– (1991). Der Arbeitslehrpfad auf dem Schulgelände. BioS 40, H. 6, 232–237
– (Hrsg.) (1992 a). Unterricht im Zoo. PdN-B 41, H. 3
– (Hrsg.) (1992 b). Biotope aus zweiter Hand. PdN-B. 41, H.6
– (Hrsg.) (1993). Unterricht im Botanischen Garten. PdN-B 42, H. 4
– (Hrsg.) (1994). Biologieunterricht im Museum. PdN-B 43, H. 6
– */Brogmus, H./Harting, W.* (1992). Blickpunkt Natur. Köln: Aulis
– */Fey, J. M.* (Hrsg.) (1994). Ökosystem Stadtbach. PdN-B 43, H. 2
– */Müller, S.* (1992). Eine Pilzexkursion. PdN-B 41, H. 7, 3–10
*Gerok, W.* (Hrsg.) (1989). Ordnung und Chaos in der unbelebten und belebten Natur. Stuttgart: Wissenschaftliche Buchgesellschaft
*Gerrick, D. J.* (1971). Time-Share Computers in Biology. The American Biology Teacher 33, H. 9, 526–527
*Geschwentner, M.* (1996). Schüler gestalten eine Ausstellung zum Thema »Lebensraum Hecke«. PdN-B 45, H. 6, 27–29
*Gigon, A.* (1983). Ausgestorben oder ausgerottet? Beschönigende Begriffe (Euphemismen) in Natur- und Umweltschutz. Natur und Landschaft 58, H. 11, 418–421
*Gleisl, W.* (1978). Pflanzenausstellungen. BioS 27, H. 6, 244–246
*Glöckel, H.* (1996). Vom Unterricht. Heilbrunn: Klinkhardt
*Glowalla, U./Häfele, G.* (1995). Einsatz elektronischer Medien: Befunde, Probleme und Perspektiven. In: *Issing/Klimsa* (1995), 415–434
*Glück, G./Scholten, A./Strötges, G.* (Hrsg.) (1992). Heiße Eisen in der Sexualerziehung. Weinheim: Deutscher Studienverlag (2. Aufl.)
*Glumpler, E.* (Hrsg.) (1994). Koedukation. München: Klinkhardt
*Göbel, I./Koblischke, A.* (1981). Der Computer im Biologieunterricht. UB 5, H. 60/61, 51–81

*Gögler, F.* (1982). Altersstufengerechter Gartenbauunterricht. BU 18, H. 2, 38–41
*Göhlich, M.* (Hrsg.) (1997). Offener Unterricht, Community Education, Alternativschulpädagogik, Reggiopädagogik. Die neuen Reformpädagogiken. Weinheim/Basel: Beltz
*Gonschorek, R./Zucchi, H.* (1984). Über den Einsatz des Axolotls (Ambystoma mexicanum) im Biologieunterricht. BU 20, H. 2, 28–41
*Goodwin, B.* (1994). Der Leopard, der seine Flecken verliert. München: Piper
*Göpfert, H.* (1988). Naturbezogene Pädagogik. Weinheim: Deutscher Studienverlag
*Gospodar, U.* (1983). Amphibienschutz und Schulbiologie. UB 7, H. 78, 60–62
*Gottfried, J.* (1978). An exercise using lichens as indicators of air quality. The American Biology Teacher 40, H. 1, 47–49
*Götz, E./Knodel, H.* (1980). Erkenntnisgewinnung in der Biologie. Stuttgart: Metzler
*Gould, S. J.* (1986). Der falsch vermessene Mensch. Frankfurt: Suhrkamp
*Graebner, K. E.* (1969). Biologieunterricht und Bildschirm. BU 5, H. 3, 87–95
*Graf, D.* (1989 a). Begriffsauszählungen in Biologiebüchern der Sekundarstufe 1. MNU 42, H. 4, 231–239
– (1989 b). Begriffslernen im Biologieunterricht der Sekundarstufe I. Frankfurt: Sample
– (1989 c). Anwendung der Mapping-Methode zur Begriffsvermittlung und Begriffsüberprüfung am Beispiel einer Unterrichtseinheit »Ernährung und Verdauung« für die Klassen 5 und 6. MNU 42, H. 7, 427–432
– (1995). Vorschläge zur Verbesserung des Begriffslernens im Biologieunterricht. MNU 48, H. 6, 341-345; H. 7, 392–395
– */Schorr, E.* (1992). Regelkreise. In: *Entrich/Staeck* (1992), 410–412
– */Wöllert, W.* (1991). Die Akzeleration, ein Thema für den Einsatz von Standardsoftware im Biologieunterricht. MNU 44, H. 4, 226–233
*Graf, E.* (1995). Unterrichtseinstiege im Biologieunterricht. BioS 44, H. 1, 1–6; H. 2, 74–77; H. 3, 129–136; H. 4, 199–201
– (1997). Lernen in Stationen. In: Friedrich Verlag (1997), 80–84
*Graf, H.-U./Graf, U.* (1991). Mikrobiologie und Biotechnologie. Hannover: Schroedel
*Graf, J.* (1937). Lebenskunde. In: *Benze, R./Pudelko,* A. (Hrsg.), Rassische Erziehung als Unterrichtsgrundsatz der Fachgebiete. Frankfurt
*Gräsel, C.,* u. a. (1994). Vergebliche Designermüh? Interaktionsangebote in problemorientierten Computerlernprogrammen. Forschungsbericht Nr. 38. München: Universität
– (1997). Lernen mit Computernetzen aus konstruktivistischer Perspektive. Unterrichtswissenschaft 25, H.1, 4–18
Greenpeace (Hrsg.) (1995). Neue Wege in der Umweltbildung. Beiträge zu einem handlungsorientierten und sozialen Lernen. Lichtenau: AOL-Verlag; Göttingen: Verlag Die Werkstatt
*Grefe, C./Jerger-Bachmann, I.* (1992). Das blöde Ozonloch – Kinder und Umweltängste. München: Beck
*Gries, B.* (1996). Das Naturkundemuseum als außerschulischer Lernort. IDB 5, 1–17
*Grimm, Floyd M. III* (1978). Computer simulations as a teaching tool in community colleges. The American Biology Teacher 40, H. 6, 362–364; 370
*Grimm, J./Grimm, W.* (Hrsg.) (1984). Deutsches Wörterbuch. Band 12. München: dtv (Nachdruck)
*Grimme, L. H.* (1986). 10 Jahre European Communities Biologists Association (ECBA). In: Hedewig/Knoll (1986), 329–333
- */Schaefer, G.* (1983). Health education in school biology. Mitt. d. VDBiol, Nr. 298, 1369–1370
*Grob, A.* (1991). Meinung – Verhalten – Umwelt. Berlin/Wien: Lang
*Gronemeyer, M.* (1976). Motivation und politisches Handeln. Hamburg: Hoffmann und Campe
*Gropengießer, H.* (1981). Vom Original zum Modell – Modellentwicklung am Beispiel Osmose. UB 5, H. 60/61, 28–33

*Gropengießer, H.* (1987). Mikroskopisches Zeichnen und Sehen. UB 12, H. 129, 48–50
– (1993). Biologie und Technik. UB 17, H. 190, 4–13
– (1997 a). Didaktische Rekonstruktion des »Sehens«. Oldenburg: Universität (ZpB)
– (1997 b). Schülervorstellungen zum Sehen. ZfDN 3, H. 1, 1997, 71–87
– (1997 c). Aus Fehlern beim Mikroskopieren lernen. UB 21, H. 230, 46–47
– */Gropengießer, I.* (1985). Ekel im Biologieunterricht. UB 9, H. 106, 40–42
– */Kattmann, U.* (1994). Lehren fürs Leben. BioS 43, H. 5, 321–328
– */Laudenbach, B.* (1987). Mimikry – Modelle für den Unterricht in der Sekundarstufe II. PdN-B 36, H. 4, 43–47
*Gropengießer, I.* (Hrsg.) (1985). Gesunde Schule. UB 9, H. 106
– (1990). Gesunde Schule gestalten. In: Friedrich Verlag (1990), 35–38
– (Hrsg.) (1991). Nahrungsmittelqualität. UB 15, H. 161
– (1994 a). Untersuchungen an Naturobjekten – noch zeitgemäß? In: *Kattmann* (1994 a), 119–127
– (Hrsg.) (1994 b). Krebs. UB 18, H. 198
– */Gropengießer, H.* (1985). Gesunde Schule. UB 9, H. 106, 4–14
*Groß, U.* (1993). Der medizinische Blutegel (Hirudo medicinalis) als Objekt für den Biologieunterricht. MNU 46, H. 2, 102–105
*Große, E.* (1987). Nutzung Botanischer Gärten für den Biologie-Unterricht. BioS 36, H. 10
– (1993). Naturnaher Unterricht in der Botanik-Schule Halle. BioS 42, H. 5, 169–177
*Grothe, R.* (1987). Die Große Achat-Schnecke. UB 11, H. 127, 48–50
*Gruen, E./Kattmann, U.* (1983). Gemeinsame Zeichen. Ein Bilderheft. UB 7, H. 82/83, 15–25
*Grüninger, W.* (1971). Kooperative, objektive Leistungsmessung. BU 7, H. 1, 27–34
*Grupe, H.* (1977). Biologie-Didaktik. Köln: Aulis (4. Aufl.)
*Gude, R.* (1988). Neue Funktionsmodelle zum Thema Blutkreislauf. UB 12, H. 132, 54–57
*Gudjons, H.* (1993). Handbuch Gruppenunterricht. Weinheim: Beltz
*Gülz, G.* (1993).»Spiel mit« im Botanischen Garten. PdN-B 42, H. 4, 16–19
*Günzler, E.* (1978). Zum Thema »Zelle im 5. Schuljahr«. Teil I. NiU 26, H. 7, 193–195
*Gürtler, A./Werner, E.* (1966). Faustskizzen für den naturkundlichen Unterricht. Worms: Wunderlich (18. Aufl.)
*Hackbarth, H.* (1981). Die Arbeitssammlung. In: *Falkenhan* (1981), Bd. 1, 113–157
*Hadel, W.* (1972). Entwurf eines naturwissenschaftlichen Schulpavillons mit zahlreichen Verwendungsmöglichkeiten. NiU 20, H. 8, 327–330
*Haeberle, E. J.* (1985). Die Sexualität des Menschen. Berlin: de Gruyter (2. Aufl.)
*Hafner, L.* (1972). Über Einsatzmöglichkeiten des Overhead-Projektors. PdN-B 21, H. 3, 51–54
– (1978). Die Stellung des Experimentes im Biologieunterricht. NiU-B 26, H. 4, 109–112
– (1980). Anmerkungen zur Kritik am gegenwärtigen Biologieunterricht der Sekundarstufe II. MNU 33, H. 3, 169–172
*Hage, K.,* u. a. (1985). Das Methoden-Repertoire von Lehrern. Opladen: Leske und Budrich
*Hagemann, H.* (1979). Ameisen im Unterricht. UB 3, H. 36/37, 80–85
*Hager, P.* (1967). Der Lerngang in den Wald. BU 3, H. 3, 17–34
*Haggerty, Hugh-A.* (1975). Breeding Drosophila in the computer. The American Biology Teacher 37, H. 6, 354–355, 376
*Hahn, M.* (1983). Zum Einsatz von Arbeitsblatt und Schulbuch. NiU-B 31, H. 5, 165–170
*Hahn, W.* (1995). Symmetrie als Entwicklungsprinzip in Natur und Kunst. Gladenbach: Art & Science
*Hähndel, V.* (1979). Das Schulaquarium. UB 3, H. 36/37, 60–65
*Halbach, U.* (1977). Modelle in der Biologie. In: *Schaefer/Trommer/Wenk* (1977), 64–84
– (1981). Modelle und Modellvorstellungen in der Biologie. In: *Falkenhan* (1981), Bd. 1, 61–111
– */Gahl, H.* (1982). Biologie im Fernsehen. Mitt. d. VDBiol, Nr. 285, 1317–1320

## 15 LITERATURVERZEICHNIS

*Halbach, U. /Maschwitz, U.* (1975). Die Presse als Spiegel des öffentlichen Interesses an der Biologie. Mitt. d. VDBiol, Nr. 212, 1015 f.
*Haller, B./Probst, W.* (1979; 1981). Botanische Exkursionen. Bd. 1: Exkursionen im Winterhalbjahr; Bd. 2: Exkursionen im Sommerhalbjahr. Stuttgart: Fischer
*Hallmen, M.* (1996 a). Die Ansiedelung von Hummeln an Schulen. MNU 49, H. 4, 227–232
– (1996 b). Schüler dressieren Hummeln und Wildbienen. MNU 49, H. 5, 299–305
– (1997 a). Ein Konzept zur Organisation der Haltung von Tieren an Schulen. MNU 50, H. 4, 244–246
– (1997 b). Einige Überlegungen zur Haltung von Strumpfbandnattern. MNU 50, H. 5, 310–312
– (1998). Wildbienen – beobachten und kennenlernen. Stuttgart: Klett
*Hammer, H./Fritz, M.* (1995).»Der Müllvermeider« In: CD-Rom »Learning by playing«. Wien: KraftWerk
*Hänsel, D.* (Hrsg.) (1986). Das Projektbuch Grundschule. Weinheim/Basel: Beltz
– (Hrsg.) (1997). Handbuch Projektunterricht. Weinheim/Basel: Beltz
– */Müller, H.* (Hrsg.) (1988). Das Projektbuch Sekundarstufe. Weinheim/Basel: Beltz
*Harbeck, G.* (1976). Mathematische Modelle für Wachstumsvorgänge. In: *Schaefer/Trommer/ Wenk* (1976), 91–110
*Hardin, G.* (1966). Biology, its principles and implications. San Francisco/London: Freeman
*Harms, U./Kroß, A.* (1998). Gentechnik und Ethik. In: *Bayrhuber* u. a. (1998)
*Hartard, E./Jänsch, N./Seuring, D.* (Hrsg.) (1995). Vernetzte Lern-Welten. Frankfurt: Landesbildstelle
*Harten-Flitner, E.* (1978). Leistungsmotivation und soziales Verhalten. Weinheim/Basel: Beltz
*Hartinger, A.* (1995). Interessenentwicklung und Unterricht. Grundschule 27, H. 6, 27–29
*Hartmann, M.* (1948). Die philosophischen Grundlagen der Naturwissenschaften. Jena: Fischer
– (1953). Allgemeine Biologie. Eine Einführung in die Lehre vom Leben. Stuttgart: Fischer
*Hartung, H./Menzel, W.* (1983). Wir verleihen den Friedensnobelpreis. UB 7, H. 82/83, 149–155
*Harwardt, M.* (1996).»Low Tech« kontra »Upper Class«? UB 20, H. 218, 22–26; 31
*Hasebrook, J. P.* (1995 a). Lernen mit Multimedia. Z. f. Pädagogische Psychologie 9, H. 2, 95–103
– (1995 b). Multimedia-Psychologie: eine neue Perspektive menschlicher Kommunikation. Heidelberg u. a.: Spektrum
*Hasenhüttl, E.* (1997). Wenn der Samen mit dem Ei ... . Wien: Verlag für Gesellschaftskritik
*Hasenkamp, K. R.* (1978). Versuche zur Nahrungsaufnahme bei Daphnia pulex. MNU 31, H. 8, 496–497
*Haß, G.* (1993). Ökologische Schülerexkursion in die Schorfheide. BioS 42, H. 2, 52–58
*Hassard, J./Weisburg, J.* (1992). The global thinking project. International networking to solve ecological problems. The Science Teacher 59, H. 4, 42–47
*Hasselberg, D./Meyer, G.* (1978). Biologie – Arbeits- und Testblätter. Köln: Aulis
*Hassenstein, B.* (1977). Biologische Kybernetik. Heidelberg: Quelle & Meyer (5. Aufl.)
*Haßfurther, J.* (1986). Möglichkeiten der Umweltbegegnung im Rahmen der Zooschule. In: *Hedewig/Knoll* (1986), 296–298
*Hauptmann, A.,* u. a. (1996). Nachhaltiger Umgang mit Ressourcen? Tübingen: DIFF
*Hauschild, G.* (1997). Angehenden Aquarianern mit Rat und Tat zur Seite stehen. BioS 46, H. 2, 70–77
*Häußler, P./Duit, R.* (1997). Die Portfoliomethode. NiU-Physik 8, H. 38, 24–26
*Häußler, P./Künzli, R.* (1975). Reorganisation naturwissenschaftlicher Inhalte in Hinblick auf eine handlungsorientierte Wissenschaftsvermittlung. In: *Haft, H./Hameyer, U.* (Hrsg.), Curriculumplanung – Theorie und Praxis. München: Kösel, 239–256
*Häußler, P.,* u. a. (1997). Naturwissenschaftsdidaktische Forschung: Perspektiven für die Unterrichtspraxis. Kiel: IPN

# 15 LITERATURVERZEICHNIS

*Hazard, B.* (1993). Umwelterziehung in der Schule aus umweltmedizinischer Sicht. In: *Eulefeld* (1993), 93–110
*Heck, G./Schurig, M.* (Hrsg.) (1991). Friedenspädagogik. Darmstadt: Wissenschaftliche Buchgesellschaft
*Hedewig, R.* (1980). Biologielehrpläne im Wandel. UB 4, H. 48/49, 15–26
– (1981 a). Modellversuche auf dem Arbeitsprojektor. UB 5, H. 60/61, 34–36
– (1981 b). Das Freilandlabor Dönche in Kassel. biol. did. 4, H. 1, 47–52
– (1982). Zum Problem der Freilandarbeit im Biologieunterricht. In: *Hedewig/Rodi* (1982), 206–224
– (1984 a). Das Schülerinteresse an Freilandarbeit. In: *Hedewig/Staeck* (1984), 157–173
– (Hrsg.) (1984 b). Einzeller. UB 8, H. 97
– (1985). Der Naturlehrpfad. Wetzlar: Naturschutzzentrum Hessen
– (Hrsg.) (1986 a). Ökologischer Landbau. UB 10, H. 115
– (1986 b). Die Entwicklung von Fähigkeiten bei fachdidaktischen Exkursionen in einem Waldlehrpfad. In: *Hedewig/Knoll* (1986), 196–211
– (1988 a). Biologen als Gesundheitserzieher an Schulen. Mitt. d. VDBiol Nr. 351, 1595–1598
– (1988 b). Naturvorstellungen von Schülern. In: *Hedewig/Stichmann* (1988), 212–229
– (1990 a). Körpertemperatur und Fieber. UB 14, H. 158, 21–25
– (1990 b). Empfehlungen zur Lehrerausbildung. Antwort. Biologie heute, Nr. 375, 6 f.
– (1991 a). Die Diskrepanz zwischen Wissen und Handeln im Gesundheitsverhalten – Ursachen und Möglichkeiten ihrer Überwindung. BioS 40, H. 10, 373–378
– (1991 b). Differenzierung durch biologische Projekte. In: *Zabel* (1991 c), 198–214
– (1992 a). Umfrage über interdisziplinäre Themen und Projekte im Biologieunterricht. UB 16, H. 177, 48
– (1992 b). Zeitgemäßer Biologieunterricht. In: BioS 41 (1992), H. 3, 81–90
– (1993 a). Medien im Biologieunterricht. In: Friedrich Verlag (1993), 52–53
– (1993 b). Umwelterziehung in der Lehrerausbildung in Deutschland. In: *Seybold/Bolscho* (1993), 175–190
– (1993 c). Biologieunterricht und Projekte. UB 17, H. 188, 4–11
– (1994). Theorie und Praxis interdisziplinärer Projektarbeit im Biologieunterricht der alten Bundesländer. In: *Bayrhuber* u. a. (1994), 54–69
– (1997). Biologielehrpläne und Lebenswirklichkeit. In: *Bayrhuber* u. a. (1997), 372–378
– */Kattmann, U./Rodi, D.* (Hrsg.) (1998; 1999). Handbuch des Biologieunterrichts Sekundarbereich I. Band 7: Evolution; Band 6: Genetik. Köln: Aulis
– */Knoll, J.* (Hrsg.) (1986). Biologieunterricht außerhalb des Schulgebäudes. Köln: Aulis
– */Rodi, D.* (Hrsg.) (1982). Biologielehrpläne und ihre Realisierung. Köln: Aulis
– */Schaffrath, U.* (1987). Freilandlabor Dönche. Kassel: Gesamthochschule
– */Staeck, L.* (Hrsg.) (1984). Biologieunterricht in der Diskussion. Köln: Aulis
– */Stichmann, W.* (Hrsg.) (1988). Biologieunterricht und Ethik. Köln: Aulis
– */Vogt, D.* (1992). Wahrnehmung und Umwelt. In: *Entrich/Staeck* (1992), 324–329
*Heenes, H.* (1993). Das Lymphsystem und seine Entdeckungsgeschichte. PdN-B 42, H. 5, 26–30
*Hefter, I.* (1982). Zur Gesellschaftsrelevanz der Schulbiologie. NiU-B 30, H. 7, 258–261
*Heid, H.* (1992). Ökologie als Bildungsfrage? Zeitschrift für Pädagogik, H. 1, 113–138
*Heiligmann, W.* (1978). Beispiele für die mathematische Behandlung biologischer Probleme. BU 14, H. 2, 4–13
*Heimann, P./Otto, G./Schulz, W.* (1977). Unterricht – Analyse und Planung. Hannover: Schroedel
*Heimerich, R.* (1997). Was halten Jugendliche von Naturschutz? ZfDN 3, H. 1, 43–51
– (1998). Tiere im Biologieunterricht? UB 22, H. 231, 50 f.
*Heininger, J.* (1986). Schulgarten. Gedanken zu einem bekannten Thema. PdN-B 35, H. 2, 31

*Heinrich, D.* (1975). Dia-Sammlungen für die Behandlung ökologisch/soziologischer Themen, ihre Anfertigung durch Schüler und ihre Nutzung für rationelles Arbeiten. BioS 24, H. 11, 465–470
– (1996). Freilandlabor Schorfheide – Schüler gestalten Lernorte für Schüler. In: BioS 45 (1996), H. 3, 153–159; H. 4, 233–236
*Heintel, P.* (1977). Politische Bildung als Prinzip aller Bildung. Wien/München: Jugend & Volk
*Heinzel, I.* (1979). Zum Aussagewert von Aufgabenlösungen bei der Leistungsermittlung. BioS 28, H. 11, 472–475
– (1990). Lehren und Lernen am Beispiel des Bildens von Begriffen, Definierens und Beweisens im Biologieunterricht. In: *Killermann/Staeck* (1990), 94–97
– (1995). Hospitiert und kommentiert – Fixierung des Wissensgewinns im Schülerheft. BioS 44, H. 3, 147–150
*Heipcke, K./Messner, R.* (1973). Curriculumentwicklung unter dem Anspruch praktischer Theorie. Zeitschrift für Pädagogik 19, H. 3, 351–374
*Heißing, W.* (1974). Der Overhead-Projektor als Experimentiergerät. NiU 22, H. 10, 424–425
*Heitkämper, P.* (Hrsg.) (1994 a). Neue Akzente in der Friedenspädagogik. Münster
– (1994 b). Zur Begründung der Friedenspädagogik. In: *Heitkämper* (1994 a), 31–40
*Hell, P.* (1980). Das Arbeitsblatt im Biologieunterricht. Päd. Welt 34, H. 3, 182–187
*Hellauer, D.* (1969). Telekolleg Biologie. Begleitmaterial. München: Oldenbourg
*Hellberg-Rode, G.* (Hrsg.) (1991). Umwelterziehung, Theorie und Praxis. Münster/New York: Waxmann
– (1993). Umwelterziehung im Sach- und Biologieunterricht. Münster/New York: Waxmann
*Heller, E.* (1985). Zur Gestaltung und Nutzung des Fachunterrichtsraumes. BioS 34, H. 6, 242–244
*Hellmann, W./Wingenbach, U.* (1977). Reizphysiologische Schulversuche mit Strudelwürmern. PdN-B 26, H. 7, 178–185
*Hemmer, H.* (1977). Tierhaltung und Naturschutz in modernen Biologie-Curricula (Sekundarstufe I) – gemeinhin übersehene Aspekte der »Gesellschaftsrelevanz«. MNU 30, H. 5, 300–302
– (1978). Kröte und Frosch im Unterricht. Heidelberg: Quelle & Meyer
– */Werner, R.* (1976). Zur Relevanz des derzeitigen Biologieunterrichts hinsichtlich der Schülerinteressen. PdN-B 25, H. 7, 169–174
*Henes, E.* (1972-1976). Biologische Skizzenblätter, Transparente. Wannweil/Reutlingen: Henes
*Henke, J.* (1973). Inwieweit kann die gegenwärtig empirische Sexualforschung Entscheidungshilfen zur inhaltlichen Strukturierung eines sexualpädagogischen Curriculum-Projektes leisten? In: *Fischer, W.*, u. a. (Hrsg.), Inhaltsprobleme der Sexualpädagogik. Heidelberg: Quelle & Meyer, 87–98
*Hentig, H. von* (1987). Arbeit am Frieden. München/Wien: Hanser
Herder Lexikon der Biologie (1984). Stichwort »Biologie«. Bd. 2. Freiburg: Herder
*Herrmann, B.* (Hrsg.) (1994). Umweltgeschichte. UB 18, H. 195
*Herrmann, N.* (1969). Der Film und das Lichtbild im Biologieunterricht. BU 5, H. 3, 35–49
*Hertlein, U.* (1994). Die Klasse der Spinnentiere – Beispiele für den Einsatz im Biologieunterricht. PdN-B 43, H. 3, 1–7
*Hertrampf, H. P./Laßke, M.* (1986). Biologieunterricht einmal anders – 15 Jahre Zooschule. BioS 35, H. 12, 485–487
*Hesse, M.* (1983). Artenkenntnis bei Studienanfängern. BU 19, H. 4, 94–100
– (1984 a). »Artenkenntnis« in der Sekundarstufe I (Hauptschule). NiU-B 32, H. 5, 163–165
– (1984 b). Empirische Untersuchungen zum Biologie-Interesse bei Schülern der Sekundarstufe I. NiU-B 32, H. 10, 344–350
– (1994). Eine Rallye im Naturkundemuseum. PdN-B 43, H. 6, 1–6
*Heubgen, H.* (1982). Das Problem der Urzeugung. UB 6, H. 75, 38–43

## 15 LITERATURVERZEICHNIS

*Hiering, P. G.* (1990 a). Computersimulation im Biologieunterricht – Möglichkeiten und Grenzen. In: *Killermann/Staeck* (1990), 59–67
– (1990 b). Ergebnisbericht des Arbeitskreises »Computereinsatz im Biologieunterricht«. In: *Killermann/Staeck* (1990), 68–70
– (1990 c). Der See im Computer. FWU-Magazin, H. 3
– (1991). Was ist los im See? Computer + Unterricht 1, H. 3, 49–52
– (1995). Oft gestorben und doch nicht tot. Chancen und Gefahren der Computersimulation aus didaktischer Sicht. Simulation in Passau, H. 1, 12–14
– (1997). Versuche mit Bakterien – Realexperiment und Computersimulation. UB 21, H. 221, 40 ff.
– */Killermann, W.* (1991). Original oder Abbild? BioS 40, H. 6, 228–232
HILF (Hrsg.) (1988). Erlebnisraum Schulgarten. Fuldatal/Kassel
– (1992). Heraus aus der Schule, aber wohin? Lernorte außerhalb der Schule. Fuldatal
*Hilfrich, H.-G.* (1975). Aufriß eines projektorientierten Unterrichts unter Berücksichtigung der Zellbiologie. In: *Rodi* (1975), 122–126
– (1976). Einzeller als Zellmodelle. UB, H. 2, 16–22
– (1979). Der Stellenwert und die Bedeutung der sprachlichen Verständigung für den grundlegenden Biologieunterricht. In: *Ewers* (1979 a), 149–163
*Hilge, C.* (1998). Vorstellungen zu Mikroorganismen und mikrobiologischen Prozessen. In: *Bayrhuber* u.a. (1998)
*Hilgers, A.* (1995). Richtlinien und Lehrpläne zur Sexualerziehung – eine Expertise. Köln: BZgA
*Hilke, R./Kempf, W.* (Hrsg.) (1982). Aggression. Naturwissenschaftliche und kulturwissenschaftliche Perspektiven der Aggressionsforschung. Bern: Huber
*Hillen, W.* (1978). Kriterien für die Auswahl von Biologiebüchern für die Klassen 5/6. NiU-B 26, H. 12, 366–371
– (1979). Reizphysiologische Versuche am Pantoffeltierchen. NiU-B 27, H. 9, 257–269
*Hilty, L. M./Seidler, R.* (1991). Regelkreise im Ökosystem See. Eine Einführung in die Computersimulation. Computer und Unterricht 1, H. 3, 26–32
*Hines, J. M./Hungerford, H. R./Tomera, A. N.* (1986/87). Analysis and synthesis of research on responsible environmental behavior: A meta-analysis. Journal of Environmental Education 18, H. 2, 1–8
*Hinske, M./Weigelt, C.* (1988). Unterrichtseinheit »Retortenbaby«. In: *Hedewig/Stichmann* (1988), 136–151
*Hintermeier, H.* (1983 a). Selbstgestaltete Overheadfolien als Arbeitshilfe im Biologieunterricht. Pädagogische Welt 37, H. 3, 140–153
– (1983 b). Naturschutz vor der Haustüre: Der Garten als Lebensraum. NiU-B 31, H. 8, 278–287
*Hinterreiter, P.* (1997). Sexualziehung in der Unterrichtspraxis. BioS 46, H. 1, 28–30
*Hirsch-Hadorn, G./Klaedtke, A./Arnold, J./Rigendinger, L./Werner, K.* (1996). Die Welt in 20 Jahren – eine qualitativ-deskriptive Studie bei Jugendlichen in der Schweiz. Bildungsforschung und Bildungspraxis 18 , H. 3, 392–419
*Hirschfelder, P./Rüther, F./Düning, S.* (1984). »Das Herz ist der kleinen Welt Sonne«. UB 8, H. 100, 20–29
*Hirschmann, W.* (1973). Verbund zwischen Tageslichtprojektor und Wandtafel. PdN-B 22, H. 1, 24–25
– (1974). Biologie im Zweier-Team. PdN-B 23, H. 12, 319–322
– (1975). Mosaikunterricht im Klassenverband und Zweier-Team. PdN-B 24, H. 6, 161–163
*Hochhold, J. M.* (1974). Der Einsatz von Tonbandaufzeichnungen im Biologieunterricht der Sekundarstufe I. PdN-B 23, H. 10, 264–266
*Hoebel-Mävers, M.* (1970). Vielfüßer (Myriapoda) im Unterricht. BU 6, H. 3, 4–24
– (1973). Leitlinienmodell einer Didaktik der Biologie. PdN-B 22, H. 8, 197–203

*Hoebel-Mävers, M.* (1994). Lernortdidaktische Studien zu einem Transekt in HH-Wilhelmsburg. In: *Jäkel* u. a. (1994), 182–185
– */Bieler* (1978). Die biologische Standortkartei. PdN-B 27, H. 12, 309-315
– */Gärtner, H.* (Hrsg.) (1990). Umweltforschung und Umweltbildung im Ballungsraum. Frankfurt u. a.: Lang
*Hoebel-Mävers, M.*, u. a. (1976). Offenes Curriculum als Konstruktion im Handlungsfeld. Ahrensburg: Czwalina
*Hoehl, E.* (1985). Nachtpfauenaugen im Klassenzimmer. UB 9, H. 104, 48–49
*Hoff, M.* (1991). Lernort: Schulgelände. In: *Hellberg-Rode* (1991), 103–128
*Hoffmann, L.* (1990). Mädchen und Physik. NiU-Physik, H. 1
*Hofmeister, H./Ellmers, B./Adam-Vitt, B.* (1987). Entdeckungen mit der Lupe, UB 11, H. 129, 14–17
*Hofmeister, H.,* u..a. (1982). Lebendig oder nicht? UB 6, H. 75, 15–20
*Hofmeister, H./Wiencke, C.* (1977). Vegetationskundliche Untersuchungen in Wäldern. UB 1, H. 13, 41–45
*Högermann, C.* (1986). Funktionsmodell zur Wirkungsweise von Enzymen. PdN-B 35, H. 8, 45–46
– (1989 a). Biomembranen im Modell. PdN-B 38, H. 2, 24–26
– (1989 b). Zum Stellenwert der Kybernetik im Biologieunterricht. MNU 42, H. 1, 21–26
*Hollwedel, W.* (1971). Der Fachraum für den Biologieunterricht. NiU 19, H. 12, 548–549
– (1972). Lebendbeobachtungen an Wasserflöhen. BU 8, H. 1, 33–42
– (1975). Landschaftsökologische Arbeiten mit einer 8. Hauptschulklasse. NiU 23, H. 10, 447–451
*Holtappels, E.* (1981). Die Hecke – ein naturnaher Lebensraum. UB 5, H. 55, 20–24
*Holtappels, H. G./Hugo, H.-R, Malinowski, P.* (1990). Wie umweltbewußt sind Schüler? DDS 81, 224–235
*Homfeldt, H.-G.* (Hrsg.) (1993 a). Sinnliche Wahrnehmung – Körperbewußtsein – Gesundheitsbildung. Weinheim: Deutscher Studienverlag (2. Aufl.)
– (Hrsg.) (1993 b). Anleitungsbuch zur Gesundheitsbildung. Hohengehren: Schneider,
*Honomichl, K./Risler, H./Rupprecht, R.* (1982). Wissenschaftliches Zeichnen. Stuttgart: Fischer
*Höppner, H.* (1981). Rasen betreten verboten. UB 5, H. 55, 14–19
*Hörmann, M.* (1965). Methodik des Biologieunterrichts. München: Kösel (2. Aufl.)
*Horn, F.* (1987). Standpunkte und ihre Umsetzung in den neuen Lehrplänen für die Klassen 5 bis 10. BioS 36, H. 6, 209–215
– (1988). Beobachtungen und Experimente im Biologieunterricht der Klassen 5 bis 10. BioS 37, H. 5, 166–177.
– (1989). Erläuterung des Lehrplans Biologie. Berlin: Volk und Wissen
– (1993). Organismenreiche im Biologieunterricht. BioS 42, H. 5, 178–181
– (1997). Biologische Bildung in der Schule. BioS 46, H. 5, 261–265
*Horn, R.* (1972). Lernziele und Schülerleistung. Weinheim: Beltz
*Hornung, G.* (Hrsg.) (1998). Mit Gefühl & Mitgefühl. UB 21, H. 231
*Horstmann, D./Lienenbecker, H./Vieth, W.* (1997). Ökologische Untersuchungen im Freiland – lebensnaher Biologieunterricht an der Schulhecke. PdN-B 46, H. 1, 1–5
*Huber, H.,* u. a. (1991). Umwelterziehung in der Schule. Donauwörth: Auer
*Huber, L.* (1991). Fachkulturen. Neue Sammlung 31, H. 1, 3–24
*Hüchtker,* R. (1974). Arbeitsmöglichkeiten mit dem Tageslichtprojektor. PdN-B 23, H. 10, 275–276
*Huhse, K.* (1968).Theorie und Praxis der Curriculum-Entwicklung. Institut für Bildungsforschung in der Max-Planck-Gesellschaft. Studien und Berichte 13. Berlin
*Huitzing, D.* (1995). Wertvielfalt der Natur. In: *Stokking/Pieschl* (1995), 121–147

## 15 LITERATURVERZEICHNIS

*Hunger, H.* (1975). Sexualität und die Schwierigkeit der Lehrer, ein Schulfach daraus zu machen. Psychologie heute 2, H. 2, 47–56
*Hurrelmann, K.* (1991). Neue Gesundheitsrisiken für Kinder und Jugendliche. Pädagogik 43, H. 3, 6–11
– (1994). Schulstreß – Freizeitstreß – Familienstreß. In: *Gropengießer, I./Thal, J.* (Hrsg.), Gesundheitsförderung und Lebensweisen. Arbeitsbericht 106/94, Bremen: WIS
*Husslein, A.* (1982). Voreheliche Beziehungen. Wien: Herder
*Hyatt, G. W./Eades, D. C./Tenczar, P.* (1972). Computer-based education in biology. BioScience 22, H. 7, 401–409
IBM-Jugendstudie '95 (1995). Wir sind o.k.! Stimmungen, Einstellungen, Orientierungen der Jugend in den 90er Jahren. Köln: Institut für empirische Psychologie
*Illies, J.* (1974). Wir beobachten und züchten Insekten. Stuttgart: Franckh (4. Aufl.)
*Illner, R.* (1998). Glaube als Lernhindernis für die Evolutionstheorie? In: *Bayrhuber* u. a. (1998)
– */Gebauer, M.* (1997). Bericht über das Symposion »Evolution und Lebenswirklichkeit«. In: *Bayrhuber* u. a. (1997), 211–218
*Ingenkamp, K.* (Hrsg.) (1989). Die Fragwürdigkeit der Zensurengebung. Weinheim, Basel: Beltz
Initiative Forst und Holz (Hrsg.) (1996). Schule im Wald. Adressenverzeichnis. (53153 Bonn)
IPN (1974 ff.). IPN Einheitenbank Curriculum Biologie. Köln: Aulis
IPTS (Hrsg.) (1995). Sexualpädagogik und AIDS-Prävention. Kiel
*Issing, L. J./Klimsa, P.* (Hrsg.) (1995). Information und Lernen mit Multimedia. Weinheim: Psychologie Verlags Union
*Iwon, W.* (1975). Motivierung im problemlösenden Unterricht. NiU 23, H. 12, 531–533
– (1982). Interessen im Biologieunterricht. NiU-B 30, H. 4, 141–142
– (1989). Methodenmonotonie im Unterricht? UB 13, H. 141, 49
– (1992). Formenlernen in Freiland und Klassenraum. UB 16, H. 172, 43
*Jaenicke, J.* (Hrsg.) (1983-1986). Materialien zum Kursunterricht Biologie. Köln: Aulis
– (1986). Der Arbeitsprojektor – ein Medium unter vielen. PdN-B 35, H. 8, 25–43
– (Hrsg.) (1992). Spiele. PdN-B 41, H. 5
– */Kähler, H./Tischer, W.* (Hrsg.) (1988). Computer im Biologieunterricht. PdN-B 37, H. 8
*Jäger, G./Twenhöven, F. L.* (1993). Sternstunden an der Ostsee. UB 17, H. 186, 35–38
*Jäger, R.* (1981). Baggern und Rekultivieren. NiU-B 29, H. 10, 390–408
*Jahn, I.* (1990). Grundzüge der Biologiegeschichte. UTB 1534. Jena: Fischer
*Jäkel, L.* (1991). Art und Exaktheit biologischer Alltagserfahrungen 10-16jähriger Schüler und Möglichkeiten ihrer Nutzung im Unterricht. Wissenschaftliche Zeitschrift, Universität Potsdam 35, H. 7, 77–91
– (1992). Lernvoraussetzungen von Schülern in bezug auf Sippenkenntnis. UB 16, H. 172, 40–41
– u. a. (Hrsg.) (1994). Der Wandel im Lernen von Mathematik und Naturwissenschaften. Band II: Naturwissenschaften. Weinheim: Deutscher Studien Verlag
*Jank, W./Meyer, H.* (1994). Didaktische Modelle. Frankfurt: Cornelsen Scriptor
*Janßen, W.* (1978). Definitionen zu den Begriffen Umwelt, Umweltschutz, Lebensschutz. Biologische Abhandlungen Bd. 5, Nr. 55–58, 18–23
– (1982). Strukturen des Erlebens und Lernens, didaktische Leitlinien für Entwicklung und Einsatz von Arbeitsbögen in naturwissenschaftlichen Sammlungen. In: *Winkel* (1982 a)
– (1984). Naturschutzerziehung im Naturkundemuseum. In: *Berck/Weiss* (21984), 179–193
– (1988). Naturerleben. UB 12, H. 137, 2–7
– (1991). Stimmen der Wirbeltiere. UB 15, H. 163, 4–13
– (Hrsg.) (1993). Formenkenntnis wozu? UB 17, H. 189
– (Hrsg.) (1995). Muscheln und Schnecken. UB 19, H. 205
– */Trommer, G.* (Hrsg.) (1988). Naturerleben. UB 12, H. 137

*Jantschke, F.* (1996). Deutschland Safari. Bern: Hallwag
*Jenchen, H. J.* (1992). Ökologie im Schulalltag. Münster: Ökotopia
*Jeske, H.* (1976). Zum Weltbild von Biologie-Schulbüchern. Das Argument, 181–199
– (1978). Zum geschichtlichen Verhältnis von Biologie und Gesellschaft am Beispiel der Herausbildung der Zellenlehre. In: *Ewers* (1978 a), 141–164
*Jobusch, G.* (1983). Attrappenversuche mit Tubifex. PdN-B 32, H. 1, 21–28
*Johannsen, F.* (1982). Schöpfungsglaube und Evolutionstheorie. UB 6, H. 76, 11–14
– Schöpfung und Evolution. In: *Bayrhuber* u. a. (1997), 201–205
*Johst, V.* (1991). Friedenserziehung aus der Sicht der Verhaltensbiologie. BioS 40, H. 7/8, 257–266; H. 9, 321-326
*Jonas, H.* (1984). Das Prinzip Verantwortung. Frankfurt: Suhrkamp
– (1985). Technik, Medizin und Ethik. Frankfurt: Insel
*Joschko, K.* (Hrsg.) (1980). Abiturprüfungsaufgaben in der Kollegstufe. Donauwörth: Auer
*Jüdes, U./Frey, K.* (Hrsg.) (1993). Biologie in Projekten. Köln: Aulis
*Jung, W.* (1983). Kann man Physik nur historisch »wirklich« verstehen? Der Physikunterricht, H. 3, 5–18
– (1987). Verständnisse und Mißverständnisse. physica didactica 14, 23–30
*Jungbauer, W.* (Hrsg.) (1990). Lichtmikroskopie. PdN-B 39, H. 6
*Junge, F.* (1907). Der Dorfteich als Lebensgemeinschaft. Unveränd. Nachdruck d. bebilderten Ausg. von. St- Peter-Ording: Lühr & Dircks 1985
*Jungwirth, E.* (1979). Das israelische Biologie-Abitur. UB 3, H. 33, 44–46
*Jurcak, J.* (1993). Unter Lupe und Mikroskop: Jahrringe und Holz. UB 17, H. 187, 46 f.
*Kähler, H. /Tischer, W.* (1988). Computer im Biologie-Unterricht. PdN-B 37, H. 8, 1–2
*Kaiser, A./Kaiser, F.-J.* (Hrsg.) (1977). Projektstudium und Projektarbeit in der Schule. Bad Heilbrunn: Klinkhardt
*Kaiser, A./Kaiser, R.* (1996). Studienbuch Pädagogik. Berlin: Cornelsen
*Kaiser, C./Bardl, K.* (1989). Allgemeinbildung und Umwelterziehung in unserem Lande. BioS 38, H. 5, 174–181
*Kals, E./Montada, L.* (1994). Umweltschutz und die Verantwortung der Bürger. Zeitschrift für Sozialpsychologie 25 (1994), H. 4, 326–337
*Kaminski, B./Kattmann, U.* (1996). Alles im Ei – Embryonenschutz bei Landwirbeltieren. UB 20, H. 218, 43–49
*Kämmerer, G./Lindner-Effland, M.* (1997). Ein Herbar mit Algen. UB 21, H. 225, 20–21
*Kanz, H.* (Hrsg.) (1990). Der Nationalsozialismus als pädagogisches Problem. Frankfurt: Lang
*Kasbohm, P.* (1973 a). Haltung und Überwinterung von Fröschen, Weinbergschnecken u. ä. als Demonstrations- und Versuchstiere für den Unterricht. NiU 21, H. 9, 404–406
– (1973 b). Schülergruppenexperimente zur Physiologie des Menschen. PdN-B 22, H. 11, 291–302
– (1975). Schülerversuche in der Sekundarstufe I. In: *Rodi* (1975), 116–121
– (1978). Zur Rolle empirischer Unterrichtsforschung bei der Entwicklung von Biologie-Curricula. NiU-B 26, H. 7, 210–217
*Kästle, G.* (1970). Einführung in die Mikroskopie im 5. Schuljahr. MNU 23, H. 6, 362–364
– (1974). Möglichkeit zur Erarbeitung einer dreidimensionalen Veranschaulichung von Zellen. PdN-B 23, H. 12, 324–327
– (1978). Modelle zur Erarbeitung einer dreidimensionalen Vorstellung von Zellen. In: *Wenk/Trommer* (1978), 174–181
*Kattmann, U.* (1971 a). Entwicklung von Biologie-Curricula im IPN Kiel. MNU 14, H. 2, 114–117
– (1971 b). Behandlung von Grenzfragen zur Philosophie im Biologieunterricht. MNU 24, H. 5, 261–268; H. 6, 335–342
– (1972). Biologie und Religion. Frankfurt: Calwer/München: Kösel

*Kattmann, U.* (1976). Unterricht angesichts der Überlebenskrise. Beiträge zum mathematisch-naturwissenschaftlichen Unterricht , H. 31, 2–25
– (1978). Sexualität des Menschen (Bildmappe und Didaktischer Kommentar). Wuppertal: Jugenddienst
– (1979). Biologie und Rassismus. UB 3, H. 36/37, 92–95
– (1980 a). Bezugspunkt Mensch. Köln: Aulis, 2. Aufl.
– (1980 b). Fließgleichgewicht und Homöostase. Das homöostatisch gesicherte Fließgleichgewicht. Zur kybernetischen Beschreibung von Biosystemen. MNU 33, H. 4, 202–209; H. 5, 283–289
– (1982). Biologische Unterwanderung? UB 6, H. 72/73, 35–42
– (1983 a). Ist der Mensch zum Frieden fähig? UB 7, H. 82/83, 9–14
– (1983 b). Wert und Unwert empirischer Untersuchungen für die Verbesserung des Biologieunterrichts. UB 7, H. 85, 41–43
– (1983 c). Zeichen für Nährstoffe und deren Bausteine im Biologieunterricht. UB 7, H. 86, 56 f.
– (1984 a). Geschichte im Biologieunterricht. UB 8, H. 100, 2–12
– (1984 b). Annäherung an Darwin. UB 8, H. 100, 36–40
– (1985). Humanethologie im Unterricht? UB 9, H. 110, 2–13
– (Hrsg.) (1987). Zukunft des Menschen. UB 11, H. 125
– (1988 a). Biologieunterricht und Ethik. In: *Hedewig/Stichmann* (1988), 47–62
– (1988 b). Biologieunterricht und Friedenserziehung. In: *Calließ/Lob* (1988), Band 3, 245–251
– (1988 c). Rasse als Lebensgesetz. Mitt. des VDBiol Nr. 359, 1662–1664
– (1989). Wirbellose Vielzeller. In: *Eschenhagen/Kattmann/Rodi* (1989), 99–129
– (1990). Phänomen Regulation. UB 14, H. 158, 4–13
– (1991 a). Biologieunterricht und Ethik. BioS 40, H. 10, 353–362
– (1991 b). Bioplanet Erde. Neue Ansichten über das Leben. UB 15, H. 162, 51–53
– (1991 c). Heterozygotenvorteil und Eugenik. UB 15, H. 167, 32–39
– (1991 d). Umwelt und Gene. UB 15, H. 167, 4–13
– (1992 a). Evolution im Unterricht. UB 16, H. 179, 44–49
– (1992 b). Evolutionstheorie und die Geschichte des Lebens. UB 16, H. 179, 2–11
– (1992 c). Originalarbeiten als Quellen didaktischer Rekonstruktion. UB 16, H. 174, 46–49
– (1992 d). Anmerkungen zur Wissenschaftssystematik und Wissenschaftsethik der Anthropologie auf dem Hintergrund ihrer Geschichte. In: *Preuschoft/Kattmann* (1992), 127–142
– (1992 e). Von der Macht der Namen. In: *Entrich/Staeck* (1992), 90–101
– (1992 f). Sprache und Begriffe im Biologieunterricht. BioS 41, H. 6, 201–205
– (1993 a). Sieben Weisen, die Natur zu verstehen. In: *Seybold/Bolscho* (1993), 47–61
– (1993 b). Das Lernen von Namen, Begriffen und Konzepten – Grundlagen biologischer Terminologie am Beispiel »Zellenlehre«. MNU 46, H. 4, 275–285
– (1993 c). Soziobiologie – Wissenschaft und Ideologie. UB17, H. 185, 4–13
– (Hrsg.) (1994 a). Biologiedidaktik in der Praxis. Köln: Aulis/Oldenburg: Universität (ZpB)
– (1994 b). Wozu Biologiedidaktik? In: *Kattmann* (1994 a), 9–23
– (1994 c). Wie Menschen zu Fremden gemacht werden. Interkulturell, H. 3/4, 100–114
– (1995 a). Konzeption eines naturgeschichtlichen Biologieunterrichts. ZfDN 1, H. 1, 29–42
– (1995 b). Gene und Genetik. UB 19, H. 209, 4–13
– (1995 c). Was heißt hier Rasse? UB 19, H. 204, 44–50
– (1995 d). Sprache und Bewußtsein. UB 21, H. 208, 49–55
– (Hrsg.) (1995 e). Ethik. Sammelband UB. Seelze: Friedrich
– (1996). Wirbeltiere: Evolution, Lebensweisen und Leistungen. UB 20, H. 218, 4–13
– (1997 a). Der Mensch in der Natur. Ethik und Sozialwissenschaften 8, H. 2, 123–131
– (1997 b). Testen und Beurteilen im Biologieunterricht. UB 21, H. 230, 4–13
– (1998 a). Schöpfung und Evolution. In: *Hedewig/Kattmann/Rodi* (1998), 33–46

*Kattmann, U.* (1998 b). Warum und mit welcher Wirkung klassifizieren Wissenschaftler Menschen? In: *Kaupen-Haas, H.* (Hrsg.), Humanbiologie in der Sicht der Kulturwissenschaften. Frankfurt
– *Duit, R./Gropengießer, H./Komorek, M.* (1997). Das Modell der Didaktischen Rekonstruktion. ZfDN 3, H. 3, 3–18
– */Fischbeck, M./Sander, E.* (1996). Von Systematik nur eine Spur: Wie Schüler Tiere ordnen. UB 20, H. 218, 50–52
– */Isensee, W.* (Hrsg.) (1977). Strukturen des Biologieunterrichts. Köln: Aulis (2. Aufl.)
– */Jungwirth, E.* (1988). Beachten logischer Strukturen im Unterricht, UB 12, H. 139, 42–46
– */Lucht-Wraage, H./Stange-Stich, S.* (1990). Sexualität des Menschen. Köln: Aulis (3. Aufl.)
– */Palm, W./Rüther, F.* (Hrsg.) (1979). Kennzeichen des Lebendigen. Lehrerbände. Stuttgart: Metzler
– */Palm, W./Rüther, F.* (Hrsg.) (1982; 1983). Kennzeichen des Lebendigen. Band 1; Band 2. Stuttgart: Metzler (2. Aufl.)
– */Pinn, H.* (1984). Die Suche nach dem »missing link«. Texte zur Erforschung der Stammesgeschichte des Menschen. Textband und Kommentarband. Salzdetfurth: Franzbecker
– */Rüther, F.* (Hrsg.) (1990; 1991). Kennzeichen des Lebendigen Biologie. Stuttgart: Metzler. Bd. 7/8; 9/10
– */Schaefer, G.* (1974). Die IPN-Einheitenbank Biologie. In: IPN (1974), 6–30
– */Schmitt, A.* (1996). Elementares Ordnen. ZfDN 2, H. 2, 21–38
– */Seidler, H.* (1989). Rassenkunde und Rassenhygiene. Velber: Friedrich
– */Stange-Stich, S.* (1974). DER Mensch und DIE Tiere. Köln: Aulis
– */Wahlert, G. von/Weninger, J.* (1981). Evolutionsbiologie. Köln: Aulis (2. Aufl.)
*Kauffman, S.* (1991). Leben am Rande des Chaos. Spektrum, H. 10, 90–99
*Kaufmann, M.* (1990). Schulmikroskope im Wandel der Zeit. PdN-B 39, H. 6, 25
– (1991). Computereinsatz im Biologieunterricht. PdN-B 40, H. 2, 40–43
*Keckstein, R.* (1980). Die Geschichte des biologischen Schulunterrichts in Deutschland. biol. did. 3, H. 4, 1–99
*Kentler, H.* (1970). Sexualerziehung. Reinbek: Rowohlt
*Kersberg, H.* (1987). Schullandheim-Aufenthalte im Dienste der Umwelterziehung. In: *Calließ/Lob* (1987) 480–489
– (1995). Umweltspiele bei Wanderungen und bei Aufenthalten in Schullandheimen und Jugendherbergen. In: *Wessel/Giesing* (1995)
*Kerschensteiner, G.* (1959). Wesen und Wert des naturwissenschaftlichen Unterrichtes. München. Oldenbourg/Stuttgart: Teubner (5. Aufl.)
– (1961). Begriff der Arbeitsschule. München: Oldenbourg
*Kettling, A.* (1987). Möglichkeiten und Grenzen wissenschaftsorientierten Biologieunterrichts in Klasse 5 und 6 – eine empirische Untersuchung. MNU 40, H. 4, 237–243; H. 5, 288–294
*Kienert, W.* (1982). Eine Parkanlage im Verlauf der Jahreszeiten. UB 6, H. 67, 23–28
*Kilger, U.* (1981). Schul- und Lehrgärten. Freising-Weihenstephan: Gemüsebau TU München
*Killermann, W.* (1980 a). Empirische Untersuchungen zur Lerneffektivität von Medien, speziell Unterrichtsfilmen. In: *Rodi/Bauer* (1980), 216–223
– (Hrsg.) (1980 b). Biologie in Unterrichtsmodellen für die Jahrgangsstufen 5-9. Donauwörth: Auer (2. Aufl.)
– (1983). Grundfragen des Biologieunterrichts. Pädagogische Welt 37, H. 3, 130–139
– (1987). Neue Wege der außerschulischen Umwelterziehung in Nationalparks und Naturparks durch Einrichtung von Informationshäusern. In: *Welkinger, F.* (Hrsg.), Verhandlungen Göttingen: Gesellschaft für Ökologie Bd. XV, 277–282
– (1991). Biologieunterricht heute. Donauwörth: Auer (9. Aufl.)

# 15 LITERATURVERZEICHNIS

*Killermann, W.* (1993). Natur erkennen – Natur erleben. In: *Pfadenhauer* (1993), 371–377
– (1996). Biology education in Germany: research into effectiveness of different teaching methods. International Journal of Science Education 18, H. 3, 333–346
– */Klautke, S.* (Hrsg.) (1978). Fachdidaktisches Studium in der Lehrerbildung, Biologie. München: Oldenbourg
– */Rieger, W.* (1996). Unterricht mit Video oder Mikroskop? ZfDN 2, H. 2, 15–20
– */Scherf, G.* (1986). Erwerb pflanzlicher Formenkenntnisse mit Hilfe des Unterrichtsganges und Verstärkung der schützenden Einstellung gegenüber Pflanzen durch formenkundlichen Unterricht. In: *Hedewig/Knoll* (1986), 162–172
– */Staeck, L.* (1990). Methoden des Biologieunterrichts. Köln: Aulis
– */Stöhr, E.* (1980). Didaktische Vereinfachung, insbesondere Modellmethode im Unterricht. In: *Rodi/Bauer* (1980), 224–230
– */Vopel, V.* (1993). Ziele und Methoden biologischer Unterrichtsgänge – Freilandarbeit in einem Kalktrockenrasen. BioS 42, H. 3, 84–91
*Kirchner, W./Buschinger, A.* (1971). Waldameisen im Unterricht. PdN-B 20, H. 6, 101–111
*Kirchner, W./Rüther, F.* (1972). Projektion tierischer und pflanzlicher Objekte mit dem Tageslichtschreiber. NiU 20, H. 3, 126–128
*Kirchshofer, R.* (1981). Biologieunterricht im Zoologischen Garten. In: *Falkenhan* (1981), Bd. 2, 271–305
– (1982). Unterrichtsstätte Zoo. NiU-B 30, H. 8, 286–303
*Kirschfeld, K.* (1984). Linsen- und Komplexaugen. Naturwiss. Rundschau 37, H. 9, 352–362
*Kirschke, W.* (1972). Magnetapplikation für das Stoffgebiet »Genetik im Unterricht der 10. Klasse«. BioS 21, H. 6, 242
*Klafki, W.* (1964). Didaktische Analyse als Kern der Unterrichtsvorbereitung. In: Auswahl 1. Hannover: Schroedel, 5–34 (4. Aufl.)
– (1980 a). Die bildungstheoretische Didaktik. WPB 32, H. 1, 32–37
– (1980 b). Zur Unterrichtsplanung im Sinne kritisch-konstruktiver Didaktik. In: *König, E./Schier, N./Vohland, U.* (Hrsg.), Diskussion Unterrichtsvorbereitung. München: Fink, 13–44
– (1993). Grundzüge eines neuen Allgemeinbildungskonzeptes. In: Neue Studien zur Bildungstheorie und Didaktik. Weinheim/Basel: Beltz (3. Aufl.)
*Klahm, G.* (1982). Der Vergleich im Biologieunterricht, exemplarisch dargestellt am Beispiel Feldhase – Wildkaninchen (5. Schuljahr). NiU-B 30, H. 9, 315–320
– (1983). Vom Laich zum Frosch. UB 7, H. 78, 13–19
– (1984). Hühner verständigen sich durch Laute (mit Folienplatte). UB 8, H. 98, 14–16
– (1985). Eine Sandgrube wird unter Schutz gestellt. UB 9, H. 108, 23–25
– (1987). Die Heimtierpflegeschule im Zoo Neunkirchen/Saar. UB 11, H. 128, 41–43
– */Meyer, H.* (1987). Der Regenwurm als Kompostierer. UB 11, H. 127, 16–19
*Klarner, G.* (Hrsg.) (1995). Ökologische Forschungsstationen. Remagen: Naturfreunde
*Klausing, O.* (1968). Biologie in der Bildungsreform. Weinheim: Beltz
*Klautke, S.* (1974). Kriterien zur Beurteilung von Schulbüchern für Biologie. Blickpunkt Schulbuch, H. 16, 30–32
– (1976). Didaktische Analyse von Unterrichtseinheiten – unter besonderer Berücksichtigung von curricularen Lehrplänen. BU 12, H. 3, 85–100
– (1978). Das biologische Experiment. In: *Killermann/Klautke* (1978), 170–191
– (1990). Für und Wider das Experiment im Biologieunterricht. In: *Killermann/Staeck* (1990), 70–82
– (1997). Ist das Experiment im Biologieunterricht noch zeitgemäß? MNU 50, H. 6, 323–329
– */Köhler, K.* (1991). Umwelterziehung – ein didaktisches Konzept und seine Konkretisierung. UB 15, H. 164, 48–51

*Klawitter, E.* (1992). Der Öko-Schulgarten. Stuttgart: Klett
*Kleber E. W./Kleber, G.* (1994). Handbuch Schulgarten. Weinheim/Basel: Beltz
*Klee, R.* (1995). Beschäftigung mit Arten sowie Handeln in Natur- und Umweltschutz – Ergebnisse einer empirischen Untersuchung. MNU 48, H. 5, 298–304
– */Berck, K.-H.* (1992 a). Anregungsfaktoren für Handeln im Natur- und Umweltschutz. In: *Eulefeld* (1992), 217–228
– (1992 b). Zur Rolle der Naturschutzverbände in der Umwelterziehung. In: Deutsche Gesellschaft für Umwelterziehung in der BRD. Bd. 4. Kiel: IPN, 27–29
– (1993). Anregungsfaktoren für Handeln im Natur- und Umweltschutz. In: *Eulefeld* (1993), 73–82
*Klein, M.* (1970). Zur Einführung des Vergleichens im Biologieunterricht der 5. und 6. Klassen. BioS 21, H. 10, 425–432
*Klein, R. L.* (1987). Genetische Manipulation erfaßt alle Lebensbereiche. PdN-B 36, H. 2, 23–41
– (1993 a). Bauer Piepenbrink und seine Kühe. UB 17, H. 182, 30–34
– (1993 b). Blut für Menschen: von Menschen oder Schweinen oder ...? PdN-B 42, H. 5, 30–37
– (1993 c). Über das Interesse an Pflanzen bei Jugendlichen. Frankfurt: Lang
*Kleine, G.* (1981). Schüler produzieren Arbeitsstreifen. UB 5, H. 60/61, 40–44
– */Bergmann, M.* (1986). Modell zur hormonellen Regulation. PdN-B 35, H. 7, 31
*Kleine, U.* (1982). Anleitung zur Einrichtung eines Stadtlehrpfades. NiU-B 30, H. 9, 340–343
*Klenk, G.* (1986). Ein Waldsterbepfad. UB 10, H. 114, 32–35
– (1990). Schullandheimaufenthalte als Alternative zu Schulskikursen. PdN-B 39, H. 3, 17–20
*Klenke, U./Wigbers, M.* (1995). Heldentum auf dem Hühnerhof? UB 19, H. 208, 14–17
*Klewitz, E./Mitzkat, H.* (1977). Entdeckendes Lernen und offener Unterricht. Braunschweig: Westermann
*Klimmek, S.* (1996). Die Waldschadensstatistik. Mathematik Lehren 76, 16–18
*Klimsa, P.* (1995). Multimedia aus psychologischer und didaktischer Sicht. In: *Issing/Klimsa* (1995), 7–24
*Klockhaus, R./Habermann-Morbey, B* (1986). Psychologie des Schulvandalismus: Göttingen
*Kloehn, E./Zacharias, F.* (Hrsg.) (1984). Einrichtung von Biotopen auf dem Schulgelände. Kiel: IPTS/IPN (2. Aufl.)
*Kluge, N.* (Hrsg.) (1981 a). Sexualpädagogische Forschung. Paderborn: Schöningh
- (1981 b). Neuere Forschungsbefunde zur Realisation schulischer Sexualerziehung. In: *Kluge* (1981 a), 157–186
KMK-Expertenkommission (Hrsg.) (1995). Weiterentwicklung der Prinzipien der gymnasialen Oberstufe und des Abiturs. Kiel: Schmidt und Klaunig
*Knauer, B.* (1990). Kampfstrategien. UB 14, H. 158, 36–42
– (1997). Logistisches Wachstum. PdN-B 46, H. 4, 23–32
*Knauss, I.* (1992). Freilandmuseen und deren Beitrag zum Naturschutz und zur Naturschutzbildung. In: *Pfadenhauer* (1992), 479–482
*Knieps, E.* (1990). Naturlehrpfade. LÖLF-Mitteilungen, H. 1, 36–40
*Knievel, F.* (1979). Von den Tücken der Klausur. PdN-B 28, H. 1, 13–21
– (1983). Menschliche Evolution als Menschenwerk. UB 7, H. 88, 45–53
– (1984 a). Gedanken über Modelle. biol. did. 6, H. 3, 4–14
– (1984 b). Ein Druckfehler bei Mendel. PdN-B 33, H. 10, 289–298
– (1986). Der Arbeitsprojektor. PdN-B 35, H. 8, 1–24
*Knoblauch, H.* (1973). Überlegungen und Beobachtungsaufgaben zur Unterrichtseinheit »Die Weinbergschnecke«. NiU 21, H. 10, 445–452
*Knoll, J.* (1974 a). Die Gegenstände der wissenschaftlichen Biologie und die Inhalte eines modernen Biologieunterrichts. PdN-B 23, 281–290

# 15 LITERATURVERZEICHNIS

*Knoll, J.* (1974 b). Sind Mehlwürmer wirklich Würmer? Die Grundschule 6, H. 11, 589–596
– (1977). Biologielehrer und Sexualerzieher. UB 1, H. 11, 2–10
– (1979). Wirkungen tiefer Temperaturen. Zur Funktion fachsprachlicher Texte im Biologieunterricht der Sekundarstufe II. UB 3, H. 40, 32–41
– (1981). Medien. UB 5, H. 60/61, 1–2
– (1987 a). Mikroskopieren in der Schule. UB 11, H. 129, 4–13
– (1987 b). Transmissionselektronenmikroskopie. Beihefter UB 11, H. 129
– (Hrsg) (1987 c). Biologie und Kunst. UB 11, H. 123
– (1994). ...So verlieren sie alle Lebhaftigkeit, schmachten dann und sterben. Zur Geschichte eines Lehrexperiments. UB 18, H. 197, 48–51
– (1995). Zur Geschichte des naturkundlichen Unterrichts in Hannover. Hannover: Universität
*Knoll, M.* (1992). John Dewey und die Projektmethode. Zur Aufkärung eines Mißverständnisses. Bildung und Erziehung 45, H. 1, 89–108
– (1993). 300 Jahre Lernen am Projekt. Zur Revision unseres Geschichtsbildes. Pädagogik 45, H. 7/8, 58–63
*Knoop, H. D.* (1977). Sexualerziehung im Teamwork. Gütersloh: Gerd Mohn
*Knörzer, W.* (1980). Lernmotivation. In: Psychologie des 20. Jahrhunderts, Bd. XI: Konsequenzen für die Pädagogik (1). Zürich: Kindler, 751–778
*Knoth, M.* (1983). Soziale Verhaltensweisen bei Tieren unter besonderer Berücksichtigung des Sozialverhaltens der Ameisen. BU 19, H. 1, 50–81
*Knutzen, F.* (1993). Auswertung biologischer Beobachtungsreihen mit Hilfe von Computerprogrammen. PdN-B 42, H. 5, 38–40
*Koch, D.* (1972). Einführung in die Mikroskopie. NiU 20, H. 7, 316–319
*Koch, F.* (1992). Brauchen wir eine neue Sexualerziehung? In: *Koch, F.* (Hrsg.), Sexualerziehung und AIDS – Das Ende der Emanzipation? Hamburg: Bergmann + Helbig
*Koch, K.* (1977 a). Text und Bild in Biologiebüchern. Göppingen: Kümmerle
– (1977 b). Kriterien zur Auswahl von Biologiebüchern für einen effektiven Unterricht. UB 1, H. 9, 47–48
*Koch, M.* (1992 f.). Wissenschaft und Wahrheit (Serie). BioS 41 f., H. 4 ff.
*Kochanek, H. M./Pleines, S.* (Hrsg.) (1991). Umweltzentren in Deutschland. Mülheim:Ruhr
*Köhler, H.* (1985 a). Computer als Herausforderung – zur Sklavenarbeit? Fragen zur Computerwelt und möglichen Reaktionen durch allgemeinbildende Schulen. MNU 38, H. 1, 1–9; H. 2, 65–73
– (1985 b). Dynamisches Modell der Enzymregulation durch isosterische und allosterische Effektoren. PdN-B 34, H. 5, 24–34
*Köhler, T.* (1987). Umgestaltung von Schulgelände. UB 11, H. 123, 40–41
*Komorek, M./Duit, R./Schnegelberger, M.* (Hrsg.) (1998). Fraktale im Unterricht. Kiel: IPN
*Könnicke, M.* (1980). Über die didaktische Funktion von Unterrichtssendungen des Fernsehens. BioS 29, H. 1, 33–35
*Korbes, F.* (1976). Auswahlkriterien für Bildungsinhalte des Biologieunterrichts. BU 12, H. 3, 33–48
*Kordes, H.* (1996). Entwicklungsaufgabe und Bildungsgang. Münster: LIT
*Koschwitz, H.* (1985). Der Mikrocomputer im Biologieunterricht. MNU 38, H. 8, 487–501
– */Wedekind, J.* (1993). Computereinsatz im Biologieunterricht. Tübingen: DIFF
– */Wedekind, J.* (1985). BASIC-Biologieprogramme. Stuttgart: Teubner
*Kösel, E.* (1975). Soziale Lernziele in der Schule. Ravensburg: Maier
– (1976). Sozialformen des Unterrichts. Ravensburg: Maier (5. Aufl.)
*Kowalsky, T./Möller, A./Schnell, H.-K* (1981). Ein Spiel im Wald, die Naturrallye. UB 5, H. 64, 16–19
*Kraft, G.* (1984). Waldschäden – bei Exkursionen demonstriert. UB 20, H. 3, 37–52

*Krainer, K./Wallner, F.* (1995). Von der Abbildung zur Handlung: konstruktiver Realismus in der Mathematik(didaktik). math. did. 18, H. 1, 109–133
*Kramer, D. W.* (1991). Interactive biology with videodisc. The American Biology Teacher 53, H. 3, 185–188
*Kramp, W.* (1964). Hinweise zur Unterrichtsvorbereitung für Anfänger. In: Auswahl 1. Hannover: Schroedel, 35–67 (4. Aufl.)
*Krapp, A.* (1992). Interesse, Lernen und Leistung. Zeitschrift für Pädagogik 38, 747–770
– (1993). Die Psychologie der Lernmotivation. Zeitschrift für Pädagogik 39, H. 2, 187–205
–*/Prenzel, M.* (Hrsg.) (1992). Interesse, Lernen, Leistung. Münster: Aschendorf
*Krathwohl, D. R.,* u. a. (1964). Taxonomy of educational objectives: handbook II: affective domain. New York: Longman
*Krebs, A.* (Hrsg.) (1997). Naturethik der gegenwärtigen tier- und ökoethischen Diskussion. Frankfurt: Suhrkamp
*Kremer, A./Stäudel, L.* (1992). Den Gegenständen wieder Gestalt geben. In: päd.extra (1992), H. 9, 5–9
*Kreuter, M.-L.* (1992). Der Bio-Garten. München: BLV (14. Aufl.)
*Krieglsteiner, G./Rodi, D.* (1975). Didaktische Konzeptionen für einen Waldlehrpfad, aufgezeigt am Beispiel Waldlehrpfad Taubental bei Schwäbisch Gmünd. In: *Rodi* (1975), 162–168
*Krischke, N.* (1984). Soziale Verhaltensweisen adulter Dsungarischer Zwerghamster. UB 8, H. 98, 46–48
– (1987 a). Wachstum und Entwicklung von Zwerghamstern. UB 11, H. 128, 18–21
– (1987 b). Experimente mit Tieren im Biologieunterricht. UB 11, H. 128, 44–46
*Kron, F. W.* (1994). Grundwissen Didaktik. München: Reinhardt
*Kroner, B./Schauer, H.* (1997). Unterricht erfolgreich planen und durchführen. Köln: Aulis
*Kronfelder, M.* (1980). Die Verwendung von Objektdias im Unterricht beim Thema »Verbreitung von Samen und Früchten«. PdN-B 29, H. 8, 248–249
*Kroß, A.* (1994). Vom Wasser haben wir´s gelernt. Medien+Schulpraxis, H. 1/2, 58–60
*Krüger, B.* (1985). Motivation und Lernerfolg durch programmierten Unterricht im Fach Biologie. Dissertation. Päd. Hochschule Niedersachsen, Abt. Göttingen.
–*/Wagener, A.* (1979). Wild im Wald. UB 3, H. 39, 14–19
*Krüger, K./Millat, U.* (Hrsg.) (1962). Schulgartenpraxis. Berlin: Volk und Wissen
*Krumwiede, D.* (1982). Trends im Biologieunterricht der Sekundarstufe II. Versuch eines Überblicks über die Länderrichtlinien. In: *Hedewig/Rodi* (1982), 94–120
– (1988 a). Wachstum. UB 12, H. 140, 33–37
– (1988 b). Gesetzmäßigkeiten beim Fichtenzapfen. UB 12, H. 140, 22–23
*Kruse, E.* (1969). Mikroskopische Untersuchungen im Biologieunterricht. BU 5, H. 3, 4–26
– (1976). Zurück zu den Grenzen der Möglichkeiten im Biologieunterricht der Sekundarstufe I. Mitt. VDBiol. Nr. 227, 1077–1078
*Kruse, K./Ritz, M.* (1991). Umwelterziehung im Schullandheim. In: DGU/IPN (Hrsg.) (1991) 133–168
*Kühn, H. W.* (1981). Lebende Pflanzen und Tiere in der Schule. In: *Falkenhan* (1981), Bd. 8, 268–333
*Kuhn, K./Probst, W.* (1982; 1980). Biologisches Grundpraktikum. Bd. 1 (4. Aufl.); Bd. 2. Stuttgart: Fischer.
–*/Nogli-Izadpanah, S.* (1993). Pilze im Ökosystem Wald. Hnwese zur Gestaltung einer Ausstellung. UB 17, H. 183, 26–31
–*/Schilke, K.* (1986). Biologie im Freien. Stuttgart: Metzler
*Kuhn, T. S.* (1967). Die Struktur wissenschaftlicher Revolutionen. Frankfurt: Suhrkamp
*Kuhn, W.* (1967). Die Sonderstellung des Menschen in der lebendigen Natur. BU 3, H. 1, 26–34

## 15 LITERATURVERZEICHNIS

*Kuhn, W.* (1975 a). Methodik und Didaktik des Biologieunterrichts. München: List (5. Aufl.)
– (1975 b; c). Exemplarische Biologie in Unterrichtsbeispielen. Bd. 1; 2. München: List.
*Kühne, E.,* u. a. (1987). Wollen wir den perfekten Menschen? UB 11, H. 125, 44–47; 23–30 (Beihefter)
*Kühnemund, H./Frey, H. D.* (Hrsg.) (1993). Lebenswirklichkeit & Wissenschaft. Band I–III. Tübingen: DIFF
*Kulik, C. C./Kulik, J. A.* (1991). Effectiveness of computer-based instruction: An updated analysis. Computer in Human Behavior 7, 75–94
*Künzel, R.* (1987). Der Computer im Biologieunterricht. Beilage: Listings der Programme. Stuttgart: Klett
*Künzli, R.* (1988). Von sinnlichen Vorstellungen zu deutlichen Begriffen. In: Friedrich Verlag (1988), 80–81
*Kuohn, M.* (1981). Wir lernen mikroskopieren. Wir fertigen mikroskopische Präparate an. Monatshefte für die Unterrichtspraxis 49, H. 3, 187–192; H. 4, 251–257
Kursstrukturpläne – Gymnasiale Oberstufe (1979). Aufgabenfeld III. 1-3. Biologie. Wiesbaden
*Kurze, M.* (1992). Aktives Lernen und besseres Verstehen durch problemorientierte Unterrichtsgestaltung. In: *Entrich/Staeck* (1992), 281-289
– */Müller, A./Schneider, P.* (1977). Mikroskopie. Zellenlehre Kl. 7. BioS 26, 425–428
*Kyburz-Graber, R.* (1988). Die lehrerzentrierte Unterrichtsstruktur des Gymnasiums als Hindernis für projektorientierten Umweltunterricht. In: *Cube/Storch* (1988), 158–175
– (1993). Die Ausbildung von Lehrkräften für eine handlungsorientierte Umweltbildung in der Sekundarstufe II. In: *Seybold/Bolscho* (1993), 191–210
– */Rigendinger, L./Hirsch Hadorn, G./Werner Zentner, K.* (1997). Sozio-ökologische Umweltbildung. Hamburg: Krämer
*Labudde, P.* (1989). Computer im mathematisch-naturwissenschaftlichen Unterricht – Forschungsergebnisse aus den USA. MNU 42, H. 4, 208–213
– (1997). Zettelwand, Plakat und Lerntagebuch. In: Friedrich Verlag (1997), 92–94
*Lahaune, G.* (1986). Der Gebrauch der Lupe als Meßinstrument im Biologieunterricht. MNU 39, H. 4, 227–232
*Lammert, K./Lammert, F.-D.* (1985). Schmetterlinge brauchen Unkraut. UB 9, H. 104, 13–16
Landesinstitut für Schule und Weiterbildung (Hrsg.) (1992 a). Lernort Bauernhof. Schule und Landwirtschaft. Soest: Soester Verlagskontor
– (1992 b). Lernort Biotope: »Vom Schrottplatz zum Feuchtgebiet«. Beiträge zur Gestaltung des Schullebens und Öffnung von Schule. Soest: Soester Verlagskontor
*Landsberg-Becher, J.-W.* (1988). Weniger ist oft mehr. Zum Einsatz eines Computers im Biologieunterricht. PdN-B 37, H. 8, 30–34
*Lange, O.* (Hrsg.) (1982). Problemlösender Unterricht und selbständiges Arbeiten von Schülern. Oldenburg: Universität (ZpB)
– */Löhnert, S.* (Hrsg.) (1983). Problemlösender Unterricht. Oldenburg: Universität (ZpB)
*Langeheine, R./Lehmann, J.* (1986). Die Bedeutung der Erziehung für das Umweltbewußtsein. Kiel: IPN
*Langer, J./Schulz von Thun, F./Tausch, R.* (1990). Sich verständlich ausdrücken. München: Reinhardt (4. Aufl.)
*Längsfeld, V.* (1981). Das Einheitenheft. UB 5, H. 60/61, 66–70
*Laudenbach, B.* (1986). Der Computer als Medium im Biologieunterricht. Bremen: WIS
*Laufens, G./Detmer, B.* (1980). Untersuchungen zum Verständnis der Wirbeltier-Klassifizierung. BU 16, H. 2, 28–51
*Lauterbach, W.* (1974). Arbeitsfolien im naturwissenschaftlichen Unterricht. NiU 22, H. 11, 502–503

## 15 LITERATURVERZEICHNIS

Lawrence Berkeley National Laboratory (1997). Virtuelle Frosch Sektion. WWW-Publikation (17. Mai) >http://www-itg.lbl.gov/ITG.hm.pg.docs/dissect/info.html< oder >http://george.lbl.gov/ ITG.hm.pg.docs/dissect/info.html<
*Leder, K.* (1992). Umweltprobleme und Amphibienbiotope auf den Rheinterrassen – Ökologieprojekt zur Untersuchung von Sekundärbiotopen. PdN-B 41, H. 6, 19–27
*Lehmann, J.* (1993). Forschung zu Umweltbewußtsein und Umwelterziehung. In: *Seybold/ Bolscho* (1993), 234–242
– */Portele, G.* (1976). Simulationsspiele in der Erziehung. Weinheim/Basel: Beltz
*Lehwald, G.* (1993). Umweltkontrolle: Wodurch ist sie blockiert und wodurch kann sie verbessert werden? In: *Eulefeld* (1993), 83–91
*Leicht, W. H.* (1971). Über Fachräume für den naturwissenschaftlichen Unterricht in Hauptschulen. NiU 19, H. 6, 242–248
– (1978). Wissenschaftstheoretische Grundlagen der Biologie und ihre Beziehungen zur Fachdidaktik. In: *Killermann/Klautke* (1978), 35–62
– (1981). Repetitorium Fachdidaktik Biologie. Bad Heilbrunn: Klinkhardt
– (1984). Das Interesse 11- bis 16jähriger Hauptschüler an der Humanbiologie. biol. did. 6, H. 1, 24–44
– */Hochmuth, K* (1979). Eine empirische Untersuchung über die Effektivität von Tonfilm und Lichtbild im Biologieunterricht. NiU-B 27, H. 3, 65–67
*Leopold, W.* (1992). Am Anfang war die Erde – Plädoyer zur Umweltethik. München: Knesebeck
*Lepel, W.-D.* (1996 a; b). Begriffsbildung im Biologieunterricht – ein Rückblick auf die Greifswalder Forschungen zum Themenbereich »Organismengruppen«; zum Themenbereich »Physiologie« MNU 49, H. 1, 12–16; H. 4, 198–203
– (1997). Fachunterricht oder »Integrierter Naturwissenschaftlicher Unterricht«? MNU 50, H. 4, 243 f.
– */Kattmann, U.* (Hrsg.) (1991). Sprache, Begriffe und Gesetze in der Biologiedidaktik. Oldenburg: Universität (ZpB)
*Leps, G.* (1977). Begriff der Biologie – 180 Jahre alt. BioS 26, H. 6, 225–228
*Leser, H.* (1991). Ökologie wozu? Berlin/Heidelberg: Springer
*Lethmate, J./Sommer, V.* (1994). Von der Ethologie zur Soziobiologie. IDB 3, 25–41
LEU (Hrsg.) (1980/81). Merkblatt für Bau und Einrichtung von Biologie-Fachräumen. Stuttgart
– (1982). Geräteausstattung für den Biologieunterricht. Gymnasium. Stuttgart
*Leuchtenstern, H.* (1980). Drogen – Entwicklung in die Sucht? UB 4, H. 47, 37–41
*Leutner, D.* (1990). Simulation und Modellbildung. In: *Asselborn* u. a. (1990), 22–52
*Lewontin, R. C./Rose, S./Kamin, L. J.* (1988). Die Gene sind es nicht ... Biologie, Ideologie und menschliche Natur. München/Weinheim: Psychologie Verlags-Union
*Lhotte, R.*:(o. J.). Der menschliche Körper. Freiburg/Br.: Istrex
*Libbert, E.* (1986). Allgemeine Biologie. Jena: Fischer
*Lieb, E.* (1980 a). Anschauungsmittel im Biologieunterricht. BU 16, H. 4, 30–33
– (1980 b). Möglichkeiten und Grenzen des Einsatzes von ethologischen Filmen im Biologieunterricht. BU 16, H. 4, 34–64
– (1981). Biologie und formale Bildung. PdN-B 30, H. 5, 129–134
– (1982). Einige Bemerkungen über entwicklungspsychologische Bedingungen des Biologieunterrichts in der Orientierungsstufe. BU 18, H. 1, 32–36
*Liem, U.,* u. a. (1981). Anregungen zur Schülerselbstkontrolle. NiU-B 29, H. 12, 461–466
*Lieschke, M.* (1994). Öffnung von Schule – Community Education und Umwelterziehung. In: *Pfligersdorffer/Unterbruner* (1994), 194–207
*Lind, G.* (1975). Sachbezogene Motivation im naturwissenschaftlichen Unterricht. Weinheim: Beltz

## 15 LITERATURVERZEICHNIS

*Linder, H.* (1950). Arbeitsunterricht in Biologie. Stuttgart: Metzler
– (1957). Leitgedanken zum Unterricht in Biologie in den unteren und mittleren Klassen der höheren Schulen. Eine Methodik auf praktischer Grundlage. Stuttgart: Metzler
*Lindner-Effland, M.* (1997). Messung von Nervenaktivitäten mit dem Computer. UB 21, H. 221, 19–22
*Lisse, E.* (1974). Lehrerzeichnung im Biologieunterricht? BU 10, H. 3, 31–45
*Litsche, G./Löther, R.* (1990). Lehrplandiskussion und Entwicklung der Biowissenschaften. BioS 39, H. 1, 25–31
*Loidl, E.* (1980). Schulbücher für den Biologieunterricht. Erziehung und Unterricht, H. 10, 690–702
*Lorenz, K.* (1940 a). Durch Domestikation verursachte Störungen arteigenen Verhaltens. Zeitschrift für angewandte Psychologie und Charakterkunde 59, H. 1/2, 2–81
– (1940 b). Nochmals: Systematik und Entwicklungsgedanke im Unterricht. Der Biologe 9, H. 1/2, 24–36
– (1965 a). Über tierisches und menschliches Verhalten II. München: Piper
– (1965 b). Phylogenetische Anpassung und adaptive Modifikation des Verhaltens.. In: *Lorenz* (1965 a), 301–358
– (1965 c). Induktive und teleologische Psychologie. In: *Lorenz* (1965 a), 380–401
– (1968). Das sogenannte Böse. Wien: Borotha-Schoeler (auch dtv München)
*Löser, S.* (1991). Exotische Insekten, Tausendfüßer und Spinnentiere. Stuttgart: Ulmer
*Löwe, B.* (1974). Wie stark interessieren sich Schüler der Eingangsstufe für die Menschenkunde? PdN-B 23, H. 1, 16–21
– (1976 a). Das Tauchverhalten echter Schwimmkäfer (Dytiscidae). MNU 29, H. 6, 363–371
– (1976 b). Anmerkungen und ergänzende Hinweise zur Untersuchung von H. Hemmer und R. Werner über die Relevanz des derzeitigen Biologieunterrichts. PdN-B 25, H. 11, 291–298
– (1980). Empirische Untersuchungen zum kognitiven Lernerfolg und zur Änderung der sachbezogenen Motivation im Biologieunterricht in Abhängigkeit vom Unterrichtsverfahren. In: *Rodi/Bauer* (1980), 231–245
– (1982). Schülerinteressen und Biologieunterricht. PdN-B 31, H. 2, 33–38
– (1983). Interessenänderung durch Biologieunterricht. München: Universität (Biologiedidaktik)
– (1984). Entwurf eines Modells zur Ableitung schulischer Förderungsmöglichkeiten naturwissenschaftlicher Interessen. biol. did. 6, H. 1, 11–23
– (1987). Interessenverfall im Biologieunterricht. UB 11, H. 124, 62–65
– (1990). Biologische Arbeitsweisen im Spiegel der Schülerinteressen. In: *Killermann/Staeck* (1990), 265–279
– (1992). Biologieunterricht und Schülerinteresse an Biologie. Weinheim: Deutsch. Studienverlag
–*/Gscheidle, U.* (1988). Verlieren Schüler durch herkömmlichen Unterricht das Interesse an Umweltfragen? In: *Schallies, M.* (Hrsg.), Umweltschutz, Umwelterziehung. Weinheim: Deutscher Studienverlag, 164–190
*Lucius, E. R.* (1992). Biologieunterricht und Gentechnikgesetz. Biologie heute, Nr. 399, 1–4
– (1993). Mikrobiologie und Bakteriengenetik. BioS 42, H. 6, 222–228
–*/Bayrhuber, H.* (1993). Mikroorganismen im Unterricht. UB 17, H. 182, 46 f.
–*/Bayrhuber, H.* (1996). Zur Sicherheit mikrobiologischer Schulversuche an Gymnasien. Kiel: IPN
*Lück, W. v.* (1992). Modellbildung in der allgemeinbildenden Schule. Computer + Unterricht 2, H. 8, 5–12
– (1993). Klassifikation von Unterrichtssoftware. Computer und Unterricht, H. 10, 61–62
– (1996). Verändertes Lernen: eigenaktiv, konstruktiv und kommunikativ. Computer und Unterricht 6, H. 23, 5–9

*Luhmann, N.* (1990). Konstruktivistische Perspektiven. Opladen: Westdeutscher Verlag
*Lüke, U.* (1990). Evolutionäre Erkenntnistheorie und Theologie. Stuttgart: Hirzel
– (1993). Religiosität – ein Produkt der Evolution? PdN-B 42, H. 1, 41–45
*Lumer, J./Hesse, M.* (1997). Schülervorstellungen über den Weg vom Gen zum Enzym. MNU 50, H. 2, 100–107; H. 3, 165–171
*Lüthje, E.* (1994). Mit Daphnia auf Tingeltour. Vorführung von Kleinlebewesen mit dem Videomikroskop. Mikrokosmos 83, H. 4, 247–250
*– /Stauske, J./Wesslimg, A.* (1994). Aus dem Kescher live auf's Band. UB 18, H. 192, 40–48
*Lütke, H.* (1973). Das Sammeln biologischer Objekte. In: *Eschenhagen* (1973)
*Lütkens, R.* (Hrsg.) (1983). Naturnaher Garten. UB 7, H. 79
*Lutz-Dettinger, U.* (1979). Gesundheitserziehung und Hygiene im Kindergarten, in Schule und Unterricht. Paderborn: Schöningh
*Lutzmann, K.* (1976). Sexualerziehung als Unterrichtsprinzip? DDS 68, 720–727
– (1977). Zur Problematik des Unterrichtsprinzips Sexualerziehung. In: *Gamm, H.-J./Koch, F.* (Hrsg.), Bilanz der Sexualpädagogik. Frankfurt: Campus, 94–114
*Maaßen, B.* (1994). Naturerleben oder der andere Zugang zur Natur. Baltmannsweiler: Schneider
*Machnik, A.* (1975). Lehrer als Sexualerzieher. WPB 27, H. 5, 273–276
*Mager, R. F.* (1974). Lernziele und programmierter Unterricht. Weinheim: Beltz
*Maier, J./Feder, J./Fix, H./Urban, W.* (1986). Meeresbiologische Exkursion auf die Nordseeinsel Borkum. PdN-B 35, H. 3, 1–18
*Maier, S.* (1994). Spieltheoretische Modelle in der Verhaltensbiologie. MNU 47, H. 6, 340-345
*Mandl, H.* (Hrsg.) (1997). Lernen in Computernetzwerken. Unterrichtswissenschaft 25, H. 1
*– /Gruber, H. /Renkl, A.* (1992). Lernen mit dem Computer. Empirisch-pädagogische Forschung in der BRD zwischen 1970 und 1990. Forschungsbericht Nr. 7. München: Universität
*– /Gruber, H./Renkel, A.* (1994). Lernen und Lehren mit dem Computer. In: *Weinert, F. E./Mandl, E.* (Hrsg.), Psychologie der Erwachsenenbildung. D/I/4; Enzyklopädie der Psychologie. Göttingen: Hogrefe
*– /Hron, A.* (1989). Psychologische Aspekte des Lernens mit dem Computer. Zeitschrift für Pädagogik 35, H. 5, 657–678
*– /Reinmann-Rothmeier, G.* (1995). Unterrichten und Lernumgebungen gestalten. In: *Weidenmann, B.*, u. a. (Hrsg.), Pädagogische Psychologie. Weinheim: Beltz
*Manitz, R.* (1991). Informationen über »Vorläufige Lehrplanhinweise für Regelschule und Gymnasium« in Thüringen. BioS 40, H. 11, 433–435
*Marek, J.* (1980). Offener Unterricht: Anspruch und Wirklichkeit. UB 4, H. 48/49, 47–54
*Marek, R.* (Hrsg.) (1993). Praxisnahe Umwelterziehung. Hamburg: Krämer
*Margadant-van Arcken, M.* (1995). Jugendliche, Natur, Umwelt und Bildung. In: *Stokking* u. a. (1995), 149–163
*Markl, H.* (1971). Prinzipien eines modernen Biologieunterrichts. Mitt. VDBiol, Nr. 169, 815–819
– (1986). Natur als Kulturaufgabe. Stuttgart: Deutsche Verlagsanstalt
*Marquardt, B./Unterbruner, U.* (1981). Das Biologieschulbuch als Unterrichtsmedium. UB 5, H. 60/61, 10–15
*Martin, T.* (1982). Erfahrungen und Vorschläge zur Arbeit mit dem Lehrbuch im Biologieunterricht. BioS 31, H. 1, 16–21
*Matray, P./Proulx, S.* (1995). Integrating computer/multimedia technology in a high school biology curriculum. The American Biology Teacher 57, H. 8, 511–520
*Maturana, H. R.* (1985). Erkennen: Die Organisation und Verkörperung von Wirklichkeit. Braunschweig/Wiesbaden: Vieweg
*Mau, K. G.* (1978). Kriterien einer sachgerechten Tierhaltung in der Schule am Beispiel der Rennmaus (Meriones unguiculatus). NiU-B 26, H. 1, 1–6

## 15 LITERATURVERZEICHNIS

*Mau, K. G.* (1979). Fortpflanzung und Entwicklung eines Insekts (Zweifleckgrille). UB 3, H. 32, 18–28
– (1980). Tierhaltung in der Schule. UB 4, H. 41, 44–47
*Maurer, M.* (1978). Naturverständnis und Weltanschauung in Biologieschulbüchern. In: *Busche/ Marquardt/Maurer* (1978), 57–130
*Mayer, J.* (1992). Formenvielfalt im Biologieunterricht. Kiel: IPN
– (1993). Bedeutung der Formenkunde für die Umweltbildung. In: Verhandlungen der Gesellschaft für Ökologie, 22. Jahrestagung in Zürich. Zürich, (1993), 379–384
– (1994 a). Zeitgemäße Formenkunde im Biologieunterricht. MNU 47, H. 1, 44–51
– (1994 b). Formenkunde als themenübergreifende Aufgabe des Biologieunterrichts. In: *Bayrhuber* u. a. (1994 b), 283–287
– (Hrsg.) (1995). Vielfalt begreifen – Wege zur Formenkunde! Kiel: IPN
– (1996 a). Bodenuntersuchungen im Schulgarten. Hamburg/Kiel: Behörde für Schule/IPN
– (1996 b). Biodiversitätsforschung als Zukunftsdisziplin. IDB Münster, H. 5, 19–41
– (1996 c). Nachhaltige Entwicklung. In: *Hauptmann* u. a. (1996), 21–40
– (Hrsg.) (1997). Zeit. UB 21, H. 223
– */Bögeholz, S.* (1998). Motivationale Effekte unmittelbarer Naturerfahrung im Kindes- und Jugendalter. In: *Duit/Mayer* (1998)
– */Horn, F.* (1993). Formenkenntnis – wozu? UB 17, H. 189, 4–13
– */Mertins, I.* (1993). Bibliographie: Unterrichtsmaterialien zur Formenkunde. Kiel: IPN
*Mayr, E.* (1979). Evolution und die Vielfalt des Lebens. Berlin/Heidelberg: Springer
– (1984). Die Entwicklung der biologischen Gedankenwelt. Berlin/Heidelberg/NY: Springer
*Meadows, D. L./Fiddaman, T./Shannon, D.* (1995). Fishbanks, LTD. Institute for Policy and Social Science Research, University of New Hampshire
*Meadows, D.*, u. a. (Club of Rome) (1972). Die Grenzen des Wachstums. Bericht des Club of Rome zur Lage der Menschheit. Stuttgart: Deutsche Verlagsanstalt
*Meadows, D./Meadows, D./Randers, J.* (1992). Die neuen Grenzen des Wachstums. Die Lage der Menschheit. Bedrohung und Zukunftschancen. Stuttgart: Deutsche Verlagsanstalt
*Meffert, A.* (1980). Zur Situation des Biologielehrers. UB 4, H. 48/49, 9–14.
*Meier, M./Müller, R.* (Hrsg.) (1984). Schwangerschaft, Geburt, Abtreibung. UB 8, H. 96
*Meier, R.* (1993). Der Königsweg: Medien selbst herstellen. In: Friedrich Verlag (1993), 28–31
*Meisner, A.* (1997). Franziska sagt, sie habe Angst vor AIDS... . Computer und Unterricht 7, H. 26, 25–28
*Meißner, O./Zöpfl, H.* (Hrsg.) (1973). Handbuch der Unterrichtspraxis. Bd. 1. München: Ehrenwirth
*Memmert, W.* (1974). Selbstgefertigte Modelle im Biologieunterricht. Die Scholle 42, H. 5, 270–278
– (1975). Grundfragen der Biologiedidaktik. Essen: Neue Deutsche Schule (5. Aufl.)
– (1977). Didaktik in Grafiken und Tabellen. Bad Heilbrunn: Klinkhardt
– (1980). Gesellschaftsrelevanz. UB 4, H. 48/49, 39 f.
*Mendel, H.* (1985). Computersimulationen zu den Mendelschen Gesetzen. PdN-B 34, H. 1, 42–47
*Menke, H.-J.* (1975). Die Entwicklung der Erdkröte – ein Vorschlag für Freilanduntersuchungen mit Schülern. BU 11, H. 2, 80–96
*Mertens, G.* (1991). Umwelterziehung. Paderborn: Schöningh (2. Aufl.)
*Mertlich, H.* (1970). Bildnerische Techniken im Biologieunterricht. NiU 18, H. 2, 72–80
*Messer, A./Schneider, J./Spiering, T.* (1974). Planungsaufgabe Unterricht. Ravensburg: Maier
*Messner, R.* (1980). Fachdidaktik Biologie aus der Sicht des Pädagogen. In: *Rodi/Bauer* (1980), 36–45
*Meyer, D./Meyer, G.* (1975). Das ökologische Problem der Räuber-Beute-Beziehung simuliert mit Hilfe eines Computerprogramms. BU 11, H. 2, 4–18

*Meyer, G.* (1979). Sinnesleistungen und Verhalten von Tieren und Menschen. In: *Kattmann/Palm/ Rüther* (1979), Lehrerhandbuch 5/6, 144–170
– (1983). Tarnung, Warnung, Mimikry. UB 7, H. 80, 2–12
– (1988). Mathematische Aspekte im Biologieunterricht. UB 12, H. 140, 4–13
*Meyer, H. U./Muuli, V.* (1997) »Hello Spring«. UB 21, H. 221, 44–46.
*Meyer, H./Meyer, M. A.* (1997). Lob des Frontalunterrichts. In: Friedrich Verlag (1997), 34–37
*Meyer, Hilbert.* (1971). Das ungelöste Deduktionsproblem in der Curriculumforschung. In: *Achtenhagen, F./Meyer, H. L.* (Hrsg.), Curriculumrevision. München: Kösel, 106–132
– (1974). Trainingsprogramm zur Lernzielanalyse. Frankfurt: Fischer Taschenbuch
– (1987 a; b). UnterrichtsMethoden. Bd. I; Bd. II. Frankfurt: Cornelson-Scriptor
– (1991). Leitfaden zur Unterrichtsvorbereitung. Königstein: Scriptor (11. Aufl.)
– (1993). Das wichtigste Medium im Unterricht ist der Körper des Lehrers. In: Friedrich Verlag (1993), 36–37
– (1998). Lob und Last der Kurzvorbereitung. In: Friedrich Verlag (1998), 64–68
*Meyer, Hubertus* (1986). Experimentelles Arbeiten im Biologieunterricht. In: *Hedewig* (1986), 302–310
– (1987). Experimentelles Arbeiten im Biologieunterricht. Friedrich-Forum 3. Seelze: Friedrich
– (1990). Modelle. UB 14, H. 160, 4–10
*Meyer, K. O.* (1994). Ausstellungen als Lernorte. In: *Kattmann* (1994 a), 213–219
*Meyer-Abich, K. M.* (1986). Wege zum Frieden mit der Natur. München: DTV
*Michelsen, G./Siebert, H.* (1985). Ökologie lernen. Frankfurt
*Miehe, U.* (1998). Der Blutkreislauf – ein motivierender Stundeneinstieg mittels Hörspieleinsatz (Klasse 9). BioS 47, H. 1, 16–20
*Mietzel, G.* (1993). Psychologie in Unterricht und Erziehung. Göttingen: Hogrefe
*Milgram, S.* (1974). Das Milgram-Experiment. Reinbek: Rowohlt
Ministerrat der DDR, Ministerium für Volksbildung (Hrsg.) (1988). Lehrplan Schulgartenunterricht Kl. 1–4. Berlin: Volk und Wissen
*Miram, W.* (1975). Zur Vereinfachung der Korrektur von Klassen- und Testarbeiten im Fach Biologie. PdN-B 24, H. 8, 204–212
– (1980). Modelle im Biologieunterricht. PdN-B 29, H. 8, 226–233
– (1990). Ein Gedächtnismodell. MNU 43, H. 4, 218–228
*Mischke, H.* (1987). Checkliste für ein gutes Schulmikroskop. UB 11, H. 129, 13
*Mischnik, H./Roßbach, M.* (1992). Das Sozialverhalten Jugendlicher unter der Bedrohung von AIDS. Berlin: Arno Spitz
*Misgeld, W./Ohly, K. P./Rühaak, H./Wiemann, H.* (Hrsg.) (1994). Historisch-genetisches Lernen in den Naturwissenschaften. Weinheim: Deutscher Studienverlag
*Mitsch, E.* (1971). Das Versuchsprotokoll im biologischen Praktikum. BU 7, H. 1, 56–75
*Mitscherlich, A.* (1969). Die Idee des Friedens und die menschliche Aggressivität. Frankfurt: Suhrkamp
MNU (Hrsg.) (1985). Empfehlungen und Überlegungen zur Gestaltung von Lehrplänen für den Computer-Einsatz im Unterricht der allgemeinbildenden Schulen. MNU 38, H. 4, 229–236
– (1991). Empfehlungen zur Gestaltung von Lehrplänen. MNU 44, H. 6, I–IV
*Mohn, E.* (1978). Fische im Aquarium. NiU-B 26, H. 1, 7–11
*Mohr, H.* (1970). Wissenschaft und menschliche Existenz. Freiburg: Rombach (2. Aufl.)
– (1981). Biologische Erkenntnis. Stuttgart: Teubner
*Moisl, F.* (1981). Erweiterter Einsatz des Arbeitsprojektors. UB 5, H. 60/61, 38–39
– (Hrsg.) (1988). Experimente. UB 12, H. 132
– /*Hilfrich H.-G./Werner, H.* (1976). Die Zelle. UB, H. 2, 2–4
*Molenda, W.* (1983). Mutter-Kind-Beziehung. NiU-B 31, H. 2, 43–51

# 15 LITERATURVERZEICHNIS

*Möller, C.* (1973). Technik der Lernplanung. Weinheim: Beltz
*Moritz, K* (1973). Kriterien für die Beurteilung von Unterrichtsstunden in den naturwissenschaftlichen Fächern. Die Schulwarte 26, H. 2, 53–64
*Moser, H.* (1982). Soziale und pädagogische Alternativen. München: Kösel
*Mostler, G./Krumwiede, D./Meyer, G.* (1979). Methodik und Didaktik des Biologieunterrichts. Heidelberg: Quelle & Meyer (2. Aufl.)
*Müller, G. J.* (1981). Naturfilme im Biologieunterricht. PdN-B 30, H. 9, 277–284
*– /Winde, P.* (1987). Umwelterziehung und subjektives Erleben von Natur, dargestellt am Beispiel fachdidaktischer Exkursionen. In: *Bonatz, H. H./Horst, K.* (Hrsg.) (1987), Umwelt und Biologiedidaktik. Köln: Aulis
*Müller, G. M.* (1995). Mitweltbezogene Pädagogik. Weinheim: Deutscher Studien Verlag
*Müller, H.* (1976). Super-8-mm-Arbeitsstreifen im Biologieunterricht. PdN-B 25, H. 1, 17–22
– (1977). Protozoen als Objekte des Biologieunterrichts. NiU-B 25, H. 10, 297 ff.; H. 11, 329–337
*Müller, Joachim* (1981). Die Biologieräume und ihre Ausstattung. In: *Falkenhan* (1981), Bd. 1
*Müller, Johannes* (1968). Zur systematischen Einführung und Verknüpfung biologischer Fachbegriffe im Unterricht der Klassen 5 bis 7. BioS 17, H. 12, 501–506
– (1974). Modelle als Erkenntnismittel im Biologieunterricht. BioS 23, H. 12, 530–537
– (1989). Allgemeine und besondere Aspekte der Biologiemethodik bei Bildung und Vernetzung von Begriffen. Wiss. Z. Ernst-Moritz-Arndt-Univ. Greifswald 39, H. 12
*– /Brehme, S./Lepel, W.-D.* (1985). Zur Darstellung biologischer Strukturen und Verallgemeinerungen auf der Grundlage von Lehrplananforderungen. Wiss. Z. Ernst-Moritz-Arndt-Universität Greifswald 34, H. 3, 34–48
*– /Kloss, A.* (1990). Zum Verhältnis von sachlich-stofflichen, logischen und didaktisch-methodischen Strukturen bei der Planung bzw. Realisierung von Lehr- und Lernprozessen im Fach Biologie. In: *Killermann/Staeck* (1990), 118–131
– u. a. (1977). Zur Führung des Erkenntnisprozesses im Fach Biologie unter den Bedingungen des Einsatzes programmierter Unterrichtsmittel. In: *Walter, K.-H.* (Hrsg.), Programmierung im Unterrichtsprozeß. Berlin: Volk und Wissen
*Müller, M.* (1977). Experimente mit Kleinkrebsen. Köln: Aulis
*Müller, P.* (Hrsg.) (1975; 1977). Verhandlungen der Gesellschaft für Ökologie. The Hague: Junk
*Müller, R.* (1979). Medienorientierte Sexualerziehung in der Sekundarstufe I. Kiel: IPN
*Müller, S./Gerhardt-Dircksen* (1997). Experimente mit Höheren Pilzen in der Sekundarstufe II. PdN-B 45, H. 3, 39–43; H. 4, 33–37; H. 5, 40–45
*Müller, W.* (1992). Skeptische Sexualpädagogik. Weinheim: Deutscher Studienverlag
*Müller-Hill, B.* (1984). Tödliche Wissenschaft. Reinbek: Rowohlt
*Munding, R.* (1995). Sexualpädagogische Jungenarbeit – eine Expertise. Köln: BZgA
*Murawski, R./Bedürftig, T.* (1995). Die Entwicklung der Symbolik in der Logik und ihr philosophischer Hintergrund. Math. Semesterber. 40, 1–31
*Murphy, M. P./O'Neill, L. A. J.* (Hrsg.) (1997). Was ist Leben? Heidelberg: Spektrum
*Nachtigall, W.* (1972). Biologische Forschung. Heidelberg: Quelle & Meyer
– (1978). Einführung in biologisches Denken und Arbeiten. Heidelberg: Quelle & Meyer (2. Aufl.)
*Nagel, G.* (1978). Leitideen für den Biologieunterricht. BU 14, H. 3, 26–37
*Nath, H.* (1980). Zur gegenwärtigen Lage des Biologieunterrichts an den Gymnasien in Schleswig-Holstein. MNU 33, H. 8, 501–504
NaturschutzR (Naturschutzrecht). dtv. München (1991). Beck (5. Aufl.)
*Neber, H.* (Hrsg.) (1981). Entdeckendes Lernen. Weinheim/Basel: Beltz (3. Aufl.)
*Neuhaus, G./Winkel, G.* (1987). Unser Schulgarten. Bonn: AID, H. 1185
*Neumann, G.-H* (1995). Verhaltensbiologie im Schulunterricht – Von der Ethologie zur Soziobiologie oder Erweiterung der Ethologie durch Soziobiologie? IDB 4, 71–91

*Neumann, U.* (1992). Die Rolle von Erziehung und Bildung im Leben junger Flüchtlinge. Thema Jugend, H.4/5, 7–12
*Neupert, D. W. H.* (1996). Anwenden empirischer Erkenntnismethoden im Biologieunterricht. BioS 45, H. 5, 257–263
*Nicklas, H.* (1993). Erziehung zur Friedensfähigkeit. Spektrum, H. 6, 106–109
– */Ostermann, Ä.* (1973). Überlegungen zur Gewinnung friedensrelevanter Lernziele aus dem Stand der kritischen Friedensforschung. In: *Wulf* (1973), 315–326
– */Ostermann, Ä.* (1976). Zur Friedensfähigkeit erziehen. München
Niedersächsisches Kultusministerium (1991). Empfehlungen zur Gesundheitserziehung in allgemeinbildenden Schulen. Hannover
*Niegemann, H. M.* (1995). Computergestützte Instruktion in Schule, Aus- und Weiterbildung. Theoretische Grundlagen, empirische Befunde und Probleme der Entwicklung von Lehrprogrammen. Frankfurt: Lang
*Nissen, J. C.* (1996). Gentechnik und Gentechnologie. Analysen und empirische Untersuchungen zu einem didaktischen Konzept. Weinheim: Deutscher Studienverlag
*Nittinger, H.* (Hrsg.) (1992). Biologie im Zoo. Hannover: Metzler
*Noack, W.* (1985). Woher kommen unsere Zimmerpflanzen? UB 9, H. 103, 14–17
*Nogli-Izadpanah, S.* (1993). Naturgetreue Pilzmodelle aus Gips. UB 17, H. 183, 32
– */Probst, W.* (1991). (Wieder-)Belebung eines Gartens. UB 15, H. 164, 19–22
*Noll, A.* (1984). Biologie und Schülerinteresse. Frankfurt/Bern/New York: Lang
*Noll, E.* (1981). Exkursionen – mehr als nur Abwechslung im Schulalltag. Geographie heute, H. 3, 2–10
*Nordsieck, H.* (1968). Möglichkeiten und Grenzen des schematischen Zeichnens im Biologieunterricht. BU 4, H. 3, 57–79
*Nottbohm, G.* (1991). Freilandpraktikum Vogelstimmen. UB 15, H. 163, 31–33
– (1993). Eine Landschaft erfahren: Nordfriesland. UB 17, H. 188, 31–36
– (1996). Von Kistenmuseen und Guckkästen. UB 20, H. 220, 46 f.
– (1998). Brückentiere – connecting links. In: *Hedewig/Kattmann/Rodi* (1998), 166–176
*Nowak H. P./Bossel, H.* (1994). Weltsimulation & Umweltwissen. Unsere Umwelt und die Zukunft der Erde. Braunschweig/Wiesbaden: Intercortex
*Nüchel, A.* (1993). Biologie-Software. Natura Biologie: Ökologische Modelle. Stuttgart: Klett
Nuffield Biology. (1975). London: Longman (2. Aufl.)
*Oberholzer, A./Lässer, L.* (1983). Naturgarten. Bern/Stuttgart: Hallwag
*Oberseider, H. G.* (1981). Der Schulgarten. In: *Falkenhan* (1981), Bd. 2, 97–226
*Oblinger, H.* (1978). Die geländebiologische Ausbildung von Biologielehrern. In: *Killermann/Klautke* (1978), 201–211
*Odum, E. P.* (1983). Grundlagen der Ökologie. Bd. 1: Grundlagen. Stuttgart: Thieme
OECD (Hrsg.) (1963). New thinking in school biology. Paris: OECD Publications
*Oehler, K. H.* (1996). Praxisprobleme als Aufgabe – eine Biologieklausur in der Diskussion. In: Friedrich Verlag (1996), 76–77
*Oehmig, B.* (1990). Die Rolle biologischer Fachausdrücke für die Verständlichkeit von Schulbuchtexten. In: *Killermann/Staeck* (1990), 291-295
– (1992). Tiere und Tiernamen in Schulbüchern der Oberstufe. In: *Entrich/Staeck* (1992), 373–379
– (1993). Sporen der Ständerpilze. UB 17, H. 183, 22–25
– (1997 a). Exotische Tiere. UB 21, H. 222, 4–12
– (1997 b). Verlustreicher Sieg. UB 21, H. 226, 21–26
*Oehring, B.* (1978). Die Problemgeschichte als Orientierungshilfe der Didaktik – Beispiel Photosynthese. BU 14, H. 4, 8-68; 2. Teil BU 18 (1982), H. 4, 4–35
*Oerter, R.* (1975). Moderne Entwicklungspsychologie. Donauwörth: Auer (15. Aufl.)

## 15 LITERATURVERZEICHNIS

*Oglivie, D. M./Stinson, R. H.* (1995). Schulbiologische Untersuchungen mit lebenden Tieren. Stuttgart: Klett
Oldenburger Thesen, Kasseler Kommentare (1991). Bedeutung der Fachdidaktik. Biologie heute, Nr. 389, 4
*Opitz, R.* (1996). Ist der Süden überbevölkert? Mathematik Lehren 76, 58–60
*Oßwald, C.* (1995). Interessen fördern durch offene Lernsituationen. Grundschule 27, H. 6, 22 f.
*Ostertag, H.-P./Spiering. T.* (1975). Unterrichtsmedien. Ravensburg: Maier
Ottawa – Charta zur Gesundheitsförderung (1986). In: Päd Extra. Sonderdruck Gesundheitsförderung 9/1991
*Otto, A.-R.* (1984). Möglichkeiten zur Förderung selbstgeregelten Lernens als Einführung in die Lernweise der gymnasialen Oberstufe. PdN-B 33, H. 2, 56–64
– (1990). Jugendwaldeinsatz. Hannover: Schutzgem. Deutscher Wald
– (1994). Waldjugendspiele und Umweltjugendspiele. Hannover: Schutzgem. Deutscher Wald
*Otto, G.* (1974). Methodische Grundformen der Lehr-Lern-Prozesse auf der Sekundarstufe I. Basel: Institut für Unterrichtsfragen und Lehrerfortbildung (Polyskript)
– (1977). Das Projekt. In: *Kaiser/Kaiser* (1977), 151–171
*Palm, W.* (1965/66). Der Konflikt zwischen »Mitschuringenetik« und »Weissmannismus-Morganismus« und seine Auswertung im Biologieunterricht. MNU 18, H. 11, 408–417
– (1978). Leserzuschrift zum Heft »Biokybernetik«. UB 2, H. 26, 47
– (1979 a). Der Biologiefachraum. In: *Kattmann/Palm/Rüther* (1979), Bd. 7/8, 5–27
– (1979 b). Wie arbeitet ein Naturwissenschaftler? In: *Kattmann/Palm/Rüther* (1979), Bd. 5/6, 212–215
– (1979 c). Organisation einer Biologiesammlung. Lehrmittel aktuell 5, H. 3, 39–47; H. 4, 24–35
– (1984; 1985). Bedeutende historische Experimente im Biologieunterricht. UB 8, H. 100, 41–46; UB 9, H. 101, 46 f.
*Pankratz, V.,* u. a. (1976). Naturwissenschaftlicher Unterricht. Frankfurt: Diesterweg
*Paprotte M.* (1980). Selbstgefertigte Medien für den Biologieunterricht, dargestellt an Arbeitstransparenten. BU 16, H. 4, 88–101
*Pauksch, P.* (1987). Konflikt zwischen Artenschutz und Heimtierhaltung. UB 11, H. 128, 36–40
*Pawelzig, G.* (1981). Den Schülern das Verhältnis von Modell und Wirklichkeit bewußt machen. BioS 30, H. 12, 525
*Peitgen, H.-O.* (1994). Mathematik ohne Berührungsängste. MNU 47, H. 4, 240–241
*Petersen, G.* (1975). Wissenschaftsgeschichte und Didaktik. In: *Ewers* (1975), 59–103
*Petri, H.* (1985). Kriegsangst bei Kindern. Psychosozial, H. 26, 46–60
– (1992). Umweltzerstörung und die seelische Entwicklung unserer Kinder. Zürich: Kreuz
–*/Boehnke, K./Macpherson, M./Meador, M.* (1986). Bedrohtheit bei Jugendlichen. Psychosozial 29, 62–71
–*/Boehnke, K./Macpherson, M./Meador, M.* (1987). Zukunftshoffnungen und Ängste von Kindern und Jugendlichen unter der nuklearen Bedrohung. Psychologie u.Gesellschaft 42/43, 81 ff.
*Petsche, K.* (1985). Der Einfluß des lebenden zoologischen Originals auf das Aneignungsergebnis der Schüler im Biologieunterricht der Klasse 6. Potsdam: Pädagogische Hochschule (Diss.)
*Peukert, D. E.* (1982). Eine meeresbiologische Exkursion. UB 6, H. 67, 29–37
– (1983). Anlage eines Freilandlabors als Schulgarten. UB 7, H. 79, 49–52
– (1988). Aggression – Vorurteil – Solidarität. UB 12, H. 132, 41–43
–*/Mühlenhaupt, A./Borchers, R./Gube, B./Kruse, G.* (1987). Der Schulzoo. UB 11, H. 128, 30–35
*Pfadenhauer, I.* (Hrsg.) (1991; 1992; 1993). Verhandlungen der Gesellschaft. für Ökologie, Freising-Weihenstephan: G.f.Ö. Bde. 20; 21; 22
*Pfeifer, H.* (1980). Umwelt und Ethik. Beihefte zu den Veröffentlichungen für Naturschutz und Landschaftspflege in Baden-Württemberg, H. 15

*Pfeiffer, K* (1971). Das Schülerlehrbuch im Biologieunterricht. Lebendige Schule, 424–435
*Pfister, M.* (1986). Tierversuche – Prüfstein unserer Tierschutzethik. UB 10, H. 111, 35–41
*Pfisterer, J. A.* (1979). Schulversuche mit dem Paradiesfisch (Macropodus opercularis) zur Erarbeitung territorialen Verhaltens. MNU 32, H. 6, 353–361
– (1981). Hinweise zu Haltung und Einsatz geeigneter Tiere für Schulversuche zum angeborenen Verhalten. UB 5, H. 62, 45–47
– (1995 a). Nutzung von Parkgehölzen und Kübelpflanzen als Anschauungsmaterial im Biologieunterricht. MNU 48, H. 7, 430–434
– (1995 b). Die Nutzung von Rosen als Arbeitsmaterial im Biologieunterricht. Ein Exkurs in die Genetik der Rosen. MNU 48, H. 8, 495–497
– (1997). Mutation und Modifikation bei der Gartenrose. MNU 50, H. 1, 36–40
*Pfligersdorffer, G.* (1984). Empirische Untersuchung über Lerneffekte auf Biologieexkursionen. In: *Hedewig/Staeck* (1984), 174–186
– (1988). Ein Konzept zur methodisch-didaktischen Gestaltung von Freilandunterricht. PdN-B 37, H. 8, 35–37
– (1991). Die biologisch-ökologische Bildungssituation von Schulabgängern. Salzburg: Abakus
– (1994 a). Computersimulationen in Umwelterziehung und Ökologieunterricht. In: *Kattmann* (1994 a), 155–175
– (1994 b). Ist ökologisches Wissen handlungsrelevant? In: *Pfligersdorffer/Unterbruner* (1994), 104–124
– (1997). Netzverbindungen für die Umwelterziehung. UB 21, H. 221, 49
– /*Seibt, M.* (1997). Mit Computersimulationen Umweltprobleme besser erkennen. UB 21, H. 221, 35–39
– /*Unterbruner, U.* (Hrsg.) (1994). Umwelterziehung auf dem Prüfstand. Innsbruck: Österreichischer Studienverlag
– /*Weiglhofer, H.* (1997). Computer im Biologieunterricht. UB 21, H. 221, 4–11
*Pflumm, W./Wilhelm, K.* (1984). Einführung in die Abstammungslehre anhand historischer Texte. BU 20, H. 4, 5–15
*Pfundt, H.* (1981 a). Die Diskrepanz zwischen muttersprachlichem und wissenschaftlichem »Weltbild«. In: *Duit/Jung/Pfundt* (1981), 114–131
– (1981 b). Fachsprache und Vorstellungen der Schüler – dargestellt an Beispielen aus dem IPN-Lehrgang »Stoffe und Stoffumbildungen«. In: *Duit/Jung/Pfundt* (1981), 161–181
– /*Duit, R.* (1994). Bibliographie Schülervorstellungen und naturwissenschaftlicher Unterricht. Kiel: IPN (5. Aufl.)
*Philipsen, M.* (1986). Der Goldfisch – ein Haustier aus China. UB 10, H. 113, 14–16
*Piaget, J.* (1978). Das Weltbild des Kindes. Stuttgart: Klett (Französische Erstausgabe 1926)
– /*Inhelder, B.* (1973). Die Entwicklung der elementaren logischen Strukturen. Düsseldorf: Schwann
– /*Inhelder, B.* (1976). Die Psychologie des Kindes. Olten/Freiburg: Walter
*Picht, G.* (1975). Zum Begriff des Friedens. In: *Funke, M.* (Hrsg.), Friedensforschung. München
*Pick, B.* (1981). Biologiedidaktik zwischen Fachwissenschaft und Allgemeiner Didaktik. Köln: Aulis
*Piechocki, R.* (1985/86). Makroskopische Präparationstechnik. Jena: Fischer
*Pies-Schulz-Hofen, R.* (1992). Zoopädagogik. BioS 41, H.10, 334–341
*Pieschl, W.* (Hrsg.) (1993). Umweltkrise als Bildungskrise. Hannover: Universität (Erz. Wiss.)
*Pietsch, A.* (1954/55). Grundsätzliches zur experimentellen Lehrform im Biologieunterricht. MNU 7, 197–203
*Plösch, T.* (1989). Der Regenbogencichlide Herotilapia multispinosa. Aquarien- und Terrarienzeitschrift 42, H. 6, 340 f.

# 15 LITERATURVERZEICHNIS

*Plösch, T.* (1990). Attrappenversuche mit Herotilapia multispinosa. Aquarien- und Terrarienzeitschrift 43, H. 7, 440 f.
*Plötz, F* (1971). Kind und lebendige Natur. München: Kösel (3. Aufl.)
*Poenicke, H.-W.* (1979). Mikroprojektion und ein exaktes mikroskopisches Zeichnen ohne Zusatzgeräte. NiU-B 27, H. 4, 107–110
– (1985). Mechanische Modelle der Funktion von Nervenzellen mit markloser und markhaltiger Nervenfaser. PdN-B 34, H. 8, 45-46
*Pohl, E.* (1994). Ein Bienenschaukasten in der Schule. PdN-B 43, H. 4, 42–44
*Pommerening, R.* (1977). Der Tierversuch im Unterricht und das Tierschutzgesetz. NiU-B 25, H. 8, 242–245
– (1982). Gesundheitserziehung und Gesundheitsvorsorge. Köln: Aulis
*Pondorf, P.* (1997). »Mendeln« per Computer. UB 21, H. 221, 32–34
*Popper, K. R.* (1966). Logik der Forschung. Tübingen: Mohr
– (1984). Objektive Erkenntnis. Hamburg: Hoffmann und Campe
*Posch, P.* (1989). Das Projekt »Umwelt und Schulinitiativen«. In: DGU/IPN (1989), 37–48
– (1990). Umwelterziehung im Lichte innerer Schulreform. Wien: ARGE Umwelterziehung
*Poser, G.* (1982). Der Einsatz des Mikroskops im 5. Schuljahr. NiU-B 30, H. 9, 323–333
*Potthof, W.* (1974). Erfolgskontrolle. Ravensburg: Maier
*Pradel, F.* (1992). Fressen und gefressen werden. PdN-B 41, H. 5, 29–37
*Prenzel, M.* (1988). Die Wirkungsweise von Interesse. Opladen: Westdeutscher Verlag
– (1993). Autonomie und Motivation im Lernen Erwachsener. Zeitschrift für Pädagogik 39, H. 2, 239–253
–*/Lankes, E.-M.* (1995). Anregungen aus der pädagogischen Interessenforschung. Grundschule 27, H. 6, 12–13
*Preuschoff, G./Preuschoff, A.* (1993). Gewalt an Schulen. Papy-Rossa: Köln
*Preuschoft, H./Kattmann, U.* (Hrsg.) (1992). Anthropologie im Spannungsfeld. Oldenburg: Universität (BIS)
*Preuss, S.* (1991). Umweltkatastrophe Mensch. Über unsere Grenzen und Möglichkeiten, ökologisch bewußt zu handeln. Heidelberg: Asanger
*Priesemann, G.* (1971). Zur Theorie der Unterrichtssprache. Düsseldorf: Schwann
*Prigge, S.* (1994). Gewässer im Stadtteil. Das Umweltprojekt GREEN. Hamburg/Kiel/Brüssel: Behörde f. Schule, Jugend und Berufsbildung/IPN/Amt f. Schule EC–Tempus
*Probst, W.* (1973). Die Pupillenreaktion. NiU 21, H. 5, 212–220
– (1987). Polarisiertes Licht in der Mikroskopie. UB 11, H. 129, 44–47
– (1993). Dungpilze. UB 17, H. 183, 40–44
– (1996). Biologie lernen – Biologie erleben? BioS 45, H. 2, 66–72
–*/Schilke, K.* (1995). Natur erleben – Natur verstehen. Stuttgart: Klett
*Purrmann, E.* (1985). Rechtliche Rahmenbedingungen für Projektwochen. Grundschule 17, H. 5, 36 f.
*Puthz, V.* (1988). Experiment oder Beobachtung? UB 12, H. 132, 11–13
– (1993). Geschichte der Biologie im Gymnasium. MNU 46, H. 2, 82–89
*Pyter, M./Issing, L.* (1996). Textpräsentation in Hypertext. Unterrichtswissenschaft 24, H. 2, 177-186
*Quasigroch, G.* (1979 a). Sinnvoller Einsatz technischer Hilfsmittel. NiU-B 27, H. 8, 250–253
– (1979 b). Der Einsatz von Schädelpräparaten. UB 3, H. 31, 43–47
*Quitzow, W.* (1986 a). Naturwissenschaftler zwischen Krieg und Frieden. Düsseldorf
– (Hrsg.) (1986 b). Naturwissenschaft und Ideologie. Bad Salzdetfurth: Franzbecker
– (1988 a). Biologismus in Wissenschaft und Unterricht. UB 12, H. 138, 48–52
– (1988 b). Umwelt im Unterricht. In: Friedrich Verlag (1988), 72–77
– (1990). Intelligenz oder Umwelt. Stuttgart: Metzler

## 15 LITERATURVERZEICHNIS

*Quitzow, W.* (1994). Biologismus und gesellschaftliche Vorurteile. puzzle 2, 9–13
*Raether, W.* (1977). Analyse und Entwicklung von Lehrerstudiengängen im Fachgebiet Biologie im Zusammenhang mit der gegenwärtigen Curruculumforschung. Frankfurt: Haag + Herchen
– (1978). Xenopus, ein ideales »Schul-Tier«. Teil 1 u. 2. PdN-B 27, H. 7, 178–182; H. 8, 200–206
– (1979). Formen des Verhaltens beim südafrikanischen Krallenfrosch Xenopus laevis Daudin und ihre unterrichtliche Bearbeitung. BU 15, H. 4, 8–24
Rahmenplan des Verbandes Deutscher Biologen für das Schulfach Biologie (1973; 1987). Biologen. Mitt. d. VDBiol., Nr. 192, 923–930; Neubearbeitung: Bremen: VDBiol.
Rahmenrichtlinien (1978; 1983) Sekundarstufe I. Biologie. Der Hessische Kultusminister
*Ralph, C. L.* (1995). A comparative evaluation of videodiscs for general biology. The American Biology Teacher 57, H. 5, 308–312
*Ramseger, J.* (1992). Offener Unterricht in der Erprobung. München: Juventa (3. Aufl.)
*Rapp, G.* (1970). Informelle objektive Leistungsmessung im Unterrichtsfach Biologie. BU 6, H. 1, 53–71
– (1975). Messung und Evaluierung von Lernergebnissen in der Schule. München: Klinkhardt
*Rath, H.* (1978). Biologieunterricht im Zoo Münster. BU 14, H. 3. 102–107
*Rauch, F.* (1996). Evaluation GLOBE Programm Österreich. Graz: BMUK
*Rauch, M.* (Hrsg.) (1981). Schulhof-Handbuch. Langenau-Albeck: Vaas
*Reck, M.* (1997 a). Mathematische Modelle im Biologieunterricht. PdN-B 46 4, 1–4
– (1997 b). Zelluläre Schleimpilze. MNU 50, H. 1, 40–46
– */Franck, S.* (1997 a). Zellulärer Automat als Modell eines Räuber-Beute-Systems. PdN-B 46, H. 4, 15–18
– */Franck, S.* (1997 b). Kooperation bei einfachen Organismen. PdN-B 46, H. 4, 19–22
– */Miltenberger, F.* (1996). Zelluläre Automaten. MNU 49, H. 3, 131–137
– */Wielandt, T.* (1997). Die Anchovis-Krise. PdN-B 46, H. 4, 10–14
*Reeh, H./Kaiser, W.* (1974). Unterrichtseinheit »Lebewesen bestehen aus Zellen«. PdN-B 23, H. 2, 37–46
*Reese, E.* (1986 a). Aufgaben des Schulbiologiezentrums Hannover. In: *Hedewig/Knoll* (1986), 287–290
– (1986 b). Wir erkunden ein Schullandheim. UB 10, H. 114, 14–17
– (1991). Das umweltfreundliche Schullandheim. In: DGU/IPN (1991), 152–158
*Regelmann, J.-P.* (1984). Lyssenko und Lyssenkoismus. PdN-B 33, H. 1, 1–22
*Reich, B./Weber, N. H.* (Hrsg.) (1984). Unterricht im Dienste des Friedens. Düsseldorf: Schwann
*Reichart, G.* (1978 a). Modelle im Unterricht. In: *Wenk/Trommer* (1978), 16–29
– (1978 b). Ein DNS-Modell zum Selbstanfertigen. Lehrmittel aktuell 4, H. 4, 35–41
– (1982). Medien im Biologieunterricht. PdN-B 31, H. 7,193–197
– (1984). Perlenspiel und Computer-Simulation zum Hardy-Weinberg-Gesetz. PdN-B 33, H. 1, 24–26.
– */Reichart, N./Trommer, G.* (1984). Die Geschichte des Unterrichtsfaches Biologie. In: *Manzmann, A.* (Hrsg.), Die Geschichte der Unterrichtsfächer. München: Kösel
*Reichel, N.* (1997). Von der Umweltbildung zur Bildung für nachhaltige Entwicklung. In: LÖBF-Mitteilungen (1997), H. 1, 45–51
*Reichenbach, H.* (1968). Der Aufstieg der naturwissenschaftlichen Philosophie. Braunschweig: Vieweg
*Reindl, R.* (1997). Die Bedeutung der Gestalt für die bildende Kunst. Die Gestalt, H. 1, 3–5
*Reiß, J.* (1987). Kultivierung des Austernpilzes (Pleurotus ostreatus) im Biologieunterricht. MNU 40, H. 8, 486–491
*Reiß, V.* (1979). Interdisziplinäre Curricula in den Naturwissenschaften als Sozialisationsmedien. In: *Bloch, J.* u.a. (Hrsg.), Curriculum Naturwissenschaft. Köln: Aulis, 149–170

# 15 LITERATURVERZEICHNIS

*Reisse, W.* (1975). Verschiedene Begriffsbestimmungen von »Curriculum«. In: *Frey* (1975), Bd. 1, 46–70
*Reißmann, J.* (1993). Probleme mit Umweltunterricht. In: *Pieschl* (1993), 16–34
*Remane, A.* (1960). Das biologische Weltbild des Menschen. In: Verhandlungen des Verbandes Deutscher Biologen. Bd. I. Stuttgart: Wissenschaftliche Verlagsgesellschaft, 7–15
*Reuter, U./Höcher, G.* (1977). Schüler und Gesundheit. Stuttgart: Klett
*Rexer, E./Birkel, P.* (1986). Größerer Lernerfolg durch Unterricht im Freiland? UB 10, H. 117, 43–46
Richtlinien für die gymnasiale Oberstufe in Nordrhein-Westfalen (1981). Biologie. Köln: Greven
Richtlinien und Stoffpläne für die Volksschule in Nordrhein-Westfalen (1963). Biologie. Ratingen/Düsseldorf: Henn
*Riede, A.* (1992). Mathematik für Biologen. Braunschweig/Wiesbaden: Vieweg
*Riedel, W./Trommer, G.* (Hrsg.) (1981). Didaktik der Ökologie. Köln: Aulis
*Rimmele, R.* (1984). Die Tänze der Bienen. Bad Salzdetfurth: Franzbecker
*Riquarts, K.*, u.a. (Hrsg.) (1992). Naturwissenschaftliche Bildung in der Bundesrepublik Deutschland. Band IV. Kiel: IPN
*Ritzer, H./Ritzer, A.* (1988). Biologie Abitur. München: Manz (2. Aufl.)
*Rixius, N.* (1994). Außerschulische Lernorte der Umweltbildung in den Regierungsbezirken. In: MURL (Hrsg.), Außerschulische Lernorte im Bereich der Regierungsbezirke. Düsseldorf
*Robinsohn, S. B.* (1969). Bildungsreform als Revision des Curriculum. Neuwied: Luchterhand
*Rode, H.* (Hrsg.) (1991). Umwelt. Computer + Unterricht 1, H. 3
– (1993). Ansätze zur ökologischen Umgestaltung der Schule. In: *Eulefeld* (1993), 231–245
– (1996). Schuleffekte in der Umwelterziehung. Frankfurt: Lang
– */Seybold, H.* (1992). Zur Bedeutung von Modellversuchen in der schulischen Umwelterziehung. In: *Eulefeld* (1992), 205–216
*Rodi, D.* (Bearbeiter) (1975 a). Biologie und curriculare Forschung. Köln: Aulis
– (1975 b). Der Bildungsauftrag eines Naturkundemuseums. In: *Rodi* (1975 a), 155–162
– (1977). Ein Strukturierungsansatz für den Biologieunterricht in der Sekundarstufe I durch das ökologische Konzept. In: *Kattmann/Isensee* (1977), 185–196
– (1986). Schulgartenarbeit in der Hauptschule. In: *Hedewig/Knoll* (1986), 72–78
– (1994). Der Wandel im Lehren und Lernen im Bereich von Ökologie und Umweltbildung. In: *Jäkel* u. a. (1994), 17–30
– */Bauer, E. W.* (Hrsg.) (1980). Biologiedidaktik als Wissenschaft. Köln: Aulis
*Roer, W.* (1988). Biologische und chemische Kampfstoffe. In: *Hänsel, D./Müller, H.* (Hrsg.), Das Projektbuch Sekundarstufe. Weinheim: Beltz, 49–77
*Röhrs, M.* (1983). Frieden – eine pädagogische Aufgabe. Braunschweig: Pedersen/Westermann
*Rolbitzki, D.* (1982). Diagnostik der Lern- und Leistungsmotivation im Biologieunterricht. PdN-B 31, H. 2, 53–64
– (1983). Empirische Untersuchung zu Leistungsmotivationen und Schulinteressen bei Hauptschülern am exemplarischen Beispiel des Biologieunterrichts. Frankfurt: Lang
*Rolff, H.-G.* (1997). Beurteilen und beurteilt werden. Pägagogik 49, H. 6, 49–52
*Ronneberger, D.* (1990). Modelle zur Mechanik des Innenohres. UB 14, H. 157, 47–50
*Röpke, R.* (1984). Einsatzmöglichkeiten von Kleincomputern im Biologieunterricht. PdN-B 33, H. 11, 344–347
– (1987). Biologie experimentell. (mit Diskette). Köln: Aulis
– (1991). Meßwerterfassung in der Biologie. Computer + Unterricht 1, H. 4, 32–33
*Rose, J.* (1992). Praxis der Umwelterziehung. Anregungen für die Unterrichtspraxis in der Grundschule. In: *Lauterbach, R./Köhnlein, W./Spreckelsen, K./Klewitz, E.* (Hrsg.), Brennpunkte des Sachunterrichts. Kiel: IPN/GDSU, 133–148

# 15 LITERATURVERZEICHNIS

*Rost, J.,* u. a. (1992). Ein Situationsfragebogen zur Erfassung von Bewältigungsstrategien beim Umgang mit bedrohlichen Informationen über die Umwelt. In: *Eulefeld* (1992), 217–228
*Roth, G.* (1974). Kritik der Verhaltensforschung. Konrad Lorenz und seine Schule. München
– (1994). Das Gehirn und seine Wirklichkeit. Frankfurt: Suhrkamp
*Roth, H.* (1961). Pädagogische Psychologie des Lehrens und Lernens. Hannover (6. Aufl.)
*Roth, L.* (Hrsg.) (1976). Handlexikon zur Erziehungswissenschaft. München: Ehrenwirth
*Rottländer, A.* (1996). Projektunterricht. BioS 45, H. 3, 129–133
*Rottländer, E.* (1989 a). Wissenschaftspropädeutische und fächerübergreifende Behandlung evolutionstheoretischer Fragen im Unterricht. MNU 42, H. 2, 104–108
– (1989 b). Zur Diskussion Schöpfungsmodell kontra Evolutionstheorie. PdN-B 38, H. 8, 9–20
– (1992). Quellenarbeit im Biologieunterricht mit der Methode des Gruppenpuzzles. MNU 45, H. 2, 82–87; H. 3, 167–172
– /*Reinhard, P.* (1988). Zur Konzeption eines Fortbildungsprojektes mit fächerübergreifenden Aspekten für Biologielehrer. MNU 41, H. 3, 172–177
*Ruppolt, W.* (1967). Weshalb bevorzugen die Schüler auf der Unter- und Mittelstufe die Tierkunde? MNU 20, H. 9, 366–370
– (1966/67). Das Beobachtungs- und Versuchsprotokoll in Klasse 7. MNU 19, H. 10, 355–361
*Rupprecht, R.* (1979). Das Tierschutzgesetz. UB 3, H. 30, 25-32
*Rüschoff, B.* (1995). Freies Lernen für Freie Lerner? Computer und Unterricht 5, H. 18, 52–54
*Rüther, F.* (1978). Biologie – Biologiedidaktik – Biologieunterricht. biol. did. 1, H. 2, 59–67
– (1980). Der Arbeitsprojektor im Biologieunterricht. In: *Rodi/Bauer* (1980), 199–206
– /*Stephan-Brameyer, B.* (1984). Die »Beobachtung« im Biologieunterricht der Sekundarstufe I. In: *Hedewig/Staeck* (1984), 96–113
*Sachsse, H.* (1967). Naturerkenntnis und Wirklichkeit. Braunschweig: Vieweg
– (1968). Die Erkenntnis des Lebendigen. Braunschweig: Vieweg
*Sackser, D.* (1979). Elternarbeit und Sexualerziehung. WPB 31, H. 4, 144–148
*Salzmann, H. C.* (1980). Überlegungen und Argumente zum Thema »Naturgarten«. Zofingen: Schweizerisches Zentrum für Umwelterziehung des WWF
– (1981). Umwandlung des Zierrasens in eine Blumenwiese. Zofingen: Schweizerisches Zentrum für Umwelterziehung des WWF
*Sandrock, F.* (1980). Das MAM-System Biologie. BU 16, H. 4, 5–29
– (Hrsg.) (1992). Hummeln und Wespen. UB 16, H. 174
*Sarnow, K.* (1996). Lernwiese Internet. Computer und Unterricht 6, H. 22, 32–34
*Scarbath, H.* (1974). Blinde Flecken in der neueren Sexualpädagogik. WPB 26, H.7, 351–355
– (1976 a). Friedenserziehung. In: *Roth, L.* (1976), 192–197
– (1976 b). Sexualerziehung. In: *Roth, L.* (1976), 402–406
*Schaaf, R.* (Hrsg.) (1986). Tierversuche. UB 10, H. 111
*Schad, W.* (1981). Bepflanzung. In: *Rauch, M.* (Hrsg.), Schulhof-Handbuch. Langenau-Albeck: Vaas
*Schaefer, G.* (1971 a). Probleme der Curriculum-Konstruktion. BU 7, H. 4, 6–17
– (1971 b). Fach – Didaktik – Fachdidaktik. MNU 24, H. 7, 390–396
– (1972 a). Kybernetik und Biologie. Stuttgart: Metzler
– (1972 b). Probleme der Regelkreisdarstellung. MNU 25, H. 6, 321–326
– (1973). Informationstheoretische Bemerkungen zur Ableitung von Unterrichtszielen. PdN-B 22, H. 1, 1–6
– (1975). Ökologie – Lehrfach oder Unterrichtsprinzip? In: *Müller, P.* (1975), 269–274
– (1976 a). Integrierte Naturwissenschaft oder mehr Biologie? MNU 29, H. 5, 271–276
– (1976 b). Was ist »Wachstum«? In: *Schaefer/Trommer/Wenk* (1976), 58–90
– (1976 c). Die Oberstufenbiologie im Lichte des Normenbuches. MNU 29, H. 2, 65–70

# 15 LITERATURVERZEICHNIS

*Schaefer, G.* (1977 a). Lebewesen und Modell. In: *Schaefer/Trommer/Wenk* (1977), 86–100
– (1977 b). Strukturierung von Biologieunterricht nach systemtheoretischen Gesichtspunkten. In: *Kattmann/Isensee* (1977), 221–236
– (1978 a). Inklusives Denken – Leitlinie für den Unterricht. In: *Trommer/Wenk* (1978), 10–29
– (1978 b). Kybernetik im Biologieunterricht. UB 2, H. 21, 2–10
– (1978 c). Muß ein Biologielehrer Biologe sein? In: *Eulefeld/Rodi* (1978), 24–38
– (1980). Die Wissenschaftssprache der Biologie im Lichte inklusiven Denkens. In: *Schaefer/Loch* (1980), 99–134
– (1982 a). Zur Schwierigkeit des Biologieunterrichts. PdN-B 31, H. 10, 289–292
– (1982 b). Trends im Biologieunterricht europäischer Länder. In: *Hedewig/Rodi* (1982), 19–36
– (1983 a). Der Energiebegriff im ökologischen Kontext. PdN-B 32, H. 7, 197–201
– (1983 b). Der Begriff Ökosystem in den Köpfen von Schülern und Lehrern. Verhandlungen der Gesellschaft für Ökologie 11, 351–359
– (1984). Naturwissenschaftlicher Unterricht auf dem Wege vom exklusiven zum inklusiven Denken. MNU 37, H. 6, 324–336
– (1986). Ziele und Tätigkeiten der Commission for Biological Education (CBE) der International Union of Biological Sciences (IUBS). In: *Hedewig/Knoll* (1986), 322–329
– (1987). Der Biologie-Lehrer als Gesundheitserzieher. Bremen: VDBiol.
– (1990 a). Die Entwicklung von Lehrplänen für den Biologieunterricht auf der Grundlage universeller Lebensprinzipien. MNU 43, H. 8, 471–480
– (1990 b). Gesundheit – Vorstellungen in verschiedenen Kulturen. In: Friedrich Verlag (1990), 10–13
– (1992). Begriffsforschung als Mittel der Unterrichtsplanung. In: *Entrich/Staeck* (1992), 128–139
– (Hrsg.) (1997). Das Elementare im Komplexen. Frankfurt u. a.: Lang
– */Bayrhuber, H.* (1973). Analogien und Unterschiede zwischen technischer und biologischer Steuerung. Der Physikunterricht 7, H. 2, 90–101
– */Loch, W.* (Hrsg.) (1980). Kommunikative Grundlagen des naturwissenschaftlichen Unterrichts. Weinheim/Basel: Beltz
– */Trommer, G./Wenk, K* (Hrsg.) (1977). Denken in Modellen. Braunschweig: Westermann
– */Trommer, G./Wenk, K.* (Hrsg.) (1976). Wachsende Systeme. Braunschweig: Westermann
– */Wille, J.* (1995). Der Lebensbegriff bei unseren Jugendlichen. MNU 48, H. 2, 67–74
*Schäfer, D./Berck, K.-H.* (1995). Zentrale Begriffe zum Thema »Ökologie«. MNU 48, H. 2, 110–117
*Schäferhoff, H.* (1993). Auf den ersten Blick. PdN-B 42, H. 1, 36–41
*Schahn, J./Holzer, E.* (1990). Studies of individual environmental concern. The role of knowledge, gender and background variables. Environment and Behavoir, 22 (1990), H. 6, 767–786
*Schanz, E.* (1972). Zum Problem kindlicher Abneigung gegenüber Tieren. BU 8, H. 1, 43–124
*Scharf, K.-H.* (1983). »Die Kurzhalshypothese«. PdN-B 32, H. 12, 374–387
– (Hrsg.) (1986). Naturschutz in der Schule. PdN-B 35, H. 2
– (Hrsg.) (1988). Artenschutz. PdN-B 37, H. 6
– */Stripf, R.* (Hrsg.) (1989). Evolution – Kreationismus. PdN-B 38, H. 8
– */Tönnies, U.* (1989; 1990). Historische Experimente (Serie). PdN-B 38, H. 7, 32–36; H. 8, 44–47; 39, H. 1, 42–46; H. 2, 39; H. 3, 44
*Scharl, W.* (1983). Mikroskopisches Arbeiten im 9. Schuljahr im Rahmen einer freiwilligen Arbeitsgemeinschaft. BU 19, H. 4, 5–33
*Schecker, H.,* u. a. (1996). Naturwissenschaftlicher Unterricht im Kontext allgemeiner Bildung. MNU 49, H. 8, 488–492.
*Scheele, I* (1981). Von Lüben bis Schmeil. Die Entwicklung der Schulnaturgeschichte zum Biologieunterricht zwischen 1830 und 1933. Berlin: Reimer

*Scherf, G.* (1986). Zur Bedeutung pflanzlicher Formenkenntnisse für eine schützende Einstellung gegenüber Pflanzen und zur Methodik des formenkundlichen Unterrichts. München: Universität
– (1989). Vom deutschen Wald zum deutschen Volk. Biologieunterricht in der Volksschule im Dienste nationalsozialistischer Weltanschauung und Politik. In: *Dithmar, R.* (Hrsg.), Schule und Unterricht im Dritten Reich. Neuwied: Luchterhand, 217–234
– */Bienengräber, B.* (1988). Grundkenntnisse über Umweltgefährdung und Umweltschutz bei 9- bis 12-jährigen Schülern (Grund- und Hauptschule). MNU 41, H. 7, 419–427
*Schilke, K.* (Hrsg.) (1981). Spiele im Biologieunterricht. UB 5, H. 64
– */Zacharias, F.* (1992). Schulgartenarbeit – Konzeption und Erfahrungen. BioS 41, H. 6, 216–223
*Schill, W.* (1978). Studieneinheit Auditive Medien. Medien im Unterricht. Fernstudium Erziehungswissenschaft. Tübingen: DIFF
*Schlaegel, J./Schoof-Tams, K./Walczak, L.* (1975). Beziehungen zwischen Jungen und Mädchen. Sexualmedizin 4, H. 4, 206–218
*Schlichting ,H. J.* (1992). Schöne fraktale Welt. MNU 45, H. 4, 202–214
– (1994). Auf der Grenze liegen immer die seltsamsten Geschöpfe – Nichtlineare Systeme aus der Perspektive ihrer fraktalen Grenzen. MNU 47, H. 8, 451–463
*Schlitter, A./Berck, K.-H.* (1987). Der Dshungarische Zwerghamster. MNU 40, H. 7, 422–428
*Schlüter, W.* (1975). Mikroskopie. Köln: Aulis
*Schmale, E./Zöller, W. W.* (1988). Rollenspiele im Unterricht. PdN-B 37, H. 8, 41–45
*Schmeil, O.* (1886). Über Reformbestrebungen auf dem Gebiete des naturgeschichtlichen Unterrichts. Leipzig: Nägele (2. Aufl. 1905)
*Schmid-Tannwald, I./Urdze, A.* (1983). Sexualität und Kontrazeption aus der Sicht der Jugendlichen und ihrer Eltern. Stuttgart: Kohlhammer
*Schmidkunz, H./Lindemann, H.* (1992). Das forschend-entwickelnde Unterrichtsverfahren. Essen: Westarp (3. Aufl.)
*Schmidt, E.* (1974). Bilddeutungen als informelle Tests zu morphologisch-anatomischen Übungen. NiU 22, H. 2, 80–87
– (1990). Ethologische Feldstudien mit Schülern. In: *Killermann/Staeck* (1990), 176–183
– (1992). Systemimmanente Grenzen exakter Begriffsbestimmungen als Problem der Biologiedidaktik. In: *Entrich/Staeck* (1992), 212–220
*Schmidt, H.* (1981). Warum singen die Amselmännchen im Frühjahr? PdN-B 30, H. 5, 135–139
– (1984). Der «Piltdown-Mensch». PdN-B 33, H. 3, 75–86
– (1989). Die Erde und das Leben. PdN-B 38, H. 3, 1–7
*Schmidt, J.* (Hrsg.) (1987). Der Diskurs des radikalen Konstruktivismus. Frankfurt: Suhrkamp
*Schmidt, L.* (1996). Die Botanischen Gärten Deutschlands. Hamburg: Hoffmann und Campe
*Schmidt, R.* (1992). Erfahrungen mit Projekttagen in der gymnasialen Oberstufe. In: *Entrich/Staeck* (1992), 429–432
– */Bilo, M./Müller, J.* (1991). Echoortung bei Fledermäusen. UB 15, H. 163, 40–47
*Schmidt, R.-B.* (1993). Sexualerziehung in der Sekundarstufe I. BioS 42, H. 3, 102–105
– (1994). Sexualität in Biologiebüchern. Frankfurt: Lang
*Schmidtke, K.-D.* (1990). Entdeckungen am Strand. Geographie heute 80, 46–49
*Schminke, H. K./Schultz, W.* (1981). Arbeitstransparente von Bauplänen der Tiere. UB 5, H. 60/61, 16–18
*Schmitt, C.* (o. J.). Der Biologische Schulgarten. Freising-München: Datterer
*Schnaitmann, G. W.* (1991). Der Friedensbegriff aus der Sicht von Schülern. Frankfurt/M.: Lang
*Schneider, E.* (1986 ). Computereinsatz im Grundkurs Genetik. PdN-B 35, H. 2, 27–36
*Schneider, H.* (1981). Quantifizierender Einsatz von Modellen im Biologieunterricht, aufgezeigt am Beispiel der menschlichen Wirbelsäule. NiU-B 29, H. 8, 259–263
*Schneider, I.* (1985).»Kindchenschema«. UB 9, H. 110, 23–33

*Schneider, K./Walter, U.* (1992). Lernfördernde Gestaltung von Bild- und Textmaterialien für den Gesundheitsbereich. Frankfurt: Lang
*Schneider, V.* (1990 a). Gesundheit – was ist das heute?. In: Friedrich Verlag (1990), 8 f.
– (1990 b). Motiviert für Gesundheit? In: Friedrich Verlag (1990), 30–33
– (1993). Entwicklungen, Konzepte und Aufgaben schulischer Gesundheitsförderung. In: *Priebe, B.*, u. a. »Gesunde Schule«. Weinheim/Basel: Beltz
*Scholl, E.* (1997). Umweltprojekt Lahn. UB 21, H. 221, 48
*Scholz, F.* (1980). Problemlösender Unterricht. Essen: Neue Deutsche Schule
*Schönwald, H. G.* (1996). Mathematikunterricht als Denkkrafttraining. Praxis Mathematik 38, H. 6, 258–261
*Schoof, J.* (1977). Projektorientierter Unterricht. Beispiel Biologie. Braunschweig: Westermann
*Schorr, E.* (1991). Gewässersteckbriefe. Computer und Unterricht 1, H. 3, 22–24
*Schramm, E.* (1987). Wissenschaftsgeschichte und naturwissenschaftlicher Unterricht. MNU 40, H. 6, 368–369
*Schreier, H.* (Hrsg.) (1994 a). Die Zukunft der Umwelterziehung. Hamburg: Krämer
– (1994 b). Kommen wir zum »Planet Erde«-Bewußtsein? In: *Schreier*, (1994 a), 15–79
– (1995). Unterricht ohne Liebe zur Sache ist leer. Grundschule 27, H. 6, 14–15
*Schrettenbrunner, H.* (1994). Hunger in Afrika. Nürnberg: TenCORE Computer Teaching Corporation
*Schröder, H.* (1974). Leistungsmessung und Schülerbeurteilung. Stuttgart: Klett
*Schröder, W./Tissler, B.* (1995). Umwelt am Netz; E-Mail in der Umweltbildung. Kiel: IPN
*Schroer, H. G.* (1980). Exkursionsführer Biologie. Köln: Aulis
*Schrooten, G.* (1968). Kausalforschung in der Biologie. BU 4, H. 1, 4–10
– (1971). Schriftliche Klassenarbeiten im Wahlpflichtfach Biologie. BU 7, H. 1, 48–55
– (1974). Empfehlungen für die schriftlichen Leistungsüberprüfungen im Fach Biologie in der Sekundarstufe II. BU 10, H. 3, 46–59
– (1976). Der Begriff der »Instinkthandlung« in der Vergleichenden Verhaltensforschung. BU 12, H. 1, 68–96
– (1978). Das Hardy-Weinberg-Gesetz – Aussage, Beweis und Bedeutung. BU 14, H. 2, 26–35
– (1981 a). »Anpassung« (»Adaptation«) – ein Beispiel für die Schwierigkeit, biologische Sachverhalte eindeutig auszudrücken. BU 17, H. 3, 56–60
– (1981 b). Ethologie 1. (Quellentexte). Klett: Stuttgart
*Schröpfer, R.* (1978). Die Mongolische Rennmaus (Meriones unguiculatus) – eine für den Biologieunterricht neue Versuchstierart. PdN-B 27, H. 4, 85–90
– (1979). Die Mongolische Rennmaus (Meriones unguiculatus) im ethologischen Experiment. PdN-B 28, H. 6, 141–153
– (Hrsg.) (1982). Säuger. UB 6, H. 66
*Schubert, F./Teutloff, G.* (1993). Schulfernsehen in den neuen Bundesländern. BioS 42, H. 11, 378–381
*Schuhmann-Hengsteler, R./Thomas, J.* (1994). Was wissen Kinder über Umweltschutz? Psychologie in Erziehung und Unterricht 4, 249–261
*Schulte, G.* (1977). Ein ökologisches Konzept zur Strukturierung von Biologieunterricht in der Sekundarstufe I. In: *Kattmann/Isensee* (1977), 158–184
*Schulte, H.* (1975). Präparate zur Einführung in die mikroskopische Arbeit. NiU 23, H. 3, 127–131
– (1978 a). Modelle im Biologieunterricht des Sekundarbereichs. BU 14, H. 3, 83–101
– (1978 b). Zellbiologischer Unterricht und mikroskopische Arbeit im Sekundarschulbereich. Kastellaun: Henn
*Schulte, W.* (1991). Lehrpfade zur Dorf- und Stadtökologie in Deutschland. Natur und Landschaft 66, H. 11, 527–537

*Schulz zur Wiesch, G.* (1972). Der Schaukasten im Dienst des naturwissenschaftlichen Unterrichts. NiU 20, H. 3, 118–121
*Schulz, I.* (1991). Übertragung der vorläufigen Rahmenpläne Biologie auf die Schulen im Ostteil Berlins. BioS 40, H. 5, 170–172
*Schulz, W.* (1977). Unterricht – Analyse und Planung. In: *Heimann/Otto/Schulz* (1977), 13–47
– (1981). Unterrichtsplanung. München/Wien/Baltimore: Urban & Schwarzenberg (3. Aufl.)
*Schulz-Kühnel, U.* (1981). Vogelschutz im Ökogarten. PdN-B 30, H. 8, 228–235
*Schulze, I./Hagerbäumer, R.* (1991). Modellversuch zum Treibhauseffekt. MNU 44, H. 2, 89–92
*Schürer, L./Freytag, K.* (1971). Mein Mikroskop. Köln: Aulis
*Schurig, V.* (1979). Lernziele biologischer Exkursionen. Hamburg: Universität
*Schuster, H.* (1997). Solarkocher nach Brasilien. UB 21, H. 221, 47
*Schuster, M.* (1981). Der Programmierte Unterricht. In: *Falkenhan* (1981), Bd. 2, 43–64
*Schwab, J. J.* (1972). Die Struktur der Wissenschaften. In: *Ford, G. W./Pugno, L.* (Hrsg.), Wissensstruktur und Curriculum. Düsseldorf: Schwann, 27–76
*Schwadtke, B.* (1975). Comics als Unterrichtsmedien im Sexualunterricht. WPB 27, H. 4, 215–222
*Schwarberg, W./Palm, W.* (1978). »Wand oder Rand«. Verhaltenslehre – Schülerexperimente in der 7. Klasse mit Rennmäusen und Weißen Mäusen. NiU-B 26, H. 11, 324–334
*Schwarz, E.* (1979). Gartenkresse im Unterricht. NiU-B 27, H. 9, 276–281
*Schwarz, U.* (1980). Der Naturgarten. Frankfurt: Krüger
– (1981). Schüler legen einen Naturgarten an. PdN-B 30, H. 8, 250–252
– (1983 a). Der Naturgarten. MNU 36, H. 2, 100–103
– (1983 b). Anlage eines Naturgartens an der Kantonsschule Solothurn durch Schüler. MNU 36, H. 3, 170–174
*Schwarzenbach, A. M.* (1979). Biologie-Arbeitsprogramme. Stuttgart: Metzler
*Schwarzer, R.* (1990). Psychologie des Gesundheitsverhaltens. Göttingen: Hogrefe
*Schweitzer, A.* (1975). Gesammelte Werke. Band 2. München: Beck
*Schwier, H.* (1993). Schulgärten sind Brücken in die Umwelt – erhalten und nutzen wir sie! Grundschulunterricht 40, H. 11, 2–5
*Schwoerbel, W.* (1982). Philosophisch-ethische Aspekte des Biologieunterrichts. Lehren und Lernen 8, H. 11, 60–80
*Seel, H.-J./Sichler, R./Fischerlehner, B.* (Hrsg.) (1993). Mensch – Natur. Zur Psychologie einer problematischen Beziehung. Opladen: Westdeutscher Verlag
*Seelig, G. F.* (1968). Beliebtheit von Schulfächern. Weinheim/Berlin/Basel: Beltz
*Seger, J.* (1990). Schüler lernen von jüngeren Schülern. UB 14, H. 158, 43–45
– (1996). Erlebnisraum Zoo. Grundschulunterricht 43, H. 7/8, 27–29
*Sehmrau, W.* (1980). Zur Beschriftung von Skizzen, Zeichnungen, Abbildungen und Stempeln. BioS 29, H. 2/3, 74-76
*Sehrbrock, P.* (1995). Freiarbeit in der Sekundarstufe I. Frankfurt: Cornelsen
*Seibt, M./Pfligersdorffer, G.* (1997). Kriterien zur Beurteilung von Unterrichtssoftware. UB 21, H. 221, 51 f.
*Seidler, H./Rett, A.* (1982). Das Reichssippenamt entscheidet. Wien/München: Jugend und Volk
– (1988). Rassenhygiene. Ein Weg in den Nationalsozialismus. Wien/München: Jugend und Volk
*Sengbusch, P. von* (1985). Einführung in die Allgemeine Biologie. Berlin/Heidelberg: Springer
*Senghaas, D.* (Hrsg.) (1971). Kritische Friedensforschung. Frankfurt: Suhrkamp
– (1981). Abschreckung und Frieden. Frankfurt: Suhrkamp
*Seybold, H./Bolscho, D.* (Hrsg.) (1993). Umwelterziehung: Bilanz und Perspektiven. Kiel: IPN
*Siedentop, W.* (1972). Methodik und Didaktik des Biologieunterrichts. Heidelberg: Quelle & Meyer (4. Aufl.)
– */Flindt, R.* (1978). Arbeitskalender für den biologischen Unterricht. Heidelberg: Quelle & Meyer

# 15 LITERATURVERZEICHNIS

*Sieger, M.* (1973). Euplotes. NiU 21, H. 1, 34–45
– (1979). Zeugnisse der Evolution. In: *Kattmann/Palm/Rüther* (1979), Lehrerband 9/10, 44–59
*Siemon, M.* (1982 a). Aquarien im Unterricht. NiU-B 30, H. 3, 81–93
– (1982 b). Haltung und Pflege von Aquarien im Unterricht einer 5. Hauptschulklasse. BU 18, H. 1, 37–62
*Sigusch, V./Schmidt, G.* (1973). Jugendsexualität. Stuttgart: Enke
*Simon, H.* (1973). Fachunterrichtsraum Biologie (1). BioS 22, H. 4, 117–128
*Simon, H.* (Hrsg.) (1980 ) Computer-Simulation und Modellbildung im Unterricht. München/Wien: Oldenbourg
– */Wedekind, J.* (1980). Das Computer-unterstützte Planspiel TANALAND als Test- und Trainingsinstrument zum Problemlösen in komplexen Systemen. In: *Simon* (1980), 272–285
*Simonsmeier, J.* (1984). Bericht über eine mehrtägige ökologische Exkursion in die Alpen. BU 20, H. 1, 4–50
*Sitte, P.* (1997). Biologie und Kunst. Biologie in unserer Zeit 27, H. 3, 151–160
*Skaumal, U.* (1997). Schulversuche mit Ringelwürmern (Klassen 6 bis 8), BioS 45, H. 6, 328–337
– */Rohweder, L./Westphal, R.* (1997). Schulversuche mit Asseln. BioS 46, H. 4, 208–214
– */Staeck, L.* (1980). Die Biologielehrpläne für die Sekundarstufe I. Köln: Aulis
*Soine-Wolf, A./Goppel, C.* (1986). Waldspiele im Schullandheim. UB 10, H. 114, 18–22
*Sommermann, U.* (1980). Der Wald als Ökosystem. (MAM-Lernsets) BU 16, H. 4, 15–29
*Sönnichsen, G.* (1973). Die Erneuerung des Biologieunterrichts im Rahmen der modernen Curriculumforschung. Hannover: Schroedel
*Spandl, O. P.* (1974). Didaktik der Biologie. München: Don Bosco
*Spanhel, D.* (1980). Die Unterrichtssprache in ihrer Vermittlungsfunktion zwischen Umgangssprache und naturwissenschaftlicher Fachsprache. In: *Schaefer/Loch* (1980), 175–187
*Spieß, W.* (1982). Wissenschaftspropädeutik: Warnung und Widerruf. Schulpraxis, H. 2–4, 9–13
*Springer, M.* (1978). Die dem Lehrer auferlegten Verpflichtungen zur Sexualerziehung – Die Diskrepanz zwischen Verordnungen und Wirklichkeit. Sexualpädagogik 6, H. 2, 18–20
*Stachowiak, H.* (1965). Gedanken zu einer allgemeinen Theorie der Modelle. Studium Generale 18, H. 7, 432–463
– (Hrsg.) (1980). Modelle und Modelldenken im Unterricht. Heilbrunn: Klinkhardt
*Staeck, L.* (1972 a). Arbeiten mit dem lebenden Objekt im Biologieunterricht. NiU 20, H. 3, 128
– (1980). Medien im Biologieunterricht. Königstein: Scriptor
– (1984). Unterrichtsforschung als Aufgabe der Biologiedidaktik. In: *Hedewig/Staeck* (1984), 33–49
– (1990). Gesundheitserziehung heute. In: Friedrich Verlag (1990), 25–29
– (1991 a). Biologie. In: *Riquarts* u. a. (1991), 13–56
– (1991 b). Situation der Schulbiologie in den Alt-Bundesländern seit Mitte der 80er Jahre. BioS 40, H. 7/8, 267 f.
– (1993; 1997). Serie: Biologieunterricht in europäischen Staaten. BioS 42, H. 1 ff.; 46, H. 1
– (1995). Zeitgemäßer Biologieunterricht. Stuttgart: Metzler (5. Aufl.)
– (1996). Forderungen an den Biologieunterricht zur Jahrhundertwende. BioS 45, H. 1, 1–8
*Starke, K-H.* (1978). Einführung in das Mikroskopieren in Klasse 5. NiU-B 26, H. 5, 135-137
*Starke, P.* (1986). Biologieunterricht – Direkte Begegnung mit der Natur? Erziehung und Unterricht (1986), 408–410
*Starosta, B.* (1990). Erkundungen der belebten Natur nach dem Prinzip des entdeckenden Lernens. In: *Killermann/Staeck* (1990), 316–326
– (1991). Empirische Untersuchung zur Methodik des gelenkten entdeckenden Lernens in der freien Natur und über den Einfluß der Unterrichtsform auf kognitiven Lernerfolg und Interesse für biologische Sachverhalte. MNU 44, H. 7, 422–431

*Starosta, B. /Wein, H.* (1992). Biologisches Arbeiten mit Schulanfängern im Freiland. SMP 20, H. 8, 341–343
*Staschen, S./Wedekind, J* (1989). Nara – Leben in der Sahelzone. Tübingen: DIFF
*Staudacher, L.* (1985). Unterrichts-Software: Unlust an der Phantasie. log in 5, H. 2, 8–15
– (1988). Warum Flummy Flummy heißt. Über computergestütztes Modellieren im Unterricht. Schulpraxis 8, H. 5/6, 98–101
– (1989). Flummy. Duisburg: CoMet
*Stawinski, W.* (1982). Untersuchungen zur Entwicklung von Biologielehrbüchern für die Klassenstufen 4 bis 6 der allgemeinbildenden Schulen in Polen. In: *Hedewig/Rodi* (1982), 37–49
– (1984). Die Entwicklung von Erhebungsinstrumenten zur Erfassung der Prozesse und Wirkungen von Schülerübungen im Biologieunterricht. In: *Hedewig/Staeck* (1984), 78–95
– (1986). Research into the effectiveness of student experiments in biology teaching. European Journal of Science Education 8, H. 2, 213–224
*Steckhan, H.* (1975). Haben Schulgärten noch eine Chance? In: Stader Jahrbuch (1975), 79–114
*Steffens, F./Storrer, J.* (1995). Konservierung von Pilzfruchtkörpern. MNU 48, H. 4, 240–245
*Stegerer, A.* (1984). Arbeitsteiliger Gruppenunterricht – aufgezeigt am Thema: Welche Aufgaben haben die Schwungfedern beim Fliegen? NiU-B 32, H. 1, 9–20
*Steinbuch, K.* (1977). Denken in Modellen. In: *Schaefer/Trommer/Wenk* (1977), 10-17
*Steinecke, F.* (1951 a). Methodik des biologischen Unterrichts an höheren Lehranstalten. Heidelberg: Quelle & Meyer (2. Aufl.)
– (1951 b). Der Schulgarten. Heidelberg: Quelle & Meyer
*Steiner, G.* (1982). Tierzeichnungen in Kürzeln. Stuttgart: Fischer
*Steinmetz, H.* (1984). Einstiege in Themen der Genetik anhand historischer Quellen. BU 20, H. 4, 16–32
Stellungnahme zu den Richtungsentscheidungen der KMK zur Weiterentwicklung der Prinzipien der gymnasialen Oberstufe und des Abiturs. (1996). Biologen in unserer Zeit 3, 40–41
*Stengel, H.* (1975). Anleitung zu biometrischen Untersuchungen. Bonn: Dümmler
*Stenzel, A.* (1979). Herbizide auf dem Schulrasen. UB 3, H. 36/37, 74–79
*Stephan, J.* (1970). Tierhaltung und Tierpflege im Biologie-Unterricht. NiU 18, 529-534
*Stichmann, W.* (1970). Didaktik Biologie. Düsseldorf: Schwann
– (1974). Didaktische und methodische Aspekte der modernen Schulbiologie. In: *Stichmann, W./Krankenkagen, G.* (Hrsg.), Audiovisuelle Medien im Biologieunterricht. Stuttgart: Klett, 9–31
– (1977). Arbeit auf dem ökologischen Lernpfad. In: *Müller, P.* (1977), 579–584
– (1981 a). Schulbiologie auf neuen Wegen. In: *Twellmann, W.* (Hrsg.), Handbuch Schule und Unterricht. Band 5,2. Düsseldorf: Schwann, 605–617
– (1981 b). Die Naturalien-Sammlung. UB 5, H. 60/61, 60–62
– (Hrsg.) (1984). Jahreszeiten. UB 8, H. 91
– (Hrsg.) (1985 a). Naturschutz. UB 9, H. 108
– (1985 b). Wie sollen Lehrpfade aussehen? UB 9, H. 107, 43f.
– (Hrsg.) (1988 a). Biotope aus zweiter Hand. UB 12, H. 135
– (1988 b). Ethische Aspekte der Umwelterziehung. In: *Hedewig/Stichmann* (1988) 107–115
– (1989). Die historische Dimension im Biologieunterricht. UB 13, H. 146, 55–58
– (Hrsg.) (1992). Fünf-Minuten-Biologie. UB 16, H. 176
– (Hrsg.) (1996). Schule öffnen. UB 20, H. 217
–*/Ant, H.* (1972). Wichtige Tiere für Studium und Unterricht. Hamm: Bergmann
*Stieglitz, R.* (1997). Modellieren und Simulieren. Computer und Unterricht, H. 7, 4–9
*Stipproweit, A./Ant, H.* (1986). Friedrich Junge (1832-1905) – Wegbereiter eines ökologisch orientierten Biologieunterrichts. In: *Ant/Stipproweit* (1986 a), 1–30
*Stöcker, K* (1975). Neuzeitliche Unterrichtsgestaltung. (16. Aufl.)

## 15 LITERATURVERZEICHNIS

*Stokking, K./Ilien, A.*(Hrsg.) (1994). Umweltbildung und Schulreform. Hannover: Universität
– */Pieschl, W.* (Hrsg.) (1995). Probleme schulischer Erneuerung am Beispiel der Umweltbildung. Zur Situation in den Niederlanden. Hannover: Universität
*Storrer, J./Arend, D.* (1984). Einsatz von Dia- und Overheadprojektor im experimentellen Biologieunterricht II. PdN-B 33, H. 8, 249–253
*Storrer, J./Bässler, U./Arend, D.* (1984). Einsatz von Dia- und Overheadprojektoren im experimentellen Biologieunterricht III. PdN-B 33, H. 11, 341–343
*Stottele, T.* (1991 a). Ergebnisse von Jugendaktionen für die Öffentlichkeitsarbeit von Umweltverbänden und Umweltschutzinitiativen. In: *Pfadenhauer* (1991), 875–881
– (1991 b). Jugendaktionen als Modell handlungsorientierten Lernens. UB 15, H. 167, 40–43
– (1993). Nicht für die Schule, für's Überleben lernen wir. Praxis Geographie 23, H. 2, 34–38
*Strauß, W.* (1977). Die »Feldanalyse« als didaktisches Instrument. NiU-B 25, H. 4, 97–102
– (1980 a). Aggression, das unbekannte Phänomen. Hamburg: Sample
– (1980 b). Aggressive Interaktionen bei Kindern – ein Vergleich. UB 4, H. 44, 31–35
– (1988 a). Friedensarbeit im Biologieunterricht. UB 12, H. 133, 42–45
– (1988 b). Friedenssicherung. In: *Hedewig/Stichmann* (1988), 118–129
– (1996). Aggression und Gewalt. UB 20, H. 212, 4–13
*Strey, G.* (1973). Die biologische Exkursion. In: *Eschenhagen* (1973)
– (1980). Zum Defizit der Biologiedidaktik. NiU-B 28, H. 6, 176–184
– (1982). Der Erfahrungsbereich der Schüler – und wie man (vielleicht) doch etwas darüber erfährt. NiU-B 30, H. 6, 229–230
– (1986). Natur in Wissenschaft, Alltag und Unterricht. Bad Salzdetfurth: Franzbecker
– (1989). Umweltethik und Evolution. Göttingen: Vandenhoeck & Ruprecht
*Strick, H. K.* (1983). Einführung und Anwendung des Chiquadrat-Tests im Biologieunterricht der Sekundarstufe II. MNU 36, H. 1, 36–41
*Stringfield, J. K.* (1994). Using commercially available, microcomputer-based labs in the biology classroom. The American Biology Teacher 56, H. 2, 106–108
*Stripf, R.* (1984). Lamarck – Cuvier – Geoffroy und der Akademiestreit. UB 8, H. 100, 30–35
– (1989). Evolution – Geschichte einer Idee. Stuttgart: Metzler
– */Pflumm, W./Wilhelm, K./Kattmann, U.* (1984). Historische Texte zur Begründung der Systematik und Evolutionstheorie. BU 20, H. 4, 33–64
*Strohschneider, S.* (1994). Ökologisches Wissen und der Umgang mit komplexen Systemen. In: *Pfligersdorffer/Unterbruner* (1994), 125–140
*Strotkoetter, E.* (1969). Die Verwendung einiger Zimmerpflanzen im Biologieunterricht. Z. f. Naturehre. u. -kunde 17, 218–222
*Strube-Harms, U.* (1984). Das Modell des Hyperzyklus. biol. did. 6, H. 3, 31–43
*Stückrath, F.* (1965). Studien zur Pädagogischen Psychologie. Braunschweig: Westermann
*Sturm, H.* (1967). Der Vergleich im Naturkundeunterricht. Z. f. Naturl. u. -kunde 15, H. 1, 18–26
– (1972). Eigenart und Wirksamkeit der biologischen Sammlung. NiU 20, H. 5, 213–228
– (1974). Beobachtung im Biologieunterricht. MNU 27, H. 6, 339–344
– (1981). Der Dia-Projektor als Vergrößerungsgerät für Naturobjekte. UB 5, H. 60/61, 36–38
– (Hrsg.) (1982). Formenkenntnis. UB 6, H. 68
*Sturm, L.* (1982). Informatik in der Sekundarstufe II. log in 2, H. 2, 6–7
*Sula, J.* (1968). Das Vergleichen und seine Bedeutung für die Bildung elementarer biologischer Begriffe. BU 4, H. 3, 21–39
*Süßmann, G./Rapp, H. R.* (Hrsg.) (1981). Glaube und Naturwissenschaft. Quellentexte. Göttingen: Vandenhoeck & Ruprecht (5. Aufl.)
*Sutter, S./Böhm, A.* (1989). »Schwarze Tropfen« – Reaktionen von politisch engagierten und nicht engagierten Jugendlichen auf Tschernobyl. In: *Böhm* u. a. (1989), 113–133

*Szagun, G./Mesenholl, E.* (1991). Emotionale, ethische und kognitive Aspekte des Umweltbewußtseins bei Kinder und Jugendlichen. In: *Eulefeld/Bolscho/Seybold* (1991), 37–54
– */Jelen, M.* (1994). Umweltbewußtsein bei Jugendlichen. Frankfurt: Lang
*Szagun, G./Pavlov, V. I.* (1993). Umweltbewußtsein bei deutschen und russischen Jugendlichen: ein interkultureller Vergleich. In: *Eulefeld* (1993), 51–66
*Tamir, P.* (1985). Interest in learning about plants and animals. In: *Lehrke, M.* (Hrsg.), Interest in science and technology education. Kiel: IPN, 233–246
*Tausch, J.* (1998). Elemente eines erneuerten Bildungsverständnisses für Sach- und Biologieunterricht. MNU 51, H. 1, 42–47
*Tausch-Treml, S./Tempel, R.* (1993). Ökologische Stadterkundung. UB 17, H. 188, 16–20
*Teichert, R.* (1993). Zur Freilandbiologie im Unterricht. Eine annotierte Bibliographie. Kiel: IPN
*Terstegge, G.* (1988). Der Computer ordnet die Sammlung. PdN-B 37, H. 8, 26–29
*Teschner, D.* (1979). Versuche mit Insekten. Heidelberg: Quelle & Meyer
*Teutloff, G.* (1983). Aktion »Grüner Schulhof«. UB 7, H. 79, 53–57
– (1991). Schulgärten erhalten. BioS 40, H. 5, 182–185
– (1994). Natur- und Umweltfilme. UB 18, H. 192, 4–13
– */Oehmig, B.* (1995). Vertretungsstunde – Chance für den Biologieunterricht? UB 19, H. 201, 4–7
– */Schubert, F.* (1991). Mauer im Kopf. UB 15, H. 168, 51–53
– */Schubert, F.* (1992). Schüler und Umwelt – eine vergleichende Untersuchung Ost- und Westberliner Schüler. UB 16, H. 176, 48–49
*Teutsch, G. M.* (1981). Möglichkeiten und Probleme der Umwelterziehung. Lehren und Lernen 7, H. 12, 1–20
– (1985). Lexikon der Umweltethik. Göttingen: Patmos
– (1987). Lexikon der Tierschutzethik. Göttingen: Vandenhoeck & Ruprecht
*Thiel, W./Sibbing, W.* (1983). Empirische Untersuchungen in einem Jugendwaldheim. NiU-B 31, H. 5, 150–153
*Thiel-Ludwig, U.* (1980 ). Tierjunges – Menschenkind. PdN-B 29, H. 6, 172–191
*Thies, M./Gaberding, K.-H.* (1981). Ein Film für den ökologischen Unterricht. UB 5, H. 60/61, 22–27
*Thiessen, H.* (1978). Zum Thema: Zelle im 5. Schuljahr. Teil II. NiU-B 26, H. 7, 196–207
*Tiemann, H./Hagemann, T.* (1993). Uneigennütziges Verhalten bei Ameisen. UB 17, H. 185, 52f.
*Tille, R.* (1991). Gensymbole. BioS 40, H, 6, 225–227
– (1992; 1993). Lehrpläne und Biologieunterricht in der DDR. BioS 41, H. 10, 321–324; H. 11, 382–386; H. 12, 427–429; BioS 42 (1993), H. 4, 134–140
– (1996). Oberflächenvergrößerung bei Bäumen. BioS 45, H. 4, 218–223
– (1997). Oberflächenvergrößerung. BioS 46, H. 1, 4–8; H. 2, 78–80
*Timischl, W.* (1979). Anwendungen der Mathematik in den Biowissenschaften. Beiträge zum mathematisch-naturwissenschaftlichen Unterricht, H. 36, 42–62
*Timmermann, J.* (1978). Geschichte des Biologieunterrichts und der Biologiedidaktik. In: *Killermann/Klautke* (1978), 295–312
*Titzmann, M.* (1993). Der Computer, nur ein Exot im Biologieunterricht? BioS 42, H. 1, 23–27
*Todt, E.* (Hrsg.) (1977 a). Motivation. Heidelberg: Quelle & Meyer
– (1977 b) Interesse an Biologie. In: Arbeiten zum 70. Geburtstag von Prof. Dr. H. Desselberger. Gießen: Institut für Biologiedidaktik der Universität, 205–216
– (1990). Entwicklung des Interesses. In: *Hetzer, H.,* u.a. (Hrsg.), Angewandte Entwicklungspsychologie des Kindes- und Jugendalter. Heidelberg/Wiesbaden: Quelle & Meyer, 213–264
– */Götz, C.* (1997). Einstellungen von Jugendlichen zur Gentechnik. In: *Bayrhuber* u. a. (1997), 306–310

# 15 LITERATURVERZEICHNIS

*Todt, E./Schütz, G./Moser, A.* (1978). Gesundheitsbezogene Interessen in der Sekundarstufe I. Stuttgart: Klett
*Topp-Pauly, M./Mannesmann, R.* (1993). Biologische Exkursionen. IDB Münster, H. 2, 97–116
*Treitz, P.* (1974). Informelle Tests zur Leistungsmessung im Biologie-Unterricht der Hauptschule. NiU 22, H. 10, 454–458
*Treml, K.* (Hrsg.) (1986). Ethnopädagogik. Zeitschrift für Entwicklungspädagogik 9, H. 3
*Tremp, V./Ziebarth, W./Schumacher, F.* (1991). Schüler erforschen ihre Umwelt. Computer + Unterricht 1, H. 3, 16–21
*Trommer, G.* (1980 a). Begrenzte Chance für die Erneuerung des Biologieunterrichts in der reformierten gymnasialen Oberstufe. PdN-B 29, H. 1, 4–10
– (1980 b). Die Verwirklichung grundlegender Bezugskategorien der Oberstufenreform im Biologieunterricht. PdN-B 29, H. 3, 74–85
– (Hrsg.) (1980 c). Modelle im Unterricht. PdN-B 29, H. 8
– (1983). »Ausmerze« in der NS-Lebenskunde. PdN-B 32, H. 4, 121–123
– (1983/84). Zur historischen Entwicklung des Themas »Naturschutz« im Biologieunterricht. Teil 1 u. 2. MNU 36, H. 8, 468–474; 37, H. 1, 16–22
– (1984). Geschoß und Panzerung – ein Kriegsmodell aus der Geschichte des Biologieunterrichts. PdN-B 33, H. 1, 22–24
– (1986). Zur Kritik am naturgeschichtlichen Unterricht Anfang des 19. Jahrhunderts. Mitt. Technischen Universität Carolo-Wilhelmina zu Braunschweig 21, H. 2, 20–37
– (1988). Draußen Naturerleben – historische Beispiele. UB 12, H. 137, 8–12
– (1990 a). Natur im Kopf. Weinheim: Deutscher Studienverlag
– (1990 b). Zur Rede von Schädlingen im Biologieunterricht. UB 14, H. 154, 52–54
– (Hrsg.) (1991). Natur wahrnehmen mit der Rucksackschule. Braunschweig: Westermann
– (1992). »Wilderness«. In: *Pfadenhauer* (1992), 489–494
– (1994). Das Wilde – Subjekt und Objekt landschaftsbezogenen Umweltbewußtseins. In: *Schreier* (1994), 119–132
– (1997). Ganzheit, Einheit und Einzigartigkeit der Natur. BioS 46, Sonderheft »Fächerübergreifender Unterricht«, 2–8
– */Ilgner, B.* (1986). Der Lernpfad aus dem Rucksack. UB 10, H. 114, 23–26
– */Wenk, K* (Hrsg.) (1978). Leben in Ökosystemen. Braunschweig: Westermann
*Tsiakalos, G.* (1982). Ablehnung von Fremden und Außenseitern. UB 6, H. 72/73, 49–58
*Tulodziecki, G./Zimmermann, D.* (1976). Schulfernsehen und Unterrichtspraxis. Köln: Schulfernsehen
*Tyler, R. W.* (1973). Curriculum und Unterricht. Düsseldorf: Schwann
*Uexküll, J. von/Kriszat, G.* (1956). Streifzüge durch die Umwelten von Tieren und Menschen – Bedeutungslehre. Reinbek: Rowohlt
*Uhlig, A./Baer, H.-W./Dietrich, G./Fischer, H./Günther, J./Hopf, P./Loschan, R.* (Hrsg.) (1962). Didaktik des Biologieunterrichts. Berlin: Deutscher Verlag der Wissenschaften
*Ulshöfer, R.* (1971). Kooperativer Unterricht, Bd. I. Stuttgart: Klett
UNESCO (1963). Präambel der UNESCO. UNESCO-Dienst 10, Nr. 21
– (Hrsg.) (1977). New trends in Biology teaching. Volume IV. Paris: UNESCO
– (1979). Zwischenstaatliche Konferenz über Umwelterziehung Tiflis 1977. München: KG Saur 1979
– (1987). Moscow '87. UNESCO-UNEP Environmental Education Newsletter, Vol. XII, No 3,
– (1996). Erklärung von Sevilla. UB 20, H. 212, 61
*Unterbruner, U.* (1984). Biologieschulbücher und politische Bildung. In: *Hedewig/Staeck* (1984), 232–251
– (1986). Lebendiges Lernen in der Umwelterziehung. Wien: ARGE

*Unterbruner, U.* (1991). Umweltangst, Umwelterziehung. Linz: Veritas
– (1993). Kreative Botanik. UB 17 184, 4-9
– (1996 a). Spielraum für Emotionen. Praxis Geographie, 14–17
– (1996 b). Anregungen und didaktische Überlegungen zum Thema Naturerfahrung. Umwelterziehung, H. 3, 21–31
Unterricht Biologie (1980). Probleme der Sekundarstufe II. UB 4, H. 48/49, 74–82
– (1993 ff.). Aufgabe pur (Serie). UB 17 ff., H. 181 ff.
– (1998). Klausur & Abitur. CD-ROM. Seelze: Friedrich (2. Aufl.)
*Urban, D.* (1991). Die kognitive Struktur von Umweltbewußtsein. Zeitschr. f. Soz.psych., 166 ff.
*Urschler, I* (1971). Gruppenarbeit mit Expertenbefragung bei Elfjährigen. NiU 19, H. 9, 410–412
– (1975). Schafft Unterlagen zur Gruppenarbeit. PdN-B 24, H. 1, 18–24
*Vallerand, R V.* (1997). Toward a hierarchical model of intrinsic and extrinsic motivation. In: *Zanna, M. P.* (Hrsg.), Advances in experimental social psychology. San Diego: Academic Press, 271–360
*Vater-Dobberstein, B.* (1975). Einführung des Zellbegriffs in der Orientierungsstufe im Rahmen eines projektorientierten Biologieunterrichts. In: *Rodi* (1975), 127–132
- */Hilfrich, H.-G.* (1982). Versuche mit Einzellern. Stuttgart: Franckh
VDBiol (1977). Empfehlung der VDB-Schulkommission zur Revision der EPA Biologie. Mitt. d. VDBiol, Nr. 233, 1090–1101
– (1978). Qualifikationen eines Biologielehrers. In: *Eulefeld/Rodi* (1978), 155–164
– (1983). Empfehlungen zur Aus- und Fortbildung von Biologielehrern. Mitt. d. VDBiol, Nr. 300
VDBiol Studienreformkommission (1997). Empfehlungen zur Studienreform für die Ausbildung von Biologielehrern an Gymnasien. Biologen heute Nr. 430 (H. 3/97), 8–9
VDBiol-Kommission zur Bildungsplanung (1996). Konzept für eine fächerübergreifende Allgemeinbildung um die Jahrtausendwende. Biologen in unserer Zeit, 6, Nr. 427, 92–93
VdS (Verband Deutscher Schullandheime) (Hrsg.) (1980). Projektarbeit im Schullandheim, Bd. 2: Biologie. Regensburg: Walhalla
– (1996). Verzeichnis der Schullandheime im Verband Deutscher Schullandheime e.V. Hamburg
Vereinbarung zur Neugestaltung der gymnasialen Oberstufe in der Sekundarstufe II (1976). Beschlüsse der KMK. Neuwied: Luchterhand
*Verfürth, M.* (1979). Biologieunterricht im Zoo. Bad Salzdetfurth: Franzbecker
– (1985). Nistkastenbetreuung. UB 9, H. 106, 46–47
– (1986). Zooschule, Schulzoo. In: *Hedewig/Knoll* (1986), 267–277
– (1987 a). Kompendium Didaktik Biologie. München: Ehrenwirth
– (1987 b). Mein Wunschtier – eine Schildkröte. UB 11, H. 128, 14–17
*Vernadsky* s. *Wernadski*
*Vester, F.* (1978). Unsere Welt. Ein vernetztes System. Stuttgart: Klett-Cotta
– (1990). Ökolopoly. (Handbuch), München: studiengruppe für biologie und umwelt
*Viebahn, W.* (1976). Modell und Biologieunterricht. BioS 25, H. 1, 1-7
*Vilmar, F.* (1973). Friedensforschung und Friedenserziehung als politische Bewußtseinsbildung. In: *Wulf* (1973), 65–73
*Vogel, C.* (1983). Humanethologie im Unterricht. Mitt. d. VDBiol, Nr. 275, 1273-1275
– (1992). Rassenhygiene – Rassenideologie – Sozialdarwinismus: die Wurzeln des Holocaust. In: *Friedrich, H./Matzow, W.* (Hrsg.), Dienstbare Medizin. Göttingen: Vandenhoeck & Rupprecht, 11–31
*Vogel, G.* (1980). Das Arbeitstransparent in der Biologielehrerausbildung und im Biologieunterricht. In: *Rodi/Bauer* (1980), 206–213
– (Hrsg.) (1981). Der behinderte Mensch. UB 5, H. 54
*Vogel, G./Angermann, H.* (1967). dtv-Atlas zur Biologie. Band 1. München: DTV (5. Aufl. 1990)

# 15 LITERATURVERZEICHNIS

*Vogt, D.* (1980). Kleiner Wegweiser Naturlehrpfad Neukarthause. Koblenz
– (1990). Atlas außerschulischer Lernorte im Regierungsbezirk Koblenz (Rheinland-Pfalz). Möglichkeiten der Übertragbarkeit. In: *Killermann/Staeck* (1990), 200–208
– u. a. (1997). Umwelt vor Ort. Exkursionsführer zu außerschulischen Lernorten in Rheinland-Pfalz. Bd. 1 Regierungsbezirk Koblenz. Otterbach: Arbogast
*Völcker, D.* (1964). Richtlinien für die Errichtung und Ausstattung von naturwissenschaftlichen Unterrichtsräumen an Volks- und Realschulen. Z. f. Naturlehre u. -kunde 12, H. 12, 333–346
*Vollmer, G.* (1985; 1986). Was können wir wissen? Bd. 1; 2. Stuttgart: Hirzel
– (1990). Naturwissenschaft Biologie. Biologie heute, Nr. 371, 3-7; Nr. 372, 1–4
*Völp, B./Beier, W./Schlosser-Drefahl, G.* (1984). Die Bedeutung der Hausaufgaben im Biologieunterricht aus der Sicht der Schüler. NiU-B 32, H. 4, 127–130
Vorläufiger Rahmenplan für Unterricht und Erziehung in der Berliner Schule (1977). Gymnasiale Oberstufe – Fach Biologie. Berlin
*Voßwinkel, R.* (1976). Die Zelle. NiU 24, H. 9, 402-404; H. 11, 489–493
*Wagener, A.* (1980). Zentrale Mediothek für das Schulfach Biologie. NiU-B 28, H. 1, 30–32
– (1982). Experimentieren im Biologieunterricht. NiU-B 30, H. 12, 425–436
– (1992). Biologie unterrichten. Heidelberg/Wiesbaden: Quelle & Meyer
– (1995). Arbeitsplatz Schule aus arbeitsmedizinischer Sicht. BioS 44, H. 1, 12–22
*Wagenschein, M.* (1962/63). Erwägungen über das exemplarische Prinzip im Biologieunterricht. MNU 15, H. 1, 1–9
– (1965). Ursprüngliches Verstehen und exaktes Denken. Stuttgart
– (1973). Verstehen lernen. Weinheim/Basel: Beltz
– (1982). Naturphänomene sehen und verstehen. Stuttgart: Klett
*Wahlert, G. von* (1977). Die Geschichtlichkeit des Lebendigen als Aussage der Biologie. In: *Kattmann/Isensee* (1977), 46–58
– (1981). Evolution als Geschichte des Ökosystems »Biosphäre«. In: *Kattmann/v. Wahlert/Weninger* (1981), 23–70
– */Wahlert, H. von* (1977). Was Darwin noch nicht wissen konnte. Stuttgart: dtv (2. Aufl.)
*Walch, J./Knoll, J.* (1987). Die anatomischen Studien von Leonardo da Vinci. UB 11, H. 123, 46–48
*Walczak, L./Schlaegel, J./Schoof-Tams, K* (1975 a). Sexualmoral Jugendlicher. Sexuelle Sozialisation in Vorpubertät, Pubertät und früher Adoleszens (II). Sexualmedizin 4, H. 5, 306–325
*Walczak, L./Schoof-Tams, K./Schlaegel, J.* (1975 b). Einstellung Jugendlicher zur Sexualität. WPB 27, H. 4, 187–195
*Waldmann, K.* (Hrsg.) (1992). Umweltbewußtsein und ökologische Bildung. Opladen: Leske und Budrich
WaldpäP (Der waldpädagogische Postillion) (1996). Zeitschrift für Waldpädagogik. Mitteilungen der Abt. Waldpädagogik im Fachverband Forst
*Walser, W./Wedekind, J.* (1991). Modus. Duisburg: CoMet
*Walter, U./Wortmann, U.* (1990). Mückenplage. UB 14, H. 154, 22–24; 33–35
*Wandersee, J .H./Good, R. G./Demastes, S. S.* (1995). Forschung zum Unterricht über Evolution: Eine Bestandsaufnahme. ZfDN 1, H. 1, 43–54
*Weber, H. E.* (1976). Das Problem der didaktischen Reduktion im Biologieunterricht. BU 12, H. 3, 4–26
*Weber, I.* (1991). Saurier und lebende Reptilien. UB 15, H. 166, 4–13
*Weber, K.* (1979). Studieneinheit: Film und Fernsehen. Medien im Unterricht. Fernstudium Erziehungswissenschaft. Tübingen: DIFF
*Weber, R.* (1965). Die vergleichende Betrachtungsweise im botanischen Unterricht. Eine Beispielsammlung. BU 1, H. 2, 69–84

*Weber, R.* (1973). Das Bohnenpraktikum. Köln: Aulis
- (1976). Biologieunterricht am Naturgegenstand – aber mit bescheidenem Sachaufwand. PdN-B 25, H. 8, 214–217; H. 9, 248–250
- (1980). Anregungen zur Gestaltung des Schulgartens. NiU-B 28, H. 1, 21
*Weber, W.* (1968). Das Problem der Zweckmäßigkeit in der organischen Natur und seine Bedeutung für den Biologieunterricht. BU 4, H. 1, 11–24
- (1992). Das Biologie-Schulbuch in der Unterrichtspraxis. PdN-B 41, H. 4, 44–46
*Wedekind, J.* (1979). Computersimulationen im Biologieunterricht. log in, H. 3, 2–7
- (1980). CUS-Unterrichtseinheiten in der Biologie. In: *Simon* (1980), 67–72
- (1981). Unterrichtsmedium Computersimulation. Weil der Stadt: Lexika
- (1985). Lernwege zu neuen Modellen von Natur. In: Friedrich Verlag (1985)
- (1990). Computer im Biologieunterricht. Biologie heute, Nr. 377, 1–4
– */Wöhrmann, K.* (1983). Populationsbiologie. Stuttgart: Ulmer
*Weidenmann, B.* (Hrsg.) (1994). Wissenserwerb mit Bildern. Bern: Huber
*Weigelt, C./Grabinski, E.* (1992). Pro Biologie. VdBiol-Schulumfrage. Biologie heute 402, 1–4
*Weiglhofer, H.* (1997 a). Wir erforschen unseren Körper. UB 21, H. 221, 15–18
*Weiglhofer, H.* (1997 b). Die Entwicklung der schulischen Gesundheitserziehung unter Berücksichtigung sozialwissenschaftlicher Forschungsergebnisse. ZfDN 3, H. 3, 35–51
*Weinberg, J.* (1984). Didaktische Reduktion und Rekonstruktion. In: *Kahlke, J./Kath, F. M.* (Hrsg.), Didaktische Reduktion und methodische Transformation. Quellenband. Alsbach: Leuchtturm, 217–247
*Weinert, F.-E.* (1986). Lernen ... gegen die Abwertung des Wissens. In: Friedrich Verlag (1986), 102–104
*Weingart, P./Kroll, J./Bayertz, K.* (1992). Rasse, Blut und Gene. Frankfurt: Suhrkamp
*Weiß, H.* (1973). Wesen und Funktion von Unterrichtsmitteln als materiell gegenständliche pädagogische Mittel des Bildungs- und Erziehungsprozesses. BioS 22, H. 4, 113–117
*Weiss, J.* (1983). Die pädagogischen Aufgaben des Naturschutzzentrums Hessen. Naturschutz heute. Naturschutzzentrum Hessen, H. 2. Wetzlar: Naturschutzzentrum Hessen
- (1984). Ermittlungen von naturschutzbezogenen Interessen und Einstellungen bei Mitgliedern naturkundlicher Verbände. In: *Berck/Weiss* (1984), 59–81
*Weiss, P. A.* (1970). Das lebende System: Ein Beispiel für den Schichten-Determinismus. In: *Koestler, A./Smythies, J. R.* (Hrsg.), Das neue Menschenbild. Wien: Molden (1970), 13–59
*Weninger, J.* (1970). Zur Formulierung empirischer Gesetze. MNU 23, H. 7, 403–408
- (1981). Das Modell der erbkonstanten Bevölkerung. In: *Kattmann/v. Wahlert/Weninger* (1981), 157–193
*Wenk, K.* (1985). Biologiedidaktik als Interdiszipln. biol. did. 7, H. 3/4, 3–32
– */Trommer, G.* (Hrsg.) (1977). Naturerscheinung Energie. Braunschweig: Westermann
– */Trommer, G.* (Hrsg.) (1978). Unterrichten mit Modellen. Braunschweig: Westermann
*Wenske, E.* (1973). Gießharz-Zellmodell für den Polylux. BioS 22, H. 11, 478–479
- (1981). Unterrichtsmittel mit Naturobjekten. BioS 30, H. 6, 239–244
*Wenzel, E.* (1990). Gesundheit – einige Überlegungen zu einem sozial-ökologischen Verständnis. In: Friedrich Verlag (1990), 20–29
*Wernadski, W. I.* (1972). Einige Worte über die Noosphäre. BioS 21, H. 6, 221–231
*Werner, E.* (1976). Der Schülerversuch im Biologieunterricht und seine Möglichkeiten zur Differenzierung. NiU 24, H. 6, 265–268
- (1978). Die Begegnung mit einem Lebewesen als Schülerversuch am Beispiel der Weinbergschnecke. NiU-B 26, 207–210
- (1997). Das Hörspiel im Biologieunterricht (Klassen 5 und 6). BioS 46, H. 4, 206 f.
*Werner, H.* (1973). Biologie in der Curriculumdiskussion. München: Oldenbourg

*Werner, H.* (1976 a). Einführung in das Mikroskopieren. UB, H. 2, 9–15
– (1976 b). Synopse wichtiger Schulmikroskope. UB, H. 2, 45–47
– (1978). Aufgaben und Probleme fachdidaktischer Forschung in Biologie. In: *Killermann/ Klautke* (1978), 81–93
– (1980). Fachdidaktik aus der Sicht des Fachdidaktikers. In: *Rodi/Bauer* (1980), 61–85
*Weß, L.* (Hrsg.) (1989). Die Träume der Genetik. Nördlingen: Greno
*Wessel, J./Gesing, H.* (Hrsg.) (1995). Umwelt-Bildung: Spielend die Umwelt entdecken. Neuwied u. a.: Luchterhand
*Wessel, V.* (1980). Lehrpfade, von Schülern gestaltet. BU 16, H. 3, 36–70
– (1986). Einrichtung eines naturnahen Schulgartens durch Schüler einer Hauptschule. In: *Hedewig/ Knoll* (1986), 79–87
– (1992). Lehrpfade/Lernpfade, ein Projektangebot. BioS 41, H. 9, 296–301
*Westphal, W.* (Hrsg.) (1976 a). Normiertes Abitur? Braunschweig: Westermann (Köln: Aulis)
– (1976 b). Argumente für Normenbücher, kritisch gesichtet. In: *Westphal* (1976 a), 25–40
*Westphalen, K.* (1973). Curriculum. In: *Meißner/Zöpfl* (1973), 15–26
*Wetzlar, L.* (1991). Projekt Schulgarten. In: *Hellberg-Rode* (1991), 61–80
*White, R./Gunstone, R.* (1993). Probing understanding. London: Palmer Press
*Wiechmann, J.* (1990). Arbeiten auf der Klassenreise. Pädagogik 42, H. 4, 12–17
*Wiese, V.* (1988). Ökologie im Museum. Wiesbaden: Hemmen
*Wilde, G.* (Hrsg.) (1984). Entdeckendes Lernen im Unterricht. Oldenburg: Universität (ZpB)
*Wildermuth, H.* (1978). Natur als Aufgabe. Basel: Schweizerischer Bund für Naturschutz
– (1981). Lebensraum Hecke. UB 5, H. 55, 25–40
*Wille, R.* (1986). Symmetrie – Versuch einer Begriffsbestimmung. In: Symmetrie in Kunst, Natur und Wissenschaft. Bd. 1. Texte. Darmstadt
*Winde, P.* (1981). Modelle im Ökologieunterricht. In: *Riedel/Trommer* (1981), 277–298
– (1983). Zur Funktion der Computersimulation in der Umwelterziehung. Log In 3, H. 1, 16–20
– (1985). Denkbilder oder neues Begreifen. Bildschirm. In: Friedrich Verlag (1985)
– */Wenk, K* (1977). Energetische Aspekte des Regelkreises. In: *Wenk/Trommer* (1977), 218–253
Windrose-Dumont-Time (1970). Biologieunterricht im Fernsehen. PdN-B 19, H. 4, 76
*Winkel, G.* (1970 a). Tierhaltung in der Schule. BU 6, H. 3, 25–33
– (1970 b). Die Maus als Objekt »forschender Schulbiologie«. BU 6, H. 3, 34–40
– (1975). Vererbung, Variation, Mutation und Züchtung bei Pflanzen. BU 11, H. 2, 97–116
– (1977 a). Bewegung bei Pflanzen am Beispiel Mimose. UB 1, H. 9, 34–38
– (Hrsg.) (1977 b). Der Zoo. UB 1, H. 15
– (1978 a). Das Pflegerische als Leitidee der Schule unter besonderer Berücksichtigung des Biologieunterrichts. NiU-B 26, H. 6, 163–170
– (1978 b). Naturkundemuseum und Schule. UB 3, H. 24/25, 4–15
– (1979). Biologie im Schulgelände. UB 3, H. 36/37, 2–3; 4–11; 26–27; 30–33; 48–51
– (1981). Das Schulbiologiezentrum in Hannover. NiU-B 29, H. 2, 48–52
– (Hrsg.) (1982 a). Pädagogik im Botanischen Garten, im Naturkundemuseum, im Zoo. Hannover: Schulbiologiezentrum
– (Hrsg.) (1982 b). Exkursionen. UB 6, H. 67
– (1986). Biologie im Schullandheim. UB 10, H. 114, 4–12
– (1987). Heimtiere. UB 11, H. 128, 4–13
– (Hrsg.) (1990 a). Botanischer Garten. UB 14, H. 156
– (1990 b). Pflanzen für die Schule (Beihefter). UB 14, H. 156, 27–30
– (1990 c). Zimmerpflanzen als Arbeitsmaterial für den Biologieunterricht. UB 14, H. 156, 50–52
– (Hrsg.) (1991). Vegetationskunde. UB 5, H. 55
– (1992). Biographie des Menschen. UB 16, H. 177, 4–13

*Winkel, G.* (1995). Umwelt und Bildung. Seelze-Velber: Kallmeyer
– (Hrsg.) (1997). Das Schulgarten-Handbuch. Seelze-Velber: Kallmeyer
– */Fränz, D.* (1990). Zimmerpflanzen als Arbeitsmaterial für den Biologieunterricht. UB 14, H. 156, 50–52
– */Gürtler, R. F./Becker, A.,* u. a. (1978). Unterricht Umweltschutz. Köln: Aulis
*Winkeler, R.* (1975). Differenzierung. Funktionen, Formen und Probleme. Ravensburg: Maier
*Winnenburg, W.* (1993). Tafelbilder. In: FriedrichVerlag (1993), 6–9
*Winter, B./*Projektgruppe (1997). Mord in Alabama – Überprüfung von Sachwissen und Teamfähigkeit im Rahmen einer Fallstudie. UB 21, H. 230, 48–51
*Winter, H.* (1994). Über Wachstum und Wachstumsfunktionen. MNU 47, H. 6, 330–339
*Winter, M.* (1996). Hochwasser. Mathematik Lehren 76, 19–22
*Witt, R.* (1983). Ökologische Funktion einheimischer Gartensträucher. UB 7, H. 79, 58–64
*Witte, A.* (1969). Der Arbeitsprojektor im Biologieunterricht. BU 5, H. 3, 63–84
– (Hrsg.) (1971-1973). Handbuch der Arbeitsprojektion. Schwäbisch Gmünd: Lempp
*Witte, G. R.* (1967). Der Pflanzentisch. Z. f. Naturlehre u. -kunde 15, H. 5, 143–151
– (1973). Über die sozialen Funktionen einiger Froschlurchstimmen und ihre unterrichtliche Erarbeitung. MNU 26, 366–373
– (1974). Die Miesmuschel. PdN-B 23, H. 5, 122–129
– (1986). Museum zum Anfassen, Museum zum Weiterdenken? In: *Hedewig/Knoll* (1986), 239–247
– (1991). Lebensraum für Eidechsen. UB 15, H. 166, 46–48
*Wittmann, R./Maas, A./Kiewisch, S.* (1985). Die »Metamorphose« der Pflanzen. UB 9, H. 101, 19–23
*Wohlfahrt, T. A.* (1974). Die Bedeutung der Handzeichnung für Biologen. Mitt. d. VDBiol, Nr. 197, 951–952
*Wolf, H./Stichmann, W.* (1996). Hühner im Schulgelände. UB 20, H. 217, 20–23
*Wolschke-Bulmann, J.* (1988). Öko-Ethik. Wechselwirkungen 37, H. 5, 10–14
*Wood, A.* (1997). Nutzung historischer Texte im Biologieunterricht. Stoffgebiet Pflanzenphysiologie, BioS 46, H. 2, 85–97
*Woydich, K./Tempel, R./Marks, R.* (1996). Lernort Bauernhof. UB 20, H. 215, 49–52
*Wraage, J.* (1979). Was wissen wir vom Neandertaler? UB 3, H. 31, 18–24
*Wuketits, F. M.* (1983). Biologische Erkenntnis: Grundlagen und Probleme. Stuttgart: Fischer
*Wulf, C.* (Hrsg.) (1972). Evaluation. München: Piper
– (Hrsg.) (1973). Kritische Friedenserziehung. Frankfurt: Suhrkamp
*Wyniger, R.* (1974). Insektenzucht. Stuttgart: Ulmer
*Zabel, E.* (1975). Zur Verbindung von Lernen und gesellschaftlich-nützlicher Tätigkeit in den Arbeitsgemeinschaften nach Rahmenprogramm des Bereiches Biologie. In: Wiss. Zeitschrift der TH Magdeburg 19, H. 1, 65–72
– (1988). Zu theoretischen Fragen der Linienführung des Biologieunterrichts unter Berücksichtigung der Beziehungen zwischen Funktion, Ziel und Inhalt. In: *Zabel, E.* (Hrsg.), III. Symposium zur Methodik des Biologieunterrichts. Biologische Gesellschaft der DDR, 58–86
– (1991 a). Zur Umwelterziehung im Biologieunterricht in den ostdeutschen Bundesländern. BioS 40, H. 2/3, 91–97
– (1991 b). Zu den Rahmenrichtlinien für den Biologieunterricht in Mecklenburg-Vorpommern. In: BioS 40 (1991 b), H. 7/8, 269–271
– (Hrsg.) (1991 c). Differenzierter Biologieunterricht im Rahmen der Erneuerung der Schule. Alsbach: Leuchtturm
– (1993). Sippen- (Formen-) Kenntnisse – ein aktuelles Problem biologischer Unterweisungen. BioS 42, H. 6, 204–210

## 15 LITERATURVERZEICHNIS

*Zabel, E.* (1994 a). Konzeptionen und Entwicklungen des interdisziplinären, projektorientierten Lernens im Biologieunterricht der neuen Bundesländer (vor 1989). In: *Bayrhuber* u. a. (1994), 37–53
– (1994 b). Wissenschaftspropädeutik im Unterricht. BioS 43, H. 2, 81–84
*Zacharias, F./Waldow, H.-J.* (1992). Natur als Zeit-Geschehen. Computer + Unterricht 2, H. 6, 41–45
*Zender, D.* (1997). Messungen mit Hilfe der Strahlensätze. Mathematik Lehren 80, 48–49
*Zimmer, M.* (Hrsg.) (1997). Von der Kunst, umweltgerecht zu planen und zu handeln. Verhaltensbezogene Wissenschaften und Ökologie. Tagung vom 4.-6. Oktober 1996 in Georgsmarienhütte. Osnabrück (2. Aufl.)
*Zimmerli, E.* (1980). Freilandlabor Natur. Zürich: World Wildlife Fund (2. Aufl.)
*Zinnecker, J.* (Hrsg.) (1976). Der heimliche Lehrplan. Weinheim/Basel: Beltz
*Zippelius, H.-M.* (1992). Die vermessene Theorie. Braunschweig/Wiesbaden: Vieweg
*Zitelmann, A./Carl, T.* (1970). Didaktik der Sexualerziehung. Weinheim: Beltz
*Zmarzlik, H. G.* (1966/67). Politische Biologie im Dritten Reich. MNU 19, H. 9, 289–298; H. 11, 426
*Zöller, W.* (1971). Die Erstellung informeller Tests. BU 7, H. 1, 11–26
– (1973). Testähnliche Verfahren zur Ermittlung des Lehr- und Lernerfolges im Biologieunterricht. MNU 26, H. 8, 501–506
– (1974; 1975). Über Zweck, Formen und Lernziele von Testaufgaben. Teil 1 u. 2. PdN-B 23, H. 12, 317–319; 24, H. 1, 11–16
– (1978). Zur Beobachtung und Beurteilung von Unterricht im affektiven, psychomotorischen und sozialen Lernbereich. biol. did. 1, H. 2, 79–104
– (1979). Gemeinsam lernen. München: Ehrenwirth
*Zöpfl, H./Strobl, P.* (1973). Lernziele. In: *Meißner/Zöpfl* (1973), 26–33
*Zucchi, H.* (1979). Collagen im Umweltunterricht. Ein Vorschlag zur Behandlung des Themas »Ausrottung – Artenschutz«. NiU-B, H. 6, 163–166
– (1992). Biologiedidaktik und Umwelterziehung. Zeitschrift für angewandte Umweltforschung 5, H. 3, 410–424
– */Balkenhol, B.* (Hrsg.) (1994). Spinnentiere. UB 18, H. 196
*Zupanc, G. K. H.* (1990). Fische im Biologieunterricht. Köln: Aulis

# 15 Stichwortverzeichnis

Abbild-Didaktik 160
Abfolgediagramm 281, 291
Abgüsse 328 f.
Abitur 32, 422
Abschreckungsmethode 93
affektiv-emotionale Dimension 9, 26, 47,
    129, 139, 144, 177, 179, 244, 319
Aggressionstheorie 114
Aggressivität 110
AIDS 101
Aktionen 96
Alleinarbeit 192
Allgemeine Biologie 22, 28 f., 36, 50
Alltagssprache 255
Alltagsvorstellungen 59, 137 f., 260
Altersgemäßheit 137
Analogmodell 335
Analyse, didaktische 160
analytisch-summative Betrachtungsweise 61
Angst 129, 147, 249
Anreizfunktion 416
Anschauungsmodell 330, 332
Anthropomorphismus 139
Aquarium 309
Arbeitsblatt 354
Arbeitsbuch 357
Arbeitsgarten 390

Arbeitsmappe 355, 412
Arbeitsprojektor 343, 348
Arbeitsschule 15 f.; 187
Arbeitsstreifen 350
arbeitsteilige Gruppenarbeit 198
Arbeitstransparent 343
Arbeitsunterricht 406
Arbeitsweisen 212 ff., 382, 398
Arboretum 406
*Aristoteles* 34
Artbeschreibung 9, 11 f.
Artenkenntnis 152
Artenschutz 117
Artikulation (des Unterrichts) 169, 185
Ästhetik 125, 268
auditive Medien 353
Aufbausatz 347

Aufbautransparent 344
Aufgabendidaktik 88
Aufgabenstellung 362
außerschulische Lernorte 398 ff.
außerschulischer Unterricht 201 ff.
Ausstattung (Biologiesammlung) 380
Ausstattung (Fachräume) 383
Ausstellen 298 ff.
Ausstellungen 299. 408, 376
Auswertung 198, 209
Bäume (Schulgelände) 392
Bedeutungswandel 260
Bedingungsfelder 160
Begriff 257 ff.
Begriffsbildung 259
Begriffslernen 257, 262
Begriffsnetz 163, 413
Behandlungstyp 133
Beobachten 215, 217 ff., 224, 228
Berichtsfunktion 416
Berliner Schule 159 f.
*Bertalanffy* 61
Berufsfelder 203
Berufsprofil 149
beschreibend-morphologische Betrachtungsweise 8 f.
Bestimmungsübung 15
Betrachten 215, 217
Betrachtungsweisen 8
Bibliographien 424
*Bichat* 34
Bildausstattung 361
Bilder 227, 342
Bilderheft 342
bildliche Modelle 333
Bildmappe 342
bildnerisches Gestalten 269
Bildtyp 339
Bildung 40, 178
bildungstheoretische Didaktik 4, 39
Binnendifferenzierung 190
Biodiversität 41
Bioethik 79
Biologie 34 ff.
Biologiedidaktik 1 ff., 149

**489**

biologiedidaktische Konzepte 49 f.
Biologiefachraum 382
Biologielehrer 148 ff.
Biologieunterricht 4 ff., 39 ff.
biologische Organisation 37
Biologischer Garten 390
Bioplanet 41
Biosphäre 38
Biosystem 24, 29, 35 ff., 66
Biotop 393
Biotopschutz 117
Blockdiagramm 280 ff.
*Blonskij* 16
*Bonnet* 34
Botanischer Garten 6, 405 f.
*Brehm* 9
*Brohmer* 13, 16, 18
*Burdach* 34
Carolldiagramm 276
Chaostheorie 63
Collagen 342
*Comenius* 1, 6, 14, 320
Computer 193, 364 ff.
Computernetzwerk 369
Curriculum 154
Curriculumreform 26 f., 33
Darbieten 191
Darstellungsweisen 212
*Darwin* 13
Datenbank 366
DDR 32
Deduktion 54; 58
Definieren 262
Dendrogramm 277
Denkmodell 330, 332
*Descartes* 60
deterministisches Chaos 63
Deutung 216
*Dewey* 140
Dia 339
Diagramme 268, 273 ff., 314
Didaktik 1, 4
Didaktische Analyse 39, 160, 163
Didaktische Reduktion 46 f.
Didaktische Rekonstruktion 2, 46 ff.
Didaktisches System 4, 158
Didaktische Überlegungen 163
*Diesterweg* 137
Differenzierung 190

Dimensionierung 177
Dissonanz, Kognitive 146
Distraktorenprüfung 421
Disziplinierungsfunktion 416
Doppelrolle des Menschen 52, 123
*Driesch* 60
Durchflußsystem 289
Einheitenheft 355
Einheitlichen Prüfungsanforderungen 32, 422
Einstellungen 182
Einstieg 169
Einzelunterricht 192
Ekel 147, 249
Elementares 43
Eltern 88, 107
emanzipatorische Sexualerziehung 100
Emotion 129
emotional s. affektive Dimension
*Engels* 25
entdeckendes Lernen 187
Entscheidungskriterien 29, 42
Entscheidungsprozesse 82
Entwicklungspsychologie 137
EPA 32, 422
Episkop 342
Erbgangsdiagramm 286
Ergänzungsaufgabe 418
Ergebnissicherung 169
Erkenntnisfortschritt 75
Erkenntnisgewinnung 54, 217
Erkenntnismethode 59, 212 ff. , 265
Erklärung 64
Erklärungsprinzip 53, 66
Erkunden 214
Erleben 26
Erlebnispark 408
Erörterung 412
Erziehungsstil 112
Erziehungswissenschaften 149
Erziehungsziel 43
Ethik 79
ethisch klärenden Fragen 85
Ethologie 19
Eugenik 17, 24, 69
Euphemismus 260
Europa 33
Evaluation 174 f., 157, 270, 410
Evolution 13, 25, 39, 41, 52 f., 63, 66

exemplarischen Prinzip 43 f., 224
Existenzbiologie 41, 123
Exkursion 6, 16, 201
Experiment. 187, 228, 239 ff., 248
Experimental-Dia 341
Experimentieren 29, 215, 239 ff, 371
extrinsische Motivation 143
Fachdidaktik 1 ff., 149
Fächerkombination 152
fächerübergreifende Aufgaben 41, 79 , 87 ff., 152
fachgemäße Arbeitsweisen 202, 212
Fachraum 382
Fachsprache 255, 262
Fachwörter 259, 362
Fähigkeiten 182
Fallstudie 85 f., 188
Fälschung (Wissenschaft) 70, 76
Familiendiagramm 284
Fehlschluß, logischer 69
Fehlvorstellung 138
Feldanalyse 163
Feldmethode 203
Feldprotokoll 265
Fern-Ursache 66
Fernsehsendung 351
Fertigkeiten 182
Film 349
Finalität 259
Flanelltafel 348
Fließgleichgewicht 62, 289, 293
Flußdiagramm 281, 284, 287
Formalisierung 295 f.
Formalstufe 169
Formenkunde 30, 41
Forschung, fachdidaktische 2, 48
Forschungsexperiment 240
Forschungsmodell 333
Foto 338
Fotogramm 341
Fragen 261
fragend-entwickelndes Verfahren 191
Fraktal 63
*Francke* 6
Freiarbeit 186, 192
Freilandlabor 401
Freilandunterricht 130, 201, 398
Friedenserziehung 109 ff.
Frontalunterricht 193

Führung 405
Fundamentales 44
Fünf-Minuten-Biologie 143, 157
funktionale Erklärung 64
funktionell-morphologische Betrachtungsweise 12
Funktionsmodell 334, 345
*Galton* 17
Ganzheit 18 ff.. 39, 41,
ganzheitliche Betrachtung 24, 88, 90
Ganzheitscharakter 29
Garten s. Schulgarten
Gartenzentrum 404
*Gaudig* 16
Gedankenexperiment 242
Gemeinschaftsideologie 13, 24
Gemütsbildung 25
Gensymbol 286
Geräte 314
Gesamterziehung 99, 113, 118
Geschichte 37 ff., 66
Geschichte der Biologie 71
Geschichte des Biologieunterrichts 6 ff.
Geschichtlichkeit 42, 67
Gesellschaftsrelevanz 42
Gesinnungsethik 83
Gespräch 105
Gesunde Schule 91
Gesundheit 89
Gesundheitserziehung 89 ff.
Gesundheitsförderung 92
Gesundheitstechniken 97
Gesundheitsvorsorge 90
Gewalt 109 f.
Glockenkurve 276
Großformen 188
Grundsachverhalte 27
*Grupe* 16
Gruppenarbeit 191 ff.
Gruppenarbeitsraum 387
Gruppenbildung 197
Gruppenpuzzle 254
*Haeckel* 118
halbschriftliches Verfahren 411
Handbücherei 359
Handlungskompetenz 112
Handlungsmuster 185, 212
handlungsorientierter Unterricht 186
*Harvey* 60

Hausaufgaben 411
*Hecker* 6
heimliche Erziehung 99, 360
heimliche Ethik 80
*Herbart* 15, 169
Hessische Rahmenrichtlinien 41
Hierarchisierung 178
Hintergrundsvorbereitung 173
Histogramm 276
historisch-genetisches Verfahren 74
historische Erklärung 66
historische Persönlichkeiten 76
historisches Denken 41
Homologmodell 335
Homöostase 289, 293
Hörspiel 353
Humanbiologie 30, 34
Humangenetik 18
Humanzentrierung 51, 123
*Humboldt* 10
Hypothese 57, 215, 242
Hypothesenbildung 241
hypothetisch-deduktives Verfahren 56, 215 f.
Ideologie 21 f., 26, 33, 39, 360
individuale Probleme 41
Indoktrinationsverbot 81
Induktion 54 f.
Induktivismus 55, 214
Informationsprogramm 367, 370
informeller Test 414, 418
Inhaltsauswahl 42
Inkongruenz 146
innovatives Lernen 120
Institutionen 88
Integration 88
Interesse 28, 93, 104, 141
Internetprojekt 373
intrinsische Motivation 143
Intuition 58
Jugendfarm 403
Jugendwaldheim 402
*Junge* 10 ff., 24, 28
Käfig 309, 393
Katastrophenpädagogik 129
kausale Erklärung 64
Kausalursache 64
Kenntnisse s. Wissen
*Kerschensteiner* 15, 187, 243
Klassenarbeit 412

Klassenunterricht 191
Klassenzimmer 387 f.
Klassifikation 262, 277
Kleingruppenarbeit 191, 194
Koedukation 94, 106
kognitive Dimension 177, 179, 244, 319, 415
Kompetenz 178
komplementäre Methoden 68, 213
Komplexität 60, 67
Können 177
Konstruktionsmodell 336
Konstruktivismus 59, 139
Kontextunabhängigkeit 256
Kontrolle des Lernerfolgs 182
Konzept (Vorstellung) 257
Konzepte, biologiedidaktische 42 f., 49 ff.
Kooperation (Lehrpersonen) 175
Koordinationsdiagramm 280
Kreationismus 69
Kreissektorendiagramm 276
kriterienbezogener Test 414
Kurs 188
Kurvendiagramm 275
Kurzantwort-Aufgabe 418
Küvetten-Projektion 341
Kybernetik 284 ff.
*Lamarck* 35
*Lamettrie* 60
Laufbild 349
Leben 35
lebender Organismus 317, 320
Lebensgemeinschaft 10, 18, 24
Lebenskunde 8, 17, 21, 26
Lebensprinzipien 53
Lebensprozesse 63
Lebenswirklichkeit 88, 123, 137
Lebewesen 152 ff., 320 ff.
Lehr-Übungsraum 385
Lehrerausbildung 107, 148 ff.
Lehrerbegleitbuch 363
Lehrerstation 387
Lehrervortrag 261
Lehrexperiment 14
Lehrmodell 333
Lehrperson 148
Lehrpfad 400
Lehrsaal 384
Lehrtafel 342
Leistungsanspruch 32

Leistungskontrolle 410
Leistungsprinzip 417
Leistungstest 418
Leistungsvergleich 414
Leitidee 31, 176
Lernerfolgskontrolle 414
Lernorte 201 ff., 398 ff.
Lernspiel 201
Lerntagebuch 267
Lernziel 176
Lernzielstufen 422
Lesebuchtext 14
*Leunis* 10, 15
*Linné* 8 f., 34
Lippstadt 13
*Löns* 13
*Lorenz* 19
Lösungsstrategie 372
*Lüben* 8, 10, 14 f.
Lupe 230, 235
Lyssenkoismus 69, 75
Magnet-Aufbausatz 348
Maschinentheorie 60
mathematisches Modell 295 f.
Mathematisieren 273, 295 ff.
Mechanismus 60
Medien 106, 167, 198, 303, 312, 313 ff.
Medienverbundsystem 314
Medizinische Ethik 79
Mehrfach-Wahl-Aufgabe 420
Mengen-Diagramm 276
Menschenkunde 142
Merksatz 261
Meßwerterfassung 366, 372
Metadisziplin 36
Metapher 260
Methoden 31, 105, 166 f., 185 ff.
Methodenkonzept 186
Methodik 4
methodische Transformation 46
Methodischen Überlegungen 160, 167
Mikroorganismen 250, 327
Mikroskop 235
Mikroskopieren 231
*Möbius* 10
Modellbildungssystem 372
Modelle 227 330 ff.
Modellieren 251, 330
Modellkritik 337

Modellmethode 251, 337
Modellversuch 242
Monographie 28
Moral 79
Mosaikunterricht 199
Motivation 143 ff.
Motivierung 145 ff.
*Müller* 13
Multimedia-tool 366
mündliche Prüfung 411
Museum 407, 409
Nachbereitung 174, 158
Nachbildung 328 f.
Nachhaltigkeit 119
Nah-Ursache 66
Namen 258
Nationalsozialismus 13, 17, 75, 114
Naturaliensammlung 6
Naturbegegnung 130
Naturbild 314, 338
Naturerleben 88, 96, 123 ff.
Naturgarten 393
Naturgeräusch 353
Naturgeschichte 34, 65
Naturkörper 14
Naturkunde 8
Naturkundemuseum 405, 407
Naturlehrpfad 400
Naturobjekt 14 f., 346
Naturparkzentrum 404
Naturschutz 117
Naturschutzerziehung 120
Naturschutzzentrum 404
Naturverständnis 122 ff.
Naturwissenschaft 59, 214 ff.
Netzwerkprogramm 365
Normen 81
normorientierter Test 414
Notengeben s. Bewertung
Nutzgarten 390
nützliches Wissen 8 f., 17
Oberstufe 30 f.
Objektdia 341
offene Sozialform 204
offener Unterricht 137, 144, 186, 192
offenes Curriculum 155
offenes System 62
Öffnung der Schule 132
Ökologie 18, 118

ökologische Betrachtungsweise 11
ökologischer Strukturierungsansatz 50
ökologisches Gleichgewicht 294
Ökologisierung der Schule 132
Ökopädagogik 122
Ökozentrum 404
Operationalisierung 180
Ordnungsethik 82
Organismen 304
Organismische Auffassung 61
Orientierungswissen 43, 45
Original 330
Originalarbeit 70, 49
originale Begegnung 85, 203
Overhead-Projektion 343
Partnerarbeit 192
Personifizierung 259
Pfeildiagramm 280, 292, 294
Pflanzen 323, 326
Pflanzenpflege 309
Pflege der Sammlungsobjekte 380
Pflegemaßnahmen 306, 308
Pflegen 304, 309
Phänomene des Lebens 43
*Piaget* 145
Pilze 323, 326
Planspiel 85, 97, 371 f.
*Ploetz* 17
politische Bildung 360
*Popper* 56
Portefolio 355, 412
Poster 342
pragmatisch s. psychomotorisch
praktische Arbeit 204
Präparat 328
Präparieren 228 f.
Primärerfahrung 313
Problemlösen 180
problemlösender Unterrichts 187
Programm 65
Programmierter Unterricht 192
Projekt 188, 192
Protokollieren 263, 266
Protokollschema 264
psychomotorisch-pragmatische Dimension 177, 180, 245, 319, 415
Punktdiagramm 275
Qualifikationen (Lehrperson) 148
qualitativer Versuch 243

Quantifizierung 295
quantitativer Versuch 243
Quellensammlung 77
Quellentext 254
Rahmenplan des VDBiol 29
Rallye 405
Rassenanthropologie 18, 24
Rassenhygiene 17
Rassenkunde 17
Rassenlehre 18
Raumtypen 383
Realien 8
Realschule 6, 10
Reduktion, didaktische 46
Reflexion 83
Reflexionsebenen, ethische 84
Reformpädagogische Bewegung 15
Regelkreisdarstellung 287
Regelungssytem 286
Reifungslehre 137
Reiz-Reaktionsdiagramm 281
Rekonstruktion, didaktische 2, 46 f.
Religion 25, 69
Reorganisation 180
repressive Sexualpädagogik 100
Reproduktion 180
*Reyher* 8
Richtlinien 31, 102, 108, 155
Risikofaktorenkonzept 90
*Rochow* 8
Rollenspiel 85, 97, 105
Roose 34
*Roßmäßler* 9 f.
*Rousseau* 14
Rückmeldefunktion 415
Sachanalyse 160 f.
*Salzmann* 14
Sammeln 298 f., 301, 377
Sammlung 375 ff.
Sammlungsgegenstände 377
Sammlungskartei 380
Sammlungsobjekt 376
Sammlungsraum 387
Säulendiagramm 276
Schema 267, 314
Schichtmodell 344
Schlüsselproblem 40, 87
Schlüsselqualifikation 178
*Schmeil* 12 f., 15 f., 24, 28, 53

*Schmitt* 16
Schöpfungswissenschaft 69
schriftliche Erörterung 412
Schulbauernhof 403
Schulbiologiezentrum 403
Schulbuch 356
Schule 97, 99, 103, 382
Schüler 136 ff.
Schülerbedürfnisse 136
Schülerinteressen 141
Schülerleistungen 410
Schülerorientierung 137
Schülerrelevanz 42
Schülervorstellungen 144, 258
Schülervortrag 198 f., 261
Schulfernsehen 352
Schulfunksendung 354
Schulgarten 389, 394
Schulgelände 389
Schulgesetz 108
Schullandheim 402
Schulleben 94
Schulwald 402
Schwierigkeitsgrad 421
Sekundärerfahrung 313
selbstbestimmtes Lernen 143 f.
Selbstevaluation 416
Selbstlernmedium 370
Selbstorganisation 63
Selektionsfunktion 416
Selektionstheorie 13
*Semler* 6
*Senner* 9
Sexualerziehung 98 ff.
Sexualethik 79
Sexualität 98
Sexualverhalten 100 f.
Sezieren 228
Sicherheitsbestimmungen 248
Siebungsfunktion 416
Simulation 365, 368, 371
Sinneserfahrung 96
Sinneskanal 312
sinnige Betrachtungsweise 9, 15, 25
Skizze 267
soziale Differenzierung 190
soziale Kompetenz 191, 194
soziale Probleme 41
soziales Lernen 191

Sozialethik 79
Sozialformen 190 f.
Sozialisation 98
Spezialisierung 32
Spezielle Biologie 36
Spiralprinzip 29
Sprache 106 ff., 255 ff.
Stammbaum 277, 279
standardisierter Test 413 f.
Stationsarbeit 192
Stehbild 338
Stillarbeit 192
Stoffülle 31
Sträucher (Schulgelände) 392
Struktur der Disziplin 49, 54
Strukturierung 49
Strukturmodell 334
Stufen 180
Styroporteile 348
Symbol 268, 286, 314
synthetische Betrachtungsweise 13
System 10, 60 f., 66 f.
Systematik 30
Systemebene 39
Systemsimulation 371
systemtheoretische Betrachtungsweise 61, 63, 66
systemtheoretischer Strukturierungsansatz 37
Tabelle 280
Tafelarbeit 272, 347
Tafelzeichnungen
Taxonomisierung 177 ff.
technisches Erzeugnis 227
Teilgebiet (Biologie) 36
Teleologie 64
Teleonomie 65
Terminus 257 f., 262, 362
Textanalyse 251
Textgestaltung 361
Textprogramm 366
Theoretische Biologie 36
Theorie 57, 215
Tiere 325 f., 393
Tierethik 79
Tierhaltungsraum 387
Tierpark 406 f.
Tierpflege 309
Tierschutzgesetz 249
Tierversuch 249

Trail 405
Transfer 180
Transformation, methodische 46
Transparent s. Arbeitstransparent
*Treviranus* 35
tutorielle Software 367
Überlebenskrise 121
Überzeugung 178
Übungsraum 385
Umordnungsaufgabe 420
Umwelt 116
Umweltbewußtsein 127
Umweltbildung 119
Umwelterziehung 116 ff.
Umweltethik 123
Umwelthandeln 129
Umweltinteresse 142
Umweltprobleme 128
Umweltschutz 117
Umwelttechnik 79
Umweltwissen 126
Umweltzentrum 125, 403
Unterrichtsdurchführung 182
Unterrichtseinstieg 270
Unterrichtsentwurf 158 ff.
Unterrichtsfilm 350
Unterrichtsgespräch 261
Unterrichtsinhalte 42 ff.
Unterrichtsmedium 254, 312, 313 ff.
Unterrichtsmethode 14, 149, 185 ff.
Unterrichtsnachbereitung 182
Unterrichtsphasen 169
Unterrichtsplanung 152 ff.
Unterrichtsprinzip 87, 94, 102, 113, 134
Unterrichtssoftware 367
Unterrichtssprache 256
Unterrichtsstunde 266
Unterrichtsverlauf 170
Unterrichtsvorbereitung 182 ff, 206 ff.
Unterrichtsziel 43 ff., 166, 176
Untersuchen 217, 228
utilitaristische Betrachtungsweise 8
Variabilität 67
Venndiagramm 276
Verantwortungsethik 84
Verfremdung 146
Vergleichen 45, 217, 222
Verhaltensdisposition 182
*Vernadsky* 36

Vernetzung 369
Verständlichkeit 361
Versuch 239
verteilungsorientierter Test 414
Videokassette 350
Videomikroskop 352
Vitalismus 60
Vivarium 309 f.
Volksgemeinschaft 18
Vorbereitung 182 ff., 206 ff.
Vorbereitungsraum 387
Vorexkursion 207
Vorstellungen s. Schülervorstellungen
*Wagenschein* 43, 73, 140
Wandbild 342
Wandergruppenarbeit 192
Wandtafel 273, 346 f.
Weltverständnis 40
Werturteil 82
Wetterstation 393
Wiederholung 411
wildnisbezogene Pädagogik 125
Wildpark 407
Wissen 177
Wissenschaftsethik 80
Wissenschaftsgeschichte 74
Wissenschaftsorientierung 54
Wissenschaftspropädeutik 41, 54, 73
Wissenschaftsrelevanz 42
*Wöhler* 60
Xenophobie 114
Zeichnen 267 ff.
Zeitplanung 170
Zeitschriften 424
Zeitverständnis 41
Zellbegriff 234
Ziele 176 ff., 414
Zoo 405 f.
Zukunftsvorstellung 129
Zuordnungsaufgabe 419
Zuteilungsfunktion 416